GÉNÉRATION

Des mêmes auteurs

L'Affaire Alata
Pourquoi on interdit un livre en France
Éd. du Seuil, coll. « L'histoire immédiate », 1977

Les Porteurs de valises
La résistance française à la guerre d'Algérie
Albin Michel, 1979
et Éd. du Seuil, coll. « Points Histoire », 1982

L'effet Rocard
Stock, 1980

Les Intellocrates
Expédition en Haute Intelligentsia
Ramsay, 1981
et Complexe poche, 1985

La Deuxième Gauche
Histoire intellectuelle et politique de la CFDT
Ramsay, 1982
et Éd. du Seuil, coll. « Points Politique », 1984

Tant qu'il y aura des profs
Éd. du Seuil, coll. « L'épreuve des faits », 1984
et coll. « Points Actuels », 1986

HERVÉ HAMON, PATRICK ROTMAN

GÉNÉRATION

1. Les années de rêve

récit

ÉDITIONS DU SEUIL
27, rue Jacob, Paris VIᵉ

ISBN 2-02-009550-5 *(Génération)*
ISBN 2-02-009549-1 (t. I : *Les Années de rêve*)

© MARS 1987, ÉDITIONS DU SEUIL

Le rêve est une hypothèse,
puisque nous ne le connaissons jamais que par le souvenir.
Paul Valéry

Ce n'est pas une révolution, Sire, c'est une mutation.
Nanterre, 1968

27 septembre 1979.

Un soleil pâle d'arrière-saison apporte, comme par dérision, une touche de joliesse au cadre qui ne s'y prête guère. En contrebas de la morgue, les eaux de la Seine ont les couleurs de l'automne, jaune gris. Devant le bâtiment, au centre de la cour pavée, stationnent des petits groupes raidis dans un silence que troublent les rumeurs de la circulation, quai de la Rapée. Ils attendent la levée du corps de Pierre Goldman.

Plus voûté encore qu'à l'ordinaire, très pâle, Régis Debray promène un regard d'une infinie tristesse sur les gens qui l'entourent, serre des mains d'un geste mécanique, mais ne voit ni n'entend rien. Il flotte, happé par le disparu avec lequel il partageait tant de vies ; comme lui révolutionnaire, guérillero, taulard, écrivain. Une sorte de doublure provocante, mal famée, obsédée par la mort.

La foule grossit devant l'Institut médico-légal, déborde sur la chaussée. Beaucoup n'ont connu de Pierre Goldman que les photos de l'identité judiciaire agrandies en première page des quotidiens, et les comptes rendus d'audience. Ils s'étonnent qu'on puisse mourir à trente-cinq ans, assassiné, en plein Paris.

Et puis il y a la phalange des amis, des copains, des vieux camarades ; ils ont, pour la plupart, perdu de vue Goldman depuis fort longtemps. Depuis le temps où ils hantaient ensemble les abords de la Sorbonne. Ils avaient vingt ans et ils allaient à coup sûr changer le monde. La quarantaine est proche, le monde a beaucoup changé. Eux aussi.

Jean-Louis Péninou, journaliste à *Libération,* est là. Une semaine auparavant, jour pour jour, il fut l'un des premiers sur place, dans ce coin tranquille du treizième arrondissement. Entendant le flash d'information, à quatorze heures, son esprit avait repoussé la nouvelle. Mais le corps allongé dans le car de police, c'était bien lui. Le visage déjà gris. Goldman s'était écroulé sur le macadam, la poitrine trouée par trois balles de gros calibre.

A-t-il été surpris quand il s'est tourné vers les tueurs qui l'interpellaient ? Il attendait la mort comme il respirait, et il savait qu'elle serait violente.

Le cortège se forme derrière le corbillard ; les anciens combattants, les briscards de l'UNEF, les exclus de l'Union des étudiants communistes ressuscitent l'amicale des vertes années. Figures connues, clins d'œil, signes de connivence. Étonnements réprimés, aussi, camouflés, découvrant le travail du temps — les cheveux blanchis et les calvities précoces, les bajoues alourdies et les tailles plus rondes.

Tiennot Grumbach est là, perdu dans ses souvenirs. Il venait juste de s'inscrire au barreau lorsqu'il s'est assis sur le banc de la défense, devant la cour d'assises de Paris. Dans le box, son compagnon de bagarre contre les fascistes était accusé du meurtre de deux pharmaciennes, lors d'un hold-up manqué. Il a encore dans l'oreille le cri de Goldman, dressé à l'instant du verdict, le chahut dans la salle d'audience quand fut prononcé le mot « perpétuité », et le regard noir, fixe. Pierre est mort. Lui, Tiennot, plaide toujours.

A l'orée du Père-Lachaise, l'assistance s'étoffe encore. Des jeunes et des moins jeunes. Ils progressent, muets, côte à côte.

Marc Kravetz, l'ami de quinze ans, est là. Il revoit la gueule de Pierre, ce jour d'avril 1970, étalée dans *France-Soir*. « L'assassin des pharmaciennes arrêté », titrait le journal. Et il revoit Pierre, bien avant, en partance pour l'Amérique latine, la guérilla.

Tout près marche Serge July. Il aimait Goldman depuis leur rencontre en Sardaigne, à l'été 1962, dans un camp organisé par les étudiants communistes. Un dialogue interminable s'y était noué, haché d'éclipses — les fuites, le Venezuela et la prison.

Autour de la tombe, on se bouscule. Des jeunes filles jettent des fleurs ; des militants essuient leurs yeux humides. Sartre, vieux, recroquevillé, est victime d'un malaise. On lui fraie un chemin à travers la cohue. Les photographes se régalent. Des musiciens antillais, les derniers compagnons du mort, frappent sur leurs bongos.

L'enterrement de Pierre Goldman, juif, révolté, braqueur, guérillero, revêt l'allure ambiguë des cérémonies du souvenir. Autour de la tombe, cernant le trou, se croisent des fantômes,

10

ombres des adolescents d'autrefois. Médecins, journalistes, publicitaires, profs, avocats, écrivains, ils sont là, les copains d'hier, les potes.

Alain Krivine, le révolutionnaire professionnel, éternel candidat trotskiste à l'élection présidentielle, toujours sanglé dans son blouson de cuir et ses certitudes affichées ; Bernard Kouchner, toubib du monde, la rétine griffée de naufrages en mer de Chine ; et les autres, July, Grumbach, Kravetz ou Geismar, qui regardent s'évanouir dans le cercueil un peu d'eux-mêmes.

Goldman est de la famille. Ils ont partagé tant de rêves ! Mais lui, le frère marginal, le paumé, est allé au bout de ses fantasmes, au terme de son voyage.

Une histoire compliquée, incertaine, inachevée[1].

1. Le lecteur trouvera en annexes l'inventaire des sources majeures, un index biographique des principaux personnages et une chronologie.

1

La jeunesse du monde

Le train s'est immobilisé dans la nuit, à la frontière. Pas n'importe quelle frontière. Alain Krivine a seize ans, et il frappe aux portes d'un au-delà rêvé. Ce territoire qui s'ouvre avec précaution est baptisé d'un nom, la Tchécoslovaquie, mais ce n'est là qu'une péripétie provisoire : le temps des drapeaux s'en va comme s'effaceront les fossés et les murailles, les nations et leurs emblèmes. Bouleversé, Alain Krivine prend acte de l'instant, avec la certitude solennelle que sa vie en portera la trace. Ce n'est pas un pays qu'il pénètre, c'est le socialisme même, doté de couleurs, de relief, de visages présents, réels.

Les couleurs sont éteintes, sauf par taches éparses, au long d'un quai. Les visages sont ceux des gardes-frontières, flanqués de chiens loups. Et tout relief, s'il en est, se trouve noyé dans l'ombre. Cela dure très longtemps. On ne se croirait nulle part. Mais Krivine n'est pas le Petit Poucet. Il sait exactement quelle est sa route, où il est, et où il se dirige. Du wagon qui finira bien par redémarrer vers Moscou, il regarde, fasciné, les barrières, les panneaux, les barbelés ; il s'adjoint par l'imagination aux patrouilles ordonnées qui surgissent puis disparaissent. La patrie du socialisme se défend, et elle a raison de se défendre. Peut-être les barbelés ne sont-ils pas assez drus, les patrouilles assez nombreuses.

Le convoi, de la tête à la queue, est bourré de jeunes gens invités par les Soviétiques au sixième Festival mondial de la jeunesse démocratique. L'épithète signifie qu'il n'est pas nécessaire d'être « du Parti » pour converger vers les bulbes du Kremlin. « Amis de la paix » en tout genre, animateurs d'organismes de loisir populaire, chrétiens plus ou moins progressistes, porte-parole des nouvelles nations afro-asiatiques récemment assemblées à Bandoeng, émissaires ou compagnons de ceux qui aspirent, depuis leurs maquis ou leurs caches, à les imiter et à conquérir leur indépendance, Indonésiens ou Suédois, Égyptiens ou Israéliens, Chinois ou Japonais : ils sont trente mille conviés à défiler, le dimanche 28 juillet 1957, au stade Lénine. La jeunesse du monde.

Autour de Krivine, on est entre communistes, entre soi, et les gestes cordiaux adressés aux flics qui entourent le train sont dépourvus d'arrière-pensée. La raideur des uniformes et les reflets des armes, loin d'effrayer, suscitent l'attirance et la complicité. Les gardes s'approchent en riant des fenêtres ouvertes, et l'on se bat dans les couloirs, mains tendues, pour quémander les étoiles rouges épinglées à leurs casquettes. L'Est regorge d'insignes. Le rideau de fer, ce soir, est piqué d'étoiles.

Il faut cent heures, de Paris à Moscou, par la voie la plus lente : la Suisse, l'Autriche, la Tchécoslovaquie, enfin l'Ukraine. D'autres Français traversent la Pologne. Et d'autres encore ont embarqué au Havre sur le *Baltika,* qui les mènera jusqu'à Leningrad, ou bien à Marseille sur le *Pobieda,* vers Odessa. Comme à la veille des joutes olympiques, un relais est parti de Hollande et a été transmis de main en main via la Belgique, la France, puis chacun des « pays démocratiques ». Un second relais, venu d'Asie, a sillonné la Chine, la Mongolie. Le désert de Gobi, même, ne l'a pas arrêté avant les rives de la Moskova.

La pause tchèque du train d'Alain Krivine n'est qu'un avant-goût. En Ukraine, chaque bourgade est saluée d'une halte. Plus d'armes ni d'uniformes en nombre. Des gens sont là, massés sur les quais, débordant des gares quand elles sont trop petites, vêtus de leurs meilleurs habits et les bras chargés de fleurs. A l'approche des messagers de l'autre monde, ils crient « Paix et amitié ! » et distribuent aux visiteurs des avalanches de bouquets — à tel point qu'entre deux stations, force est de s'en délester par la fenêtre, pour faire place aux présents prochains. Les miliciens, en retrait, sont discrets et souriants. Quand les manifestants s'aperçoivent qu'ils ont affaire à des Français, leur mot de bienvenue se transforme en « Yves Montand ! Yves Montand ! » — depuis quelques mois, depuis la tournée triomphale de ce dernier, en Union soviétique, Montand, c'est Paris.

L'excitation, et la ferveur. La crainte aussi, tant se multiplient les escales et se prolongent les embrassades, de finir par manquer l'échéance, de rater l'ouverture solennelle des douze jours de fête. Mais bientôt une rumeur parcourt le train : Khrouchtchev, oui, « K » lui-même, a donné ordre au conducteur de forcer l'allure. Les faubourgs de Moscou sont en vue. A temps. Et les vers d'Eluard montent aux lèvres :

Car il existe enfin le pays où tout s'accomplit
L'URSS a vaincu la solitude
Unie en elle-même elle unira le monde
Frères l'URSS est le seul chemin libre
Par où nous passerons pour atteindre la paix
Une paix favorable au doux désir de vivre...

Franchi le pont du chemin de fer de ceinture, et jusqu'au pont de Crimée, des projecteurs arrosent les arrivants de lumière. *« Drouzhba! »*, *« Drouzhba! »*, « Amitié! », tel est le son, mille fois repris, qui partout accompagne les feux tant attendus.

Le camarade Krivine n'est pas en excursion mais en pèlerinage. Ce voyage, il l'a gagné de haute lutte. C'est lui qui a décroché le titre envié de « meilleur diffuseur de *l'Avant-Garde* », l'organe des Jeunesses communistes. Chaque tour de roue sanctionne des heures et des heures debout devant la gare Saint-Lazare, au bas de la rue d'Amsterdam, un paquet d'imprimés sous le bras, des heures à vociférer pour ameuter le chaland. La photo de l'heureux lauréat, dans la presse du Parti, a fait baver d'envie les copains. Les « JC » ont organisé une collecte dans le quartier, le neuvième arrondissement de Paris, pour couvrir les frais. Et Alain, le héros de la fête, a été convoqué à une réunion préparatoire, car on ne visite pas sans préparation la patrie du socialisme. Jean Gager et Paul Laurent, hauts responsables des communistes en herbe, ont averti que, là-bas, on verrait beaucoup de maisons vétustes ou esquintées, de vêtements plus grossiers qu'ici — rançon normale d'une lutte héroïque malgré des difficultés extrêmes. Ils ont ajouté qu'il faudrait « se conduire en JC », ne rien dire ni commettre qui puisse troubler ou choquer les compagnons de route d'obédiences diverses.

La précaution n'était peut-être pas inutile, mais, à Krivine, elle paraît superflue. D'une certaine manière, il est déjà un vieux militant, un militant « exemplaire ». « Se conduire en JC », pour lui, c'est respirer. Affaire de famille ? Oui et non. Son père, médecin stomatologue, n'a rien d'un « encarté ». Il lit *le Figaro,* se proclame antiraciste, vote régulièrement à gauche mais avec la certitude, quand son suffrage se porte sur les communistes, que ces derniers ne prendront jamais le pouvoir. Il est né en France de juifs russes immigrés, qui ont fui les pogroms avant 1917, et la femme qu'il a rencontrée était de même souche. On raconte qu'il y a eu, parmi les ancêtres, des terroristes, des nihilistes, à l'époque des tsars. Mais ces fièvres sont depuis longtemps apaisées. La mère d'Alain, au fond, n'éprouve ni passion politique ni passion religieuse. Elle jeûne à Kippour parce que, dit-elle, « face aux antisémites, il est bon de montrer une fois l'an qu'on est juif ».

L'appartement de la rue Taitbout est un milieu chaud, tendre. Fraternel, au sens propre : ils sont quatre frères Krivine, et Alain arrive en dernier, avec Hubert, son jumeau. La matrice politique, la voilà. Ce sont, dès les années premières, les allées et venues des aînés, les réunions en chaîne, les discussions en flammes, les départs nocturnes pour les collages d'affiches. Un peu inquiets, les parents n'en sont pas moins solidaires. Alain s'immerge « naturellement » dans l'atmosphère ambiante. En culottes courtes, il est membre des Vaillants, la classe enfantine du combat de classe.

Sa vie se partage entre trois lieux majeurs. La maison, rue Taitbout. Et puis l'autre maison, au 12 de la rue Navarin, siège culturel du Parti, où se donnent le jeudi des goûters avec des clowns, des films soviétiques et des chants. Enfin, la place Gustave-Toudouze, point de départ des sorties du dimanche. On se rend au Studio 43 pour assister aux projections de *la Chute de Berlin* ou de *la Bataille de Stalingrad*. La guerre coloniale sévit en Indochine. Chaque Vaillant connaît l'héroïque histoire du quartier-maître brestois Henri Martin, condamné à cinq ans de prison après avoir distribué un tract : « Notre sang n'est pas à vendre, pour vos millions vous sacrifiez nos vingt ans... » Et encore celle de Raymonde Dien, qui s'est couchée en travers des rails devant un convoi de troupes. L'épopée du Bien. En rentrant du Studio 43, dans le métro, les petits Vaillants, avec leurs foulards bleu et rouge, scandent « Libérez Henri Martin ! » au nez des adultes ébahis.

L'épopée est permanente, et le monde est son théâtre. Au mur de la chambre des quatre frères Krivine est épinglé le portrait de Matyas Rakosi, le vigilant secrétaire général du Parti des travailleurs hongrois qui a su dépister à temps les menées titistes du traître Rajk. C'est un rite : chaque soir, avant de plonger sous les couvertures, on salue du poing le camarade Rakosi, et l'on s'endort sous la tiède protection des grands frères.

Sérénité au-delà des frontières du socialisme, et guerre en deçà. Le 28 mai 1952, le Mouvement de la paix invite les Parisiens à manifester contre la présence dans la capitale du général américain Ridgway, dit « Ridgway la peste », accusé d'utiliser en Corée l'arme bactériologique. La démonstration est interdite. On sait que le Parti a mobilisé large. On sait que ça va cogner. Envieux, Alain et Hubert Krivine voient partir leur aîné, Jean-Michel, pour le front du désarmement. Eux sont trop petits, consignés à la maison. Tard, très tard dans la nuit, Jean-Michel revient. Il n'a rien, mais son imperméable, devant, est couvert de sang. L'étoffe des héros.

Même l'été, la chanson de geste court. Chaque année, au début des vacances scolaires, les Vaillants et les adolescents de l'UJRF (l'Union de la jeunesse républicaine de France) se donnent rendez-vous place Gustave-Toudouze où les attendent des cars. Avec sacs et gamelles, ils roulent vers Buffe-Cocu, dans le Limousin. La colonie du Parti dresse ses tentes marabouts en pays communiste, en pays conquis, parmi les collines accidentées dont l'occupant n'est pas parvenu à déloger les FTP. Non loin de là, Oradour-sur-Glane rappelle la mémoire des victimes de la bête immonde, des martyrs du fascisme. Et tandis qu'on joue dans les champs, qu'on se poursuit dans les herbes, le sentiment d'appartenance, la fierté d'être l'héritier des « soixante-quinze mille fusillés » du Parti, le devoir de s'en montrer digne se mêlent gravement aux rires.

Staline est mort. La rue Taitbout est proche du 44, rue Le Peletier, siège du Comité central. La façade, ce 5 mars 1953, est ornée d'un immense portrait du petit père des peuples, du vain-

17

queur de Stalingrad, barré d'un large crêpe noir. On fait la queue, depuis la rue, pour saluer à l'intérieur une autre effigie, déposer une obole, un signe, un message, un paraphe. Krivine se sent orphelin, entre des millions, ému par l'émotion de ceux qui l'environnent et se tamponnent les yeux. Le lieu n'est pas indifférent à ce qui l'étreint. Parmi les souvenirs fondateurs de son enfance politique, la « garde du 44 » est particulièrement romanesque. Il a vu ses deux aînés, l'air plus grave que de coutume, prévenir qu'ils ne seront pas là cette nuit, qu'ils sont affectés à la protection du « CC ». Il les a vus rentrer au matin, jaloux du droit de découcher qu'octroie l'âge de raison politique. Il a attendu son tour, rêvant de mystérieuses bravoures, d'embuscades exaltantes tandis que les masses, qui un jour s'éveilleront, sont encore endormies.

Hubert et Alain sont inscrits au lycée Condorcet. Dès quatorze ans, ils appartiennent à l'UJRF, qui ne tarde pas à changer d'étiquette — les Jeunesses communistes, les JC, ne camouflent plus leur adjectif derrière le frontispice républicain. Les temps sont venus d'annoncer la couleur — guerre chaude dans les colonies, guerre froide entre les blocs. L'élève Krivine Alain, qui rêvassait à l'école primaire et se fichait de redoubler, est attentif aux cours et rend ses devoirs à l'heure. Créateur et animateur du cercle des JC, il est soumis à l'obligation morale de montrer qu'un bon communiste ne saurait être un mauvais élève, que le militantisme n'est point l'envers du dilettantisme. N'empêche, dès que la sonnerie se déchaîne, il fonce à Saint-Lazare, de l'autre côté de la rue. Les « fachos », eux non plus, ne sont pas en retard. Le jeu consiste à empêcher l'autre camp de distribuer ses tracts. On s'affronte, durement, en un combat rituel qui commémore des réminiscences éclatées, rapportées et traduites, dans un bain de haine évidente, convenue.

Quand les « événements » d'Algérie prennent la tournure d'une sale guerre, la brutalité des bagarres monte d'un cran. Les « fachos » ne sont plus seulement une bande. Ils possèdent un nom, Jeune Nation, et un signe de ralliement, la croix celtique. Mais ils ne seront pas maîtres de la rue d'Amsterdam. Un comité antifasciste naît à Condorcet. Les ventes à la criée de *l'Avant-Garde* se poursuivent, même si, chaque samedi, il faut mobiliser plus de monde — et dissimuler les manches de pioche jusqu'au moment opportun. Un jour, à hauteur de Krivine et des siens, une voiture stoppe net. La femme qui en descend est aussi connue des militants que Marylin. C'est Jeannette — Vermeersch, si l'on veut, mais chacun dit Jeannette tout court. Jeannette, fille du Nord, femme de Maurice, qui a régné par intérim sur le Parti pendant que son époux, frappé d'une congestion cérébrale, se faisait soigner en URSS. Elle serre la main des diffuseurs, lance quelques phrases d'encouragement aux « gars », repart, les laisse éblouis, mentalement décorés du grand cordon de Lénine.

Hasard ? Indice ? En tout cas, le camarade Alain Krivine est repéré. Il en veut, il en redemande, il y croit, il est combatif, organisateur, discipliné (quoiqu'il renâcle à modérer ses ardeurs guerrières, comme on le lui ordonne, le samedi matin). Jean Gager et Paul Laurent, qui ont en charge les JC, ne tardent guère à jeter leur filet vers ce gardon qui frétille. A quinze ans passés, alors qu'il vient juste de franchir le cap de la seconde, le boutefeu de Condorcet est promu responsable de l'ensemble des lycéens communistes de Paris. Pareille distinction le stimule plus qu'elle ne le flatte. Vraiment modeste, totalement fidèle, il n'aperçoit aucune ligne de démarcation entre l'idée de famille et celle de parti. Bien que la révolution se fasse attendre — encore un peu —, le militantisme est une fête fraternelle.

« *Drouzhba !* » Le voici, le champion toutes catégories de la vente sans éventaire, installé à l'Épi d'Or, gigantesque complexe hôtelier de pur style Intourist. Les délégations françaises occupent trois immeubles. Au menu : du saumon, de l'esturgeon, du crabe à la mayonnaise, des *bitotchki* (boulettes) à la crème, des beignets au fromage blanc. Le caviar à la louche, ou presque...

André Sénik, lui, loge dans une école moscovite. La classe au-dessous. Si le profil militant du camarade Sénik est fort analogue au prototype qu'incarne le camarade Krivine, les origines du premier sont plus singulières, et le lien entre la famille et le Parti moins naturel. Sénik a dix-neuf ans. Khâgneux à Janson-de-Sailly (objectif Normale sup, option philosophie), il est le porte-parole des « prépas » communistes et, à ce titre, vient d'entrer au bureau national de l'UEC (Union des étudiants communistes), constituée l'année précédente.

Son histoire avec le PC, c'est d'abord une affaire d'identité. Il est né de parents juifs polonais, petits commerçants établis à Paris dans le quartier du Sentier vers 1930, à l'époque où la communauté juive en France — cent cinquante mille âmes — double de volume sous l'afflux des réfugiés de l'Est, dont la moitié provient de Pologne. La culture familiale est teintée de marxisme, mais tout autant de sionisme. La première organisation que fréquente le jeune Sénik, le MAPAM (le Parti unifié des travailleurs, à la fois sioniste et socialiste), est ainsi orientée : à gauche, et cependant en quête d'*Eretz Israel*. Tension intime ou inclination précoce vers la controverse philosophique : à quatorze ans déjà, André bute sur un dilemme obsédant. Si l'on est révolutionnaire, si l'on souhaite changer le monde (il est révolutionnaire, il souhaite changer le monde, cela va de soi), faut-il cheminer à la tête de son peuple, ou bien s'en écarter, tailler sa route à travers les nations, les traditions, les héritages ?

La réponse est dans Staline : *le Marxisme et le Problème national et colonial.* Quand il referme la brochure, Sénik est converti aux chemins de traverse. En décembre 1952 (il n'a toujours pas quinze ans), il adhère à l'UJRF. Et, pour comble, ses deux frères aussi. Du côté des parents, le climat est frais. « Staline est un assassin de juifs ! », protestent-ils. Les copains du Sentier pensent de même, et le font savoir sans diplomatie. Mais André Sénik, petit, vif, l'œil gai, est un athlète de la parole, du tac au tac. La dialectique, chez lui, n'est pas une corde à son arc, mais une manière d'être. A défaut de convaincre, il se défend, aligne une profusion d'arguments, d'arguties, d'apologues, de citations et de pirouettes.

Sa conviction nouvelle, il s'y rue avec rage, sans retenue, sans nuance aucune. Il a en poche, l'année où disparaît le grand Staline, la carte du Parti. Malgré les réticences parentales, les deux frères demeurent dans son sillage. Ils ont réponse à tout, militent jour et nuit, empilent journaux et tracts, enfilent les réunions. Et, juste récompense, les galons couronnent les faits d'arme. En quelques mois, Sénik se retrouve dirigeant lycéen. Pris de panique, ses père et mère, qui n'ont pas seulement une opinion sur les méthodes staliniennes mais aussi sur le coût des études, voient la scolarité de leur progéniture sérieusement compromise. Le coup de frein est sévère : d'autorité, André est incarcéré à l'internat du lycée Lakanal. Son rendement militant en est quelque peu atténué, mais la méthode forte produit les effets escomptés. Sénik décroche le bac en 1955. Haut la main, puisqu'il est admis à poursuivre vers les grandes écoles. A la rentrée suivante, l'hypokhâgne de Janson (antichambre de la khâgne à l'issue de laquelle on se présente au concours) lui est ouverte.

Mais, dans son esprit, il ne s'agit là que d'une préoccupation seconde, d'une concession nécessaire. Comme Krivine, comme les copains rituellement assemblés de réunion en réunion, comme les diffuseurs de *l'Avant-Garde*, comme les valeureux antifascistes qui ne tournent pas les talons à la vue des croix celtiques, Sénik est fou de politique dans un monde qui joue et rejoue *Guerre et Paix* à guichets fermés. Un monde binaire, où il faut choisir son camp. Un monde à peine rescapé d'un conflit universel où s'est dévoilé le mal absolu, finalement terrassé mais non point détruit, et qui refait ses forces de mille manières brutales ou sournoises.

Soudainement, violemment converti, André Sénik ne déroge pas à la règle qui voue le nouveau croyant au prosélytisme. Il est drôle, agile, disert, insolent, vivant ; bref, il manie l'art de persuader, puis celui de convaincre. Il cherche l'adversaire, et souhaite la bienvenue au contradicteur. Et la récolte pousse. Le cercle UEC de Janson-de-Sailly s'enrichit de six adhésions, dont un brillant « taupin » (candidat aux grandes écoles scientifiques), Jean-Marc Lévy-Leblond.

Hors du Parti, point de salut ? C'est vrai de l'élite militante — les communistes sont les légitimes propriétaires de la révolution et de son corps d'avant-garde, la classe ouvrière. Mais, en ce temps où le clivage fasciste/antifasciste, legs de la nuit et du brouillard, est le degré élémentaire de la conscience politique, les fils de Lénine s'entourent de « sympathisants », de « compagnons », voire d'honnêtes républicains que la « démocratie bourgeoise » berne et sécrète à la fois.

Deux de ces honnêtes républicains, à Janson, ne se contentent pas de côtoyer le camarade Sénik. Ils le pressent, l'interpellent. Ils l'aiment bien, au vrai, et respectent son enthousiasme sinon son discours.

Le premier, Tiennot Grumbach, a également quelques comptes à régler avec ses origines profondes. Sa mère est la sœur de Pierre Mendès France et dirige le commerce de vêtements, devenu petite maison de couture, qu'a fondé le grand-père Mendès. Quant à Grumbach père, il est « dans les affaires », au Brésil, où la *Casa Grumbach* connaît des hauts et des bas. Entre le rejeton d'immigrés polonais établis au Sentier et le jeune bourgeois neveu d'un ex-président du Conseil, le fossé « de classe » ne paraît pas mince, quoiqu'ils se rencontrent dans la cour du même lycée. Pourtant, un fil plus intime les relie. Pendant la guerre — il est né avec elle —, le nommé Grumbach a dû changer son nom en Grandlac et a mené la vie des enfants juifs clandestins. Il a aussi changé de religion ; devenu catholique par précaution, il s'est finalement sincèrement converti et a régulièrement pratiqué jusqu'à dix-sept ans.

Un jour, en troisième, Tiennot s'est trouvé pris dans une bataille, à la sortie. La politique — famille aidant — était déjà dans l'ordre de ses pensées. Les « fachos » couvraient d'ordure Mendès France le bradeur. L'un des plus écumants, un grand, s'est approché très près, lui a plaqué contre le menton la paume d'une main puissante et l'a contraint à pivoter de la tête jusqu'à ce que son profil s'offre, tout net, aux yeux de l'autre. Qui l'a soigneusement, haineusement détaillé, et a lâché : « Alors, Grandlac, tu n'en es pas ? » Ce jour précis, Tiennot Grumbach s'est senti juif. Et il n'a plus guère, depuis, raté l'occasion de faire le coup de poing aux côtés de Sénik.

L'autre républicain sincère, c'est le meilleur ami de Tiennot, Jean-Paul Ribes. Leur amitié date de la cinquième. Ribes, lui, n'est pas juif pour deux sous. Un Français, vrai de vrai, issu d'une classique famille petite-bourgeoise — le père ingénieur à l'EDF, la mère qui « ne travaille pas ». Politiquement (car c'est ainsi qu'on se définit, au-delà de la quatrième), les deux compères sont au diapason. Fidèles aux valeurs chrétiennes dans le culte desquelles ils ont grandi, l'un par raccroc, le second « normalement », ils adhèrent spontanément au mendésisme, mélange d'honnêteté scrupuleuse, de modernisme compétent, d'attention aux demandes de la jeunesse. Au-delà des solidarités de clan familial, Mendès tranche tellement sur le reste des hommes politiques ! Il dit ce qu'il croit vrai, prend les citoyens à témoin et les invite à ratifier ou dénoncer le contrat ainsi conclu. Homme de dialogue, il est intransigeant dans ses alliances (jusqu'à refuser l'appoint des communistes, pour ne pas dépendre d'eux). Homme de paix, il suscite l'injure. La génération qui pointe a été bercée de contes d'horreur et de courage. Elle obéit à une impulsion essentiellement morale. Et Mendès France lui prouve que la morale peut servir d'instrument politique.

A la veille des élections de janvier 1956, on devine que le Front républicain gagnera les élections. La coalition des gauches est passablement hétéroclite, mais Grumbach et Ribes espèrent que sa victoire ramènera Mendès au pouvoir, et qu'après l'Indochine, le Maroc et la Tunisie, le dossier algérien sera progressivement bouclé. Ils prennent part à la campagne, assistent aux meetings, collent des affiches. Inscrits à l'APERS, l'Association parisienne des étudiants radicaux-socialistes (le parti de Mendès), ils y croisent Yves Cannac et un lycéen de Buffon pour lequel ils éprouvent une sympathie croissante : Jean-Jacques Porchez. Mais entre les « socialistes radicaux » du quartier Latin et les radicaux-socialistes du Palais-Bourbon, la nuance est de taille. Ribes le vérifie un midi, quand il téléphone naïvement au siège du parti pour réclamer des renforts, alors que devant le lycée la bataille fait rage. Une voix effarée lui répond courtoisement qu'il a dû se tromper de numéro.

On attendait Mendès, et c'est Mollet. On attendait la négociation, et c'est l'escalade. Le silence de ceux qui meurent dans les djebels, et le cri de ceux qu'on torture dans les caves forcent peu à peu les oreilles « métropolitaines ». A Janson-de-Sailly, l'atmosphère devient franchement électrique. Grumbach et Ribes animent un Comité pour la paix en Algérie ouvert aux hommes de bonne volonté, des « cathos » aux « cocos ». De plus en plus nettement, les potaches se scindent, quelles que soient les nuances d'affiliation, en deux groupes ennemis. Non sans surprise, Jean-Paul Ribes observe que, cette année-là, son condisciple Régis Debray, qu'il fréquente depuis la quatrième, affecte — provocation ou dérision — de virer à droite, vantant même les mérites de Pierre Poujade, le tonitruant porte-parole des marchands de bretelles au Parlement. Transformé en panneau électoral, le tableau noir se couvre d'inscriptions diverses. Entre autres : « Ribes = Mendès ! » La patte moqueuse de Régis !

Juin 1957. Jean-Paul cherche son nom sur la liste des reçus au baccalauréat. Soulagement : c'est gagné, il va pouvoir s'inscrire aux Langues O, son vieux rêve. Il remonte les colonnes. A la lettre G, ni Grandlac ni Grumbach. Tiennot redouble — ce monde, décidément, est injuste. Tous deux ont pris l'habitude, chaque jeudi, d'accompagner Sénik à la Sorbonne pour une bagarre hebdomadaire. André, malgré sa petite taille, fonce tête baissée dans les lignes des assaillants. Ribes, qui n'est pas grand non plus, et de tempérament pacifique, se force à suivre. Tiennot, le plus costaud, a peur — mais il est des moments où il convient d'habiter son corps, d'assumer sa carrure. Le trio ébauche un « front » antifasciste quand l'été, le temps des vacances, impose la trêve au faîte des combats.

Sans doute ne serait-il nullement déshonorant de quitter Paris pour quelque plage et de bronzer paisiblement tandis que le transistor du marchand de glace serine *Bambino* rengainé par Dalida. Ni de quitter la plage pour une salle obscure afin de se pâmer illégalement, doux péché, devant l'arrondi sublime du cul de Brigitte Bardot, plan suprême de *Et Dieu créa la femme*. Ni, le soir à la veillée, et cette fois la conscience limpide, de reprendre en chœur les refrains de Brel (« Quand on n'a que l'amour à donner en partage »...). Il serait même parfaitement honorable de se plonger dans un roman dit nouveau (l'*Ère du soupçon*, signé Nathalie Sarraute), ou dans le premier tome des *Œuvres complètes* d'Artaud, enfin publiées.

Mais Sénik part pour Moscou. Membre du bureau national de l'Union des étudiants communistes, il est habilité, sinon à délivrer des invitations, du moins à recommander qu'on invite tel ou tel. A ses copains et concurrents, il jette un défi : êtes-vous prêts à voir le socialisme tel qu'il est, à rencontrer des Soviétiques dans la rue, à discuter sur le terrain ? Grumbach et Ribes n'hésitent guère. S'ils se méfient de la manière dont les dirigeants du Kremlin assaisonnent l'idéal pacifiste, et de l'extraordinaire tintamarre qui accompagne l'opération « portes ouvertes », la tentation est mille fois plus forte de partir au loin, au-devant d'autres jeunes venus d'encore plus loin.

Gare de l'Est, les trains spéciaux se succèdent. Ribes a persuadé un ami, passionné de philosophie mais peu porté vers Staline, de se joindre à l'expédition. Sur les quais grouillants, un chant s'élève à l'unisson, l'hymne de la FMJD (la Fédération mondiale de la jeunesse démocratique). Le dernier vers du refrain déferle à travers la gare : « Pour toujours, pour toujours, sans retour... »

Le philosophe pâlit, se tourne vers Ribes :

— Jean-Paul, non, je ne peux pas, je ne pars pas.

Et il file vers la sortie. La locomotive s'ébranle en chantant.

« *Drouzhba!* » Après quatre jours et une nuit, sa moisson de fleurs accomplie, le convoi touche au but. Tel Alain Krivine, André Sénik contemple les immeubles austères, les banlieues revêches avec l'œil du croyant. Tiennot Grumbach et Jean-Paul Ribes, saisis par l'ambiance, n'entendent pas moins rester vigilants. Mais Moscou! Au fond d'eux-mêmes, ils pensent qu'à leur âge et dans leur condition, il faut passer par là.

« La plus gigantesque fête populaire organisée depuis l'époque de l'Empire romain. » Et c'est la presse « bourgeoise », en l'occurrence *le Monde,* qui le dit ! Au fur et à mesure que les jeunes Français s'enfoncent vers le cœur de la ville, l'analogie à laquelle ils songent est plus baroque, plus paradoxale encore. Hollywoodien, voilà le mot qui peint le mieux pareil spectacle. Ces projecteurs qui balaient la nuit, ces pinceaux verts sur la place Rouge paraissent empruntés au bric-à-brac de Cecil B. De Mille.

Le coût de la production doit être du même ordre — des millions de roubles par jour, dit-on. Les lampadaires de l'avenue de Leningrad, de la chaussée de Mojaïsk, frissonnent d'étendards déployés au bout de hampes géantes. Lumière ! Le Kremlin reçoit de plein fouet les feux d'une rampe monstre. Tout scintille sur le fleuve, chargé de vaisseaux brillants qui glissent sous des ponts illuminés eux-mêmes. L'immense parc de la Culture, les squares, les rues sont en flamme. La circulation est interrompue, afin qu'on danse sans contrainte. Pour aller vite, il faut s'enfoncer dans le métro — marbre, glaces, statues et lustres, contre quelques kopecks.

Le programme s'inspire de la même règle : la démesure. On annonce quatre cents manifestations quotidiennes, cent vingt-deux nations représentées (en comptant celles qui se battent pour se proclamer telles). Le 28 juillet, inauguration solennelle au stade Lénine. Le 29, ouverture des jeux sportifs à Loujniki, en présence de Zatopek, colonel dans l'armée tchécoslovaque et vainqueur du marathon, en 1952, à Helsinki. Le 31 juillet, les chrétiens se rendront en pèlerinage à Zagorsk, la ville sainte de la vieille Russie, où les accueillera le métropolite Nicolas. Le 1er août, chaque délégation plantera un arbre dans ce qui se nommera désormais le « parc de l'Amitié », aux portes de la ville, sur les berges de la Moskova. La nuit du 4 août, grand bal au Kremlin. Le lendemain, « fête des jeunes filles », qui seront les hôtes de l'immense « Maison de l'armée rouge » — un quartier entier de bâtiments et de jardins.

Ensuite, on montera vers l'apothéose. Ce sera, le 6 août, un meeting monstre (les organisateurs comptent sur un demi-million de participants), place du Manège, tout près du Kremlin. Un meeting monstre autour d'un mot d'ordre simple : « Plus jamais Hiroshima ! » Tel est, précisent les Soviétiques, l'unique message, l'unique programme politique du sixième Festival. Pas de motions, pas d'amendements. Ce qui réunit à Moscou les messagers de la paix ne s'écrira que dans le ciel, en feux d'artifice.

Cela, c'est le programme officiel, consigné noir sur blanc, la dramaturgie soigneusement répétée. Mais quelque chose d'autre, de plus, jaillit du pavé entre les bouquets de lumière. Dès le premier soir, avant même que les trompettes ne résonnent dans les stades, la musique envahit la rue, on danse par grappes, on s'enlace. Et l'on parle, on prend langue avec une boulimie gourmande. Les Soviétiques ne ressemblent pas aux figurants de circonstance, parqués en délégations encadrées et dosées. Malgré la sourcilleuse sollicitude des interprètes, la parole fuse, avide. Une norme cependant, un tabou, et de taille : l'échange politique — public — est proscrit. Du répertoire idéologique n'est extrait qu'un terme, la paix. Encore se garde-t-on fermement de préciser que cette paix est assortie de conditions non dites. La colombe au rameau d'olivier, signée Picasso et reproduite à des milliers d'exemplaires sur les foulards du Festival, n'est pas un volatile incolore. La paix dont elle est messagère est une paix « anti-impérialiste ». Mais la convention, ici, est de négliger l'additif, de le traiter en pléonasme.

On parle donc d'autre chose. De peinture, notamment. Saturés de Répine et des scènes de genre, les jeunes Moscovites multiplient les questions sur l'art abstrait, commentent les toiles surréalistes et cubistes qui voisinent à l'exposition du parc Gorki avec les œuvres pesamment figuratives dont ils sont familiers. Le dégel esthétique, amorcé depuis la mort de Staline, fissure les vieilles écoles.

On se parle, surtout, en musique. Le folklore est roi. D'innombrables chorales ont répété dans la salle d'Octobre de la Maison des syndicats. Place Pouchkine, un orchestre japonais s'est installé, et des filles en kimono présentent la danse des lanternes. Plus loin, sur un trottoir de l'avenue Gorki, des Polonais ont lancé un défi aux Kasakhs, réputés pour leurs talents acrobatiques et leurs longs bonnets à poil.

Mais, là aussi, s'observe un évident dérapage des genres. Va pour les vielleux morvandiaux et les sages robes à fleurs... Le concert offert par la délégation britannique à la Maison des acteurs de cinéma, lui, crée vraiment l'événement.

Une musique qu'on n'avait jamais entendue à Moscou déchaîne l'enthousiasme, au point que les voitures de police ne parviennent plus, avec leurs haut-parleurs, à dégager la chaussée pour laisser le passage au chah d'Afghanistan. Le rock and roll a le dessus. Les groupes de musiciens se succèdent, les garçons hissent les filles sur leurs épaules ou les lancent en l'air au rythme de la musique. Quand l'orchestre de Jeff Ellison détourne *les Yeux noirs* en swing, c'est du délire. L'innocent « jeu français du baiser » (les filles cachent leurs mouchoirs, les garçons les cherchent et, lorsqu'ils les trouvent, réclament leur dû), qui la veille provoquait une intense animation sur la place Rouge, semble à présent mièvre et désuet. La « décadence occidentale » obtient — provisoirement — droit de cité. La signification de cette transgression est plus lourde qu'il n'y paraît. Sur le tempo de sons incongrus, toute une jeunesse composite affirme qu'elle se pense comme force dérangeante, et qu'on devra compter avec sa violence propre. A côté de cela, les fulgurances de la fontaine « dynamo-électrique », sur la place de l'Arbat, ne sont que des lanternes vénitiennes.

La fête de la nuit est multiforme, dispersée. La fête du jour est concentrée, grandiose comme sont grandioses les foules en bon ordre. Au matin de la cérémonie inaugurale, les délégations se préparent à leur hôtel. En tête de chacune d'elles, de charmantes porte-oriflamme vêtues de jupes blanches sont juchées sur des side-cars. Suit une musique nationale ou partisane. Puis les délégués eux-mêmes, perchés sur des camions peints, décorés de feuilles, de colombes, de poissons. Difficile de se frayer un chemin depuis l'Épi d'Or jusqu'au stade Lénine. Place des Kolkhozes, le sol est un tapis de fleurs, des gens sont cramponnés aux réverbères. « Chantez quelque chose ! » Et les Français entonnent *Un gamin de Paris,* repris au refrain par les Moscovites. Un arc-en-ciel de drapeaux, place de l'Insurrection, indique le chemin du stade, où cent mille personnes sont entassées.

Les emblèmes américains sont presque aussi nombreux que les albanais, ceux d'Israël que ceux d'Égypte (les envoyés du Caire, au demeurant, enfreignent sans complexe l'abolition du culte de la personnalité et brandissent un gigantesque portrait de Nasser souriant, à l'heure où le rescapé de Suez cogne à droite sur les Frères musulmans et à gauche sur les communistes). Les Chinois font leur entrée portant deux longs dragons aux yeux flamboyants, et les Polonais sont précédés d'une aigle d'argent.

Mal vus, les Polonais. Tandis qu'ils défilent devant la tribune d'honneur, les applaudissements vont *decrescendo.* Le grand frère soviétique ne leur pardonne guère d'avoir porté au pouvoir Wladyslaw Gomulka, libéré en avril 1956 après cinq ans de prison. En revanche, les Hongrois sont les héros du jour. Tous les communistes du stade les ovationnent — ne viennent-ils pas de triompher, au prix du sang, de la plus violente offensive contre-révolutionnaire que le monde socialiste ait connue ? Krivine et Sénik sont debout, solidaires, heureux d'appliquer la consigne qui leur a été répétée, entre membres des JC, durant le petit déjeuner. Grumbach et Ribes, eux, qui ne sont pas de la bande, demeurent assis, muets.

Mais, au même instant, les voici tous les quatre qui hurlent des acclamations enthousiastes, dressés pour mieux apercevoir le drapeau interdit, le drapeau « rebelle », vert et blanc avec le croissant et l'étoile rouges, symboles d'une nation niée au nom de la cohésion républicaine. Le cortège qui s'avance est celui des jeunes du FLN, mandataires des fellaghas des Aurès, des torturés de la villa Sesini, des ratonnés de la bataille d'Alger. Renversement de situation : Krivine et Sénik ont été invités à tempérer l'accueil, « pour ne pas heurter certains compatriotes » — d'ailleurs, des protestations s'élèveront. Ils passent outre. Plus qu'à aucun autre étranger, ils veulent signifier à celui qu'opprime la France la sympathie des Français anticolonialistes ; crier que la ligne de faille entre le dominateur et le dominé n'est pas la Méditerranée. Grumbach et Ribes pensent de même, d'un commun élan moral, et sans le moindre souci diplomatique.

On aura beau dire, cette promiscuité « contre nature » se réalise à Moscou, et nulle part ailleurs. De quoi nourrir quelques états d'âme. Vorochilov, « président du Praesidium du Soviet suprême », tient au micro le discours d'usage : « Les délégués, lors de ce festival, pourront se rendre compte de la volonté de paix du peuple soviétique », etc. Ribes, Grumbach, Sénik, Krivine écoutent la traduction d'une oreille distraite. Que le socialisme « réponde à l'aspiration profonde de tous les peuples », c'est un quasi-truisme...

Lorgnant la tribune officielle, ils n'ont d'yeux que pour Nikita Khrouchtchev. Plus que Jeannette Vermeersch ou Maurice Thorez, qui séjournent en URSS « pendant leurs vacances », plus que Boulganine, la silhouette lointaine qui les intrigue est celle du petit homme rond qui a organisé les partisans derrière les lignes allemandes en Ukraine, et sur lequel nul ne misait pour succéder au successeur de Lénine. Le petit homme qui s'est défait de Beria et qui vient de réussir, contre toute attente, à expulser du Comité central ses puissants rivaux : Molotov, Malenkov et Kaganovitch — pourfendus en bloc comme « groupe anti-Parti ». M. « K » ressemble, moins la ligne, à un alpiniste vainqueur de l'Anapurna en solitaire par une face jusqu'alors inexplorée.

L'homme est bonhomme, et cette bonhomie ajoute à son mystère. Tandis que des délégués français visitaient le Kremlin, ils l'ont croisé, comme par hasard, flanqué de Boulganine, bavardant familièrement dans les jardins. Un peu plus tard, un jeune Anglais a été gratifié d'une bourrade dans le dos, et l'un de ses compatriotes s'est même fait photographier au bras du secrétaire général. Coïncidences ? Jovial et malin, le maître de Moscou combat l'impérialisme mais cultive ses jeunes pousses.

Que penser d'un tel personnage ? La réponse n'est guère simple pour qui a vécu à chaud l'année 1956, et, là-dessus, nos quatre militants divergent. André Sénik ignore le doute. La parole des dirigeants, à ses oreilles, est sacrée. Lors d'une réunion, Jeannette Vermeersch a tenu personnellement à dégonfler les rumeurs d'amollissement aristocratique qui couraient sur le train de vie de sa famille : « Il y a des gens, paraît-il, qui prêtent à Maurice Thorez une villa sur la Côte d'Azur. Mais enfin, camarades, s'agissant de Maurice Thorez... » Et la voix a chuté sur le registre de la complicité dédaigneuse face aux calomnies dérisoires. Sénik n'y a pas même pris garde...

La presse bourgeoise, cependant, est parfois digne d'intérêt. Ne serait-ce que pour tâter le pouls de l'adversaire. En juin 1956, Sénik a entre les mains un numéro du *Monde* pas comme les autres. S'y trouve reproduit le « rapport secret » que Nikita Khrouchtchev *aurait* prononcé à huis clos le soir du 24 février, lors du XXᵉ Congrès du parti communiste d'Union soviétique, et en l'absence des délégations étrangères (le texte, par la suite, *aurait* été communiqué aux dirigeants des principaux partis frères). Dans ce rapport, M. « K » *aurait* dénoncé les crimes de Staline, son « recours aux méthodes extrêmes », les purges, la valse des hommes de main, les lourdes fautes de stratégie militaire, les excès du culte de la personnalité — inscrivant semblables déviations au compte non du Parti, mais d'hommes singuliers, à commencer par Joseph Vissarionovitch, et son âme damnée, Beria.

Un faux, un faux grossier, s'indignent les chefs de file du PCF. Ni Maurice Thorez ni Jacques Duclos n'ont jamais eu en leur possession le rapport « attribué au » camarade Khrouchtchev. Du reste, les Français annoncent qu'ils expédient une délégation chez les Soviétiques pour tirer au clair cette sombre affaire. André Sénik ne la juge nullement sombre ; de l'intox, voilà tout, *made in CIA* (est-ce d'ailleurs une coïncidence si une première mouture du fameux rapport a été publiée outre-Atlantique avant de l'être à Paris ?). Alain Krivine ne pense pas autrement. La presse bourgeoise relève que les communistes italiens sont, en la matière, fort nuancés ; que Togliatti, lui aussi, évoque le « culte de la personnalité », *L'Huma,* vociférante ou impavide, ne bouge pas d'un pouce.

Dommage, se disent Tiennot Grumbach et Jean-Paul Ribes. Et si c'était vrai ? Si, de l'intérieur, la « patrie du socialisme » entreprenait de se corriger ? Si un chef de premier plan était capable de cracher la vérité comme on se défait d'une bile, d'une humeur maligne ? Ils considèrent soudain Khrouchtchev avec une sympathie naissante. Et l'URSS différemment — à défaut d'être un modèle exportable et incontesté, peut-être devient-elle le théâtre d'une révision profonde, d'une captivante expérience ? Le contraste, estiment-ils, est trop flagrant entre cette mobilité nouvelle et le dogmatisme des communistes français, sourds à la critique mais assez opportunistes pour accorder à Guy Mollet les pouvoirs spéciaux qui lui permettront d'intensifier l'effort de guerre sur le sol algérien.

Le « dégel », à l'Est, alimente leurs espoirs. La Pologne s'ébroue, limoge plusieurs staliniens vedettes et sort du cachot quelques-unes de leurs victimes éminentes. En Albanie, en Bulgarie, en Roumanie, en Tchécoslovaquie, les « réhabilitations » vont bon train, quoique parfois à titre posthume (comme sont réhabilités les héros de la révolution d'Octobre méticuleusement liquidés par l'ancien maître du Kremlin, qui préférait désigner les héros plutôt que d'en subir l'ascendant). Judicieuse mise à jour, estiment Sénik et Krivine, preuve que la rigidité dont on nous accuse n'est qu'un slogan malveillant. Bouleversement réel ? s'interrogent Grumbach et Ribes. Le dégel augure-t-il d'un printemps ?

Non, c'est un automne, un automne pourrissant qui en sort. Le 23 octobre 1956, les étudiants du cercle Petöfi manifestent à Budapest pour à la fois imiter et soutenir les Polonais. De crise en crise, toutes les institutions du Parti et de l'État vacillent. Dans les usines, des comités de grève se forment. Imre Nagy, alors en disgrâce, est rappelé pour former un gouvernement d'union nationale. Diverses formations « bourgeoises » renaissent du néant. Le 1er novembre, Nagy proclame la neutralité du pays et son retrait du pacte de Varsovie. Le 4 novembre, les troupes russes entrent en action. Le 12, l'insurrection est anéantie. Le 16, le conseil ouvrier de Budapest décrète la fin de la grève générale.

Sitôt connue l'intervention soviétique, l'opinion explose comme une grenade. Dans *France-Observateur*, une belle panoplie d'intellectuels célèbres, dont trois communistes, dénoncent « l'emploi des canons et des chars pour briser la révolte du peuple hongrois ». Jean-Paul Sartre, le compagnon de route exemplaire, ira jusqu'à accuser les néostaliniens de « foutre la vérole à toute la gauche ». Contre-révolution fasciste, retour en force des collabos, plaide à tout crin *l'Humanité,* qui produit les photos de communistes pendus par des manifestants en furie. Authentique soulèvement populaire écrabouillé par les chenilles des chars, objecte la gauche « démocrate », cruellement coincée entre une droite aboyeuse et un parti communiste aux abois. Côté cour, un « socialisme » qui cautionne la torture en Algérie, inaugure la piraterie aérienne et se fourvoie dans l'épisode de

Suez. Côté jardin, une « démocratie populaire » qui a, plus que tout, peur du peuple. La scène est complètement dévastée. Jamais peut-être il n'a été aussi difficile qu'en ces semaines d'avoir le cœur à gauche.

Alors qu'une génération d'intellectuels communistes — ceux qui sont issus de la Résistance ou ont adhéré au lendemain de la Libération — s'achemine vers la sortie à petits ou grands pas, ses cadets refusent de jeter aux orties leur foi toute neuve. Le soir de l'intervention soviétique, dès que la radio annonce comment Khrouchtchev a balayé d'un revers de chars l'appel du président des États-Unis à laisser les Hongrois se déterminer eux-mêmes, la foule d'étudiants grossit sur le boulevard Saint-Michel. Beaucoup sont scandalisés. Maints adhérents de l'UEC ne surmontent pas leur trouble. Quoi ? Ces dirigeants, les Rakosi, les Gerö, hier élus avec 99 % des suffrages, et que *l'Huma* créditait chaque matin d'un total soutien des masses laborieuses, sont aujourd'hui conspués dans les universités, les usines, les rues ?

Au bas du boulevard, un attroupement. Au cœur de l'attroupement, Sénik, qui fait front, renvoie la balle, cerné d'un cercle hostile, dévide ses arguments dans la solitude du prêcheur de fond, et reprend au début quand il en voit la fin. C'est l'impérialisme ! C'est le fric américain qui finance la subversion ! Oui, une partie du peuple a été trompée : la contre-révolution n'ose pas dire son nom pour mieux manipuler les travailleurs. « Une partie du peuple ? Où donc est l'autre ? Pourquoi ne se range-t-elle pas du côté des Soviétiques ? » La voix amère qui vient de cingler Sénik est une voix amie, celle d'un étudiant communiste... André, furieux, délaisse le plaidoyer pour l'injure.

Même chez les Krivine, l'unanimité est rompue. Hubert, le jumeau d'Alain, s'exprime dans un langage qui sidère ses camarades de frères. Le contenu des discussions est toujours le même : manœuvre impérialiste ? authentique sursaut ? Le portrait de Rakosi, au mur de la chambre, paraît soudain déplacé.

Ce sont les adversaires du PC qui lui sauvent la mise. Le 7 novembre, alors que le sang souille les pavés de Budapest, une manifestation de solidarité avec les Hongrois est convoquée à l'Arc de Triomphe. Tiennot Grumbach décide d'en être. En fin d'après-midi, ils sont trente mille aux Champs-Élysées. Et sur les trottoirs, des milliers d'autres applaudissent les drapeaux français et hongrois mêlés. En tête, Tiennot aperçoit la plus belle brochette de ministres qu'il lui ait été donné de voir : François Mitterrand, le garde des Sceaux, Tanguy-Prigent, Champeix, Max Lejeune, Eugène Thomas. Pour tout dire, la sympathie du jeune manifestant ne se porte guère vers ces gens-là. S'ils versaient les mêmes larmes sur les Algériens dont on tranche la tête, au petit matin, dans la prison de Maison carrée, qu'ils versent sur les fusillés de Budapest ; s'ils accordaient à Ben Bella la liberté que les hommes de Moscou refusent à Imre Nagy — alors, oui, il se sentirait plus à son aise. Pourtant, malgré les Bidault, Laniel, Pinay, Reynaud, Tiennot Grumbach estime que sa place est dans cette foule, qu'il ne faut abandonner la protestation antisoviétique ni à la droite qui jubile ni à une gauche qui se déshonore.

Mais, en redescendant sur la Concorde, son malaise grandit. Ce n'est plus « Libérez Budapest ! » ni même « Des armes aux Hongrois ! » qu'on entend scander. Les quelques milliers de manifestants qui tardent à se disperser hurlent maintenant : « Le PC hors-la-loi ! », « Thorez au poteau ! » Et le mouvement s'accélère. « A Châteaudun ! » Un cortège compact, mi-marchant mi-courant, emprunte la rue Royale. Un autre, depuis l'Étoile, envahit l'avenue de Friedland. « A Châteaudun ! » Les ministres sont remontés dans leurs voitures de fonction, le gros des protestataires a disparu. Autour de lui, Tiennot ne voit plus que des silhouettes trop familières : celles, très jeunes pour la plupart, des « fachos » contre lesquels il se bat devant Janson-de-Sailly. La rue de Châteaudun, c'est le siège du PC. Tiennot court, double les commandos qui ont dépassé le boulevard Haussmann et atteignent la gare Saint-Lazare. Il était aux Champs-Élysées contre les staliniens. Il sera rue de Châteaudun contre les fascistes.

L'immeuble du Parti s'est transformé en camp retranché. Par téléphone, on appelle des renforts. Le tocsin sonne, dit-on, dans les banlieues rouges. Les aînés des quatre frères Krivine enfilent leurs imperméables. André Sénik fonce prendre la garde rue Humblot, au local de l'UEC.

Quand les assaillants parviennent à destination, une poignée de communistes les attend devant les portes bouclées. Ils ne font pas le poids. Tiennot Grumbach se rejette en arrière. Les permanents du PC ont mis en batterie une lance à incendie. Progressivement, les fenêtres du bâtiment s'ouvrent ; des chaises, des tables, tout ce qui s'empoigne, passent par les croisées, s'écrasent sur la chaussée et, parfois, sur le béret rouge d'un para. Les policiers, qui ne sont pas légion (à la demande même de Jacques Duclos, dans l'après-midi), ne sauraient endiguer le flot. D'ailleurs, les assiégés les insultent aussi copieusement qu'ils insultent leurs agresseurs. Ceux-ci sont vite libres d'agir. Des poutres de chantier, utilisées comme béliers, enfoncent les portes. Il est près de vingt heures. On se bat dans l'escalier avec une violence extrême. Et bientôt, Tiennot voit jaillir un bouquet de flammes des fenêtres du premier. Arrosées d'essence, les archives brûlent. Des portraits de Maurice Thorez volent vers la rue, bizarrement rejoints par des planches de timbres soviétiques. La fumée est si épaisse — les pompiers sont à l'œuvre — que la façade disparaît complètement aux regards.

« A *l'Huma* ! A *l'Huma* ! » La troupe des émeutiers se dirige vers le boulevard Poissonnière. Ils essaient vainement, à trois reprises, d'arracher le rideau métallique qui protège l'entrée principale. De l'autre côté, le bar du journal s'est mué en fort Chabrol. Les bouteilles, lestées d'eau, cisaillent des visages. Des piles de briques s'alignent sur le comptoir. Rien à faire. Tandis que les policiers bouclent complètement le quartier, cette fois, la meute se casse les dents. Les portes du garage sont bloquées par des camionnettes. Aux classiques lances à incendie succèdent d'autres moyens de défense. Les ouvriers du Livre, linotypistes et typographes, balancent des lingots de plomb, des caractères d'imprimerie à pleines poignées. Les blessés, couverts de sang, sont soignés au sous-sol du Rex, le grand cinéma voisin.

Tiennot est surpris par le double mouvement des policiers et des pompiers qui pénètrent dans l'immeuble. Une équipe de voltigeurs, parmi les manifestants, est parvenue à emprunter les toits, à déclencher un début d'incendie dans l'imprimerie. Quatre « fascistes » sont aux mains des communistes. Les pompiers entrent pour éteindre le feu ; les forces de l'ordre, pour prévenir un passage à tabac des prisonniers.

Sur les boulevards, au métro Poissonnière, on piétine. Tiennot reconnaît des copains, de plus en plus nombreux, qui viennent aux nouvelles. Les badauds tournent en rond. Et puis éclate *l'Internationale,* gueulée en chœur, pas très loin. On dit que « les prolos » arrivent. On dit que, rue du Faubourg-Montmartre, ça cogne toujours. On dit enfin que les renforts qui descendent de la banlieue nord se sont fait accrocher rue de Lancry et que, là-bas, c'est une vraie bataille rangée. La rumeur n'est pas fausse. A hauteur du théâtre de l'Ambigu, les manifestants plient, les contre-manifestants prennent l'avantage, et les CRS se retournent contre ces derniers. Dans la fumée, dans le crépitement d'on ne sait quelles armes, un cri traverse la nuit opaque, recouvre les corps allongés, relie les détachements épars : « Le fascisme ne passera pas ! »

Tiennot s'éloigne, chaviré, déchiré. La ligne de démarcation entre le bien et le mal, ce soir, est insaisissable.

L'Humanité ne reparaît que le surlendemain. Emphatique et soulagée, drapée dans la dignité des victimes : ceux que l'extrême droite pourchasse ne sauraient être que les partisans de la Liberté. Les « fascistes » hongrois ont lâché sur Paris un de leurs escadrons. Et leurs hommes de main, « narines frémissantes, guettaient l'odeur de chair brûlée dont les relents flottaient encore voici peu sur les ruines de Budapest, l'odeur des communistes grillés vifs à l'essence ». En page une, au centre du billet quotidien d'André Wurmser, le fac-similé d'une médaille trouvée sur l'un des quatre « prisonniers » : elle porte l'effigie de l'ex-maréchal Pétain. Bref, la cause est entendue. Il ne s'agit point de libertés formelles et de libertés réelles, de démocratie bourgeoise et de démocratie socialiste. Il s'agit d'un coup de force des « vichyssois en mal de revanche » contre « le parti des soixante-quinze mille fusillés ». Sénik triomphe, Krivine respire, Grumbach et Ribes doutent.

Quelle est la vérité secrète de Moscou en fleurs ? Qui est donc M. « K » ? Sorti du stade Lénine, chacun, par les voies officielles ou officieuses, tente, selon sa démarche propre, d'étayer ses certitudes ou d'aiguiser ses questions.

André Sénik flotte sur un nuage ouaté. Certes, il est un brin déçu par tant de liesse lénifiante, où les angles politiques sont perpétuellement arrondis. Son tempérament combatif ne trouve pas réellement sa provende dans les « manifestations » (le mot n'a pas ici le même sens qu'à Paris) de la délégation française. La réception donnée par les jeunes Moscovites du quartier Jdanov, le énième rappel de Francis Lemarque pour une énième édition de *Quand un soldat,* la projection de *Mort en fraude* et du

Monde du silence, le récital des chorales folkloriques à l'usine de roulements à billes numéro un, la soirée au Bolchoï, avec Maurice Baquet, Renée Lebas et Michel Legrand (sans oublier Marcel Azzola), tout cela ne manque pas de charme, sinon peut-être d'un peu de sel.

Mais André obtient, au-delà de toute espérance, la contrepartie de ces heures trop sages. Quand les communistes français se rendent au mausolée de Lénine afin d'y déposer l'hommage de leurs mouvements, c'est lui qui est choisi pour s'avancer vers le tombeau de marbre et de verre où dort la momie du fondateur des soviets. Qui plus est, l'homme avec lequel il partage l'honneur de porter la grande couronne de fleurs offerte par la JC et l'UEC s'appelle Henri Martin — le héros de la résistance à la guerre d'Indochine. Sénik pourra dire en rentrant : « J'ai vu Lénine. » Il pourra même ajouter : « J'ai vu Staline. » Preuve que le rapport « attribué au » camarade Khrouchtchev n'est qu'une falsification bourgeoise, les deux cercueils sont côte à côte, livrés ensemble à la vénération des masses, dans la lumière oblique de l'immense tombeau.

Alain Krivine, lui, est d'abord sensible à cette « Internationale des jeunes » qui prend corps sous ses yeux, et dont le symbole est le « Club international des étudiants », inauguré par le Tchécoslovaque Jiri Pelikan, à l'université Lomonossov.

Pourtant, certaines péripéties l'intriguent, ou même le perturbent. Il en est de franchement cocasses. Un étudiant américain a été arrêté alors qu'il escaladait le mur d'une usine, muni d'un appareil photographique — il s'était perdu et n'a été libéré qu'après des heures d'explications laborieuses. Il en est de déconcertantes. Un copain d'Alain, dirigeant de la JC, avait donné rendez-vous à une jolie Soviétique en un endroit discret : le cimetière. Surpris par des Komsomols alors qu'il embrassait sa belle camarade sur la bouche (tradition russe, pourtant), il s'est fait embarquer et, copieusement sermonné, a raconté, rougissant, sa mésaventure quand on l'a relâché.

D'autres accrocs, diplomatiques, sont plus compréhensibles. L'ambassade de Grande-Bretagne échoue dans sa tentative de réunir délégués anglais et égyptiens. Les Américains n'ont pas plus de succès pour jeter des ponts entre ces derniers et les Israéliens. Les Allemands de l'Est et les Allemands de l'Ouest s'évitent de leur mieux. Et au slogan « Plus jamais Hiroshima ! » les représentants des États-Unis souhaiteraient qu'on ajoute : « Plus jamais Pearl Harbor ! »...

Mais, pour Krivine, tout cela n'est qu'anecdotes ou légitimes froissements. Il ne s'émeut guère lorsque deux hommes l'abordent dans la rue et bredouillent dans un français approximatif : « Ici, pas de liberté, pas de liberté ! » En revanche, il est bouleversé d'apprendre que les Algériens logent à l'hôtel Yaroslavskaïa, non loin de l'Épi d'Or. Sans demander l'avis de personne, il s'y rend, se présente, s'installe au bar avec quatre garçons du FLN (qui sont munis de passeports marocains). Depuis des mois, les récits de la bataille d'Alger l'indignent et le passionnent. *L'Humanité* a rapporté le témoignage d'Henri Alleg, membre du parti communiste algérien, « questionné » par les officiers français à la manière des nazis. Dans l'esprit du vendeur vedette de *l'Avant-Garde,* deux absolues convictions : les « fellaghas » défendent avec bravoure une cause juste ; le PCF, en « métropole », est leur meilleur soutien.

Les « fellaghas » présents sont d'accord sur le premier point. Sur le second, ils infligent une énergique douche froide à leur interlocuteur :

— Ton parti ne nous approuve que du bout des lèvres. Ce qui le préoccupe, au fond, c'est que les familles françaises soient mécontentes qu'on expédie leurs fils se battre chez nous.

— Où est le mal ?

— Nulle part. Sauf qu'il s'agit d'abord d'intérêt électoral.

Alain s'étrangle. Et le réquisitoire continue :

« L'internationalisme du PC ne l'a pas empêché d'accorder les pouvoirs spéciaux à Guy Mollet, de nous trahir. En fait, il ne supporte pas que notre combat soit dirigé par un front dont il n'a pas le contrôle, plutôt que par un « parti frère », comme en Indochine !

— Mais vous délirez ! s'insurge Krivine, sidéré. Chaque semaine, je vends un journal qui réclame la paix en Algérie, et les fachos viennent nous casser la gueule.

— Ton journal réclame la paix en Algérie ; ça, c'est vrai. Mais l'indépendance de l'Algérie ? Voilà un mot que *l'Humanité* ne manie qu'avec des pincettes !

— Il faut bien tenir compte de l'opinion française, l'accompagner, la travailler.

— L'alibi classique. Vous êtes mous, camarades, mous...

Mou, le Parti ? Le coup est sévère. Il y a forcément quelque part un malentendu. Il y a forcément, parmi les dirigeants des JC, quelqu'un pour le dissoudre. Profondément ébranlé, Krivine agit en militant discipliné : il se tourne vers ses chefs. Sur un point, au moins, il n'est pas mécontent : les Algériens ont accepté que la discussion se poursuive « au sommet ».

Rentré à l'Épi d'Or, un deuxième choc l'attend :

— Une rencontre avec les Algériens ? Officielle ? Tu es complètement fou ! Si ça se sait, on va se faire virer.

Trop tard. Le camarade Krivine s'est imprudemment avancé. A présent, les délégués français sont obligés de suivre. Alain, penaud mais curieux, accompagne les émissaires de la JC. Narquois, leurs homologues des JFLN les attendent de pied ferme. Le procureur principal, un nommé Mohamed Khemisti, développe à nouveau ses griefs. Le ton est acerbe, et il se durcit encore, jusqu'à devenir violent. Krivine se tait, observe que ses dirigeants ne se défendent guère mieux que lui-même : « Il faut comprendre le Parti ; certaines de vos actions sont inexplicables au peuple français... » Au terme de l'entrevue, en gage d'amitié « malgré tout », les Algériens offrent quelques souvenirs à ceux qu'ils ne veulent plus considérer comme des compatriotes : des insignes, plusieurs exemplaires du journal de l'ALN, l'armée « rebelle ».

Krivine, si troublé soit-il par ce qu'il vient d'entendre, emporte ces cadeaux dont la charge symbolique l'émeut — le signe tangible qu'il a croisé les révoltés de l'ombre dont toute la France parle sans jamais les voir. Il en éprouve une sorte de fierté. Mais, dès la sortie, la consigne tombe : pas question de se balader « avec des trucs du FLN ». Alain restitue les insignes, les journaux. Une fracture, là, s'est ouverte.

Moins vive, moins nette, une autre meurtrissure l'atteint. Non pas une fracture mais une fêlure, une blessure si passagère, si localisée, qu'il faut peser à l'endroit précis pour qu'une douleur diffuse se réveille. Krivine, malgré sa fraîcheur militante, n'a pas oublié les empoignades avec Hubert, son frère, quand les chars russes ont investi Budapest. Puisque les Hongrois sont présentés à Moscou comme les héros du stade, l'occasion est belle de s'approcher d'eux, de chercher leur témoignage. Effectivement, ils ont l'allure des héros qui rentrent du front. Démarches raides, cicatrices apparentes, cannes et béquilles. La conversation s'engage. Tous, sans exception aucune, sont membres du Parti. La plupart appartiennent à l'armée ou à la police. Est-ce là une délégation composite, comme celles des autres nations ? Est-ce là un échantillon représentatif du peuple hongrois ? Perplexe, Krivine reste sur sa faim.

Tiennot Grumbach et Jean-Paul Ribes aussi. Répertoriés comme mendésistes, ils sont rangés par les JC, non sans quelque condescendance, au rayon des réformistes « cathos » (quoique ni l'un ni l'autre ne pratiquent plus). Mais cette étiquette pastel leur convient mal. Rapidement, l'image s'inverse. Les gentils démocrates bourgeois, que devraient combler d'allégresse les veillées folkloriques et l'apolitisme des discours, posent les mauvaises questions et finissent par faire figure d'irritants semeurs de poil à gratter. Ils ne possèdent pas, eux, l'accès direct aux organisations étrangères « amies » des JC ou de l'UEC. Un sésame leur est donc nécessaire. « Nous voudrions rencontrer les Hongrois. » Silence gêné. Passe encore que des JC s'aventurent sur ce terrain — militairement — miné. Mais les « démocrates », sûrement pas. « Nous voudrions rencontrer les Algériens. » Là, Paul Laurent se fâche (il est à peine remis de l'épisode Krivine, ce qu'ignorent naturellement Tiennot et Jean-Paul). Les relations franco-algériennes à Moscou, énonce le grand manitou des jeunesses communistes suivant un débit si lent que chaque mot semble le produit d'une infinie rumination, les relations franco-algériennes, donc, sont soumises à une obligation de réserve.

Place Rouge et chou blanc. Ne reste plus qu'à visiter le Goum, le célèbre magasin, et à s'y payer en honnête touriste une balalaïka souvenir pour la modeste somme de cinquante roubles.

Tiennot, cependant, ne renonce pas complètement à ses pensées déviantes. Sans qu'il sache exactement pourquoi, ses pas le portent vers la synagogue de la ville. Il y est reçu comme une apparition exotique, qu'on dévore des yeux, déplacée et peut-être menaçante. Les hommes qui le suivent du regard sont vieux, déracinés de leur *shtetl*, de leur village originel. La *kippa*, la calotte des juifs observants, et le *talit*, le châle de prière, semblent empruntés à un magasin d'accessoires, à un musée des arts et traditions populaires. Grumbach s'est parfois senti un intrus chez les goyim. Ici, il se sent un intrus chez les juifs. Il rebrousse chemin, désorienté.

Dans la rue, André Sénik est accroché par des juifs soviétiques qui se plaignent du régime, parlent de discrimination, d'intolérance religieuse. Il refuse de les écouter, s'écarte sèchement comme on fuit un faux mendiant, un aigrefin que l'on suppose déguisé pour apitoyer les passants. Plus : il décide, dès son retour, de publier un article dans *Clarté* (l'organe de l'UEC), et même dans la revue des étudiants juifs de France, afin de pulvériser la fable des survivances antisémites en URSS. Il tient déjà la première phrase de son papier : « Ce n'est pas à Moscou qu'on joue Brasillach... »

Étrange filtre que celui du Festival. Sénik l'a traversé indemne. Quand il foule à nouveau le quai de la gare de l'Est, il est rigoureusement égal à lui-même : convaincu à cent pour cent que le communisme est la jeunesse du monde, que rien n'est capable d'écorner l'utopie qui l'emporte.

Grumbach et Ribes, pour leur part, rentrent quelque peu modifiés. Mais pas dans le sens qu'ils attendaient. Ils étaient partis fort circonspects, avec Budapest sur le cœur, et le « soidisant » rapport Khrouchtchev en tête. Ils reviennent moins anticommunistes qu'auparavant. Certes, ils ne doutent pas un instant que l'insurrection hongroise était une authentique insurrection populaire. Ils se méfient plus que jamais de l'esprit de boutique, des libertés de façade, du pacifisme slogan. Mais ils ont été impressionnés par cette population moscovite qui, pardelà les feux d'artifice et les oriflammes, les cérémonies encadrées et les réjouissances mises en scène, souhaitait à ses hôtes une bienvenue sincère. Ils ont été transportés par la coexistence — fût-elle encombrée de rivalités de boutique et de séquelles guerrières — de jeunes des cinq continents. Ils ne sont pas loin de penser que M. « K » joue double jeu. Reste à savoir qui dissimule qui, du critique de Staline ou du bourreau de Nagy. Après tout, le socialisme français n'est guère flambant. Le communisme russe n'est peut-être pas flambé.

Alain Krivine et son frère achèvent leurs vacances à Buffe-Cocu. Depuis leur quinzième année, ils ont été bombardés moniteurs du camp d'été des Vaillants et des JC. Mais, cette fois, Alain est détourné de ses jeux de piste par la fédération communiste de Guéret. Heureuse de tenir un témoin qui revient tout juste de « là-bas », un témoin qui a foulé la terre du socialisme en marche, elle entend exploiter l'aubaine. Avec le député du coin, Tourteau, Alain est encouragé à circuler de village en village, pour narrer chaque soir ce qu'il a vu et entendu.

— Écris à l'avance ton exposé, mon gars, j'y jetterai un œil, conseille le camarade député.

La procédure est habituelle. Krivine s'y conforme et couche sur le papier un honnête récit, globalement enthousiaste quoique assorti d'ombres légères : l'habillement des Soviétiques, notamment, n'est pas d'une coupe très seyante, et les immeubles semblent fort moroses. Pour Tourteau, c'est trop de retenue :

— Donne-moi ça. Je vais le reprendre.

— Mais toi, tu n'es jamais allé en URSS !

— Mon petit, les paysans auxquels tu vas parler ne sont pas mieux sapés que les gens de Moscou. Alors laisse-les tranquilles avec ces histoires de fringues.

Et le député, de la première à la dernière ligne, récrit soigneusement le « topo » de son jeune camarade.

Ils dorment à la « fédé » et, le lendemain, prennent la route dans le fourgon Citroën qui va les mener de bourg en bourg. On leur adresse, du bord du chemin, des gestes d'amitié. Le Parti reste une grande famille.

Et la chaleur familiale vaut bien quelques silences.

2

Les tricheurs

Depuis le début de l'après-midi, la place de la République est coupée des artères qui y mènent. Les forces de police, massives, contrôlent tous les accès. Des murailles compactes d'hommes noirs préservent quelques étroits passages entre les barrières métalliques, disposées en chicanes, et refoulent ceux qui ne peuvent brandir une invitation. Au-delà, les privilégiés qui ont justifié d'un coupe-file se pressent devant la tribune officielle. Les cafés et les magasins ont préféré saluer ce jour historique rideau baissé. Au centre de l'esplanade, adossées contre le monument de bronze qui symbolise la République, des estrades habillées de velours rouge ont été dressées, dessinées en fer à cheval autour du podium réservé aux orateurs.

Le geste saccadé, la célèbre mèche noire balayant son front au rythme syncopé des phrases, André Malraux psalmodie. C'est lui qui a élu ce lieu chargé de sens pour la cérémonie : aujourd'hui, 4 septembre 1958, le général de Gaulle baptise la jeune Constitution. De sa voix âpre, l'auteur des *Conquérants* exhorte les fidèles devant un énorme V haut de quatre mètres, à la fois symbole de victoire et, en chiffres romains, numéro d'ordre de la République naissante.

— Le peuple de Paris est là !

Le cri de l'écrivain soulève l'enthousiasme de l'assistance, mais, comme en écho cacophonique, une rumeur confuse monte aussi de la foule tenue à distance sur les avenues proches. Tous ne sont pas là pour communier dans la ferveur gaullienne.

De la rue de Turbigo parviennent les slogans hostiles scandés par des milliers de gosiers. « Le fascisme ne passera pas ! », « Non à la dictature ! » gueulent les vigoureux porteurs de pancartes où se détachent en noir sur fond jaune trois lettres capitales : « NON ». Perdu parmi les contre-manifestants, un jeune lycéen contemple, impressionné, les militants communistes qui

43

martèlent leurs mots d'ordre en cadence. Il vient d'avoir seize ans. Déjà, sur cette même place, il a suivi trois mois plus tôt, derrière Mendès France et Mitterrand, le grand défilé du 28 mai ; des centaines de milliers de Parisiens lançaient déjà : « Le fascisme ne passera pas ! » Quatre jours plus tard, le général de Gaulle recevait l'investiture de l'Assemblée nationale.

Là-bas, Malraux achève son monologue. Il a convoqué à la rescousse Danton et Saint-Just, évoqué la nuit de Londres — tandis que de lourds nuages sombres entachaient un firmament jusqu'alors très bleu. Des ballonnets multicolores s'élèvent, porteurs de petites banderoles sur lesquelles se devinent, encore et toujours, des « NON ». Le ministre n'en a cure :

— Une fois de plus au rendez-vous de la République et au rendez-vous de l'Histoire, vous allez entendre le général de Gaulle.

A cet instant, par un passage ménagé au pied de la statue, une voiture noire se glisse et s'immobilise. Le héros du jour apparaît, grimpe allègrement l'escalier et, sitôt sur la tribune, lance ses deux bras tendus vers le ciel. Les applaudissements déferlent. Il parle.

Boulevard Magenta, rue de Turbigo, les manifestants n'ont rien vu. Mais la clameur qui accueille l'homme du 18 Juin revenu de l'exil intérieur joue comme un signal. Les slogans redoublent d'intensité. Les CRS s'ébranlent. Effrayé, le jeune lycéen voit autour de lui s'ouvrir musettes et sacoches. Des barres de fer, des clés à molette surgissent tandis que les responsables transmettent les consignes. Il ne sera pas dit que le parti de la classe ouvrière laissera s'installer la dictature sans réagir.

Les forces de l'ordre chargent. Sous les coups de matraque, les hommes tombent. La foule reflue vers le métro Arts-et-Métiers. La peur au ventre, le lycéen court comme les autres. Rue Beaubourg, les militants communistes défoncent la chaussée ; les pavés volent, creusent des auréoles dans les pare-brise des fourgons. La police attaque, les manifestants résistent et repartent à l'assaut. Une barricade s'élève ; les heurts sont brutaux, et de larges taches de sang, en maints endroits, maculent la chaussée. L'adolescent reçoit un cours accéléré de combat de rue. Admiratif, il découvre la détermination, le courage, et, jaillie des profondeurs du XIXᵉ siècle, la violence des ouvriers parisiens. En cette trouble soirée, des images définitives s'enfouissent dans le coffre-fort de sa mémoire.

Serge July, seize printemps, entame sa formation politique.

La cuvée 1959 de la fête de *l'Humanité* ressemble à celle des années précédentes ; d'innombrables stands ornés de calicots offrent aux centaines de milliers de sympathisants et militants communistes qui déambulent dans les allées une infinie variété de produits du terroir. Pour rien au monde les enfants de Thorez ne manqueraient le rendez-vous familial où le Parti étale sa puissance, où ils peuvent apercevoir leurs dirigeants prestigieux et applaudir, loin, sur la scène centrale, les vedettes de la chanson.

Au stand de l'Union des étudiants communistes, André Sénik interpelle le chaland en vantant le bouquet d'une vodka mémorable. Les amateurs risquent de la juger quelque peu fade, et ils n'auront pas tort : elle a été fortement coupée d'eau. Les bénéfices de cette vente sauvage alimenteront les caisses de l'UEC. Depuis son voyage à Moscou, Sénik, « Dédé » pour les copains, témoigne d'un inépuisable activisme. A deux pas de lui, derrière le bar, Philippe Robrieux surveille d'un œil inquiet les réactions des buveurs qui s'étonnent de ne point s'étrangler lorsque, cul sec, ils trinquent à la santé de Maurice.

Tout d'une pièce, obstiné, accrocheur, Robrieux affiche cette inébranlable sincérité qui, dans le mouvement communiste, a façonné des cascades de martyrs. A vingt-trois ans, il aligne déjà une quasi-décennie d'engagement ; et, en cet automne 1959, il a été promu secrétaire général de l'UEC.

Comment échapper à son destin lorsque sa venue au monde a été saluée par la victoire du Front populaire et que sa petite enfance a retenti des chants gutturaux de l'occupant ? A la fin de la guerre, réfugié avec sa famille dans le Limousin, le jeune Philippe, un soir de juin 1944, distingue à l'horizon d'étranges lueurs. La division *Das Reich* a mis le feu au petit village d'Oradour-sur-Glane. Quelques heures plus tard, le garçonnet parcourt avec son père les ruines fumantes, où des cadavres noirâtres achèvent de se calciner.

La suite est « naturelle » : à quinze ans, Philippe rejoint l'Union de la jeunesse républicaine de France, cache-sexe de la Jeunesse communiste. Pour l'heure, la véritable mobilisation de l'équipier Robrieux s'effectue prioritairement sur les terrains de foot — le ballon rond est sa passion, et il préfère mouiller son maillot au stade plutôt que ses chemises en réunion.

45

Vient l'année 1956, que le néophyte traverse sans états d'âme. Bien au contraire : la publication dans *le Monde* du rapport « attribué au » camarade Khrouchtchev lui semble une grossière manœuvre des Américains. Et quand des manifestants veulent incendier les locaux du Parti, il n'hésite pas une seconde à se lancer dans la bagarre. A Budapest comme à Paris, les fascistes rêvent de vouer au bûcher les communistes. Le combat du jour contre la nuit !

Lors de son XIVe Congrès, réuni au Havre en juillet 1956, le parti communiste décide la transformation de l'UJRF en Mouvement de la jeunesse communiste et la création d'une Union des étudiants communistes qui lui sera rattachée. Ordre est donné à tous les étudiants de s'évader des cellules de quartier pour évangéliser l'Université.

Robrieux, son bac philo en poche, découvre la Sorbonne à la rentrée 1956. Le cercle de Propédeutique, auquel il appartient, regroupe une bonne vingtaine de jeunes garçons et filles. On n'y badine pas avec le militantisme. L'amateur de foot est contraint de délaisser la compétition sportive pour d'autres empoignades ; saisi par la fièvre de l'activisme, il critique le comportement dilettante d'un des membres du cercle, Jean-François Kahn, apparemment plus porté sur les Platters et les surprises-parties que sur les distributions de tracts. Philippe Robrieux, lui, ne ménage pas sa peine, et son dévouement sans faille finit par obtenir récompense. Le voici membre du bureau national de l'UEC et bientôt secrétaire général. Le sérail lui ouvre ses portes, et il commence à fréquenter l'aristocratie du parti communiste.

A deux pas du métro aérien, la rue Humblot, petite artère transversale, offre une telle absence de particularité qu'elle décourage la description. Le numéro 9 est un immeuble de quatre étages, doté d'une façade vétuste. La Jeunesse communiste y a élu domicile. Chaque jour ou presque, Philippe Robrieux retrouve ce sombre local. La porte d'entrée, qui s'ouvre à grand-peine, est sévèrement gardée. Des haches et des barres demeurent prêtes à servir. Par un escalier étroit, encombré de paquets de tracts, il accède aux deux pièces exiguës qui sont allouées à l'UEC. Il y est attendu par un personnage dont le « regard clair », le « sourire engageant », la « poignée de main décidée » évoquent irrésistiblement le héros positif qui triomphe des éléments contraires dans les films soviétiques.

Serge Depaquit n'a pas encore trente ans. Homme de l'ombre, il est l'œil de la direction du PCF sur les étudiants. De famille communiste, Depaquit a adhéré tout jeune au « parti des fusillés ». Élève dans une école d'optique, il grimpe rapidement les échelons de l'appareil. En 1954, il côtoie à l'état-major de l'UJRF Paul Laurent et Marcel Rigout — secrétaire à l'organisation. L'année suivante, le PC lui propose de partir pour Prague, siège de l'Union internationale des étudiants. Il hésite : devenu ingénieur, il est attaché à sa profession et souhaiterait éviter de devenir permanent. Mais il cède, finalement, aux fraternelles pressions de ses camarades. Dans la capitale tchécoslovaque, il rencontre Jiri Pelikan, le président de l'UIE, qui lui distille au compte-gouttes d'édifiantes anecdotes.

Un jour, au restaurant, Pelikan raconte à son interlocuteur la triste aventure d'un membre du bureau politique fusillé sous Staline et réhabilité ensuite avec tant d'honneurs qu'un monument commémore ses hauts faits sur une place de Leningrad. Amère facétie de l'histoire qui plonge le Français dans des abîmes de réflexion. Ainsi Dieu le Père pouvait se tromper... C'est après son retour à Paris, vers la fin de l'année 1956, que Depaquit est chargé de « suivre » l'UEC naissante.

La rue Humblot est son quartier général. Avec Robrieux, il forme un tandem solide ; l'un est réfléchi, méthodique, organisé, adulte ; l'autre, nerveux, impulsif, décidé, courageux. Entre eux, une amitié — celle qu'alimente la certitude partagée de contribuer au bonheur de l'humanité. Chaque semaine, les deux compères réunissent le bureau national, le « BN », dans la grande salle du premier étage. Serge, l'éminence grise, explique à ses camarades les finesses et détours de la politique du Parti. Plus âgé de quelques années, il impose sans mal une autorité que nul ne conteste. Affable et discret, volontiers chaleureux, il est le « papa » de la jeune équipe, qui lui voue une confiance entière, voire, pour certains, une admiration naïve.

Jeannette Pienkny est la seule femme de cette assemblée d'hommes. Si elle appartient au BN, c'est que la loi non écrite du Parti exige qu'un représentant du deuxième sexe siège en cette instance. Jolie —est-ce la raison du choix ? —, elle « en jette » : ses yeux vert amande, pour la couleur et pour la forme, et ses hautes pommettes slaves suscitent quelque émoi parmi ses compagnons.

La première fois qu'il l'a aperçue, animant avec aplomb une réunion de cercle dans la salle enfumée d'une brasserie du quartier Latin, Philippe Robrieux a senti grandir son intérêt pour le militantisme étudiant. « Jeannette » (elle a l'insigne honneur de se prénommer comme l'épouse du secrétaire général) ne goûte guère l'ambiance de copinage viril qui règne rue Humblot. Et quand, à l'issue des congrès, les membres du BN retrouvent les émissaires de la direction du Parti pour d'interminables banquets, elle conserve une prudente distance. Tenir la bouteille, lors de ces agapes, accroît le prestige des chefs.

En fin de repas, Jeannette Vermeersch ne dédaigne point de pousser la chansonnette et entame *le Temps des cerises*. Bientôt, aux hymnes révolutionnaires succède le répertoire des carabins, et le corps de garde détrône la jeune garde. Jacques Duclos, l'œil allumé, entreprend de narrer sa guerre d'Espagne — il s'est écoulé vingt années depuis qu'en 1936...

1936. C'est l'année où le père de Jeannette Pienkny arrive en France. Juif polonais, né à Lodz, il fut dirigeant de la Jeunesse communiste. Repéré par la police, il fuit en Allemagne, milite au PC, que Hitler entreprend de démanteler. Arrêté durant un meeting, il est condamné, incarcéré. A peine libéré, il gagne Paris. A la déclaration de guerre, comme beaucoup d'immigrés d'Europe de l'Est, il s'engage. Il est fait prisonnier, revient en 1945.

Jeannette ne découvre qu'alors son père. Elle a sept ans. Les souffrances et les déchirements antérieurs s'agrippent au cœur comme l'étoile jaune s'accroche à la poitrine : descentes de la milice, camps de réfugiés, ballottements d'autant plus effrayants qu'incompréhensibles. Des blessures qui griffent une vie, la modèlent à jamais.

Chez les Pienkny, on parle yiddish ; la mère est couturière à domicile, le père ne « fait » plus de politique, mais il en parle du matin au soir. Cet étrange assemblage d'éducation communiste et de culture juive — non religieuse — est au début des années cinquante le terreau commun de la bande que fréquente Jeannette. Tous les samedis et dimanches se retrouvent autour de la place de la République des enfants juifs traumatisés par la guerre. Leurs familles se partagent entre victimes du génocide et rescapés qui éprouvent l'inavouable sensation d'être des survivants. Lorsque l'absolu malheur a frappé tôt, le reste de l'existence semble un sursis. Raison supplémentaire de vouloir modifier un monde qui a engendré l'horreur.

Pour ces jeunes juifs, l'antifascisme est incarné par le parti communiste. Dans le grand livre du bien et du mal, ils lisent avec une immense fierté les exploits des combattants de l'Affiche rouge, des juifs révolutionnaires qui affrontèrent dans Paris même la Wehrmacht. Enfants de la guerre, ils deviennent par la biologie de l'histoire fils de Staline.

Quand meurt « le petit père des peuples », Jeannette Pienkny arrive en larmes à son lycée. La disparition du vainqueur de Stalingrad déclenche chez l'adolescente de quinze ans un incoercible chagrin. Quelques semaines plus tard, la condamnation à mort d'Ethel et Julius Rosenberg, accusés par les Américains d'espionnage au profit de l'Union soviétique, est vécue par Jeannette et ses camarades comme un insupportable déni de justice. La petite bande passe ses soirées à peinturlurer d'énormes slogans le moindre mur du quartier. Et la nuit qui précède l'exécution, dans l'attente angoissée d'une grâce miraculeuse, les jeunes gens ne se quittent pas, comme si la chaleur du groupe pouvait annuler ou différer l'épreuve.

Ces moments d'impuissance partagée devant l'inévitable ne tardent pas à muer en ferveur militante, aveugle et passionnée, le sentiment d'appartenance au camp des humiliés. Dès la fin de sa troisième, Jeannette Pienkny adhère à la cellule communiste du lycée Hélène-Boucher qu'anime le professeur de philosophie.

Presque au même moment, l'armée ouvre le feu sur les ouvriers qui manifestent dans les rues de Berlin-Est.

Jeannette est une bonne militante ; en quelques années, elle se hisse à la direction de l'UEC, qu'elle a contribué à créer. Comme les autres membres du bureau national, ni le rapport Khrouchtchev ni la répression sanglante de la commune de Budapest ne l'ont émue. Le Parti la remarque ; pendant l'été 1958, elle est admise à suivre les cours de l'école centrale. Sa carrière dans le mouvement communiste est assurée.

Jeannette Pienkny est assise en face de Marcel Carné, massif dans son costume sombre. Autour de la table où traînent des tasses de café ont pris place quatre jeunes communistes, deux filles et deux garçons, pour une confrontation organisée par la rédaction de *l'Humanité-dimanche*. Le dernier film du réalisateur, *les Tricheurs,* projeté depuis quelques semaines sur les écrans, provoque des réactions en chaîne. Les interlocuteurs du cinéaste admettent difficilement que le personnage d'Alain, égoïste et cynique, interprété par Laurent Terzieff, soit le prototype des garçons de leur âge. Les étudiants communistes ne partagent pas le désœuvrement de ces habitués de Saint-Germain-des-Prés qui promènent leur mal de vivre entre le Flore et la Rhumerie. Ils sont, eux, épris d'idéal, confiants dans l'avenir radieux, et redoutent que les spectateurs ne confondent peinture de mœurs et analyse sociale. Courtoisement, Marcel Carné les rassure :

— C'est sur une certaine jeunesse que j'ai fait ce film. J'estime — on m'en excusera — que tout créateur a le droit de choisir les personnages qui l'intéressent. Les quatre ou cinq personnages principaux du film, je les connais parce qu'ils existent. Parlons par exemple du personnage de Mic, jouée par Pascale Petit. C'est une jeune fille que j'ai connue. Elle ne fait rien, passe ses journées à je ne sais trop quoi.

Et Terzieff-le-tricheur, une rencontre, lui aussi ? Carné persiste :

« Le personnage d'Alain, le vrai, comme dans le film, vit de ce qu'il peut, ne fait rien et a rompu avec sa famille. Il y a aussi le jeune premier que joue Jacques Charrier. Bob est un garçon de Passy que nous avons également connu et qui a été attiré par ce milieu. »

Les militants ne sont guère convaincus par les justifications du cinéaste. Obstinés, ils reviennent à la charge : « Les jeunes ouvriers ne trichent pas ! » L'un des participants, ajusteur à la Snecma, silencieux jusque-là, dévide sa leçon :

— La jeunesse que vous décrivez représente pour moi une classe sociale. Ces jeunes sont issus de la petite bourgeoisie. Ils ne connaissent rien de la vie parce qu'ils n'ont jamais souffert.

Jeannette Pienkny ne souffle mot. Partage-t-elle la pensée de bois de ses camarades ? Pressent-elle que les troubles jeux de l'amour et du hasard, les éternelles errances existentielles qui taraudent *les Tricheurs* s'étendent fort au-delà du trottoir des Deux Magots ? Autour d'elle, le film a été perçu comme le miroir à peine grossissant d'un état d'esprit nouveau. Avec une naïve maladresse, c'est cette idée qu'elle exprime :

— J'ai beaucoup aimé l'histoire d'amour entre Bob et Mic. C'est Roméo et Juliette à Saint-Germain. Elle est traitée avec énormément de compréhension, de sensibilité...

Marcel Carné, la cinquantaine arrondie, décèle mieux que ses jeunes contradicteurs les amorces d'un craquement fondamental. Fissurant barrières sociales et tabous, les enfants du *baby-boom* déferlent sur la société adulte. Bien avant les politiques, le cinéma enregistre le phénomène.

Rue Campagne-Première, la silhouette dégingandée court au milieu de la chaussée. Derrière, l'inspecteur de police — qui s'est fait la tête de l'écrivain Daniel Boulanger — ajuste son arme, vise, appuie sur la détente. Le fuyard s'écroule, les yeux au ciel, et lâche dans un dernier souffle : « Toutes des salopes. »

Le 16 mars 1960, sur l'écran des salles Balzac, Helder, Scala, Vivienne, *A bout de souffle* bouscule le public parisien. Un paumé désœuvré, meurtrier par accident, un être désinvolte qui pisse dans les lavabos, un fou d'amour conquis par la belle Jean Seberg — laquelle vend le *Herald Tribune* en tee-shirt sur les Champs-Élysées —, incarne soudainement une manière de vivre qui se moque des codes sociaux et moraux.

Presque en même temps, au tournant de la décennie, un quarteron de jeunes réalisateurs issus pour la plupart des *Cahiers du cinéma* secouent le cocotier des studios de papa. Louis Malle choque en dénudant Jeanne Moreau dans *les Amants*, Truffaut sème *les Quatre Cents Coups* dans la paix des familles, *le Beau Serge* de Chabrol pourfend la bourgeoisie de province.

La Nouvelle Vague sème la tempête.

« L'anarchiste Gabin était du bois dont se faisaient les combattants des Brigades internationales ; l'anarchiste Belmondo est de ceux qui écrivent *Mort aux juifs*! dans les couloirs du métro, en faisant des fautes d'orthographe. » A *Positif,* la revue rivale des *Cahiers du cinéma,* on n'apprécie guère la bande regroupée autour de Godard, Truffaut, Chabrol. Les vitupérations de ces jeunes bourgeois, soupçonnés d'expédier à travers l'écran quelques pieds de nez vers leur classe originelle avant de se ranger,

51

sont sévèrement jugées. Une mystification, simple évolution formelle qui se dispense d'une critique radicale de la société. Au comité de rédaction de *Positif,* la politique conserve le poste de commandement. Une des collaboratrices de la revue, Michèle Firk, n'est pas la plus tendre pour ces réalisateurs ignorants de la jeunesse qu'ils prétendent décrire.

Michèle Firk est l'une des meilleures amies de Jeannette Pienkny. Juive comme cette dernière — sa famille avait fui les pogroms d'Europe orientale au début du siècle —, elle a connu les persécutions raciales de la guerre. Elle aussi porte l'étoile jaune dans sa mémoire, où affleurent, brûlants, des souvenirs dramatiques, tel le passage clandestin, à cinq ans, de la ligne de démarcation dans les bras de sa mère, tandis que hurlaient les chiens policiers de la patrouille allemande.

A dix-neuf ans, en 1956, elle prend sa carte du parti communiste ; mais son besoin d'action, son dégoût viscéral devant les horreurs de la guerre d'Algérie la détournent d'un engagement trop timoré à ses yeux. Elle entre dans les réseaux de soutien au FLN. A la même époque, son amour violent pour le cinéma, doublé de la forte conviction qu'une caméra peut se tenir par la détente, la mène à l'IDHEC, puis à écrire pour *Positif.* Critique, cinéaste, militante, elle manque de temps pour exercer correctement son métier. Entre les passages de frontières et la course aux producteurs, le choix s'impose de lui-même. Dévorée par l'action illégale, Michèle Firk, lorsqu'elle la rencontre, ne cache rien à son amie Jeannette de ses activités clandestines. Mais la dirigeante de l'UEC, quoiqu'elle approuve, n'est pas prête à porter les valises du FLN.

Jean Schalit fonce sur sa moto dans les rues de Paris. Il est pressé d'exhiber à ses camarades le trésor qu'il rapporte de chez Nadia Léger, la femme du peintre. Quelques jours auparavant, avec Robrieux, il a assisté, dans le village provençal de Biot, à l'inauguration du musée consacré au peintre communiste, en présence de tout le gratin du Parti et de nombreuses personnalités. Poussé par une subite intuition, il a demandé à Nadia Léger une œuvre de l'artiste afin de renflouer la caisse de *Clarté,* le journal des étudiants communistes. Elle a accepté de bonne grâce, et, aujourd'hui, il est allé chercher une gouache qu'il a accrochée sur le porte-bagages de son deux-roues.

Schalit est optimiste : grâce à la vente de l'œuvre, il va encore améliorer la qualité du magazine auquel il consacre tous ses efforts. Le virus de la presse le tient, aussi tenace que celui de la politique, pourtant attrapé fort jeune. Question d'atavisme, dans les deux cas.

En hébreu, Schalit signifie vice-roi ; en russe, la traduction donne clown ou chahuteur. Jean Schalit est d'origine russe, mais son arrière-grand-père était le secrétaire de Théodore Hertzl, le fondateur du sionisme — d'ailleurs, il fut l'un des douze pionniers qui émigrèrent en Palestine à la fin du XIXe siècle. Son fils, le grand-père de Jean, est venu en France afin de poursuivre des études d'agronomie et il y est demeuré. Une branche de la famille a réussi dans la presse et possède la Société parisienne d'édition qui publie *Bibi Fricotin, les Pieds nickelés, l'Almanach Vermot.* Mais le père de Schalit, par esprit d'indépendance, préférait travailler dans un journal économique, *l'Information.*

Homme de gauche, il a collaboré au cabinet de Léon Blum en 1936. Après la guerre, la Résistance, il dirige une publication de la CGT. Sans posséder sa carte du PCF, il en est proche, milite à l'Union progressiste de Pierre Cot et ne supporte pas d'entendre des blagues anticommunistes. En 1952, la police soviétique « révèle » que des médecins voulaient assassiner Staline. Le compagnon de route se rebiffe ; il ne croit pas un mot de ce complot des « blouses blanches » où les praticiens accusés ont surtout le défaut d'être juifs. Il s'éloigne du communisme au moment où son fils Jean, quinze ans, s'en approche.

L'adolescent, pensionnaire au lycée Lakanal de Sceaux, partage la chambrée d'un jeune Grec dont le père a été fusillé pendant la guerre civile qui a ensanglanté la péninsule hellénique. Ses récits héroïques, dramatiques, bouleversent son confident. Comme Jeannette Pienkny, la mort de Staline terrasse Jean Schalit. Anéanti de douleur, il est incapable, ce jour-là, d'aller en classe. Communiste de marbre, il n'hésite pas à vendre, seul, *l'Humanité* aux portes de l'Institut d'études politiques où il est admis à la rentrée universitaire de 1956. Les chars russes tirent sur les ouvriers de Budapest, mais il reste fidèle comme un roc. Pas plus que Robrieux, Depaquit ou Sénik, il ne s'autorise le moindre état d'âme.

Bientôt propulsé au bureau national de l'UEC, il est chargé du journal *Clarté,* qu'il transforme complètement. A l'image du reste de la presse communiste, le périodique des étudiants est triste comme un jour de pluie à Prague. Pagination réduite, couleur grisâtre, photos de format timbre-poste, et surtout articles lestés du plomb qui a servi pour les composer.

Avec l'aide d'un étudiant des Beaux-Arts, Paul Chemetov, Schalit refond entièrement la maquette du journal. Moderne, aérée, elle concède une place importante à l'illustration. Les papiers sont impitoyablement raccourcis, agrémentés de gros titres racoleurs. Schalit introduit la quadrichromie, insère des cahiers spéciaux. Tout cela coûte cher, et, malgré une montée régulière des ventes, l'équipe de *Clarté* est en quête de financements extérieurs. La gouache de Fernand Léger s'avère donc providentielle.

Alors qu'il approche de la rue Humblot où il va pouvoir enfin brandir son trophée, Schalit profite de l'arrêt à un feu rouge pour jeter un regard par-dessus son épaule. Le porte-bagages est vide. Le tableau s'est volatilisé.

Il repart à toute allure en sens inverse, cherchant des yeux le précieux paquet. Il l'aperçoit soudain, traînant dans un caniveau où un coup de pied charitable a dû le reléguer.

Miracle, la peinture n'a pas souffert. Sa reproduction fera la une de *Clarté*, et, surtout, la vente rapporte deux millions de centimes, véritable manne pour la direction de l'UEC. Un si beau succès mérite récompense. Serge Depaquit décide que l'équipe fêtera l'événement dans un restaurant digne de ce nom. Philippe Robrieux propose Chez Pierre, place Gaillon. Reste à déterminer le nombre des convives. La liste est âprement discutée en réunion. On s'arrête sur le chiffre sept. Faut-il cacher ces réjouissances aux exclus ? La morale révolutionnaire de Philippe Robrieux tangue un instant, mais la perspective d'un gueuleton royal l'emporte.

Après un tel coup d'essai, Schalit ne pense qu'à récidiver. Sa méthode est érigée en principe : un peintre offre une de ses toiles dont la vente sert à alimenter les caisses de *Clarté*. En prime, le journal utilise le tableau pour sa couverture. Grommaire donne une litho, Lurçat lâche une de ses productions, non sans avoir solennellement fait promettre à Sénik qu'il ne la vendra pas au rabais.

Clarté conquiert des lecteurs chez les étudiants. L'amélioration de la forme, si spectaculaire soit-elle, n'explique pourtant pas seule pareille croissance. Insensiblement, le contenu change aussi. La rédaction multiplie les rubriques culturelles, inaugure une chronique de jazz, publie des interviews d'écrivains ou d'artistes. Et l'inspiration vient de très haut.

Au printemps 1960, Laurent Casanova a cinquante-trois ans. Vieux routier du PCF, auquel il a adhéré près de trente ans plus tôt, il est fort lié à Maurice Thorez depuis l'avant-guerre. Responsable des intellectuels communistes à la Libération, il a freiné toute velléité d'ouverture. Stalinien convaincu, il est à cette époque le Jdanov français qui prétend soumettre l'artiste au joug du Parti.

Il approuve, granitique, le verdict des grands procès qui se déroulent à l'Est. Mais son prosoviétisme impavide l'entraîne, quand s'amorce le dégel de 1956, sur les traces de Nikita Khrouchtchev. D'autant que son ami, Marcel Servin, d'une dizaine d'années plus jeune, et secrétaire à l'organisation du PCF, comptait parmi les membres de la délégation envoyée en URSS afin de s'enquérir auprès des dirigeants russes de la réalité du rapport « attribué au » premier d'entre eux.

Le maître du Kremlin, pendant une nuit entière, avait repris son analyse, ajoutant mille détails, racontant une kyrielle d'anecdotes, toutes accablantes, qui ne laissaient guère de doute sur la véracité des « crimes de Staline ». Marcel Servin était revenu de Moscou complètement chamboulé, convaincu de la nécessité d'une déstalinisation, et avait sans difficulté communiqué à « Casa » son approbation de l'orientation nouvelle arrêtée par le grand frère soviétique.

Les deux hommes, depuis, cherchent à faire évoluer le PCF en douceur, selon la manière italienne ; mais ils rencontrent l'énergique résistance de Thorez qui s'appuie sur la vieille garde. Avec d'infinies prudences, par doses homéopathiques, Casanova et Servin s'efforcent d'inciter le secrétaire général, qui nie l'existence même du fameux rapport, à desserrer l'étau.

Or, Laurent Casanova est chargé par le bureau politique de « suivre » le secteur de la jeunesse et, à ce titre, rencontre fréquemment les animateurs de l'UEC, notamment Depaquit et Robrieux. En petit comité, le dirigeant se lance dans de vastes fresques où il dépeint la révolution scientifique présente, la transformation socioculturelle du monde qu'elle préfigure, et les incidences de ces mutations sur l'action politique. La jeunesse, à ses yeux, représente une force montante, décisive, dont l'angoisse ne demande qu'à se transformer en énergie potentielle. Les films de la nouvelle vague, *les Tricheurs* en particulier, reflètent un état d'esprit que les communistes doivent comprendre.

Serge Depaquit et Philippe Robrieux rentrent de ces discussions éperdus d'admiration. Sans jamais affirmer une ligne opposée à celle de Thorez, leur mentor inocule lentement des idées, des thèmes qui peu à peu pénètrent.

Nikita Khrouchtchev parcourt l'Hexagone, invité par le général de Gaulle en visite officielle. Pour les jeunes communistes français, son visage rondouillard est symbole d'un renouveau. Aussi la rédaction de *Clarté* décide-t-elle d'afficher en couverture la photo du numéro un soviétique, lequel lance sur l'Occident une vive offensive de charme. Dans la même livraison, une interview de Maurice Thorez est prévue. Avec d'autres, Jean Schalit et André Sénik se rendent dans l'opulente demeure du secrétaire général, à Bazainville, pour lui soumettre leurs questions.

Pensant réjouir « Maurice », les jeunes gens signalent que le numéro où paraîtra l'article sera orné d'un portrait de Khrouchtchev. Glacial, Thorez rétorque qu'il ne comprend guère les raisons d'un tel choix. Quelques jours plus tard, Jean Thorez, le fils du secrétaire général, croise Depaquit rue Humblot et lui révèle :

— Mon père est furieux, son interview est bourrée de coquilles. Il est persuadé que vous l'avez fait exprès.

A l'aigreur de la réaction, les responsables de *Clarté* comprennent que le leader du PCF n'est pas franchement séduit par son homologue russe. Lequel aggrave son cas : les Soviétiques décernent à Laurent Casanova le prix Lénine de la paix. Semblable distinction est ressentie comme un camouflet personnel par Thorez. Il boude la cérémonie — où Louis Aragon tresse des couronnes à Casa.

« Dans mon livre, j'ai voulu montrer comment, dans les difficultés et dans la lutte, se révèlent avec une force particulière toute la richesse et la puissance du socialisme. » Interrogée par *Clarté,* Galina Nicolaieva expose le thème principal de son roman *l'Ingénieur Bakhirev* qui est traduit en français au printemps 1960. L'histoire raconte la manière dont un bon communiste, Tchoubassov, affronte divers obstacles bureaucratiques qui entravent le développement de la production, mais finit par triompher des inerties. La parabole est explicite : à l'échelle du pays, M. « K » mène une bagarre analogue à celle de Tchoubassov au sein de son usine.

Khrouchtchev est intervenu pour que l'ouvrage soit diffusé en URSS. A Paris, la traduction française devient un enjeu, une arme idéologique. Laurent Casanova ne manque aucune occasion, lors des rencontres avec ses jeunes camarades, de prôner la méthode Tchoubassov — suivez mon regard. *L'Ingénieur Bakhirev,* à l'UEC, est promu livre de chevet. Depaquit, Robrieux, Schalit et les autres savourent l'article que lui consacre Aragon dans *France nouvelle* : « Pour la première fois y est montré le mécanisme par lequel l'action d'un parti communiste peut être pervertie, détournée de ses fins... » Et ils dégustent, la cervelle gourmande, les lignes suivantes : « La correction radicale, audacieuse comme le fer rouge, des erreurs et des crimes qui avaient pu se multiplier sous le drapeau du socialisme, constitue précisément aujourd'hui le trait étincelant d'une époque nouvelle, qu'il faut bien identifier avec l'homme qui en a pris l'initiative : Nikita Khrouchtchev... »

Les chefs de l'UEC ne détectent pas complètement ce que ces mots recèlent de charge iconoclaste. Ils croient sincèrement que la déstalinisation, malgré les hésitations, les atermoiements, est la pierre angulaire de la politique du Parti. Khrouchtchéviens de cœur, ils sont, sans le mesurer clairement, en train de dévier de l'orthodoxie thorézienne. Pourtant, à ceux qui savent lire, Marcel Servin offre l'occasion de saisir les implications véritables d'une bataille dont les écris de Galina Nicolaieva ne fournissent que le prétexte. Dans les colonnes de *l'Humanité,* il rebondit sur l'article d'Aragon et soulève l'interrogation sacrilège : « Qui peut prétendre que les leçons qui se dégagent de ce roman ne sont qu'à usage interne pour l'Union soviétique ? »

Serge Depaquit et Philippe Robrieux commencent à percevoir les échos d'une sourde lutte entre rénovateurs et conservateurs. Peu à peu, ils mettent en place les pièces du puzzle. Une phrase happée au détour d'un couloir, une remarque évasive, quelques contacts fortuits les entraînent sur la piste de désaccords fondamentaux au sein de la direction du PCF. Ils en parlent entre eux :

— Je me suis souvent demandé ce qu'aurait fait le Parti s'il avait été au pouvoir, confie un jour Depaquit à son cadet. J'ai longtemps cru que nous aurions évité les conneries des autres. Aujourd'hui, je suis persuadé que nous aurions agi exactement comme les pays de l'Est.

Depuis son séjour à Prague, Serge Depaquit n'a cessé de prêter attention aux démocraties dites populaires. Il revoit de temps à autre son ami Jiri Pelikan qui, désormais, lui décrit le visage du communisme réel sans préoccupations oratoires : les procès, la terreur, la gabegie. Philippe Robrieux profite de ces informations. Le secrétaire général de l'UEC voit ainsi s'écrouler le socle de ses certitudes adolescentes. Le jeune communiste adepte de la foi du charbonnier s'initie au doute. Pourtant, son activisme ne faiblit guère. De ce côté, le chômage ne menace pas.

Au printemps 1960, la jeunesse scolarisée est en ébullition. La protestation contre la guerre d'Algérie gagne les amphis. Le syndicat étudiant, l'UNEF, force considérable qui rassemble un élément sur deux, décide en congrès, à Lyon, durant les vacances de Pâques, de renouer officiellement avec l'Union générale des étudiants musulmans algériens. L'UGEMA, c'est la branche universitaire du FLN. Autrement dit, l'organisation représentative des étudiants français se propose, en pleine guerre (quoique le terme soit théoriquement proscrit), d'établir des liens avec les « rebelles ». Lorsque le président de l'UNEF nouvellement élu, Pierre Gaudez, un chrétien, communique son projet à Pierre Mendès France, il obtient cette réponse : « Si j'étais le chef du gouvernement, je serais obligé de vous inculper pour collusion avec l'ennemi. »

À l'UEC, l'initiative est âprement discutée. Depaquit et Robrieux s'y déclarent fort hostiles et jugent la démarche aventureuse. Ils consultent leur mentor du bureau politique, Laurent Casanova. Mais, à leur totale stupéfaction, ce dernier les contredit. Depuis longtemps, Casa estime trop distante, trop prudente, l'attitude du parti communiste envers les Algériens. Quelques années plus tôt, il a même rencontré dans le plus grand secret Francis Jeanson qui anime un réseau d'aide au FLN.

Face à ses jeunes amis, il ne biaise pas ; l'action de l'UNEF est courageuse. Il s'avance même plus loin encore : « Je comprends qu'un jeune veuille porter les valises du FLN. »

En février, une bonne partie des clandestins regroupés autour de Jeanson est tombée entre les mains de la police. Ces arrestations, qui révèlent au grand public que des Français, des « Européens », se sont mis au service des « fellouzes », provoquent un électrochoc ; un vaste débat ravage la gauche sur le bien-fondé de pareille option — tandis que nombre d'étudiants songent à s' « insoumettre ». Une terrible crise éthique et politique balaie le quartier Latin. Comme les autres, les étudiants communistes sentent cette houle qui lève, ce réveil que Casanova nomme « le romantisme révolutionnaire de la jeunesse ».

L'automne débute en fanfare. Cent vingt et un intellectuels divulguent, le 5 septembre, un manifeste qui reconnaît aux appelés le droit de refuser les armes. Au même moment, le procès du réseau Jeanson s'ouvre devant le tribunal militaire du Cherche-Midi. Me Roland Dumas, l'un des avocats des inculpés, donne lecture d'une lettre de Jean-Paul Sartre, retenu au Brésil, dans laquelle l'auteur de *la Nausée* exprime sa complète solidarité avec les militants enfermés dans le box. En octobre, Gaudez, le président de l'UNEF, convaincu que seule une action d'envergure peut entraver la généralisation de l'insoumission, annonce une manifestation de rue contre la guerre. L'échéance est fixée à la fin du mois.

Depaquit et Robrieux, entendant la nouvelle, sautent de joie. Enfin l'unité du milieu est pensable, possible.

Quelques jours plus tard, ils déchantent. La direction du PCF dénonce l'initiative de l'UNEF, crie à la provocation, voire à la « manœuvre anticommuniste ».

Les deux jeunes gens, effondrés, multiplient les démarches en tous sens. Peine perdue. L'état-major communiste reste inébranlable. Le parti de la classe ouvrière ne va tout de même pas se rendre aux convocations d'une organisation petite-bourgeoise. La mort dans l'âme, les comploteurs Depaquit et Robrieux voient enfler chaque jour le courant qui porte les étudiants vers l'UNEF. Lors des réunions du bureau national, par discipline, ils défendent une ligne officielle qu'ils devinent absurde. Déchirés, ils se taisent, attendent un miracle de dernière minute. Qui ne se produit pas.

Cour de la Sorbonne, dans l'après-midi du 27 octobre 1960. Les étudiants qui sortent des amphis pressent le pas. Des militants de l'UNEF appellent au rassemblement, salle de la Mutualité. Soudain, un jeune homme prend la parole. Apprenti philosophe, militant de l'UEC, il s'efforce d'expliquer la position de son organisation. Lorsqu'il dénonce le mot d'ordre « aventuriste » du syndicat étudiant, une copieuse bordée de huées le salue. Pierre Kahn, non sans courage, s'obstine. A quelques pas de lui, Robrieux, qui l'a expédié au « casse-pipe », contemple la scène, la rage au cœur. Pour marquer son désaccord avec la direction du PCF, il a décidé que le secrétaire général de l'UEC ne prononcerait pas une parole contre la manifestation de l'UNEF. Les sifflets qui ponctuent la harangue de Kahn lui retournent les sangs. Les étudiants communistes se retrouvent complètement à contre-courant, coupés de leur aura. Un superbe gâchis !

Bien avant l'heure prévue pour le début des opérations, la « Mutu », comme disent les militants, est archi-pleine. A la tribune, les organisateurs, mandatés par l'UNEF, la très chrétienne CFTC, la très laïque fédération de l'Éducation nationale, et le parti socialiste unifié dont l'acte de baptême est tout récent, se félicitent. L'antique salle croule sous l'afflux, on se bouscule aux portes, on s'entasse dans les travées, on est contraint de demeurer debout sous les banderoles qui réclament « la reprise des négociations avec le FLN » — le slogan est inédit : il ne s'agit pas seulement d'avoir la paix, mais de la faire. Des personnalités ont réussi à se frayer un chemin jusqu'aux premiers rangs. Alain Savary et François Mitterrand sont là, ainsi que Gilles Martinet et Édouard Depreux, ténors du PSU. Du dehors parvient la rumeur étouffée des milliers de personnes que le service d'ordre est obligé de refouler.

Lorsque le président de l'UNEF s'empare du micro, une ovation secoue le vieux bâtiment. Au nom des quatre organisations invitantes, il lit une brève déclaration :

— La jeunesse est durement confrontée à une situation dont elle n'est pas responsable. Les jeunes sont jetés dans la guerre et ils y trouvent le désarroi, la dégradation, la crise de conscience et même la révolte.

Par acclamations, l'assistance approuve.

A l'extérieur, la foule grossit. Des tracts « subversifs » circulent. Des forces de police considérables bouclent tout le quartier. Au moment où le meeting s'achève, une charge tente de repousser les manifestants vers la place Maubert. Les premiers heurts sont violents. Les étudiants qui sortent de la salle tombent au beau milieu de la bagarre. Des cortèges se forment et partent dans toutes les directions. Le plus important remonte la rue Monge, atteint les Gobelins et bifurque ensuite vers la place Denfert-Rochereau. Devant, au coude à coude, Depreux, Martinet, Hernu et François Mitterrand, flanqué de Roland Dumas.

Quand le groupe arrive à hauteur de la rue de la Santé, les policiers cognent. Roland Dumas, qui cherche à protéger un manifestant inerte, est violemment frappé à la tête. Il s'écroule. Le choc est rude. Afin de calmer la fureur des agents, quelqu'un leur crie qu'ils ont affaire à deux anciens ministres de l'Intérieur. Les policiers redoublent aussitôt d'ardeur. Depreux et Mitterrand sont sérieusement molestés. Charles Hernu souffre de multiples contusions.

Dans l'ensemble du quartier, des petits noyaux affrontent jusque très tard les forces de l'ordre qui ne ménagent pas leur peine. De nombreux journalistes sont blessés ; Alain Jérôme, de l'AFP, est matraqué et détenu pendant deux heures. Christian Brincourt, reporter à Radio-Luxembourg, présente une grave plaie à l'œil. Jean-Pierre Farkas, Guy Darbois, Raymond Depardon reçoivent également des coups, et les appareils photos sont systématiquement brisés.

Le lendemain, la presse proteste avec énergie contre ces agissements qui, par un effet pervers, confortent encore le succès de la manifestation. L'UNEF triomphe. Des milliers d'étudiants ont répondu à son appel. Parmi eux, beaucoup de communistes qui ont passé outre aux ukases de leur direction.

Jeannette Pienkny et d'autres membres du bureau national de l'UEC sont descendus dans la rue. Ils n'oublieront pas de sitôt que le Parti les a contraints à désavouer une initiative historique. Pour la première fois, la gauche étudiante s'affirme en force contre le parti communiste.

Non, cette leçon-là ne sera pas perdue.

En fin de soirée, Serge Depaquit et Philippe Robrieux se rendent au siège de *l'Humanité* ; Jeannette Vermeersch, l'épouse de Maurice Thorez, qui a combattu l'UNEF avec l'inépuisable énergie dont elle sait faire preuve, les croise dans un couloir et leur jette :

— Il n'y a personne à la Mutualité. J'en reviens.

Jeannette Pienkny est intimidée. Elle a rendez-vous avec Claude Simon, afin de l'interviewer pour *Clarté*. Ses questions ont été soigneusement préparées mais, à l'instant d'appuyer sur la sonnette, elle hésite. Le dernier livre de l'écrivain, *la Route des Flandres,* qui figure sur la sélection des jurys littéraires, en particulier le Renaudot et le Médicis, a été salué par la critique comme le meilleur ouvrage de la saison. Claude Simon est une personnalité peu connue ; il semble secret et taciturne, guère friand d'interrogatoires de presse.

Comme tout le monde, Jeannette a vu sa photo parmi le célèbre portrait de groupe des écrivains du « nouveau roman ». Ils sont rassemblés pour la postérité devant la porte des Éditions de Minuit, leur écurie, autour de Jérôme Lindon. Claude Simon, veste claire, crâne dégarni, glisse un mot à Alain Robbe-Grillet, les cheveux drus ramenés en arrière. Claude Mauriac, pensif, contemple ses pieds, Robert Pinget souffle une énorme bouffée de la cigarette qu'il vient d'allumer. Juste à ses côtés, Samuel Beckett le regarde très attentivement, semble se demander si, oui ou non, Pinget va jeter l'allumette dans le caniveau. Nathalie Sarraute et Claude Ollier ont l'iris perdu dans le vague. Aucun des huit ne fixe l'objectif, manière de signifier, sans doute, qu'en posant ensemble ils accomplissent une corvée, sacrifient à la mode.

Pourtant, quelques années plus tôt, dans un article de la *NRF,* Robbe-Grillet s'était employé à définir « l'école du regard » : « Nous constatons, de jour en jour, la répugnance croissante des plus conscients devant le mot à caractère viscéral, analogique ou incantatoire. Cependant que l'adjectif optique, descriptif, celui qui se contente de mesurer, de situer, de limiter, de définir, montre probablement le chemin difficile d'un nouvel art romanesque. »

Tel celui de la nouvelle vague au cinéma, le succès du nouveau roman est foudroyant. Le pouvoir de fascination du mot « nouveau », manié avec un certain génie publicitaire, y est pour beaucoup. Mais Jeannette, étudiante en lettres, portée sur les classiques, et aimant écrire, a réellement été subjuguée par *la Route des Flandres.* Elle a d'elle-même suggéré cet entretien au comité de rédaction de *Clarté,* et la voici à pied d'œuvre. Elle se décide enfin.

— J'aimerais que les jeunes pensent : Claude Simon, c'est une vieille baderne.

Les premiers mots de l'écrivain la mettent à l'aise. Détendue, elle observe la pièce où travaille son idole. Des livres, partout, grimpent vers le plafond, ce qui chez un homme de plume ne saurait surprendre. Devant la fenêtre, des plantes grasses caressent les vitres. Seules curiosités, de grosses étoiles de mer qui s'écartèlent sur les murs. Il est temps de sortir les questions du chapeau. La première ressortit au rite :

— Que pensez-vous de l'étiquette « nouveau roman » ? Avez-vous conscience de bouleverser les règles du roman traditionnel ?

— Non, ce serait prétentieux. Je m'efforce de copier ce que j'éprouve, cela sans théorie préconçue. Le nouveau roman est né de la rencontre fortuite de personnes que ne satisfaisaient pas les formes traditionnelles. Je veux parler du roman du type balzacien, linéaire, où il arrive un certain nombre d'aventures. Je trouve cela insipide.

Bouche bée, l'étudiante de vingt-deux ans écoute. Claude Simon décrit minutieusement sa démarche : substituer à l'ordre chronologique une autre logique fondée sur les empreintes successives de la mémoire. Il évoque les influences cinématographiques qu'il subit. Jeannette soudain se ravise : l'interview n'est pas destinée à une revue littéraire, mais au journal des étudiants communistes. Il est grand temps que la militante réapparaisse :

— En tant que signataire du Manifeste des 121, vous avez pris position vis-à-vis de la guerre. Votre livre, c'est aussi la guerre. Quelle liaison existe-t-il entre votre vie et vos écrits ?

— Signer le manifeste, c'est un geste de citoyen. *La Route des Flandres* est une action d'écrivain. Mais ce sont des actes de même nature, car ils sont tous deux une contestation de ce qui est établi.

Jeannette respire. La publication de la conversation se justifie pleinement. Les Jdanov incultes de l'UEC, qui méconnaissent jusqu'au nom de Claude Simon, ne trouveront rien à redire. Las, son interlocuteur glisse un bémol :

« Il ne faut cependant pas faire de confusion. L'écrivain n'est pas un homme-orchestre, ni un sociologue, ni un moraliste, ni un psychologue. On ne peut faire de la sociologie en écrivant. Je n'écris pas pour transmettre un message.

Au fond ravie de ce cri du cœur, la dirigeante de l'UEC redoute les réactions probables devant une aussi froide exécution de la littérature engagée. Il est vrai qu'en cette fin 1960, les dirigeants communistes ont d'autres motifs d'affrontement que littérature et politique.

Thorez a décidé de boucler le dossier Casanova. Dans les couloirs du 44, rue Le Peletier, siège du PCF, et des multiples annexes, dont la rue Humblot, circulent de troubles rumeurs. L'aristocratie communiste n'ignore plus rien du différend qui scinde la direction. Serge Depaquit, l'œil du Parti sur les étudiants, recueille comme les autres permanents sa moisson de bruits et d'échos. Un jour, Hilsum, responsable en titre des Jeunesses communistes — il est coiffé par Paul Laurent —, demande à Depaquit de descendre avec lui rue Humblot « pour discuter ». Serge s'étonne : pourquoi ne pas converser ici, dans le local ? Mais l'apparatchik tient absolument à fuir les témoins, les oreilles indiscrètes, voire les micros. Et pour cause : il est détenteur d'un secret d'État.

— Tu sais que ça chauffe au BP ? Servin et Casa ne sont pas d'accord avec Maurice.

Depaquit acquiesce. Jusque-là, il était au courant... Hilsum poursuit :

« Je pense que Servin et Casa ont raison.

Depaquit approuve, à demi étonné. Les règles de la prudence ordinaire interdisent ce style de confidence.

Mais ce n'est pas la première fois. Paul Laurent lui-même, alors qu'ils sortaient de conversations avec Casanova, s'était laissé aller à découvrir ses penchants : « C'est quand même le plus fort ! Quelle capacité d'analyse ! » De ces bribes glanées en douce, Depaquit avait conclu que l'attrait exercé par le dirigeant contestataire dépassait largement l'état-major de l'UEC.

Pour Thorez, il est plus que temps de mettre le holà.

Dans la salle prêtée par la municipalité d'Ivry, les membres du Comité central écoutent leur secrétaire général rendre compte, longuement comme il se doit, de la conférence mondiale dont il rentre. Quatre-vingt-un partis communistes y étaient représentés, et Maurice Thorez a joué en l'occurrence un rôle important pour dégager un compromis entre les thèses chinoises et les positions khrouchtchéviennes.

Sagement assis, Robrieux ne perd pas un mot du discours fleuve qui passe en revue tous les aspects de la politique internationale. Une décisive partie de bras de fer est engagée entre Moscou et Pékin. La Déclaration des 81, laborieusement rédigée, ne garantit qu'un équilibre instable. Chacun a dû lâcher du lest, et la critique de la période stalinienne n'est pas aussi acérée que le souhaiteraient les rénovateurs.

Soudain, Robrieux sursaute : Thorez vient de citer son nom, et pas précisément pour lui tresser des couronnes. Il critique vivement un article que le responsable de l'UEC a publié récemment dans *Clarté*. Ce papier, véritable incitation à la rébellion, dénonce les crimes de Staline, évoque la crise de la jeunesse, son romantisme, sa révolte contre la société. Un solide condensé de la pensée de Casanova, d'ailleurs cité pour clôturer la péroraison.

A la tribune du Comité central, Jeannette Vermeersch prend le relais de son époux. Elle est déchaînée. Sa diatribe n'épargne nul recoin de la politique menée par l'UEC. Elle fustige l'UNEF et, *in fine*, s'étrangle d'indignation à l'idée qu'on puisse dénoncer les « prétendus crimes de Staline ». Juste après, la séance est suspendue pour la pause du déjeuner.

Assommé, Robrieux se précipite vers le téléphone et appelle son ami Depaquit. Les deux jeunes gens se donnent rendez-vous dans un café et ruminent ensemble la réponse que mérite semblable attaque en règle. Ils ne comprennent pas encore que, comme au billard, ils ne sont qu'une boule destinée à ricocher sur sa destinataire ultime. De retour à Ivry, Robrieux croise en arrivant Jeannette Vermeersch qui, affable, tente de l'éclairer sur ses intentions :

— Tu n'es pas visé. J'ai parlé pour des camarades qui ne sont pas d'accord...

Et, sans excessive subtilité, elle propose à son interlocuteur un marché : il rendrait grand service au Parti s'il se prêtait à une « opération anti-Casa ». Effaré, ulcéré, Philippe reste sans voix. Puis, remontant des abîmes où l'avait plongé la suggestion, il retrouve ses esprits et marmonne quelques mots de refus.

L'après-midi, gonflé de colère, sûr de son bon droit, convaincu et déterminé, il défend pied à pied ses idées, dont il découvre combien elles éveillent l'hostilité du secrétaire général. Emporté par la passion, il n'hésite pas à contredire vertement « Maurice » qui a pourfendu « le groupuscule gauchiste qu'est l'UNEF, à la solde de De Gaulle ». Grisé, devinant les membres du CC attentifs, le leader étudiant tient tête ; il s'imagine que chaque argument présage son succès. En réalité, plus ses arguments portent, éraflent la carapace stalinienne, et plus le sol se creuse sous ses pieds. Il crie sa vérité. Pareille erreur, en territoire communiste, ne pardonne pas.

Rue Humblot, le bureau national de l'UEC est réuni au grand complet. Les mines sont graves, les visages tendus. Quelques jours auparavant, l'offensive a été officiellement lancée contre Servin et Casanova. Le protecteur des étudiants communistes est dans le collimateur. Depaquit et Robrieux, cette fois, comprennent que l'heure a sonné. Ils sentent qu'ils ne peuvent plus garder secrets les doutes, les incertitudes, les interrogations qui depuis des semaines les travaillent. Il faut affranchir le BN.

Serge Depaquit parle, d'une voix anxieuse. Il raconte les discussions avec Casanova, les réticences de Thorez devant les audaces de Khrouchtchev, le *niet* de la direction contre la manifestation du 27 octobre. Tandis qu'il dévoile les dessous de l'affaire Casa, il guette ses interlocuteurs. Comment vont réagir ces jeunes communistes purs et durs qui n'ont pas encore l'expérience du déchirement entre la fidélité au Parti et la recherche de la vérité ? Il sait qu'il peut compter sur Jean Schalit, le rénovateur de *Clarté*. Il l'a déjà informé. Il a également averti Piel, qui, en décembre, a pris la succession de Robrieux. Le nouveau secrétaire général l'a entendu de bonne grâce.

Depaquit les observe tous, cependant qu'il expose sans fioritures son complet accord avec Casanova, le proscrit du jour.

Le tour de table commence et, l'un après l'autre, les membres du bureau national basculent. Il bascule, André Sénik, le boute-en-train, le pèlerin ébahi du Festival de Moscou qui ne décelait pas trace d'antisémitisme en URSS, qui seul défendait sur le boulevard Saint-Michel l'intervention soviétique à Budapest. Elle bascule, Jeannette Pienkny, dont les yeux s'embuèrent de larmes à la mort de Staline et restèrent désespérément secs lorsque les chars russes écrasèrent la Hongrie, et qui n'ose suivre son amie Michèle Firk dans les réseaux d'aide au FLN. Il bascule, Pierre Kahn, qui, obéissant aux ordres, dans la cour de la Sorbonne, le 27 octobre 1960, incitait les étudiants à boycotter le meeting de l'UNEF. Et il bascule, Jean-Claude Guérin, communiste de souche, lui qui accepta d'espionner une réunion oppositionnelle animée par Jean Poperen et de livrer les noms des camarades déviants — le Parti a toujours raison.

Lorsque Alain Forner, étudiant en histoire, d'une voix décidée, note — comme si la chose allait de soi — qu'il ne reste plus qu'à se battre, tous approuvent.

D'un seul coup, la totalité de la direction de l'UEC — jusqu'ici inconditionnelle — se retrouve en délicatesse avec la ligne du parti communiste. Avec sa famille, avec l'univers qui ordonne sa vie.

Rassuré, Depaquit reprend la parole. Puisque l'orientation est juste, nous devons continuer. Or, le Parti est contre. Le Parti veut nettoyer la plaie, extirper le mal. Le Parti exige un reniement. S'y refuser, c'est se condamner. Le rouleau compresseur nous écrasera tous. En accepter le principe permettra de survivre, de ruser, de sauvegarder l'essentiel, qui est le contrôle de l'UEC. Serge Depaquit raisonne à voix haute. Sa démonstration emporte la conviction. Robrieux, qui a déjà eu cette discussion en tête à tête avec lui, se tait. Il serait partisan de la bagarre ouverte, immédiate, au grand jour. Mais il a promis le silence.

Les gestes raides, le regard fixe, Depaquit serre les dents avant de prononcer les mots qu'il juge indispensables :

— Le Parti demande notre autocritique. Il faut le dire, c'est injuste.

Il pleure. Un silence de catacombe glace la pièce. Nul n'ose lever les yeux, montrer ses larmes, surprendre celles du voisin. Ils pleurent, tous, bouleversés par le spectacle de cet homme auquel ils vouent une admirative confiance. Ils pleurent de rage.

Ce moment d'émotion clandestine soude le bureau national comme s'il avait essuyé l'épreuve du feu. Hormis Robrieux, chacun de ses membres accepte la schizophrénie de l'autocritique. A partir de cet instant, puisqu'il faut en passer par là, on feindra la cérémonie des aveux, cruellement prisée dans le giron communiste. Simple concession tactique que le but final rend nécessaire. La direction de l'UEC, unie comme les doigts de la main, décide de jouer un drôle de jeu. Un double jeu.

67

La tragédie de l'autocritique se déroule en trois actes, lesquels vont subtilement *crescendo*. Le premier revêt des allures de comédie bouffonne. Devant le conseil de la Jeunesse communiste, le 27 janvier 1961, les apparatchiks attendent que les leaders étudiants fassent amende honorable, mais ces derniers affectent de ne point comprendre ; avec un malin plaisir, ils tournent autour du sujet. De digressions en digressions, la journée se traîne et les hommes du Parti s'impatientent. Paul Laurent, qui chapeaute l'ensemble du secteur au nom du bureau politique, intervient de son inimitable voix :

— Lorsqu'on a créé l'UEC en 1956, je croyais que nous rassemblerions une génération d'intellectuels communistes sans problèmes. Je reconnais que j'ai été idéaliste.

— Mais non, Paul, pas du tout...

C'est Sénik qui, de la salle, l'interrompt au milieu des rires.

La fois suivante, l'esquive n'est plus de mise. Dans le cadre de la préparation du XVIe Congrès, la fédération de Paris tient conférence. Le nouveau secrétaire général de l'UEC, Jean Piel, doit prononcer l'autocritique convenue. Quelques heures avant la séance fatidique, Depaquit le rencontre. Il n'a toujours rien préparé. Il ne sait comment tourner ce genre d'exercice. En homme d'expérience, Depaquit lui dicte son intervention. L'après-midi, dans la salle de la Grange-aux-Belles, le communisme français s'offre un de ces spectacles pitoyables qui, à l'Est, se terminent par une balle dans la nuque. Les uns après les autres, les accusés du groupe Servin-Casanova se couvrent la tête de cendre.

Lorsque son tour vient, Jean Piel doit se forcer pour gagner le micro. D'une voix entrecoupée de sanglots, il lit un texte où la direction de l'UEC reconnaît s'être fourvoyée dans l' « aventurisme » depuis des mois. Les permanents respirent et, à la fin de son allocution, applaudissent Piel qui pleure de honte.

Jeannette Vermeersch se précipite dans ses bras et lui souffle sans une once d'ironie : « Tu nous as émus. » Et aussitôt, elle court au téléphone afin d'avertir de la bonne nouvelle Maurice Thorez, qui suit attentivement la conférence de la Seine-sud.

A la sortie, Robrieux raccompagne son successeur jusque chez lui. Ils marchent côte à côte, sans parler, concentrés sur le bout de macadam qui défile sous leurs souliers. Après un long silence, Piel articule quelques mots à grand-peine :

— C'est dur, c'est dur de taper sur un copain quand on sait qu'il a raison.

Robrieux détourne la tête. Mâchoires bloquées, Piel s'efforce de maîtriser son chagrin.

Dénouement provisoire : au XVIe Congrès du PCF, réuni au palais des sports de Saint-Denis, Piel prononce une nouvelle fois les phrases magiques qui ouvrent la voie du pardon. Devant les délégués venus de toute la France, la direction exige une soumission totale : le représentant de l'UEC, en plein accord avec ses camarades, s'exécute.

Il condamne d'un bloc l'UNEF, et son prédécesseur Philippe Robrieux, coupable d'hérésie dans l'interprétation du XXe Congrès soviétique.

— La racine de ces erreurs, c'est la surestimation de l'adversaire et la sous-estimation de nos propres forces. Je remercie le Parti pour l'aide patiente et ferme dont il a fait preuve à notre égard. Notre rôle ne se conçoit qu'avec l'aide et sous la direction du Parti.

Jean Piel ne pense pas un mot de ce qu'il dit, mais il le dit. Les finesses tactiques coûtent cher à l'amour-propre ; ses copains du BN peuvent rigoler du bon tour qu'ils jouent aux pachydermes du « 44 », c'est lui, Piel, qui accomplit la corvée. Il achève en remerciant, liturgie oblige, Maurice Thorez de « ses critiques fraternelles ».

Ce dernier est ravi. Dans son allocution finale, le secrétaire général relève l'« autocritique honnête » du camarade Piel. Est-il dupe ? Vraisemblablement, il estime l'incident clos. La déviance de l'UEC n'est à ses yeux qu'une séquelle mineure de l'affaire Servin-Casanova. Le groupe écrasé, il a tout lieu de penser que la révolte des étudiants communistes est domptée.

Après cette bataille perdue, les conjurés se préparent à la guerre prolongée. Ils estiment que l'essentiel est sauf, que le temps travaille pour eux. Sous l'impulsion de Khrouchtchev, le mouvement communiste évolue, à pas lents et mesurés, mais sûrs. En campant sur place, en refusant de suivre, Thorez et les siens les ont acculés à la dissidence. Mais le souffle de l'histoire les rattrapera fatalement.

Il suffit de durer pour vaincre les lourdauds de l'appareil. Schalit, Sénik, Forner, Kahn ont un peu plus de vingt ans. Ils sont certains que l'avenir leur appartient. Ils se croient Machiavel. Hier timides et dévoués, ils entendent conquérir le Parti. Au prix de la ruse et du mensonge.

Mandaté par ses amis du bureau national, Jean Schalit a demandé une entrevue à Laurent Casanova. Le dirigeant déchu, qui s'est muré dans un silence digne, le reçoit à son domicile. Schalit lui apporte un cadeau, l'édition ancienne d'un livre précieux. Casa est touché, sensible, en ces moments d'impitoyable isolement, au geste des jeunes camarades dont il a, souvent à leur insu, provoqué la prise de conscience. Bouleversé, il essuie les larmes qui coulent et, en détachant ses mots, confie à Schalit non moins affecté :

— Il faut que vous restiez fidèles au Parti.

Trop tard. Aussi violente que fut leur amour, la haine s'est emparée des étudiants.

3

Drôles de guerres

Épuisée, Ania Francos s'est endormie, la joue blottie contre une boule de tissu râpeux. Elle voulait visiter le pays, mais, cette fois, la mesure est comble. Pendant quatre nuits et quatre jours, elle a erré, d'un groupe à l'autre, d'une Jeep à l'autre, aux alentours de Playa Giron, la baie des Cochons. Elle s'est jetée à terre pour échapper aux balles traçantes tirées des avions en piqué. Elle a vu repartir, à la fois terribles et lamentables, les destroyers yankees, rembarquant quelques poignées d'hommes rescapés des marais. Elle a traversé les camps improvisés où l'on rassemblait les assaillants vaincus, moroses et dérisoires, protestant de leur bonne foi : les *gringos* leur avaient promis qu'ils seraient accueillis comme des libérateurs. Et pour la première fois de sa vie, à vingt-deux ans, elle a côtoyé des cadavres, au milieu de la fumée et des giclées de terre sèche — les yeux bleus de ce jeune Américain blond, intact et mort dans le cockpit de son appareil auprès du copilote carbonisé...

Elle est venue à Cuba, journaliste débutante, parce que le cinéaste Joris Ivens, rentrant de tournage là-bas, lui avait demandé d'écrire le texte de son documentaire. Elle est venue à Cuba parce qu'un tendre Cubain l'avait invitée à lui rendre visite. En une pige et une amourette, elle a changé d'univers.

Il lui semble, au bord de son sommeil, que des sirènes, deux sirènes escortent la grosse voiture dans laquelle son corps flotte. Encore et encore, au creux de la cervelle, le tiraillement des mitrailleuses 50, des antiaériennes, le tournoiement des B 26 bimoteurs, et là-dessous, s'appliquant à brailler plus fort, le cri des *milicianos : « Venceremos ! Venceremos ! »* Mais aussi la nuit muette, dans l'attente, néons éteints, quand le pied bute contre les sacs de sable. Et l'hélicoptère de Fidel, la bulle de plastique qui s'est posée à Jaguay et d'où est sorti un lieutenant : « Je viens chercher la *Francesa*... »

Elle est à bout, la *Francesa,* moulue, rompue, le bras prisonnier d'un plâtre blanc. Elle émerge de son mauvais sommeil et ne reconnaît d'abord ni le lieu ni l'heure. L'aube n'est pas assez nette pour arracher à l'obscurité les immeubles de La Havane, plaza de la Revolución. Son voisin de droite dort sur son épaule. Et elle-même est nichée contre le conducteur, le commandant Ernesto Che Guevara, présentement ministre de l'Industrie.

Avant-hier, 20 avril 1961, Fidel Castro a annoncé que les troupes d'invasion étaient en déroute. Allen Dulles, le directeur de la CIA, s'est trompé, complètement trompé. John Kennedy, le président des États-Unis, a cru qu'il pourrait sévir sans brandir aux yeux du monde son *big stick,* le gros bâton de l'impérialisme, l'alternative à la *dollar diplomacy,* jusqu'alors souveraine dans les Caraïbes. Les hommes de Washington ont sous-estimé les barbus farouches descendus de la Sierra Maestra, comme ils ont sous-estimé la mobilisation des Cubains eux-mêmes. Ils ont envoyé au casse-pipe quelques bataillons de réfugiés hâtivement entraînés. Mais à Cuba comme à Budapest, il faut des chars, des avions, des canons trop voyants, pour étouffer la volonté populaire.

Ania, pâteuse, essaie de se sermonner. Sa tête est sur l'épaule de celui que Sartre a défini comme le « héros » révolutionnaire, du « théoricien » auprès de qui les journalistes de la planète entière font antichambre. Et la fatigue est la plus forte. Le Che lui parle fraternellement, comme à une gosse qu'on apaise. Elle se secoue, bredouille une question :

— Les USA oseront-ils intervenir directement ?

Che Guevara n'en doute pas.

« Où ? Et quand ?

— Si je le savais, *chica,* j'irais les attendre sur la plage !

Et il rit.

Quatre heures du matin, dans la capitale vide. Le ministre de l'Industrie file vers ses bureaux. Il ne s'arrête que pour déposer Ania, et la salue dans la nuit finissante :

— *Hasta luego, Francesa !*

— *Hasta luego, comandante...*

Voici les portes du Vedado Libre — ascenseurs éclairs, piscine, galerie de peinture, salon de coiffure : restes moelleux du Luna Park pour milliardaires qu'était La Havane, à peine deux ans plus tôt, aux yeux des Yankees fortunés. Sale de terre, de boue, de sable, sale d'images et de peurs, éblouie de mots et de gestes, Ania Francos plonge dans sa baignoire.

Téléphone. Juste ce qu'il ne fallait pas. La sonnerie persiste, insiste. La voix, très loin, parle fort pour triompher de la friture, et parle aigu sous l'effet de l'émotion. Des généraux, en Algérie, se sont soulevés contre le pouvoir légal. On guette, sur les aéroports, les avions des factieux, des paras. La gauche réclame des armes et n'en obtient guère.

— Du théâtre, ricane Ania. Du théâtre fade, avec des fusils de bois.

Elle crie, cinglante et dédaigneuse :

« Je m'en balance, de ce qui se passe dans ce pays pourri !

Ici, à Cuba, la révolution n'est pas un concept ni un fantasme. Ici l'on parle pour de bon. Ici l'on danse le socialisme, le « socialisme avec *pachanga* », comme aime à dire le Che. D'ici, le vieux continent paraît usé, sénile et pourrissant.

Ce qu'Ania Francos crie si fort, et qui indigne son interlocuteur, beaucoup le ruminent au fond de leur classe ou de leur amphi. Ils l'éprouvent parfois plus qu'ils ne le pensent ; c'est autant une frustration, un manque, qu'une opinion. Démissionnaire et infantilisé, l'électorat attend que le Général dénoue la crise algérienne. Le principe de l'autodétermination vient d'être adopté par référendum, mais nul ne sait comment concilier les volontés contradictoires des deux communautés inégales qui cohabitent et se déchirent outre-Méditerranée. La SFIO, la « vieille maison » socialiste, a perdu son crédit et son honneur. Le parti communiste liquide le courant « rénovateur » qui le démange depuis 1956. Les seules voies nouvelles, à gauche, semblent offertes par le jeune PSU qui oscille entre clubs modernistes, social-démocratie rénovée et marxisme revu et corrigé.

Dans les caves de certains commissariats parisiens, des commandos spéciaux, notamment de harkis, infligent à leurs proies le supplice des électrodes, de la baignoire ou de la bouteille. Même si Gagarine a fait un bond dans l'espace, en ces mois sombres — sombres comme la peau de Lumumba, trouée par des assassins au plus noir du Congo —, il est difficile de voguer dans l'azur.

L'Avventura, d'Antonioni, l'un des films marquants de l'année passée (et que les apprentis cinéastes cubains, d'ailleurs, examinent à la loupe), tourne et retourne sous toutes les coutures la veulerie d'un homme, Sandro, qui ne parvient pas à mordre sur la vie, à saisir et moins encore à modifier le réel. Incapable d'agir. Quand les cris s'échappent de la porte voisine, l'inaction prend la saveur d'une lâcheté ou d'une défaite. A vingt ans, l'impuissance n'est pas une difficulté provisoire, mais une mutilation.

Et ils enragent, ces étudiants et ces lycéens, eux qu'on dit « nés de la guerre », de n'agiter que des mots, et des mots imprécis, bricolés, quand partout ailleurs les armes parlent, quand parfois elles parlent de liberté.

Il enrage, Régis Debray, dans la tiède sérénité de l'École normale supérieure, là où — ironisait Maurice Merleau-Ponty — le jet d'eau de la quiétude universitaire coule depuis toujours et pour toujours ; il enrage de se savoir promis, parce qu'il est brillant, agile, séducteur et bourgeois, à la morne rectitude des voies royales.

Quand les agences de presse nord-américaines, en plein délire triomphaliste, s'efforcent d'intoxiquer l'opinion mondiale, annoncent le bombardement de La Havane, proclament que les combats, dans les marais Zapata, virent à l'avantage des « libérateurs », que Raul Castro est prisonnier, et que Che Guevara a tenté de se suicider, Régis Debray et son ami Bernard Kouchner, étudiant en médecine — ils se sont logiquement croisés aux carrefours de l' « antifascisme » et de l'UEC —, s'en vont *illico* à l'ambassade cubaine.

La représentation parisienne des *barbudos* est sise avenue Foch, comme il se doit (elle occupe un des derniers salons du début du siècle). Aux lampistes sidérés qui les reçoivent, les deux garçons déclarent, solennels :

— Nous venons signer notre engagement.

Flash-back parmi les tentures, les commodes, les riches tapis et les poteries chinoises : la guerre d'Espagne, les Brigades internationales, les kominterniens affluant de l'Est et de l'Ouest, mourir pour la Catalogne, des fusils de chasse contre des canons, des biplans de toile contre les Stukas, le blouson de cuir de Malraux, les grosses lunettes de mica...

Hésitant entre la réserve et la rigolade, les attachés cubains contemplent leurs jeunes interlocuteurs sans deviner les images qui les hantent :

— Nous prenons bonne note de votre demande, et nous vous remercions. Il y sera donné suite dans les meilleurs délais.

Sur le trottoir, les deux candidats au sacrifice suprême se sentent comme des conscrits exemptés pour cause de pieds plats. Inutiles et déplacés.

Mais aussitôt, le 22 avril 1961, les généraux Challe, Jouhaud et Zeller, auxquels se joint le général Salan, tentent un coup de force militaire à Alger. Le Conseil des ministres décrète l'état d'urgence. Le lendemain dimanche, le président de la République condamne à la télévision « le quarteron de généraux en retraite » qui s'insurgent contre le gouvernement légal et appelle les Français à « leur barrer la route par tous les moyens ». Il décide de recourir à l'article 16 de la Constitution, qui lui concède les pleins pouvoirs. De l'autre côté de la Méditerranée, le général Gouraud, qui contrôle le Constantinois, se rallie aux rebelles et fait arrêter son homologue de l'Oranais. On prend connaissance à Paris d'un communiqué diffusé dans la nuit par la radio d'Alger, et signé d'un sigle encore peu répandu : l'Organisation de l'armée secrète. Il déclare que « la France est en guerre », et que l'OAS est seule habilitée à transmettre des consignes à la population civile. Très tôt, juste avant l'aube, l'explosion de pains de plastic déposés à Orly dans une consigne automatique a fait un mort et un blessé. Puis c'est à la gare de Lyon qu'une bombe a broyé les jambes d'un voyageur. Une heure après, la scène s'est reproduite gare d'Austerlitz.

On redoute, en Métropole même, un soulèvement d'extrême droite. On craint que, par la voie des airs, une fraction de l'armée dissidente ne s'abatte sur la capitale. En fin de soirée, Michel Debré, le Premier ministre, blême et exténué, fait irruption dans l'immeuble de la télévision, rue Cognacq-Jay. La maquilleuse lui propose quelques touches de fond de teint, mais il refuse d'un geste et surgit à l'écran tendu, mal rasé, la voix cassée. Il exhorte les Français, « dès que les sirènes retentiront », à s'acheminer vers les aéroports, « à pied ou en voiture », pour dissuader les parachutistes de violer la volonté nationale.

Cette fois, ça y est. Un vent de panique, un souffle de grand soir se lèvent. L'anxiété, chez les jeunes gens frustrés d'histoire, s'accompagne d'une pointe de soulagement inavoué.

Le lycéen Pierre Goldman — il n'a pas dix-sept ans — en éprouve un frisson, qui est aussi un frisson de plaisir. Il dit à son père qu'il file passer la nuit au local du parti communiste, à Montrouge. « Ils vont se rendre, c'est du cinéma », objecte le père, qui a connu naguère trop d'embuscades pour s'émouvoir d'une rumeur. Mais Pierre devine entre l'un et l'autre le fil d'une connivence. Si les choses se gâtent, l'ancien résistant sera là où son rejeton prend la veille. Montrouge est proche d'Orly (l'inauguration de l'aérogare remonte à deux mois). Exalté, impatient, Goldman calcule que, enfin, il sera aux premières loges.

Chacun, dans la nuit du dimanche au lundi, moissonne sa ration de tressaillements, d'épopée possible. Les communistes et les militants du PSU sont plus que d'autres sur le qui-vive.

Parmi ces derniers, Roland Castro, membre de la dix-septième section et étudiant aux Beaux-Arts, a reçu l'ordre de protéger le siège de *l'Express*. L'hebdomadaire de Jean-Jacques Servan-Schreiber, véritable laboratoire de la gauche moderniste, est une des cibles privilégiées des ultras. Les « défenseurs » sont là, une petite troupe, dotés d'une arme unique — un pistolet — rangée dans une armoire dont seul le responsable possède la clé.

A deux heures du matin, le téléphone vibre. Castro décroche. C'est Pierre Mendès France (dont JJSS a été l'ardent supporter) qui vient aux nouvelles. Roland ne possède pas la moindre information et bredouille quelques mots dans le combiné. Mais le choc, pour lui, est intense. Cette voix étonnamment jeune est celle de l'homme qu'il a tant admiré quand il était lycéen à Condorcet. L'homme dont l'exemple l'a entraîné vers la politique, dès la seconde. Il se rappelle le cri du vendeur de *France-Soir,* début 1955 : « Il est tombé ! » Il se rappelle s'être dit, lui qui est juif d'une lignée de juifs espagnols et grecs : « Eh oui, ils triomphent. Ils ont flanqué dehors le petit juif qui les dérangeait tant. Mais les petits juifs, tôt ou tard, rentrent par la fenêtre... » Les paras ne sont pas à Orly. N'empêche : Mendès est au bout du fil. Castro n'a pas perdu sa nuit.

En un sens, Alain Geismar est le supérieur hiérarchique de Roland Castro. Élève de l'École des mines, à Nancy, il passe le plus clair de son temps au local parisien des Étudiants socialistes unifiés, dont il est un des chefs sous la houlette de Jean Poperen (son ancien prof d'histoire à Janson-de-Sailly). Geismar a effectué tout le parcours de cette gauche nouvelle qui s'invente malgré Mollet et malgré Thorez. Les communistes ne l'impressionnent guère, sinon par le nombre. En quatrième, il était dans la même classe qu'André Sénik, aujourd'hui son concurrent de l'UEC. Le jour de la mort de Staline, Sénik l'orthodoxe arborait une boutonnière et un brassard noirs. « Encore un cochon de moins ! », lui a aimablement décoché Geismar. Sénik a répondu avec ses poings. Et la guéguerre s'est poursuivie au fil des ans. Geismar a manifesté en faveur des Hongrois tandis que Sénik approuvait les Russes. Mais il a aussi, comme Tiennot Grumbach ou Jean-Paul Ribes, pris le parti (sans majuscule) des « cocos » lorsque les « cyrards » ou les préparationnaires de Navale les pourchassaient à travers les couloirs de Janson pour leur enfoncer la tête dans le trou des chiottes.

Ce soir, Alain Geismar est de quart au siège du PSU. L'étroite et vétuste permanence est bondée, surchauffée, saturée de fumée âcre et bleue. Un coup de fil, entre mille. Il provient de l'Haÿ-les-Roses. « Des chars roulent sur Paris, avertit un camarade, je les vois de ma fenêtre. » Geismar sait qu'Alain Savary, l'un des fondateurs et dirigeants du parti, se trouve — comme nombre d'autres leaders des formations « républicaines » — au ministère de l'Intérieur. Il tente de le joindre. Savary, lui répond-on finalement, est quelque part au cabinet du ministre, Roger Frey. « Qu'on le cherche ! » On le cherche, on le déniche. Savary écoute, repart vérifier l'information. Quelques instants après, il rappelle : « Effectivement, le bataillon de chars de Rambouillet fait mouvement. Il est très possible qu'ils soient à hauteur de l'Haÿ-les-Roses. Mais Frey ne sait pas s'ils doivent attaquer ou défendre Paris... »

A Orly, excellente visibilité, vent nul, ciel vide.

Le principal remue-ménage, c'est place Beauvau qu'on l'observe. Vers la cour du ministère de l'Intérieur converge une foule parfaitement hétéroclite. Le PSU côtoie l'UNR (le parti gaulliste) et le MRP. Militants et badauds, fêtards et baroudeurs, flics et marginaux, femmes du monde et hommes de main, énarques et syndicalistes s'imbriquent en un ballet cacophonique. Les prolos descendus de leur banlieue regardent en coin les noctambules de Saint-Germain-des-Prés remontés de leurs caves. André Malraux, la paupière clignotante et la mèche des grands jours, fend la cohue vers le bureau de Frey dont les portes battent comme celles d'un saloon.

Les radars, de Nice à Perpignan, oscillent en cadence.

Voici, massive et sentencieuse, la délégation du PC. Les élus ont la poitrine barrée de leur écharpe tricolore. Ils réclament des armes pour organiser la résistance populaire. Elles sont ailleurs, les armes, nul ne l'ignore, entreposées à la Sûreté, rue des Saussaies. Et Roger Frey ne manifeste point l'intention de les distribuer comme des petits pains. L'appel du Premier ministre a créé un choc psychologique. Restons-en là pour l'instant. Afin de lâcher un peu de lest apparaissent des godillots, des casques, qui circulent à la chaîne.

Tiennot Grumbach et Jean-Paul Ribes — les ex-invités de Dédé Sénik au Festival de Moscou — ont convoqué leurs copains devant le Soufflot, le café qui leur tient lieu de quartier général, et gagnent la place Beauvau. Charles Hernu, en treillis, commande — ou plutôt s'efforce de commander — la manœuvre des troupes socialistes unifiées. En colonne par un, par deux, par trois, en ordre ou en désordre, des groupes surgissent, s'évanouissent. On a peur. On croit que c'est pour de bon. Un porte-parole de l'UNEF suggère de transformer la Sorbonne en camp retranché, pour barrer la route qui mène d'Orly vers l'Élysée. A mots plus ou moins couverts, les vieux de la vieille laissent entendre que si le pouvoir abandonne les masses désarmées, des caches scellées depuis quinze ans vont livrer leur secret, et qu'il va falloir combattre la rouille avant de combattre les paras.

A cinq heures, Roger Frey lui-même traverse la cour et ordonne la fermeture des portes.

A sept heures, les militants assemblés devant les mairies de banlieue rentrent chez eux. Les permanences se vident provisoirement. Le PC et le PSU parlent de « milices populaires ». Chaque parti, chaque mouvement adresse des émissaires aux anciens cadres militaires de la Résistance qui figurent sur ses tablettes. Des généraux de l'ombre sont consultés pour mettre en échec les généraux félons. Par les égouts, Alain Geismar s'en va chercher un stock de tromblons clandestins, quelque part entre Normale sup et Polytechnique... En maintes forêts de France, on déterre des paquets entourés de toile huilée ; dans les villages qui abritaient jadis le maquis, on visite granges et greniers. Le suspense dure encore un jour.

En s'éveillant le mardi matin, Pierre Goldman apprend que le putsch est terminé. Challe s'est rendu. Une cellule l'attend à la Santé. Les comploteurs de Métropole l'y ont précédé. Une vague de frustration submerge Goldman. La morale exige qu'on se félicite de la légalité rétablie, du sang épargné. Mais l'ordre se rétablit aussi.

Le pouvoir, un instant ébranlé et contraint de crier à l'aide, se redresse, se raidit. De Gaulle est un grand homme et les Arabes rasent les murs à Barbès.

Régis Debray célèbre amèrement la défaite des factieux lors d'une beuverie à l'École normale de Saint-Cloud. Avec ses amis Dollé, Kouchner, et une poignée d'autres, il enterre l'idée que la vie, en France, puisse chavirer, fût-ce dans les douleurs. Le chœur entonne le répertoire rituel — *l'Internationale, la Jeune Garde*. Mais à l'instant de se séparer, à l'aube blanche, lorsque la gueule de bois épaissit la langue et plombe les rires, le vin de la victoire a goût d'eau malsaine, trouble et fade. L'eau tiède des étangs et des mares. Bouclée, captive.

La grande aventure — le combat, dans la rue, du jour contre la nuit — n'aura pas lieu. L'encre qui, ces temps-ci, noircit les colonnes, n'est pas celle du père Hugo ni du bachelier Vallès. C'est Lartéguy dont les Français dévorent les pages. Pourtant, des aventures courent, naissent ou se poursuivent, entre chien et loup. Des aventures clandestines, tues ou chuchotées, parallèles à la vie publique, comme l'amour de cinq à sept.

Jean-Paul Ribes, le gentil « démocrate » que regardait de haut le « révolutionnaire » Sénik, est interdit de séjour à la fac de droit et aux Langues O, où il s'entête à demeurer inscrit. On l'a dûment averti : s'il est aperçu dans les parages de ces deux bastions de l'Algérie française, il ne risque pas seulement un passage à tabac, il risque sa peau.

Depuis juin 1960, Ribes connaît une célébrité parfaitement involontaire. La DST a filé et aussitôt arrêté un « prépa » de Janson-de-Sailly, Daniel Macaux, « catho » fervent et bien sous tous rapports — quoique délégué de l'UNEF. Dans la valise dont il avait pris livraison à Marseille, les limiers de la Sûreté ont trouvé trente-six millions en billets de banque et le courrier du FLN de la région sud-est. Cuisiné rue des Saussaies, Macaux a révélé qu'il rendait un service à « des copains ». Un à un, les copains ont été identifiés : entre autres, Luc Brossard, Mylène Dubois — la fille d'un colonel ! —, Jean-Jacques Porchez. Plus Jean-Paul Ribes ; tandis que le filet se resserrait, il s'était mis au vert à Louviers, chez l'oncle Mendès, auquel Tiennot Grumbach avait omis de dire toute la vérité. Indulgent envers ces trop jeunes comploteurs, le juge Braunschveig leur a accordé la liberté provisoire après deux mois à l'ombre.

C'en est fini des paisibles assemblées radicales-socialistes et des farandoles sur la place Rouge. Ribes, Grumbach, Jean-Jacques Porchez (leur ami du lycée Buffon) se sont acheminés vers les dissidents socialistes qui préparaient l'éclosion du PSU. Ils ont commencé à vendre sous le manteau les libelles interdits publiés par les Éditions de Minuit et par François Maspero. Bientôt, Ribes et Porchez ont rencontré Jo Mattéi, pilier des réseaux d'aide au FLN. « M. Jo », *alias* « Raoul », bon vivant, amateur de cigares et organisateur méticuleux, leur a tenu le discours qu'ils attendaient : ne vous contentez plus de témoigner, agissez ; ne vous contentez plus de raconter les tortures, soutenez les torturés. Du sérieux, du concret. Du risque, aussi. C'était providentiel.

Coordonné par Porchez, un réseau de lycéens et d'étudiants s'est constitué, aux franges de la structure plus ancienne qu'animent Francis Jeanson puis Henri Curiel, et du mouvement des insoumis et déserteurs, basé en Suisse, Jeune Résistance. Porchez et Ribes se sont donné une appellation longuement délibérée : le « groupe Nizan ». Référence à l'auteur de *la Conspiration* et des *Chiens de garde*. Référence, également, au communiste qui dénonça le pacte germano-soviétique et dont la mémoire fut salie par les siens — Budapest n'est pas oubliée.

Les planques pour des hôtes anonymes, les départs vers des destinations injustifiées, les voitures louées sous de faux noms, les convoyages d' « individus recherchés », et l'argent, les billets liés en tas, comptés et recomptés, l'argent de la révolution. Ce fric sacré, Jean-Paul Ribes a pris l'habitude de le cacher dans son piano.

Entre-temps, Tiennot Grumbach s'est affirmé comme l'un des animateurs des CLAJ, l'association des auberges de jeunesse, et touche un salaire de l'agence Voir et Connaître, qui cherche à promouvoir le tourisme populaire. L'un a plongé dans l'illégalité, l'autre pas. Mais la frontière est-elle si franche ? Quand Tiennot planifie des excursions à travers toute l'Europe, se cantonne-t-il dans le strict rôle d'accompagnateur zélé ?

En réalité, au moment où Jean-Paul Ribes et ses camarades du groupe Nizan se font griller, et plus encore dans les mois qui sui-

vent, le partage des rôles est fort incertain et la ligne de démarcation fréquemment insaisissable entre l'action légale en faveur de
la paix et l'action illégale en faveur des « rebelles ». Le problème
de l'insoumission, qui taraude chaque étudiant bénéficiaire d'un
sursis, brouille complètement les cartes. Est-ce conforme à la loi
et à l'ordre que de ratisser les *mechtas,* d'accomplir les « corvées
de bois » (ainsi désigne-t-on pudiquement, dans l'armée française, les exécutions sommaires de prisonniers), de se boucher
les oreilles quand des hurlements s'élèvent de la tente où un
« fellouze » est interrogé ?

D'étranges réunions sont convoquées, dont nul n'est vraiment
censé connaître les initiateurs ni les participants. Ainsi, à l'été
1960, quatre-vingts garçons s'assemblent-ils dans le temple du
pasteur Francis Bosc, rue de l'Avre, pour débattre du problème
et former un noyau d'agitation. Des porte-parole de Jeune Résistance, du PSU, sont là. Aucun nom n'est prononcé, chacun se
désigne par un numéro épinglé sur sa poitrine. On se méfie des
flics. A bon droit : ils sont là, eux aussi — Ribes et Porchez
s'aperçoivent, au cours de l'instruction de leur affaire, que les
hommes de la DST ont été convenablement renseignés.

En province, la ville la plus « chaude », c'est Lyon. Jean-
Louis Péninou y débarque à la rentrée de 1960. Il vient de décrocher le bac à Bordeaux, sa ville natale, où il vivait avec sa mère.
Il quitte la Garonne pour le Rhône parce qu'il a décidé d'étudier
ultérieurement la sociologie, discipline qui commence seulement
d'être enseignée dans quelques rares amphis. Mais à peine a-t-il
pris pied à l'université que le militantisme le dévore. Péninou, en
la matière, a déjà de la bouteille. Son premier souvenir politique
(il n'avait pas treize ans) a été l'attaque contre le local communiste bordelais lors de l'invasion de la Hongrie. Et le second a
été de défiler, le 14 mai 1958, contre le coup de force dont est
sortie la Ve République. Avant même d'entrer en terminale, il
possédait sa carte du PSA (le Parti socialiste autonome, l'une des
antichambres du PSU). Ancien scout, Péninou vit la guerre
d'Algérie comme un drame d'essence morale. Et il récuse,
d'emblée, deux de ses acteurs principaux. A ses yeux, de Gaulle
est un fasciste. Et Thorez un complice des mitrailleurs soviétiques.

En « propé », le nouvel arrivant fait figure d'agitateur prodige, comme on appliquerait l'adjectif à un pianiste précoce. Il n'a pourtant pas la carrure d'un tribun : s'il veut être entendu, il faut qu'il s'impose, il faut qu'il conquière son public, qu'il le capte. Il y parvient, il aime occuper le centre des regards, réfuter, convaincre. Il vit seul à Lyon et ne quitte guère la fac, y dormant parfois dans un coin. Les cours l'ennuient ; il les néglige — à l'heure de l'examen, son aisance rhétorique palliera ses absences. Il milite le matin, le midi, le soir, la nuit. Il milite au PSU, à l'UNEF. Et bientôt, ce n'est plus assez.

Entre la fin de l'hiver 1960 et le printemps 1961, tout Lyon est en émoi. Après l'arrestation de Tahar Temsi, chef de la willaya III, des « Européens » complices du FLN sont interpellés en cascade. Le responsable du réseau d'aide local, Jean-Marie Boeglin, secrétaire général du Théâtre de la Cité (le théâtre de Roger Planchon), réussit d'extrême justesse à gagner la Suisse. Mais son assistante, Nicole Brochier, et le mari de cette dernière, Jean-Jacques, sont pris. D'autres suivent. Leur procès, en avril, est retentissant. « Je me sens plus proche d'un révolutionnaire algérien que de M. Lagaillarde ! », s'écrie depuis le box Claudie Duhamel, une des inculpées. Les peines prononcées atteignent dix ans d'incarcération. Plus que pour Tahar Temsi.

Jean-Louis Péninou rencontre, dans les cercles « antifascistes » qu'il fréquente, un homme en quête de militants d'exception. Un grand type, emporté, exalté même, et qui refrène mal un tempérament passionnel. Jean-Louis Hurst est au faîte de sa gloire littéraire. Mais bien peu savent que *le Déserteur*, témoignage à vif récemment publié par les Éditions de Minuit — et aussitôt interdit — sous le pseudonyme de Maurienne, est de sa plume. Alors qu'il était sous-lieutenant en Allemagne, Hurst-Maurienne a quitté dès 1958 son unité pour travailler avec Jeanson et (plus encore) Curiel. Tantôt en France, tantôt en Suisse, il est un des principaux animateurs de Jeune Résistance et vient à Lyon pour réorganiser le « soutien » avec des troupes fraîches.

A sa vie syndicale, à sa vie politique déclarée, Péninou accepte d'ajouter une existence clandestine. Il n'en est plus à une vie près. Remises de fonds et passages de frontières rythment régulièrement son emploi du temps. Lorsqu'il lui arrive, dans un sac, une valise, un coffre, de transporter des armes, un frémissement particulier cisaille son imagination. Non qu'il soit fasciné par les outils de mort, leurs sales gueules luisantes et leurs chargeurs assortis. Mais il est voisin de Caluire, là où les soudards de Klaus Barbie ont surpris Jean Moulin. Lyon, capitale de la Résistance. Jean-Louis éprouve l'impression qu'il s'enracine dans une lignée distinctive. Il va sur ses vingt ans et convoie, vers la liberté, des condamnés à mort évadés.

Il choisit, pour la rentrée suivante, de se donner un peu d'air et de monter à Paris. Il est toujours membre du PSU. Trois camarades l'accueillent : Tiennot Grumbach, Jean-Jacques Porchez, Jean-Paul Ribes...

Un autre adhérent du PSU a suivi un itinéraire voisin. Michel-Antoine Burnier est un rejeton de l'excellente bourgeoisie de Chambéry. Il grandit dans la foi chrétienne mais, vers l'âge de quinze ans, cette foi décline. Brutalement. Et pas assez vite à son goût. Pour échapper à ce qui lui semble un carcan, un étouffoir, il se mue en sartrien dévot. Tel un fan de Jean-Sol Partre dans *l'Écume des jours,* il entretient jusqu'au mimétisme — lunettes, pipe — le culte de son idole. Ce n'est pas seulement affaire de genre, affaire de mode. Élève d'hypokhâgne au lycée du Parc, à Lyon, Burnier met en pratique les considérations sur l'engagement qu'il développe dans ses brillantes dissertations. Le PC l'aurait tenté, comme Sartre, en d'autres circonstances. Mais le PC condamne l'aide directe apportée au FLN. Or Burnier aide le FLN. Des actions sans éclat : transmettre un message, remettre une valise. Des remuements intimes : une Algérienne très belle que les flics ont humiliée et torturée.

Sur cette voie, il entraîne son cousin, Fred Bon, d'un an son cadet, qui est né le jour de la chute de Stalingrad — lui aussi de famille catholique. Fred a adhéré au PSU alors qu'il préparait son bac philo dans un établissement de l'Est. A l'été 1960, les deux compères se retrouvent à Paris et, de concert, s'inscrivent à Sciences-Po. Burnier a le contact avec un certain Alexis du réseau Curiel. Ils ne tardent guère, l'un et l'autre, à collecter des informations, distribuer des tracts. Et un beau jour, on confie au tandem une mission d'importance : cacher Mohamed Boudia qui vient de s'évader de la prison du Mans. Bon dispose de l'appartement de ses parents, rue La Fontaine, qui avait appartenu à Émile Pelletier, ancien préfet de la Seine, ministre de l'Intérieur du général de Gaulle en 1958. Boudia s'y abrite huit jours en toute quiétude.

Bon et Burnier militent activement dans les rangs du PSU et entrent bientôt au secrétariat étudiant sous la houlette de Geismar. Ils collaborent également, avec André Burguière, à *Tribune étudiante*. Le parti socialiste unifié a beau se complaire dans ses bigarrures d'auberge espagnole, une certaine panique commence à ravager les rangs de la direction. En principe, l'organisation comprend l'insoumission sans la conseiller, et garde son estime aux porteurs de valises tout en les réprouvant. Cela n'empêche nullement les déserteurs et les « traîtres » de brandir, lors de leurs procès respectifs, le sigle du PSU. Quant à l' « analyse de la période », selon la terminologie des motions de congrès, le flottement n'est pas moindre. Gilles Martinet, une des têtes du Parti, s'escrime en vain à démontrer dans ses éditoriaux de *France-Observateur* que de Gaulle n'est pas « fasciste », qu'avec les putschistes d'Alger la rupture est consommée. On ne le lit que d'un œil.

Responsable des ESU, Alain Geismar est coincé entre l'arbre et l'écorce. Son mentor, Jean Poperen, est violemment hostile aux Porchez, Ribes, Péninou et autres activistes irréfléchis. Et Geismar se retrouve déchiré. Comme syndicaliste, au nom de l'UNEF de Nancy, il a prêché le rapprochement avec les étudiants du FLN. Comme militant politique, il a été l'observateur de son Parti à la fameuse et mystérieuse réunion ourdie par Jeune Résistance, au temple protestant de la rue de l'Avre. Comme individu, il profite de son statut d'élève de l'École des mines pour faciliter l'embauche de membres du Front aux aciéries de Pompey (il y effectue un stage alors que le FLN a été décapité dans l'usine par son rival, le MNA), et assure quelques passages à la frontière allemande en oubliant de se vanter de ses exploits auprès de Poperen.

Du côté des jeunes communistes, la surface paraît plus lisse, mais au fond les remous sont identiques. Philippe Robrieux porte de l'estime et de l'amitié à l' « agent du FLN » notoire qu'est Jean-Jacques Porchez, son ancien condisciple au lycée Buffon. Ils se retrouvent fréquemment en compagnie d'étudiants « coloniaux » de toutes origines : Thiam Papa Gallo, Rose

Marie (représentante des Martiniquais), le Vietnamien Tran Vin Hien, l'Algérien Mohamed Khemisti, celui-là même qui, à Moscou, sema le trouble dans l'esprit d'Alain Krivine.

L'itinéraire de ce dernier est révélateur des doutes, puis des divergences susceptibles de s'insinuer alors dans la tête d'un étudiant adhérent du PC, fût-il inconditionnel au départ et formé selon la stricte observance du rite.

Sitôt rentré de la « patrie du socialisme », les choses se gâtent. Alain a toujours en mémoire les objections de Khemisti. Il décide de consacrer une énergie accrue à la cause algérienne, et de tester ainsi les réactions de son milieu. Sans tarder, les incidents se multiplient. Son cercle des JC prépare une réunion publique « pour la paix ». Il suggère d'y inviter Mme Audin, dont le mari, assistant à la fac des sciences et soupçonné d'appartenir au parti communiste algérien, a disparu — une « évasion », disent les autorités — après un interrogatoire mené par les tortionnaires d'El-Biar, les mêmes qui ont « questionné » Henri Alleg. Refus, net et sans explication. Émoi de Krivine : Mme Audin risquerait-elle d'évoquer des matières importunes ? Le Parti distingue-t-il entre les « bons » témoins (Henri Alleg, fidèle et discipliné) et les autres ?

Une seconde péripétie, elle, est franchement cocasse. Un tract signé du PC avait choqué le camarade Krivine. La direction parisienne y annonçait un « grand bal pour la paix en Algérie », et le texte, alléchant, s'achevait sur une promesse : « On dansera, et on... » Vraiment, ces points de suspension égrillards lui avaient paru déplacés. Danser pour la paix, passe encore, mais copuler pour la paix, ça vire à la faute de goût. Dès que l'occasion se présente, au congrès des JC, Alain monte donc à la tribune et, gravement, observe que l'Algérie n'est pas un sujet de rigolade. Stupeur ! Les trois quarts de la salle commencent à scander, de plus en plus fort :

— Pu-ceau ! Pu-ceau !

Atteint jusques au tréfonds de sa virilité, Krivine bafouille faiblement : « C'est même pas vrai ! », achève vaille que vaille son intervention et redescend sous les ricanements des copains. Une toute petite histoire, dérisoire et futile. Reste que la douce homogénéité des années d'enfance se craquelle. Le cocon n'est plus.

Avant de s'inscrire au département d'histoire de la Sorbonne, Alain transite par l'hypokhâgne de Condorcet. Le ton, chez les lycéens, se durcit de jour en jour. Et l'animateur du cercle peine pour tenir ses troupes. Le Parti est accusé d'être couard, de pratiquer le double langage, de désavouer les cégétistes qui prêtent une ronéo aux Algériens de leur entreprise, tandis que la CFTC, la très « réformiste » confédération chrétienne que l'on regarde de haut, couvre ses militants charitables. Krivine s'efforce d'avoir réponse à tout et de dissimuler ses propres alarmes. Mais le climat se dégrade encore.

Les critiques vont si bon train que les oreilles de Jean Gager, le supérieur hiérarchique d'Alain, se mettent à siffler. Il prend à part le responsable de Condorcet :

— Ce qui se passe chez toi, ce n'est pas clair. Il y a peut-être de la manipulation là-dessous. Tu devrais aller jeter un œil à des réunions qu'organise le nommé Jean-Jacques Marie, un pivertiste. Je ne serais pas très étonné que tu y retrouves certains de tes gars.

Et voici Krivine agent double. Feignant d'écouter le « nommé Jean-Jacques Marie » dans une salle obscure près du métro aérien, il lorgne autour de lui pour repérer d'éventuels JC amateurs de mauvaise graine. Mais il n'aperçoit nul visage connu.

Faute de démasquer les comploteurs, les dirigeants du cercle recourent à d'autres moyens. Un baby-foot rutilant est installé au local, rue du Mail, afin de « motiver les sympathisants ». Hurlements de joie et de mépris parmi les contestataires :

— C'est tout ce que vous avez inventé pour justifier la ligne du Parti ! Bravo, camarades, le baby-foot est l'arme politique qui vous manquait...

Alain Krivine, à vrai dire, se sent dans ses petits souliers. Et plus encore lorsque Gager lui intime l'ordre d'exclure l'un des opposants particulièrement disert, Koval, dont — paraît-il — « le frère est trotskiste ». L'exclusion est prononcée.

L'ennemi potentiel, c'est le lecteur de *France-Observateur,* organe de toutes les nouvelles gauches et constamment en pointe sur l'affaire algérienne. L'argument massue, au vif des réunions chaudes, c'est : « Où as-tu été pêcher ça ? Sûrement pas dans *l'Huma* ! » Gager conseille à Krivine, pour préparer les débats, de cocher dans *France-Obs* les passages « gauchistes » : il coincera ainsi ses contradicteurs en flagrant délit...

Lassitude, malaise. Cette petite guerre imbécile ne vaut pas qu'on lui accorde tant d'importance alors que la vraie guerre, sanglante quoique non déclarée, devrait occuper l'essentiel de l'investissement militant. L'existence de réseaux de soutien au

FLN n'est plus un mystère, et Alain y songe secrètement. Un jour où il est cloué au lit par une jaunisse, Hubert, son frère jumeau, entre dans la chambre :

— Tu en as marre, c'est évident. Si tu as envie d'aider les Algériens, je connais un contact.

Alain serait disposé à courir le risque et même à désobéir au Parti. Mais en sachant où il met les pieds. Hubert possède la parade :

« Ne demande pas à des clandestins de te donner des références. Je t'assure que ce sont des mecs bien.

— Pas de trotskards, tu me le jures ?

— Mais non, ça n'a rien à voir !

Alain accepte. Hubert le présente à un certain Michel Fiant.

Cela, au moins, c'est excitant ! Guetter au coin d'un square, à la minute près, le passage d'une voiture qui transporte de l'argent, ou l'un des hommes « de type nord-africain » que la DST traque, et adresser, à la seconde près, le message convenu (nœud de lacet, journal plié, lunettes ôtées) indiquant au conducteur que la voie est libre... Écrire à l'encre sympathique... Assurer la relève de compagnons arrêtés la veille... Alain Krivine renoue avec la légende qu'il voyait s'estomper, s'affadir, s'effilocher. Mentir, fût-ce par omission, à ses camarades du PC est pour lui une expérience inédite. Mais son action illégale lui paraît « racheter » ce qui le déçoit dans l'attitude du Parti. Il a moins là l'impression de « trahir » que de prendre les devants, d'anticiper sur ce qui sera, tôt ou tard, la ligne juste.

Au fur et à mesure qu'enfle la controverse sur l'insoumission, Jeune Résistance, le mouvement établi en Suisse qui réunit les appelés réfractaires à la guerre coloniale, gagne en ampleur et en notoriété. Ce « parti des déserteurs » regroupe, de Rome à Ostende, avec le concours des réseaux français et du Front algérien, des garçons de diverses provenances : chrétiens indignés, communistes en rupture de ban, anars, et plus simplement militaires traumatisés par ce dont ils ont été les témoins ou les acteurs. Mais « JR » est autant un sigle qu'une organisation. Se l'approprie qui veut.

Krivine se « spécialise » — il est lui-même sursitaire — dans la popularisation de ce sigle. Initialement, il s'agit surtout d'orchestrer des « lâchers » de tracts au milieu des manifestations légales. On attend que la foule soit dense, la pile de papier bien serrée sous le coude, camouflée par un pan de blouson. Et, au commandement, quinze ou vingt bras, d'un geste auguste, arrosent l'entourage de littérature subversive. On hurle : « Vive l'insoumission ! » Et l'on se replie en douceur.

A ces débuts sommaires succèdent des opérations complexes, qui visent les trains de troupes, principalement de permissionnaires. Avec la complicité de cheminots syndiqués, les signaux lumineux sont trafiqués pour que les convois s'immobilisent en rase campagne ou, mieux, dans un tunnel. Des slogans sont peints sur les murs à l'endroit exact de la halte provoquée. Des mains surgies de la nuit balancent des tracts dans les compartiments. L'effet psychologique n'est pas mince. L'effet politique est plus difficilement mesurable. Ce qui est certain, c'est que dans l'imaginaire d'un ancien Vaillant, nourri de récits épiques et de chants des partisans, ces sabotages nocturnes revêtent l'allure d'une petite bataille du rail.

Militant de choc, solide, ponctuel, Alain, comme d'habitude, grimpe dans la hiérarchie. Il appartient bientôt à une sorte de cellule qui coordonne dans la capitale les initiatives signées JR. De ses camarades de clandestinité, il ne connaît pas et ne souhaite pas connaître les affiliations exactes. Seule compte l'efficacité du travail accompli. Les mobiles des uns ou des autres leur appartiennent. Il ne rencontre jamais directement d'Algériens. En revanche — preuve qu'il est un homme de confiance —, les missions ultra-secrètes deviennent son lot.

A Fresnes, quinze cents membres du FLN occupent, sur cinq étages, la deuxième division. Les détenus, au prix de très sévères grèves de la faim, ont fini par obtenir un régime spécial. Le matin, tous chantent l'hymne national, une minute de silence est observée en mémoire des morts, un journal intérieur affiché sous les préaux rapporte les nouvelles de France et du maquis. La cuisine, l'hygiène, les études, le culte sont assurés par le Front. Les porteurs de valises français tombés aux mains de la DST sont traités en hôtes d'honneur.

Mais même au sein d'une prison « autogérée », la tentation du dehors est très forte. Vedettes de la « rébellion » ou simples moudjahidin, nombreuses sont les cervelles qui ruminent une cavale. Là aussi, le Front est souverain. Il distribue ou refuse les « autorisations de sortie » — entendons : l'autorisation de tenter une sortie. Les plans sont minutieusement examinés et débattus. Et les chefs de la détention en appellent, pour la préparation, aux amis extérieurs. Voilà pourquoi le camarade Krivine se retrouve, des nuits d'affilée, dans les fossés de Fresnes, guettant les rondes et relevant consciencieusement leurs horaires de passage. Il a pour alibi une charmante camarade. En cas de danger, la consigne est formelle : s'embrasser fougueusement afin de donner le change. La relève s'opère toutes les quatre heures.

Si la police avait surpris Krivine et son bel alibi dans les fossés de la prison, la réaction du PC eût été claire et nette : un désaveu total, sans nuance, une exclusion de fait. A ce stade de sa carrière militante, Alain s'aperçoit que, sans rendre sa carte et bien qu'il demeure profondément attaché à sa « famille » d'origine, il a franchi un seuil qui l'en éloigne.

Ce glissement progressif hors de la loi du Parti se vit plus qu'il ne se décrète. Par étapes continues, l'infraction à la lettre se mue en infraction à l'esprit. Au travers de gestes simples — prêter sa voiture, porter un paquet —, une fronde s'amorce. Bernard Kouchner n'hésite pas à confier aux Algériens qui le lui demandent la clé de sa chambre du boulevard Raspail, ni à manier quelques pains de plastic dans le bois de Boulogne. Régis Debray est lié à un groupe de normaliens dont les dispositions sont analogues.

Mais, contrairement à Krivine, l'un et l'autre regardent ces menus services comme un pis-aller, l'ersatz de la Révolution introuvable.

Introuvable en France, du moins. Car, de Cuba, les nouvelles affluent. Ania Francos ravitaille en informations ses amis du quartier Latin. Ania, fille d'un père russe et d'une mère polonaise, cachée de famille en famille durant l'Occupation, faisait partie, comme Jeannette Pienkny, de la bande d'adolescents juifs qui se retrouvaient, le samedi et le dimanche, place de la République. Ses lettres enthousiastes, échantillons du livre qu'elle mûrit — il s'appellera *la Fête cubaine* —, semblent aux Parisiens des messages d'espoir, des fragments de soleil. Le nouveau monde s'approprie une dénomination que les conquérants étrangers lui avaient accolée. En outre, les proches de Fidel ne dissimulent guère leurs critiques envers la mollesse du PCF sur la question algérienne. Et ce ne sont pas, cette fois, quelques collégiens exaltés qui le disent, mais les vainqueurs de Playa Giron, la baie des Cochons.

Il faut y aller voir. A l'été 1961, Régis Debray prend l'un des premiers charters pour New York et descend en auto-stop jusqu'à Miami. Le 14 juillet, il arrive à La Havane et découvre d'un coup les tropiques, la chaleur et la spontanéité fraternelle. Roland Castro, l'étudiant des Beaux-Arts qui gardait *l'Express* durant le putsch des généraux, est également convié au titre des ESU. Avec deux camarades, il s'envole d'Orly. Changement à Miami. Les trois garçons sont les seuls passagers de l'appareil qui se dirige vers l'île rebelle.

Après l'atterrissage, une image, dans la lumière soudaine — l'immense inscription rouge qui barre le bâtiment central de l'aéroport : « *Cuba territorio libre de América! Patria o muerte venceremos.* » Juste avant de se poser, par le hublot, on pouvait déchiffrer sur le toit : « *Yankees Remember Giron!* » Roland Castro et ses compagnons, intimidés et perdus, errent une demi-heure sans que quiconque leur prête attention. Et brusquement, une fille, une très belle fille est devant eux, qui sourit :

— Vous êtes les invités du gouvernement révolutionnaire.

Direction l'hôtel. Régis (que Roland ne connaissait pas) est déjà là, nouant mille relations. Ania est là. La terre entière est là, à l'exacte intersection de l'Amérique protestataire, du camp socialiste et du tiers monde non aligné.

Mais le choc initial n'est pas idéologique. Ce sont les femmes superbes serrées dans des robes incroyablement moulantes. Et les hommes qui les détaillent insolemment de bas en haut, ponctuant l'examen de « *Ay, mama mía!* » et roulant des épaules. Ce sont les peaux aux couleurs infiniment mêlées, couleurs d'envahisseurs espagnols et d'Africains vendus, d'immigrés chinois, de pirates anglais ou français, de colons haïtiens importateurs de café, du *cafecito* qui réveille les morts. Ce sont les cigares mâchonnés, le rhum Bacardi, les bananes plantain, la confiture de goyaves et aussi, quand la nourriture devient rare, les *malangas,* les topinambours fades du blocus yankee. Ce sont les danses, le cha-cha-cha, le mambo, qui cadencent aussi bien les meetings politiques que les fêtes privées.

Rescapée du débarquement d'avril, Cuba respire fort et vit *por la libre,* abandonnée à l'ivresse de l'improvisation. L'entrée triomphale de Fidel et de ses *barbudos* dans La

Havane ne remonte qu'au début de 1959, à peine plus de deux années.

La révolution — en ville — s'ébauche, s'invente dans un décor invraisemblable de palaces, de bars raffinés, de boîtes exotiques, de bordels de luxe. Le Habana Hilton se nomme aujourd'hui Habana Libre, et la chambre qui coûtait naguère quarante dollars par jour au Habana Riviera se loue désormais douze pesos, quand elle n'est gratuitement cédée. Les piscines sont pleines, le casino fonctionne, le Sloppy Joe, le bar des vedettes, reste comble, et la Floridita continue de servir les plus célèbres daiquiris du monde. A la nuit tombée, des garçons en smoking, précédés d'une lampe-torche, vous guident le long des boyaux sombres des cabarets. Les mulâtresses du Tropicana, presque immobiles, réussissent à ne faire onduler que leurs seins — la danse des *globitos* est une des plus érotiques qui soient. Dehors croisent les longues limousines américaines. Elles s'immobiliseront à la moindre panne, faute de pièces de rechange.

Le camarade Castro (Roland) n'en croit pas ses yeux. Car derrière le décor *made in USA,* les exotismes vrais et les produits frelatés, au-delà du Malecon, de la corniche bordée de vieilles demeures coloniales, la mutation sociale est à l'œuvre. Dans les *guaguas,* les autobus populaires, on lit : « Maintenant le Pepsi Cola appartient au peuple ! » Et ces filles sensuelles et cambrées, ces joueurs de dominos en chemise amidonnée rentrent dans des bâtisses où est écrit, à la porte : « Ma maison t'appartient, Fidel ; Fidel, tu es chez toi. »

Les héros des rues sont les *rebeldes,* étudiants et paysans qui ont naguère rejoint les maquis. Et les héros des héros sont ceux d'entre eux qui ont atteint le grade de *comandante* — il n'en est pas de plus élevé —, en battle-dress vert olive, avec les accessoires : la casquette, le revolver sur une hanche et les chargeurs sur l'autre.

Le deuxième choc, le voilà. La révolution est possible, tangible, même dans les pires conditions, même à cent cinquante kilomètres des côtes américaines, même dans un pays pauvre affaibli par la monoculture, même quand on ne possède, pour arme principale, que les *cuatro bocas,* les mitrailleuses anti-aériennes à quatre canons qui ont descendu onze B 26 de l'invincible armada yankee.

La légende, ici, n'est pas tissée de bruits, de rumeurs, de mythes, mais de visages mobiles, jeunes, rieurs. L'ex-étudiant en droit Fidel Castro et son frère Raul ont réellement attaqué, le

26 juillet 1953, la caserne de la Moncada. Ils se sont effectivement retrouvés au pénitencier de l'île des Pins, puis en exil à Mexico. Ils y ont bel et bien rencontré un jeune médecin argentin, Ernesto Guevara, surnommé Che. Avec lui, et quatre-vingt-deux expéditionnaires, ils ont vraiment affrété, le 5 décembre 1956, un rafiot, le *Granma,* pour regagner la mère patrie où l'armée du dictateur Fulgencio Batista les attendait de pied ferme. Et la guérilla qu'ils ont poursuivie depuis la Sierra Maestra n'est pas un conte de fées. Ni l'enlèvement du pilote automobile Fangio, séquestré durant deux jours à La Havane, en 1957. Ni la grève générale avortée de 1958. Ni la lutte finale jusqu'à la fuite de Batista vers Saint-Domingue.

Ces figures d'épopée, on les voit, on les touche. Fidel aime surgir, vers deux ou trois heures du matin, dans l'un des grands hôtels de la capitale, et parler, boire et parler avec les journalistes, les militants européens en visite, les cousins latino-américains en stage.

Che Guevara est plus réservé, le verbe moins batailleur, mais volontiers pédagogue. « Nous faisons la révolution dans la gueule du monstre », aime-t-il à répéter. Et, pour montrer combien la revendication cubaine de l'autodétermination semble contre nature, il déshabille un cigare, symbole des ressources locales s'il en est. La première bague : importation. La deuxième bague : importation. Il sépare les feuilles. L'enduit qui les assemble : importation. Il craque une allumette : importation. Désigne la boîte, le grattoir, la colle : importation. En quatre gestes, le ministre de l'Industrie, ex-président de la Banque d'État (où il paraphait, superbe et désinvolte, les billets d'un simple « Che »), résume la témérité de la *sardina* — le menu fretin des républiques d'Amérique centrale — qui défie le *tiburón,* le requin qui règne sur la région.

Régis Debray veut observer le cœur de la révolution : les campagnes. Il s'installe pendant trois mois en pleine Sierra Maestra, dans un des centres d'alphabétisation qui ont remplacé les bases des anciens maquisards. Roland Castro passe aussi et estime que l'uniforme des miliciennes n'est pas moins ajusté et troublant que leurs vêtements de ville. Et, une fois redescendu, il apprend que le principal, ici, se joue autour de la canne à sucre, de cette tige obsédante et entêtée qu'on coupe indéfiniment et qui repousse indéfiniment. Une culture si simple que les maîtres des gigantesques latifundia l'ont substituée à toute autre : il suffisait d'acheter le reste sur le continent. Un râclement de machette pour dégager le maximum de feuilles. Tu empoignes la canne, tu la tranches à ras de terre, tu la lances en l'air, tu la coupes par le milieu avant qu'elle ne retombe. Les ministres, les cadres politiques eux-mêmes se livrent à cet exercice tôt le matin, avant d'aller au bureau.

Une plantation médiocre et un lupanar doré. Telle est devenue Cuba sous la férule nord-américaine. Régis s'applique à étudier le mécanisme de près. Parce qu'il est un intellectuel. Mais aussi parce que *Clarté,* à son retour, attend un article de fond et qu'il n'entend pas décevoir ses lecteurs.

L'enchaînement des événements semble implacable. Le 5 juillet 1960, les USA refusent d'acheter le reliquat du quota sucrier. Le 9, les Soviétiques se portent acquéreurs. Fidel et le Che songent alors à échanger ce sucre contre du pétrole, ce qui laisserait intacte leur maigre réserve de devises. Les raffineries américaines annoncent qu'elles ne traiteront pas le pétrole russe. Castro les nationalise. Les États-Unis suppriment toute importation de sucre, puis décrètent l'embargo général sur le commerce avec Cuba. L'URSS décide d'acheter la récolte de l'année à un prix supérieur au cours mondial. La machine est lancée et l'opération de Playa Giron accélère le mouvement. Le 1er mai 1961, Fidel proclame Cuba « première république socialiste d'Amérique ».

La machine est lancée, mais ni Régis ni Roland n'ont l'impression de parcourir une de ces « démocraties populaires » qui donnent du socialisme une image réfrigérante. Cuba est vivante. La foule est proche de ses leaders — les grands meetings n'ont rien d'un cérémonial figé : Fidel et son peuple entament une sorte d'interminable duo, parlé, chanté, dansé. La bureaucratie fait défaut, plus qu'elle ne sévit. La presse — *Hoy* (communiste), *Revolución* (« fidéliste ») — n'est pas monocolore et les vieux staliniens ont baissé pavillon. D'ailleurs, le père spirituel de l'indépendance cubaine a nom José Marti, pas Lénine. Les intellectuels critiques qui rédigent *Lunes* (le supplément littéraire de *Revolución*) portent aux nues Sartre et Simone de Beauvoir, célèbrent Fellini et Antonioni, traînent dans la boue le conformisme réaliste, conçoivent même un court-métrage (objet de scandale, accessible seulement lors de projections privées), *PM,* sur les bas-fonds portuaires, les fumeurs de marijuana et les prostitués adolescents.

Non, Cuba, en cet été 1961, n'est pas enfermée dans un

« modèle ». Au contraire, Régis Debray devine, interview après interview, que les dirigeants s'efforcent de redresser le sens de la pente, de se tourner vers les Chinois pour n'être pas dépendants des seuls Soviétiques, et de sauvegarder les liens avec toutes les Amériques sujettes de l'une d'entre elles. Mais la pression de cette dernière est telle qu'il est extrêmement difficile de s'arracher à une logique du tout ou rien. Le gouvernement des États-Unis use de ses innombrables ressources pour marginaliser Che Guevara à la conférence de Punta del Este qui réunit l'ensemble des États américains. La crise politique menace au Brésil, dont le porte-parole est jugé insuffisamment docile par son grand tuteur. Si le « fusible » brésilien saute (et en effet, quelques jours plus tard, le président Quadros démissionne), l'isolement de Cuba paraît inéluctable et la menace militaire à son encontre grandit.

Achevant son papier, Régis Debray conclut : « Il dépend de nous d'être un peu cubains. » Cela signifie, pour lui, qu'il faut s'arracher à la générosité « tiers-mondiste », cette solidarité à distance qu'il juge paternaliste et libérale, et choisir son camp — révolutionnaire parmi les révolutionnaires. Régis ne se résigne pas à abandonner ce continent qu'il découvre lors d'interminables discussions avec des militants venus de chaque repli du cône andin.

Le 13 août, à Berlin, commence la construction du mur qui sépare les zones est et ouest.

Roland Castro rentre à Paris comme on exécute une pénitence. Il a dans l'oreille l'engagement du Che : « Nous ne pouvons pas promettre de ne pas exporter notre exemple, comme le demandent les États-Unis, parce que cet exemple est de nature morale et que semblable élément spirituel traverse les frontières. »

Il a rencontré Robin des Bois. Un Robin des Bois qui aurait lu Marx, et qui vivrait entouré de créatures de rêve. *Cuba sí,* le film de Chris Marker, est interdit en France.

17 octobre 1961. Alain Krivine contemple, hagard, terrifié, le spectacle qu'offre le boulevard dans la nuit pluvieuse. Le rideau de fer de l'*Humanité* est abaissé. Des paquets d'Algériens, restes de la manifestation disloquée, se cognent aux façades hostiles, aux vitrines condamnées. Devant les portes cochères, en léger retrait sur le trottoir, des magmas sanguinolents se cramponnent aux grilles. Ici et là, en tas, des corps étendus. Les quelques spectateurs sont immobiles et muets. Ils regardent passer les cars de police, bourrés de leur cargaison d'Arabes : on les a enfournés là-dedans à coups de triques et l'on a fermé les portières, en forçant, à coups de pieds. Les cars s'en vont les déverser au parc des Expositions. Mais leur noria n'est pas suffisante. Le préfet de police, Maurice Papon, réquisitionne des autobus de la RATP. Le troupeau, porte de Versailles, court sous les cris des flics qui trient les arrivants avec des matraques de bois, des planches, des nerfs de bœuf. Le sol est jonché de chaussures, de briquets, de lunettes, de montres. Des brocanteurs amateurs profitent de l'aubaine.

Onze mille cinq cent quatre-vingt-huit arrestations sont officiellement recensées. En une nuit.

17 octobre 1961. Ce jour qui n'existe pas, trente mille Algériens de Paris ont organisé une manifestation pacifique, avec femmes et enfants, pour protester contre le couvre-feu et les mesures discriminatoires qui leur sont infligées. Ils sont descendus de leurs bidonvilles, de leurs ghettos. Les militants du FLN ont procédé à une fouille systématique pour s'assurer que nul n'était porteur d'armes.

Alain redescend vers la Seine. Sur les ponts, la ratonnade s'achève. Des hommes en uniforme balancent des hommes en civil par-dessus les parapets.

L'Inspection générale de la police parlera de cent quarante morts ; le Front, de quatre cents. Dans la cour de la préfecture, on a écrabouillé des bicots avec des bancs. M. Papon le sait : il était là. A la tribune de l'Assemblée nationale, un député modéré, Claudius-Petit, choque ses chers collègues :

— Heureux les Kabyles blonds ! s'écrie-t-il. Après la honte de l'étoile jaune, connaîtrons-nous celle du croissant jaune ? Nous vivons ce que nous ne comprenions pas que les Allemands vivent après l'avènement de Hitler.

A part le PSU, à part les intellectuels — enseignants, surtout — animateurs de comités humanitaires et rédacteurs de journaux illicites, la gauche ne s'émeut que fort peu. Le strict minimum, avec écharpes tricolores. La guerre contre les Algériens intéresse de moins en moins les Français de France — l'indépendance est en vue. Ce qui les mobilise, c'est la guerre entre Français. L'OAS frappe « où elle veut, quand elle veut ». Les appartements des « antifascistes » sont dévastés par le plastic. Le 8 février 1962, au métro Charonne, la police charge des manifestants venus dénoncer les factieux à l'appel de l'opposition, enfin unie. On relève huit morts, piétinés, étouffés, tous communistes. Cette fois, une marée immense porte ses martyrs, au son de la *Marche funèbre* de Chopin. Les martyrs français qu'on enterre et qui enterrent les anonymes morts maghrébins.

Les porteurs de valises disparaissent de l'actualité. A New York, rentrant de La Havane, Roland Castro a croisé Gérard Chaliand, l'un des fondateurs de la revue *Partisans* éditée par François Maspero, qui tient la chronique des révolutions du tiers monde. Chaliand, très engagé dans l'aide aux Algériens, lui a demandé de ramener en France des brochures du FLN. Puis, à Paris, il a de nouveau contacté Castro, en l'occurrence pour un transport de fonds. Et Roland s'est retrouvé avec quatre-vingts millions sur les bras.

Mais c'est la fin. Les pourparlers officieux et officiels sont en cours. La déchirure s'est déplacée. Les organisations de gauche établissent des listes d'activistes ; le PSU imprime, sous forme d'affiches, une galerie de portraits des membres de l'OAS, grâce aux « tuyaux » de sympathisants dans l'appareil d'État.

Alain Geismar consacre beaucoup de temps à ces affaires. Comme élève à l'École des mines de Nancy, il est obligé d'effectuer des périodes militaires sous peine de radiation. Officier du génie dans la sixième région, il est ainsi placé sous les ordres d'un supérieur qui sort de l'ordinaire : Massu lui-même. Un matin, le chef tortionnaire de la bataille d'Alger, flanqué du colonel Gardes, ordonne le rassemblement. Un discours le démange :

— C'est à vous, les volontaires, de devenir les cadres de l'armée de demain.

Geismar lève le bras.

« Une question ?

— Oui, mon général.

— Quelle question ?

— Mon général, est-ce que ceux qui ne sont pas volontaires peuvent partir ?

Franche rigolade, mais éphémère. Geismar apprend qu'un copain, secrétaire fédéral du PSU de la Meurthe-et-Moselle, vient de perdre les deux jambes dans un attentat de l'OAS.

Les étudiants du quartier Latin passent à l'action. L'antifascisme rapproche et bientôt soude tous ceux que divisaient les querelles sur l'insoumission ou le soutien au FLN. Leur objectif est limpide, élémentaire : nettoyer le secteur (en gros, l'est du jardin du Luxembourg) des commandos OAS, des détachements Jeune Nation. A la Sorbonne, le cercle UEC d'histoire engendre des comités d'action antifascistes, dont le succès est tel qu'ils se fédèrent en un Front étudiant antifasciste. Alain Krivine est à la pointe du combat — si bien que sa chambre explose, en son absence. A la défense du territoire s'ajoutent des incursions sur le territoire ennemi. Des raids éclairs sont organisés contre les réunions favorables à l'Algérie française. Le succès de la mobilisation étonne ses instigateurs. On se donne rendez-vous à deux cents, salle des Horticulteurs, pour affronter le service d'ordre d'une manifestation adverse, et l'on se découvre cinq cents quand la bagarre commence.

Ce qui embrase la Sorbonne couve un peu partout. Un homme craque l'allumette, presque sans mesurer l'incendie qu'il allume. Henri Vacquin, vingt et un ans, présentement en propé et tenté par la sociologie, est, tel Krivine, un pur produit du Parti. Sauf qu'il est directement issu de la classe ouvrière — son père est un communiste italien qui s'est exilé sous Mussolini, son frère était dans la Résistance — et qu'il conserve envers le PC beaucoup de fraîcheur naïve.

Secrétaire national des Vaillants à onze ans, il a visité Berlin Est lors du Festival mondial de la jeunesse, en 1951. Consciencieux, il consignait sur un cahier ses impressions de voyage. Un soir, de la voiture qui le raccompagnait, il a vu s'étirer une longue queue aux portes d'un magasin. Et il a écrit : « Dans les États socialistes, le rapport au travail a été tellement modifié que les gens font leurs courses la nuit pour consacrer leurs efforts à redresser le pays dans la journée. » Un militant, un croyant sans faille, responsable par la suite des JC au lycée Chaptal, et « naturellement » adhérent de l'UEC.

Fin 1961, donc, Henri Vacquin tient un meeting à la fac des sciences. L'OAS s'étale, en couverture des journaux, sur cinq colonnes. Spontanément, il invite « tous les démocrates » à se regrouper dans un front unitaire. L'écho est spectaculaire : trois cents réponses. Il suggère alors que se coordonnent les divers comités des diverses facultés. La Sorbonne débarque, les grands intellectuels — Laurent Schwartz, Pierre Vidal-Naquet — soutiennent. Les voici mille. Alain Forner et Philippe Robrieux, les protagonistes de l'UEC (dont Henri n'imagine nullement combien ils sont en délicatesse avec le PC), poussent à la roue. Le FEA lancé par le cercle d'histoire s'élargit en FUA (Front uni antifasciste) naissant. Tout le monde est là : Jean-Louis Péninou (au nom des ESU), Marc Kravetz (un copain que Péninou rencontre à cette occasion), Krivine, Grumbach et Ribes, Kouchner (qui assure, parmi d'autres, la protection de l'appartement de Simone de Beauvoir).

Vacquin pavoise. Lors d'une rencontre — en présence de Sartre, chez Jorge Semprun, boulevard Saint-Germain —, il propose de hausser la barre d'un cran, de convoquer des assises nationales. L'enthousiasme est général. Moins une discordance. Guy Besse, l'œil du PC, entraîne Henri à part :

— Maurice n'est pas d'accord avec tout ça. Il faut qu'on en discute.

— Pas d'accord ? Qu'est-ce qui cloche ? Les camarades de l'UEC sont complètement dans le coup.

— Justement. Tes initiatives gênent le Parti. Et le Parti n'approuve pas la direction de l'UEC.

Vacquin ne cède pas, mais il tombe des nues. Chaleureux, sensible sous la gouaille, il déteste le clair-obscur. Depaquit et Forner décident d'éclairer sa lanterne. Une nuit durant, ils dévident pour lui le catalogue des contentieux accumulés : le rapport Khrouchtchev est authentique, la révolte hongroise ne l'était pas moins, Thorez a éliminé Casanova et Servin, l'UEC est obligée de cacher son jeu si elle veut survivre, le PC se méfie des étudiants et n'apprécie pas les rapprochements avec les éléments aventuristes ! Complètement ébranlé, Henri se retourne vers ses camarades de Bezons, les « siens ». Mais avant qu'il ait avoué son trouble, le secrétaire de la fédération du Val-de-Marne confirme, *a contrario,* les révélations de Depaquit et de Forner :

— Méfie-toi, vieux, méfie-toi ! Servin et Casa n'étaient pas nets, et l'actuelle équipe de l'UEC ne l'est pas non plus...

Le coup de grâce lui est assené au cours d'une discussion, à la section du sixième arrondissement. Vacquin passe là par hasard, son visage y est inconnu. Et la voix d'un « camarade » avertit :

— Attention ! Les trotskistes tentent d'entraîner le Parti dans une organisation manipulée, le FUA. Surveillez en particulier le dénommé Vacquin.

Le PCF vient encore de perdre un zélateur sincère.

Manipulé ou pas, le FUA se porte à merveille. Il gomme l'émiettement du monde étudiant, franchit les barrières partisanes. Il révèle que la jeunesse scolarisée est une force par elle-même. Du reste, l'extrême droite s'en émeut — Henri Vacquin figure sur la liste des « condamnés à mort » potentiels — et résout de l'infiltrer.

Deux élèves de HEC, Golovanoff et Walter, offrent leurs services. Ni leur mise ni leur discours ne « collent » vraiment. Prudents, Kouchner, Krivine et quelques autres accordent un rendez-vous, pour examen probatoire, dans un appartement au nord de Paris. L'interrogatoire, courtois, commence tandis que des gros bras du « SO » — dont une ceinture noire de karaté — sont dissimulés dans la cuisine. Près du phono, une pile de disques pour couvrir les cris éventuels. Et l'interrogatoire tourne mal. Le vocabulaire des postulants sonne bizarrement — ils parlent des « cocos ». Ordre leur est intimé de vider leurs sacs. Pris de panique, ils foncent vers la porte, mais les gros bras interviennent, les plaquent au sol ; les attachent, les jettent sur le lit. Une fouille méthodique révèle les plans d'un projet de plasticage au *Figaro,* des listes de sous-officiers à contacter en Algérie. Le doute n'est pas permis. Les deux suspects, gris de trouille, sont bien des agents de l'OAS. Et de piètres agents.

Après délibération, le jury les dépose au commissariat du coin. *Clarté* publie un communiqué de victoire, mais aucun des participants n'est très fier de lui. Collaborer avec les flics, fût-ce contre les « fachos », la pilule est amère.

Et ce n'est là que l'avant-goût, le léger avant-goût d'amertumes plus profondes...

Les accords d'Évian sont signés le 18 mars. Ce même soir, Bernard Kouchner retrouve, au 115, boulevard Saint-Michel, les habitués français et maghrébins du restaurant des étudiants musulmans. Le drapeau vert et blanc flotte sur la Sorbonne, où Péninou et les siens célèbrent la victoire. La fête fraternelle devrait être sans nuage. Mais au creux de l'estomac, Kouchner sent un nœud, une morsure. Il discute longuement avec Sartre, partagé lui aussi entre le soulagement et le désarroi. Tandis que Tiennot Grumbach et Jean-Paul Ribes annoncent qu'à la première occasion ils partent pour Alger, d'autres jeunes Français ne parviennent pas à surmonter une sensation de mal-être. C'est assez confus, assez indicible, et cela porte un nom : la peur du vide.

Militant : du latin *miles,* soldat. Quand on est militant dans l'âme, quand on milite depuis l'enfance et qu'on n'est plus très sûr de ses pensées et de ses phrases, de ses maîtres et de ses rites, la dernière chose qui rassure est de se coltiner avec un ennemi robuste, un ennemi digne de haine, méchant et dangereux. Les ratisseurs de casbah, les tourneurs de gégène, les éborgneurs d'enfants ont été un ennemi authentique, d'autant plus odieux qu'aux couleurs de la France. Reste maintenant à vivre parmi les vitrines épandues, les impassibles bibliothèques, les politiciens amnésiques et les trains toujours à l'heure. Mais pour quoi, ou du moins contre quoi ?

Jeannette Pienkny a peur : peur de s'endormir, de s'installer. Elle est sur cette terre pour faire la révolution et possède une élémentaire certitude : ce n'est pas en France que la révolution se déclenchera. Écœurée par le traitement que réserve le PC à ses étudiants, par l'autocritique forcée de Piel sous le regard paternel de Thorez, elle a hâte de quitter Paris, de s'évader d'Europe. Son amie intime, Michèle Firk, a constamment Cuba sur les lèvres. Ania Francos est rentrée de La Havane pour publier son livre. Michèle prépare un film qu'elle compte y tourner l'an prochain. Une délégation officielle de l'UEC est invitée là-bas. Jeannette s'inscrit en tête de liste.

Dès juillet, elle a sa chambre au Habana Libre. Et, comme ses prédécesseurs, elle est emportée par un tourbillon d'interjections, de controverses nocturnes, de gaieté insolente, de jeunesse à cloche-pied entre le rêve et l'abîme. De séduction aussi — les *comandantes* n'ont d'yeux que pour ces jolies camarades aux joues roses qui leur tombent du ciel. Ania connaît une parade partielle contre la concupiscence mythologique qu'éveillent les *Francesas* : se déclarer soviétique !

L'ex-Hilton est une marmite où bouillonnent d'innombrables subversions, guérillas, partis et fractions de partis, orthodoxes, dissidents, aventuriers ou jeunes gens sages, premiers rôles ou anonymes. Tour à tour s'y croisent, s'y engueulent, s'y réconcilient un Amilcar Cabral et un Douglas Bravo, un Marighela et des Tupamaros. De la Guinée-Bissau au Venezuela, de la Bolivie et l'Argentine à la Colombie et l'Uruguay, tôt ou tard, ceux qui se battent ou s'arment pour le combat transitent ou transiteront par La Havane. Plus les journalistes. Plus les intellectuels et les artistes. Plus les visiteurs « modérés », « démocrates », soucieux de se former une opinion. Plus Gagarine. Plus Ben Bella.

Le 26 juillet, un meeting monstre commémore l'attaque de la Moncada. Sur la plaza de la Revolución, les danseurs des cabarets sont venus durant la nuit animer bals et réjouissances : *« Viva el socialismo cha-cha-cha ! »* Jeannette Pienkny est à la tribune et n'échangerait pas sa chaise pour la loge centrale du Bolchoï. Fidel parle pendant cinq heures, devant une mer de paysans en chapeaux, qui l'interpellent, qui l'interrompent. Quand les *« Vivaaa Cubaaa ! »* submergent définitivement sa voix râpeuse, l'orchestre entame un petit coup d'hymne national pour ramener un calme provisoire. Jeannette songe aux pompeuses cérémonies des congrès du PCF, aux discours lents et mornes, aux délégués parqués et silencieux. Oui, ce qu'elle vit, ce qu'elle voit ici, c'est l'antithèse du stalinisme.

Et le Che, c'est l'antithèse incarnée de la bureaucratie. Plusieurs fois, il reçoit les étudiants français vers deux heures du matin dans son ministère de l'Industrie. Un Robespierre qui aurait le sens de l'humour. Un Lénine qui partirait couper la canne, le dimanche, avant d'étudier l'économie. Un marxiste amateur de littérature. Un obsédé de la révolution.

Pourtant, depuis un an, depuis le séjour de Régis Debray et de Roland Castro, la conjoncture s'est profondément modifiée. En décembre 1961, Fidel s'est proclamé « marxiste-léniniste » à

101

jamais et a annoncé la naissance prochaine du parti unique, où se fondront les diverses composantes du mouvement de libération. Un mois plus tard, l'OEA, l'Organisation des États américains, a exclu Cuba sur l'injonction des Yankees et malgré l'opposition des grandes nations du Sud. 1962 est l'*Año de la Planificación*. La folie organisée, la politique *por la libre,* c'est terminé. « Nous n'avons pas de savon, mais nous avons du courage ! », scandent les foules de La Havane. Elles n'en auront pas de trop.

La délégation de l'UEC repart vers la France. Jeannette reste. Les petits boulots, les traductions ne manquent pas. L'université lui est ouverte — elle réinvestira ultérieurement cet acquis. Et puis, pourquoi s'en aller ? Est-il une seule raison, une seule, de s'établir ailleurs ?

Elle ne délaisse Cuba que quelques semaines. En septembre, son père, qui travaille pour le *Joint* — l'association sioniste chargée d'orchestrer l'émigration des juifs vers Israël —, séjourne aux Etats-Unis, à une heure de vol, plus quelques étapes bon marché en cars Greyhound. L'occasion de s'embrasser, de se parler tranquillement. Jours de paix, tendres et à l'écart du siècle. Pas d'idéologie, pas de journaux. De vraies vacances.

18 octobre 1962. Au guichet de l'aéroport de Miami, l'employé dévisage lentement Jeannette Pienkny, arrache le talon du billet et lui tend la carte d'embarquement d'un air bizarre. L'avion pour La Havane a du retard. Et Jeannette est l'unique passagère. Elle attend, déconcertée. Le panneau *Departures* reste muet. Des hommes s'approchent, les uns en uniforme de policier, les autres en civil. Et l'un de ces derniers s'immobilise devant la jeune Française :

— *Miss Pieckny ?* (Il écorche son nom.)

— Oui. Qu'y a-t-il ?

— FBI. Nous souhaiterions vous poser certaines questions. Nous souhaiterions savoir pourquoi vous vous rendez à Cuba.

— C'est une affaire personnelle, non ?

— Plus depuis quelques jours, *Miss* Pienkny.

Jeannette ne comprend rien. Et n'est au courant de rien.

Elle ignore que le 3 septembre, au terme d'un voyage à Moscou, Che Guevara a révélé que l'URSS avait accepté de fournir des experts et des armes à Cuba pour affronter les « menaces des milieux impérialistes ». Elle ignore que, peu après, Fidel, dans une interview au *Monde,* a envisagé, pour la démentir aussitôt, l'idée de recevoir des fusées soviétiques. Elle ignore que les avions espions U 2, survolant l'île, ont photographié des engins sol-air surnommés « SAM » par les Américains, puis ont repéré quelque chose de plus gros — mais les clichés étaient flous, à cause du mauvais temps. Elle ignore enfin que depuis avant-hier, 16 octobre, John F. Kennedy a entre les mains l'image indiscutablement nette de ces mêmes longs cylindres mobiles qui ont été aperçus, lors du défilé du 1er mai, sur la place Rouge, à Moscou. Des fusées sol-sol pour lesquelles les Russes édifient en toute hâte, et quasiment sans camouflage, des rampes de lancement à San Cristobal.

Les agents du FBI entraînent Jeannette vers une salle isolée. L'interrogatoire dure trois heures. Les questionneurs progressent avec la pesante minutie de ceux qui vérifient des réponses plus qu'ils ne les arrachent. « *Miss* Pienkny » est marxiste et le revendique. Elle appartient à la direction d'un mouvement communiste français qui a pignon sur rue. Son nom est paru dans la presse parisienne. Elle a été l'objet d'une invitation officielle du gouvernement cubain. Son séjour sur le territoire des États-Unis d'Amérique était d'ordre rigoureusement personnel. Se considère-t-elle comme une révolutionnaire ? Elle aimerait l'être.

L'avion décolle enfin. Quelques tours d'hélice plus tard, sur l'autoroute qui relie l'aérogare au centre de La Havane, Jeannette découvre le corps du délit. Son autobus longe un immense convoi. Des bâches épaisses masquent la cargaison des semi-remorques. Dans la *guagua,* les passagers pointent l'index vers ces derniers et murmurent : « Voilà les *Etc.* ! » Le propos est pour le moins obscur...

Les amis qui l'hébergent — d'anciens membres du PC ralliés au mouvement — résolvent l'énigme. Fidel, l'avant-veille, a fait un grand discours radiodiffusé, à l'intention des Yankees. « Si vous nous attaquez, s'est-il écrié, sachez que nous avons des fusils, des mitrailleuses, des avions, etc. » Et tous les habitants de l'île, depuis, ont baptisé les fusées d'un surnom : les *Etc.*

Ce même jeudi 18 octobre, Andrei Gromyko passe par New York pour la session de l'ONU. Une audience à la Maison-Blanche est prévue de longue date. Les yeux dans les yeux, le ministre soviétique répond à son interlocuteur : « L'URSS n'a

GÉNÉRATION

pas d'autre intention que de contribuer au potentiel défensif de l'île. »

Le 22, John F. Kennedy, dans un message à la nation, dénonce la « duperie délibérée » dont les Russes se sont rendus coupables. Ils ont transformé Cuba en base offensive. Leurs fusées sont susceptibles d'atteindre Washington, le canal de Panama, Mexico, voire la baie d'Hudson ou Lima. Une « quarantaine rigoureuse » — l'expression sonne mieux que « blocus » — sera donc infligée à la nation rebelle. Tout bateau se dirigeant vers La Havane sera intercepté et contrôlé en pleine mer.

Imperturbablement, escortés par un sous-marin, des navires soviétiques progressent à la file et gardent le cap sur Cuba. Khrouchtchev les prétend chargés de lait en poudre pour les bébés castristes. Il traite les Américains de « pirates » et tous les partis communistes du monde — sauf les Chinois, d'habitude plus vifs — dénoncent le « mensonge de Kennedy ».

On estime que les cargos russes atteindront la « ligne de quarantaine », fixée par la marine US à cinq cents milles des côtes, le mercredi 24 octobre, entre dix et onze heures du matin.

Jeannette a revêtu l'uniforme de la milice. Les avenues de La Havane sont désertes. Chacun est à son poste de garde, ou de combat, dans un silence total. Les sacs de sable sont partout entassés pour protéger les nids de mitrailleuses. Une pluie torrentielle noie le ciel et la terre. La nuit, les projecteurs de la défense passive balaient la baie. L'accès aux plages est catégoriquement interdit. Les adolescents et les collégiens boursiers de l'État sont incorporés aux unités combattantes. Des camions de matériel s'enfoncent dans l'intérieur du pays, gênés par la boue. La jeune Française n'a pas peur. Elle se dit qu'elle va mourir, qu'une onde nucléaire rasera Cuba en quelques secondes, et que c'est la mort qu'elle voulait.

Parvenus au point de non-retour, douze des vingt-cinq bateaux soviétiques s'arrêtent ou changent de cap. Les autres les imitent, sauf le pétrolier *Bucarest* que la Navy n'importune pas. Pendant quarante-huit heures, chacun s'observe. Nul, sur la planète, ne songe plus à nier l'existence des fusées.

Les Cubains se doutent que mille tractations sont en cours. Dans leur dos. Les Grands jouent entre eux et les coupeurs de canne à sucre des Caraïbes ne sont que le prétexte d'une partie menée par d'autres. Pour obliger les deux « K » à dévoiler leurs cartes maîtresses, Castro abat son unique atout, le rappel de sa souveraineté : « Quiconque tentera d'inspecter Cuba devra arriver en ordre de bataille. » Il est convaincu, à ce moment, que la rupture avec les Soviétiques est quasiment inévitable. Revenant sur les lieux de sa jeunesse, sur les lieux de ses premiers pas, il confie à une poignée d'étudiants — la confidence sera répétée : les Cubains nomment ces échanges informels le « tamtam de Fidel » — qu'il va falloir mourir ou, à tout le moins, se serrer la ceinture ; que l'île, si elle n'est envahie ou bombardée, risque de finir privée de pétrole, d'électricité, rendue à l'agriculture primitive.

Le samedi 28 octobre, à 17 h 30 — heure de Moscou —, les Russes acceptent de retirer les « moyens que les États-Unis jugent offensifs ». A 20 h 10 — heure de Washington —, les Américains se déclarent « prêts à donner des assurances contre toute invasion de Cuba ». Entre-temps, la DCA de l'île a descendu un U 2. Simple péripétie. Fidel Castro, placé devant le fait accompli, exige des garanties. Mais la partie s'est achevée sans lui. Kennedy félicite Khrouchtchev pour sa décision « digne d'un homme d'État ». Les Yankees ont marqué un point au moindre coût. Les cargos soviétiques rebroussent chemin, mais l'homme de Budapest est parvenu à se donner une silhouette de sage, attaché à la paix plus qu'à tout. Pour panser les plaies, on enverra aux *barbudos* humiliés le subtil Mikoyan, le négociateur qui a la réputation de vendre des réfrigérateurs aux Esquimaux.

Jeannette Pienkny descend vers la plaza de la Revolución. Drôle de sensation, entre le rire et les larmes, entre la colère et le soulagement. Autour d'elle, les miliciens se mettent à chantonner :

> Nikita, Nikita
> Lo que se dá no se quita...

Jeannette sourit. « Nikita, ce que l'on donne ne se reprend pas... » Les Cubains ont une manière de dire la politique qui n'a pas d'équivalent. Pour comble, les paroles s'infléchissent :

> Nikita
> Mariquita
> Lo que se dá no se quita...

Mariquita : « petite tapette ». Sous ces latitudes, l'injure est sérieuse.

Armand Gatti, qui séjourne dans l'île, cherche une traductrice. L'ancienne dirigeante de l'UEC n'hésite guère : elle reste.

A Paris, lorsque la radio annonce que le premier cargo soviétique vient de pivoter vers l'est, Régis Debray est au bord des larmes. On n'a pas le droit, quand on vante l'internationalisme prolétarien, de manipuler un pays « frère » comme un pion sous prétexte que la pauvreté lui interdit de protester trop fort.

Régis n'est pas seul à penser que les raisonnables raisons de l'hôte du Kremlin rassurent les nantis et inquiètent les autres. Que cette « coexistence pacifique » qui enterre Staline refoule aussi sous terre l'idéal révolutionnaire. Que les « réalistes » entonnent le morne refrain de la social-démocratie. Que les Russes veulent du beurre, et le tiers monde des grenades. Plus que jamais, il est proche de ces Cubains qui entretiennent, chez eux comme autour d'eux, le désir et le devoir de s'insurger.

Mais au sein de l'UEC même, les voix contraires sont nombreuses. La coexistence pacifique n'offre-t-elle pas l'occasion de réconcilier la révolution et la démocratie, l'aspiration à la justice et le droit à la différence ?

M. « K » a ramené la « paix » dans les Caraïbes. Pas au quartier Latin.

4

Divorce à l'italienne

La haute silhouette, collée au rayon lumineux qui la suit sans effort, investit la scène. Une voix de stentor, fortement timbrée, dévale sur le public, n'épargne aucun recoin de la salle de la Mutualité. Cinq mille personnes retiennent leur respiration, la rétine braquée sur ce type qui lance vers elles, en même temps que ses longs bras, des mots enchaînés les uns aux autres pour de mélodieuses et incompréhensibles complaintes.

En cette soirée du 18 février 1963, Evgueni Evtouchenko déclame ses poèmes devant un auditoire captivé, qui d'instinct semble prêter sens aux vers. Laurent Terzieff, aussi brun que l'autre est blond, livre une traduction avant chaque texte. Dans un angle sombre de l'estrade, Jean Schalit se réjouit du succès rencontré. C'est lui, l'animateur de *Clarté,* qui a eu l'idée de ce récital ; il sait maintenant que son pari est amplement gagné.

A l'appel de l'UEC, des milliers de spectateurs ont joué des coudes afin d'entrer et applaudissent d'enthousiasme le poète soviétique venu du froid — mais que précédait une saine odeur de soufre.

Si le Boul' Mich' s'est déversé dans la vieille enceinte de la place Saint-Victor, ce n'est pas seulement par amour de la rime. Evtouchenko est un nom presque magique, symbole, sur cette berge de la Seine, du dégel qui fissure la banquise stalinienne le long des rives de la Moscova. Evtouchenko est un hérétique officiel. Il clame par métaphores des idées qui claquent comme des pétards. Émissaire au visage juvénile, il porte en Occident la parole iconoclaste qu'encourage discrètement son puissant protecteur, Nikita Khrouchtchev. Ses textes passent pour autant d'armes tournées contre les forces conservatrices.

L'assistance ne s'y trompe pas. Lorsque Laurent Terzieff s'avance au bord de la scène pour annoncer le prochain poème, les vivats éclatent à la seule audition du titre. De sa belle voix chaude, la vedette des *Tricheurs* lit *les Héritiers de Staline,* et la Mutu, en cet instant, redevient l'arène d'un meeting :

> Nous l'avons enlevé du mausolée
> Mais comment extraire Staline
> Des héritiers de Staline ?
> Certains héritiers en retraite taillent des roses
> Mais pensent en secret que provisoire est cette retraite
> D'autres attaquent même Staline du haut des tribunes
> Mais eux-mêmes la nuit
> Pensent avec nostalgie au temps passé

Schalit perçoit la connivence qui soude les présents. Comme beaucoup, il connaît l'histoire de cette ballade qui secoua vivement, l'an passé, la *nomenklatura* moscovite. Evtouchenko avait écrit sa diatribe peu de temps après que Khrouchtchev eut décidé d'enlever le corps embaumé de Staline du mausolée des dieux rouges. Le jeune homme proposa son œuvre à plusieurs journaux et revues littéraires, qui tous la refusèrent. Il résolut alors de la réciter lui-même, devant des auditoires de plus en plus nombreux. Le texte, volant de bouche à oreille, fut bientôt sur toutes les lèvres, véritable manifeste en faveur du cours nouveau. Jusqu'à ce jour d'octobre 1962 où *la Pravda,* l'organe officiel du Parti, lui accorda droit de cité dans ses colonnes.

Les étudiants français happent chaque nuance, entre les mots articulés par Terzieff :

> A eux qui furent autrefois les piliers
> Le temps ne plaît pas où les camps sont vides
> Et pleines les salles où on écoute des vers
> Le parti m'a ordonné de ne pas m'apaiser
> Que quelqu'un me dise : Calme-toi
> Je ne saurais pas être calmé
> Tant qu'il y aura sur la terre
> Des héritiers de Staline
> Il me semblera que Staline
> Est encore dans le mausolée

Les bravos jaillissent. Transportés de ferveur, les auditeurs se lèvent pour acclamer — sans s'arrêter à la naïveté un peu sommaire de la forme — le chantre de la déstalinisation. Toujours en force, le voici, avec sa crinière de chaume qu'électrise la lumière, sa carrure de bûcheron du grand Nord prisonnière d'un simple polo à col ouvert, récitant son chant d'amour pour le peuple juif, *Baby Yar* :

> Il n'est pas de stèle au ravin des Bonnes Femmes
> Rien Rien sinon le gris sépulcral de ses pentes
> Sur moi la terreur plane
> Le peuple juif me hante

La salle n'a nul besoin d'interprète pour déceler le propos du poète ; évoquant le lieu où furent massacrés cent mille juifs pendant la guerre, il s'identifie au peuple martyr, épouse ses souffrances, fustige ceux qui, au nom des Russes, se comportèrent en antisémites. André Sénik, Pierre Kahn, Jean Schalit, tous animateurs de l'UEC élevés dans le giron communiste, n'ont pas à remonter très haut dans leur arbre généalogique pour y trouver la trace des pogroms. Ils exultent, réconciliés avec eux-mêmes. Juifs et communistes, ils ont relevé, dans les articles de Michel Tatu, le correspondant du *Monde* à Moscou, les ravages qu'y ont provoqués ces phrases bouleversantes qu'ils écoutent maintenant avec émotion :

> Il n'est pas juif le sang que rythment mes artères
> mais comme un juif je voue une haine implacable
> à quiconque méprise
>   et humilie le juif
> Et c'est pourquoi je suis
>   un Russe véritable

D'autres, qui ne devaient pas se sentir des « Russes véritables », avaient vivement réagi. La publication, en 1961, de *Baby Yar* avait valu à Evtouchenko les foudres d'une revue littéraire, et, aussitôt, une formidable popularité parmi la jeunesse de son pays. Peu après se déroulait au parc Gorki, à Moscou, la traditionnelle Journée de la poésie. Occasion unique, pour les auteurs, de tester leur audience. Evtouchenko n'était pas prévu au programme. Seuls les protégés du Parti étaient admis à déployer leur talent sur l'estrade dressée en plein air.

Lorsque le rimeur contestataire apparut au pied de la statue de Maïakovski, ce fut du délire. Des dizaines de jeunes gens qui déclamaient pour eux-mêmes *Baby Yar* se précipitèrent vers leur idole, bloquant la circulation sur l'avenue la plus fréquentée de la capitale. La troupe grossit de minute en minute et des centaines d'admirateurs se mirent à scander son nom devant la tribune officielle où quelque zélateur du régime s'époumonait en vain. Un organisateur dut inviter Evtouchenko à monter sur la scène. Il y grimpa, en effet, et lança une charge inédite et rythmée contre les « laquais » trop attachés au pouvoir. Un ouragan parcourut l'assistance. Des centaines de mains se saisirent du héros, littéralement étouffé.

Suprême tabou que l'antisémitisme en Union soviétique, même à cette époque d'examen du passé. Selon la première version de *Baby Yar,* récitée lors d'une soirée publique, Evtouchenko dénonçait les sentiments antisémites qui « surgissent encore à travers les vapeurs d'alcool et dans les conversations d'après-boire ». Ces lignes sautèrent à l'impression, mais elles avaient déjà taillé leur chemin.

A Ilya Ehrenbourg qui soutenait le jeune poète en proclamant : « Tant qu'il subsistera un seul antisémite sur la terre, je proclamerai : je suis juif ! », le secrétaire de l'Union des écrivains, un dénommé Markov, répliquait : « Moi, tant qu'un seul cosmopolite hantera les cimetières, je dirai : hommes, je suis russe ! » Comme quoi, les vers d'Evtouchenko ne manquaient point de pertinence. Les fidèles de la religion juive, eux, n'en doutaient pas ; ils récitaient autour des synagogues *Baby Yar* en guise de prière.

A la Mutualité, la soirée s'achève. La jeunesse parisienne n'est pas moins chavirée que la jeunesse moscovite. Des groupes chaleureux ont envahi l'estrade et entourent l'archange. Un cercle se forme, la discussion s'engage. Alain Forner, à quelques pas, vit des minutes de bonheur. Lui qui n'avait pas hésité une seconde pour accepter la bagarre, lorsque Depaquit avait révélé au bureau national l'ampleur de la crise, trouve ce soir la justification de cet affrontement. La foule d'étudiants qui s'est mobilisée révèle assez l'attrait qu'exerce un communisme purifié, débarrassé du masque morbide de la terreur d'État. La lutte pour la déstalinisation valait bien quelques acrobaties ambiguës : les leaders de l'UEC ont eu raison de singer le repentir. Oui, cela valait la peine d'envoyer Piel à Canossa : aujourd'hui, les étudiants communistes tiennent la dragée haute au PCF.

Alain Forner, vingt-quatre ans, secrétaire général de l'UEC, aborde allègrement le VIᵉ Congrès de son organisation, qui s'ouvre trois jours plus tard.

Dans la terne salle prêtée par la municipalité de Châtillon-sous-Bagneux, les voici en conclave. A la tribune, drapée de rouge comme il se doit, et devant laquelle ont été disposés les sempiternels pots de fleurs et plantes vertes, les dignitaires de l'appareil ont pris place. François Hilsum, responsable des Jeunesses communistes, Louis Baillot et Roland Leroy, mandataires du Comité central, encadrent les ténors étudiants, Kahn et Forner. Les premiers ont charge de surveiller les seconds. Mais pour l'instant, tous écoutent avec la même attention le délégué des Jeunesses communistes italiennes qui apporte son salut transalpin à l'honorable assemblée. En fait de congratulations rituelles, le volubile orateur adresse aux congressistes un véritable discours programme.

C'est André Sénik qui est allé accueillir le jeune Italien à sa descente du train et qui l'a vivement encouragé à parler sans retenue. Effectivement, il ne se retient guère, dépeint l'Europe comme une chance offerte, souligne que le Marché commun autorise le développement des économies nationales. Louis Baillot en perd son calme, hoche négativement la tête. Le PCF ne cesse de dénoncer l'« intégration » européenne, facteur de stagnation, vecteur de l'atlantisme, et ce freluquet vient ici tourner ses thèses en ridicule. Lorsqu'il entend vanter la force potentielle d'une jeunesse unie, Baillot lève les bras au ciel.

Le camarade italien termine. Comme un seul homme, les délégués se lèvent et acclament celui qui a si bien su traduire leurs propres idées. L'ovation semble interminable. A la tribune, les trois cardinaux du PCF demeurent impavides, bras croisés.

Un quart de la salle, les fidèles du Parti, qui n'avait pas saisi la portée subversive de l'allocution, se rassied. Mais ce mouvement partiel renforce encore la détermination des autres, qui bientôt scandent à l'adresse de Baillot et Leroy : « Debout ! Debout ! » Les interpellés ne bronchent pas. D'un coup, au grand jour, devant les journalistes qui n'en perdent pas une miette, le conflit entre le PCF et son organisation étudiante se dévoile. Alain Forner s'inquiète de ce débordement précoce.

Depuis des mois, il navigue au plus près, louvoie, mène sa barque avec dextérité. Il sait que la direction du PCF, un temps endormie par l'autocritique du bureau national, a certainement flairé le danger. Elle veut la peau de l'UEC. Et lui entend la sauver.

Après une année et demie de coexistence pacifique, dès l'automne 1962, les hostilités ont repris entre la camarilla de Maurice Thorez et les jeunes Turcs qui la défient. Forner et ses amis, conscients que l'audience accrue de l'UEC provenait prioritairement de sa liberté, de son autonomie, des ruptures de ton avec l'appareil, entreprennent la rédaction d'un programme propre à l'organisation. Le 3 novembre, Forner le soumet au comité national de l'UEC qui l'adopte sans réserve.

Le document ne s'oppose pas de front à la politique du PCF, mais, avec beaucoup d'habileté, s'en écarte sur maints points cruciaux : le Marché commun, la démocratie « formelle », l'émancipation culturelle — il préconise des ouvertures vers Sartre, vers l'équipe d'*Esprit,* aux antipodes du dogmatisme stalinien. Ne reculant devant aucune audace, les rédacteurs se réfèrent aux films d'Ingmar Bergman, ou à ceux de Resnais et d'Antonioni, miroirs fissurés des craquements contemporains.

Au 44, rue Le Peletier, siège du PCF (rebaptisée par le conseil municipal de Paris — sous l'impulsion de Mme Debray, la mère de Régis — place Kossuth en souvenir de Budapest), le programme de l'UEC est accueilli avec une extrême fraîcheur. Les leaders indociles sont convoqués au rapport. On les bombarde de critiques. Leur inventaire de l'université est mis en pièces. Pour Forner et ses proches, l'origine sociale, à elle seule, ne saurait définir l'étudiant qui se détermine aussi selon son existence singulière, sa culture collective, son avenir professionnel. Ils constatent une relative autonomie du milieu, fruit de problèmes spécifiques. Pareille vision emplit d'horreur les sectateurs purs et durs de l' « analyse de classe ».

Mais surtout, ce que les permanents qui chapeautent l'UEC ne peuvent tolérer, c'est l'existence même du document, l'incroyable prétention de ces blancs-becs à penser par eux-mêmes. A plusieurs reprises, les hommes du Parti demandent aux animateurs étudiants de retirer leur texte puis, devant leur refus catégorique, de repousser la tenue du VIe Congrès. Nouveau refus. Forner ne mollit pas. Quelques jours avant l'ouverture des débats, l'attaque publique succède aux manœuvres de couloir. L'hebdomadaire *France-Nouvelle,* organe du Comité central, voue aux gémonies les thèses de l'UEC qui « s'éloignent des positions du mouvement ouvrier de France » et préfigurent — péché capital — la constitution d'un « petit parti à part du parti communiste ».

Un moment, les autorités du Parti pensent liquider l'insupportable dissidence lors du congrès lui-même. Réunie secrètement la veille de l'ouverture, autour de Serge Depaquit, l'équipe sur la sellette s'apprête à essuyer le feu. Depaquit, après l'affaire Servin-Casanova, a été muté par le PCF sur un autre secteur. Mais, discrètement, il demeure l'éminence grise du bureau national contestataire. Avec Forner, Kahn, Sénik et Robrieux rappelé à la rescousse, il travaille toute la soirée, ponçant les arguments, prévenant la contre-attaque. Ce sera inutile.

Dès les premières escarmouches, Roland Leroy a senti le vent et a renoncé à mener un assaut frontal. Le courant est trop fort pour s'y opposer sans casse. Et le triomphe du délégué italien ne lui laisse aucun espoir de renverser la situation. Le dos rond, il bat en retraite, persuadé que son heure viendra. Même Depaquit, pourtant prudent, est grisé par la victoire de ses poulains. Il glisse à son voisin, Jean Kanapa, chantre du stalinisme intellectuel à la Libération et qui a doucement viré sa cuti :

— Tu vois, on enfonce le clou.

Fin connaisseur, Kanapa soupire :

— Oui, et à force de taper sur le clou, on passe à travers le plancher.

Moins perspicace, Hilsum, le général en chef des Jeunesses communistes, lâche, furieux :

— Nous nous sommes fait baiser.

Le congrès s'achève par l'élection triomphale d'une direction homogène hostile au Parti. Autour d'Alain Forner et de Pierre Kahn se soude un groupe totalement persuadé que l'histoire le porte.

Pour que la tradition soit respectée, il faut une femme au bureau national. Quelque secrète alchimie désigne une étudiante en histoire âgée d'à peine vingt ans, et qui offre la singularité d'une extraction « contre nature ». Née dans une famille bourgeoise d'Annecy, Marie-Noëlle Thibault, fille d'un ingénieur des Mines, grand manager industriel, est confiée jusqu'au lycée aux bons soins d'une traditionnelle institution religieuse. La « grandeur de la France » lui tient assez à cœur pour qu'elle verse, apprenant la chute du camp retranché de Diên Biên Phu, des larmes amères. Et lorsque le général de Gaulle revient au pouvoir, elle entraîne ses parents sur les

Champs-Élysées afin d'applaudir le retour de l'homme providentiel.

Le choc provient de la guerre d'Algérie. Étudiante à partir de 1960, elle est traumatisée par les tortures et les spoliations pratiquées au nom de la France. Elle s'inscrit à l'UNEF, manifeste le 27 octobre 1960 contre la guerre. En faculté, elle découvre le quartier Latin, fréquente assidûment les cinémas, rencontre des militants de l'UEC qui la ravitaillent en nourritures théoriques. Elle lit Marx, s'attaque au *Capital*; c'est l'éblouissement intellectuel, le sésame enfin révélé. L'année suivante, pressée par ses copains, elle adhère à l'UEC sans enthousiasme excessif. Le communisme orthodoxe et son monotone ennui ne la stimulent guère, et quand le mur de Berlin dresse ses miradors et ses barbelés, elle se dit que jamais elle ne sera du côté des Russes contre les Américains.

Marie-Noëlle représente bien cette deuxième vague de militants qui rejoignent l'UEC avec la claire conscience d'adhérer à un mouvement distinct du PCF. Marxiste, révolutionnaire, mais déjà, d'une certaine manière, anticommuniste. Chez elle, le réflexe est ancien; enfant, elle accumulait ses économies pour s'acheter un cheval, sa passion. Elle donna tout à une quête en faveur des insurgés de Budapest...

De vives qualités intellectuelles, la tête bien faite, beaucoup de rigueur, bardée de morale, Marie-Noëlle Thibault devient rapidement une figure en vue du secteur Lettres de l'UEC, fort de quatre cents recrues, et en est élue secrétaire. L'accession au BN sanctionne, dans la foulée, une autorité politique qui s'affirme.

Un journaliste a suivi les travaux du VIᵉ Congrès de l'UEC avec une jubilante attention. Il signe ses papiers, dans *France-Observateur,* André Delcroix, mais s'appelle en vérité François Furet. Cet ancien communiste, agrégé d'histoire, connaît assez les rouages de la machine pour saisir l'importance du spectacle qui se déroule sous ses yeux; avant de rédiger son compte rendu, il s'en va traîner dans la cour de la Sorbonne afin de prendre le pouls du milieu étudiant. En petit comité, les militants de l'UEC ne mâchent pas leur pensée. A Furet, surpris et ravi, l'un d'entre eux confie :

— Le sens du congrès, c'est l'hostilité à la direction du Parti. Pour nous, l'équipe Thorez, c'est la vieille direction stalinienne qui a couvert les crimes de Staline. On lui reproche la survivance des mœurs de cette époque, l'absence de discussions, les votes préfabriqués. En ce sens, nous sommes tous khrouchtchéviens parce que nous ressentons tous comme une libération la fin du terrorisme, des camps, de la dictature idéologique. C'est ça, le triomphe d'Evtouchenko à la Mutualité. Comme par hasard, les dirigeants du Parti n'y étaient pas.

— Mais, en plus du déboulonnage de la statue de Staline, c'est quoi, pour vous, le khrouchtchévisme ? insiste François Furet.

— C'est le déblocage du mouvement communiste, la reprise de sa marche en avant. Pour les jeunes, le romantisme révolutionnaire, cela existe. Ce n'est pas contradictoire avec une orientation « italienne ». C'est vrai que le PC italien cristallise nos espoirs. Parce qu'en Europe occidentale, il est le seul parti communiste à inventer une issue socialiste aux problèmes de la société moderne.

L'article de Delcroix-Furet, ainsi que celui de Jacques Derogy dans *l'Express* — tous deux ont manifestement puisé aux meilleures sources —, déclenchent les foudres de la direction du PCF. Laquelle suscite, selon une technique éprouvée, une cascade de réactions indignées et « spontanées » : divers militants de base se déclarent, à point nommé, écœurés, indignés par des propos aussi grossièrement anticommunistes.

Sous ce prétexte, elle bat la campagne pour isoler les animateurs de l'UEC. Des cercles « fidèles » votent les motions appropriées. Roland Leroy, dans les colonnes de *l'Humanité,* frappe *ad hominem,* désigne personnellement Alain Forner, le proclame coupable d'avoir dénoncé l' « attitude méprisante » du PCF envers les étudiants. En province, les responsables fédéraux reçoivent mission de tenir des réunions d' « information » où les positions de l'UEC sont méthodiquement démolies.

Un comité central consacré aux questions étudiantes est convoqué début mai. « Capitule, jeune camarade, conseille Aragon à Forner ; ce n'est pas honteux devant le Parti. » En vain. L'état-major s'aperçoit qu'il ne peut, décidément, renverser une équipe largement majoritaire. Il préfère temporiser en prenant ses précautions. Une commission de huit membres présidée par Leroy veillera sur l'UEC. A chaque réunion assiste dès lors un commissaire politique. L'armistice laisse chaque camp sur ses positions. Situation instable, provisoire mais inédite. Pour la première fois dans l'histoire du mouvement communiste, une organisation affiche ouvertement sa différence. Reste que la nature de la dissidence demeure floue. Les étiquettes valsent avec entrain.

Khrouchtchéviens, révisionnistes, guévaristes, Italiens : les adjectifs surabondent dans le microcosme du quartier Latin pour cataloguer le bureau national de l'UEC. Partisans de la coexistence pacifique, du désarmement général, pourfendeurs de la bureaucratie, ses leaders s'appuient sur M. « K » ; depuis 1960, leur analyse n'a pas varié : le monde communiste ne bouge que par la tête. L'impulsion qu'a donnée le numéro un soviétique gagnera peu à peu le parti français.

Premiers khrouchtchéviens de France, les amis de Forner n'en sont pas moins éblouis par la trépidante révolution cubaine dont la camarade Jeannette Pienkny leur fournit régulièrement des nouvelles fascinantes : les cigares de Fidel, la pureté du Che, le soleil et les filles, et puis cette joyeuse pagaille qui semble l'antidote à la mainmise du Parti —, tout peint La Havane comme une escale de rêve. Même si la crise des fusées a démontré que le socialisme dans une seule île n'a rien d'évident.

Mais leur Mecque, c'est Rome. Les communistes italiens, derrière leur chef, Palmiro Togliatti, ont enfourché dès 1956 le cheval de la déstalinisation. Ils récusent l'idée d'un modèle unique du socialisme, militent pour la reconnaissance de l'autonomie de chaque parti. Dans le jargon, cela s'appelle le polycentrisme.

Surtout, les étudiants français sont attirés par la volonté moderniste du PCI d'adapter réflexion et analyses au monde réel, à ses transmutations. L'UEC s'abreuve des textes importés de la Péninsule ; on lit *Rinascita,* la revue intellectuelle du PCI, on redécouvre Gramsci. Entre la révolution fantasmée et les réformes espérées, les partisans français de Togliatti commencent à assumer leur « révisionnisme ».

Après tant d'années de dogmatisme où les bouches parlaient d'une seule voix, les « Italiens » de l'UEC s'enivrent d'éclectisme, de flou théorique où cohabitent des bribes de Khroucht-

chev, des effluves de castrisme, un entêtant parfum de togliat-
tisme. La curiosité, l'ouverture sont à l'ordre du jour, et Forner,
Kahn et les autres n'entendent nullement jouer les vestales du
temple. Dans un milieu étudiant où la règle ordinaire est de
fournir clés en main des doctrines globales, des théories bien
ficelées qui expliquent le monde des origines à nos jours, ils font
figure de bricoleurs, incapables d'offrir, cour de la Sorbonne, la
panoplie rassurante des certitudes en béton.

Leur ciment, c'est un antistalinisme viscéral. Le rejet de
l' « esprit de parti » vire à la haine contre ces bureaucrates dont
ils furent trop longtemps les élèves. Ils sapent avec violence, et
non sans ambiguïté, les fondations de la maison qui abrita leur
enfance.

Communistes et antistaliniens. La contradiction n'est pas
encore insurmontable.

Le BN est un clan, un club fermé où l'on n'accède que par
cooptation. Il y faut, outre le dévouement, du brio et du rigolo.
On y daube en famille les lourdeurs des staliniens. Le pauvre
Gager, l'un des « commissaires politiques », se révèle cible de
choix. Consciencieux, il prend des notes sans arrêt pendant les
réunions et, quand il intervient, semble toujours réciter une
leçon apprise. Et pour cause : une main peu charitable lui fauche
son cahier — l'éventail complet des parades aux arguments
« italiens » y est laborieusement consigné. Manière d'éviter les
bourdes qui vous désarçonnent un émissaire du Parti, comme ce
jour où, lors d'une assemblée du cercle philo, le même Gager,
oyant invoquer le nom de Hegel, s'empressa de préciser que le
PCF, depuis longtemps, avait réglé son compte au renégat
Hegel...

Un autre cerbère, Léo Figuères, n'est pas plus chanceux. « Ce
Mounier dont vous me rebattez les oreilles, pour qui donc a-t-il
voté au dernier référendum ? », questionne-t-il imprudemment.

La dérision soigneusement cultivée, l'ironie féroce, l'humour
constant sont les armes favorites. A ce jeu, Sénik, presque un
vétéran de la bande, reste le champion incontesté. Jamais en
retard d'un bon mot, vif, doué d'un talent d'imitateur qui fait
crouler les salles, la réplique assassine, il ne recule jamais, quel
que soit l'interlocuteur, devant la tentation d'une repartie fou-

droyante. En pleine réunion, Roland Leroy s'impatiente, las des finasseries de ses jeunes adversaires, et leur crache, ironique :

— Vous avez vingt ans et vous fonctionnez comme des vieux routiers radicaux-socialistes.

Sénik bondit, la main sur le cœur, mine de premier communiant :

— Roland, tout ce que je sais, c'est le Parti qui me l'a appris.

Dans l'ombre du BN, Depaquit toujours. Mystérieux, il tire les ficelles, conseille, tempère. C'est lui le stratège du surplace, le tacticien de l'attente. Tenir sans clash, affirmer sans affronter. Chaque semaine, la bande se réunit à son domicile. Comme il habite près du carrefour des Gobelins, tous l'appellent — code transparent — « Du Gobelin ». Là, en secret, les conjurés répètent leurs amples manœuvres, examinent à la loupe les limites infranchissables, envisagent de terribles subterfuges afin d'introduire subrepticement dans un texte les mots qui esquisseront leur antinomie. Une vraie fraction, dont Depaquit est l'âme, et Alain Forner le preux chevalier.

Il a vingt-quatre ans et le physique romantique d'un jeune premier de la nouvelle vague. L'œil de braise, la chevelure noire plaquée en arrière accroissent sa ressemblance avec Samy Frey. De bonne taille, large d'épaules, Forner dégage plus que du charme, une sombre beauté, celle qui donne « de la présence ». L'attirance joue et ses proches aiment ce garçon secret et ombrageux venu au communisme vers l'âge de seize ans, à cause de la guerre d'Algérie — où il est né —, après un passage par la Jeunesse étudiante chrétienne.

Lorsqu'en 1960 le divorce entre l'idéal de l'adolescence et la mensongère grisaille lui est apparu inévitable, il a suivi Robrieux et Depaquit. Courageux, loyal, doué, il assume depuis son accession au secrétariat général de l'UEC, en 1962, le choc avec les staliniens. Plus qu'aucun autre, il est contraint d'endurer une situation schizophrène. Face aux responsables communistes, il joue en retrait, dissimule partiellement, minimise la dissidence. Dans les réunions chez « Du Gobelin » ou chez Schalit, entre copains, il refait le monde et le Parti, imagine le jour où la voie sera libre. Il navigue d'un personnage à l'autre, caméléon politique que les finesses de la dialectique et l'épaisseur de la bureaucratie condamnent à l'écartèlement.

Difficile, si jeune, de s'abriter derrière un masque. L'usure guette. Certains soirs, il s'endort comme une masse, oublie des rendez-vous cruciaux, manque des assemblées générales où son absence est catastrophique. Et puis il repart, convaincu de la justesse du combat, malgré les éraflures d'une morale qu'il désirerait intacte. Écorché vif.

Les revers le meurtrissent, les à-coups lui pèsent, les compromis l'affectent. Il garde ses cicatrices secrètes ; ce sentimental, comme maints timides, affiche une confiance en soi à toute épreuve. Pour qui ne l'observe que de loin, son côté « rouleur des faubourgs », sa gouaille à la limite du mépris risquent d'agacer. D'intime, il ne livre rien. L'humour et l'ironie permettent de conserver les distances, de protéger la zone d'ombre où, peut-être, la politique n'entre pas.

Les « Italiens » ne se quittent guère. Matin et soir, ils voguent ensemble de réunion en réunion. Schalit tient permanence à la librairie de *Clarté,* place Paul-Painlevé, le quartier général. De temps en temps, il invite toute la bande à des fêtes dans des maisons de campagne empruntées — ressources familiales. On boit beaucoup, on danse très peu, on joue aux cartes passionnément, on plaisante à la folie.

Le premier cercle des pionniers de la contestation s'est élargi. Henri Vacquin, l'ex-homme fort du FUA, en vrai titi de banlieue, préfère les virées au Moulin de la Galette de Sannois plutôt que ces soirées trop intellectuelles pour son goût. En revanche, Roland Castro, l'ex-PSU ébloui par La Havane, est dans son élément.

Son atterrissage à l'UEC clôt provisoirement une longue glissade affective et émotionnelle, marquée par l'histoire familiale, le déracinement, l'exil. L'itinéraire des Castro, sur un demi-siècle, rassemble un bon échantillon des drames européens. Le père, issu de la diaspora juive espagnole installée en Grèce, est né à Salonique. Mais, encore jeune homme, il émigre en France où il pénètre avec de faux papiers. Devenu représentant de commerce, il épouse à Lyon une juive grecque également de Salonique. Amoureux de son pays d'accueil, il s'engage en 1939. Roland naît en 1940, à Limoges, hasard d'une halte au bout de l'exode, parmi les paquets, les valises, les caisses — le « style Louis-caisse », s'amuse son père, qui entre comme ouvrier dans une usine de porcelaine. Le premier jour, arrivant à l'atelier, il lance avec son accent grec un sonore :

119

— Bonjour, messieurs !

Et une voix catégorique répond :

— Il n'y a pas de messieurs ici, il n'y a que des camarades.

Les camarades, Roland passe son adolescence à les chercher. Il a seize ans lorsque les tomates d'Alger maculent le costume de Guy Mollet. Le jeune homme s'insurge contre la reculade du leader socialiste. Sa révolte est totale. Il renonce un temps à préparer le bac. Plus tard, il s'inscrit aux Beaux-Arts et à la dix-septième section du PSU. Au cours d'une réunion, un dirigeant développe un exposé brillant et moderne sur l'apparition d'une nouvelle classe ouvrière. Castro, qui a acquis quelques rudiments de marxisme, se lève pour répliquer. Il reste debout, aphone, incapable de parler, la gorge étreinte par une soudaine torsion. Minute de silence, terrible. Castro se rassied. Le conférencier poursuit. Il s'appelle Michel Rocard.

A la rentrée de 1962, Castro adhère aux Étudiants communistes, le lieu le plus chic et le plus radical, où l'on rencontre les types les plus extravagants, les plus drôles.

Michel-Antoine Burnier, le sartrien savoyard, place sa plume agile et vitriolée au service du combat commun. Il savoure le programme de *Je suis révisionniste,* l'hymne des « Italiens », rituellement entonné en chœur (sans témoins) :

> J' suis révisionniste, quel cataclysme
> La révolution, c'est du bidon,
> Depuis que j' suis à l'UEC
> Mon sens de classe s'est émoussé
> Mon idéal petit-bourgeois
> me sert de foi.

> Il paraît que je fais la claque
> A Sartre, Mounier et Domenach
> Eh oui, les tendances éclectiques
> C'est ma tactique.

> Quand on s' pose la question des camps
> Alors intervient Paul Laurent
> Les camps, dit-il, c'est pour plus tard
> Bande de veinards.

Lorsqu'ils se distraient, la politique n'est jamais loin. Elle borne leur univers, façonne leur existence. Pourtant, les « Italiens », inventifs et légers, donnent aux fantassins besogneux l'impression de faire de la politique en s'amusant. Hormis Forner, dont la sincérité en impose même à ses adversaires, les rigolos du BN sont souvent perçus comme des amuseurs qui jettent leur gourme d'adolescents attardés. C'est injuste souvent, mais leur vie de clan, avec ses blagues et ses chansons, les referme insensiblement sur eux-mêmes. Ils sont tellement bien ensemble, tellement allergiques aux pesantes astuces du prosélytisme, qu'ils négligent les ténèbres extérieures.

Le quartier Latin est le centre du monde.

A vol d'oiseau, la place de la Nation n'est séparée de celle de la Sorbonne que par deux kilomètres. Mais ce samedi soir, les étudiants, communistes ou non, « Italiens », guévaristes voire orthodoxes, n'envisagent guère d'aller s'encanailler sur la rive droite de la Seine. C'est une autre jeunesse, dont cependant ils parlent à longueur de réunions, qui, elle, s'est déplacée en masse.

22 juin 1963. La nuit s'annonce douce ; pour entamer l'été, la météo semble aussi de la fête. Europe n° 1 convie ses auditeurs à un grand concert gratuit et en plein air, avant le départ du Tour de France prévu pour le lendemain. Dès vingt et une heures, ils sont plus de cent mille, filles et garçons, qui piétinent, pressés les uns contre les autres. Le « podium électronique » a été installé sur l'avenue du Trône et, devant, les organisateurs ont balisé un espace de mille chaises, cernées de barrières métalliques, pour les invités de marque. Alentour, l'affluence ne cesse de croître, les bouches de métro vomissent un flot ininterrompu. Le cours de Vincennes est entièrement bloqué.

La marée, comme une lave, gagne inexorablement, grimpe sur tout ce qui permet de prendre de la hauteur. Des arrivants, par paquets de vingt ou trente, se sont juchés sur les branches des arbres qui menacent de casser. Quelques audacieux ont escaladé les trois camions aux couleurs d'Europe n° 1. D'autres, encore plus inconscients, sont allongés sur les auvents des cafés, qui frôlent la déchirure. Le Terminus, à l'angle de la rue de Charonne, a préféré fermer, mais des dizaines de jeunes gens ont investi l'étroite corniche qui le surplombe, à six mètres du sol. Même sur le poteau du feu rouge, juste en contrebas, ils sont une demi-douzaine, accrochés comme des singes à un cocotier, par un bras, une jambe, une main.

Tous les réverbères, tous les panneaux de signalisation ont subi le même sort. Les toits des maisons avoisinantes sont à leur tour conquis. Les responsables du service d'ordre s'affolent. Deux mille agents sont dépêchés en renfort pour tenter de contenir la foule.

L'assistance commence à s'impatienter, claque des mains, siffle, hurle, et surtout scande : « Yé, yé, yé ! » Sur l'estrade, une formation vient d'apparaître. Les silhouettes, au loin, sont difficilement identifiables. Mais les notes qui s'échappent des amplis, la vibration des guitares électriques sont familières à tous.

Daniel Filipacchi, lui-même, est surpris. Il escomptait vingt à trente mille personnes : elles sont cinq fois plus nombreuses. Depuis des jours et des jours, dans son émission quotidienne « SLC », « Salut les copains ! », il annonce le rassemblement de ce soir — une grande fête pour célébrer un premier anniversaire : celui de sa revue, qui porte le même titre que l'émission. La couverture du numéro inaugural offrait aux fans une photo de Johnny, dix-neuf ans. Prudent, Filipacchi, dans un éditorial signé « votre ami Daniel », prévenait les copains qu'il s'agissait là d'un numéro « pour voir ». D'ailleurs, il n'était tiré qu'à cinquante mille exemplaires, ce *SLC* pionnier où « pour la première fois, affirmait l'ami Daniel, dans un monde établi et mené par les plus de vingt ans, les moins de vingt ans avaient droit à la parole »...

On a vu, en effet. Douze mois plus tard, *Salut les copains !* tire à plus d'un million d'exemplaires. Bien entendu, le rendez-vous radiophonique de dix-sept heures, chaque après-midi, amplifie largement le mouvement. Dès la sortie des classes, les adolescents se précipitent sur le transistor pour retrouver en direct *leurs* chanteurs, Johnny, Sylvie et Françoise — que Filipacchi interviewe gentiment. Formidable invention que ce transistor, enfanté par un dieu de la musique au moment où Filipacchi et son complice Frank Ténot lancent leur opération. Ils ont un sacré nez, ces deux fous de jazz ; mine de rien, ils remplacent les trois lettres vieillottes de TSF par SLC. Plus qu'un sigle : un drapeau.

One! Two! Three! C'est parti des États-Unis avec le morceau de Bill Haley *Rock around the Clock* qui franchit l'Atlantique sur la pellicule d'un film manifeste : *Graine de violence*. Pétri de bons sentiments, Glenn Ford, la fossette attendrissante, y affrontait une classe de voyous qui le corrigeaient dans un terrain vague sur le rythme effréné de la musique nouvelle. Yeah! c'était parti !

Le rock submerge la France tandis que le contingent « pacifie » le djebel. Dans les banlieues, entre Aubervilliers et Montreuil, les jeunes attendent leur feuille de route en épinglant les photos d'Elvis au mur de leur chambre. L'uniforme qu'ils adoptent n'a rien de militaire ; la chevelure en banane, laquée de préférence, le blouson noir et l'indispensable pantalon de toile bleue, trempé dix fois dans l'eau de Javel pour mieux le délaver, ce fameux blue-jean qui entame, encore une coïncidence, sa prodigieuse carrière.

De Gaulle revient au pouvoir, la guerre d'Algérie n'en finit plus, Castro plante ses cigares à La Havane et Johnny sort son premier 45 tours. Les pieds-noirs préfèrent « la valise au cercueil » et traversent la Méditerranée. Richard Anthony, originaire d'Algérie, l'un des pionniers du rock français, vend six cent mille disques d'un refrain locomotive :

> J'ai pensé qu'il valait mieux
> Nous quitter sans un adieu
> Je n'aurais pas eu le cœur
> De te revoir
> Mais j'entends siffler le train...

A la Nation, la foule l'applaudit. Les copains tanguent sur place quand il entonne *Hey baby* :

> Oh oui regarde-moi twister
> Et danser
> Le madison aussi
> Et la bossa nova
> Le cha-cha-cha...

Sur le podium, Sylvie a surgi, blonde et fragile, silhouette minuscule. On l'encourage et on la conspue ; elle chante, mince filet de voix couvert par la rumeur : « Johnny ! Johnny ! » Les fans réclament leur idole. Les cris redoublent d'intensité, des tourbillons se forment qu'aucune entrave ne saurait canaliser.

Un car de police, égaré, peut-être celui qui a amené les chanteurs tout à l'heure, tente de traverser la foule. Il se met à osciller, à twister. Un agent sort, grimpe sur le capot afin de dégager la voie. Inimaginable. Il rampe précipitamment pour retrouver son abri de tôle, se glissant par la fenêtre.

La clameur annonce enfin à ceux qui sont trop loin qu' « il » est entré en scène. C'est du délire. La folie agglutine les corps ; les voitures en stationnement sont piétinées, martelées, les vitrines volent en éclats, sous la pression. Et sa voix s'élève dans la nuit :

> Les gens m'appellent l'idole des jeunes
> Il en est même qui m'envient
> Mais ils ne savent pas dans la vie
> Que parfois je m'ennuie

Un groupe de filles ne résiste plus à l'appel, prend le podium d'assaut. Déchaînées, elles commencent à danser le twist, se déhanchent, enferment Johnny dans un cercle ondulant. L'assistance se pâme. La fête des copains se mue en communion des fidèles.

Le lendemain, on déchante.

Les arbres abîmés, les devantures esquintées, les voitures endommagées soulèvent des commentaires vengeurs. La presse est féroce.

« Salut les voyous », éructe Pierre Charpy dans *Paris-Presse,* qui avertit : « Il y a des lois, une police et des tribunaux. Il est temps de s'en servir avant que les barbares de la place de la Nation ne saccagent l'avenir de la nation. » Version *Figaro,* la tonalité est analogue sous la plume de Philippe Bouvard : « Quelle différence entre le twist de Vincennes et le discours de Hitler au Reichstag, si ce n'est un certain parti pris de musicalité ? »

Le quartier Latin ne prête guère attention aux vitupérations de la presse « bourgeoise » ; de toute façon, les drogués de politique qui arpentent le Boul'Mich', plongés dans le dernier numéro des *Temps modernes,* demeurent totalement étrangers aux sourdes clameurs qui saluent ces paroles indigentes. Les copains ne sont pas des camarades. Du gibier, à politiser d'extrême urgence, voilà tout.

Deux articles publiés dans *le Monde* suffisent cependant pour transformer le chahut musical de la Nation en événement culturel. Le sociologue Edgar Morin, humant, comme le veut son métier, l'air du temps, donne ses lettres de noblesse au phénomène qu'il baptise d'un nom : le « yé-yé ». Cette fois, aux alentours de la Sorbonne, on s'émeut. Morin, c'est du sérieux.

Que se cache-t-il derrière les gratouillis de guitare électrique ? L'apparition d'une « culture jeune », nourrie de ces sons endiablés qui font frémir les adultes. Pareille émergence n'est pas absolument fortuite. Les trois millions de seize à vingt ans forment un marché colossal — transistors, électrophones portables, 45 tours. Les émissions de radio et de télévision, la presse spécialisée, le cinéma alimentent l'offre en jetant sous les projecteurs les nouveaux héros de l'adolescence.

Mais le commerce n'est pas tout. Plus profondément, le prologue de la Nation annonce l'arrivée dans la société française d'une nouvelle classe d'âge, les enfants du *baby-boom*. Et Morin note que, pour la première fois, se constitue un « âge de transition », l'adolescence, complexe, intermédiaire, au contraire des générations précédentes qui vivaient une coupure brutale entre l'enfance et l'état adulte. Les millions de *teenagers,* produits de l'envolée démographique des lendemains de guerre, s'érigent en microsociété avec leurs signes de reconnaissance — blue-jeans, blousons, tee shirts, coiffure —, leurs biens matériels — électrophone, guitare, transistor, 45 tours —, leur langage — le « parler copain », leurs mots codes — « terrible », « sensass » —, leurs rites — surprises-parties, spectacles de music-hall, rassemblements géants.

Tous ces facteurs concourent vers le même but : permettre aux jeunes d'exalter et d'adorer leur propre jeunesse. Le sens profond du yé-yé peut se traduire en une phrase : nous sommes jeunes, nous sommes nombreux, nous voulons en profiter. Affirmation euphorique qui dissimule sans doute une intense angoisse devant l'inévitable intégration dans une société à la fois désirée et refusée.

Le regard du sociologue porte loin, anticipe, échafaude une explication qui éclaire toute la prodigieuse décennie : les enfants de la guerre, adolescents des *Sixties,* se grisent de la civilisation du loisir qui grandit avec eux, mais pressentent simultanément un mal de vivre dans le bien-être, une pauvreté affective dans l'abondance matérielle, une insatisfaction personnelle dans la satisfaction collective.

Refoulées, ces inquiétudes de l'âme jaillissent aussi bien des cris hystériques de la Nation que des mots d'ordre militants. Reste que l'affirmation tonitruante de l'existence ne s'accompagne pas d'une prise de conscience articulée. La jeunesse a trouvé son expression musicale, non la traduction politique de ce que recèle cette invention. L'heure n'est pas encore à la rencontre des deux. Le parti de la guitare n'a pas encore rejoint le camp de la révolte. En douceur s'amorce, déclenché par la génération montante, un formidable bouleversement. Des mœurs, de la culture, de la vie.

Les professionnels de la révolution, obnubilés par leur face à face avec les mammouths idéologiques, n'en devinent pas même l'écume.

Orgosolo, petite ville sarde, connaît une animation inhabituelle. Aujourd'hui, c'est la fête. La fête de *l'Unità,* le journal du puissant PCI, le parti communiste italien du camarade Palmiro Togliatti. Dans cette région sauvage et reculée, toute la bourgade s'est mise sur son trente et un. Les festivités commencent par des discours, continuent par des jeux, finissent par un gigantesque méchoui avec des agneaux de pays qui rôtissent entre braise et soleil. Un soleil d'août, écrasant, qui vrille les pieds dans le sol, moins incendiaire toutefois que le vin local, si âpre qu'on suit la descente de chaque gorgée au fond de l'estomac. Dix-huit degrés ; des lampées à vous assommer un bœuf.

Les lampées se succèdent, la chaleur est sèche. A quatre heures de l'après-midi, les communistes d'Orgosolo n'ont plus la force de lever le poing. Ils dorment, écroulés dans l'herbe, ivres morts. Serge July contemple, ébahi, le champ de bataille. Il s'est joint, avec un groupe de Français, à ces fraternelles agapes. Comme les autres, il sent sa cervelle s'embrouiller.

C'est Jean Schalit, toujours inventif, qui a eu l'idée de créer sous l'égide de l'UEC une association de voyages, Clarté-Club. Et, en cet été 1963, le Club Méditerranée des étudiants communistes propose un séjour dans un camp de vacances à Santa-Lucia, sur la côte nord-ouest de la Sardaigne. July n'est pas adhérent de l'UEC, plutôt un sympathisant, lecteur de *Clarté.* Mais son ami René Frydman, étudiant en médecine, et lui ont décidé de profiter de l'occasion. La mer, le soleil et les copains du quartier Latin.

126

En route pour Orgosolo.

July et Frydman se connaissent depuis le lycée Turgot, où ils étudiaient ensemble, et sont demeurés très liés. Serge écrit des chansons que René rode sur sa guitare. Imitant la moitié de leur classe, ils suivent les initiatives du MRAP, un mouvement contre le racisme particulièrement actif dans leur quartier où les élèves d'origine juive sont nombreux — les parents de Frydman, immigrés de Pologne, se sont établis dans la confection. Le père July, lui, est un ingénieur des Mines, radical-socialiste, libre penseur et sceptique, qui n'essaie pas d'inculquer à son fils une quelconque orthodoxie politique. Pas plus que sa mère, catholique bretonne qui travaille chez Lelong, un atelier de haute couture. C'est elle qui l'élève, ses parents étant séparés.

La première émotion politique du jeune July date de Diên Biên Phu. Réaction trouble provoquée par les gigantesques une de *France-Soir* où des gros titres noirs glorifient l'héroïsme de nos paras — avec des photos pleine page. Ce qui séduit le garçon, c'est le côté western, film de guerre : un petit groupe d'aventuriers résiste jusqu'au bout à l'encerclement.

Lors de l'insurrection hongroise, sa curiosité est moins romanesque, moins esthétique, virtuellement politisée. Il faut dire que, dans la classe de July, un des élèves est militant trotskiste. Il s'appelle Pierre-William Glenn et se balade à longueur de journées avec une grosse serviette bourrée de bouquins sur la Révolution française, l'histoire du mouvement ouvrier, qu'il revend ensuite à ses camarades. July en tire profit.

Le vrai choc, c'est le retour au pouvoir du général de Gaulle. Le défilé pacifique derrière Mendès France quelques jours avant que l'Assemblée nationale n'investisse l'homme du 18 Juin, la manifestation violente du 4 septembre 1958 constituent autant d'étapes initiatiques vers l'engagement.

Et puis, naturellement, la guerre d'Algérie. Son professeur de philosophie du lycée Carnot, René Schérer, l'entraîne au Comité antifasciste qui édite un petit bulletin ronéotypé dont la couverture est l'œuvre de Siné. A Turgot déjà, trois années auparavant, Serge July s'occupait du journal du lycée, jadis fondé par Mendès France. Le groupe de potaches organise également des projections du film *Octobre,* tourné clandestinement après les manifestations algériennes de l'automne 1961. Quand retentissent les bombes de l'OAS, July est de ceux qui protègent l'appartement de Simone de Beauvoir, menacée par les ultras. Dès son arrivée à l'université où il s'inscrit en histoire de l'art, il rejoint l'UNEF et commence à flirter avec l'UEC. Un parcours somme toute banal, analogue à celui qui a conduit divers jeunes gens de son âge à cuver leur vin sous les oliviers d'Orgosolo.

En Sardaigne, July rencontre Pierre Goldman. Il a dix-neuf ans depuis un mois, vient de passer son baccalauréat qu'il a préparé seul. Il est seul, très seul, farouche, mélancolique et sartrien forcené. C'est par hasard qu'il a atterri à Orgosolo. Le soir du 14 juillet, il s'est trouvé pris dans un bal, place Paul-Painlevé, au bas de la Sorbonne. Sur la vitrine de la librairie Clarté, gérée par Schalit, une affiche annonçait le voyage. Il s'est inscrit. Pour Goldman comme pour July, le séjour sarde est décisif. Ils discutent beaucoup avec les militants de l'UEC qui leur livrent la clé des débats internes. Le courant « italien » perd ses mystères d'autant plus facilement qu'ils découvrent le communisme transalpin dans ses œuvres. Tolérants, drôles, les responsables de la fédération de Nuoro manifestent une ouverture d'esprit qui séduit les jeunes Français, habitués à la compacte dialectique thorézienne. Ils assistent même à une réunion de cellule où la liberté d'expression est la règle. Conquis, July et Goldman adhèrent à l'UEC dès leur retour — puisqu'on peut aussi être « italien » à Paris.

Très rapidement, les deux recrues participent au comité de rédaction de *Clarté*. Le journal, c'est l'arme de guerre contre le PC « officiel ». Vingt-cinq mille exemplaires vendus : la diffusion, au quartier Latin, déborde allègrement l'audience stricte des communistes. La tonalité culturelle inaugurée par Schalit continue de dominer ; *Clarté* rend compte de livres, de films dont le message politique n'est nullement l'intention première. On y parle de Beckett et de Béjart, de Soulages et de Max Ernst, de Christiane Rochefort et de Claude Nougaro. Alain Resnais et Claude Chabrol s'y confessent. Chaque numéro, ou presque, déclenche une crise d'urticaire chez Jeannette Vermeersch.

L'équipe est brillante, cultivée, élitiste. La fine fleur de l'UEC cultive à l'écart les vénéneuses feuilles qui empoisonneront le Parti. Pierre Kahn, philosophe de formation, est le rédacteur en chef. Représentant de la direction de l'UEC, il évite les dérapages trop incontrôlés, sert de tampon entre les apparatchiks communistes et les francs-tireurs du mensuel, qui s'efforcent de mener le non-conformisme à l'extrême limite.

July n'est pas issu du moule communiste. Sartre, plutôt que Marx, a guidé sa révolte. Il ignore les grands classiques et, en littérature, préfère les « hussards », Nimier surtout, à Louis Aragon. Le personnage de Drieu le fascine et il s'identifie volontiers au protagoniste de *l'Homme à cheval,* demi-solde de la révolution.

Lorsque Louis Malle porte à l'écran une adaptation du *Feu follet,* July rencontre à plusieurs reprises le cinéaste. Ils parlent pendant des heures de Drieu, de son héros Rigaut qui, par le suicide, clôt la litanie de ses échecs sur une incontestable réussite. De cette confrontation résulte pour *Clarté* un long texte ambigu et étrange, parsemé de brume romantique et morbide, qui n'incite pas particulièrement à l'optimisme souriant de l'acteur « positif » : « C'est la longue et fort belle méditation d'un poète sur sa vie, sur son œuvre, sur lui-même. » Stupéfiant éloge d'un écrivain collaborateur dans les colonnes d'un journal communiste. L'entrée de Serge July à *Clarté* ne manque pas de déranger. Quelques dents grincent. Il propose une autre enquête, qu'on lui concède d'autant plus aisément qu'elle semble fort éloignée du champ politique.

Comme tous les vendredis soir, le Golf Drouot regorge de monde. July se fraie un passage vers une table de l'immense discothèque qui occupe entièrement le premier étage d'un immeuble, au carrefour de la rue de Richelieu et du boulevard Montmartre. C'est peut-être la vingtième fois que l'étudiant communiste visite l'antre du yé-yé. Juste avant de partir en Sardaigne, Serge avait parcouru avec curiosité les articles de Morin sur la nuit de la Nation. A son retour, taraudé par le « phénomène », il a embarqué Goldman dans de longues escapades chez les « copains ». De plus, le prétexte journalistique offre une excellente entrée en matière pour discuter avec les « copines »...

Ce soir, précisément, il a rendez-vous ; Simone, bientôt dix-huit ans, vient d'abandonner son travail de standardiste dans un hôtel pour poser chez un photographe. Elle est en retard. July déambule à travers cet espace bizarre, suite ininterrompue de pistes de danse séparées par des cloisons lambrissées, comme dans les cafétérias des stations de sports d'hiver.

Enquêteur scrupuleux, il interroge le prince de ces lieux, Henri Deproux. Naguère maître d'hôtel au Lido, ce dernier a eu l'idée, voilà une dizaine d'années, de reprendre un ancien golf miniature — d'où l'enseigne — afin de le transformer en discothèque. Au début, un petit groupe d'habitués venait écouter Bill Haley sur un vieux juke-box. Parmi eux, le dénommé Smet Jean-Philippe, qui grattait sa guitare des soirées entières. Lorsque Johnny commença de percer, c'est au Golf qu'il fut écouté d'abord. Deproux avait installé une sorte de tremplin, une estrade où les chanteurs en herbe venaient tester leur musique devant les copains.

Un employé d'assurances, Claude Moine, qui travaillait en face, chez Phénix, était toujours fourré au Golf. Avec quatre garçons rencontrés pendant l'été 1960 à Royan, il lança un groupe dont le nom paraissait insolite. Le premier disque d'Eddy Mitchell, accompagné par les Chaussettes noires — l'éditeur avait passé contrat avec la marque Stemm —, balançait sur les ondes une version francisée de *Be bop a lula,* le célèbre morceau créé par Gene Vincent.

De ces années glorieuses du Golf, il ne reste déjà plus que des reliques ; sur les murs, plusieurs fresques évoquent Johnny, Elvis. Le vieux tremplin a été remplacé par un podium ultramoderne pour les auditions publiques. Deproux est toujours là. L'œil humide glissant sur son public juvénile, il confie à July :

— La jeunesse n'a jamais été aussi belle, aussi saine. On ne recommence pas une expérience comme celle-là. Ils sont tous très reconnaissants.

Sa hantise est de voir les adultes envahir le repaire. D'ailleurs, il a interdit l'entrée aux plus de vingt et un ans. Serge atteint, tout juste, la limite fatidique et il se sent soudain vieux. Simone, la copine qu'il attendait, est arrivée. Elle danse avec un ami, André, rencontré au Golf. Évidemment. Il est tourneur dans une usine de Saint-Denis et a monté une petite formation avec des camarades de travail. Tout à l'heure, ils se produiront sur le podium.

July observe le couple dévoré par le twist. Ils ne se regardent pas, chacun gesticule de son côté. Ils viennent s'asseoir, ruisselants de sueur, à une table isolée dans un recoin sombre où l'épais nuage de fumée voile l'éclat timide d'appliques jaunâtres. Sheila chante *Que la vie est belle quand on a seize ans.* July tente d'agripper leurs pensées. Lui, l'étudiant, le militant, errant entre

Gramsci et Guevara, se sent étranger à leurs préoccupations dont la politique est bannie.

Il est paumé, déconcerté par cette atmosphère de meeting sur-chauffé où de pauvres rimes, suspendues dans un vide sidéral, tiennent lieu de mots d'ordre. Les copains d'André les ont rejoints. C'est à leur tour de grimper sur le podium. Il les suit dans une salle de bowling qui sert de coulisses — gare de triage vers le succès ou l'échec.

Georges, le chanteur du groupe, porte les cheveux longs sur un gros pull tricoté main. Il ne « chante » pas, il s'agite, les doigts dans la bouche, se déhanche en une involontaire parodie de Johnny. La salle hurle, interrompt le jeu, réclame les suivants. Serge le bourgeois ne supporte plus la cruauté du spectacle. Il prend quand même le temps de demander à André pourquoi il s'acharne, pourquoi il veut tellement chanter.

— Parce que c'est jeune.

Deux heures du matin ; Serge July s'enfonce dans Paris. Il n'est pas certain d'avoir compris les « copains ». Mais il tient la matière d'un bon papier dont il agite déjà les ingrédients dans sa tête.

A *Clarté,* les articles de July détonnent autant que ses costumes. Le milieu dominant plane dans les hauteurs. Un étudiant en médecine, Yves Buin, un fou de littérature qui publie d'ailleurs des romans chez Grasset, joue le rôle de charnière avec les écrivains. Il interviewe longuement Jean-Marie Le Clézio quand ce dernier obtient le prix Renaudot pour *le Procès-verbal.* Étonnante rencontre entre deux jeunes gens du même âge, étonnant dialogue où frissonne l'époque. Buin questionne Le Clézio sur l'origine de l'angoisse qui étreint son personnage principal, Adam Pollo :

— Comme mon héros, j'ai la hantise de la mort et déjà la nostalgie d'avoir à quitter la jeunesse. Chez Adam, ce sentiment de la mort se traduit par une véritable souffrance morale et physique.

— Mais cette hantise de la mort, d'où vient-elle ?

— Adam Pollo reflète évidemment en lui-même un état subjectif, collectif : la peur informulée d'une fin collective, la guerre. J'ai pensé un moment que ce pouvait être l'angoisse atomique. Mais pour Adam Pollo, je penche maintenant vers une autre explication qui vous semblera peut-être plus métaphysique. Chez lui existe le sentiment obscur d'une fatalité, comme si elle pesait sur l'homme dès la naissance de notre espèce.

Buin essaie de traquer l'individu derrière le personnage, d'en débusquer aussi l'enracinement social. Jean-Marie Le Clézio :

« J'ai un besoin égoïste de m'exprimer. Je manque de connaissances sur les mécanismes sociaux, je ne comprends pas la société, les relations entre les hommes. Je travaille l'enseignement des sensations. A partir de là, j'entrevois le sens de l'espèce humaine.

Le journaliste de *Clarté* insiste. Le mal de vivre, la contestation désespérée du héros, n'est-ce pas une forme de romantisme révolutionnaire ? Le verdict tombe, abrupt :

« Le romantisme demeure pour moi la rébellion contre le cynisme, une des tendances les plus dangereuses de la civilisation du bien-être et de l'opulence.

— C'est pourtant une telle société qu'on nous prépare. Remettre en question sa morale ne peut être pour nous qu'un des aspects de la révolution et le romantisme devient alors révolutionnaire.

— Je ne pense pas que la nouvelle génération se porte vers le romantisme révolutionnaire. Pour la plupart des jeunes, la révolution, en France, est une absurdité.

Assené dans une publication communiste animée par des jeunes gens qui rêvent au grand soir, ce démenti d'un garçon de vingt-trois ans ne manque pas d'allure.

Au comité de rédaction participent également Michel-Antoine Burnier et Frédéric Bon, les deux cousins provinciaux. Sérieux comme des papes, ils écrivent de longues dissertations sur l'énergie nucléaire, les problèmes monétaires, la technocratie et autres joyeusetés. Mais ils se révèlent assidus, travailleurs, documentés — des piliers.

Dans la fonction comique, Bernard Kouchner succède à André Sénik. Tous deux, accompagnés de Piel, ont effectué à l'été 1963 un long voyage en 2 CV à travers la Yougoslavie, curieux de découvrir comment s'en sort un pays communiste dont il est permis de sortir — trois semaines au sein d'une coopérative agricole afin de toucher du doigt le socialisme réel.

Kouchner a rejoint l'UEC pendant la guerre d'Algérie, par antifascisme. Fils d'un médecin de gauche, il s'inscrit vers quatorze ans à l'UJRF. Militant actif du lycée Voltaire, il n'hésite pas, pour ses débuts politiques, à prendre l'autocar et à apporter son soutien — décisif — aux dockers grévistes de Rouen. Il suit les cours de marxisme en cinq leçons dispensés à la Maison des métallos, rue Jean-Pierre-Timbaud. Mais le virus ne l'atteint pas jusqu'à la tripe ; aux distributions de tracts, il préfère les boîtes de jazz, les filles. Patricien et zazou, il délaisse la politique qui le cueille de nouveau lorsqu'il entame ses études supérieures.

A la faculté de médecine, le groupe de l'UEC est sympathique, chaleureux : il rompt l'isolement de la condition étudiante. Les camarades forment une famille et cette connivence fraternelle, épicée des petits riens qui changent la vie, compte davantage pour Kouchner que la qualité des analyses, la pertinence des textes ; à vingt ans, Bernard est un romantique en quête de complices. Il rêve de contacts avec les militants ouvriers ; mais, puisque le Parti ne les favorise guère, il compense avec les moyens du bord : on l'aperçoit, en fin de semaine, à l'heure de la messe, vendant *l'Humanité-Dimanche* sur les marchés aux côtés de Jean-Paul Dollé. Après, ils boivent quelques verres de blanc sec avec leurs potes prolétaires. Moment de grâce qui, à lui seul, justifie le déplacement.

Schalit repère ce carabin fin et cultivé, et l'attire à *Clarté*. Kouchner débute par un compte rendu du livre de Salinger *l'Attrape-cœur* et atteint d'emblée les frontières de l'autonomie — louanger un ouvrage américain... Puis il a l'idée d'interviewer le biologiste Jacques Monod sur l'hérédité. Encore un terrain miné. Monod avait quitté le PCF au moment de l'affaire Lyssenko pour protester contre l'absurdité des théories soviétiques. N'empêche, pour l'apprenti médecin, c'est un immense privilège que de côtoyer un mandarin d'une telle envergure.

Travailler à *Clarté* permet de pénétrer l'intelligentsia de gauche qui a les yeux de Chimène pour ces mutins désireux de rester communistes sans devenir idiots. Les peintres, les scientifiques, les écrivains — tel Claude Roy — ouvrent volontiers leur porte. L'appartenance au comité de rédaction est encore un formidable banc d'essai personnel, un moyen de garnir son carnet d'adresses. Lors des grands raouts de la Mutualité, les journalistes de *Clarté* sont admis dans les coulisses, y fréquentent les figures majeures de la république des lettres. L'UEC « italienne » devient une enseigne intellectuelle du Quartier, un pôle de référence, un lieu.

Avec Schalit, Bernard Kouchner organise au palais de

Chaillot une exposition sur Maïakovski, qui est aussi un auteur fétiche. « La littérature russe est morte avec Maïakovski, elle renaît avec Evtouchenko », avait lancé Forner. L'expo rencontre un vif succès. Aragon et Elsa Triolet — belle-sœur du poète — félicitent Kouchner, le prennent en amitié et le promènent dans la belle DS noire que conduit élégamment leur chauffeur. Pour *Clarté,* l'étudiant en médecine interroge l'auteur de *Roses à crédit.* Il commet cependant un article sur *le Fou d'Elsa* où il s'aventure à juger la langue de Louis Aragon « un peu sucrée ». Quelque temps après, il croise l'écrivain rue Saint-Jacques :

— Alors, Kouchner, tu trouves mes vers sucrés ?

Au sein de l'UEC, les rédacteurs de *Clarté* et les membres du bureau national constituent un noyau d'élite, une aristocratie qui fréquente l'intelligentsia littéraire et politique. Coupés de la base militante, ils caracolent sur le front culturel, plantant des banderilles de plus en plus acérées dans les flancs du pachyderme stalinien. Ont-ils conscience que leur contestation est un sésame opportun ? Ils jouissent d'un prestige, sont à la mode, ont du pouvoir. Le communisme critique, un brin dilettante, brillant, qu'ils cultivent, sert d'instrument de conquête.

Bernard Kouchner l'avoue dans un papier irrévérencieux et qui fait scandale. Sous la forme d'une « Lettre à un moderne Rastignac », publiée par *Clarté,* il donne aux jeunes gens de 1963 quelques conseils pour « arriver ». Rastignac, s'il entend parvenir à ses fins, doit décrier la société — il n'est pas de réussite sans contestation. Provocant en diable, Kouchner lance : « Je suis communiste et Rastignac. Paradoxe ? Détrompez-vous : le mélange n'est pas détonant. Il est même étonnament efficace. Vous riez ? Je vous attends. »

Lucide, il prédit : « Peut-être nous rencontrerons-nous dans vingt ans, au coin d'une cheminée, un verre de whisky à la main, avec un sourire entendu qui fera dans ce salon fort bel effet, car on y goûte les mauvais sujets repentis. Enfin, pour le moment, nous nous en défendons... »

Ils s'en défendent vraiment. Leur engagement est sincère, entier, passionné. Mais à vingt ans, l'exigence morale, le souci de justice se mâtinent aisément d'un boulimique appétit pour les plaisirs. Le communisme *alla romana* prohibe-t-il toute *dolce vita* ? Ils aspirent à devenir les leaders intellectuels d'un parti rénové et moderne tout en conduisant de brillantes carrières littéraires ou scientifiques. Le modèle existe. Roger Vailland, aristo

et ami du peuple, engagé et lettré, ouvriériste et libertin, désinvolte et bolchevique, n'est pas entré en communisme comme on
entre dans les ordres.

Bourgeois et rouges : combien de temps cela peut-il durer ?

5

Les francs-tireurs

Le label « militant » connote volontiers une floraison d'images tristounettes et répétitives — le rite toujours recommencé, le slogan prêt-à-scander, la docilité besogneuse, l'argumentation en trois points, la mièvrerie dévouée. Tout un bric-à-brac de contraintes et de renoncements dont le courant italien de l'UEC ne s'embarrasse guère. Au contraire, les « amphis », théâtres des « AG », comptent parmi les meilleures salles parisiennes. On y rit, on y pleure, on y dit son texte et l'on y improvise autant qu'à Hébertot ou au Vieux Colombier.

Toutefois, le piment de cynisme qui transparaît, la désinvolture aristocratique nonchalamment affichée, la référence conjointe à Eugène Rastignac et à Antonio Gramsci ne vont pas sans choquer maints arrivants. Et ce n'est point seulement affaire de style. L'apologie de la coexistence pacifique, la confiance accordée à Nikita Khrouchtchev, bureaucrate entre les bureaucrates dont le parcours fut et reste pour le moins sinueux, la version « togliattiste » de la période stalinienne, la stratégie de transition pacifique au socialisme — bref, les pierres angulaires du discours italien — semblent à beaucoup excessivement polies, trop arrondies, trop émoussées pour soutenir un édifice novateur. Le Clézio a beau proclamer dans *Clarté* que les jeunes se fichent de la révolution, d'autres jeunes persistent à donner au romantisme un contenu révolutionnaire et contestent le narcissisme de Jean-Marie Gustave.

Alain Krivine s'affirme vite comme l'un des leaders de cette aile gauche. Dès l'hypokhâgne, au lycée Condorcet, il est membre de l'UEC, tout en assumant la présidence de la fédération UNEF des préparationnaires. Et l'année suivante, il est inscrit en histoire à la Sorbonne. Son expérience de porteur de valises aidant, il a complètement viré sa cuti envers le Parti et se range spontanément parmi les oppositionnels.

La « manière » italienne n'est cependant pas la sienne. Il juge ces garçons sympathiques et drôles, mais éprouve le sentiment qu'ils font leurs boutons, qu'ils « jouent à l'UEC », qu'ils sont — en réalité — extérieurs à leur engagement. Il est allergique à Serge Depaquit, l'éminence grise, absent des tribunes mais jamais des couloirs. En d'autres termes, il admet difficilement l'étrange alliance d'activités ludiques et de séquelles staliniennes. Ici des rigolos, là des magouilleurs. Une exception : Forner, perçu par Krivine comme totalement sincère, émouvant, loyal dans l'affrontement. Et une bête noire : Schalit, dont l'esprit d'entreprise lui est en tout point étranger.

Sacré Schalit ! Un midi, place Paul-Painlevé, la librairie est soudain cernée par un commando d'extrême droite. Les « fachos » sont armés de barres et de tessons de bouteilles. Les quelques militants présents dans la boutique sortent pour en défendre l'accès, à un contre cinq, fragile rempart face aux assaillants.

Krivine est là, près de Marie-Noëlle Thibault. Ni l'un ni l'autre ne sont amateurs de « castagne », de « cogne », de « baston », comme on dit. Mais ils sont courageux ; ils se battent quand c'est nécessaire, même s'ils ont peur et même s'ils n'en tirent aucun plaisir. Et aujourd'hui, ils ont carrément peur. Les autres sont méchants, nombreux. Des éclats de verre frôlent et parfois entament les visages. Alain est couvert de sang, bon pour l'hôpital. Pourtant, peu à peu, les agresseurs cèdent du terrain. On sent qu'il sera bientôt possible de se retourner vers le havre du local, à deux mètres dans le dos. Enfin sonne l'heure de la retraite, Marie-Noëlle, Alain et leurs copains pivotent : sans issue ! Schalit, prudent gestionnaire, a baissé le rideau de fer...

Une péripétie mémorable. Outre sa saveur anecdotique, elle révèle que l'instinct d'appartenance est plus fort que les divergences idéologiques, les clivages d'école. Krivine est en désaccord avec la direction « italienne », réformiste à ses yeux, opportuniste, embarquée dans une bizarre et tacticienne partie de cache-cache. Pourtant, cela ne l'empêche pas de vendre *Clarté* sur le boulevard Saint-Michel. D'abord, parce que le mensuel de l'UEC exprime un défi permanent, sème un délectable poil à gratter entre le col de chemise et la nuque raide des fonctionnaires du PCF. Ensuite, parce que *Clarté* est beaucoup plus que l'organe d'un mouvement indocile, d'une branche frondeuse : c'est le journal du milieu, la propriété collective des sorbonnards. Le creuset d'une connivence. Alain Krivine et Marie-Noëlle Thibault sont voués à mille empoignades. N'empêche : il s'établit entre eux ce courant d'estime imprescriptible qui ne s'établit qu'à vingt ans.

Le secteur Lettres de l'UEC s'étoffe jusqu'à devenir le joyau politique des étudiants communistes. Les effectifs culmineront à trois cents adhérents, dont cent cinquante militants actifs. Dans l'ensemble, la sensibilité dominante est critique à l'égard de Pierre Kahn ou d'Alain Forner. Comme Krivine, une majorité d'apprentis philosophes, sociologues, historiens, taxent le bureau national de tiédeur. Le public universitaire se renouvelle tous les trois ans. Pour les successeurs immédiats de Philippe Robrieux, la grande affaire est la déstalinisation, le retard accumulé par le PCF, l'aggiornamento manqué après Budapest. Pour les plus jeunes qui débarquent au terme ou au lendemain de la guerre d'Algérie, il s'agit non de tempérer le discours du Parti, mais de lui redonner vigueur, d'entretenir au-delà du cessez-le-feu les flammes d'un combat vigoureux, de restaurer l'élan révolutionnaire.

A côté des « Italiens » — eux-mêmes divers : « amendolistes », « magristes », etc. —, une « gauche » de l'UEC prend corps. Elle est fort composite : lecteurs de Victor Serge ou de Léon Trotski, de György Lukacs ou de Georges Bataille, de Lénine ou de Rosa Luxemburg. Mao Tsé-toung n'est pas un auteur vedette — la rupture sino-soviétique vient seulement d'être consommée. Mais la fibre tiers-mondiste demeure prête à vibrer, surtout au rythme de l'épopée cubaine. Et tout cela cohabite sous la houlette d'Auguste Comte, dont la statue monte la garde auprès des bistrots éternellement bondés, place de la Sorbonne.

Les polémiques sur la coexistence pacifique ne s'interrompent qu'un instant, mais ce dernier est décisif : quand les orthodoxes du Parti, les « stals », donnent de la voix, l'union sacrée est la règle.

Le camarade Krivine compte parmi les figures de proue de la

139

« gauche », et, appuyé par le cercle d'histoire, pèse de plus en plus lourd à la tête du secteur lettres. Mais une rumeur le poursuit : il serait, dit-on, trotskiste. Péché mortel — le temps des « hitléro-trotskistes » n'est pas si éloigné — selon la loi du PCF ; péché véniel à l'UEC. On aimerait y voir clair, néanmoins. L'intéressé nie en souriant.

Il ment. Serge Depaquit et ses protégés savent qu'il ment. Et Alain sait qu'ils savent. Dès 1961, le responsable des « bios » à l'état-major du PCF, l'homme qui tient à jour les fiches individuelles des différents cadres, Jules Decaux, « Julot » pour les intimes, avait averti Depaquit que le dossier Krivine méritait un détour. Depuis, Alain a fréquemment sur les talons la silhouette bonhomme mais vigilante de Georges Cogniot, un des intellectuels du Parti, manifestement chargé de le suivre à la trace.

La « conversion » de l'ancien diffuseur prodige de *l'Avant-Garde* fut riche en péripéties. Quand les chars soviétiques « libéraient » Budapest, les discussions étaient passablement chaudes entre les quatre frères Krivine. Et le jumeau d'Alain, Hubert, avait la dent très dure contre les Russes. Sur le coup, Alain ne s'est pas formalisé — le désarroi était général. Il s'est indigné, en revanche, durant les trois années ultérieures, quand il a régulièrement découvert dans sa boîte aux lettres un numéro, à lui adressé, de *la Vérité*, le journal de la IVe Internationale :

— Quel est l'abruti qui m'envoie ce torchon ? protestait-il à chaque fois, roulant rageusement en boule l'objet du délit.

Hubert observait la scène sans commentaire.

Il a fallu du temps, beaucoup de temps à Alain Krivine pour comprendre que l'expéditeur était son propre frère jumeau. Et pour comprendre que l'introuvable chef d'orchestre des malpensants qui semaient le trouble au sein des JC du lycée Condorcet, malgré la vigilance d'Alain et le baby-foot de Jean Gager, c'était toujours Hubert. Et il lui a fallu encore un peu de temps pour s'apercevoir que les camarades aux côtés desquels il militait clandestinement en faveur des Algériens, et que lui avait présentés Hubert, étaient des trotskistes. Finalement, au seuil de l'hypokhâgne, l'heure de l'explication a sonné ; Alain a carrément demandé au frangin s'il était trotskiste, adhérent ou sympathisant.

— Seulement sympathisant, mais j'ai l'intention d'adhérer.

— Tu m'as trompé.

— Non, je ne t'ai pas trompé. Le Parti ne tolère pas l'expression d'une divergence, même par un militant discipliné. Il ne s'agit pas de renoncer au centralisme démocratique, mais de l'appliquer vraiment.

— Quand même, c'est du double jeu, c'est mentir aux copains, objecte Alain.

Mais Hubert parle comme un livre :

— Se taire devant quelqu'un qui t'empêche de le contredire, ce n'est pas mentir. Nous ne mentons pas aux camarades, quand nous nous organisons en fraction. Nous mentons à la direction, parce qu'elle-même ne cesse de mentir aux militants. Sur le stalinisme, sur l'URSS, sur tout.

A quoi bon ? Nul n'est parvenu à transformer le PC de l'intérieur. Sur ce point encore, Hubert déclame ses classiques :

— Nous espérons rester au contact des adhérents du Parti, au contact de la classe ouvrière. Ou bien la greffe prend, ou bien nous sommes rejetés, mais pas seuls.

Alain s'est laissé convaincre et s'est mis à potasser. Le détournement de l'héritage léniniste par les staliniens, la société soviétique comme « État ouvrier dégénéré », la nécessité d'une lutte secrète au sein même des organisations communistes, dont les troupes sont saines — il a tout ingurgité. Et il a résolu de s'intégrer aux maigres effectifs de la IVe Internationale, dont la section française ne comporte que deux ou trois centaines de membres.

Hubert, après une assez longue période de lectures et de discussions, lui a proposé de franchir le pas :

— Puisque tu es décidé, allons-y ensemble. Nous adhérerons le même jour.

Et ce jour-là, tandis que s'achevait la guerre d'Algérie, ils ont sonné, flanqués d'un troisième larron également postulant, à la porte de Pierre Franck (animateur, contre son grand rival Lambert, d'une des deux ailes du trotskisme français). L'examen de passage s'est déroulé sans anicroche. Au moment suprême, Hubert a porté l'estocade :

— Alain, il reste un dernier détail à régler. Je ne suis pas sympathisant trotskiste, comme je te l'ai dit, mais adhérent, et depuis longtemps. L'autre copain aussi, d'ailleurs.

Pierre Franck a expliqué que cette ultime épreuve était indispensable pour tester les seuils de résistance et l'aptitude au silence des impétrants. Si l'on était choqué, mieux valait s'abstenir.

Alain Krivine ne s'est pas abstenu. Il s'est entraîné — mais l'activité clandestine pour aider le FLN était une bonne école — à empiler, dans son emploi du temps, des fonctions étanches. A la direction du FUA, puis à celle du secteur Lettres, il a mené et continue de mener plusieurs existences parallèles. Réunions officielles de l'UEC (à la base et au sommet), réunions de fraction préparatoires à ces réunions, réunions de cellule du PC (dans le neuvième arrondissement), réunions de la « IVe » (et bientôt du bureau politique de cette dernière, car Alain, comme d'habitude, grimpe dans l'appareil) : au rythme d'une quinzaine de convocations par semaine, la vie s'emballe. La Sorbonne est un merveilleux vivier où le jeune trotskiste escompte des pêches miraculeuses. Si Marie-Noëlle Thibault ne flirte que trois semaines avec le jeu fractionnel, d'autres ne tardent pas à titiller plus sérieusement l'hameçon.

Henri Weber a tout pour plaire au guetteur attentif qu'est son aîné — trois ans les séparent. Peut-être parce que sa première apparition publique n'est pas dénuée d'originalité. Au lendemain du congrès qui a vu la victoire des « Italiens », le secteur Lettres est assemblé : ils sont bien trois cents, entassés dans un amphi. Les flèches idéologiques volent particulièrement haut, et leurs pointes sont enduites de poisons raffinés. Le nommé Weber lève le bras. On ne le connaît guère, il n'a derrière lui que cinq mois de « propé ». Grand, l'air « bien dans sa peau », l'œil malin, il possède quelques précieux paravents pour dissimuler sa timidité :

— Cccamarades !

Le *C* est à la fois appuyé et chuinté, dans la pure tradition du parigo faubourien. Mais l'indice n'est nullement un certificat d'extraction : nombre de bourgeois ou d'aristos, du moment qu'ils ont basculé vers les larges masses, s'appliquent à parler peuple.

— Cccamarades...

Henri n'est pas encore « situé ». Son pedigree militant semble des plus classiques : il était, voilà peu, l'animateur des JC au lycée Jacques-Decour. Quant à le ranger parmi telle ou telle tendance de l'organisation étudiante, impossible. L'auditoire attend donc une autodéfinition circonstanciée. Surprise :

— Cccamarades, je voudrais protester contre une chose qui n'a l'air de troubler personne et qui passe apparemment inaperçue : les poubelles ne sont jamais vidées, nous abandonnons les locaux dans un état lamentable. Les mégots traînent, les corbeilles à papier débordent. Nous donnons une piètre idée de nos aptitudes à changer la société si nous ne sommes même pas capables de balayer derrière nous !

L'orateur reprend haleine. L'attention qu'on lui accorde est infiniment plus vive que s'il avait cité la *Critique du programme de Gotha*. Enfin un discours franchement exotique ! Encouragé par le flux convergent des regards intrigués, Weber aborde le second chapitre de son intervention, la phase propositionnelle :

« Je suggère que chaque cercle installe un panneau où soient affichés ses activités majeures, ainsi que ses effectifs. De manière analogue, s'agissant de *Clarté,* les performances de vente, bilans et objectifs devraient être chiffrés. Cccamarades, il serait temps de mettre un peu d'ordre là-dedans, sinon, notre discours, c'est du flan !

Ricanements sur les bancs des dandys : ce garçon n'est certainement pas banal ; mais s'il manifeste des dispositions, c'est surtout pour le vol en rase-mottes. Gros succès, à l'inverse, dans les travées militantes : un organisateur-né est parmi nous, qu'il se présente à l'embauche ! « Un type sérieux, se dit Krivine, à voir de plus près. » La carrière d'Henri Weber à l'UEC commence par un poste de conseiller technique au bureau du secteur Lettres.

L'accent du jeune propédeute ne doit rien à l'artifice. Son père tient une échoppe d'artisan horloger rue Popincourt. Et toutes ses études, à Jacques-Decour, ont eu pour environnement Barbès, Anvers, la Goutte d'Or — la zone la plus chaude de Paris pendant la guerre d'Algérie. Des images violentes et proches : les commissariats blindés dans la crainte du FLN, les gueulantes montant des soupiraux, les patrouilles qui ratonnaient impunément, sous les yeux des passants passifs. Les coups, la haine venaient battre jusqu'à la loge du lycée. Une société qui a sécrété Vichy, puis les « affaires » d'Indochine, puis les « événements » d'Algérie, une société qui a traqué les juifs, les Viets, les Arabes, ne saurait être qu'intrinsèquement mauvaise.

Henri a rejoint la Jeunesse communiste en première. Mais pas au terme d'un itinéraire « naturel » — le milieu plus que modeste, la culture familiale, l'air du temps et les copains de « bahut ». Au contraire ; il s'est opposé, et sévèrement, à son père, mendésiste de cœur, favorable à une gauche démocrate et moderniste, et consterné par ce choix. L'affrontement ne rompt pas le climat d'affection et de tolérance qui règne à la maison. Reste que la divergence est de taille, et qu'elle vient de loin. Du Goulag.

Avant la Seconde Guerre mondiale, les parents d'Henri Weber, juifs l'un et l'autre, vivaient en Pologne, à Czanow. Une petite ville de haute Silésie, séparée par treize kilomètres d'Oswieciw — que les Allemands désignent d'un autre nom : Auschwitz. Quand est signé le pacte germano-soviétique, ils se trouvent à l'exacte intersection de la tenaille et sont contraints d'opter pour l'un des deux tuteurs. Hitler ou Staline ? Le programme antisémite des nazis constitue la meilleure propagande en faveur de l'Union soviétique. Par ailleurs, les idées socialistes sont fortement ancrées dans la communauté juive polonaise. Les jeunes habitants de Czanow, en colonne, quittent leur patrie pour gagner Lvov, de l'autre côté de la frontière. Les anciens demeurent au pays.

Là-bas, en Russie, la vie est difficile, mais on vit. La légende bolchevique ne résiste guère à l'épreuve des jours. Dans les usines, tout le monde vole. L'ouvrier vole, le contremaître vole, et le contrôleur prélève sa dîme. La pénurie, l'immoralité et la débrouille dansent la sarabande des saisons de peste.

Lorsque l'Allemagne attaque l'URSS, la danse devient explicitement macabre. Les réfugiés polonais sont mis en demeure d'adopter la nationalité de leur lieu d'accueil. Le futur père d'Henri résiste. Cette transhumance symbolique lui répugne intimement. Un haut fonctionnaire, par sympathie, tente de l'avertir en discours indirect : « Seuls les loups au fond des bois n'ont pas de passeport... » Mais l'horloger Weber ne saisit pas ou ne veut pas saisir le sens du message. Un matin, sous prétexte de manœuvres militaires, les étrangers de Lvov sont acheminés vers une destination inconnue. Le terme du convoi est Arkhangelsk, sur la mer Blanche, à l'embouchure de la Dvina. Ce n'est pas vraiment l'archipel du Goulag, mais sa banlieue. Entre le camp cerné de miradors et l'assignation à résidence, les déportés sont soumis à un régime bâtard.

Afin de survivre, le couple Weber s'offre à travailler pour l'armée rouge. Il existe, paraît-il, des regroupements de « personnes déplacées » où les conditions de subsistance sont presque acceptables. Les « volontaires » traversent l'Union soviétique du nord au sud, jusqu'au Tadjikistan. En retrait du front, aux confins de l'Afghanistan et de la Chine, des haches attendent des bûcherons. La besogne est rude, ingrate. Mais un horloger trouve toujours des montres dont les rouages coincent, et ce savoir le préserve de l'épuisement routinier. Le 23 juin 1944, Henri Weber naît au camp de Léninabad, non loin du fleuve Amour.

A l'issue de la guerre, en 1945, pour prix de leurs loyaux services, les parents d'Henri sont autorisés à retourner en Pologne. La famille est décimée. Mais ils attendent de la « démocratie populaire » naissante un fragment de quiétude. Le mirage s'évanouit avec la résurgence, pratiquement immédiate, des discriminations antisémites. Au bout de quatre années, une fois encore, l'exil apparaît comme le seul chemin concevable. Vers l'Ouest.

On parle yiddish et polonais, rue Popincourt. Toutefois, chez les Weber, un subtil équilibre tend à s'établir entre l'assimilation et la préservation de la tradition originelle. Henri et son jeune frère sont encouragés à suivre des études, à maîtriser la langue française, à profiter des vacances pour regarder autour de soi. Le père, qui publie des articles dans de confidentielles revues juives, incite ses fils à « réussir », mais les éduque simultanément dans le mépris du fric. Les cousins du Sentier qui se taillent peu à peu quelque fortune au fil de l'expansion du prêt-à-porter, malgré leurs voitures et leurs cadeaux, resteront dépeints comme d'éternels joueurs de cartes analphabètes, incapables de s'émouvoir devant une page de Heinrich Heine. Les pauvres !

La première affiliation militante d'Henri lui est imposée. Il a neuf ans et, pour calmer ses turbulences, on l'inscrit à l'association Hachomer Hatzaïr (en français : la Jeune Garde), qui rassemble dans un style mi politique mi-scout les cadets du Mapam, le parti des sionistes de gauche. A quatorze ans, d'ailleurs, il séjourne en Israël dans un kibboutz. L'expérience est passionnante, chaleureuse. L'apprenti *kibboutznik,* cependant, refuse, à la différence de son cadet, de muer pareille expérience en vocation. Il ne sera pas le laboureur de la terre juive. Quitte à décevoir père et mère, il ne s'ancrera pas dans un sol exigu, il s'ancrera dans une vaste cause.

Il connaît pourtant par cœur les récits familiaux du stalinisme ordinaire. Mais il est convaincu qu'il doit exister un moyen de devenir marxiste sans devenir stalinien. Ce qu'il cherche, à travers l'adhésion aux JC, et par la suite à l'UEC, c'est une passerelle entre le particulier et l'universel, l'accès à une contre-société qui préconise la conquête plutôt que le repli, la subversion plutôt que la subsistance. Simultanément, il tire de sa formation communautaire, de son adolescence encadrée par l'Hachomer Hatzaïr, le goût d'un tissu nourricier homogène, des références partagées, de la connivence vérifiée par des rites et un vocabulaire spécifiques. Le communisme lui paraît une pratique communautaire qui ne déboucherait pas sur l'enfermement tout en entretenant la tiédeur rassurante de la cellule, du réseau. Un mélange d'ordre et d'aventure, de rigueur et d'imprévu.

Ce qu'il découvre à l'UEC comble ses attentes. Au début, il écoute, passablement perdu, les ténors du secteur Lettres rivaliser de références, de lectures, de citations. Il ne comprend pas grand-chose, mais il possède une certitude : c'est là qu'il faut être. Pour son père, avoir poussé un greffon jusqu'au porche de la Sorbonne est une sorte de point limite, de justification, de revanche. Et le greffon Henri est totalement pénétré de ce sentiment. A ses yeux, les études, la pensée, la maîtrise, c'est du sérieux. Il ne s'agenouille pas devant la statue de Victor Hugo, au bas des marches de la chapelle. Mais tout de même : parvenir en cette enceinte, quand on est parti de Léninabad, cela donne le frisson.

Le choc initial, élémentaire, est donc d'être admis au sein d'une élite — pas encore reconnu, mais admis, alors que ni le sang ni la classe ne conduisaient, en principe, dans cette voie. Ensuite, Weber apprend progressivement à décrypter les langages, les attitudes. Il s'aperçoit que l'UEC est divisée en camps antagonistes ; que chacun de ces camps — sauf les relais zélés de l'état-major du Parti — dissimule son drapeau ; que, néanmoins, les multiples sensibilités sont officieusement repérées et tolérées. De ce bouillon de culture, une idée force se dégage : ici, il est non seulement possible, mais souhaitable de se réclamer du communisme en critiquant l'héritage stalinien. En le critiquant par l'esprit, par les textes, par la méthode historique ; mais encore par le geste, par la voix, le doigt pointé sur les bureau-crates, sur les hommes de Thorez.

Alain Krivine flaire dans le camarade Weber un compagnon d'armes potentiel. Sans se dévoiler, il s'en approche. Henri, pré-cisément, est en quête d'un initiateur, d'un « ancien » qui lui livre les clés de la partie qui se joue. Krivine ne demande pas mieux. Il s'aperçoit vite que le « profil » de son interlocuteur sort de l'ordinaire. Comme lui, Henri aime le sérieux, l'organisa-tion, la répartition des tâches, la planification des échéances. Comme lui, il goûte la fraternité militante, le rire en « famille ». Comme lui, surtout, il apprécie l'éclectisme, la « manie » démo-cratique des « Italiens », mais ne partage ni leur modération réformiste ni le dilettantisme de leurs troupes.

Paris, juin 1985.
La place de la Concorde est envahie par des centaines de milliers de jeunes venus assister au concert offert par SOS Racisme. Dans la foule, Weber et sa compagne se taillent malaisément un chemin pour approcher du podium. Nul ne prête attention au couple qui les suit : l'homme, vêtu d'un jean et d'un pull jaune, est le Premier ministre en exercice, Laurent Fabius. Tous quatre s'arrêtent un ins-tant pour écouter Coluche. Derrière lui, Weber entend des glousse-ments. Il se retourne : son vieux camarade Krivine est là, entouré d'une bande de militants trotskistes qui assurent le service d'ordre. Henri s'approche. Léger flottement :
— Qu'est-ce que tu fous avec Fafa ? interroge Alain.
— C'est un ami. Tu veux que je te présente ?
— Merci, je n'y tiens pas.
Et Krivine ajoute, l'œil rigolard :
« Il est moins bien protégé que moi.
— Sans doute a-t-il moins à craindre...

Sitôt passé propé, Weber décide de s'orienter vers la socio-logie. Il va pouvoir se frotter à Raymond Aron, opposer Marx à Tocqueville, et la lutte des classes à l'idéologie technocratique. Les conversations avec Krivine se multiplient, s'étoffent. Henri ne soupçonne pas un instant qu'Alain est un « sous-marin » de la IVe Internationale. Il se dit, plus simplement, qu'en discutant avec ce type, il paraît concevable d'être un authentique bolchevique et le fils de son père...

L'UEC est une terre d'asile. Derrière les « Italiens » qui ont conquis la place et ouvert la brèche s'engouffrent tous les drogués de révolution en quête d'un enclos pour planter leur drapeau. A chaque réunion, la prise du pouvoir est la question du jour. On s'étripe, on s'empaille. Sérieusement, textes à l'appui, exégèses brandies. Mais au-delà des togliattistes, khrouchtchéviens, trotskistes clandestins, guévaristes affirmés, nombre de clients hésitent devant les étals. Ces sceptiques, ou ces éclectiques, aimeraient bien mélanger les ingrédients. Au rayon du prêt-à-penser, rien ne leur sied vraiment. Au fond, semblable marchandise les intéresse moins que la recherche d'une contre-société susceptible d'accueillir leurs révoltes tripales, leurs pulsions d'écorchés.

La rébellion qui les emporte vient de fort loin, et, si elle les mène jusqu'à l'UEC, elle ne saurait se satisfaire des affrontements verbaux. La politique, époque oblige, les occupe. Ils demeurent marginaux.

Depuis qu'à son retour de Sardaigne il a rejoint les étudiants communistes, Pierre Goldman ne s'est intégré à aucune chapelle. Il les fréquente sans distinction, compte des amis partout, mais ne s'ancre nulle part. Même s'il milite, la « militance » ne suffit pas à sa peine. Il est là et il est d'ailleurs. Il flotte entre les rives d'une brève existence dont le sens paraît indécelable.

La mort est entrée dans sa vie le jour de sa naissance et le hante sans fin. Là où s'entrecroisent les tragédies du siècle sourd l'inextinguible souffrance de Pierre Goldman, juif polonais né en France. D'instinct, il choisirait plutôt le camp du prophète désarmé, du barbu proscrit dont les fidèles entretiennent la flamme. Mais Goldman n'est pas assez amateur de textes sacrés pour baiser les saintes reliques.

Le père de Pierre, Alter Mojsze, devint communiste lorsque Léon Trotski, à la tête de l'armée rouge, assiégeait Varsovie. Les ouvriers juifs polonais attendaient comme le messie ce Laibèlè — diminutif de Léon, en yiddish — qui incarnait le mythe bolchevique. Tant d'affection ne jouera pas pour rien dans la liquidation par Staline, quinze ans plus tard, des dirigeants du parti polonais soupçonnés d'inclinations coupables.

C'est à ce moment qu'Alter Mojsze quitta le mouvement communiste. Il n'acceptait pas l'élimination, à Moscou, des révolutionnaires d'Octobre. Il émigre très jeune vers la France, combat vaillamment en 1940, est décoré de la croix de guerre. Démobilisé, il rejoint dès que possible la résistance juive et passe à la lutte armée. Il dirige les groupes de choc dans la région lyonnaise et ses responsabilités le conduisent à réintégrer le giron stalinien, en l'occurrence le PCF. Chez les Francs-tireurs, il rencontre Janine Sochaczewska.

Elle est née à Lodz, sur la terre polonaise, comme le père de Jeannette Pienkny qu'elle a peut-être connu dans les rangs des Jeunesses communistes. A quinze ans, elle s'est enfuie de chez elle pour s'émanciper d'une éducation religieuse très stricte. Son père appartenait à une secte fanatique et consultait le rabbin à tout propos. Il refusait qu'elle aille à l'école, redoutant la contamination des idées impies, impures. Militante passionnée, Janine harangue les ouvriers devant les usines, déploie le drapeau rouge en tête des manifestations. Trois fois, elle est arrêtée. Le pays subit la botte de Pilsudski, les agitateurs sont pourchassés, emprisonnés. Quand la traque devient trop étouffante, ne reste que l'exil.

Janine est à nouveau recherchée par la police. Son père vient voir, au prix d'un immense effort, la fille rebelle et lui offre le montant d'un billet pour l'étranger. Il s'exprime le dos tourné :

— Je ne sais pas si Dieu est d'accord pour que je te laisse partir à seize ans, mais je te demande de ne jamais oublier que tu es juive. Malgré tout, tu resteras juive.

Au début des années vingt, par milliers les jeunes communistes polonais quittent leur terre natale. Certains, tel Léopold Trepper, que Pierre Goldman vénérera plus tard comme héros absolu, émigrent en Palestine, beaucoup gagnent l'Allemagne, commis voyageurs de la révolution, sans patrie ni frontières.

Janine Sochaczewska s'installe à Berlin, plaque tournante du mouvement communiste, suit les cours de l'université rouge, puis débarque en France où elle milite dans les rangs de la Main-d'œuvre immigrée, la MOI, qui fournira tant de combattants armés contre l'occupant allemand. Elle y noue connaissance avec un communiste polonais, Bolek, dont elle a une fille.

Dès le début de la guerre d'Espagne, Bolek s'engage au sein

des Brigades internationales. Il est blessé. Après la défaite des républicains, il est incarcéré dans un de ces camps où les autorités françaises entassent les réfugiés poursuivis par les armées de Franco. Vichy le livrera aux Allemands qui le fusilleront.

Janine, intégrée à l'appareil communiste, est affectée aux groupes de combat juifs dans la région lyonnaise. Un des chefs militaires se nomme Alter Mojsze. De leur rencontre naît un fils, Pierre.

Fruit de la fureur du temps, enfant naturel de Staline et de Hitler, Pierre Goldman vient au monde en juin 1944. Proscrit, exilé, mais issu de deux êtres d'exception qui luttent les armes à la main. Les armes et les tracts garnissent le berceau du nourrisson qui parfois se réveille au contact glacé d'une culasse. Il a quelques semaines lorsque survient la Libération. Ses parents se séparent. Il reste avec sa mère. Aux tourments de l'histoire se mêlent les déchirures intimes. Le jour où la mère et l'enfant doivent repartir définitivement pour la Pologne, son père survient et l'enlève. Des années après, il dira à son fils qu'il ne voulait pas le savoir établi dans un pays antisémite et stalinien.

Alter Mojsze se remarie ; sa seconde femme reconnaît le petit Pierre comme son enfant. Sa mère légale n'est pas sa mère. Il n'existe aucune preuve que sa mère soit bien sa mère. Pierre ignore l'exacte signification de ce mot.

Aux camarades de l'UEC, Goldman parle peu de ses origines. Il répugne à dévoiler ces domaines cachés, zones d'ombre où s'enfouit la douleur. Les plus proches, au détour d'une phrase, à la profondeur d'un silence, à la singularité d'un geste, soupçonnent que le mal s'enracine dans le tréfonds, dans les catacombes de la mémoire.

Il a neuf ans quand avec Mojsze, son père, il participe à un défilé du 1er mai. La police ouvre le feu sur un cortège algérien. Au milieu des détonations et des hurlements tout proches, Mojsze continue de marcher tranquillement, lui serrant le bras avec force. Il lui dit qu'on ne doit jamais avoir peur.

Pierre a dix ans lorsqu'en finale de la coupe du monde de football, l'équipe d'Allemagne affronte celle de Hongrie. Avec son père, il écoute le match à la radio. On entend hurler le public, majoritairement composé de supporters allemands, et ces sons gutturaux font frémir le maquisard juif qui a encore Nuremberg dans l'oreille. Après la victoire retentit l'hymne de la RFA, *Deutschland über Alles* ; Pierre Goldman voit Mojsze, blanc de fureur, qui se lève et fracasse le poste.

Il a treize ans. En Pologne, Gomulka est de retour au pouvoir. Il peut enfin rendre visite à sa mère. Elle l'attend à la gare frontalière. Il a oublié son visage — dix ans se sont écoulés depuis leur séparation —, mais il la reconnaît immédiatement. Dans ce pays, fosse commune du génocide, au spectacle d'Auschwitz, il est saisi d'un obscur désir d'histoire où affleurent, mêlés, la conscience aiguë de sa judéité et l'impérieux besoin de se libérer par la violence d'une telle meurtrissure. Comme ses parents aux temps héroïques, il rêve de terrasser la bête immonde.

Sa mère lui conte en pleurant comment soixante-douze membres de sa famille furent massacrés ; les nazis vinrent chercher son père, le religieux, pour l'emmener au camp de Treblinka. Il était en prière, debout, enveloppé dans le châle rituel, et leur cria « *Raus !* » lorsqu'ils entrèrent. Aussitôt, la soldatesque vida ses chargeurs sur le vieil homme qui est mort droit. Les fascistes abattirent sa femme qui tentait en vain de s'opposer à la déportation de ses petits-enfants, les cousins de Pierre. Eux aussi furent assassinés. Goldman apprend la haine, celle qui appelle la vengeance.

Il a quinze ans, interne au lycée d'Évreux, quand il découvre que des garçons de son âge revendiquent des sympathies fascistes. Ils militent à Jeune Nation, un groupuscule activiste. Pierre Goldman adhère, symétriquement, aux Jeunesses communistes. Le PC, à ses yeux, incarne la Résistance. Il voue une admiration sans bornes aux combattants du ghetto de Varsovie, aux gavroches juifs, Marcel Rayman, Thomas Elek, les étrangers de l'Affiche rouge, fusillés au mont Valérien avec Manouchian.

Il a seize ans. C'est lui qui prend la tête d'une révolte des internes contre un surveillant général sadique, nommé Cyrac. A minuit, les mutins déclenchent les hostilités, balancent des pétards énormes qui crépitent en sautillant dans la cour. Le lycée d'Évreux surplombe la ville, et les détonations sèches réveillent les habitants. Pendant deux jours, les insurgés règnent sur l'établissement, enivrés de liberté, déchaînés. Pierre vit des instants de bonheur intense, de trouble exaltation. Plus d'interdits, plus de barrières. L'ordre rétabli, il est enfermé comme meneur à l'infirmerie. Sa première détention. Il est exclu du lycée par le conseil de discipline, et son père vient le chercher. Au moment de partir, l'adolescent, qui avait paradoxalement trouvé dans l'internat l'ébauche d'un havre, ne supporte pas d'en être arraché. Il casse tout, dévaste la salle d'études et s'enfuit en courant. Des professeurs alertés tentent de l'intercepter. Il les évite d'une feinte, à la manière d'un rugbyman, traverse du même élan une porte vitrée qu'il n'avait pas vue. On croit à une tentative de suicide.

Son père l'émancipe. A cette époque, dans un train, regardant les voyageurs — des paysans normands —, il acquiert l'absolue conviction qu'il n'est pas français.

Il aura bientôt dix-sept ans lorsqu'en vain il guette, près d'Orly, les parachutistes factieux dont le Premier ministre Michel Debré a annoncé l'imminente venue.

Il a juste dix-sept ans quand, au lycée de Compiègne, en classe de première, il veut former avec son meilleur ami, fils d'un FTP juif tombé en août 1944, un groupe clandestin. Ils savent où voler des armes. Ils envisagent de descendre des personnalités connues pour leurs penchants OAS. Ils brûlent de venger les ratonnés d'octobre et les piétinés de Charonne. Ils jugent la gauche passive, molle. La fureur qui les anime est telle qu'ils effarouchent un militant actif en contact avec les Algériens, auquel ils dévoilent leurs projets. Le clairon sonne le cessez-le-feu avant qu'ils ne passent à l'acte. L'auraient-ils fait ?

Il a dix-neuf ans lorsqu'il adhère à l'Union des étudiants communistes.

Il s'inscrit à la Sorbonne, mais il est incapable de s'enfermer dans un amphithéâtre pour suivre un cours. Il ne se mêle guère aux étudiants, érige son orgueilleuse et volontaire solitude en précepte. Un loup sauvage qui fascine et séduit, mais jamais ne se livre. A l'UEC toutefois, il goûte la chaleur un peu feinte de la famille, les copains de rencontre et de flipper qui sécrètent provisoirement l'illusion de n'être plus solitaire. Banalité : c'est à l'intérieur du groupe qu'il cerne le mieux son essentielle singularité. Ses compagnons de militance, même les plus paumés, s'accrochent à un parent, à une maison, à une tradition. Lui n'a rien, ne souhaite rien.

Sans domicile fixe, il dérive de chambre partagée en piaule prêtée. Et lorsque le gîte lui convient, il s'incruste, fouille les armoires ou le courrier, emprunte des fringues qu'il oublie ailleurs. L'appartement de Roland Castro est un de ses points de chute. Il y débarque à l'improviste. L'étudiant des Beaux-Arts a peint chez lui le plancher en rose et dessiné un rond blanc au milieu. Immanquablement, c'est en son centre que Goldman vient s'affaler. Un tout jeune étudiant, Jean-Marcel Bouguereau, avec lequel, les jours de liesse, il dévore parfois un steak-frites à la Source, un snack cafardeux du boulevard Saint-Michel, lui prête aussi sa chambre. Bouguereau s'aperçoit un jour, en la récupérant, que Goldman a consciencieusement liquidé toutes les boîtes de conserve.

1969. Pierre Goldman a rejoint la guérilla vénézuélienne. Il est surpris, une nuit, en train de chaparder des provisions. Un hold-up de sardines ! Pierre est renvoyé du groupe de maquisards qui tient la montagne et versé dans une unité urbaine.

Pierre Goldman n'y peut rien : il ne mange pas, il bouffe. Très salement, héritage d'années de pensionnat. Toujours sans un sou, il tape tout le monde et ne rembourse jamais. Dénué de ressources, il subsiste grâce à de menus trafics et de minables vols. Au royaume de la dèche, il est grand seigneur ; a-t-il quelques billets qu'il les claque à l'instant, lors d'une virée dans des bars louches, fréquentés surtout par des hommes de couleur.

Il aime les Antillais dont il savoure la musique et le sens du rythme. Il aime les Noirs, esclaves modernes dont les conditions d'existence l'émeuvent. Pour *Clarté,* il écrit un papier superbe et sinistre où chaque mot blesse : « Des chambres puantes et noires renferment dans leurs murs brisés des groupes de travailleurs africains. Comme disait un esthète, parlant des juifs de Varsovie, ces gens-là, ce n'est pas nous, ils peuvent vivre comme des rats. On voudrait qu'ils soient des rats. Ils sont des hommes. Ils couchent dans des baraques purulentes de misère. Ils habitent des taudis, des bidonvilles. J'en ai visité un. J'aime les musées qui témoignent de la France... Ça pue. C'est vrai. Ça pue et la France y pue. » Le juif du pavé salue les nègres du pavé.

Farouche, imprévisible, Pierre Goldman déroute ceux qui croient le connaître. Invité chez Robrieux à dîner avec un ministre cubain de passage, il s'allonge sur le tapis et s'endort instantanément.

A une autre occasion, il se retrouve dans une soirée où ses camarades de l'UEC proposent, pour rire, une pantomime. On va parodier une réunion d'exclusion. Les rôles sont distribués et, évidemment, à Goldman échoit celui de l'hérétique destiné au bûcher. Robrieux mène l'interrogatoire. Bientôt, Pierre ne joue plus ; il *est* le déviationniste, le minoritaire, le juif. Il se défend, argumente, s'emporte. Les autres tiennent leur personnage, accentuent la pression, le harcèlent impitoyablement, l'empêchent de parler, le musèlent. Soudain, il craque, ne supporte plus le psychodrame, se lève et s'enfuit, le visage bouleversé, au bord des larmes.

Peut-être sont-ce ces faiblesses apparentes, ces amorces de failles insoupçonnées qui le rendent si attachant. Car Goldman, dans le microcosme du Quartier, est populaire. Écorché mais généreux, sympathique, jovial quand le désespoir ne l'annihile pas, il peut parler pendant des heures, se montrer attentif, gentil, et soudain disparaître au bout de sa nuit. La plupart des militants ne connaissent que sa face publique, et les mystères qu'on subodore ajoutent un parfum romanesque à cette personnalité fantasque, pleine de poèmes et de cris.

Et puis, il est courageux.

Systématiquement volontaire pour les bagarres, Goldman, dont la bravoure en impose, se retrouve rapidement responsable du service d'ordre de l'UEC. L'essentiel de son activité, dans l'après-guerre d'Algérie, est d'organiser la chasse aux groupements d'extrême droite. Il y puise un vif plaisir. La haine viscérale du fascisme, variante chez lui de l'instinct de survie, trouve dans ces affrontements le moyen de s'exhaler. Les petits commandos à croix celtique qu'il poursuit, parfois seul contre quinze, incarnent le mal absolu, les continuateurs des *Waffen SS* que ses parents abattaient à coups de pistolet. Lui n'a qu'une matraque, mais il l'agrippe comme un témoin que lui auraient tendu les maquisards, héros de son enfance.

Dans ces mêlées confuses et souvent dérisoires, Pierre cherche avec désespoir à perpétuer un mythe. Ses camarades perçoivent mal les raisons d'une violence aussi acharnée, qui parfois les inquiète. Ce qui, à leurs yeux, semble une folle témérité, n'est jamais pour lui qu'un *remake* fade et sans enjeu — puisque la mort n'est pas au rendez-vous. Un jour, à l'issue d'une de ces empoignades, Krivine le voit briser son bâton sur la tête d'un adversaire et, aussitôt, éclater en sanglots. Crainte d'avoir tapé trop fort ou regret de ne pouvoir commettre l'irréparable pour quitter, enfin, le théâtre ?

Le Quartier est un territoire, un champ clos. L'extrême droite n'y est pas tolérée. Si elle hasarde une incursion, elle en connaît les risques et le prix. La frontière passe quelque part du côté de l'Odéon. Les éclaireurs rendent compte des mouvements de l'ennemi, de l'imminence de l'attaque. Et lorsque les nostalgiques d'un autre ordre, les rescapés de l'OAS et les étudiants en droit encadrés par quelques paras déboulent, Goldman surgit à la tête de ses troupes, tanguant de sa démarche chaloupée dans un parka vert. Mais il lui arrive aussi, culte rendu à la virilité sans étiquette, de rencontrer en terrain neutre les chefs adverses. Comme des maffiosi new-yorkais, ils rectifient les limites, négocient un nouveau compromis. Simple avatar de la fraternité des armes.

Au service d'ordre de l'UEC, Pierre Goldman se lie avec un garçon aussi fou et courageux que lui, Yves Janin. Ces deux marginaux se sont élus d'emblée. Ils cognent avec la même conviction, le même sentiment de vivre en ces instants quelque chose d'irrémédiable et de vain. Janin a de l'allure, les yeux noirs, les cheveux longs et sombres, l'air vaguement andalou. Normal, il est d'origine ibérique, un de ses grands-pères — pasteur — ayant enlevé sa grand-mère espagnole. Janin vient d'arriver à la Sorbonne, mais il est déjà une légende. Sa courte vie ne manque pas d'épisodes pour exalter l'imagination des jeunes filles rangées qui s'émancipent au local de *Clarté*.

Yves Janin sort de prison.

Jeune garçon, sa mère, qui travaille dans la mode, l'a confié à un établissement spécialisé pour les élèves doués qui manifestent cependant quelques penchants vers la délinquance. C'est au nord de Paris, à Saint-Maximin, dans l'Oise. Entre eux, les internes ne se font pas de cadeaux. Les nouveaux venus sont sévèrement bizutés. Une fois, Janin doit plonger dans la rivière pour repêcher un gamin d'une douzaine d'années que les anciens ont précipité à l'eau. Comme la victime est asthmatique, la plaisanterie est fort dangereuse. Le naufragé s'appelle Michel Butel. Entre son sauveteur et lui naît un de ces liens que seule la mort est capable de défaire.

Janin le cogneur prend sous son aile Butel le fragile et lui promet vengeance. Les uns après les autres, les agresseurs sont retrouvés et châtiés, sauf un, un dénommé Lamy, qui avait quitté le collège.

Bien des années plus tard, Janin et Butel descendent sur la Côte d'Azur dans une Jaguar d'emprunt. Sur la route, ils s'arrêtent à une station-service. Soudain, Janin se précipite sur le pompiste et l'assomme net. Il remonte dans la voiture qui démarre en trombe et se tourne, triomphant, vers Butel :

— Tu as vu, on se l'est payé.

— Mais qui ? rétorque Butel, interloqué.

— Lamy. Tu ne l'as pas reconnu ? C'était Lamy.

Lamy n'a pas eu le temps de comprendre ce qui lui arrivait.

Que Michel Butel ait échoué à Saint-Maximin, dans ce collège pour enfants difficiles, n'est pas le fruit du hasard. Côté maternel, il est d'ascendance juive, russo-polonaise. Sa mère épouse un avocat socialisant, issu d'une famille d'extrême droite. Enfant de la drôle de guerre — il est né en 1940 —, Butel est abandonné par sa mère durant l'Occupation et récupéré par son grand-père qui se réfugie en Dordogne. Une partie de la famille meurt dans les camps, les chambres à gaz, l'autre est vichyste. A la Libération, le gamin est repris par ses parents. Étonnamment précoce, il se passionne dès neuf ans pour la politique et lit des journaux de gauche, tel *Franc-Tireur*. Lorsqu'il noue connaissance avec Janin, Butel est un garçon surexcité, passionné, violent, révolté. Les deux font la paire.

Un professeur de latin trotskisant, Basile Karlinsky, peaufine leur éducation politique. Il traduit des journaux oppositionnels russes, conte les horreurs du Kremlin. Karlinsky n'est pas toujours tendre avec les élèves. L'un d'eux, qui se nomme Romain Bouteille, met un piège à loup dans son lit pour se venger de quelque sanction. L'ambiance est dure, survoltée, et plus d'une fois les pensionnaires jouent *Graine de violence*. Butel et Janin, poètes, romantiques, créent un journal, *la Cascade,* virulent et surréaliste. Quand tombe le camp retranché de Diên Biên Phu, Butel annonce, dans un article définitif, la fin de l'Occident. Il a quatorze ans.

L'année suivante, il est exclu de l'établissement. Trop inadapté dans cette maison d'inadaptés. Une tentative, encore, pour suivre des études décentes à l'École alsacienne. Exclu, de nouveau. A partir de ce moment, il traîne, s'abandonne au vide,

comblé de bouquins dévorés à longueur de journées — sa boulimie de lecture est telle qu'il est persuadé, vers sa vingtième
année, d'avoir tout feuilleté. Un temps, son admiration pour
Mendès France le rapproche des Jeunesses radicales, lesquelles
manquent tout de même d'élémentaire radicalité. Du matin au
soir, il ne songe qu'à la guerre d'Algérie qui l'obsède. Il rêve
d'action, veut écrire.

Son asthme chronique suffirait à le faire réformer ; il juge cela
trop facile, indigne de lui. Il s' « insoumet » et gagne la Suisse.
Là, il rencontre le groupe de déserteurs qui tourne autour
d'Henri Curiel. Il rend quelques services au FLN, mais non sans
complications. Son indiscipline congénitale éveille la suspicion ;
marcher droit n'est pas son fort. Il adresse une lettre au Che
pour offrir ses services, soutenir les révolutionnaires cubains qui
viennent d'entrer à La Havane. Il est surpris de ne pas recevoir
de réponse. Il attend.

Yves Janin, son frère d'errance et de désespérance, dégringole
un chemin non moins glissant. Après le collège de Saint-
Maximin, où le taux de réussite n'est guère élevé, il s'aventure
dans la délinquance. Adolescent, il tente un petit casse et atterrit
en maison de redressement, à Saint-Denis-sur-Orge. Il est déjà
un dur, et la détention l'endurcit encore. Insolent avec les gardiens, il est régulièrement passé à tabac et en tire une légitime
fierté. Il décroche son diplôme de grande gueule, de caïd, complètement en marge des règles sociales.

Comme il montre des dispositions pour la sculpture sur
pierre, on l'a placé en maçonnerie. Un éducateur finit par
repérer ce rebelle manifestement doté d'une intelligence étince-
lante. Il l'encourage à préparer l'école de comédiens de Strasbourg ; rendu à la vie civile, Janin, passionné de théâtre, obtient
même un prix de mise en scène. Il semble avoir trouvé sa voie.
Mais l'armée se rappelle à son souvenir. Comme son ami Butel,
il n'est pas sursitaire, ne possédant nulle carte d'étudiant. Yves
Janin n'envisage pas un instant de revêtir l'uniforme, encore
moins de servir en Algérie. Il déchire sa feuille de route et part
pour la Suisse rejoindre Butel.

A la frontière, les douaniers helvétiques trouvent sur lui un
numéro des *Cahiers du cinéma* consacré à l'érotisme. Persuadés
d'avoir mis la main sur un trafiquant de revues pornographi-
ques, ils le remettent aux policiers français qui, dès les premières
vérifications, se rendent compte qu'ils ont affaire à un insoumis.

Janin est emprisonné à Paris. Quand il apprend son arrestation, Butel repasse en France et cherche par tous les moyens à faire libérer son copain.

Justement, l'occasion se présente : Janin va être transféré à Lyon. Butel échafaude un plan d'évasion rocambolesque : des « gens » lui ont promis le secours d'hommes de main pour maîtriser, dans le train, les gendarmes de l'escorte. Il suffira de tirer le signal d'alarme et de s'enfuir en sautant sur les voies. Un seul détail n'a pas été précisé : Butel ne connaît pas la physionomie de ses complices. Le voici dans le wagon, surveillant du coin de l'œil le compartiment où Janin est gardé par deux hommes en uniforme. Les « gros bras », normalement, sont là eux aussi, prêts à l'action ; mais comment les identifier ? Butel, indécis, se torture les méninges. Yves Janin a demandé à aller aux toilettes et le frôle, suivi d'un pandore qui lui colle aux talons. Butel parvient à faire comprendre qu'il est seul. Janin regagne son compartiment. Le temps s'écoule.

Enfin, Butel se décide. Après avoir examiné attentivement les passagers qui s'attardent dans le couloir pour contempler le paysage, il s'approche d'un homme accoudé à la fenêtre et l'aborde sur le mode du gentil gars désœuvré tenté d'engager la conversation :

— On roule vite, glisse-t-il avec un regard en coin, afin d'observer les réactions de l'étranger. Je me suis toujours demandé : si un type tire le signal d'alarme, combien de temps faudra-t-il pour que le train s'arrête ?

L'allusion est transparente. Si ce quidam est le bon, il va se dévoiler ; en effet, il répond avec une précision extraordinaire, donnant les temps exacts en fonction de la vitesse du convoi. Butel est soulagé, persuadé d'avoir trouvé son *alter ego*. Au moment où il s'apprête à franchir l'étape finale, son interlocuteur se présente : il est ingénieur à la SNCF, manifestement ravi de communiquer ses connaissances à un jeune homme aussi curieux. Butel s'éloigne en bredouillant. Pour la deuxième fois, Janin, toujours suivi de son ombre bleue, gagne les toilettes. Comme Butel mime son impuissance, Janin, d'un signe de la tête, lui conseille de renoncer. A Lyon, le terminus, ils ont encore le temps d'échanger un long regard désespéré. Butel voit son ami s'éloigner entre les deux gendarmes.

Yves Janin, condamné à dix-huit mois de prison, est libéré en mars 1962.

La rentrée universitaire venue, Janin s'inscrit à l'École des hautes études où il n'est pas nécessaire de justifier du baccalauréat pour suivre un séminaire. Sous la direction du sociologue Lucien Goldman, il entame une thèse sur le surréalisme. Il étudie, lit, travaille, rêve de remonter sur les planches. Il traîne aussi à la Sorbonne, grappille des cours dans les amphis, fréquente le local du groupe syndical de philo — l'UNEF y est contrôlée par l'UEC. Et un beau jour, il demande à la jeune fille qui assure la permanence son adhésion aux Étudiants communistes. Elle regarde ce type, tellement brun qu'il pourrait passer pour gitan, drapé dans un trop long manteau à petits carreaux qui lui bat les chevilles.

Mue par une intuition, elle lui lance :

— Toi, tu sors de prison !

Janin, interloqué :

— Comment le sais-tu ?

En deux mois, Janin, acide, charmeur, conquiert un ascendant irrésistible sur les apprentis philosophes. Avec une rare insolence, il intervient du fond des amphis pour interrompre les cours des mandarins, même les plus prestigieux. Aucune autorité ne le dissuade, aucun tabou ne l'arrête. Sa renommée croît si vite qu'il est élu président du groupe. Doué d'un sens inné de la provocation, il ne tarde également pas à être repéré dans les assemblées de l'UEC. Son personnage de forte tête, iconoclaste et ravageur, devient une figure de proue.

Depuis la fin de la guerre d'Algérie, Michel Butel — profession : insoumis — continue de vivre en marge. Il gagne de quoi subsister en jouant aux cartes ou aux courses. Un de ses copains qui fréquente la Sorbonne lui raconte un jour les exploits d'un dénommé Janin qui, à coups d'anathèmes, révolutionne le département de philo.

— Janin ? fait-il répéter à son interlocuteur.

Il n'a pas revu son ancien condisciple de collège depuis la tentative avortée d'évasion. Butel se précipite à la Sorbonne et retrouve son Janin. Il le découvre assagi et juge son désir d'étudier par trop suspect. En outre, Janin s'est mis en tête de militer à l'UEC, et Butel lui avoue qu'il ne comprend rien, strictement rien aux débats politiques.

— Cela n'a aucune importance. C'est le seul endroit où l'on rigole, tranche l'autre.

Butel ne possède pas le bachot et n'envisage pas une seconde de s'inscrire dans les règles. Il adhère pourtant à l'UEC et choisit un pseudonyme flamboyant et shakespearien : d'Elseneur. Janin le présente à Pierre Goldman.

Ces trois enfants perdus du siècle ont trop de points communs pour ne pas se reconnaître. Des parents désunis, des familles éclatées ou disparues, la révolte inscrite sur l'acte de naissance, la haine et la souffrance tôt apprises et assimilées, les années de pensionnat, le rejet de toute intégration sociale, des intelligences exceptionnelles, des dons pour la parole et l'écriture, le désespoir comme compagnon, la politique comme substitut — les besaces de ce trio d' « anges noirs » sont emplies des vivres qui alimentent les vrais « marjos ». Ils le sont.

Ils errent ensemble, s'encanaillent, cherchent de l'argent toujours. Butel, le plus voyou, propose à Goldman de fracturer la caisse de Clarté-Club, tenue par Jean Schalit. Mais Goldman a des principes. L'argent des camarades est intouchable. Butel fait le coup, seul, et retrouve après son forfait Goldman au Champo. Dès qu'il le voit arriver, Pierre, visiblement inquiet, l'entraîne vers le Balzar, tout proche. Butel sort de ses poches le fruit de sa rapine et tend la moitié des billets à son ami. Mais Goldman ne veut rien entendre. Il refuse énergiquement et s'enfuit — comme un voleur.

Quelque temps après ce larcin dont personne ne connaîtra l'auteur, Goldman, exceptionnellement plein aux as, propose à Butel — revanche ? — une tournée des grands ducs. Les deux compères affrètent un taxi et se font conduire devant un grand restaurant. Mais une fois arrivés, Pierre Goldman hésite à entrer. Il propose un autre endroit et de nouveau ne parvient pas à franchir le seuil du « trois étoiles ». Le même scénario se reproduit à plusieurs reprises et les futurs convives, de plus en plus affamés, finissent par échouer à la Fourchette, un boui-boui de la rue de l'École-de-Médecine qui leur sert de cantine en temps ordinaire... Toutefois, pour bien marquer que c'est jour de fête, Pierre s'offre une entrée, un plat et un dessert.

Goldman aime qu'on l'aime, mais Butel et Janin n'ont pas ce genre de prétention. Au contraire, ils cultivent soigneusement leur différence. Virulents et impitoyables, ils se taillent à force de phrases acérées une réputation d'assassins verbaux. Dans les assemblées générales, leurs reparties féroces fusillent les malheu-

reuses victimes à bout portant. Rejetant toute forme de respecta-
bilité, méprisant les précautions oratoires, ils ne reculent devant
aucun procédé, distribuent les sobriquets, imposent à l'usure
maints surnoms désobligeants.

Mais leurs interventions ne se limitent pas à ces cruelles
entailles. Allergiques aux études, ils dévorent Blanchot ou
Bataille, et leurs références littéraires frappent juste. Goldman
avale Lukacs et digère *l'Être et le Néant* comme d'autres la com-
tesse de Ségur. Il adore le maniement des concepts, jongle sans
les dominer et déclare tranquillement qu'il vise la synthèse entre
Marx et Sartre. Il lui arrive de déambuler des nuits entières avec
Serge July, spéculant sur les idées, argumentant comme un
agrégé de philo. Dans les débats, on l'écoute. Il parle par
phrases courtes, assenées avec beaucoup de force et un caractère
d'évidence qui charge ses propos d'une émotion particulière.
Beaucoup le croient génial. Il ne saurait se satisfaire, cependant,
d'un rapport purement intellectuel à l'idée. Il a besoin d'action.
Comme Yves Janin, il affectionne les « cognes » — remèdes
souverains contre la gratuité des mots.

Au sein de l'UEC, Janin et Goldman façonnent une rare symbiose de chefs « militaires » et de « théoriciens ». Cette double
casquette les classe à part, personnages atypiques, écoutés,
redoutés, admirés. Mais en marge, à jamais.

Un vent polaire glace la rue Soufflot. Sur l'esplanade du Panthéon, les « personnalités » ont pris place en face d'un pupitre.
Immense, enveloppé dans la longue capote militaire des temps
héroïques, le général de Gaulle rend un suprême hommage à
Jean Moulin, son délégué dans la France occupée, dont on
transfère les cendres parmi les grands hommes. A un jet de
pierre de là, depuis les fenêtres de l'immeuble de l'UNEF, des
étudiants se tordent le cou pour guigner la scène. Plusieurs,
goguenards, raillent ce style de cérémonie officielle.

André Malraux s'avance jusqu'au micro, et la voix d'outre-tombe
qui semble modulée pour les oraisons funèbres s'élève en un chant
grandiose : « ... Entre ici, Jean Moulin, avec ton terrible cortège.
Avec ceux qui sont morts dans les caves sans avoir parlé, comme
toi ; et même, ce qui est peut-être plus atroce, en ayant parlé ; avec
tous les rayés et les tondus des camps d'extermination... »

161

Penché sur le balcon du local estudiantin, Pierre Goldman tressaille. Il ne parvient pas à partager l'ironie facile de certains voisins. Comme beaucoup, il a appris la fraternité et le communisme au creux des pages de Malraux, vibré dans Canton insurgée, combattu dans Teruel assiégée. Bien qu'il soit devenu le blanchisseur de Paris, le ministre des maisons de la culture reste l'auteur des *Conquérants* et de *l'Espoir*.

La formidable et vaine épopée de ces milliers de volontaires affluant du monde entier pour défendre la jeune République contre les armées de Franco, les récits d'Hemingway et d'Orwell, le vrombissement des Stukas piquant sur Guernica, tout est présent, proche, dans la tête des jeunes gens qui gardent sur la rétine l'image du combattant foudroyé par une balle et figé pour l'éternité sur la pellicule de Capa. « *No pasarán.* » Ils sont passés, et les survivants, qui ont échappé aux miliciens et aux staliniens dans Barcelone insurgée, ont raconté, nourrissant le mythe matriciel que la gauche porte en son cœur, saignant.

La guerre d'Espagne n'est pas finie. On peut encore mourir à Madrid. Julian Grimau, dirigeant du parti communiste espagnol, a été fusillé quelques mois plus tôt. Goldman rêve de nouvelles Brigades internationales pour lutter quelque part sur la planète, en Amérique andine ou en Afrique, dans la communion des âmes et la communauté des peuples. Et les mots de Malraux, que porte jusqu'à lui la brise givrée, le plongent dans une tristesse nostalgique ; il n'a pas connu, il ne connaîtra pas ces instants uniques, paroxystiques, où la quête du grand soir s'achève par douze balles dans la peau, au petit matin.

Les enfants de la guerre ont grandi dans l'après-guerre. L'Occupation, la Résistance, les exploits des FTP ont peuplé leur imaginaire. Ils envient ces pères (ou ces mères) qui, à vingt ans, ont rencontré l'aventure. Eux sont condamnés à la paix, à la sécurité. La tête farcie de références glorieuses, ils n'ont, adolescents, rendez-vous qu'avec les platitudes de l'époque. Amants d'une histoire qui se dérobe à l'étreinte, frustrés, ils doivent se contenter de plaisirs solitaires, de mimer la guerre qui n'aura plus lieu.

Un temps, l'Algérie leur tint lieu d'ersatz. Eux qui mariaient Résistance et liberté ne supportèrent pas qu'au pays de Jean Moulin, précisément, on torture et on tue. En vertu d'idéaux qui, quinze ans plus tôt, conduisaient au crématoire. Une génération entière apprit, pour ne plus s'en détacher, quelques principes de base que dans les livres on appelle la morale.

Une société qui tolérait l'intolérable au nom de la raison d'État était intrinsèquement perverse et appelait une révolution radicale. L'idée de révolution jaillit d'un étonnant brassage : la fascination des temps où l'acte militant était un acte guerrier, l'insurrection éthique contre les turpitudes d'une sale guerre, la quête messianique d'un Éden sans classes où les hommes seraient frères.

Goldman possède un chromosome marqué de l'étoile jaune. Il n'est pas le seul, loin s'en faut. Ce parcours est peuplé de jeunes juifs et le hasard n'y est évidemment pour rien. Ils se retrouvent là, *kibboutzim* du boulevard Saint-Michel, les juifs polonais, les Sénik, Pienkny, Goldman, les juifs russes, les Krivine, Schalit, Butel, sans oublier les Polonais nés en Union soviétique comme Henri Weber. Plus Grumbach, Castro, Kahn, Kouchner...

Ils n'ont eu qu'à emprunter, prolonger le chemin de leurs parents, qui louvoyait entre Auschwitz et Vorkhouta, pour échouer sur cette terre promise, coincée au pied de la Sorbonne. Ils ne portent pas leur judaïté en sautoir. Ils sont avant tout révolutionnaires ; mais ils savent, même s'ils n'en parlent point, sauf pour en plaisanter, que l'identité juive détermine leur engagement. Exclus, immigrés, minoritaires, ils perpétuent une tradition qui allie judaïté et Grand Soir dans l'irrépressible désir de la justice universelle, finale.

L'an prochain, la révolution !

6

Le Quartier

Au 3 de la place Paul-Painlevé, entre le grand escalier de la Sorbonne et les remparts gris de l'abbaye de Cluny, une vitrine étroite, cernée de bleu. La librairie de l'UEC n'est pas un étalage ; c'est le point de passage obligé de la vie quotidienne. On y donne ses rendez-vous, on y discute, on y drague, parmi les livres et les disques empilés sur des rayonnages. Sitôt le cours fini, le premier réflexe est d'y descendre, de pousser la porte noire pour retrouver « tout le monde ». Schalit monte la garde près du distributeur automatique de soda, un œil sur les bouquins, un œil sur la caisse. Forner occupe le centre d'un cercle politique en ébullition permanente. Pendant que Krivine, Marie-Noëlle Thibault, Henri Weber ou Jean-Louis Péninou le prennent à partie sur le prochain amendement, Janin et Butel rigolent avec Kouchner. Goldman et July s'empoignent une fois de plus à propos de Drieu. Des « clients », des vrais, errent entre *le Bachelier* et *les Illusions perdues,* parcourent du regard les pochettes de disques « militants » — des chants révolutionnaires de Cuba, d'Algérie.

Et quand l'air devient trop sec, les uns et les autres, par bandes agitées et volubiles, retraversent le square en direction de *leur* bistrot, entre le Balzar et le ciné du coin. Car la vie entière du quartier Latin, du Quartier tout court, est balisée par quelques cafés.

Le Champo, à portée de pavé de la librairie, est le domicile fixe de l'UEC (et de cercles concentriques beaucoup plus larges). S'il faut un nombril à cette histoire, le voilà. Un troquet banal, comptoir de faux zinc et tables de vrai Formica. Quand l'air est doux, les chaises en vinyle tressé débordent sur le trottoir de la rue des Écoles. Murs gris-jaune, œufs durs, giclées des percolateurs. Plastique et néon, une lumière blanche qui vibre sur les surfaces à demi dépolies. Le décor manque de charme. C'est le lieu le plus gai de la planète.

La denrée première est le petit noir, passeport presque gratuit pour séjours prolongés. Ailleurs, des patrons minables, des bougnats mesquins exigent que les consommations soient renouvelées d'heure en heure. Ici, rien de tel. L'étudiant fait le bistrot, il l'occupe de plein droit. Un mot, une amorce de boycott et l'établissement n'est plus. Après le petit noir vient le petit blanc — sec —, à armes égales avec le demi. Puis d'autres liquides, un ton au-dessus. La fine à l'eau (un maximum de cognac, un minimum de diluant) se trinque volontiers, et même le calva, de préférence fort tôt le matin ou fort tard le soir. Les tartines beurrées s'enrichissent à midi de jambon cru ou cuit, de saucisson sec ou à l'ail.

Entre verres et tasses, des polycopiés achetés la porte à côté. Chacun sirote ou mâchouille, le nez dans son texte, crayonne en marge. Des brumes de Husserl, des effluves de Soboul, des relents de Durkheim, des bouffées de Sartre se mêlent aux gaz des Vespas.

Les abreuvoirs les plus méridionaux du quartier sont le Mahieu et le Capoulade, au bas de la rue Soufflot. L'UNEF siège à deux pas — les colonnes du Panthéon sont roses quand s'achèvent les palabres, au point du jour. En face : le Luco, le jardin du Luxembourg, où se louent à vil prix chaises et fauteuils verts autour du bassin. Le jeu consiste à décamper quand s'approche l'inutile et soupçonneux gardien qui réclame ses cinquante centimes. En arrière : la rue Gay-Lussac et son très kitsch Institut d'océanographie. Mlle Lamperrière, pour désengorger la Sorbonne, y enseigne la pathologie mentale dans un décor de galère d'opérette.

Les bornes ouest sont des haltes coûteuses. Les garçons dédaigneux du Flore, les banquettes rouges des Deux Magots dégagent un léger parfum de pèlerinage pour lecteurs des *Mandarins*. Les cafés de papa. Saint-Germain-des-Prés bouillonnait dans les années cinquante. A présent, on en visite les cathédrales et cryptes avec, déjà, le sentiment d'un retour aux sources, d'un hommage révérencieux. Les étudiants aux poches pleines préfèrent la Rhumerie — on s'y soûle en douceur, alternant punchs blancs et noirs, jusqu'à ce que s'estompe l'angle du Mabillon, le resto U d'en face. On se lève alors, le pas flou, pour finir la soirée au Buci ou à l'Old Navy.

Quant à la frontière nord, c'est une frontière d'eau. La Seine est l'absolue limite. Magique. Franchir le Pont-au-Double, le Pont-Neuf ou le pont des Arts, c'est quitter le territoire, c'est

1. École des beaux-arts.
2. Institut d'études politiques (Sciences-Po).
3. Place Saint-Michel.
4. Ancienne faculté de médecine.
5. Théâtre de l'Odéon.
6. Place Paul-Painlevé, siège de *Clarté*.
7. Sorbonne.
8. Lycée Louis-le-Grand.
9. Mutualité.
10. Faculté des sciences (Halle aux vins).
11. Panthéon.
12. Lycée Henri-IV.
13. École des mines.
14. École normale supérieure.

changer de bord. La rive droite ne se fréquente pas sans préparation de l'âme, sans initiation aux mœurs étrangères, sans défiance. Le néophyte se hasardera jusqu'à la Cité, jusqu'à Notre-Dame et la Sainte-Chapelle. Après s'ouvre un espace haussmannien, confusément bourgeois, hostile, dont l'honnête homme ne saurait fréquenter que les musées. Un signe, au demeurant, ne trompe pas : il n'est point de bistrot convenable au septentrion du Cluny.

Ces repères une fois définis, le cartographe peut dessiner un quadrilatère trapézoïdal dont le plus long côté est la rue Saint-Jacques, le plus petit l'enfilade des quais, de l'extrémité de cette dernière au pont des Arts, et les deux autres, respectivement, la rue d'Assas et la rue de Rennes prolongée par la rue Bonaparte. Encore cette vision est-elle fort extensive. Car le quartier, ainsi délimité, comporte des zones neutres, des aires creuses. Le boulevard Saint-Michel, l'équateur de la planète étudiante, perd l'essentiel de son intérêt franchi l'angle de la rue Gay-Lussac (quoique le Bullier soit sis au métro Port-Royal, et l'École des mines aux abords du Luco). Non, le Boul'Mich', le « vrai » commence place Edmond-Rostand et se parcourt d'une fontaine à l'autre. Avec — nuance — une très nette inclination pour le côté droit, en descendant. De même, le Saint-Germain — qui se descend, lui, à gauche — cesse d'exister en deçà de la rue des Saint-Pères et au-delà de la place Maubert (pour être précis, il conviendrait de biffer en sus la médiocre portion qui relie la rue de l'Éperon au Cluny).

Sur ce terrain s'élèvent des immeubles. Essentiellement *un* colosse : la Sorbonne. Le dôme de la chapelle, l'entrée latérale qui donne directement sur la cour pavée (et qu'on préfère à l'entrée solennelle, pompeuse et saint-lazarienne, rue des Écoles), le fronton de la bibliothèque : telles sont les pierres sacrées — l'équivalent du Duomo de Florence, compact, majestueux, définitif, dominateur. Autour de ce soleil gravitent des planètes de seconde grandeur : la faculté de médecine, celle de droit (en haut de la rue Saint-Jacques, avec une annexe nouvelle, rue d'Assas), l'astre des sciences, exilé au bout du monde (la Halle aux vins, derrière Maubert). Et des astéroïdes : pharmacie, dentaire. On suspecte Sciences-Po, rue Saint-Guillaume, à l'ultime périphérie de l'univers connu, d'abriter des humanoïdes. Et l'on surveille à la lunette Normale sup, rue d'Ulm, refuge hautain qui dispute à l'*Alma mater* les plus fulgurants produits de Louis-le-Grand et d'Henri-IV. Le diamètre de la galaxie ne doit pas excéder trois mille pieds.

Être étudiant, c'est être là. C'est vivre là, sur cet étroit champ de culture. C'est s'enfermer des après-midi entiers dans le silence religieux de la bibliothèque Sainte-Geneviève, puis sortir, vers cinq heures, dévaler le Boul'Mich', acheter *le Monde* à l'éternel crieur qui chaque jour annonce la dernière édition *(« Leueu Mon-ondeueu, leueu Mon-ondeueu »),* et bifurquer vers la rue Saint-Séverin jusqu'à la Joie de lire, la librairie de François Maspero. Seuls les péquenots ou les droitiers achètent ailleurs. Chez Maspero, les revues récentes sont au complet — *Partisans, les Temps modernes, Révolution* que vient de lancer Jacques Vergès. Lénine côtoie Lévi-Strauss ; Edgar Morin, Michel Crozier et André Gorz rivalisent avec Raymond Aron, Roland Barthes avec Roman Jakobson. La psychanalyse sort de son trou, dans des traductions contestées, à l'enseigne des Éditions Payot. L'« enfer » est à la cave. On y déniche les érotiques proscrits et les sexes marins de *Corps mémorable.*

Maspero n'est certes pas l'unique librairie du quartier Latin. Mais il est le libraire des étudiants. Par la force des choses, ils se résolvent à se ravitailler aux PUF (qui possèdent avant tout le monde les listes des auteurs au programme), à côté de l'Escholier ou en face, chez Vrin, l'admirable fournisseur des philosophes érudits. Les esthètes fréquentent l'étonnante et très riche caverne de José Corti, le long du Luxembourg, où officie lui-même le libraire-écrivain-éditeur, longue silhouette courtoise, poétique et savante, attentive. Les amateurs de Hammett et de Chandler courent les quais, d'un bouquiniste à l'autre, car la « Série noire » ne réédite guère ses trésors.

Pas beaucoup de fringues, au quartier Latin. C'est sans doute ce à quoi la population locale pense le moins. Costards passe-partout, cravates neutres, jupes sages et sages corsages. L'imper à la Bogart — alternative au blouson — est le degré supérieur de l'audace, et le jean ne se porte que chez les yé-yé.

169

Les denrées courantes du secteur sont les livres, les boissons et le tabac (la circulation du paquet de cigarettes est la forme élémentaire de la sociabilité). La « bouffe » n'est qu'un investissement mineur les jours ordinaires, à la cantine du resto U. Les autres jours, on s'offre le meilleur rapport qualité-prix de Paris : Polidor, rue Monsieur-le-Prince. Et les soirs de gala, généralement en début de mois, c'est au Balzar — la brasserie fait l'angle de la rue de la Sorbonne et de la rue des Écoles — que l'on hume le fumet de l'andouillette véritable et du foie de veau niçoise arrosé de vin vert.

Les propriétaires de voiture — fantasme de la belle américaine, de la décapotable rouge... — se rencontrent plutôt du côté de la fac de médecine, ou de pharmacie. En lettres, on prend le métro. Le Solex ou la Vespa quand les finances se redressent. Pour le logement, enfin, c'est affaire de mollets. Les chambres d'étudiant sont devenues la nouvelle appellation des chambres de bonne. Le petit personnel n'étant plus ce qu'il était, elles sont actuellement vacantes, relativement peu chères, mais toujours élevées. Une chambre, une « piaule », ce n'est pas un lieu où l'on s'installe, c'est une clé qui se prête, se revend, voyage de main en main.

Bohème ? Non. Ce folklore-là n'est plus de mise. Ceux qui ont quitté le lycée en 1958 ont fréquenté, quelques mois encore, une Université comparable à celle que fréquentait leur père. Un intervalle ludique où la vie étudiante compte autant sinon plus que l'étude elle-même. Une population relativement homogène, où le noyau méritant des boursiers de l'État surnage à la lisière de la jeunesse dorée qui jette sa gourme tout en accomplissant, d'avril à juillet, les exercices convenus pour reprendre la pharmacie familiale. Les fils à papa et les filles à marier. Mais aussi — surtout en lettres et en sciences — les esprits curieux qui bénéficient, dans leur apprentissage, de la modicité des effectifs, de la proximité des maîtres, de la transparence des critères d'évaluation. Il est alors loisible de travailler nonchalamment, décrochant les certificats à l'usure, comme de se comporter en athlète intellectuel, avec la quasi-garantie de ne pas échapper au regard des sélectionneurs, et de recueillir à terme les fruits de ces efforts.

Aujourd'hui, en 1963-1964, le quartier Latin est entre deux mondes. Les pierres, les rues, les rites et les rires demeurent perceptibles, rassurants. Mais ni les bourgeois ni les boursiers, ni les dilettantes ni les « polars », ni les garçons ni les filles, ni les élèves ni les professeurs n'arpentent leur domaine d'un pied ferme.

C'est d'abord une question de chiffres. Entre 1950 et 1960, les inscriptions à l'Université sont passées de cent quarante mille à deux cent quinze mille. Le phénomène était déjà spectaculaire. Mais il s'emballe à présent. Trois années suffisent, de 1960 à 1963, pour que les deux cent quinze mille deviennent trois cent huit mille. Et les experts prédisent un doublement pur et simple d'ici cinq ans. Les boursiers rassemblent désormais trente pour cent du milieu. Près d'un étudiant sur deux arrondit ses fins de mois en pratiquant un job au noir.

Les filles affluent, non plus pour dénicher un mari sous couvert de se lester d'un brin de culture générale, mais pour empocher des diplômes, comme les garçons. Les enfants d'ouvriers, en proportion, restent tenus à l'écart des hauts lieux du savoir. Toutefois, cette criante injustice n'empêche pas le centre de gravité sociale de se déplacer considérablement : la « petite bourgeoisie », y compris dans ses composantes inférieures (employés, fonctionnaires du bas de l'échelle), investit les couloirs de la réussite. L'après-guerre accouche d'une marée de jeunes. L'expansion déclenche une boulimie d'études.

Le parti communiste français, propriétaire exclusif de la science des classes sociales, s'obstine à ne point s'apercevoir qu'une mutation décisive est en marche et que les soubresauts de l'UEC n'expriment pas la turbulence habituelle des bizuts de la bourgeoisie.

Au vrai, il n'est pas seul. L'Université elle-même continue de fonctionner suivant son cérémonial inébranlable, ses hiérarchies inamovibles. Le baccalauréat offre de droit un sauf-conduit pour l'Olympe. Franchi « propé » (en lettres) ou « PCB » (physique-chimie-biologie, en sciences), la voie est libre ; en deux ans ou en cinq ans, en moissonnant les certificats ou en les glanant sur le bord du chemin, la licence est à portée. Les assistants rament dévotement jusqu'à ce que vienne leur tour de commander le navire. Les titulaires de chaire, campés sur leur volumineuse thèse d'État, attendent la retraite chapitre après chapitre. Du 1er juillet au 2 novembre, soit cinq mois par an, plus quinze jours à Noël et quinze jours à Pâques, les opérations s'interrompent. Cela fut et cela sera.

171

Voire. Dans l'immédiat, un problème est flagrant, inévitable : la densité d'étudiants au mètre carré. Fût-ce à la colossale Sorbonne, le flot déborde de partout. En vain ouvre-t-on quelques succursales (l'Institut de psychologie, rue Serpente, une annexe au Grand Palais), les vastes amphithéâtres restent insuffisants.

Les rudes bancs de l'amphi Descartes, rectangulaire et pentu, sont pris d'assaut vingt minutes avant que l'appariteur alcoolique, en uniforme bleu râpé, n'annonce M. Jankélévitch (longue mèche et souffle court, ample geste du bras pour relever l'une et récupérer l'autre, en fin de période) ou M. Polin (dentelle aux poignets, effets de manches, rides tourmentées, œillades de velours vers les jolies philosophes). Quant à l'amphi Richelieu, son architecture poussiéreuse hésite entre l'hémicycle bourbonnier et la bonbonnière à l'italienne. La foule est telle au cours de psychologie que M. Simondon est contraint d'y répéter deux fois d'affilée son propos sur « l'objet et l'image mentale ».

La seule arène digne de ce nom est le grand amphithéâtre. La verrière ronde, les loges en altitude, les fresques de Puvis de Chavannes *(le Bois sacré)*, les deux rangées, sous l'estrade, de fauteuils douillets l'attestent : ici l'institution conserve sa majesté, ici se dissout l'ambiance de salle des pas perdus.

Très petit au centre du ring semi-circulaire, l'œil malicieux déformé par la carafe d'eau quand il se penche vers son public, Raymond Aron est l'un des rares à oser affronter pareille perspective. Mais pour lui, les travées ne se trouvent jamais désertes. Et les amateurs de Lénine ne sont pas les derniers à goûter l'ironie du bon maître. Lequel ne dissimule guère, en retour, sa prédilection pour les répliques des apprentis révolutionnaires. Parfois, lorsqu'un ténor de l'UEC lève poliment le doigt et rumine son objection, l'ex-ami de Sartre décoche sa botte secrète :

— Voyons. Au stade où nous en sommes, quel est l'argument que vous devriez logiquement m'opposer ? Si vous avez convenablement retenu la leçon de mes concurrents, vous soutiendrez que...

Et neuf fois sur dix, Aron touche juste. Les auditeurs de gauche rient jaune, proclament bien haut leur scepticisme. N'empêche : ils ont du respect pour ce prof singulier qui, lui, a lu Marx.

Il est recommandé (éventuellement prudent) d'applaudir à la fin d'une leçon « magistrale ». Hormis les dames pieuses qui saluent avec ferveur les oraisons de M. Guitton, la claque, cependant, devient de plus en plus molle. Car la vraie vie universitaire est plutôt composée de besogneux « TP » que d'éblouissements de la cervelle. Pour un Canguilhem, unanimement honoré, que de radoteurs séniles et paresseux qui dévident sans chercher à y croire la énième mouture de leurs trouvailles jaunies ! Le candidat historien s'inscrit avec curiosité, avec passion peut-être, et subit à longueur de semaines la minutieuse chronique des « Variations du limes romain sous les Antonins »... L'espoir est du côté des jeunes enseignants, assistants ou maîtres-assistants, les Bouveresse, Deleuze, Establet, Passeron, etc. Mais on s'empile pour les entendre dans des classes exiguës, assis à même le sol, le classeur sur les genoux.

Cette question de surface induit, fort logiquement, une question de fond. Au moment où la « joyeuse vie étudiante » de naguère s'estompe derrière la nécessité d'une application assidue, la distance croît à une vitesse vertigineuse entre l'enseignant et l'enseigné. L' « escholier » des années soixante joue, dans l'enceinte universitaire, une carte socialement plus déterminante que par le passé. Mais il se retrouve seul, seul dans un univers surpeuplé, seul face à un professeur inaccessible (lui-même seul devant un mur de visages anonymes), seul aux prises avec une pile de polycopiés ardus, avec une avalanche de bibliographies obèses.

Il se retrouve, paradoxalement, autodidacte, démuni des éléments de méthode qui lui permettraient d'assimiler son savoir et non de l'ingurgiter maladroitement et en désordre.

Le professeur n'est plus un savant dont on tâche de s'approprier les connaissances, ni un pédagogue qui vous guide pas à pas. C'est un être lointain et redoutable dont on s'applique à détecter les obsessions, à déceler les manies, afin de prévoir ce qui sortira le jour du certificat et la manière dont il conviendra de réchauffer le plat. Les « études » se découpent en rondelles, en bribes prêtes à servir. L'excellent M. Poirier, dont les leçons d'épistémologie, à la Sorbonne, n'attirent pas un chat, laisse courir le bruit vers la mi-avril qu'il annoncera bientôt le sujet de l'année. Et soudain l'amphi s'emplit de sentinelles aux aguets, d'Indiens à l'oreille exercée qui signaleront de colline en colline les pages indispensables et les impasses concevables...

Libre à l'étudiant débrouillard — chacun finit par acquérir l'art et la façon d'exécuter la pirouette que l'examinateur attend de lui — d'épingler au-dessus de sa table de nuit le papier fétiche, objet de sa convoitise. Le contrat est rempli mais, en secret, nul n'est dupe. Cette licence ne vaut pas lourd, qui n'est en rien le fruit d'une adhésion, d'une conquête, mais d'une soumission répétitive, d'un calcul cynique et à l'occasion obséquieux. La superbe des « mandarins » dissimule — mal — un troc assez dérisoire de servilités et de récompenses.

Les étudiants se forment de la culture une assez haute idée pour s'indigner d'une telle dérision, et refuser un potlatch truqué. Ce ne sont pas les cancres qui protestent, mais les autres. Ils lisent et relisent les pages amères et vitriolées de Paul Nizan, dont François Maspero a opportunément réédité (en 1960) *les Chiens de garde*. Et ils cochent ces lignes de 1932 qui pour eux n'ont nullement vieilli : « La culture de l'intelligence est une arme. La question est de savoir si les bourgeois mettront cette arme dans un coin où elle rouillera, ou bien si elle sera reprise et maniée. Dans les universités, dans les écoles, dans les lycées, des jeunes gens sont en train d'apprendre le maniement académique de cette arme : ne feront-ils point un autre usage de cette connaissance ? »

Et encore, un peu plus loin : « La moindre assemblée syndicale comporte plus de points d'application de la pensée concrète qui est la véritable philosophie, que l'inauguration d'une statue de philosophe, ou qu'une discussion de sages à l'abbaye de Pontigny »...

L'Université, pour nombre de ses usagers — et en raison de ce nombre même —, n'apparaît pas, ou plus, comme un lieu créateur, mais comme un reposoir devant lequel on s'incline par superstition tactique, ou un entrepôt d'idées désamorcées.

Le succès de l'UEC ne s'explique pas uniquement par le pittoresque des personnages qui s'y croisent ou la diversité des références politiques qui s'y brassent. A la fois revendicatrice et libérale, théoricienne et polémiste, elle sert d'école de cadres parallèle, de Sorbonne-*bis*. Une intervention au local de la place Paul-Painlevé se prépare avec plus de minutie qu'un exposé scolaire. Une motion de congrès se rédige et se corrige avec plus d'attention qu'une dissertation.

Bernard Kouchner, que ne rassasient pas les interminables

jeux de mémoire des études médicales, est ravi d'entendre tour-
noyer l'étincelant tourniquet de Régis Debray. Pierre Goldman,
qu'ennuient les bibliothèques, happe au fil des controverses un
chapitre de Sartre, un morceau d'Engels, réinterprète l'ensemble
et vérifie ultérieurement son analyse en de fougueuses prises de
bec. Frédéric Bon ramène de Sciences-Po une lecture des institutions fort étrangère au bagage des littéraires purs. Janin cite
Bataille et Foucault. Marie-Noëlle Thibault et la bande du cercle
d'histoire possèdent sur le bout des doigts chaque recoin de la
saga du mouvement ouvrier. July parle poésie, théâtre, peinture,
et dessine des robes pour l'élue de son cœur.

Il est impensable, inadmissible, de n'avoir pas fréquenté les
classiques, visité Stendhal et Flaubert, exploré le roman russe,
côtoyé Lautréamont, dévalé tout Malraux et la moitié de Sartre,
inventorié Ponge, déchiffré Artaud. Si l'on abandonne Husserl
et Wittgenstein aux experts, il n'est pas question d'ignorer les
pièces maîtresses du marxisme, ni ses déviants ni ses critiques
(de Kautsky à Rosa Luxemburg, de Bakounine à Victor Serge et
Lukacs).

Ce que l'Université n'est plus en mesure d'offrir : initiation à
l'argumentation, méthode de lecture rapide, technique de
l'exposé, sens critique, survols interdisciplinaires, maîtrise de la
rédaction, tout cela, le club UEC l'assure, presque biologique-
ment, sans la pesanteur d'un programme, de sanctions.

Il n'est que le centre Richelieu, le repaire des « cathos », en
face de l'Escholier, pour remplir une fonction analogue. Les
contenus sont nettement différents (encore qu'avec l'aide du
R.P. Calvez, de la Société de Jésus, l'examen de Marx y soit de
bon ton). Mais sous la houlette du père Daniélou, puis de l'abbé
Lustiger, aumôniers du lieu, les discussions sont très ouvertes —
le concile de Vatican II se trouve présentement réuni. Le dialogue chrétiens-marxistes est à la mode et remplit la Mutu.
Roger Garaudy (que les communistes jugent un brin curé, et les
curés aussi) y fait merveille. Les chrétiens, entre eux, s'empoignent sur la transcendance et l'anthropomorphisme, comparent
Urs von Balthazar et Teilhard de Chardin, soumettent l'Église à
l'investigation historique, et l'Écriture à l'exégèse. Comme leurs
rivaux de la place voisine, rien de ce qui est rhétorique ne leur
est étranger.

Une élite étudiante réussit à pallier les vives et croissantes
carences d'une Université débordante et débordée. L'existence

d'un contre-moule renforce le sentiment d'évoluer entre deux mondes et la certitude que la morne routine des docilités sorbonnardes n'est pas un destin.

Tout, dans leur vie concrète, est frappé du sceau de l'ambiguïté. Simultanément libres et contraints, ils n'aperçoivent pas le premier de leurs privilèges, tant ils le partagent avec le reste de la société : le chômage est un souvenir d'avant-guerre. Libre aux carriéristes, aux ambitieux, aux jeunes gens pressés, de pousser les feux et de s'agripper à l'échelle sociale. Libre aussi de prendre son temps, de dédaigner les allées triomphales et les concours prestigieux.

Le problème du débouché relève de l'éthique (que dois-je faire ?), de la capacité (que puis-je faire ?), ou de l'inclination (qu'ai-je envie de faire ?). Très fréquemment, il n'est tout simplement pas posé. On raisonne à six mois, à un an. On choisit un domaine d'étude — la sociologie, parce que c'est neuf — sans songer aux emplois qu'il commande. Le temps étudiant est un temps suspendu. La caste étudiante se nommerait, en Inde, la caste des hors-caste. Un an de plus ou de moins, dans le cursus, c'est une question d'argent, pas une question d'avenir. L'avenir, du reste, est ici une notion déplacée, l'avenir se situe loin, quelque part derrière quelque chose d'imperceptible.

Il ne viendrait à l'idée de personne d'interroger Michel Butel, *alias* d'Elseneur, sur la nature des études qu'il a entreprises. Et le sonder sur son futur métier déclencherait un incoercible fou rire. Même les sages jeunes gens de Sciences-Po ne sauraient commettre pareille faute de goût.

Si l'on se présente aux certificats, c'est quelquefois par conviction, ordinairement par habitude, et le plus souvent pour tenir une parole donnée aux parents. Peu d'étudiants sont financièrement indépendants. Les futurs profs qui ont passé le concours de l'IPES (Institut de préparation à l'enseignement du second degré : trois ans de fac grassement rémunérés contre la promesse de dix années de chaire) sont les plus autonomes du milieu. Les pions des lycées parisiens, un cran au-dessous, se suffisent néanmoins à eux-mêmes. Les autres composent avec papa-maman, arrondissent l'allocation mensuelle en donnant des cours particuliers, ou déchargent des cageots aux halles. Les vêtements, les tickets de repas, les loyers sont peu coûteux. Reste que beaucoup de révolutionnaires, après l'envolée du soir, quittent leur AG pour regagner le domicile familial. Ceux qui jouissent d'une adresse personnelle le doivent au portefeuille paternel. Pas simple, quand on revendique un statut d'adulte.

La vie affective et sexuelle souffre des mêmes ambivalences. La planète estudiantine offre le spectacle d'une ample liberté proclamée et se plaît à entretenir cette image. Vues de près, la réalité et la fiction sont pourtant plus distinctes.

Le fossé est profond entre la « cuvée » de la fin des années cinquante et celle qui suit. A l'UEC, la première équipe dirigeante qui est entrée en conflit avec son autorité de tutelle évoluait dans une atmosphère de libertinage puritain. Les chansons paillardes figurent alors au répertoire. Les filles qui montent en grade dans la hiérarchie de l'organisation sont excessivement rares et obligatoirement jolies. Le non-dit, le refoulé alourdissent un climat que rendent plus pesant les plaisanteries légères. A la tribune des congrès, Jeannette Pienkny se sent déshabillée par les regards masculins et fournit un effort inavoué pour se concentrer sur son texte.

C'est tout l'un, ou tout l'autre. « Quelle histoire de cul ! », confie, choqué, Serge Depaquit à André Sénik après la projection de *l'Avventura*. Mais tel des animateurs de *Clarté* ne dédaigne pas, entre hommes, d'évoquer ses exploits nocturnes. Bref, l'ambiance oscille entre le conformisme normatif d'une Jeannette Vermeersch (la contraception ressortit aux « vices de la bourgeoisie ») et les transgressions polissonnes d'un Roger Vailland. Le plaisir des femmes leur est donné par surcroît. L'homosexualité masculine compte parmi les tabous absolus. Et le mariage précoce, coïncidant avec la majorité légale — vingt et un ans —, reste le péage d'une double émancipation, sexuelle et sociale. De quoi laisser rêveurs les jeunes Marx et Engels, lorsqu'ils rédigeaient leur *Manifeste*.

A présent, trois ou quatre années plus tard, l'évolution est sensible.

Philippe Robrieux, de retour au quartier Latin après une cure de vacances universitaires et politiques, se découvre soumis à rude épreuve. La première AG à laquelle il participe depuis bien longtemps marquera son éducation sentimentale. Une petite brune prend la parole et développe avec fougue des considérations par trop tiers-mondistes à son oreille. Le discours lui paraît dangereusement gauchiste, mais la fille est dangereusement jolie.

Philippe l'invite « à discuter », le soir même.

Coup de veine : l'appartement des parents est libre. La camarade s'avère ponctuelle, le camarade l'emmène dans sa chambrette. Ils s'assoient sur le lit. Et sans plus tergiverser qu'un avant-centre à l'heure du pénalty, Robrieux s'approche encore. Stupeur ! La jolie brune le repousse avec une brutalité inouïe :

— Au cas où tu l'ignorerais, je ne suis pas là pour ça. Si tu cherches une domestique ou une femme objet, trouve-toi quelqu'un d'autre.

La leçon est sévère. Philippe, jusqu'à cet instant, ne connaissait que deux sortes de femmes : celles qui sont d'accord et celles qui ne sont pas d'accord. « Régulier » et sportif, il considérait qu'une femme qui vous rend visite après le coucher du soleil appartient à la seconde catégorie. « Femme objet ! » Où vont-elles pêcher cela ? Il s'aperçoit vite que d'autres déconvenues l'attendent. Une copine accepte un rendez-vous, boit sa limonade et lâche sans égard aucun :

— Si tu étais Jean-Paul Sartre, je ne dis pas. Mais avec un raté de pion à vie, merci, sans façon !

Robrieux se drape dans sa dignité, épuise ses dernières réserves d'humour et se dit que le monde a énormément changé.

En fait, moins qu'il n'y paraît. Témoin, l'enquête que *Clarté* consacre à la drague. L'accroche est délicatement flaubertienne : « Le nouveau Frédéric distinguera-t-il le désir qu'il a de vivre avec une femme du désir de changer le monde ? » Et les auteurs du reportage, notamment Jean-Paul Dollé et Yves Buin, insistent allègrement : « La liberté des rencontres a-t-elle cessé d'être le plaisir aristocratique de quelques-uns pour devenir la recherche lucide de milliers d'autres ? » Mais la réponse se révèle plus prosaïque : « Quand une fille drague, c'est pour trouver l'homme de sa vie ; quand un type drague, c'est pour trouver la fille de sa nuit... » Un seul interviewé admire les femmes qui se choisissent un homme. Le vocabulaire dominant est plutôt celui de la chasse : rentrer « bredouille » ou pas. Et le décor, une piaule prêtée (« Avec combien d'autres es-tu venu ici ? »), pour éviter l'hôtel.

L'impact de l'article est révélateur des contradictions du moment. Les orthodoxes du Parti protestent : hors du couple, point de salut. Les étudiantes émancipées protestent également : ces récits de gamins fleurent vraiment l'eau de rose, relisons Bataille...

Du discours au geste, la nuance n'est pas mince. A l'UEC comme ailleurs, seule une minorité de filles parvient à s'imposer parmi les dirigeants. Quelques-unes, très rares, se conduisent en « femmes femmes », jouent les « stars » du groupe, laissent les vedettes masculines se disputer leurs nuits. Certaines personnalités énergiques revendiquent tout haut une contraception moderne. La hantise d'une grossesse accident, d'avortements répétés et humiliants rend insatisfaisantes les relations sexuelles, fussent-elles « libérées ».

De manière totalement implicite, l'hégémonie masculine tisse un univers de fascination homosexuelle. Les hommes se séduisent entre eux, à coups de prestige, de savoir, d'éloquence, de bravoure face aux « fachos », de force physique. Les femmes qu'ils séduisent sont elles-mêmes un enjeu de cette séduction supérieure. Stars trophées ou gentilles tourneuses de ronéo — accessoirement repos du guerrier —, elles n'entrent que comme élément second dans l'ordre des chefs.

Inversement, ces derniers se doivent de dissimuler leur timidité ou leur peur. Ils les camouflent sous la désinvolture (« Je m'en vais aux putes », annonce Roland Castro) ou l'agression provocatrice (« Veux-tu coucher avec moi ce soir ? lance Goldman en plein café ; de toute façon, tu es juive, et les juives sont faites pour être violées ! »).

Il se noue aussi de vraies histoires d'amour, de passion. Sous le masque des défis, la fibre est sentimentale et l'on rêve de vie à deux. Mais la loi commune est passablement éloignée des éclats verbaux ou des douceurs espérées.

Bernard Kouchner intitule un de ses papiers, dans *Clarté* : « La Sorbonne ou le plaisir solitaire ». La loi commune, la voilà — plus dure, assurément, pour les provinciaux fraîchement immigrés. C'est la solitude de l'étudiant, le soir, dans sa turne mansardée. « Au quartier Latin, écrit Kouchner, il n'y a que des jeunes, on ne voit pas où on va... On fait comme si on avait tout lu, tout vu, tout entendu, mais la vie va trop vite et on joue les initiés. J'ai rencontré au restaurant universitaire une fille qui venait de Nantes. Elle était seule du matin au soir, et le reste aussi. Elle passait ses journées à se gratter la tête dans une bibliothèque, mangeait dans la marmite collective et rentrait dans sa chambre pour se gratter les cheveux... »

Le souverain remède existe. Et au désert de la chambre. Et au surnombre de l'amphi. Et même aux rigueurs sourcilleuses du camarade Leroy.

« Après les anciens de Verdun, de Mauthausen et d'Indochine, nous serons les anciens de la Cinémathèque », pronostique Régis Debray sur un mode délibérément amer, hanté qu'il est par l'obsession de l'inactivité forcée, de l'arme au pied. Ils sont quelques-uns à interpréter l'irrésistible attrait de la toile blanche comme un substitut de la vraie vie, comme un kaléidoscope onirique, un album de belles images que les enfants trop sages reparcourent pour différer le moment de s'endormir. L'inertie du fauteuil, cette chose où l'on s'enfonce, leur paraît plus réelle, plus prenante, que l'illusion du mouvement, les aventures factices, les étreintes parodiées. Un voyage en chambre noire. Pour quelques francs, Icare est enfin libre de décoller sans risque — et sans gloire.

La plupart des étudiants — y compris les « révolutionnaires » — ne partagent aucunement semblable explication, frustrante et frustrée, du plaisir des bobines. Le cinéma, pour eux, est une passion (avec ce que, à cet âge, une passion implique de noblesse). Il absorbe, après les livres, l'essentiel de l'argent de poche, bien avant les vêtements, la bagnole ou les repas. L'écran n'est pas d'abord un moyen d'évasion, de fuite, de mise à la cape, mais la porte d'une transgression : au-delà des programmes écrits et des sentiers reconnus à l'écart de la routine rhétorique.

C'est vrai des idées, et c'est vrai des mœurs. Loin d'y esquiver leurs problèmes, les jeunes gens des années soixante, en règle générale, voient le pinceau du projectionniste dessiner ce qu'ils refoulent. Il n'est pas rare qu'ils s'accordent une à deux séances par jour. La télévision, la « télé » qui s'installe méthodiquement dans le living des Français, leur est en revanche étrangère.

Et, pour commencer, rien n'interdit — enfin ! — de se régaler du mauvais goût, s'il donne accès au second ou au troisième degré. Comme Rimbaud collectionnant les contrepèteries érotiques, comme les surréalistes se repaissant de brutalités crues, les

180

subtils amateurs de *la Dialectique de la nature* se ruent sur les règlements de comptes yankees, s'extasient devant les colts agiles et les fesses carrées de John Wayne, repassent avec la ferveur d'un agrégatif les pires répliques de la bible du western, parue en « 10/18 » : « Une femme, à quoi ça sert ? A faire du café. Alors, autant qu'il soit bon... »

Aveu d'un penchant clandestin pour le machisme (le mot arrive tout juste de Cuba), la vulgarité joviale et l'élémentaire combat des bons contre les méchants ? En partie, sans doute. Mais autre chose aussi, de plus sophistiqué : quand on a grandi dans l'horreur de l'« impérialisme », et qu'on s'y tient, quand on a qualifié Elia Kazan de traître et de renégat pour s'être couché devant McCarthy, quand on a entendu l'*American way of life* mille fois tournée en dérision, jusques à l'étendard de la démocratie formelle, ce n'est pas un mince choc de vérifier que John Ford, cinéaste réactionnaire, avec des comédiens conservateurs, et sur des sujets militaristes, réalise des œuvres rigoureuses et superbes. Et que le krhouchtchévien *Quand passent les cigognes* paraît assez plat, comparé à *L'homme qui tua Liberty Valance*.

Le goût de *nonsense* — surtout quand il ne se déclare pas ouvertement tel — exerce des ravages à la Sorbonne. Les fanatiques du péplum délaissent les enseignes familières de la rue Champollion et courent au fin fond du dix-neuvième arrondissement pour se régaler, une fois encore, de Peter Ustinov en Néron pervers dans *Quo Vadis ?* Ils crient des encouragements à l'innocente vierge chrétienne, que charge dans l'arène un taureau furieux. Au milieu du public populaire qui retient son souffle et réprime ses larmes, les candidats au certificat d'histoire de la philosophie, qui plancheront bientôt sur le *Manuel* d'Épictète, se gondolent sans retenue.

Il entre naturellement dans pareille attitude une confortable dose de dandysme. Le comble de l'élitisme est de s'écarter ostensiblement des critères habituels de l'élite. De ce point de vue, les riverains de la place Paul Painlevé se montrent classiquement snobs. Toutefois, leur comportement exprime une protestation plus grave, moins ludique, contre les pesants messages dont leur formation s'est trouvée accablée. Au réalisme bien-pensant, ils objectent la fantaisie, l'ambiguïté. Et s'ils se délectent du film noir américain (*l'Arnaqueur,* de Robert Rossen), c'est que la peinture sociale ne s'encombre d'aucune digression, d'aucune complaisance réparatrice.

Le cinéma français, d'ailleurs, s'accorde à ce diapason-là. Depuis 1958, la nouvelle vague déferle et redonne vie à une industrie en pleine déconfiture.

L'appellation, empruntée à *l'Express,* réunit assez abusivement des auteurs de provenances multiples. Le « noyau dur », c'est l'équipe des jeunes critiques qui signent autour d'André Bazin dans les *Cahiers du cinéma,* et auxquels le producteur Georges de Beauregard a eu l'intelligence, et le nez, de donner leur chance. Claude Chabrol *(les Cousins, le Beau Serge, les Bonnes Femmes),* Jean-Luc Godard *(A bout de souffle, le Petit Soldat, Une femme est une femme, le Mépris),* François Truffaut *(les Quatre Cents Coups, Tirez sur le pianiste, Jules et Jim)* y côtoient Pierre Kast, Jacques Rivette, Eric Rohmer. Louis Malle, Jean-Pierre Melville, Jean-Pierre Mocky n'en sont guère éloignés. La tonalité générale oscille de l'anarchisme acide au gauchisme non militant. D'autres se tiennent moins à l'écart de la vie politique. Henri Colpi, Jacques Demy, Agnès Varda (*Cléo de 5 à 7* fut un des titres importants de 1962) annoncent la couleur. Chris Marker, avec son *Cuba sí,* n'a pas dissimulé ses solidarités. Et Armand Gatti est parti tourner *Otro Cristobal* à La Havane.

Alain Resnais jouit d'un statut particulier ; *Hiroshima mon amour* a été perçu comme un coup d'envoi, une ligne de démarcation, *l'Année dernière à Marienbad* a dominé la dernière période. Et le scénario qu'il prépare avec Jorge Semprun et Yves Montand, *La guerre est finie,* histoire d'un communiste espagnol, révolutionnaire professionnel à bout de révolution, rendu à l'incertitude et au libertinage, résume en cent minutes le flottement du siècle.

Hétéroclite, éclatée, la nouvelle vague ne constitue pas une école et ne prétend nullement définir une esthétique, s'enfermer dans un code. A gros traits, cependant, des constantes reviennent, qui frappent les cinéphiles aux points sensibles. D'une œuvre à l'autre, une sorte de « droit au défoulement » est revendiqué. Le droit de casser le non-dit, de traverser le jeu politique, d'y inscrire une dérive individuelle, irréductible à l'environnement qui la façonne, à l'événement qui la déclenche. Le droit de proscrire les dialogues cousus main, les bons mots signés Audiard, l'intrigue « littéraire » et la blague franchouillarde. Vive le banal ! La caméra tourne au coin de la rue, en extérieur, sans carton-pâte ni exotisme, sans mélo, dans l'évidence tragique des choses. Présente au monde, mais aussi « décalée » par la singularité du héros, un héros qui ne saurait être « positif ».

Les jeunes réalisateurs évoquent l'univers qu'ils connaissent. Chabrol est le fils du président de la Chambre syndicale de la pharmacie. Godard a pour grand-père un banquier suisse. L'auteur de *Vivre sa vie* s'en explique paisiblement : « Parler des ouvriers ? Je veux bien, moi, mais je ne les fréquente pas assez... » L'action se passe donc à Saint-Tropez ou au quartier Latin plutôt qu'à Billancourt. Mais le matériel image-son est plus léger, les émulsions plus sensibles : inutile de refabriquer en studio les bruits de la ville, les éclats du soleil.

Cette franchise ne heurte pas les « Italiens » de l'UEC (l'aile gauche, elle, demeure plus fidèle à l'exaltation de la classe messianique). Nombre de contestataires du PCF sont ouvertement ou secrètement ravis qu'on en finisse avec le triomphe obligatoire de la juste lutte collective — à tout prendre, le western est plus honnête, qui ne dilue pas le sujet dans l'histoire. Comme ils sont séduits lorsque Roland Barthes qualifie de « suspendu » le sens des films de la nouvelle vague : l'œuvre vise à susciter des réponses, pas à les fournir. Elle montre sans démontrer, rejette à la fois le truquage et le sermon. Ce respect du réel contredit de plein fouet le réalisme socialiste, et le style « engagé ». Un cinéma témoin qui prend à témoin les jeunes fous de cinéma. Un cinéma qui redoute les orthodoxies et les silences.

Clarté ne manque pas de questionner les enfants terribles de la nouvelle vague et moissonne des déclarations que censurerait *l'Huma*. L'enquête du journal de l'UEC sur la drague a suscité le scandale. Que dire du constat dressé par Jean-Pierre Mocky ? Il dépeint, dans *Un couple,* la séparation fatale d'un homme et d'une femme qui, après avoir épuisé l'épuisement du plaisir, ne trouvent aucune raison de poursuivre ensemble. « On nous reproche, répond Mocky, de nous contenter de critiquer, de ne déboucher sur aucune solution. On nous accuse d'avoir fait un film désespéré : ce n'est pas vrai, c'est le monde actuel qui est désespérant. Se séparer, ce n'est sûrement pas très positif, mais c'est ce qui se passe. La solution, c'est à vous de la trouver... »

François Truffaut refuse carrément de se placer au service d'une cause : « Je ne ferai probablement jamais de films engagés socialement ou politiquement, car dans ce domaine, il ne suffit plus d'aligner des interrogations, mais d'apporter des idées constructives, des affirmations, peut-être même des solutions. Mes doutes, mon scepticisme, ma certitude profonde que " tout le monde a ses raisons " ne feraient qu'ajouter à la confusion. »

183

Chabrol avoue que les étudiants des *Cousins* ne préparaient pas leurs examens avec une ardeur exemplaire. Mais il ne plaide pas coupable pour autant. La question, insiste-t-il, est de comprendre pourquoi l'Université engendre la paresse ou l'ennui. A quoi servez-vous donc, interroge *Clarté,* n'êtes-vous qu'un miroir ? « Il faudrait, explique Chabrol, tirer sur un coin de l'édifice à boulets rouges, par exemple la crise du logement qui concentre en soi tous les autres problèmes. Mais attention : il ne faut surtout pas que les gens, et spécialement les gens du peuple, rentrent du cinéma chez eux rassurés et béats. Vous pouvez montrer un héros prolétarien, mais s'il triomphe trop facilement, l'ouvrier rentrera chez lui tranquillement, en embrassant femme et enfants, rassuré. »

Nommer et semer l'inquiétude : tel est bien le leitmotiv des interviewés. Au terme de la série, Alain Resnais conclut : « Mon but est de mettre le spectateur dans un état tel que huit jours, six mois, un an après, placé devant un problème, cela l'empêche de tricher et l'oblige à réagir librement. Ce qu'il faut, c'est ébranler la certitude des gens, les réveiller, faire qu'ils n'acceptent pas les valeurs reçues comme intangibles. C'est plus important à mes yeux que la destruction pure et simple. D'un spectacle destructeur, violent, négatif, les gens sortent plutôt rassurés, en définitive. Ils sont contents d'avoir joué à Guignol. Cela ne va pas beaucoup plus loin que les chansonniers... »

Pas étonnant que le ciné soit la passion majeure des étudiants de gauche. Ce qu'ils découvrent dans leurs salles préférées, rue Champollion, rue Cujas ou rue Saint-Séverin, c'est le double troublant de leur propre ambiguïté : une révolte grondante, une révolution impossible, l'ordre moral qui verrouille les têtes et les sexes, l'ordre politique qui ne tolère pas d'être dérangé.

Un monde flou, insatisfait, hypocrite, où circule entre deux eaux une violence qui ne parvient pas à se dire, et moins encore à se débonder.

Dans les westerns, du moins, la violence figure au programme. Et les meilleurs gagnent après le duel final.

A l'intersection du mal de vivre et des difficultés pratiques, de la crise du couple et des polycopiés coûteux, l'UNEF campe vaille que vaille. Les lendemains de la guerre d'Algérie ont logiquement déclenché une crise d'identité dont il est difficile de prévoir l'issue. Quand Pierre Gaudez, l'homme du 27 octobre 1960, a remis son mandat de président sortant, il laissait une organisation en exceptionnel état de marche. C'était au congrès de Caen, à Pâques 1961. Le syndicat représentait plus d'un étudiant sur deux. Il avait joué les bons offices entre les centrales ouvrières divisées, entre les formations de gauche brouillées. Il avait tenu la dragée haute à un parti communiste hostile et timoré, et était parvenu, sans se couper de sa base, à renouer le dialogue avec les Algériens.

Bref, un syndicat « en pointe », conduit à remplir une fonction politique de substitution. Mais aussi un « vrai » syndicat, reconnu — volontiers ou à contre-cœur — par ses grands frères ouvriers, et farouchement haï du pouvoir gaulliste.

Dès l'été 1962, l'équilibre se rompt. Courant 1963, le malaise vire au conflit. A l'époque où Michel Debré menaçait chaque sursitaire de l'expédier dans les Aurès, l'ambivalence du syndicat, devenu par la force des choses et la médiocrité de la gauche une sorte de « parti des jeunes », était non seulement tolérée, mais nécessaire. A présent, le consensus est introuvable.

Les « AG », « corpos » et autres « fédérations » (le vocabulaire, d'une infinie variété, délimite les instances selon la géographie ou la discipline) qui se situent à droite ne se sentent plus tenues par la dureté des temps à une obligation de réserve. L'opposition interne subsiste et s'exprime. Tel n'est cependant pas le principal facteur de division. Le gouvernement a bricolé de toutes pièces une boutique rivale, la FNEF, qui offre le double avantage de ne rencontrer qu'un piètre succès et de constituer un abcès de fixation pour l'extrême droite mal remise de ses déroutes algériennes. Provisoirement, la droite qui demeure à l'UNEF exprime son attachement au syndicat et parle sur un ton modéré.

C'est à gauche que le ton monte. Depuis 1956, depuis l'époque où la centrale étudiante a viré de bord, sa direction était aux mains d'équipes issues (directement ou non) de la Jeunesse étudiante chrétienne, la JEC, proches de la minorité de la CFTC (laquelle devient CFDT en 1964) et des divers affluents de cette « nouvelle gauche » qui a cristallisé dans le PSU. Un courant pondéré, mélange d'audaces et de sagesses, anticommuniste, soucieux aussi de ne pas (trop) effrayer ses adversaires.

Aux ex-porteurs de valises sorbonnards, aux adhérents de

l'UEC qui refusent de jeter le marxisme aux orties, mais veulent entamer de l'intérieur la critique de l'héritage stalinien, aux romantiques révolutionnaires qui rêvent du Che ou de guérillas urbaines, la JEC apparaît fort tranquille, insuffisamment subversive. La peur du vide est immense. La peur de l'affadissement, la peur de n'être plus, dès vingt ans, que l'ancien combattant d'une sale guerre, bref, la terreur du retour à la norme suscitent la tentation d'une surenchère, d'une fuite en avant.

Pour le monde étudiant que grossit une extraordinaire inflation, une « génération », du moins au vent du langage, n'est pas l'intervalle qui sépare les degrés d'une filiation. Tous les quatre ans, la « famille » des usagers de l'Université se renouvelle de fond en comble. Durant les « événements » d'Algérie, l'intensité de l'actualité et l'angoisse des sursitaires établissaient un minimum de courant continu entre les classes terminales du lycée et la faculté voisine. La rupture, désormais, est plus nette.

Des bataillons d'amnésiques, ignorants des combats antérieurs, envahissent les amphis, découvrent leur exiguïté, se perdent dans l'anonymat, se cognent contre la morgue de mandarins inaccessibles, réclament des bribes de méthode à des assistants eux-mêmes submergés. Pour eux, le FUA, c'est loin, c'est vieux, c'est inconnu.

Mais les anciens animateurs du Front antifasciste, les Krivine, les Péninou, sont toujours là. Leur mémoire, à eux, c'est la possibilité d'une mobilisation étudiante ultra-rapide, prenant de court les appareils, traversant les murs des disciplines, des frontières partisanes (beaucoup plus, il est vrai, à Paris qu'en province).

Lorsque s'ouvre le congrès de Dijon, au printemps 1963, la majorité des délégués patauge dans les brumes. Leurs seules certitudes sont fort grises, teintées de pessimisme. Le gouvernement ne pardonne pas à l'UNEF d'avoir joué les banderilleros de la classe politique. Les adhésions, pour la première fois, sont en nombre stagnant ou décroissant (quatre-vingt-cinq mille, un étudiant sur quatre). Le mot d'ordre du moment : « Après l'Algérie, l'allocation logement ! », reste sans effet et manque de panache. On a beau danser le twist, les soirées sont moroses.

La pente « naturelle » est de se replier sur la gestion. L'UNEF demeure une grande machine. Vingt permanents et une douzaine de secrétaires s'activent à plein temps dans les locaux vétustes de la rue Soufflot. Le labyrinthe des annexes et succursales est touffu, impressionnant : l'Union des grandes écoles, les

« Offices techniques » par spécialité, la cogestion des restos U, et surtout la MNEF, la Mutuelle, en charge de la Sécurité sociale. Et à travers la France entière, des « corpos », des lieux d'accueil où tournent les ronéos, s'impriment les polycopiés. Oui, quand on a entre les mains de telles ressources, la pente « naturelle » est de délaisser l'idéologie qui prévalait en des circonstances particulières, et de regagner du terrain par la qualité des services rendus, le sérieux des dossiers techniques.

Ici s'interposent les contestataires parisiens. La bande de feu le FUA : essentiellement les sorbonnards de la FGEL (Fédération des groupes d'études de lettres) et les carabins de l'AGEMP (Association des étudiants en médecine de Paris).

Avec une fougue qui trahit l'expérience des Mutu surchauffées, ils prennent l'auditoire complètement à contre-pied. La dépolitisation est en marche ? La joyeuse vie des fils à papa n'est plus qu'un mythe enfoui ? Boursiers, travailleurs au noir, les nouveaux étudiants sont obligés de bosser dur, alors que la Sorbonne ressemble à la gare Saint-Lazare ? Ils ont du mal à relier leurs intérêts sociaux à un discours politique ? Ils exigent du solide, du concret ? Tout cela est vrai. Mais justement, la revendication qui monte de ces troupes déconcertées n'est pas une banale revendication corporatiste. Il ne suffira pas, pour la satisfaire, d'un peu de fric et d'un coup de main. Consciemment ou inconsciemment, elle est lourde, cette revendication, d'une mutation de la société dont on n'aperçoit encore que les prémices, d'une modernisation gigantesque où l'Université sclérosée va bien devoir intervenir — subissant fatalement le choc en retour d'une onde si puissante. Il ne s'agit pas uniquement des conditions de travail des étudiants, il s'agit de leur vie même. Et le discours de l'UNEF n'est pas excessivement envahi par la politique ; devant pareil enjeu, il en serait plutôt dépourvu.

Jean-Louis Péninou applaudit Antoine Griset, l'orateur vedette de cette passe d'armes. Le président de la FGEL se relaie avec Jean-Claude Polack, son homologue de l'AGEMP, pour aiguillonner le congrès, esquissant les fondations d'une « gauche syndicale » qui prendra corps peu à peu.

Le porteur de valises lyonnais n'a pas raté sa reconversion. Après un an de socio, à la rentrée 1962, il est déjà président du groupe. Il occupe à longueur de journée le local de l'UNEF, stratégiquement disposé au fond et à gauche de la cour de la Sorbonne (quand le regard est tourné vers la chapelle). Il discute, il rédige, il observe. Il a peu d'argent — presque entièrement consacré au ciné. Son cadre de vie, son domaine, c'est la fac. Les commissions succèdent aux commissions. Et les contacts sont étroits, fructueux, avec des jeunes assistants de sociologie nommés Pierre Bourdieu, Jean-Claude Passeron. On organise parfois la résistance à Raymond Aron. En semblable compagnie, le marxisme revêt d'autres couleurs que celles du PCF. Encore membre des ESU, Péninou se frotte aux textes sacrés. Plus antistalinien que jamais, il n'en fréquente pas moins Engels et Lénine. Le syndicalisme, peu à peu, le dévore. Précis, efficace, organisateur, il est élu président de la FGEL en 1963. Et là, devant ce congrès en plein trouble, il est saisi d'une évidente jubilation.

Les imprécateurs qui tour à tour montent au créneau — porte-parole des deux principales AG parisiennes — s'expriment depuis le cœur même de l'Université française. Ils en tirent un légitime ascendant. D'abord, les résultats militants dont ils se targuent ne sont pas négligeables (l'AG de Dijon, solidaire de la Sorbonne, est une des rares à progresser en nombre). Ensuite, les méthodes qu'ils ont inaugurées — le vote décentralisé, la priorité accordée à la base — incarnent une sensibilité syndicaliste révolutionnaire que la déliquescence des partis accentue involontairement.

Et puis, ces ténors, avec toute l'arrogance des initiés, s'installent d'emblée dans les sommets du répertoire. Le modeste mandataire de l'AG de Grenoble, qui consulte l'honorable assemblée sur les tarifs de location des skis (c'est cela aussi, l'UNEF), se trouve soudain au centre d'un feu convergent, nourri de citations savantes...

Pourtant, au-delà des chichis aristocratiques, les tenants de la « gauche syndicale » sont obsédés par l'unité du milieu. L' « Orientation universitaire » (telle est la formule consacrée) qu'ils préconisent n'a pas pour seul objet de préserver puis de réinvestir le potentiel militant hérité du FUA et de la guerre d'Algérie. Leur conviction est que, s'adressant à un public émietté mais qui achoppe contre des butoirs communs, la fonction de l'UNEF est de favoriser l'émergence d'une conscience de groupe. Défendre les étudiants ne saurait se réduire à un catalogue d'interventions ponctuelles (le logement, la Sécu, la construction de nouvelles facultés), chaque classeur étant soigneusement rangé à côté du précédent. Défendre les étudiants, ce serait exprimer ou inventer les aspirations unifiantes capables de les cimenter entre eux, de les transformer en acteur social spécifique — comme ils ont été, pendant la guerre d'Algérie, un acteur politique autodéterminé. Si nous ne parvenons pas, s'écrie un délégué de la FGEL, à imaginer un devenir collectif, autant mettre la clé sous la porte, « autant fermer » !

C'est trop. La secousse est trop vive pour ne pas ébranler l'organisation. Mais elle est, du même élan, trop brutale pour ne pas susciter méfiance, voire rejet. Il va falloir compter avec la « gauche syndicale ». Néanmoins, le congrès ne s'aventure pas jusqu'à porter à la présidence le candidat de cette dernière, Jean-Claude Polack. Michel Mousel (qui appartient à l'ultime cuvée des « jécistes » et aux ESU) reçoit la difficile mission d'assurer la transition entre l' « avant » et l' « après ». Les langues ironiques le dépeignent comme « butte témoin » de la « grande UNEF ».

Polack, le leader des carabins, est depuis 1962 adhérent de l'UEC. Le sommaire de *Clarté* s'en ressent. Alors que le syndicat étudiant, sous la guerre d'Algérie, était traité avec des pincettes par la presse communiste, le mensuel dirigé par les « Italiens » devient vite un meilleur truchement que l'officiel *21 × 27,* de moins en moins consulté dans les AG. Au lendemain de chaque congrès, le président élu est longuement interviewé par *Clarté,* les thèses en présence sont disséquées, discutées. Et le syndicaliste Lambda y retrouve enfin son latin.

Si l'on peut parler de rapprochement avec l'UNEF, avec la « gauche syndicale » il faut parler d'osmose. Non que les cloisons tombent entre les deux maisons. Chacun préserve son espace propre. Mais le fait est que les hommes circulent d'un étage à l'autre, d'une porte à l'autre, le plus naturellement qui soit.

L'itinéraire de Jean-Louis Péninou est à cet égard parfaitement exemplaire. Voilà un militant qui a grandi dans le mendésisme, poussé son premier cri politique contre les chars soviétiques écrasant Budapest, s'est engagé auprès des Algériens parce qu'il jugeait équivoque l'attitude de Thorez, et a rejoint le PSU dès sa fondation (aux côtés de Tiennot Grumbach, Jean-Jacques Porchez, Jean-Paul Ribes). Il n'empêche. A l'automne 1963, c'est la carte de l'UEC qu'il a en poche. Son investissement prioritaire est et reste le syndicalisme. Mais, en matière d'establishment politique, il considère que le lieu décisif est la place Paul-Painlevé, et aucun autre. Paradoxe qu'il résume d'une singulière déclaration publique pour justifier son option : « Si je m'inscris à l'UEC, lance-t-il à la tribune, c'est parce que je ne connais pas de meilleur endroit pour combattre le stalinisme... »

Le grand complice de Péninou, le vice-président de la FGEL, est également adhérent de l'UEC. Marc Kravetz, cependant, a suivi pour parvenir jusque-là un chemin apparemment moins tortueux. Dès l'enfance, il a été trempé dans le bain politique et culturel communiste, avec les solides repères habituels — le pavillon de la rue Lénine, le foulard bleu et rouge des Vaillants... Un ancrage profond qui n'empêche pas les interrogations de surgir.

Son père, militant du PC depuis 1931, résistant, est un employé de mairie dévoué à son parti. Le portrait de Staline trône au-dessus du lit conjugal. Et lorsque le petit père des peuples fête ses soixante-dix printemps, Marc, encore gamin, participe à la collecte des cadeaux qui seront adressés au Kremlin. Parmi ces derniers, un magnifique vélo de course dont il rêvera longtemps, maugréant que sans aucun doute le camarade Staline n'a pas dû l'utiliser souvent.

Il entre à l'École normale d'instituteurs de Versailles et simultanément à la Jeunesse communiste. Mais vite, il branle dans le manche. Il diffuse *la Question,* interdite, et refuse de vendre le journal des JC, *l'Avant-garde,* qu'il juge trop modéré sur la guerre d'Algérie. Son attitude « déviante » est remarquée, et il est convoqué au siège de la fédération Paris-sud. Là, il subit un véritable procès ; des apparatchiks l'accusent d'être membre d'un réseau d'aide au FLN.

Kravetz ne comprend rien, il proteste.

190

Arrive Paul Laurent qui le prend à l'écart :

— Il serait préférable que tu rendes ta carte provisoirement.

Il s'insurge. On le presse de questions. Il s'effondre, éclate en sanglots, saisit sa carte et la déchire, disperse les morceaux, s'enfuit. A dix-sept ans, le voilà vacciné contre l'orthodoxie. La même semaine, il est renvoyé de l'École normale. Son père lui pardonne ce renvoi, mais ne supporte pas l'exclusion des Jeunesses communistes. Le drame, dans la famille, est épouvantable.

Kravetz prépare son baccalauréat seul ; il réussit et on l'admet à Henri IV en hypokhâgne. Il fricote avec les réseaux pro-FLN. Un jour, à la sortie du lycée, il est interpellé rue Soufflot par des policiers qui dispersent une queue de manifestation. Il transporte dans sa serviette des tracts de Jeune Résistance. On le conduit vers un car. A ce moment surgit un homme aux cheveux blancs, grand et digne. C'est Laurent Michard, son professeur de lettres, le célèbre acolyte de Lagarde. Il pénètre sans hésitation dans le véhicule de police et apostrophe les agents :

— Que reprochez-vous à ce jeune homme ? Il sort de mon cours.

Et il emmène le lycéen encore tremblant.

L'année d'après, Kravetz est reçu au concours d'entrée à l'École normale supérieure de Saint-Cloud. A dix-neuf ans, il est autonome. Et le virus politique le tient toujours.

C'est dans une officine critique, et à ce titre fort mal vue du Parti, que Jean-Louis et Marc ont fait connaissance. Ils fréquentent tous deux, en effet, les réunions débats et comités de rédaction de *la Voie communiste*. Lorsqu'il s'y est aventuré, peu auparavant, Péninou était encore membre du PSU, et nul ne s'en offusquait.

La Voie co est un étrange édifice. Ni un parti ni une fraction — cohérente — à l'intérieur du Parti, mais un groupe multiforme, réuni en une sorte de club autour du journal. Les animateurs de ce dernier, Denis Berger et Félix Guattari, sont connus pour leurs attaches trotskisantes et leur passé de porteurs de valises. Psychiatre, principal responsable de la clinique de Laborde, à Cour-Cheverny, Guattari est aussi le bailleur de fonds de l'entreprise. Il n'est pas question, en ces assemblées, de ligne orthodoxe ni de tactique partisane. Chacun dépose son étiquette au vestiaire, et tous se retrouvent sur la double conviction que la parole doit circuler librement (notamment dans le PCF), et que le communisme, comme force et comme concept, est un point nodal de la période politique. On discute donc du stalinisme et de la déstalinisation, des arguments soviétiques et chinois, des divers trotskismes et de Togliatti, des « révolutions » du tiers monde — la liste n'est pas exhaustive.

Les problèmes syndicaux ne sont nullement oubliés. La « déconfessionnalisation » croissante de la CFTC, l'ankylose de la CGT (rapportée aux innovations de son homologue italienne, la CGIL), le ressourcement de l'UNEF sont passés au crible. Kravetz et Péninou, leaders officiels de la FGEL, publient sans signer dans *la Voie co* des articles officieux qui servent de banc d'essai à leurs thèses. Ils goûtent l'atmosphère de liberté qui règne en ces lieux — où défilent maints visages connus, de Serge July à Marie-Noëlle Thibault. Le trotskisme traditionnel leur paraît ossifié, et son interprétation de la perversion bureaucratique trop bolchevique ; ils lisent Lénine, mais n'en conçoivent pas une transcription mécaniste. En quête d'une issue « de gauche », et donc plus radicaux que les actuels dirigeants khrouchtchéviens de l'UEC, ils n'en sont pas moins attentifs aux publications de *Socialisme ou Barbarie,* le très iconoclaste scalpel antistalinien manié par Cornélius Castoriadis et Claude Lefort.

Kravetz et Péninou ont vingt ans. Leur amitié a été scellée par un séjour en Algérie, comme enseignants volontaires, à l'été 1962. Ils ont vingt ans et les infinies subtilités et ramifications de la généalogie marxiste leur sont déjà familières. L'un procède de cette source, et l'autre non. Mais l'UEC s'impose à tous deux, si syndicalistes soient-ils, avec une manière d'évidence.

Le phénomène serait incompréhensible si l'on oubliait la distance entre la maison mère et son annexe universitaire. Adhérer au PC, c'est se soumettre à une règle, à une hiérarchie, à un rite. Adhérer à l'UEC, c'est converger vers un lieu de rassemblement culturel, hétérogène. Les deux animateurs de la FGEL n'ont pas une seconde le sentiment de compromettre leur indépendance par un tel acte. Renversant la vieille logique de la courroie de transmission, ils sont plutôt porte-parole de l'UNEF à l'UEC que sous-marins de l'UEC à l'UNEF.

D'autres, qui ont suivi des trajectoires plus surprenantes encore, les retrouvent au même carrefour. Prisca Bachelet, étudiante en philo, est d'origine modeste — une mère employée des

D.R.

1

D.R.

2

1. « Les tricheurs » : des jeunes communistes discutent avec Marcel Carné (au centre, Jeannette Pienkny).

2. Manifestation au quartier Latin : Bernard Kouchner et, au premier rang, crâne rasé, Pierre Goldman.

3. « Que peut la littérature ? »
Débat à la Mutualité
en décembre 1963, organisé par *Clarté*.
De gauche à droite :

Sartre, Pierre Kahn,
Yves Buin, Jorge Semprun
et Simone de Beauvoir.

4. Jean-Paul Sartre et Jean Schalit.

Élie Kagan

D.R.

5

5. 1964. La direction de l'UNEF
au Champo. Au bout de la table,
de gauche à droite : Marc
Kravetz, Antoine Griset,
Jean-Louis Péninou et Pierre
Guidoni.

6. 1965. Meeting de l'UNEF dans
la cour de la Sorbonne : Péninou
au micro, entouré de July et
Bouguereau.

6

7. 1965. Huitième Congrès de
l'UEC. La tribune des officiels :
Guy Hermier, Jean-Michel Catala,
Roland Leroy et Pierre Juquin.

8. Et la contestation dans la salle :
Pierre Goldman et Alain Krivine.

9

10

9. Huitième Congrès de l'UEC. Bagarre pour la tribune :
a) Roland Castro ;
b) Pierre Kahn ;
c) Alain Krivine ;
d) Alain Forner ;
e) Bernard Kouchner.

10. Alain Forner comptabilise les mandats.

(Les photos de ces deux pages ont été prises par Annette Léna, photographe à *Clarté,* qui s'est suicidée depuis.)

11

11. Alger, 1965. Robert
Linhart, Jean-Paul Ribes,
Jacques Broyelle, Mylène
Dubois et Nicole Linhart
déguisés en guérilleros.

12. 1967. Délégation de
l'UJC(ml) en Chine.
Jean-Pierre Le Dantec,
Christian Riss, Robert Linhart
et Jacques Broyelle visitent
une usine.

12

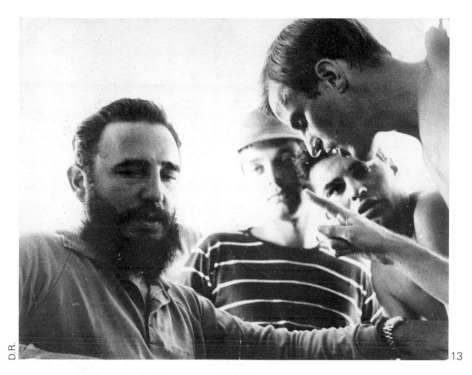

13

15

13. La Havane, 1964. Bernard Kouchner fait la leçon à Fidel.

14 et 15. Jeannette Pienkny en uniforme de milicienne et sur la place de la Révolution, en 1963.

14

16

17

16. Michèle Firk à
l'entraînement.

17. A La Havane, 1963.

18. Après son suicide, au
Guatemala, en 1968 (photo prise
par la police).

18

postes, un père petit artisan, qui va de faillite en faillite —, mais a été élevée chez les sœurs, parmi des jeunes filles de la bonne bourgeoisie. Paradoxe supplémentaire : elle, la boursière, garde de son enfance le souvenir d'un halo pétainiste et anarchiste de droite (avec beaucoup de fantaisie éclectique du côté maternel et des relents d'antisémitisme et d'Action française du côté paternel), tandis que les petites camarades de son cours privé se réclamaient de la tradition gaulliste et de la Résistance.

A quatorze ans, Prisca se déclare anarchiste. Puisqu'elle évolue au centre de contradictions inextricables, autant s'identifier à quelque front du refus. Elle est en troisième et, avec sa meilleure amie, se présente au Château des Brouillards, la célèbre librairie quartier général des « anars », rue Lamarck.

Un homme en pull rouge — elles découvriront plus tard qu'il s'appelle Maurice Joyeux — accueille et surprend doublement les deux postulantes. D'abord, parce qu'il lit *le Monde* — un journal bourgeois ! Ensuite, parce qu'il toise ses interlocutrices d'un air excédé et vaguement réprobateur :

— Mais vous êtes mineures. Avec les mineures, on n'a que des ennuis. Passez le bac et revenez me voir après !

La douche est froide, mais l'empreinte anar tenace. Prisca Bachelet et sa copine lisent assidûment Victor Serge. Lors de l'invasion de la Hongrie, cependant qu'on dit messe sur messe au pensionnat pour que le Ciel secoure les insurgés, elles négligent la chapelle, mais se félicitent de voir les « cocos » raser les murs.

Maurice Joyeux, pourtant, n'avait pas tort. « Après le bac », on jette sur le monde un autre regard. Quand elle s'inscrit à la Sorbonne, Prisca s'inscrit aussi à l'UNEF. Le groupe de philo, dirigé par un communiste, est en pleine bagarre contre les « cathos ». Entre deux orthodoxies, elle choisit ce qui lui semble être la moindre, d'autant que ces « communistes »-là n'ont rien de classique. A minuit pile, au cours d'un allègre réveillon, elle signe sa carte de l'UEC pour célébrer la nouvelle année. Elle reste, au fond, libertaire. Et elle s'aperçoit bientôt que cette intime conviction n'est guère incompatible avec les figures marquantes du cercle qui est sien. Ses amis, ses complices, ce sont les « anges noirs » : Janin, Butel, Goldman (ces deux derniers lui servent de gardes du corps lorsqu'elle doit assurer la fermeture de la librairie, tard dans la nuit, place Paul-Painlevé).

Prisca, au sein de la bande, tient le rôle de la tendre sœur, pré-

sente, compréhensive, rieuse, rassurante. Elle se porte spontanément vers les personnalités marginales — les responsables « italiens » lui semblent trop sages, trop modérés. Philosophe, elle
étudie Marx. Mais aussi Bataille et Alexandra Kollontaï, dont
elle apprécie fort les remontrances féministes adressées au camarade Lénine. Pratique, aimant les tâches concrètes, toujours disposée à fournir un coup de main, elle tourne la ronéo de la
FGEL, au cinquième étage de la Sorbonne, et assure les permanences de l'UNEF à l'entrée de la bibliothèque.

Comme Kravetz, comme Péninou, elle participe aux débats de
la Voie communiste. Comme eux, avec eux, elle s'efforce de
porter sur les fonts baptismaux cette « gauche syndicale » naissante dont les chefs de file se situent à l'articulation de l'UNEF
et de l'UEC.

La manière dont l'équipe centrale de la FGEL recrute ses
« cadres » est parfois pittoresque. A Nîmes, le jeune Jean-
Marcel Bouguereau (il a dix-sept ans en 1963) achève sa terminale. Orphelin d'un père communiste (qui était directeur de
prison), il a transité par les Vaillants, puis, à l'adolescence, s'est
quelque peu écarté des sentiers battus militants pour explorer le
surréalisme, dévorer *Positif* et toutes les revues de cinéma qui lui
tombent sous la main, avaler les bouquins de Boris Vian et
diriger le journal de son lycée, *l'École buissonnière.* Dans ses dissertations de philosophie, il aligne des professions de foi
marxistes. Mais, sans qu'il en connaisse vraiment l'histoire
récente, il n'a pas de sympathie pour le PC.

Un « pion » a repéré ce lycéen passionné d'idées et d'images :
il lui prête *la Voie communiste.* Les articles qui traitent des orientations nouvelles de la FGEL attirent l'attention de Jean-Marcel.
Plus précisément, il est séduit par l'analyse du potentiel de
révolte qui couve chez les jeunes malgré le reflux spectaculaire
de l'après-guerre d'Algérie.

Bouguereau ignore tout des auteurs de ces papiers. Timidement, et doutant du résultat, il écrit à Paris, expose ses motifs,
offre ses services pour la prochaine rentrée universitaire. Surprise : une lettre ne tarde pas à lui parvenir, qui porte le tampon
de l'UNEF. Elle est signée Péninou. « Ne reste pas à Nîmes,

conseille-t-elle en substance. Tu es des nôtres. Viens à la Sorbonne, nous avons besoin de gens tels que toi. »

S'il est timide, Jean-Marcel est résolu. Sans hésiter, il monte à Paris, déniche une chambre rue Gay-Lussac, prend langue *de visu* avec Kravetz et Péninou. En octobre, il est élu président du groupe de propé, tendance « gauche syndicale ».

Accessoirement, il adhère à l'UEC...

La double casquette, en la circonstance, n'est pas un handicap dans la mesure où elle n'a rien de clandestin. A l'UNEF, chacun affiche ses couleurs sans complexe, et le patriotisme d'organisation est (encore) assez puissant pour l'emporter. En outre, Marc Kravetz, Jean-Louis Péninou et leurs compagnons déploient une activité syndicale au-dessus de tout soupçon.

Reste qu'ils ont en tête une opération *politique* extrêmement sophistiquée, et non moins ambitieuse. Il s'agit à la fois d'exploiter les secousses qui ébranlent le monde étudiant pour reconstruire un mouvement large, offensif, et de retourner cette énergie disponible contre le PC stalinien, contre la gauche enkystée, et, au-delà, contre la domination gaulliste sur la société française.

Bref, une poignée d'étudiants qui ne manquent ni de culot ni de bouteille nourrissent, en toute simplicité, l'exorbitant projet de déstabiliser la société politique en s'appuyant sur un séisme de la société civile. Révolutionnaire dans l'esprit, la démarche est complètement neuve dans la forme. Le camarade July, qui ne se tient jamais très éloigné et qui a le sens de la formule, parle de déclencher une « réaction en chaîne ». Le quartier Latin, quartier réservé des escholiers bon enfant, serait-il devenu, en puissance, une poudrière ?

Les animateurs de la « gauche syndicale » ne fondent pas leur raisonnement sur les seules ressources d'une fermentation idéologique. Passionnés de sociologie, ils s'efforcent de construire une lecture inédite des mutations du moment. De l'été 1963 au printemps 1964, la réflexion s'aiguise. Dès la rentrée, le centre de recherche de l'UNEF (dont la création a été décidée à Dijon pour réveiller l'observation prospective) passe sous le contrôle de responsables proches des idées de la FGEL.

Ces idées ne naissent pas sur le terrain d'une plate vulgate révolutionnaire. L'auteur le plus lu et médité au groupe de lettres est sans doute André Gorz (un des piliers des *Temps modernes* qui signe sous le pseudonyme de Michel Bosquet dans *l'Express*). Et le « marxiste » de référence est certainement l'Italien Lucio Magri. Kravetz et Péninou, plus jeunes que les dirigeants de l'UEC, sont à la recherche d'une approche subversive de la modernité. Contre le PC pour qui la « paupérisation » des prolétaires demeure la caractéristique obsédante de la logique capitaliste, ils soutiennent que l'expansion n'est pas un mythe, qu'elle va même s'accélérant. Toute la question est de savoir si cette modernisation s'effectuera de manière technocratique, accompagnée d'une très inégale redistribution des richesses et d'une très faible redistribution du pouvoir, ou bien si elle ouvrira la brèche par laquelle s'engouffreront des revendications jamais entendues : un rapport différent à la vie quotidienne, à la culture, à l'habitat, à la famille, à la décision sur le lieu de travail.

L'Université, dans ce dispositif, leur paraît un « maillon faible ». Sa rénovation est inéluctable : un État qui gère la croissance est obligé de former les cadres nécessaires à cette gestion. Or l'Université de papa est en retard, inadéquate, décalée. Les gouvernants gaullistes vont s'appliquer à dégager une élite. Mais quel sort réserveront-ils aux dizaines de milliers d'étudiants qui tournent en rond dans le champ clos des amphithéâtres ?

Les symptômes d'un ample malaise sont clairement perçus, d'ores et déjà, par les dirigeants de la MNEF : Antoine Griset (lorsqu'il devient président de cette dernière) ou Martine Michelland (qui l'y a précédé) restent en contact permanent avec leurs amis de la FGEL. Une véritable pathologie du milieu se dessine, et, en matière médicale, l'investissement majeur concerne la santé mentale avec la création des BAPU (Bureaux d'aide psychologique universitaire). Futurs privilégiés ou non, les étudiants traversent leurs vingt ans comme une étape instable, insécurisante. L'Université a cessé d'être un refuge, un univers à part. Néanmoins, elle se défend contre son environnement, se replie non pas sur sa tradition libérale, mais sur ses crispations conservatrices. Résultat : elle brime ses étudiants, mais ne sera guère capable de résister quand la vague démographique et les exigences technocratiques balaieront ses décombres vermoulus.

A l'automne 1963, Antoine Griset, Marc Kravetz et Jean-

Louis Péninou décident de coucher sur le papier leurs remarques et suggestions. L'article manifeste, dû à la plume de Marc — mais minutieusement amendé — sera proposé aux *Temps modernes*. Il fait mouche et date.

« L'étudiant travaille seul, constate Kravetz, seul en face du professeur, même quand la salle de cours est surpeuplée, seul devant ses notes ou le cours polycopié, seul devant sa copie d'examen. Mais peut-on même parler d'un travail ? Il s'agit seulement d'enregistrer le cours magistral, pas même de le comprendre. » Cet étudiant solitaire est aussi un « déclassé ». Flottant dans le vide culturel et dans le vide professionnel, il possède une « origine de classe », mais est incapable de concevoir un « projet de classe ». On attend de lui qu'il devienne un cadre efficace, mais la formation qu'il reçoit (mal) est celle de l'« honnête homme ». Comment lui offrir une perspective qui ne soit ni l'« acceptation de la mainmise capitaliste » ni la simple sauvegarde de l'« Université libérale » ?

La réponse de Kravetz et des conjurés de la FGEL passe par une décisive question préalable : « Doit-on prioritairement revendiquer sur les conditions de vie des étudiants ou sur leurs conditions de travail ? » La routine syndicale consiste à pallier les carences gouvernementales, à se porter au secours des « plus défavorisés », à réclamer des aides particulières. Telle est aussi la démarche des partis de gauche, et principalement du PC qui exige « des moyens » pour l'enseignement et des bourses pour les rejetons méritants de la classe ouvrière.

Les tenants de la « gauche syndicale » prétendent casser la routine. D'extraction bourgeoise ou de souche prolétarienne, tous les étudiants sont des « assistés sociaux individualisés dans leur travail ». C'est à cette chaîne commune qu'il faut apporter une trame. Certes, la « démocratisation » de l'enseignement supérieur est un objectif, pas une réalité : trois pour cent des hommes et un pour cent des femmes y ont eu accès ; cinq pour cent de fils d'ouvriers y côtoient trente pour cent de fils de professions libérales. Pierre Bourdieu et Jean-Claude Passeron, qui mettent la dernière main à leur brûlot, *les Héritiers,* démontrent combien l'institution reproduit les inégalités au lieu de les compenser. Mais justement, ce n'est pas pure affaire de subventions. La nature même de l'Université, son fonctionnement, son idéologie sont en cause. Se contenter, comme le PC et ses satellites syndicaux, d'invoquer l'insuffisance des crédits, c'est se tromper de registre.

Kravetz enfonce le clou. L'urgence première, écrit-il, est de constituer des groupes de base, des « groupes de travail universitaire » où les étudiants, par cinq ou par six, s'entraînent à rompre l'isolement, à confronter leurs apprentissages. La confection des polycopiés devrait être conjointement assurée par les élèves et par les maîtres, afin de modifier la relation entre l'enseignant et l'enseigné et d'inaugurer un « pouvoir parallèle », lui-même prélude à une cogestion du système.

Mieux, il faut remplacer l'octroi de bourses à quelques-uns par le versement à tous d'une « allocation d'études » — la revendication n'est pas neuve, mais elle prend une force inédite. Les bourses permettent d'injecter dans les circuits supérieurs de la hiérarchie sociale un nombre limité d'éléments qui en seraient « normalement » exclus. Aujourd'hui, l'Université cesse d'être un luxe pour une nation : elle se mue en investissement, non pas de telle ou telle famille, mais de la collectivité tout entière. D'où un complet renversement de perspective : « La démocratisation de l'enseignement, ce n'est plus uniquement la possibilité pour les enfants des classes laborieuses d'accéder à l'Université, mais la participation directe des travailleurs à la création de la culture (et pas seulement à sa conservation). » Que soit définie une « durée moyenne » de séjour à la faculté — entre quatre et cinq ans selon les disciplines — et qu'une rémunération mensuelle d'environ quatre cent cinquante francs sanctionne l'effort consenti.

La démarche est « révolutionnaire » en ce qu'elle met le doigt sur deux plaies à vif. D'abord, l'organisation du pouvoir à l'intérieur de la machine scolaire. Si l'élève brise son carcan de solitude, si le maître consent à réduire la distance qui tient hors de portée son statut et son savoir, l'ensemble de l'architecture s'en trouve affecté. Ensuite, la relation du jeune avec sa famille. L'attribution de bourses ne tranche aucunement le cordon ombilical. L'allocation d'études, en revanche, symbolise l'émancipation de l'étudiant considéré non plus comme un adolescent prolongé, mais comme un travailleur indépendant en formation. L'idée suprême de la « gauche syndicale », en imposant semblable revendication, est d'inciter la jeunesse scolarisée à exiger son autonomie, à formuler ses besoins propres, à exister par elle-même.

L'UEC, non sans nuances, est séduite. Mais l'appareil du Parti pousse des hauts cris. L'acteur social se définit par sa situation et sa position de classe. La prétention des étudiants à se doter, en tant que jeunes travailleurs intellectuels, d'un rôle autonome, confine à l'hérésie. On se ferait brûler pour moins que cela en place de Grève. D'autre part, Jeannette Vermeersch aidant, l'attitude du PC concernant la famille a toujours penché vers la stricte observance de la tradition. Là encore, le désir d'émancipation précoce et massive sent le fagot.

Sans se décourager, Kravetz et Péninou frappent à toutes les portes. Même à celle de la SFIO. Et pourtant, Dieu sait que Guy Mollet incarne la quintessence de leurs aversions — le souvenir de l'Algérie, des tortures couvertes par le socialiste Lacoste, du détournement de l'avion des chefs « rebelles » sous le gouvernement du Front républicain, de l'agenouillement final devant le putschiste du 13 mai, tout cela est à leurs yeux imprescriptible. Mais mieux vaut encore une gauche déshonorée qu'une droite triomphante.

De Gaulle, voilà l'ennemi principal. Le Général est au faîte de sa puissance, dégagé du bourbier colonial, conforté par le référendum qui livre au suffrage universel la désignation du président de la République. Il entretient avec l'opinion une relation paternaliste. Monarque arrogant, le « Vieux », comme l'appellent élégamment les leaders de l'UNEF, se décharge de l'intendance sur l'ex-banquier Pompidou dont la goguenardise auvergnate évoque cette France éternellement profonde que les jeunes révolutionnaires tiennent en horreur. Pour comble, le ministre de l'Éducation nationale, Christian Fouchet, leur claque la porte au nez — il ne les recevra qu'une fois, à dossiers fermés, révélant ainsi combien les ébullitions sorbonnardes le laissent froid.

Un copain assure la liaison avec Mollet. Un drôle de copain ! Tantôt membre du bureau national de l'UNEF, tantôt secrétaire des Étudiants socialistes, Pierre Guidoni brille par l'originalité. A l'heure où (presque) tous les autres lorgnent vers l'UEC, il est (presque) seul à posséder une carte de la SFIO. Ce trait distinctif est perçu comme une manifestation de dandysme exacerbé. Mais l'option politique retenue par Guidoni ne vient pas de Sciences-Po, où il apprend le respect des vieilles demeures. Ce

199

sont plutôt ses origines méridionales qui l'ont conduit cité Malesherbes. L'enfance à Narbonne, en pays rouge et viticole, un pays où les mairies, les conseils généraux, c'est la vraie politique. La fac à Montpellier, où la fin de la guerre d'Algérie fut spécialement chaude. La proximité, surtout, dans le temps et dans l'espace, des républicains espagnols massacrés, abandonnés, réfugiés, parqués.

Ce drôle de copain est un copain très drôle. Étroitement lié à Marc Kravetz (leurs anniversaires se fêtent à deux jours près, ils ne manquent pas de l'arroser ensemble) et à Jean-Louis Péninou, il partage avec eux le pain, le rire et le ciné. Élu au BN de l'UNEF en 1963, il plaide astucieusement la cause de la « gauche syndicale », arrondissant les angles, lui qui n'est pas bolchevique. Provincial fraîchement débarqué, il éprouve aussi une sincère admiration pour l'ingéniosité intellectuelle de ses amis. Par ses contacts hors norme, il facilite des rencontres qui ne le sont pas moins. Il représente ainsi l'UNEF au Comité contre la force de frappe présidé par Jules Moch, observe les prémices d'un jeu unitaire entre les centrales syndicales ouvrières d'un côté, les communistes et les socialistes de l'autre. Quand ses thèses auront taillé du chemin au sein de l'UNEF, Guidoni amènera donc Jean-Louis Péninou dans le bureau de Guy Mollet, afin d'obtenir du groupe SFIO à l'Assemblée qu'il soutienne l'allocation d'études.

Mais en préparation de l'élection présidentielle de 1965, les désistements électoraux retrouvent leur place logique dans les stratégies partisanes : la première. L'UEC et l'UNEF réunies donnent aux dirigeants communistes des boutons si manifestes que Mollet, prudemment, bat en retraite et ramène à néant les bons offices du camarade Guidoni.

La gauche « différente » — les diverses sensibilités du PSU, mais aussi les clubs qui fleurissent en toute saison — n'est pas oubliée dans la quête d'alliés potentiels. L'opération la plus en vue a été lancée par *l'Express*. L'hebdomadaire de Jean-Jacques Servan-Schreiber, ménageant le suspense, a progressivement esquissé le profil d'un candidat « moderne » pour l'échéance prochaine. Le costume était taillé aux mesures de Pierre Mendès France mais, celui-ci s'étant récusé, c'est Gaston Defferre qui s'y est glissé — la rumeur en est confirmée à la fin de 1963.

Martine Michelland, figure de proue de la MNEF et pur produit du courant chrétien de gauche, accepte de rencontrer « M.

200

X », *alias* Gaston. Plus : elle s'intègre à son *staff* (la terminologie américaine s'impose : le mythe Kennedy, malgré l'assassinat du président américain, a traversé l'Atlantique), lequel a élu domicile place de l'Opéra. Gaston Defferre, jovial et curieux, souhaite connaître les camarades de sa conseillère et lance une invitation générale chez Marius, rue de Bourgogne. Succès politique mitigé, succès gastronomique assuré. Guidoni, Kravetz, Péninou rappliquent sans tarder, l'eau à la bouche. La conversation, comme prévu, est insipide et badine. Les plats, eux, sont plus inspirés. Au dessert, le maire de Marseille tend à la ronde un paquet de Gauloises. Mais les trois compères de l'UNEF sortent tour à tour un gigantesque havane, cadeau de leurs homologues cubains. Sourires.

La FGEL, épaulée par les groupes de médecine et par la MNEF, marque des points dans la sphère syndicale. Quant à décrocher des appuis politiques (hormis l'UEC), les pourparlers partent en fumée...

Qu'à cela ne tienne. Les étudiants sauront se battre seuls. Les mineurs grévistes — et réquisitionnés par de Gaulle — au printemps 1963, ont donné l'exemple. Plus modestement, le quartier Latin a retrouvé ses habitudes contestataires à la rentrée. L'année universitaire s'ouvre par une semaine de grève, dans la capitale et en province. La FGEL, dès la Toussaint, entretient une agitation constante. Tel amphi débraye, tel autre lui succède. Les « groupes de base », la décentralisation de l'initiative suscitent une effervescence permanente. Il n'est question, sur les pavés de la cour et à longueur de couloirs, que de gratuité des polycopiés, d'augmentation scandaleuse des loyers dans les cités (une fédération des résidents s'y oppose aussitôt), de GTU, de rencontres avec les enseignants « amis » — le SNESup appuie les mots d'ordre de l'UNEF.

Le ministre Christian Fouchet est officiellement déclaré « interdit de séjour » à la Sorbonne. Il n'ose y venir présider la cérémonie solennelle de rentrée et délègue prudemment son secrétaire d'État à la Jeunesse et aux Sports, Maurice Herzog.

Dix-huit mois après la fin de la guerre d'Algérie, le 29 novembre 1963, ils sont dix mille étudiants, dans la rue, qui affrontent des policiers pourvus de longues matraques souples et noires, renforcés par les gendarmes mobiles casqués et mousqueton au poing, tandis que des motocyclistes foncent en voltige pour déloger les manifestants des trottoirs. « Des cités, pas des casernes ! » « Des amphis, pas des canons ! »

Arrêté le matin pendant qu'il collait une dernière affiche, Kravetz a été relâché l'après-midi. Pierre Goldman et Yves Janin dirigent le service d'ordre. Pour la première fois, les manifestants passent outre à l'interdiction du préfet de police, Maurice Papon, et, malgré le nombre des flics, tiennent le Quartier, leur quartier, deux heures durant, de Montparnasse à Duroc, à Saint-Germain-des-Prés, à Sèvres-Babylone. Papon concentre ses barrages à hauteur du boulevard Saint-Michel. Quelques centaines d'étudiants réussissent à s'infiltrer vers la zone interdite, sous le jet des canons à eau. Ils ne parviendront pas jusqu'à la rue Soufflot, que le préfet de police, dans un communiqué, se flatte d'avoir bouclée sans faille. Il n'empêche : la grève est un succès. Le gouvernement est bientôt contraint de ramener les loyers, dans les cités U, au niveau antérieur. Il annonce la construction d'une faculté nouvelle, à Nanterre, pour soulager la Sorbonne.

Devant l'Assemblée, M. Fanton, député de Paris, interpelle le ministre et lui demande quelles mesures il compte prendre pour réduire à l'impuissance « la minorité de trublions qui empêche de travailler les vrais étudiants, ceux qui étudient... »

Les « trublions » en question se sentent portés par le vent de la victoire. La direction de l'UNEF est allègrement débordée, tournée sur ses ailes par les « groupes de base » qui, d'escarmouche en escarmouche, empêchent l'ambiance de retomber. La Mutualité retrouve le tonus des grandes heures. Kravetz, Péninou, Griset, Polack et les autres donnent toute leur mesure de bêtes de scène. L'un accapare le micro, tandis que l'autre retouche la motion finale sur le piano à queue et que le reste de l'équipe coupe les virgules en seize dans la petite salle qui sert de coulisses, au pied de la tribune.

Le pays, depuis la rentrée, compte cinquante mille étudiants supplémentaires. A la seule Sorbonne, les effectifs ont crû de vingt-cinq pour cent.

Le pouvoir tarde à sortir de ses cartons une réforme d'ensemble que les syndicalistes pourraient se mettre sous la dent. La crainte est vive, du côté de la « gauche syndicale », que l'agitation multiforme ne manque d'aliment pour se prolonger et s'étendre.

Début 1964, l'occasion surgit de relancer la donne, un cran au-dessus. Diverses AG parisiennes projettent, pour le 19 février, une journée revendicative en faveur de centres de polycopie gratuits — au-delà , c'est le cours magistral qui est visé. La FGEL est d'accord, naturellement. Mais l'idée lui vient de retarder légèrement la date. C'est que, deux jours après, le 21, M. Segni, président de la République italienne, effectuera en France une visite officielle. Il doit être reçu à la Sorbonne par le conseil de l'université de Paris, où le recteur lui offrira une médaille honorifique. En présence de qui ? De Fouchet, comme il convient au ministre de l'Éducation nationale.

Fouchet à la Sorbonne ? Jamais ! Aurait-il oublié qu'il a été déclaré *persona non grata* en ces augustes lieux ? Aussitôt, la FGEL décrète la grève et convoque les étudiants dès huit heures afin de transformer le temple des lettres en camp retranché. Et pour faire bonne mesure, une manifestation complémentaire est annoncée le même jour à seize heures, rue Soufflot, la rue « interdite » par Maurice Papon. Le problème des polycopiés, dans l'ultimatum, est relégué au second plan. Le communiqué des syndicalistes rebelles parle plutôt de « contrôle étudiant ». « La réforme démocratique de l'Université, écrivent-ils, ne pourra être un fait que lorsque les étudiants n'y seront plus traités comme des irresponsables... »

« Irresponsables » ? Au bureau national de l'UNEF, l'interrogation est soulevée... quant à l'initiative des sorbonnards. Le catalogue adressé au gouvernement est déjà fourni (triplement des salles de travaux pratiques, doublement du nombre des assistants, amorce de pourparlers sur l'allocation d'études). Mais là, le défi est à la fois plus téméraire et plus flou. Sitôt le pont-levis relevé, que deviendront les assiégés ? Seront-ils cernés par les argousins, délogés (impensable, en principe : les locaux universitaires jouissent, selon la loi non écrite, d'un statut d'exterritorialité) ? Comment réagira la population ? Lors de la grève de novembre, simple grève d'« avertissement », les Parisiens applaudissaient au balcon. Mais applaudiront-ils encore une démarche aussi radicale ?

Mousel, attentif au décalage entre Paris et la province, n'est franchement pas chaud. Et Pierre Guidoni non plus. Mais la solidarité l'emporte sur la prudence. Il plaide pour que le BN couvre les insurgés.

Et c'est lui qui rédige l'assez pittoresque lettre, signée Michel Mousel, qu'adresse l'UNEF au président Segni. La chute du message est quasi cornélienne : « Notre seul désir est que vous ne portiez pas un jugement sévère sur le sens de l'hospitalité des étudiants français. C'est par un simple mouvement de pudeur qu'ils refusent de vous recevoir dans les ruines de ce qui fut l'Université française... »

Le recteur et les doyens qualifient la procédure d'« inadmissible ». Le préfet de police interdit la manifestation projetée. Les stratèges de la FGEL s'attendent à une occupation de longue haleine. Le 21 février, traditionnellement, se trouve être la Journée anti-impérialiste des étudiants du monde. Paris, en cet anniversaire, ne sera pas frustrée de guérilla.

Janin et Goldman parcourent les galeries, escaladent les toits, condamnent les ouvertures, expertisent les portes, repèrent les points vulnérables, émaillent les plans de barricades virtuelles. Serge July les accompagne sous l'œil d'enseignants effarés. Prisca Bachelet, dont la mère a travaillé au central téléphonique de Caen, épluche un croquis du standard de la Sorbonne — elle se voit déjà enfonçant les touches, branchant les fiches, quand s'entameront les négociations. Il règne une atmosphère bizarre, tendue, délirante, mais aussi poétique, chargée de rêves et de spectres.

La guerre du quartier Latin n'aura pas lieu. Au jour dit, cinq mille policiers, gendarmes et CRS bouclent le secteur avec une telle fermeté que les ménagères elles-mêmes ne sont pas autorisées à franchir la frontière. Dans la nuit, des policiers, munis de torches électriques, ont méticuleusement fouillé les locaux, sans détecter l'ombre d'un occupant. M. Segni, en compagnie de Christian Fouchet, visite une Sorbonne totalement, rigoureusement déserte.

Les leaders de l'UNEF, cependant, sont réunis dans les locaux de la SFIO (toujours les bons services de Pierre Guidoni). Ils ne pavoisent guère. Hier soir, jeudi, quand il s'est agi de passer à l'acte, les étudiants — avertis sous le manteau, d'amphi en amphi — n'étaient pas plus de quatre cents au rendez-vous, le sac de couchage sous le bras, dans la cour de la Sorbonne.

Péninou et les siens, flairant le fiasco, ont immédiatement

décommandé l'opération. Et M. Papon, involontairement, leur a sauvé la mise. En cernant le quartier, il n'a pas permis aux insurgés de se compter, et nul ne s'est étonné qu'à huit heures, ce matin, la forteresse ait été vide. Le bureau national, pour « éviter les provocations », décommande la manifestation de la rue Soufflot et renonce même à tenir meeting devant les grilles de la Halle aux vins, fermées par les autorités.

« Match nul », commente *le Monde.* En réalité, l'échec est indéniable. Il est quelque peu atténué par une gaffe du pouvoir qui emprisonne pour huit jours un manifestant, coupable d'avoir privé un policier de son képi réglementaire. *Illico,* à l'appel de la FGEL, plusieurs milliers de jeunes scandent, dans la cour de la Sorbonne : « Libérez notre camarade ! »...

La « bande à Péninou » est néanmoins obligée de régler la note. Elle est allée trop vite et sent siffler le vent du boulet au congrès suivant, réuni à Toulouse. Les thèses de la FGEL sont toujours en vogue, mais l'« aventurisme » de ses dirigeants — abandonnés par les carabins, dont la majorité a basculé — ne fait pas recette. Les délégués provinciaux se méfient des Lénine en herbe excessivement pressés d'envahir le palais d'Hiver. On essaie de constituer un bureau présidé par Martine Michelland. On en essaie un autre, après une mémorable et blanche nuit de négociations, où figureraient Guidoni, Kravetz et Péninou. Finalement, c'est Bernard Schreiner, un « catho » de Strasbourg sans étiquette politique, qui sort du chapeau.

Mais la FGEL est le sel du milieu, l'ingrédient qui agace et conserve. Dès juillet 1964, Kravetz s'intègre à l'équipe nationale par la petite porte. Péninou l'y rejoint en octobre. Nouvelle carte pour la « gauche syndicale ». La dernière : cette fois, ça passe ou ça casse.

7

La lutte finale

Ils sont tous là, venus assister au grand cérémonial. Par de neigeuses et sinistres journées de mars 1964, l'Union des étudiants communistes tient son VIIe Congrès ; la municipalité de Palaiseau est son hôte. Une seule question hante chaque crâne : les fidèles de la direction du Parti — qualifiés de « suivistes », ou d' « orthodoxes », ou encore de « stals » — vont-ils reprendre la majorité perdue ? Depuis des mois, l'état-major du PCF a lancé une vaste et discrète contre-offensive. Dans les villes de province, les permanents sont montés en ligne, travaillant au corps les camarades étudiants jugés insuffisamment sûrs, attaquant sans relâche le bureau national.

Ils s'appuient sur la nouvelle fournée de militants arrivés en faculté à la dernière rentrée universitaire, et qui débarquent des cercles de jeunesse communiste sans connaître le contentieux accumulé. Sur ces derniers, peu initiés aux arcanes de la politique, il est plus facile de faire peser le poids du Parti de la classe ouvrière. En province, les oppositionnels ne possèdent pas, comme à Paris, un milieu protecteur, un territoire, une petite contre-société qui leur permettent de résister. Ils se retrouvent souvent isolés, en butte à l'hostilité générale.

Lorsque les contestataires sont issus de familles communistes, le PCF n'hésite pas à jouer sur la corde sensible. Les parents et les proches sont dûment avertis des penchants « déviationnistes » de leur rejeton.

Un soir, le père Vacquin, prolo italien, communiste depuis toujours, interpelle son fils :

— Dis-moi, Henri, on raconte des trucs sur toi au Parti. Tu vas me donner ta parole : tu n'es pas social-démocrate, au moins ?

— Mais non, papa, je suis d'accord avec le parti italien.

— Dans ce cas...

Les multiples efforts de la direction du PCF pour reprendre l'UEC en main ont provoqué une forte poussée des « suivistes ». Ils arrivent au congrès en bataillons compacts, emmenés par deux étudiants de Montpellier, Jean-Michel Catala et Guy Hermier, dont les idées sont aussi rocailleuses que l'accent.

La « gauche » est puissante, elle aussi. Ou plutôt les gauches. Car il faudrait la minutie d'un ethnologue pour peindre avec toutes leurs finesses les infinies variétés de l'espèce.

A l'extrême gauche, Alain Krivine et ses troupes du secteur Lettres, conduites par Henri Weber, le fidèle lieutenant. C'est la gauche version Léon. Les héritiers de Trotski, antistaliniens fervents, invoquent le bolchevisme originel contre la trahison des épigones et conservent fermement brandi le drapeau de la révolution.

A côté d'eux, alliée dans les votes majeurs mais méfiante, une gauche antistalinienne qui s'offre la coquetterie d'être aussi antitrotskiste. Ces militants, souvent influencés par *la Voie communiste,* convergent avec maints leaders de l'UNEF, tel Jean-Louis Péninou. Ils accueillent également Serge July — sensible au charme transalpin —, Goldman ou Janin.

Et puis, les « Italiens ». Ils occupent en nombre la tribune du congrès, plus que la salle ; leur courant connaît, en effet, une fâcheuse tendance à se rétrécir comme peau de chagrin, dévoré par les gauches rivales d'une part, les staliniens de l'autre. A force de militer dans les sommets, ils perdent leur base et forment une pyramide inversée, ou, si l'on préfère, une armée mexicaine où abondent les généraux. La relève s'est opérée ; les pionniers de l'opposition au Parti, Schalit, Sénik, même s'ils sont toujours présents, n'exercent plus de mandat officiel. Henri Vacquin, Fred Bon et son cousin Michel-Antoine Burnier, Yves Buin, le carabin amoureux des lettres, Bernard Kouchner, Guy Tissier, Roland Castro, des Beaux-Arts, ont saisi le relais.

Même chez les « Italiens », de subtiles nuances sont repérables — elles recouvrent les multiples tonalités du parti de Togliatti ; partisans de Magri ou d'Ingrao, l'aile gauche, proches d'Amendola, le « droitier ». Et surtout, les fidèles de l'équipe sortante se sont divisés sur la tactique à suivre. Le BN est minoritaire, et largement. Il a le choix entre s'appuyer sur la gauche contre les suivistes, ou passer accord avec les orthodoxes du PC contre la gauche. Sous l'impulsion de Depaquit, sempiternelle éminence grise, c'est cette dernière option qui est retenue par

Forner et Kahn en réunion de fraction. Mais Marie-Noëlle Thibault et d'autres refusent de considérer que « l'ennemi soit à gauche ».

Les stratèges « italiens » sont convaincus qu'une épreuve de force ouverte, face au PCF, est dépourvue d'espoir. Attachés à leur ligne de conduite, ils préfèrent temporiser pour durer. Quoi qu'il leur en coûte, ils souhaitent donc contraindre, par tous les moyens, la direction communiste au compromis — unique manière, pensent-ils, de rester au pouvoir et de préserver l'essentiel : la démocratie interne. Pierre Kahn qui, en principe, doit succéder à Alain Forner, a donc axé tout son rapport sur la dénonciation de la gauche.

Quand s'ouvrent les débats, la confusion est à son comble. Des votes indicatifs ne ressort aucune majorité nette. Les orthodoxes comme la gauche comptent quarante pour cent des mandats et les « Italiens » à peine vingt pour cent. Pendant deux jours, de grandes manœuvres procédurières se déroulent auxquelles les néophytes n'entendent rien : motions d'ordre, amendements, prises en considération — les scrutins se succèdent au grand désarroi des délégués ingénus. Chaque camp se cherche des renforts.

Enfin, après soixante-douze heures d'invectives et de flottements, on se compte vraiment. Alain Forner, secrétaire général sortant, soumet une motion alambiquée dans la forme, mais claire sur le fond : « Après trois jours d'assemblée générale et à la veille de la fin de ses travaux, le congrès tient à faire face à la mise en cause, par certains camarades, du VIᵉ Congrès. A affirmer sa volonté expresse que la conclusion de ses discussions se fera dans l'esprit et dans l'approfondissement de l'orientation antidogmatique et antistalinienne, pour une discussion démocratique. »

Cette fois, la ligne de partage est tracée : tous les « anti-Parti », « Italiens » ou divers gauche se retrouvent sur un texte minimal qui obtient cent soixante-quinze voix contre cent soixante-dix-neuf. On recompte. Quelques mandats sont invalidés et, finalement, le match nul est proclamé : cent quatre-vingts partout. Il n'y a pas de majorité. Les tenants de la direction du PCF, tentés de prendre le pouvoir, ne sauraient gouverner seuls. La nuit s'avance. On étudie diverses combinaisons. Le congrès éclate en commissions où les virgules volent bas.

La séance reprend le dimanche matin. Mais dès l'ouverture,

Marie-Noëlle Thibault se précipite au micro et, la voix blanche, nouée d'émotion, révèle que pendant la nuit un accord a été conclu clandestinement entre les « pro-Parti » et les « Italiens ». Elle raconte qu'elle a surpris fortuitement une conversation, à l'écart. Roland Leroy et Alain Forner se partageaient les postes du comité national ; trente-cinq sièges à chacune des tendances majeures et treize pour la gauche. La stupeur terrasse l'assistance. Un silence plombé, incrédule, s'établit pendant quelques secondes.

Parachevée lors du congrès, la magouille des chefs « italiens » était en gestation depuis plusieurs jours. Depaquit, Forner et Kahn, les Machiavel en chambre, imaginent, dès lors qu'ils excluent l'alliance à gauche, le moyen de contraindre les staliniens à un mini-Yalta.

Ils commencent par rédiger un violent texte de rupture avec le PCF, pourfendant « ces doctrinaires, ces porteurs d'une vérité religieuse, ces dogmatiques bardés de certitudes et de morgue qui ne se sont jamais trompés... ».

Ils y étalent les plus abruptes de leurs divergences : « Il s'agit du choc entre deux lignes. D'une part, la ligne des camarades qui acceptent sans réserve aucune l'analyse nouvelle ébauchée par le XXᵉ Congrès soviétique et la critique du stalinisme faite par le camarade Khrouchtchev, et qui pensent que toutes réticences à cet égard, toutes tentatives de dissimuler l'étendue des crimes commis sont des actes politiques qui ne peuvent que jeter le doute sur la sincérité de la correction à apporter jusqu'aux racines... » Quant aux tenants de la seconde voie, ils en prennent pour leur grade : « ... Et d'autre part, malheureusement, la ligne des camarades qui, à l'exemple du secrétaire général du Parti, n'ont cessé d'abord de combattre puis de freiner au maximum les changements et le mouvement d'idées issus du XXᵉ Congrès. »

Crime de lèse-majesté, les leaders « italiens » attaquent nommément Maurice Thorez sur le papier : « En fait, avant le XXᵉ Congrès, nous avons reproduit les aspects les plus choquants du culte de la personnalité comme, par exemple, cette cantate intitulée *Celui de France que nous aimons le plus...* » Les rédacteurs rappellent encore comment Jacques Duclos, rentrant de Moscou, a fait acclamer durant dix minutes le nom de Staline au meeting de la salle Wagram où il rendait compte du XXᵉ Congrès, sans souffler mot du rapport Khrouchtchev. Ils condamnent la résistance de la direction thorézienne à la ligne de déstalinisation, et le pacte conclu avec les dirigeants chinois pour affaiblir le locataire du Kremlin.

Ils mentionnent « la guerre sourde menée contre le parti communiste italien dont les dirigeants sont qualifiés d'opportunistes par les responsables les plus élevés du PCF ». Forner et ses amis réaffirment que jamais ils n'accepteront de revenir sur l'orientation ouverte par le VIᵉ Congrès de l'UEC, et portent la botte finale : « Il est temps de renoncer à la politique stalinienne de la forteresse assiégée, à la défense quasi religieuse de la lettre de certains textes. »

Le document est ronéotypé et tiré à trois cents exemplaires sur un papier rose bonbon. A Palaiseau, Forner informe Roland Leroy de son existence et de sa teneur. Il avertit que, faute de compromis, il montera à la tribune et crachera le morceau. Le texte sera simultanément distribué aux délégués et à la presse.

L'arme de dissuasion suffit-elle pour intimider le représentant du PCF ? Dans quelques semaines se réunira le XVIIᵉ Congrès du Parti. Ses animateurs entendent y afficher les signes d'un rajeunissement, d'une volonté de dialogue. Un éclatement spectaculaire de l'UEC, juste auparavant, produirait un effet désastreux. Roland Leroy sent-il, en outre, que le rapport des forces n'a pas franchement basculé ?

Est-il attentif à l'argumentation développée dans le libelle des « Italiens » sur la conjoncture internationale ? Après tout, à Moscou, rien n'est encore réglé. Conservateurs et rénovateurs s'affrontent durement. L'ensemble du mouvement communiste guette l'issue de la bagarre indécise. Si la déstalinisation l'emporte, une évolution « à l'italienne » du parti français, sous la houlette de Waldeck Rochet (dont on sait, à l'intérieur du sérail, qu'il sera le successeur de Thorez), est concevable. Dans cette hypothèse, Leroy pourrait faire valoir ses états de service à l'UEC, rappeler son rôle conciliateur. Toujours est-il que, fort tard dans la nuit du samedi au dimanche, un terrain d'entente est dégagé. Les comploteurs remballent leur document massue, qui demeurera secret.

A l'aube, Pierre Kahn revient dans la salle où les délégués des différentes tendances ont vainement tenté de s'accorder sur un texte. Il aperçoit Marie-Noëlle Thibault et lui confie, soulagé : « Les listes sont prêtes ; l'accord est dans le sac. » D'abord, elle ne comprend pas, et puis elle craint de trop bien comprendre. Les larmes lui montent aux yeux, elle quitte la pièce précipitamment. Elle qui, au sein du BN, a bataillé pour que les « Italiens » s'associent avec la gauche refuse ce honteux marchandage qui hypothèque l'avenir.

Elle s'isole pour réfléchir, retrouver ses esprits, et c'est là qu'elle surprend la conversation entre Roland Leroy et Alain Forner, qui lui ôte ses derniers doutes : les deux hommes dressent la liste des futurs membres du comité national. C'est plus que n'en peut supporter la militante idéaliste pour qui les moyens justifient la fin. Sombrer dans le maquignonnage avec les staliniens, c'est déroger à la morale, c'est s'avilir — le pire des naufrages.

Écœurée, elle quitte les lieux du congrès. En sortant, elle croise Yves Janin qui la réconforte de son mieux et la persuade de revenir dénoncer devant les délégués ce qu'elle a subrepticement découvert. Tous deux regagnent l'enceinte lorsqu'ils tombent sur Leroy, la mine réjouie.

Marie-Noëlle ne contient plus son indignation :

— Ton entourloupe, tu ne l'emporteras pas au paradis. Le jour où l'on fera la révolution, on te pendra, Leroy, on te pendra !

L'interpellé s'éloigne, souriant, amusé.

A l'intérieur, un à un, les militants reprennent leur place. Les traits sont tirés, les yeux las. Michel-Antoine Burnier, qui n'est au courant de rien, se heurte à Schalit, lequel l'avertit d'un trait :

— C'est gagné. On a réussi une magouille formidable.

Burnier n'a pas le temps de demander des détails supplémentaires ; déjà, Marie-Noëlle est au micro.

Jamais autant que ce jour elle n'a mérité son surnom de « *Pasionaria* de l'UEC » dont quelques admirateurs l'ont affublée. Émue aux larmes, elle parvient difficilement à relater les jeux de coulisses qu'elle a surpris alors que les délégués s'échinaient sur les amendements. Le premier instant de stupeur passé, le congrès se déchaîne, les travées s'agitent, tanguent en tous sens. Les militants de la gauche hurlent leur indignation.

Pierre Goldman crie quelque chose dans la direction de Leroy, que personne ne comprend. Janin, les mains en porte-voix autour de la bouche, lance des imprécations. Les « pro-Parti » demeurent silencieux, mais l'étonnement et souvent le désarroi les étreignent manifestement. Depuis des semaines, leurs dirigeants les ont chauffés à blanc contre la racaille qui occupait indûment le bureau national, et voilà qu'un compromis est passé avec les salopards d'hier.

Quant aux « Italiens » du rang, pour la plupart, ils n'étaient pas dans le secret des dieux. Découvrant la manœuvre en même temps que les autres congressistes, ils se sentent morveux : adopter un *modus vivendi* avec les « stals » exécrés, même si c'est pour la bonne cause, n'a rien d'exaltant. Le combat en deviendrait presque douteux ; belle entorse à cette morale dont se réclament les pourfendeurs de pratiques staliniennes. « Tout ce que nous savons, c'est le Parti qui nous l'a appris », avait naguère raillé Dédé Sénik pour épingler Leroy.

Cette fois, les élèves égalent leurs maîtres.

Le tumulte est tel que Roland Leroy, professionnel averti, réclame le huis clos : la presse et les invités sont priés de quitter les lieux. Pendant la suspension de séance, les leaders de chaque camp tentent de reprendre leurs troupes en main. Derrière la tribune, Leroy explique aux responsables de son courant que le compromis est favorable et provisoire. Du côté des « Italiens », dans un autre coin, la pilule semble plus difficile à avaler. Henri Vacquin se déclare scandalisé. Crânement, Alain Forner assume complètement l'opération, annonce à ses amis qu'il va s'en expliquer devant les congressistes.

Dans une ambiance dramatique où la fatigue accumulée des nuits blanches ajoute encore à la tension, Forner et Leroy commentent à tour de rôle les termes du pacte. Le calme semble revenir.

Philippe Robrieux bondit à la tribune. L'ancien secrétaire général de l'UEC, qui livra trois années plus tôt le premier combat contre la direction du PCF, a récemment repris du service. Dans ce monde amnésique qu'est le milieu universitaire, il fait figure de vétéran, éternel étudiant à la recherche d'un parchemin.

En vieux routier, il a saisi le flottement dans les rangs des

213

fidèles du Parti et s'emploie aussitôt à élargir la brèche, à démontrer que le double jeu, dont le congrès vient d'administrer l'éclatante illustration, fonde la politique même de l'état-major du PCF. Et il raconte, anecdotes à l'appui, comment le mensonge est érigé en méthode. Le discours vire à la confession. Robrieux, soudain pathétique, relate par quel cheminement il perdit ses illusions. Il n'épargne aucun détail quant aux sales besognes que la raison de Parti le contraignit à effectuer. Le public, impressionné par la sincérité de pareille autocritique, se fige, un instant chaviré par cette irruption des sentiments humains au royaume des hommes de marbre.

La politique reprend ses droits. Le comité national est élu sur la base du compromis Leroy-Forner : trente-cinq postes pour les « Italiens », trente-cinq pour les « pro-Parti » et treize pour la gauche. Mais cette dernière, principale victime du partage réalisé dans son dos, repousse avec hauteur des strapontins qui ne correspondent guère à son influence réelle et refuse de siéger dans les instances de direction. Roland Leroy, ironique, jette à Krivine :

— Ne partez donc pas, je vais m'ennuyer sans vous...

L' « œil du Parti » plaisante volontiers : c'est lui qui sort grand vainqueur du congrès. Les orthodoxes, fidèles du PCF, déboulent en force ; Jean-Michel Catala et Guy Hermier accèdent au bureau national. Hermier seconde le nouveau secrétaire général, Pierre Kahn, et s'arroge le contrôle de *Clarté,* où il s'apprête à monter une garde vigilante. Avant chaque réunion du bureau, les « Italiens », Pierre Kahn, Frédéric Bon, Roland Castro, Bernard Kouchner, Guy Tissier, fourbissent entre eux les poignards. La coexistence armée s'installe. Cela ne saurait durer.

De longue date, *Clarté* est dans le collimateur. L'ouverture du journal, sa liberté de ton, les enquêtes déviantes de July, les papiers dérangeants de Kouchner, les entretiens littéraires de Buin et même la rubrique mode inaugurée par Patrick Pesnot agacent prodigieusement les hiérarques du 44, rue Le Peletier. Ce n'est pas fortuitement que Roland Leroy a exigé le fauteuil de directeur pour son poulain Hermier, lors des négociations secrètes avec Forner.

La préparation du numéro qui suit le congrès et doit rendre

compte des débats en offre une convaincante illustration. Hermier conteste la manière dont Kahn, secrétaire général, analyse les résultats des assises, tique fortement à la lecture d'une ample interview de Jean-Paul Sartre où le philosophe, questionné par Buin, expose ses vues sur l'esthétique réaliste. Et il éclate lorsque les « Italiens » prétendent publier une contribution de Palmiro Togliatti, le numéro un du PCI.

C'est peu dire que les relations sont mauvaises entre les partis « frères ». Au-delà des Alpes, on ne comprend pas ou l'on comprend trop bien les réticences de Maurice Thorez à engager une véritable déstalinisation. Le secrétaire général du PCF déteste cordialement son homologue latin, qui s'est fait le champion de l'évolution.

Les deux hommes rivalisent au sein du mouvement communiste international et s'opposent sur le fond, en un curieux chassé-croisé. Thorez, au lendemain du XXe Congrès soviétique, avait pris appui sur les Chinois dans sa lutte contre Khrouchtchev ; le voici désormais à la tête du courant hostile à Pékin, favorable au rétablissement de l'hégémonie moscovite sur les partis communistes.

Palmiro Togliatti, quant aux principes, critique sévèrement les positions de Mao Tsé-toung. Mais il souhaite éviter que le conflit ne tourne à l'excommunication et que les Soviétiques n'en profitent pour rétablir l'ordre d'antan où aucune voix dissonante ne pouvait s'élever sous peine d'hérésie. Tel est, en substance, le contenu de l'article — publié d'abord dans *Rinascita,* la revue théorique du PCI — que le comité de rédaction de *Clarté* veut reproduire dans ses colonnes.

Les « Italiens » du BN sont, eux aussi, et sans ambiguïté aucune, antichinois. Dans un article musclé, Pierre Kahn avait fustigé ces « héritiers de Staline » qui refusaient les leçons de Nikita Khrouchtchev. Mais, comme leur idole, Togliatti, ils redoutent que la discussion ne soit tranchée de manière autoritaire.

L'article du leader italien tombe donc à pic pour répandre, sous une signature prestigieuse et incontestable, leur propre analyse. Mais Hermier veille au grain. Fort de son mandat directorial, il refuse le papier et, pour plus de sûreté, donne consigne à l'imprimerie de *l'Humanité,* qui fabrique une partie du journal, de n'accepter que les articles préalablement visés par lui. Voilà le secrétaire général du PCI censuré dans une revue dépendant du PCF !

Pierre Kahn ne se soumet pas au diktat. Il convoque le bureau national, obtient un vote qui blâme Hermier et lève l'interdiction. Mais, à l'imprimerie de *l'Huma,* on n'écoute que la voix autorisée du PCF. Il ne saurait être question que les rotatives prolétariennes crachent de la propagande anti-Parti.

Pierre Kahn, inflexible et batailleur, se retourne vers l'imprimeur qui assure la confection des pages magazine. Hélas ! *Clarté* lui a laissé une ardoise de plusieurs millions de centimes. Avant d'accepter le travail, le créancier s'assure que le PCF, un de ses gros clients, apporte sa garantie. Refus.

Roland Leroy propose alors à Pierre Kahn un singulier marché. Il lui avancera trois millions de francs afin d'éponger les dettes les plus criantes. En échange, *Clarté* paraîtra sans l'article incriminé. L'affaire devient grandiose : un dirigeant communiste ouvre son tiroir-caisse pour qu'un autre dirigeant communiste, italien il est vrai, soit réduit au silence.

Kahn rejette l'offre et sonne le branle-bas. Il faut trouver du fric. Vite.

Henri Vacquin, le trésorier, entame la tournée des artistes amis. Il sollicite même une entrevue avec Jean-Baptiste Doumeng, un négociant communiste qui tire sa prospérité des ventes de produits agro-alimentaires en Union soviétique. Vacquin explique le motif de sa visite. Avec une lenteur de paysan sourcilleux, Doumeng sort son portefeuille de sa poche, en extrait quelques billets et les tend à son interlocuteur stupéfait, en marmonnant :

— Ça ira comme ça.

Vacquin refuse le pourboire et sort dignement.

Les militants de l'UEC se muent en quêteurs qui ratissent la Sorbonne et le quartier Latin. En une journée, plusieurs millions de centimes sont collectés. Le soir, Vacquin transporte une grande bassine emplie de pièces et de billets chiffonnés chez un nouvel imprimeur. *Clarté* sort avec un mois de retard. Mais avec Togliatti.

A la réunion du comité national qui suit l'incident, Kahn demande et obtient que Hermier soit destitué de ses fonctions de directeur du journal. Il a gagné une manche, mais cette fragile victoire ne met pas un terme à l'affrontement. Quelques jours plus tard, le parti communiste tient son XVIIᵉ Congrès. La délégation de l'UEC est expédiée au poulailler, parmi les spectateurs, et on l'encadre de solides gardes du corps afin d'éviter les manifestations d'hostilité.

216

Une fois de plus, c'est l'épouse du secrétaire général, Jeannette Vermeersch, qui porte le fer contre la rébellion. Du haut de la tribune, elle énonce sur un mode colérique et pointu les griefs des dirigeants contre l'organisation étudiante :

— Si le titre d'un journal répond peu à son contenu, c'est bien *Clarté*. C'est *Confusion* qu'il devrait s'appeler. Ce journal est devenu le repaire des thèses de groupements gauchistes et révisionnistes...

« Gauchistes », « révisionnistes » : dans le jargon communiste, ces épithètes ne sont guère signe d'apaisement. Roland Leroy abandonne, lui aussi, les amabilités :

— Dans le milieu étudiant, le danger principal, s'écrie-t-il, est celui sur lequel on n'a pas frappé le dernier coup !

Au terme de ces journées, un cocktail rassemble la *nomenklatura* de la maison. Malgré la tension officiellement affichée, des membres du bureau de l'UEC sont invités à trinquer avec les responsables du PCF. Un moment, porté par la foule, Bernard Kouchner se retrouve face à face avec Maurice Thorez, qu'il aborde sans égards excessifs :

— Dis donc, vous n'y êtes pas allés de main morte, au congrès.

Thorez sourit :

— Qui aime bien châtie bien.

Mais Kouchner n'entend pas en rester là. A la stupéfaction de la cour qui s'est formée autour du secrétaire général, il proteste :

— Le coup du père Fouettard, on connaît, mais pour régler les problèmes, c'est un brin simplet.

Peu habitué à semblable désinvolture, le leader du PCF s'échauffe :

— Mon petit gars, si moi, à ton âge, j'avais accompli le dixième de ce que vous nous avez fait, je ne serais pas là pour le raconter.

— Tu regrettes de ne pas pouvoir nous faire fusiller ? réplique l'étudiant en médecine.

Rompant net, Thorez s'éloigne, ulcéré. Cette juvénile insolence lui est encore plus insupportable que les frondes politiques. Décidément, le temps du knout est venu.

Mais les étudiants — rituel oblige : l'année universitaire s'achève — s'enfouissent dans leurs examens. Et les vacances interrompent la partie.

Pas de doute : la politique sur le sable chaud, c'est le fin du fin. En cet été 1964, l'Algérie indépendante attend au bord de la grande bleue des délégations de jeunes venus du monde entier. Derrière une futaie de drapeaux mêlés, des tentes ont été dressées à l'intention des visiteurs. Le choix du site, Sidi-Ferruch, à l'ouest d'Alger, tient aux séductions de la baie. Mais l'histoire accomplit parfois de plaisantes pirouettes : ici, le 14 juin 1830, débarquèrent les premières troupes françaises...

Tiennot Grumbach est impatient. Proche des Jeunesses du FLN, pionnier du tourisme populaire, technicien de l'industrie du loisir et grand bâtisseur de festivals, il figure parmi les organisateurs de ces réjouissances. Et le débarquement qu'il escompte, c'est un solide contingent de copains qu'il n'a pas ou peu revus depuis deux ans, depuis qu'il a délaissé le quartier Latin pour traverser la Méditerranée. Jean-Paul Ribes et lui ont beaucoup à raconter, beaucoup d'histoires douces amères, d'emballements et de désillusions.

Ils étaient partis « jeter un œil sur place », en juillet 1962. Une brève escapade, le temps d'acheminer jusqu'à des médecins amis, lecteurs de Frantz Fanon et désireux d'accompagner les premiers pas de la république nouvelle, quelques cartons de médicaments. Et puis ils sont restés. La clinique où ils devaient livrer leurs colis manquait cruellement d'infirmiers. Malgré leurs licences en droit, ils ont enfilé une blouse blanche. Manière d'obéir à une triple impulsion : le désir de poursuivre sous d'autres formes le combat clandestinement engagé aux côtés des « rebelles », la volonté d'expier une obscure et tenace culpabilité collective, le choc de s'apercevoir que les ex-colonisés accordent aux Français sympathisants une hospitalité désarmante.

Cette Algérie abstraite, enjeu des passions qui ont dominé leur adolescence, Tiennot et Jean-Paul l'explorent avec voracité ; les gosses grouillants de Belcourt, les tombes rondes et blanches des cimetières jardins, les pyramides de fruits saignants aux éventaires de la casbah, les cours fraîches à peine entrevues par les portes basses, le poisson grillé à l'ombre de la mosquée de la pêcherie et la splendeur de la mer qui respire contre la ville. Et encore les gens, les femmes voilées, les hommes sans femme, les hommes seuls au cinéma où l'on projette des films indiens, les soldats solitaires, gauches et analphabètes, descendus du maquis, les types attablés le jour durant, et une partie de la nuit, aux terrasses des ruelles, buvant de la *gazouze,* la limonade qu'autorisent l'État et le prophète. Et toujours sur les quais, en plein soleil, étirées le long du môle de la Transat, les files renaissantes des nomades de l'emploi, avec leurs valises et leurs transistors, patientant jusqu'à ce que des marins déverrouillent les portes inférieures du *Ville d'Alger,* les portes de la cinquième classe.

Grumbach et Ribes apprennent à connaître les lieux — *la* librairie, celle où l'on trouve du Lénine et du Sebag, jouxte la grande poste. Ils apprennent aussi à situer les protagonistes du moment. Passé sept heures du soir, le « Tout-Alger politique » se retrouve, sur cinquante mètres, entre l'hôtel Aletti, palace de béton massif mué en quartier général, et les tables mitoyennes des trois cafés d'en face, l'Europe, la Rotonde et le Tahiti. Avec l'Assemblée et la villa Joly, la promenade est complète.

Facile d'identifier les lieux. Difficile d'identifier les lignes. Depuis l'indépendance, factions et fractions se déchirent, se recollent, se séparent au gré des querelles personnelles et des divergences d'analyse, étroitement imbriquées. Peu à peu, les figures de proue disparaissent. Les « trois B » — Ben Khedda, Krim Belkacem, Boussouf — sont à la retraite. Boudiaf, Aït Ahmed (qui glisse vers la dissidence, en Kabylie), Khider sont mis à l'écart, comme Ferhat Abbas durant l'été 1963. La Constitution dote le pays de deux piliers : le président et le Parti. Même si la Charte d'Alger, qui mêle subtilement marxisme et autogestion pour « un dépassement du nationalisme vers un socialisme scientifique », est probablement le texte le plus élaboré du tiers monde, *al Chaab,* le Peuple, dont la signature est apposée au bas de chaque slogan sur les murs de la capitale, *al Chaab* est désorienté — la réforme agraire tarde à se dessiner. L'UGTA, la grande centrale syndicale, est dégagée en touche.

Tiennot et Jean-Paul ont bientôt rendu leur tablier d'aide-soignant. L'Office du tourisme algérien est en cours de création et cherche des professionnels. Grumbach et sa femme louent un appartement au Panoramique. Ribes déniche une villa. L'univers des « pieds-rouges », les Français qui ont choisi de s'installer outre-Méditerranée quand leurs compatriotes de Bab-el-Oued s'exilaient en Métropole, est un univers bizarre, pittoresque, exalté, ambigu. Reçus en hôtes d'honneur, traités comme des compagnons à part entière, ils n'en évoluent pas moins entre deux mondes. La nationalité algérienne leur est offerte de droit, s'ils le désirent. Jean-Paul est tenté, Tiennot hésite. Ce sont les amis de l'UGTA et des Jeunesses FLN qui tempèrent leur inclination : « Les choses sont complexes, la situation incertaine, ne cédez pas à un élan sentimental... »

En France, pendant la guerre, les relations étaient simples avec les chefs clandestins de l'insurrection — des militants, partisans de la discussion ouverte, souvent dotés d'une syntaxe politique analogue à celle de leurs interlocuteurs. En Algérie, une fois la paix gagnée, le souvenir de la septième willaya (le FLN métropolitain) s'est estompé et ses dirigeants sont devenus marginaux. Les porteurs de valises rescapés ont perdu leurs repères et aussi leur autorité. Anciens combattants décorés, on leur demande — d'abord à demi-mot — de déposer les armes et de laisser jouer les acteurs. Ils dînent avec les ministres, participent à l'animation culturelle, barbotent dans le bain tiers-mondiste, signent des articles pour *Révolution*. Mais ils ne font plus l'histoire.

Certains s'entêtent à ne pas la déserter. Henri Curiel et ses amis, basés au cinquième étage de l'hôtel attitré des pieds-rouges, cherchent moins à peser sur la politique intérieure algérienne qu'à profiter de l'indépendance toute fraîche pour établir ici une plaque tournante de soutien aux mouvements de libération d'Afrique et d'ailleurs. Leur réseau fonctionne avec des subsides débloqués par Ben Bella, sur la recommandation de Bachir Boumaza, l'un des ex-responsables de la détention algérienne à Fresnes — où fut incarcéré Curiel lui-même.

Jean-Paul Ribes, en 1963, accepte une excitante mission à destination du Mozambique, *via* l'Afrique du Sud. Mais les contacts dont il a appris par cœur les coordonnées, et par le truchement desquels il doit proposer au FRELIMO des stages d'initiation à la guérilla sur le sol algérien, sont de médiocres intermédiaires. Un coup d'épée dans l'eau. Ce ne sera cependant pas le dernier voyage « hors normes » de Jean-Paul.

Les pieds-rouges ont tendance à considérer qu'un militant est un militant, et qu'un militant de Limoges a voix au chapitre à Constantine autant qu'à Limoges. Ce qui agace, de plus en plus ouvertement, les militants de Constantine...

Inversement, les jeunes Français qui ont pris fait et cause pour l'indépendance vivent mal le spectacle quotidien qui les assiège. Ils avaient annoté *l'An V de la révolution algérienne,* en 1959, et cru comme Fanon que la lutte armée, par son énergie propre, déclencherait un bouleversement social et culturel. Ils ont misé sur la spontanéité paysanne, oubliant que la guerre d'Algérie était dirigée par la petite bourgeoisie tandis que les fellahs étaient encerclés sur leurs pitons ou bouclés dans des camps.

Autour de Tiennot et de Jean-Paul, la corruption s'étale tranquillement, impunément. Le chômage est trop intense et les familles trop nombreuses pour qu'un poste opportun ne se transforme en manne providentielle. Les demeures royales de Hydra, le Neuilly algérois, les immeubles de la rue Didouche-Mourad, naguère rue d'Isly, ont été rachetés à vil prix par des spéculateurs pressés. Les femmes portent toujours le voile et les filles n'ont toujours pas le droit de choisir leur époux. Les grands domaines viticoles s'abîment. On fait la queue devant l'unique pharmacie de Batna, pendant des heures, au soleil, pour obtenir de la quinine. Les médecins bulgares effraient jusqu'aux mourants par leur incompétence. Et il suffit de s'enfoncer de cent ou deux cents kilomètres vers le sud pour apercevoir les enfants ballonnés, couverts de mouches, sur les marchés démunis où de maigres chèvres contournent les plats ocres de couscous sec, posés à même la latérite.

Le petit peuple de Belcourt s'entasse dans des appartements exigus. Épisodiquement, un mouton destiné à quelque fête, mariage ou circoncision, s'échappe par la fenêtre de la salle de bains.

Parallèlement, les clans familiaux se glissent dans les infinis recoins de l'appareil. Au hasard de leurs tournées, Grumbach et Ribes vérifient que c'est affaire de système, pas uniquement de morale individuelle. A Tlemcen, une seule et même tribu contrôle la mairie, la préfecture et la police, la section du parti, la coopérative viticole, l'inspection académique. Ailleurs le nom change, mais la règle du cumul est la même.

Sur la place du Gouvernement, au balcon de l'ancien « GG » où prirent jadis la parole — et le pouvoir — de Gaulle et Salan, les orateurs n'attirent plus la foule. Les meetings s'effilochent. Ahmed Ben Bella, pour déclencher la claque, est contraint de sortir les épouvantails habituels, Lagaillarde et Ortiz. Quelques huées de bon ton, et l'assistance, rameutée par les cadres du parti, se disperse. La passion politique couve, mais en coulisses, parmi les initiés.

Tiennot, qui a le sang chaud et l'éthique sourcilleuse, commet un impair. Pour préparer le festival de Sidi-Ferruch, il est sous les ordres d'un personnage dont le mode et le train de vie lui paraissent inadmissibles. Le Bureau du tourisme de la jeunesse ne roule guère sur l'or. Ce qui n'empêche pas son directeur, jeune et ambitieux cadre du FLN, de disposer en permanence d'une chambre à l'Aletti (tarif Ritz), et de voyager, déjeuner et draguer aux frais du service. L'addition est telle que Tiennot refuse de l'endosser et transmet le dossier, assorti d'une lettre vengeresse, en haut lieu. Contrairement à ses prévisions, la réaction est prompte, sous forme d'une convocation signée Abdelaziz Bouteflika — homme fort du régime et sa voix internationale. Le « frère » Grumbach en prend pour son grade : « Vous êtes français, observe le ministre, mêlez-vous de ce qui vous regarde ! »

Tiennot continue de travailler avec ses complices des JFLN. Mais c'est désormais un travail bénévole. Il est radié de l'administration algérienne.

Jean-Paul, lui, est entre-temps parti aux champs, dans une coopérative proche de Blida. Son expérience n'est pas moins éprouvante : ce qu'il découvre, à la base, c'est, dit-il à son ami, « une caricature de féodalité socialiste ». Reste que la demande de formation est immense. Ribes improvise des cours d'économie, avec des bouts de Marx, des bribes de Dumont et une sérieuse dose de Bettelheim. Grumbach est embauché à l'Institut de planification par le doyen Peyregga, complètement dépourvu d'enseignants. Et les deux compères — ils ont vingt-deux ans — se retrouvent chargés d'accueillir en stage les directeurs des entreprises autogérées. Leur bagage : de vieux manuels soviétiques et le catalogue des éditions Maspero.

La coutume, en fin de session, est d'achever les travaux par un spectacle psychodrame censé résumer les débats. Ahmed Ben Bella lui-même décide d'honorer de sa présence l'institution et la méthode. Ce jour-là, le thème retenu semble prudemment anodin : un membre de la coopérative a volé trois poules, que faire ? Mais la logique des rôles l'emporte sur la banalité du propos. Le stagiaire qui incarne le directeur de l'entreprise se heurte à celui qui représente l'œil du parti. Les épithètes volent — incapable, bureaucrate ! Et, soudain, chacun s'interrompt, horrifié : le président de la République est dans la salle, on l'avait oublié. Silence de mort. Les collaborateurs du chef de l'État n'osent broncher. Tiennot et Jean-Paul se jugent bons pour la taule (au mieux, la résidence surveillée). Ben Bella sourit et, seul, applaudit paisiblement. L'assistance enchaîne. Sauvés !

A la veille de l'inauguration du camp de Sidi Ferruch, les jeunes pieds-rouges sont partagés entre le goût de la fraternité et de l'aventure, qui ne cesse de ressusciter dans leur cervelle, et la mort lente des naïvetés précoces usées par l'inertie des machines et la fragilité des hommes — fussent-ils d'anciens héros.

Existe-t-il seulement des héros qui le demeurent, qui ne dégénèrent pas en potiches, en comptables, ou, pire, en tricheurs enrichis ? Grumbach et Ribes le croient. Ils en ont rencontré au moins un : Ernesto Che Guevara. C'était l'année dernière.

L'axe Alger-La Havane est alors le pivot du tiers monde. Et d'une capitale à l'autre, les navettes sont fréquentes. Au sommet : Ben Bella rend visite à Castro peu avant la crise des fusées. Mais aussi chez les jeunes révolutionnaires : Ania Francos s'établit en Algérie et se lie avec un haut dirigeant ; Michèle Firk circule dans le sens contraire, au propre et au figuré — déçue par le « socialisme » maghrébin, elle confie à *la Voie communiste* un reportage assez cinglant, puis gagne les Caraïbes.

Grumbach et Ribes entretiennent des rapports amicaux avec l'ambassadeur cubain en poste à Alger. Trop amicaux, peut-être, au goût de Tiennot : sa femme le quitte pour le *comandante* diplomate. Blessure complexe, où l'intime et le public, le politique et l'affectif s'emmêlent furieusement. L'époque est ainsi.

Au début de l'été 1963, l'Institut de planification, malgré les talents d'improvisation de ses animateurs autodidactes, manque de conférenciers. Tiennot et Jean-Paul ont l'idée d'inviter le Che. Le message est transmis par l'ambassade cubaine. Et la réponse ne tarde guère : elle est positive.

Légère crispation au creux de l'estomac. Quand ils traversent Maison-Carrée en direction de l'aéroport, Grumbach et Ribes éprouvent la sensation d'un rendez-vous avec l'histoire. L'homme qui, vingt minutes plus tard, sort de l'avion et s'avance vers eux appartient à la légende, la plus romantique, la plus noble.

Ironique et subtil, le Che perçoit aisément cette nuance de respect, de déférence travestie sous l'emballage de camaraderie militante. Il s'en amuse. « Pourriez-vous traduire ma conférence d'ici demain ? », demande-t-il dans la voiture, brandissant une liasse de feuillets rédigés en espagnol. Que ne ferait-on pour le libérateur de la Sierra Maestra ? Tiennot et Jean-Paul passent une nuit blanche sur leur machine à écrire. Le lendemain matin, le héros argentin les remercie avec effusion, et dans un français impeccable...

La vaste salle, sous la place du Gouvernement, est bourrée à craquer, le 13 juin, quand Che Guevara commence à exposer sa conception de la réforme agraire, du rôle de la paysannerie dans le changement politique, des échanges entre pays socialistes, de la bureaucratie d'État face aux populations rurales. L'impact est considérable. Tout au long de son séjour dans la capitale algérienne, le compagnon de Fidel reste en contact avec les deux Français de l'Institut.

L'avant-dernier jour, il les appelle depuis l'ambassade : « Je voudrais vous dire au revoir. » En réalité, la cérémonie des adieux prend la tournure d'un interrogatoire assez serré. Le Che, attentif et curieux, accumule les questions sur l'activité passée des porteurs de valises, l'attitude et l'évolution de l'opinion française, l'action personnelle de ses interlocuteurs. Et là-dessus, le piège :

— Mais est-ce que vous êtes communistes, au moins ?

Nette hésitation. Tiennot se lance :

— Oui, on peut dire que nous sommes des communistes sans parti.

La réponse ne semble pas déplaire au Che, loin s'en faut :

— Venez avec moi. Je vous emmène à Cuba. Ça devrait vous intéresser.

Et, le lendemain, Tiennot Grumbach et Jean-Paul Ribes s'embarquent dans l'appareil qui ramène leur conférencier vers La Havane. Une délégation algérienne est également à bord, dirigée par Houari Boumedienne, le premier vice-président du Conseil.

Pendant trois semaines, ils sillonnent l'île, fréquemment accompagnés du ministre de l'Industrie. Fidel Castro rentre d'URSS — c'était son premier voyage chez les Soviets — où il a négocié un accord sur le sucre. Le Che, en termes voilés, laisse parfois percer son inquiétude devant la dépendance croissante envers les Russes et leurs satellites. Ses boutades sont drôles, mais lourdes de sens :

— Vous savez ce que c'est que l'internationalisme prolétarien ?

Le temps que les visiteurs cherchent une définition acceptable, Che Guevara les devance :

« C'est aimer tous les peuples du monde.

Franchement, on espérait mieux. Mais il reprend :

« Et savez-vous ce que c'est que l'internationalisme prolétarien *conséquent* ?

La devinette retrouve du sel.

« C'est aimer tous les peuples, même les Tchèques !

Les trois hommes hurlent de rire. Cadeau des grands frères socialistes, des « conseillers » tchèques ont pris pied à Cuba pour y délivrer leur savoir en matière de planification. Manifestement, Guevara n'épouse guère leurs conceptions.

Le voyage se termine par un pèlerinage dans la Sierra (conformément à la tradition), là où fut autrefois établi le camp de base du Che. Les *barbudos* ont été remplacés par des institutrices qui produisent sur les deux pieds-rouges l'effet habituel — c'est-à-dire la tentation de s'attacher plus que de raison.

Che Guevara remonte dans une Jeep, et ramène ses hôtes jusqu'au ministère. L'heure de la séparation est venue. Timidement, Tiennot sort de sa poche revolver une photo et demande à son vis-à-vis d'y griffonner quelques mots. Éclat de rire, un brin narquois :

— Eh, tu me prends pour une vedette de cinéma !

Rougissant, Tiennot rempoche précipitamment son fétiche. Jean-Paul, féroce, ricane à ses côtés, sans la moindre indulgence, de concert avec le Che. Lui aussi tenait une photo prête. Mais il préférait que la tentative vînt de son ami.

Paris-La Havane-Alger. Peu importe l'ordre des escales. Tous les apprentis révolutionnaires qui ont battu le pavé parisien s'inscrivent dans ce triangle ou rêvent de s'y inscrire. Les uns ont la fibre tiers-mondiste, les autres, plus sceptiques, sont candidats à un libre examen, mais il n'en est guère que les images ou les récits rapportés par leurs camarades laissent indifférents. Grumbach et Ribes rejoignent leur patrie adoptive plus « communistes » qu'ils ne l'avaient quittée, plus désireux d'étudier le marxisme — encouragés sur cette voie par le Che.

A Cuba, Michèle Firk accueille Jean Schalit et Jean-Jacques Porchez ; ils surgissent juste lorsque s'ouvre le procès spectaculaire — et assez trouble — de Marcos Rodriguez, accusé de délation pendant la lutte antibaptistienne et qui sera fusillé cinq jours après le verdict. L'enthousiasme de Michèle n'en est pas tempéré. A Jeannette Pienkny, momentanément repartie pour la France, elle écrit, joyeuse : « J'aurai loupé Playa Giron et la crise des Caraïbes, mais j'aurai quand même eu le cyclone Flora, la mort de Kennedy, et le procès Marcos... »

En deux lignes anodines, Michèle résume bien ce qui fait courir sa génération : l'idée que le monde est ouvert et que les événements galopent ; la hantise de rater l'échéance, de ne pas être là où il faut, quand il faut.

Jean Schalit, astucieusement, joue sur ce registre pour développer Clarté-Voyages. Les étudiants sont fauchés mais ont cent périples en tête. Pour franchir les océans, les deux seules méthodes concevables sont l'invitation officielle et le charter assorti d'un séjour à bon marché. L'été 1964 marque l'apogée de la méthode Schalit. Tandis qu'une délégation de l'UEC s'embarque pour Sidi Ferruch où elle sera l'hôte des JFLN, diverses « personnalités » de la gauche étudiante se posent à La Havane — l'animateur de *Clarté* a préalablement négocié les conditions (très favorables) de leur circuit.

Jeannette Pienkny, de retour dans l'île après un bref chassé-croisé avec Michèle Firk, voit défiler, les yeux écarquillés et la peau noire, des visages familiers, mille fois croisés place Paul-Painlevé : entre autres, Bernard Kouchner et son compère en médecine René Frydman, les deux sœurs Pisier, Évelyne et Marie-France ; Feltrinelli, le Maspero italien, se baigne dans les mêmes eaux. Sans oublier Michel Rocard, qui crée la surprise en prônant la conquête graduelle du pouvoir d'État. A cette heure et sous ces latitudes, le langage de celui qu'on nomme Georges Servet au PSU n'est pas dépourvu d'originalité.

Kouchner obtient pour *Clarté* une interview de Fidel. L'entretien ne se réduit pas à vingt minutes de banalités entre deux portes. Le numéro un cubain emmène les jeunes Français à la baie des Cochons, partage avec eux le plaisir d'une partie de pêche sous-marine. Son aura d'aventurier fascine Bernard, quoique le discours politique soit moins pittoresque. Castro lui paraît totalement braqué sur les Yankees, assez ignorant du reste de la planète. Souvent, la discussion tourne court :

— Pourquoi n'organises-tu pas d'élections libres ?

— Ah, les élections ; ça a trop servi, c'est une saloperie !

— Mais la démocratie, le droit du citoyen ?

— Aux USA, il y en a sans arrêt, des élections. Est-ce que c'est ça la démocratie ? Est-ce que tu considères les USA comme un État démocratique, et qui défend la démocratie autour de lui ?

« Italien » jusqu'au bout des ongles, Kouchner répugne à entrer dans cette logique du tout ou rien. Mais c'est vrai qu'ici les choses sont autrement tranchées : le PC est déclaré hors-la-loi au Venezuela, les prisons péruviennes se remplissent, les militaires commandent au Guatemala, le général Barrientos complote en Bolivie et le maréchal Castelo Branco au Brésil. Pourtant, Bernard insiste, plaide la nuance. La joute présidentielle américaine entre l'extrémiste du sud Barry Goldwater et le démocrate Lyndon Johnson n'est pas dénuée d'enjeu !

— Sans doute, répond Castro. Goldwater est proche du fascisme. Mais la qualité personnelle des dirigeants compte parfois presque autant que leur langage politique.

Complètement séduit par l'homme, Kouchner ne l'est pas totalement par le chef d'État. Quand il rencontre le Che, il devine, comme Grumbach et Ribes, que des divergences, encore tues, sont à l'œuvre. Mais quoi ! Ce peuple est gai, qui danse la *rumba francesa* et le *danzón*. Quand on baptise ses enfants Ulysse, Oreste, Abélard, Daisy, Omar ou Myriam, on est à l'abri du stalinisme...

Voluptueusement allongé sur le sable de Sidi Ferruch, Henri Weber écoute disserter son camarade Krivine, prolixe et obstiné malgré la chaleur ambiante et le clapotis des vagues. Sous la nonchalance affectée, Henri est fort attentif, gagné par ce qu'il baptise *in petto* « l'insidieuse méthode du bouton de veste » où excelle Alain — je t'accroche (métaphoriquement) le gilet et je ne te lâcherai pas avant que tu ne m'aies entendu jusqu'à la chute finale. Même par trente degrés à l'ombre, même sur une plage enchanteresse, la technique est irrésistible.

Alain dit tout, sauf sa double affiliation. Sauf qu'il n'est pas en congé, mais en mission : la IVe Internationale l'a chargé de transmettre divers messages aux militants installés en Algérie et notamment à Michel Raptis, *alias* Pablo, conseiller influent de Ben Bella et inspirateur — concernant l'autogestion — de la Charte d'Alger.

Cela, Krivine le dissimule encore. Weber ne lui semble pas tout à fait mûr. Mais quant au fond, plus aucune retenue. Les thèses de Pierre Broué sur le bolchevisme ; le *Trotski* d'Isaac Deutscher ; la société soviétique caractérisée comme « bureaucratique », sous l'emprise d'une « couche dominante » dotée de sa logique propre ; les prophéties d'Ernest Mandel qui annonce le retournement prochain du long cycle d'expansion — tout y passe, de A à Z. Henri est ébloui. Serait-il possible de ne pas opposer aux perversions staliniennes une simple protestation morale ? Serait-il possible d'échapper à l'enlisement néocapitaliste, de restaurer l'authenticité révolutionnaire tout en contournant les déviations récentes du mouvement ouvrier ?

Alain Krivine s'en porte garant. Tout au plus demeure-t-il un tantinet évasif s'agissant du mode d'emploi. Sur la tactique à court terme, il se montre en revanche parfaitement précis. Le PC, estime-t-il, va bientôt reprendre l'UEC en main, et les « Italiens », déjà en porte-à-faux, ne pèseront pas lourd. Ou bien ils s'enfonceront définitivement dans l'ornière du compromis, ou bien ils seront laminés. Il est donc nécessaire de rassembler une « gauche » plus offensive, plus cohérente, prête à soutenir l'assaut final, à survivre à la scission s'il n'est pas d'autre voie.

Henri court piquer une tête dans la Méditerranée, revient se griller au soleil. Apparemment décontracté, il vit un tournant de son existence.

Tiennot Grumbach n'en est nullement conscient, qui observe de loin, et d'un œil réprobateur, les deux militants touristes vautrés au creux des dunes. Ces deux-là bavardent à longueur de journée plutôt que de se plonger dans la réalité algérienne, de sortir du camp et de se pencher au-dehors.

Leur attitude contraste du tout au tout avec celle de Robert Linhart. Un inconnu ou presque. A l'automne précédent, les portes de l'École normale supérieure se sont ouvertes pour lui. Il sortait de la khâgne de Louis-le-Grand. Avec une poignée d'autres « ulmards », il a rejoint l'UEC à la veille du dernier congrès. Ses interventions, comme celles de ses amis, sonnaient étrangement, abstraites et un brin pédantes, hors du coup. Il y était question de retrouver le vrai Marx, de le dégager des gloses abâtardies. Vraiment, face à Roland Leroy, on avait d'autres chats à fouetter et l'on écoutait d'une oreille négligente ces propos alambiqués.

Linhart est venu à Sidi Ferruch en compagnie de son « coturne » (son compagnon de chambre, à l'École), Thomas Férenczi. Il y fait la connaissance d'Henri Weber. Mais surtout, il prend langue avec un Espagnol, Caballero, qui ne dissimule pas ses opinions « prochinoises ».

L'étiquette, à Paris, n'a point cours, sinon chez deux ou trois individus réputés pour leur non-conformisme exotique — Bruno Queysanne, Kostas Mavrakis. Jusque-là, Robert, qui ne se veut ni stalinien, ni « italien », ni trotskiste, prête à pareille option un intérêt appliqué. Mais son interlocuteur espagnol est d'un sacré calibre. Et ses arguments semblent solides. Thorez et Togliatti — coïncidence — sont morts ces jours-ci l'un et l'autre. Le khrouchtchévisme s'englue dans un mélange de dureté de l'appareil et de mollesse idéologique. Les camarades chinois, eux, adoptent un cheminement original : à l'extérieur, ils refusent de proclamer forclos l'internationalisme prolétarien et de se replier sur une « patrie du socialisme » ; à l'intérieur, ils appellent les intellectuels et les cadres à s'immerger dans les masses, à vérifier au sein du peuple la pertinence de leurs concepts.

Tel Henri Weber, Robert Linhart est touché par la grâce. Mais pas la même : les trotskistes prétendent reconstituer l'avant-garde, Mao préconise la « ligne de masse » et fustige les avant-gardes autoproclamées.

Avec une détermination farouche, radicale et sincère, Linhart passe à l'acte. Il quitte la quiétude du campement estudiantin, les discussions enflammées et les bals de nuit, pour parcourir la campagne, questionner les fellahs, étudier et comprendre. Mais il n'a pas seulement en tête l'amour des idées fortes. L'amour tout court l'entraîne vers Annaba, près de la frontière tunisienne, où il espère retrouver Nicole, la fille brune, très belle, dont il est épris.

Drôle de rencontre. Décor : la salle des fêtes qui abrite le VIIᵉ Congrès de l'UEC. Nicole et Robert ne se sont jamais parlé. Elle, c'est une « star » de l'UEC. Fille d'un artisan prolo style Gabin et d'une dactylo, elle a balancé par-dessus les moulins la piété catholique de son adolescence. Elle voulait s'inscrire à Sciences-Po, mais son père jugeait que ce n'était pas pour les femmes. Et elle termine donc, en 1964, des études de pharmacie. L'UEC, à ses yeux, est d'abord un lieu de séduction et de culture plus qu'un domicile idéologique. Elle a préféré Kouchner, Goldman ou July aux dragueurs en voiture de sport qui pullulent à la fac, près de l'Observatoire. Elle a préféré la liberté aux « beaux partis » qui s'offraient.

Or, la voici, en plein cœur des débats du congrès, fascinée et troublée par ce garçon extraordinairement jeune et péremptoire, brillant et exalté, tout habillé de noir, avec des lunettes rondes, qu'elle ne connaît pas et qui s'appelle Robert Linhart.

Ils se sont mutuellement séduits et intimidés. Elle, qui n'a pas peur des hommes, subit l'ascendant intellectuel de Robert, l'effleure sans plus l'approcher, lui prête la précocité excessive d'un Rimbaud. Et lui, impérieux et gauche, l'accable de programmes de lecture, l'introduit à l'École auprès de ses amis et de ses maîtres, lui ordonne de boucler ses examens malgré la violence du conflit qui l'oppose à son père, l'attend matin et soir quai de la Mégisserie, où elle a loué une chambre pour fuir l'autorité familiale.

Ils ne se quittent plus, sans se dire qu'ils s'aiment. Nicole découvre que Robert est fils de juifs polonais réfugiés, qu'il est né en France pendant la guerre (son père, avocat à l'origine, est devenu représentant de commerce, puis « homme d'affaires »), qu'il rêvait de partir aux États-Unis, mais que son professeur de philosophie, Michel Deguy, l'a aiguillé vers la khâgne au moyen d'un argument imparable : « Tu ne vas quand même pas devenir vendeur de Coca-Cola ! »

Les amis de Nicole, notamment Jean-Louis Péninou, lui reprochent d'être happée par Ulm.

Et cet été, tandis que Robert, carnet au poing, erre de coopérative en coopérative, Nicole traverse un épisode difficile à Phnom Penh. Un ex-amoureux l'y a conviée, fournissant le billet d'avion, le vivre et le couvert. Le régime cambodgien est étrangement partagé entre les influences américaine et chinoise. Dûment mandatée par Forner, la pharmacienne cache sa curiosité politique, se déclare sociologue passionnée d'hévéas, visite Angkor, profite de la villa somptueuse de son hôte. Mais elle est trahie par l'identité du contact que lui a indiqué, à Paris, l'équipe de *Révolution* — c'est un conseiller prochinois. Pour comble, ce dernier lui donne à lire un rapport rédigé par René Dumont à la demande de Sihanouk, et tellement alarmant que le gouvernement l'a prestement jeté à la corbeille. Elle le recopie. Dès le lendemain, elle est convoquée à la police, qui lui accorde quarante-huit heures pour décamper.

Une halte en Grèce — où elle retire, à la poste restante, un volumineux envoi de son ami : c'est un tome de Lénine... —, et un dernier coup d'aile la conduit à Tunis. Encore un peu de train. A la gare d'Annaba, Robert guette chaque convoi. Ils s'embrassent sur les joues comme de bons camarades.

Nicole s'intègre à l'équipe d'étudiants en agronomie que Linhart accompagne, avec la complicité de Tiennot Grumbach. Ex-spécialiste des hévéas, elle est désormais présentée comme spécialiste du riz. La radiographie des fermes d'État révèle anomalies et tumeurs. Les tracteurs sont immobilisés, faute de pièces de rechange. La comptabilité, surtout, est des plus fantaisistes. Robert suggère aux paysans d'utiliser la comptabilité matière (il a lu cela dans des traités chinois, achetés à Alger) : régir les échanges selon un système d'équivalences accessible à tous, analphabètes inclus. Il affine son idée, bouscule avec véhémence les bureaucrates, monte jusqu'au ministre, s'emballe. Nicole se désole de devoir rentrer à Paris avant lui.

Elle ne le devance que de quelques jours. Exaspérées par cet imprécateur dérangeant, les autorités algériennes reconduisent aimablement, mais fermement, leur invité à l'aéroport.

Les grandes vacances sont terminées. Grumbach et Ribes n'en finissent plus d'agiter leur mouchoir. La république du quartier Latin récupère ses citoyens. C'est l'automne. Le temps se gâte.

Le bureau national de l'UEC est perplexe. Lors de sa première réunion, au retour des vacances, il doit régler un problème délicat : la préparation de la fête de *l'Huma,* prévue dans quelques jours. Influencés par les récits alléchants et les anecdotes croustillantes que ramène la délégation fraîchement rentrée de Cuba, les membres de la direction étudiante décident de placer l'animation de leur stand sous le signe de Fidel. Pendant des heures, on discute de la composition des brochettes qui seront servies grillées à souhait. Comme les finances ne sont guère florissantes, la part de viande diminue au fil de la conversation, remplacée par de peu recommandables succédanés. Un puriste gastronome proteste, mais l'intendance prévaut. Roland Castro se dévoue pour tenir la boutique et vendre des morceaux de boudin français en guise de saucisses cubaines. Les cigares, eux, sont authentiques.

Frédéric Bon, invité à un congrès d'étudiants allemands, n'a pu prendre part aux réjouissances. Au moment de regagner Paris, il achète *France-Observateur* à l'aéroport de Francfort et le parcourt distraitement.

« Une méchante brochette... » Le titre d'un article consacré à la fête de *l'Humanité* lui bondit soudain au visage. Il frémit, imaginant le pire. Mais sa lecture le rassure. Le rédacteur décrivait simplement l'enfilade des apparatchiks communistes sur la tribune officielle, unanimement renfrognés, semblant ruminer quelques noirs desseins.

En cet automne 1964, le complot se trame ailleurs.

Le 15 octobre, *la Pravda,* organe officiel du parti communiste d'Union soviétique, publie, une fois n'est pas coutume, un scoop. La nouvelle est si énorme que personne ne la remarque. Voilà plusieurs jours, en effet, que trois cosmonautes russes tournent autour de la terre et que la première page du quotidien moscovite est remplie de congratulations adressées au camarade Khrouchtchev. Or, ce matin du 15 octobre, *la Pravda* oublie de mentionner le nom du destinataire des télégrammes.

L'intéressé se repose dans une confortable datcha, à Pitsounda, sur les bords de la mer Noire. Ce même jour, Nikita

Khrouchtchev reçoit Gaston Palewski, émissaire du général de Gaulle, mais la conversation entre les deux hommes est écourtée. M. « K » rentre précipitamment à Moscou. Pour y apprendre sa destitution. L'affaire a été rondement menée, et l'homme qui est entré dans l'histoire en reconnaissant les crimes de Staline disparaît à la trappe. Avec lui s'envolent les ultimes espoirs des rénovateurs.

Les « Italiens », pendant bientôt quatre années, avaient misé sur cette évolution. Khrouchtchev leur servait dans les débats internes de garant et d'alibi. Ils ne perdaient aucune occasion de citer ses déclarations, au grand dam des dirigeants français. A la chute de l'homme fort du Kremlin, Kahn, Forner et les autres se retrouvent idéologiquement désarmés, politiquement nus.

L'évidence s'impose : l'Union des étudiants communistes est présentement en pleine décomposition. Le bureau politique du PCF a décidé d'éradiquer cette gangrène, de rejeter la direction « italienne » dans les ténèbres extérieures et de reprendre le contrôle. Les « bons » militants, ceux qui suivent sans barguigner la ligne du Parti, sont organisés en fraction. Lors de réunions spéciales, les permanents désignent les gens à abattre. Dans les assemblées, les adhérents sont sommés de voter pour ou contre le parti de la classe ouvrière.

Le bureau national, lui, se voit de plus en plus coupé de la base. Asphyxié financièrement, il ne peut envoyer ses représentants en province défendre son orientation. Ses directives ne sont plus suivies d'effet. *Clarté,* qui fut la gloire et l'œuvre des « Italiens », ne sort qu'épisodiquement. Le Parti a retiré ses subventions, annulé les contrats de publicité des organismes amis. En province, les militants pro-Parti refusent de vendre le journal, quand ils ne le détruisent pas dès réception — comme à Bordeaux, où des paquets entiers vont nourrir les poissons de la Garonne. La diffusion dégringole, chute de près de trente mille à quelques milliers. Une véritable déroute.

Le PCF, un temps, a joué le pourrissement, afin que l'UEC rebelle fasse la preuve de son impuissance. Mais avec la fin de Khrouchtchev, les gants deviennent inutiles. L'objectif est de reconquérir par tous les moyens, fût-ce à la hussarde, les villes encore contrôlées par le BN.

A Bordeaux, les orthodoxes détournent de son objet une réunion d'information, s'emparent au débotté de la direction, en utilisant massivement le vote par procuration des absents. Le secrétaire fédéral du PCF, Rieu, s'était personnellement chargé, dans une circulaire, de rameuter des éléments étudiants membres du Parti, mais non adhérents de l'UEC.

Le bureau national, refusant d'entériner pareille procédure, délègue l'un des siens, Guy Tissier, pour enquêter sur place. Il rencontre le nommé Rieu et Michel Cardoze, tête de file des staliniens locaux. La discussion tourne mal ; Tissier est frappé, expulsé du siège de la fédération. Le contentieux s'alourdit.

Battu, le BN tente de changer de terrain.

— La parole est à Jean-Paul Sartre.

La Mutualité, comme aux meilleurs jours, vibre sous les acclamations. L'opération Evtouchenko, vieille de presque deux ans, se renouvelle sous d'autres espèces. Une fois de plus, l'enceinte est trop petite, ce 9 décembre 1964, pour absorber la foule. L'affiche, il est vrai, est alléchante. A l'invitation de *Clarté,* un quarteron d'écrivains est invité à traiter l'impossible sujet : « Que peut la littérature ? »

Sartre est l'incontestable vedette de la soirée. Le philosophe a effectué, au printemps, un retour fracassant en publiant son autobiographie, *les Mots,* saluée par toute la critique comme un éblouissement. Et puis, le jeune homme sexagénaire vient de refuser le prix Nobel avec ce commentaire : « L'écrivain doit refuser de se laisser transformer en institution. »

Un geste rebelle, une proclamation irrévérencieuse et détachée qui ont subjugué le quartier Latin.

La salle est totalement acquise ; plus que l'écrivain, plus encore que le philosophe, c'est la voix solitaire et forte, porte-parole de tous les proscrits, des humiliés, que les étudiants sont venus entendre. Sartre est leur conscience, l'autorité indépendante qui se dresse, chaque fois qu'on la sollicite, pour défendre la morale bafouée, la liberté engagée. Sartre a retrouvé la jeunesse ; il est de son bord et elle-même reconnaît en lui un grand frère qui exprime avec vigueur et courage ses espoirs et ses combats. Beaucoup de ceux qui se pressent ce soir à la Mutu sont devenus fervents « sartriens » quand l'auteur de *la Nausée* a signé le Manifeste des 121, soutenu les accusés du procès Jeanson, célébré Cuba en révolution, pleuré Lumumba assassiné. Ils le suivent dans son refus obstiné de la société bourgeoise, dans sa quête d'un marxisme décrassé des scories staliniennes, dans sa volonté de marier socialisme et liberté.

Pour Sartre, pour les contestataires de l'UEC, *le* problème, immense, incontournable, est et reste le parti communiste — « Il n'est pas beau, avait un jour observé le philosophe, mais nous n'avons que celui-là ! » Compagnon de route, tantôt exigeant et vindicatif, tantôt docile et étrangement aveugle, Sartre incarne les désarrois de l'intellectuel traumatisé par une illégitimité fondamentale : il n'appartient pas à la classe ouvrière. Malgré Budapest, le PC fascine, demeure le point d'ancrage. Agir avec ou sans lui — tel est le dilemme de l'intelligentsia de gauche.

Pendant la guerre d'Algérie, quelques francs-tireurs, sartriens pour beaucoup, ont démontré qu'on pouvait être efficace sans lui et même contre lui. Les insurgés de *Clarté* expérimentent chaque jour que, avec lui, on se heurte rapidement au mur glacé des dogmes. En tout cas, la présence de Jean-Paul Sartre à cette tribune, alors même que le PCF cherche à dompter l'UEC, revêt une signification politique qui n'a pas échappé aux organisateurs. C'est un éclatant renfort apporté au bureau « italien » dans sa bagarre contre les dirigeants communistes. Ces derniers ne s'y sont d'ailleurs pas trompés. Aucun n'est là.

Pierre Kahn, le secrétaire général, préside. Il est entouré de Jean-Pierre Faye, d'Yves Berger, de Sartre sur sa droite, d'Yves Buin, de Jorge Semprun, de Simone de Beauvoir et de Jean Ricardou sur sa gauche. D'emblée, Yves Buin, rédacteur en chef de *Clarté,* donne le ton. Il dénonce le sectarisme et les certitudes carrées, prône la liberté absolue de l'artiste, exhume d'un silence amnésique le nom de Paul Nizan — toujours tabou dans le mouvement communiste. Chaque étudiant présent a lu *Aden-Arabie,* que François Maspero a republié en 1960, enrichi d'une préface de son ancien condisciple à l'École normale. Chacun a médité les lignes de conclusion : « Il n'est pas mauvais de commencer par cette révolte nue : à l'origine de tout, il y a d'abord le refus. A présent que les vieux s'éloignent, qu'ils laissent cet adolescent parler de ses frères : " J'avais vingt ans. Je ne laisserai personne dire que c'est le plus bel âge de la vie "... »

En termes flamboyants, Sartre a réhabilité son camarade de jeunesse, traité de flic par le parti communiste parce qu'il avait refusé le pacte germano-soviétique. Il lui a bâti un piédestal, destiné au héros d'un communisme pur, radical, incorruptible — celui dont rêvent les adolescents sur le boulevard Saint-Michel.

Les lecteurs de *la Conspiration* savent bien que la bourgeoisie, dans sa grande intelligence, finit par récupérer ses fils indociles, même lorsqu'ils ont préparé le Grand Soir. Et ils remercient Sartre, en exorcisme d'un destin trop prévisible, d'admonester à travers Nizan les jeunes gens de la Libération, grisonnants sous les illusions envolées : « Où donc s'est perdue leur vie ? » Question que les Borodine du Champo sont assurés d'affronter plus tard la conscience limpide. Les générations en déroute, roulées par l'histoire, c'est fini. Les temps sont venus de rompre la triste litanie.

Sartre, révolté professionnel, ne donne-t-il pas l'exemple de la pérennité subversive ?

Au premier rang, Marc Kravetz et Jean-Louis Péninou écoutent la voix métallique, curieusement éraillée. Tous, communistes ou chrétiens, existentialistes et marxisants, révolutionnaires, sont « sartriens » jusqu'au tréfonds de leurs pensées. Ils communient dans une ferveur de grand-messe avec ce petit homme. Qu'importent, à la limite, les paroles de circonstance. L'essentiel est ailleurs, dans le pouvoir magique d'un maître qui rejette tous les pouvoirs.

Beaucoup, pourtant, ne parviennent pas à se défaire d'un sentiment quasi nostalgique, comme si cette communion solennelle n'était qu'une cérémonie d'adieu. Un émouvant rituel tardif pour déclarer forclos l'âge d'or. C'est sans doute la dernière fois que, sous l'égide des « Italiens », l'UEC mobilise le quartier Latin. Ce baroud d'honneur magnifique est, à l'évidence, un coup d'éclat sans lendemain. Car, demain, le Parti sera toujours debout, hostile.

Roland Leroy n'a pas encore quarante ans. Cet ancien cheminot autodidacte offre toutes les apparences d'un intellectuel. Secrétaire du Comité central, il a été désigné par l'appareil pour diriger la reconquête. Sans doute parce que son jeune âge, sa vivacité d'esprit, son intelligence tactique ne déparent pas les réunions où il affronte ses cadets. Ces derniers le respectent — il fut résistant à dix-huit ans — et s'estiment secrètement flattés d'avoir en face d'eux un adversaire de bon calibre.

Dédaignant les épaisses pesanteurs d'un Hilsum, d'un Gager, qui récitent les versets attendus, Leroy manifeste une surpre-

nante capacité d'adaptation au milieu étudiant. Après son para-
chutage sur la berge gauche de la Seine, durant plusieurs mois, il
s'est peu exprimé, assimilant à toute vitesse le dialecte local,
s'imprégnant des thèmes et des tics, ingurgitant les ruses et les
finesses polémiques.

Entre les oppositionnels et lui, le fossé est infranchissable —
chacun sait à quoi s'en tenir. Leroy, chargé du rétablissement de
l'ordre, joue ses galons dans le Parti. Il doit écraser la mutinerie
et il le fera. Même s'il éprouve parfois plus d'affinités pour ces
jeunes gens brillants et drôles que pour les « suivistes » tristou-
nets. Le talent, air connu, vient en s'opposant.

Lors du VIIe Congrès, pendant une pause-déjeuner, il emboîte
le pas aux « Italiens » avec lesquels il s'est colleté toute la
matinée et commente, désignant d'une main lasse les travées
pro-Parti :

— Je vais manger avec vous. Ces cons-là ne rigolent jamais.

Maints frondeurs raffolent de cette ironie grinçante dont ils
abusent eux-mêmes. Ils apprécient que Leroy joue de l'arme du
rire et qu'il se lance parfois dans des joutes où le gagnant reste le
plus désopilant. L'envoyé spécial du Parti n'hésite pas à pénétrer
au Champo, la Gitane maïs éternellement fumante, et à s'attabler
avec un hérétique dont il a dénoncé l'impardonnable turpitude.
Il affectionne les bons mots, jusqu'à sombrer dans le comique de
répétition. Vingt fois, il raille, l'œil allumé :

« A l'UEC, on bouffe les spaghettis avec des baguettes.

Son drôle de jeu, épicé d'un cynisme savamment cultivé, son
allure de dandy dragueur, son humour facile lui donnent l'allure
d'un personnage de Vailland — auquel il ressemble physiquement, les rides en moins. Roland Leroy est un ennemi d'autant
plus implacable qu'il a parfaitement saisi les contradictions de
ses adversaires et qu'il s'en sert avec maestria. Il ne doute pas du
résultat final ; raison supplémentaire, dans l'attente de cet heureux dénouement, pour s'amuser.

Il s'amuse beaucoup.

Le dos au mur, de plus en plus isolés, les « Italiens » décident
en décembre de tirer leurs dernières cartouches. Clandestinement, la fraction du bureau national, qui se réunit toujours chez
Depaquit — Du Gobelin — ou chez Schalit, prépare une lettre

au Comité central du PCF. Les conjurés, Kahn, Forner, Bon, Burnier, Castro, Kouchner, se répartissent le travail ; chacun « gratte » ses paragraphes et Pierre Kahn rédige la mouture ultime. Il finit d'écrire les dernières pages au marbre de l'imprimerie alors que le début du texte est déjà composé. Le document — trente pages — est publié dans *Clarté* au mois de janvier. *In extremis,* afin d'éviter une obstruction, deux exemplaires sont portés au siège du Parti. Trop tard : c'est dans *le Monde,* plus rapide, que les chefs communistes découvrent l'ampleur du désastre.

Cette fois, les dissidents ont choisi de mourir en parlant. Ils livrent publiquement leur testament politique. Et ils frappent fort. D'emblée, les destinataires sont prévenus : c'est « avec une totale franchise » que le manifeste a été élaboré, et il n'est plus temps de gommer les divergences : « Oui, ces désaccords existent et nous n'en faisons pas mystère. Mais les questions sur lesquelles ils portent, aucune campagne de type administratif ne pourra les régler. A l'extrême rigueur, on pourra essayer de casser l'UEC, de régler les désaccords posés depuis quatre ans par un extraordinaire gâchis : cela ne réglera pas les problèmes politiques que nous posons. »

La lettre constate que, depuis le limogeage de Khrouchtchev, les incidents se multiplient ; des mesures sont prises, cherchant à démontrer « par un sabotage systématique de l'activité de l'UEC, que la politique de renouvellement issue du VIᵉ Congrès ne saurait mener qu'à l'échec ». Elle énumère les « affaires » : l'agression de Bordeaux, la censure de Togliatti... Par-delà ces péripéties se jouent les relations futures entre les communistes et la jeunesse.

Puis l'analyse creuse dans le vif : « Au fond de tous nos débats se trouve un immense problème auquel on revient toujours, quelle que soit la question débattue : la période stalinienne. » Encore un coup de pioche : « Ce qu'on appelle le stalinisme est bien autre chose que le culte qui fut porté à Staline, bien autre chose que les illégalités, les crimes... Quand nous parlons de la période stalinienne, nous pensons qu'il s'agit d'une véritable altération ; d'une déviation grave du marxisme... »

Quelle est donc la nature profonde de semblable déviation ? Elle « consiste dans la projection pour un avenir lointain d'un monde idéal au profit duquel tout est sacrifié. Ce paradis relève d'une conception de l'histoire idéaliste, à caractère mystique : il

238

faut que les masses soient mystifiées et aliénées pour que soient obtenus leur participation et leur consentement à la réalisation d'un dessein général dont elles ne seraient que les instruments sacrifiés ».

Abordant la situation française, le document critique la pauvreté des réflexions entreprises, la médiocrité incantatoire des prophéties catastrophistes sur l'évolution du capitalisme. Il appelle la compréhension fine d'une société en expansion « où le salaire réel s'est élevé, où l'on assiste à une certaine élévation du niveau de vie cependant que l'exploitation capitaliste prend en maints endroits des formes variées et subtiles ». Le développement économique, les concentrations industrielles, la révolution scientifique et technique transforment les conditions mêmes de la lutte, réclament des stratégies inédites, des alliances avec les couches nouvelles. Au préalable, il faut « en finir avec l'ouvriérisme et ses formes les plus insidieuses qui visent à présenter l'intellectuel comme le jouet inconscient de ses origines et aboutissent à réintroduire dans le marxisme le concept du péché originel ».

In fine, les iconoclastes plaident longuement pour l'autonomie complète de l'organisation étudiante et demandent que cessent les interventions du PCF dans l'UEC. Sans illusions, ils adjurent les destinataires de ne pas recevoir cette missive « comme une machine de guerre contre le Parti », émanant « d'un groupe qui aurait pris par effraction la direction de l'Union des étudiants communistes ».

Tout est dit, même le non-dit. *L'Humanité* ne souffle mot du document. Mais quelques jours plus tard, une centaine d'intellectuels communistes prennent à leur tour la plume pour écrire à Waldeck Rochet, le successeur de Thorez. Jean Bouvier, Jean Bruhat, Jean Dresch, Albert Soboul, Jean-Pierre Vernant, René Zazzo expriment leur inquiétude devant la crise de l'UEC qui « est chez les étudiants l'expression d'un malaise que, dans leur ensemble, les intellectuels communistes ressentent depuis plusieurs années ». Inquiets, ils avertissent : « Aucune mesure administrative ne peut remplacer un débat dont la nécessité nous paraît plus urgente que jamais. »

Cette fois, *l'Huma* bronche ; il faut éviter à tout prix que la contagion ne gagne. Les signataires de la lettre subissent une verte algarade ; ils sont carrément accusés de « travail fractionnel ».

Chaude ambiance, à la veille du VIIIe Congrès. En un mot, c'est cuit.

Montreuil, au cœur de la banlieue rouge. Le dernier acte se déroule là-bas, début mars 1965, dans le parc de Montreau. Le temps est maussade et les délégués affrontent des mares de boue pour gagner, transis, le lieu des débats. Sitôt prononcée l'ouverture, il est clair que les dés ont roulé : les pro-Parti sont majoritaires. Le seul suspense porte sur l'ampleur de leur victoire et sur la capacité des opposants à faire entendre leur voix. Les « Italiens » sont prêts à tout pour que leur chute soit spectaculaire. Pierre Kahn a résolu de se battre comme un chiffonnier, Alain Forner meurt d'envie d'en découdre : ils ont à compenser des années de silence tactique. Désormais, il ne s'agit plus de durer, il s'agit de crever la tête haute.

Le premier affrontement est capital. Il concerne la désignation du bureau du congrès. Qui le tient contrôle le déroulement des débats. Pierre Kahn, soutenu par Krivine, demande que toutes les tendances de l'UEC y soient démocratiquement représentées. Guy Hermier suggère, lui, que seuls y figurent les secrétaires des sections de plus de cent adhérents, auxquels s'ajouteraient quatre membres du BN sortant. Les partisans du PCF, dans cette hypothèse, auront toutes les cartes en main.

On passe au vote. Dans le fond, Alain Forner, debout sur une chaise, se dresse le doigt tendu afin de compter les suffrages. Mais une forêt de bras s'élève quand la motion Hermier est présentée. Elle est adoptée par trois cent quarante-quatre voix contre cent quarante-cinq. Le rapport des forces ne laisse guère de doutes sur la suite des opérations. Jean-Michel Catala, surnommé, en raison de son intransigeance, « Dracatala », le plus endurci des pro-Parti, s'installe à la tribune. Le sourire aux lèvres, il déclare :

— Notre VIIIe Congrès est ouvert. Nous saluons la délégation du Comité central du Parti...

La claque des délégués « suivistes » l'interrompt. Roland Leroy et Pierre Juquin gagnent l'estrade. L'homme du Parti savoure sa revanche. Aujourd'hui, il est le maître. Il peut même s'offrir le luxe d'écouter une dernière fois Pierre Kahn qui, au nom du bureau sortant et battu, prononce son rapport moral :

— Oui, les questions que nous posons viennent du fond même de notre organisation. De tels problèmes n'auraient pu être posés avec cette ampleur s'ils n'avaient été le fait de la masse profonde des militants de l'UEC... Un mouvement irrésistible les a portés depuis que l'UEC a commencé à se défaire du carcan paralysant et des proclamations stériles du dogmatisme.

Ces banderilles posées, Kahn aborde le cœur des divergences. Pour l'essentiel, il reprend les thèmes de la lettre au Comité central, sur laquelle il revient :

« Il y a eu cette guerre, cette coupure, cette paralysie, cette volonté permanente d'imposer ses vues par tous les moyens, cette volonté de ne pas tolérer une pensée différente, cette volonté d'imposer une unité de pensée à la tête de l'organisation.

La salle bruit. Les orthodoxes protestent, mais Kahn enfle la voix, arc-bouté au pupitre :

« C'est dans ces conditions, et devant toute cette série de mesures qui ne laissent d'autre issue que la démission ou l'autocritique de complaisance, que le bureau national a décidé de publier sa lettre.

Quelques cris hostiles fusent. Des applaudissements leur répondent. Le rapporteur poursuit, martelant ses mots :

« Nous l'avons fait parce que depuis un an, le bureau national n'a pu, une seule fois, rencontrer le secrétaire général du Parti, le camarade Waldeck Rochet...

L'assistance gronde. Mais Pierre Kahn n'en a cure. Il sait que pareil langage ne s'entendra plus et il a décidé d'aller jusqu'au bout. Le bout, c'est encore et toujours l'épineux problème des rapports entre socialisme et démocratie. Pour frapper plus fort, il n'hésite pas à manier la provocation :

« Concevons-nous que, dans un régime socialiste, il puisse exister une majorité et une minorité parmi les forces socialistes ? La démocratie élargie au socialisme, telle que nous voulons la développer, comportera-t-elle certains droits politiques pour les hommes et les groupes qui n'ont pas une orientation socialiste ?

L'orateur termine. Les « Italiens » applaudissent. La majorité de la salle croise les bras. Une centaine d'intervenants se sont inscrits. La discussion occupera la deuxième journée du congrès. Au nom des pro-Parti, Guy Hermier répond longuement à Kahn, justifie l'alignement politique de l'UEC sur les thèses officielles. « Seul le Parti peut prétendre à une élaboration politique... » Contester semblable évidence, c'est céder au « révisionnisme aventuriste ».

Les voltigeurs de la gauche lui succèdent. Tour à tour, Goldman, Péninou, Krivine critiquent le réformisme du PCF, dénoncent les staliniens. Michel Butel, *alias* d'Elseneur, observe que « le PC accule finalement les militants en désaccord à une pratique organisationnelle contradictoire, dite fractionnelle ». La soirée est déjà fort entamée et les « suivistes » montrent des signes de lassitude ; ils en ont assez supporté. Hermier réclame que la séance soit levée à vingt-trois heures trente. Kahn contre-attaque, dépose une motion orale garantissant que toutes les tendances soient admises à s'exprimer dans *Clarté*. « Mascarade », réplique Hermier. La salle devient houleuse. Les imprécations fusent, les orateurs s'égosillent dans un brouhaha de plus en plus assourdissant. Finalement, par trois cent quarante-sept voix contre soixante-sept et soixante-trois abstentions, le congrès décide d'aller se coucher.

Au matin du troisième jour, le rapport Kahn est repoussé. Pierre Goldman monte alors à la tribune. Il brandit *l'Humanité* et dénonce la manière dont le quotidien du PCF a rendu compte des débats de la veille : les textes sont tronqués, les interventions des opposants sont déformées, voire censurées ou omises. Frémissant de colère, il exige que *l'Huma* rétablisse les faits. Dracatala, qui préside, tente d'éluder.

Les contestataires hurlent ; certains se lèvent et marchent vers l'estrade. La tension monte. Alain Forner veut appuyer Goldman. Le service d'ordre l'en empêche et la bataille — physique — éclate. Forner est frappé au visage. Catala fustige « ceux qui mettent en doute les journaux du Parti ». A la tribune, Leroy et Juquin opinent du chef.

C'est l'instant que choisit Robert Linhart pour intervenir. Peu de délégués connaissent l'animateur du cercle d'Ulm. Linhart, à la surprise générale, condamne les inexactitudes de l'article de *l'Humanité*. Il dépose une motion qui « s'élève contre les déformations allant même jusqu'à l'inversion des positions de certains camarades » et réaffirme que « l'exactitude est la condition minimale de tout débat digne de ce nom ». Hermier hésite : sans les normaliens, sa majorité s'effiloche, disparaît peut-être. La mort dans l'âme, il accepte que le texte Linhart soit mis aux voix. A l'unanimité, le congrès d'une organisation communiste s'élève contre la falsification pratiquée par l'organe du PCF...

Un dernier incident se produit avant que les congressistes ne se répartissent en commissions. Un fidèle du Parti, anticipant sur le verdict, somme les « Italiens » de restituer les parts de *Clarté* qu'ils détiennent depuis des années. Kahn, piqué au vif, proteste :

— Les camarades qui possèdent nominalement les parts du journal ne sont-ils plus considérés comme des communistes ?

Forner enchérit, Vacquin braille :

— Sommes-nous des voleurs ?

Prudent, Catala décide de remettre ce point délicat à plus tard. Mais les « Italiens », ulcérés, entendent bien utiliser tous les faux pas de leurs adversaires. Henri Vacquin dépose une motion blâmant celui qui a suspecté « la moralité de la direction sortante ». La motion n'est pas prise en considération.

Le dimanche, quatrième jour du congrès, les délégués ressemblent à des boxeurs sonnés avant le dernier round. Beaucoup n'ont pas dormi pour participer au travail nocturne des commissions. L'excitation, la cascade des médiocres cafés noirs permettent de garder les yeux ouverts. Mais il faut toute l'intensité du spectacle pour qu'ils le demeurent.

Roland Castro, le plus œcuménique des « Italiens », siège à la tribune. C'est le rapporteur de la « commission organisation », un séide de Leroy, qui met le feu à la poudre accumulée. Il invite le congrès à stipuler que « les plates-formes émanant de groupes fractionnels ne pourront être publiées dans *Clarté* ». C'en est fini du droit, pour un cercle ou un secteur, de revendiquer une orientation critique ou singulière. Jean-Pierre Olivier de Sardan, l'un des leaders de la gauche, s'alarme :

— Doit-on considérer que la plate-forme présentée par l'opposition de gauche est fractionnelle et anti-Parti ?

— Sans aucun doute.

La réponse, qui tombe comme un couperet sur la démocratie interne, déclenche un formidable vacarme. Les militants du secteur Lettres, bastion de la gauche, se ruent sur la tribune. Krivine s'empare du micro. Mais le service d'ordre le repousse. Une nouvelle bagarre, violente, éclate. Kahn plonge au cœur de la mêlée. La salle gueule : « La parole ! La parole ! » L'estrade vacille sous les pressions contraires des pugilistes. Pendant dix minutes, la confusion est totale. Enfin, Hermier consent à ce que Krivine parle. Il attaque :

— L'accusation de fractionnisme, il y a quelques années, avait des conséquences beaucoup plus graves encore que l'exclusion. Le congrès doit dire si, oui ou non, il est possible pour des minorités de s'exprimer. Est-ce une activité fractionnelle que de proposer une plate-forme ? Oui ou non, les communistes français ont-ils rompu avec le stalinisme ?

Goldman arrache un vote concédant le caractère non fractionnel des plates-formes élaborées par les organismes réguliers — et le secteur Lettres en est un. Hermier, flairant le danger, refuse la prise en considération. La démocratie interne vient d'être enterrée. Goldman avertit que la gauche s'abstiendra désormais de voter. Pierre Kahn annonce qu'il quitte le bureau de la présidence. Roland Castro, coincé à la tribune, déchiré entre son attachement affectif pour le PCF et son accord avec les « Italiens », reste sur l'estrade tout en proclamant qu'il « ne sera pas une potiche démocratique ».

Les leaders pro-Parti foncent droit au but. La résolution dont ils obtiennent ratification est dépourvue de nuances : l'orientation politique de l'UEC « se fonde sur celle du parti communiste ».

Revoici Robert Linhart. S'il vote avec les pro-Parti, on comprend mal sa démarche, et l'allocution qu'il prononce n'éclaire guère la lanterne des militants :

— Nous n'avons pas l'intention d'intervenir pour apporter notre pierre à la confusion générale. Le cercle d'Ulm estime, et ce congrès en est la preuve, que l'UEC est incapable de dire quoi que ce soit de sensé à propos de la ligne du Parti. Aujourd'hui, c'est le règne de l'éclectisme théorique. Nous attendons de la prochaine direction qu'elle s'abstienne de porter la moindre appréciation sur la politique du Parti et qu'elle se consacre à la formation théorique des militants.

Personne ne saisit très bien le sens de la manœuvre. Les « Italiens », dépités, constatent que le renfort des « ulmards », faux frères, permet à Hermier de les vouer aux ténèbres. C'est d'ailleurs ce qui se produit — au sens propre : une panne de courant inopinée hache la séance du dimanche soir.

Plongés dans le noir, les militants épuisés par des dizaines d'heures de discussion chahutent. Des cris d'oiseaux, des vociférations agressent les tympans. Rapidement, le tohu-bohu revêt une autre tournure. Les « Italiens », groupés au fond, déclament « Nous sommes révisionnistes », et bientôt Kahn, Forner,

Kouchner, Burnier entonnent le répertoire des chants staliniens. Vacquin et Sénik ne sont pas en reste. Ils gueulent à tue-tête les paroles qui ont bercé leur enfance :

> Les gosses de Bagnolet
> Sont tous en bonne santé
> Depuis qu'à la mairie
> De l'ordre a été mis
> Les élus ouvriers
> Ont bien su apprécier
> Ce qu'il manquait aux enfants
> Pour qu'ils soient tous contents...

Une partie de la salle reprend :

> C'est bien grâce aux communistes
> Si les enfants sont si joyeux
> Les gosses de riches en meurent d'envie...

Les délégués orthodoxes, convaincus que ces couplets parodiques viennent d'être inventés pour tourner en dérision le PCF, sifflent. Et leur protestation redouble lorsque le chœur entame :

> Buvons, camarades, buvons,
> Que l'avenir nous appartienne.
> C'est à lui que nous le devons
> A la tienne, ami, à la tienne.
> Buvons, camarades, buvons,
> A la santé de Maurice...

Cette fois, les pro-Parti hurlent vraiment. Ces voyous ne respectent même pas la personne du fils du peuple, disparu voilà peu. Déchaînés, les admirateurs de Togliatti reprennent de plus belle :

> L'étoile fière de Staline
> Ouvre l'amour au monde entier
> La route mène au socialisme
> Maurice marche en premier.

Ils se défoulent, les « Italiens », ils expient leur jeunesse, ils l'exorcisent au second degré. Ils rient d'eux-mêmes, de leur naïveté passée quand, en culottes courtes, le foulard des Vaillants autour du cou, ils gazouillaient ces textes idiots en y croyant dur comme fer. De l'obscurité a jailli leur vérité profonde : la haine du Parti qu'ils ont dévotement servi. Au bout

245

d'une heure, la lumière revient et l'orateur dont le discours avait été interrompu le reprend au mot même où il l'avait laissé.

Trompettes. Roland Leroy apporte le traditionnel salut des grands frères. Ses ouailles l'acclament longuement, debout, tandis que les membres du BN sortant demeurent ostensiblement assis. L'intello charmeur qui aimait tant plaisanter avec ses adversaires laisse la place, ce soir, au froid apparatchik qui exécute la sentence. Il est violent, Roland Leroy, tranchant :

— Les journaux réactionnaires se trompent. L'UEC n'a pas été reprise en main par le Parti. Ce sont les étudiants eux-mêmes qui l'ont reprise en main.

L'opposition râle. Leroy poursuit en appelant Lénine à la rescousse :

« Vous êtes libres d'aller où bon vous semble ; nous trouvons même que votre véritable place est dans le marais et nous sommes prêts à vous aider à y transporter vos pénates, mais alors, lâchez-nous la main.

La citation du leader bolchevique n'a d'autre but que d'exaspérer les contestataires. Elle y parvient. Vacquin, debout sur une chaise, crache :

— Enculé !

Burnier gueule :

— Menteur !

Articulant soigneusement dans le micro, le responsable communiste attaque personnellement Pierre Kahn et lui reproche ses travers « boukhariniens ».

— Je préfère être avec Boukharine qu'avec ceux qui l'ont fusillé, crie de la salle l'ex-secrétaire général de l'UEC.

André Sénik décoche un obus :

— Leroy, ton discours est beau comme un char russe entrant dans Budapest.

Mais l'orateur, que les interruptions permanentes galvanisent, ne dévie pas de son propos :

— Des camarades ont demandé que l'existence des fractions soit officialisée dans le Parti...

— Menteur ! Menteur ! scandent les minoritaires.

Leroy cite à l'appui tel passage d'une intervention de Kahn. Ce dernier se dresse :

— Camarade Leroy, tu es un faussaire.

Et les « Italiens », en chœur :

— Faussaire ! Faussaire !

Leroy :

— Si, tu as bien dit cela, à cette même tribune.

Les supporters du Parti se lèvent à leur tour et encouragent leur champion. Il persiste :

« Les anciens dirigeants ont transformé l'UEC en champ clos pour l'affrontement des chapelles et des sectes. Ils ont officialisé le droit de tendance qui conduit à la paralysie de l'organisation.

Pierre Kahn, à nouveau, s'indigne :

— Tu es un menteur, je demande un droit de réponse.

Le président de séance :

— On ne répond pas au salut du Parti.

Kahn, soutenu par ses amis :

— Je veux m'expliquer.

Leroy, désinvolte :

— Va t'expliquer devant ta cellule, où tu te feras encore battre, comme à la dernière réunion.

Les « éléments sains » applaudissent à tout rompre et crient, désignant Kahn du doigt : « Battu ! Battu ! » Les minoritaires braillent des injures. L'émissaire de l'appareil attaque la péroraison :

« Nous n'avons pas voulu la victoire d'une tendance sur une autre, mais la victoire de l'ensemble de l'UEC sur de vieilles idées. Le congrès montre que cette victoire peut être définitivement acquise.

Dans la salle, les vaincus scandent : « Staline ! Staline ! »

Reste à élire le futur comité national. Les délégués s'apprêtent à entériner la liste arrêtée quand Pierre Goldman s'accroche au micro, clame avec un accent de sincérité qui bouleverse jusqu'aux permanents :

— Ah ! Leroy, tu as essayé de nous avoir, tout à l'heure. Tu voulais nous faire pleurer en citant Lénine et son marais. Tu peux citer Lénine autant que tu le souhaites. Staline a passé sa vie à citer Lénine.

Et il explique pourquoi la gauche refuse de siéger dans un comité national monolithique.

Robert Linhart, lui aussi, s'élève contre la manière dont a été choisie la nouvelle direction. Les critères de valeur, de compétence, ont pesé trop peu. Il récuse l'élection de Michel Cardoze qui, dans l'affaire de Bordeaux, n'est pas blanc comme neige. Il rejette aussi la candidature d'un orthodoxe de Saint-Étienne pour « manque d'intelligence politique ». Et il prévient :

— Si un travail réel n'est pas possible au comité national, je me retirerai.

La menace d'un éclatement de la majorité n'inquiète pas outre mesure Catala, qui répond à Linhart :

— Tu n'es pas sérieux. Je ne connais qu'un critère d'intelligence politique, c'est l'accord avec la ligne du Parti.

Guy Hermier, promu patron de l'UEC, se permet enfin de triompher modestement dans son discours de clôture. Il est deux heures du matin. Amers, défaits, les oppositionnels savent qu'une page est tournée. Le bouillon de culture qu'était l'UEC, où germèrent pendant cinq années tant de talents, est désormais stérile. L'autonomie de pensée et d'action, lentement conquise depuis la manifestation du 27 octobre 1960, n'est plus que souvenir nostalgique. L'embellie est terminée.

Les membres de l'ancien bureau « italien » n'ont pas attendu la fin de la cérémonie pour s'éclipser. En bande, ils sont allés s'attabler au Procope, le plus vieux café de Paris, rue de l'Ancienne-Comédie. Ils dînent au grand complet, tous ceux qui ont mené la bataille, Forner, Kahn, Bon et Burnier, Kouchner, Vacquin, Sénik et les autres. Frédéric Gaussen, du *Monde,* qui a suivi les travaux du congrès pour son quotidien et n'arrive pas à quitter cette fine équipe, leur a emboîté le pas.

Malgré la défaite, le repas est joyeux. Le vin aidant, les convives repassent l'essentiel du répertoire. Puis, ils se répartissent les rôles et déclament à haute voix *les Ides de mars ou la Tragédie de l'UEC,* pièce en trois actes écrite par les duettistes Bon et Burnier. A la totale stupéfaction des clients du restaurant, ils relatent en alexandrins la rocambolesque et ténébreuse intrigue :

LEROY

Ah que cette UEC me donne de tourments,
PSU d'avant-hier, droitiers de maintenant
Élèves de Servin et de Casanova
Se pressent en son sein et plus rien ne va.
C'est contre le Parti qu'ils veulent faire assaut.
Ils se croient des malins; ils ne sont que des sots.
Depuis deux ans déjà ils nous lancent un défi,
Au VIᵉ Congrès ils nous ont déconfits,

Au VIIe Congrès, d'une habile manœuvre,
Ils ont su préserver et leur loi et leur œuvre.
Clarté, journal maudit, jette la confusion :
Des défavorisés, ils feraient abstraction !
Nous ne l'admettrons pas et notre *Humanité*
Fera sur ces duplices entière vérité.
Ils ont su publier de ce Togliatti
Un bien vilain article où la ligne pâtit.

Entrecoupée de fous rires, la lecture se poursuit. Les vers de
Burnier évoquent les principaux épisodes de la lutte des derniers
mois. Chacun des dîneurs figure dans la distribution.

KAHN
Je veux, et c'est normal,
Avancer de huit jours la sortie du journal.
Le dû sera payé avec monnaie de singe.
De l'énergie, bon Dieu ! Creusez-vous les méninges !

KOUCHNER
Nous parlerons de Sartre et Simone de Beauvoir.

CATALA
Nous mettre à leur remorque, hé ! il faudrait beau voir
Je préfère les livres en français de Moscou...

KOUCHNER
Que personne ne lit et dont chacun se fout...

Ces répliques qui ont vraiment été échangées, les protagonistes les déclament avec délectation. Racine (qui peint les
hommes tels qu'ils sont), Corneille (qui les peint tels qu'ils
devraient être) sont impitoyablement enfoncés.

LEROY
Hilsum !

HILSUM
Seigneur ?

LEROY
Ami, aurais-tu lu *Clarté* ?

HILSUM
Mais tu sais bien, Seigneur, que tu m'as interdit
De jeter même un œil à ce journal maudit.
En revanche j'ai vu dans la presse bourgeoise
Des extraits d'une lettre que partout l'on dégoise.

249

En ouvrant à l'instant le quotidien *le Monde*
J'ai trouvé du BN les calomnies immondes.
Cette lettre au CC n'est jamais parvenue
Mais pour la réaction elle est la bienvenue...

LEROY

De la part du BN plus rien n'est étonnant,
Payés par les bourgeois ils deviennent déments.

HILSUM

Sais-tu qu'ils ont osé sur le capitalisme
Prendre les positions de l'existentialisme.
Ils s'inspirent de Gorz et cherchent leurs données
Dedans *les Temps modernes.* Ô vision erronée !
Perversion ! Déviation ! Analyse de secte...
Étalement honteux de conceptions abjectes !

LEROY

Arrête ici ces pleurs ! Notre juste colère
Doit aboutir céans. Je déclare la guerre...

Jamais peut-être les salons du Procope n'ont retenti d'une telle rigolade. La tablée, passablement éméchée, semble fêter quelque heureux dénouement. Cette nuit, les « Italiens » trinquent aux espoirs avortés. Ils ne s'en doutent pas encore, mais c'est leur jeunesse qu'ils enterrent.

Les étudiants qui, le lendemain du congrès, traînent vers midi place Paul-Painlevé entre la librairie Clarté et le Champo, vérifient *de visu* que la direction de l'UEC a réellement changé. Une camionnette — à l'enseigne de *Nous les garçons et les filles,* le magazine pour adolescents créé par le PCF afin de concurrencer *Salut les Copains* — se range devant le local. A l'intérieur de la boutique, Jean-Michel Catala, élu cette nuit même secrétaire général adjoint de l'UEC, procède au tri des ouvrages et périodiques. Les numéros de *Clarté* qui contiennent la fameuse lettre au Comité central, les écrits de Gramsci, de Togliatti, les productions Maspero, les exemplaires des *Temps modernes* sont mis de côté, puis chargés dans le véhicule. Les nouveaux locataires nettoient leurs rayonnages de toute littérature séditieuse. Le retour à l'ordre ne tarde guère.

En face, regroupés devant leur sanctuaire du Champo, les dirigeants d'hier scandent, à l'adresse des nouveaux maîtres : « Budapest ! Budapest ! »

Dévorés par le virus de la politique, les vaincus ont investi depuis si longtemps leur énergie dans ces empoignades enfumées qu'ils envisagent mal de se découvrir soudain sans rite, sans but, sans assemblées. C'est plus fort qu'eux : ils continuent de se réunir.

Au début de mai, l'ancien bureau « italien » se retrouve dans une auberge des environs de Paris pour une partie de campagne studieuse. L'ambiance est morose. Encore assommés par leur cuisante défaite, les mutins en rupture de rôle incriminent le stratège qui les a menés dans cette galère. Serge Depaquit, l'éminence grise, le camarade Du Gobelin, comme tous les amiraux coulés, est mis sur la sellette. On refait les congrès, on critique les manœuvres, en particulier l'accord secret conclu avec Leroy un an auparavant. Mais Pierre Kahn interrompt la séance d'autoflagellation. Reconstruire le passé ne sert à rien :

— Les conditions d'une crise du Parti ne sont pas encore réunies. Il ne faut pas exclure que le mouvement socialiste se développe en dehors du PC. Il ne s'agit plus de rectifier une déviation. Nos perspectives de construire quelque chose se situent à cinq, dix ou vingt ans ! C'est une véritable guerre d'usure qui est engagée. Il y aura des pertes. Nous sommes seuls. Le parti communiste italien se tait. Comment bâtir une nouvelle organisation sans appui international ? Surtout quand on nage dans le vide idéologique...

André Sénik, pour une fois, s'exprime avec gravité :

— On fait comme si on existait, comme si on était organisés... Nous devons nous mettre dans la tête que le Parti est capable de tout avaler — quitte à en crever. La situation ne mûrira pas d'elle-même. Il faudra que se produise un événement extérieur. Alors seulement, notre intervention sera facteur de crise.

Tous restent obsédés par le parti communiste, dont l'écrasante hégémonie sur le mouvement ouvrier paralyse d'avance l'initiative. Ils se débattent dans une contradiction insurmontable. Pour que le glacis se dégèle, le PC doit évoluer. Or, eux, les « Italiens », ont échoué dans leur tentative de fissurer la banquise.

Jean Schalit plaide la prise de distance, l'action autonome, quitte à créer un mouvement séparé. Réaliste, Fred Bon objecte :

— Nous nous sommes heurtés à un édifice bien construit, mais qui va s'écrouler. Le problème n'est pas là. Le problème, le vrai, c'est qu'on n'a rien à mettre à sa place.

Les spéculations tournent en rond, illustrant l'adage qui depuis la guerre résume le dilemme des intellectuels de gauche : avec le PCF, on ne peut rien faire ; sans le PCF, on ne peut rien faire non plus.

Afin de réchauffer l'ambiance, une voix volontariste prophétise :

— Ne nous laissons pas abattre, camarades ; la révolution est toujours possible.

— Le plus tard possible...

Kouchner, à son habitude, dissimule sous un bon mot l'indicible. Au congrès, quand les « Italiens » gueulaient : « Staline ! Staline ! », c'est au communisme qu'ils disaient adieu. Même si cet adieu inconscient ne s'avouait pas encore dans les textes et les analyses. Un Kouchner, qui n'a jamais été adhérent du PCF, assume la rupture avec légèreté, et même soulagement. Il ne croit plus à la passion politique partisane, confinée, pour changer le monde. Il rêve de grands espaces.

De manière analogue, un Bon, un Burnier, venus à l'UEC car c'était la terre d'élection des jeunes gens doués, n'éprouvent guère d'états d'âme. Ils ont parié sur une transformation douce, sous l'égide de Khrouchtchev et de Togliatti, de la planète communiste. L'expérience a échoué, ils en prennent acte d'autant plus facilement que Michel-Antoine a récemment eu la « révélation » de l'horreur totalitaire.

Un soir, il dîne à Genève chez des amis suisses. Savoyard, il leur rend visite en voisin. Son hôte est un ancien responsable des Jeunesses communistes, dont la femme est roumaine ; il l'a rencontrée lors d'un voyage à Bucarest. Bien qu'il fût membre du parti helvétique, il a failli ne pas réussir à l'emmener. Convoqué au Comité central du PC roumain, il a été reçu par un dirigeant qui lui a confié, les yeux dans les yeux :

— Vous commettez une erreur. Vous croyez épouser une Roumaine. Ce n'est pas une Roumaine, mais une juive.

La juive est donc là, ce soir. Vers minuit, Burnier prend congé. Son hôtesse le regarde, incrédule :

— Mais tu ne vas pas rentrer en France maintenant !

— Pourquoi pas ? rétorque Burnier, je l'ai fait cent fois. J'en ai pour une demi-heure.

Son amie insiste :

— Tu ne peux pas franchir une frontière à cette heure.

— Rien de plus facile.

— Les douaniers vont trouver cela suspect. Tu vas être arrêté.

Burnier éclate de rire :

— Les douaniers me connaissent très bien. Depuis le temps qu'ils me voient passer !

Elle ne sourit pas. Une frontière, pour elle, ce sont des barbelés, des chiens policiers, des champs de mines. Une frontière à l'est de l'Europe ne se franchit pas. Michel-Antoine est troublé. Le régime stalinien, la police politique, les procès et les camps, il a lu tout cela. Mais il en perçoit brutalement la banalité concrète.

Un peu plus tard, alors qu'il échange à la douane un signe avec le fonctionnaire de service, Burnier ne peut s'empêcher de penser que, décidément, il existe une sorte d'incompatibilité entre le communisme et son bon vieux pays.

Ses camarades Forner, Kahn ou Sénik qui ont été élevés au sein de la famille sont contraints, eux, outre la rupture politique, de surmonter une déchirure intime, de couper le cordon ombilical. Il n'est pas facile de quitter l'univers de l'enfance, de l'adolescence. Il n'est pas facile de respirer un autre oxygène.

Au soir du congrès perdu, Alain Forner, vingt-six ans, a laissé tomber d'une voix lasse :

— Ma vie est foutue.

Ce n'est pas une parole en l'air.

8

Rue d'Ulm

— *Postquam castra duces, pugnae iam mente, propinquis imposuere iugis admotaque comminus arma parque suum uidere dei...* Vous ne savez pas le latin et vous ne voulez pas l'apprendre !

Une fois de plus, « Clebs » s'énerve et s'empourpre. Juché sur l'estrade pour regagner les quinze centimètres qui lui manquent, il se raidit, en équilibre instable — la dextre rageusement cramponnée au bord du bureau tandis que la senestre agite l'édition rouge de Lucain à mesure qu'explose une fureur croissante.

« Je reprends : " Les chefs, déjà disposés à combattre, ont placé leur camp sur des sommets voisins et mis leurs armées en contact... " Notez que, dans la plupart des éditions, *propinqui* est substitué à *propinquis,* ce qui se traduit : " Les chefs, *déjà proches du combat par la pensée...* " Mais je tiens l'autre version pour la bonne, et vous allez m'expliquer pourquoi.

Silence méditatif. La khâgne numéro un du lycée Louis-le-Grand, d'un commun élan, s'abîme dans la contemplation du plancher noir et sale. Un regard, au fond, erre imprudemment vers la gauche, vers la fenêtre. Clebs, jubilant, l'attrape à la volée :

« Mon petit, si vous ne voulez pas apprendre le latin, allez-y, traversez, il y a une maison pour ça de l'autre côté !

Et d'un geste aussi ample que ses bras courts le permettent, le clabaudant M. Gioan, professeur de lettres classiques, désigne la muraille orientale de la Sorbonne, à cinquante mètres, sur la rive gauche de la rue Saint-Jacques. Si massive et grise soit-elle, il la toise de très haut, lui, le « petit pion », selon son expression favorite, qui a charge de placer une quinzaine de ses ouailles parmi les quarante élus qu'accueille chaque année l'École normale supérieure. Et donc de leur épargner la promiscuité médiocre et vulgaire de l'obèse fourre-tout qu'est devenue la Sorbonne.

« Intégrer » à Normale sup, c'est d'abord cela. Ne pas aller ailleurs. Se détacher du flux ordinaire. Le jeu consiste, après le bac — obtenu avec mention Bien, minimum —, à se faire les crocs dans une honnête hypokhâgne. Puis à soumettre son livret aux imprésarios des deux khâgnes qui comptent : Louis-le-Grand et Henri-IV (Lakanal, faute de mieux ; le lycée du Parc, à Lyon, faute de Paris). Enfin, à franchir avec les apparences de l'allégresse le parcours imposé, sinueux et rituel : dissertations philosophiques et littéraires, versions et thèmes latins et grecs, etc. Les garçons vont rue d'Ulm, les filles à Sèvres. Les « modernes » — non hellénistes —, portés sur les langues vivantes, aboutiront à Saint-Cloud ou à Fontenay, un ample cran au-dessous.

Qu'apprend-on, auprès de M. Gioan ou de ses pairs, MM. Lagarde et Michard, entre autres ? Les acrobatiques équivalences des particules platoniciennes, les verbes déponents, l'ellipse mallarméenne. Rien d'indispensable, sauf à prétendre rénover plus tard le catalogue des éditions Budé. Mais on apprend autre chose. Trois choses, exactement. D'abord, on apprend à apprendre n'importe quoi dans le plus bref délai. Ensuite, on apprend à se convaincre qu'on le sait. Enfin, on apprend à communiquer autour de soi cette conviction. Tout khâgneux digne de ce nom est capable d'argumenter en trois points, et au débotté, sur tout sujet. Lequel n'est pas objet d'amour ou de haine, mais prétexte à l'exercice convenu.

Au sortir des concours blancs, et plus encore *du* concours, la question qui monte aux lèvres est : « As-tu brillé ? » *Brillant :* tel est le qualificatif qui distingue le normalien. Un khâgneux qui ne *brille* pas assez effectuera une seconde khâgne (on l'appelle alors un « cube »), voire une troisième (il devient « bica ») jusqu'à ce que son éclat, spontané ou servilement lustré, éblouisse le jury.

Robert Linhart n'a pas eu besoin de recourir à ces besogneuses patiences. Du premier coup, dès l'automne 1963, il a franchi les huit cents mètres qui séparent, presque en droite ligne, la rue Saint-Jacques de la rue d'Ulm. Et là-bas, c'est peu dire qu'il brille. Élégant et frêle, prolixe et vibrant, il étincelle.

En principe, l'École normale supérieure a pour mission de sélectionner la future élite des professeurs — agrégés — de l'enseignement public. A ce titre, un salaire est versé aux lauréats du concours, une chambre (une « turne ») leur est fournie.

Linhart, lui, n'a nullement l'intention de finir dans la peau d'un prof. La khâgne est un excellent terrain d'apprentissage du cynisme raisonné et du sentiment aristocratique. Robert a la ferme intention de profiter à plein des années d'École — la tradition, d'ailleurs, incite à suivre sa pente une fois remportée l'étape du concours —, de l'indépendance qu'octroie un salaire précoce. Mais il n'est guère obsédé par la perspective de l'agrégation. Comme beaucoup de ses camarades, il juge que la France manque de têtes et se refuse — pour longtemps — à envisager l'avenir en termes d'emploi.

Ulm, c'est un monastère dont la règle serait avant tout libérale. La certitude de figurer parmi les meilleurs est un ciment suffisant. D'autres enseignes en France garantissent une carrière accélérée, livrent les clés du pouvoir — et du coffre-fort. Aucune ne confère autant de prestige intellectuel. Ce point étant acquis, chacun agit à sa guise, fréquente ou non les cours, s'enferme ou non dans l'opulente bibliothèque. Le temps de la soumission, de la nuque courbée sous les invectives de Clebs, est forclos. Libre à l' « ulmard » de cultiver son génie propre, s'il en a, sorti de la scansion latine. Le très indulgent Robert Flacelière, directeur de l'École et helléniste réputé, se laisse volontiers, tel Cerbère, charmer par Orphée. Nombre de ses pensionnaires passent en Sorbonne, négligemment, les certificats requis, et consacrent leurs années à des travaux ou des jeux moins ordinaires.

Franchement, l'ordinaire, Linhart s'en moque comme de son premier verbe en μι. Ce qu'il a découvert, abordant ces lieux, c'est une subtile atmosphère où se mêlent, s'épaulent la quiétude d'une grosse pension provinciale et l'effervescence de cervelles ambitieuses.

Le décor cache bien les aventures parallèles. Le hall d'entrée, barré par quatre colonnes pataudes, ouvre sur un jardin délicieux, un « jardin de curé ». Le bassin rond, où cruche droit l'intarissable jet d'eau, est cerné de massifs et de bancs paisibles, au centre d'un carré presque parfait de murs grisâtres, percés de fenêtres harmonieuses et ornés de bustes dont l'identité disparaît sous les coulures de lichen. Des galeries courent sur trois étages, hautes, dallées de faux marbre en bas, de fausses tommettes ailleurs. Des voûtes pend une enfilade de globes blancs dépolis. Cela sent l'eau de javel, l'odeur des vieux lycées et des dispensaires. Les turnes, en altitude, ne sont plus assez nombreuses, et un second bâtiment, moderne et déjà esquinté, à l'arrière, abrite des chambres étroites, ostensiblement banales, distinguées par un numéro de similibronze.

Robert Linhart n'a pas tardé à déceler que cette façade assoupie dissimule une machine de guerre. Au milieu des années 60, l'École normale supérieure ne se contente pas de façonner de doux agrégés. Du VIIIe Congrès de l'UEC aux crises syndicales, de l'irruption des sciences sociales au basculement de la psychanalyse, rien de ce qui anime la décennie commençante n'est étranger aux hôtes de la rue d'Ulm et ne peut être compris sans ce détour. Une poignée d'hommes, maîtres et élèves, entreprennent d'y brandir une arme redoutable, l'arme de la théorie.

Finalement, l'étude des classiques éclaire jusqu'à l'événement immédiat. *Cf.* Lucain, *la Pharsale* (liv. VI) : « Les chefs, déjà disposés à combattre, ont placé leur camp sur des sommets voisins... »

Le personnage par qui le débat survient est d'allure aussi discrète, aussi pacifique que les arbres et les murs de son domaine. Louis Althusser porte depuis 1962 le titre de maître-assistant. Mais ce n'est là qu'un repère sur l'échelle hiérarchique du ministère de l'Éducation nationale. Ici, à l'ENS, il est, depuis 1948, « agrégé répétiteur », et depuis 1950 « agrégé répétiteur secrétaire de l'École (secteur Lettres) ». L'appellation, mi-solennelle mi-modeste, se raccourcit dans le jargon folklorique traditionnel : Louis Althusser est le « caïman » philosophique de la maison. Il y occupe, au rez-de-chaussée du bâtiment bas, à droite de l'entrée, un logement de fonction qui ne paie pas de mine, adossé contre la rue — de l'autre côté, les deux hautes fenêtres donnent sur le parc.

Le « caïman », sous le masque du « répétiteur », jouit de pouvoirs considérables, plus réels que codifiés. Sorte de préfet des études, il est le confident, l'aiguilleur, l'aiguillon des jeunes gens qui cherchent leur voie. Professant lui-même, il mesure chez ses ouailles l'impact des autres professeurs — détenteurs de chaires à l'extérieur ou invités à l'École. Remarquable poste d'observation pour évaluer ce qui pèse ou ne pèse pas, vaut ou ne vaut pas, influe ou n'influe pas.

258

Entre Robert Linhart et Louis Althusser se produit une manière de coup de foudre intellectuel, d'illumination réciproque. Les rapports, feutrés et cordiaux, semblent contredire la fougue d'un tel vocabulaire. L'élève est familièrement invité à prendre le café chez son maître, voilà tout. Il n'empêche que sous cette connivence immédiate grandit une passion philosophique partagée, et, indissociable, une passion politique.

Althusser, avant 1965, n'a jamais défrayé la chronique. Ce n'est ni son style ni sa volonté. Il est à mi-parcours de la quarantaine et sa carrière s'est déroulée sans heurt, sans bruit. Né en Algérie, il a accompli sa scolarité en Métropole à la veille de la guerre. Tandis qu'il prépare le concours au lycée du Parc, il milite dans les rangs de la Jeunesse étudiante chrétienne. Il « intègre » au pire moment : juillet 1939. Prisonnier durant cinq ans, il ne peut fréquenter l'École qu'à la Libération. Le maître sous la direction duquel il décide de soutenir son diplôme (« La notion de contenu dans la philosophie de Hegel ») s'appelle Gaston Bachelard. Agrégé en 1948, Louis Althusser choisit de s'installer rue d'Ulm. Pour la vie.

Loin de la foule, à coup sûr. Sa sensibilité, sa personnalité fragile requièrent un rythme souple et un havre protecteur. Mais loin du monde, l'affaire est plus ambiguë. Ce n'est pas d'hier que date l'engagement des figures discrètes de l'ENS, à commencer par Lucien Herr, le bibliothécaire dreyfusard, l'inspirateur de Blum en 1920, dont l'ombre hante la galerie du premier étage. Althusser, lui, aurait, au congrès de Tours, voté contre Blum et contre Herr. Dès 1948, il a rejoint le parti communiste français.

Le fait n'est nullement remarquable en lui-même. Nombre d'« ulmards » de gauche, depuis Emmanuel Le Roy Ladurie jusqu'à François Furet, n'ont pas agi autrement aux lendemains de la Libération. Mais Althusser persiste, quand les autres ont « décroché », qui en 1949, qui en 1956. Et surtout, il se livre à un exercice qui stupéfie et ravit Linhart : il inscrit Marx au programme des auteurs étudiés. Incroyable ! Personne ne s'y risque, au sein de l'Université canonique — l'auteur de *la Sainte Famille* n'est évoqué, dans le répertoire philosophique de la Sorbonne, que comme un zombie prestement réfuté. Personne ne s'y risque non plus au sein du PC : les pesants manuels, les vulgates grossièrement édulcorées par des générations d'apparatchiks, tiennent lieu d'introduction à la pensée du Père.

Quand Robert Linhart pose le pied à l'École, le sol a déjà été abondamment retourné. En 1961-1962, un premier séminaire sur le « jeune Marx » a réuni autour d'Althusser une poignée d'auditeurs plus qu'attentifs, dont certains décident de marcher dans ses traces. Ils se nomment (par ordre d'entrée en scène) Macherey, Establet, Pécheux, Régnault, Balibar, Baudelot, Debray, Duroux, Rancière. L'année suivante, c'est sur le « structuralisme » — le concept sort des limbes — que portent les travaux de la petite bande (les dernières cuvées comportent Jacques Bouveresse, Jacques-Alain Miller ou Jean-Claude Milner). Michel Foucault (son *Histoire de la folie à l'âge classique* est parue en 1961), sur la recommandation d'Althusser, s'adjoint au jury de l'École. Jacques Lacan, qui transforme l'amphithéâtre Dussane en rendez-vous du Tout-Paris intellectuel, occupe bientôt l'épicentre des recherches.

Quand il prononce son discours inaugural, le 15 janvier 1964, en présence de Robert Flacelière et Claude Lévi-Strauss, le maître vieillissant se trouve pourtant contesté, fragilisé, tenté par la dissidence, menacé même de radiation au sein de l'establishment psychanalytique. Louis Althusser offre asile au proscrit. L'univers de la dépression lui est consubstantiel. Et dans le « retour à Freud » lacanien, il décèle un équivalent de son propre « retour à Marx » — et le proclame par écrit, violant les anathèmes de l'orthodoxie communiste. Lacan, à ses yeux, renvoie les scintillements du « sens » aux soubassements du système. Les disciples du «caïman» épousent en grand nombre son parcours et, pour certains, reçoivent une empreinte définitive. Michel Tort, Yves Duroux, Jean-Claude Milner comptent parmi les pionniers. Jacques-Alain Miller, ambitieux chercheur d'or, a découvert là un filon fructueux.

Althusser, cependant, ne s'écarte point de sa visée propre, au contraire. A partir de 1963, escorté de ses recrues les plus expérimentées (Balibar, Establet, Macherey, Rancière), il entreprend de sortir du formol le cœur du marxisme, *le Capital.*

A quoi tient l'éblouissement du brillant Linhart ? D'abord, à l'impression, forte et neuve, de quitter le mouvant pour le stable, l'approximatif pour le sérieux, le morcelé pour le concentré. Quand il erre parmi les rayonnages du 3, place Paul-Painlevé, Robert éprouve le sentiment que la culture de base fournie par l'UEC — et encore, dans sa branche contestataire — est un patchwork décousu, brassage de morceaux choisis des publications Maspero : un peu de Gramsci, pas mal de Lukacs, un soupçon de Korsch, un magnum de Sartre. Louis Althusser interrompt tout net ce « défilé de mode » et propose de rétablir la théorie dans sa dignité. Du même élan, il propose de redonner à l'intellectuel sa fonction et sa puissance. L'éclectisme, en effet, n'est pas seulement dispersion ; c'est aussi un aveu d'indétermination, un renoncement.

Mais pourquoi Marx lui-même ? Et pourquoi un « retour à Marx » prend-il l'allure d'une restauration, d'une transgression profane ? Parce que, répond Althusser, ce qu'on baptise communément marxisme n'est qu'une soupe métaphysique, une escroquerie affadissante. Y compris chez les intellectuels du Parti, potiches inertes alignées au bas des pétitions, ou au long des tribunes, parmi les plantes vertes, et qui font de la figuration au lieu de faire leur travail.

Le marxisme, Garaudy aidant, et la médiocrité philosophique congénitale du PCF aidant Garaudy, a été travesti en morne mouture d'un humanisme passe-partout. Des idéologues de série B l'ont désamorcé, lui ont ôté sa charge scientifique, bref, l'ont dénaturé.

Il y a deux Marx, explique le « caïman » à ses auditeurs assoiffés. Il y eut un « jeune Marx » qui développa un discours humaniste empruntant à Kant, à Fichte, puis à Feuerbach. Et il y eut ensuite, après 1845, le second Marx, le « vrai », démontrant que la structure sociale est imperméable à ses agents, que seule l'idéologie, liant les hommes entre eux, leur procure l'illusion de se déployer comme sujets réels de l'histoire ; que la diffraction, la dissolution de cette illusion même appelle une rupture complète, sans appel, avec l'humanisme, avec la prétention à fonder l'histoire sur une quelconque essence de l'homme. La « coupure épistémologique » postérieure aux écrits de 1844 marque l'absolue coupure entre l'idéologie et la science. Restaurer Marx, lire *le Capital,* c'est assumer cette coupure, c'est rendre à la pensée marxiste sa plénitude offensive, c'est rendre à la pensée de cette pensée sa valeur de pratique intellectuelle, de pratique théorique.

A table, quand les couverts d'inox sonnent sur le Formica rouge de la cantine ; dans la salle de baby-foot, un étage au-dessous, où l'on boit le café ; au seuil de la bibliothèque, avant d'observer le silence réglementaire ; dans la file d'attente qui s'étire le soir près de l'unique taxiphone, jusqu'aux marches de l'escalier menant chez le directeur — en tout lieu, à toute heure, la « coupure épistémologique » exerce ses ravages. On en débat au « théâtre », longue salle souterraine flanquée de deux balcons. On se réunit pour vider la querelle au Beach ou aux Feuillantines, les deux bistrots patentés. On veille fort tard dans les turnes, afin d'esquisser la fonction de l'idéologie dans une société sans classes. Pour comble, certains physiciens ou matheux, violant la frontière carrelée de blanc qui sépare les deux Ulm, se laissent gagner par la contagion.

Robert Linhart ne tarde pas à s'inscrire au milieu du cercle. Du cercle des « ulmards », toutes tendances confondues, et, au centre de ce cercle, du cercle de l'UEC. Il disserte, plaide, cite, réfute, pourfend. Il a le dernier mot, il se bat pour l'avoir avec rage, avec ferveur. Il renvoie au b.a.-ba originel les ignorants et les bègues. Il découvre l'ivresse d'emporter le morceau, d'étonner ses pairs, d'éveiller un aveu admiratif dans l'œil d'un camarade plus ancien, plus rodé, et qui devrait être plus savant — mais qui ne l'est pas, ou ne sait pas le montrer, ou ne sait pas le dire. Brillant, ô combien, Linhart s'épate lui-même, sans fatuité naïve, emporté par l'orgueil exigeant et terrible de s'imposer comme le meilleur des meilleurs.

C'est bien l'humanisme qu'on assassine, non pas dans une atmosphère de complot et de culpabilité, tel Brutus aux ides de mars, mais joyeusement, posément, comme on se débarrasse d'une vieillerie un peu répugnante et dont on ne percevait pas clairement la hideur à force de l'avoir sous les yeux. Les émules de Foucault et de Derrida fracturent un placard condamné, y dénichent le cadavre qui commençait à sentir — l'Homme, avec majuscule —, et l'expédient derechef à la fosse commune. Philosophes, sociologues, psychanalystes, linguistes convergent pour proclamer que le mythe de l'autonomie du sujet a commodément permis de noyer dans les brumes les réseaux de structures qui façonnent et enserrent la culture, sécrètent l'imaginaire, articulent la langue, imposent la norme, interdisent la pensée, la détournent de son objet. Les sciences « humaines » renoncent à leur qualificatif pour se vouloir « sociales ».

Alors même que les jurés suédois offrent à Jean-Paul Sartre la tiare du prix Nobel, et que *les Mots* s'arrachent en librairie, l'existentialisme, éthique et philosophie dominantes des années 50, subit une offensive en règle depuis le quartier général de la rue d'Ulm. La science progresse à la manière d'un méthodique et compact rouleau compresseur, écrabouillant au passage tout ce qui ressemble, de près ou de loin, à une palpitation métaphysique. Le devoir d'engagement est subitement rangé au magasin des accessoires. Engagé, l'individu l'est de force, par la langue, par la classe... Sa fameuse « conscience transcendante », il peut la mettre au clou !

Pour les jeunes « ulmards », la liquidation de l'Homme n'interdit nullement d'éprouver de la sympathie envers l'individu Sartre, ni d'honorer la tolérance d'un Montaigne défenseur des cannibales. Au contraire, l'humanisme qu'ils contribuent à dissoudre, c'est, à leurs yeux, l'écran et l'alibi de la barbarie — l'humanisme accoucheur de pureté aryenne, l'humanisme du colonisateur, l'humanisme de son compère, le missionnaire exportateur de vraie foi, l'humanisme universitaire qui proscrit de l'institution « libérale » la recherche sociale, par champs entiers, l'humanisme du flic, du juge et du psychiatre, pourchasseurs d'éléments asociaux, de prolétaires insurgés, d'étrangers indésirables. Toute cette Culture qui refuse de s'étudier elle-même, de retourner vers son histoire et son tissu propres les instruments de la connaissance, et d'admettre qu'on puisse l'écrire au pluriel (suivant l'incitation des ethnologues : *la Pensée sauvage,* de Claude Lévi-Strauss, est fraîchement parue).

Linhart n'est pas fasciné par le structuralisme en tant que mouvement. Lacan n'est guère sa passion, ni Ferdinand de Saussure — le pionnier de la linguistique qui soudain prend place dans le bagage de l'honnête étudiant. Il devine qu'Althusser n'est pas complètement réductible au courant auquel il participe. Mais ce courant offre aux jeunes gens rescapés des lendemains amers de la guerre d'Algérie, et désarçonnés par l'effritement de l'édifice universitaire, à la fois le support d'une révolte et la matrice d'une certitude. S'opposer en étant sûr de soi, il n'est point, à vingt ans, de situation plus enviable. Ce que Louis Althusser résout dans la tranquille sérénité de l'ENS, c'est — estiment les *happy few* qui l'entendent — la quadrature du cercle de l'UEC.

Robert (adhérent de cette dernière au début de 1964) a rapidement saisi que le projet du « caïman » ne saurait se réduire à l'angélique édification d'un atelier de glose philosophique. Du fond de ses salles poussiéreuses, Louis Althusser remonte patiemment une bombe. Il est persuadé, et il en persuade ses disciples, que l'entreprise théorique de restauration de Marx produira des effets politiques, qu'elle atteindra le PC à l'endroit sensible. Althusser est membre du Parti suivant deux motivations majeures. La première est qu'il n'en est pas d'autre (la SFIO n'a plus de pensée politique, et le PSU, club plutôt qu'appareil, est l'incarnation parfaite de l'éclectisme du moment). La seconde est d'un classicisme sans faille : le parti communiste est l'unique col, le poste frontière inévitable, entre les intellectuels et la classe ouvrière.

On a donc raison de prendre sa carte à l'UEC, fût-ce en pleine crise. Mais on aurait tort de s'identifier, pour autant, à l'un quelconque des protagonistes du drame. Et les « ulmards », à la suite de leur bon maître, passent en revue les positions en présence et les critiquent toutes.

Les « Italiens » ? L'aggiornamento libéral qu'ils réclament évacue le marxisme lui-même, qu'ils noient sous un déluge d'humanisme bêlant. Leur attitude est typique d'un « refoulement subjectiviste de la dialectique ».

Les « orthodoxes » ? Ils allient la raideur bureaucratique à l'opportunisme de la ligne. Voilà des décennies qu'ils ont marginalisé la réflexion théorique. Résultat, ils n'ont aujourd'hui pour « penseur présentable » qu'un Roger Garaudy, auteur de potspourris *(De l'anathème au dialogue)* à mi-chemin de Thorez, de Sartre, et de Togliatti — plus une pincée de supplément d'âme : Garaudy est l'incroyant de service quand le centre catholique des intellectuels français tend la main aux « marxistes » du PCF. Bref, des procédures rigides et un révisionnisme mou.

La « gauche » de l'UEC ? Elle est sous l'influence des trotskistes dont l'impuissance historique est avérée, et qui substituent l'introuvable « révolution permanente » à la dialectique des contradictions, laquelle fait avancer, par phases et par étapes, le procès révolutionnaire. Krivine et les siens, estime-t-on à l'École, se comportent en « métaphysiciens », prisonniers d'une trop mécanique distribution des rôles entre la « bourgeoisie » et le « prolétariat ».

Un véritable jeu de massacre ! Après quelques années, ou simplement quelques mois de leçons d'Althusser, les normaliens se sentent investis de la mission historique d'administrer cette leçon aux esprits errants de la Sorbonne et d'ailleurs. Fort humbles devant l'étendue de la route à parcourir, ils détiennent néanmoins une absolue conviction : cette longue route part de la rue d'Ulm. Et il convient, sur le chemin, dans les fossés, aux carrefours, d'apporter un peu de lumière et de sérieux aux compagnons rencontrés. Ainsi s'explique la réserve hautaine observée lors du VIIe Congrès de l'UEC, celui du printemps 1964. Et plus encore l'étrange alliance tactique nouée avec Roland Leroy, une année plus tard.

Robert Linhart, sous l'aile de son mentor, devient bientôt le chef incontesté, le tribun redoutable et le génial stratège de l'opération. Quand il rentre d'Algérie, à l'automne 1964, il n'est plus un élément singulièrement doué parmi quelques autres, un scintillant khâgneux monté en graine : il est le Lénine de l'ENS.

Fidèle à sa conviction, le cercle UEC d'Ulm décide, *stricto sensu*, d'étaler sa science. Le premier trimestre de l'année scolaire 1964-1965 est ainsi consacré à l'élaboration d'une revue, *les Cahiers marxistes-léninistes*, dont le numéro un — ronéotypé — voit le jour avant Noël (Miller penchait pour *les Cahiers marxistes*, Linhart pour *les Cahiers léninistes* : la synthèse s'imposait d'elle-même).

Une citation programme, empruntée à Vladimir Illitch, annonce très carrément la couleur : « La théorie de Marx est toute-puissante parce qu'elle est vraie. » Et le thème de cette première livraison y insiste sans retenue : « Fonction de la formation théorique. » Jacques-Alain Miller, Jean-Claude Milnor, Jacques Rancière comptent parmi les signataires. Le « caïman », lui, se tient en retrait. Il inspire, commente, suggère, rédige à l'occasion — mais il laisse grimper au créneau les abonnés réguliers du séminaire sur *le Capital*.

Le succès dépasse toute attente. Les mille exemplaires initialement tirés sont rapidement épuisés. La ronéo de la « turne syndicale », au premier étage, crache sans discontinuer de nouveaux feuillets, agrafés à la chaîne. Les mêmes éléments de séduction, qui ont aggloméré autour de Louis Althusser les normaliens de l'UEC, se révèlent efficaces à l'extérieur.

Pourtant, le philosophe de la rue d'Ulm n'y est pas allé de main morte avec les étudiants de la FGEL. Lui qui répugne à quitter son donjon, à ferrailler en public, s'est accordé une exception, une seule — il fallait que la question fût pour lui primordiale : il a réfuté très vigoureusement dans les colonnes de *la Nouvelle Critique,* revue « théorique » du PC, les thèses de la « gauche syndicale ». Ce n'est pas une discussion dépassionnée : c'est une volée de bois vert appliquée aux garnements Kravetz et Péninou.

Le salaire étudiant ? Une astuce de technocrates, amateurs de plans et de contre-plans, un subtil appât qui intègre précocement les futurs chercheurs et les détourne de l'investigation désintéressée, donc de la science : « Ce serait incontestablement, pour le gouvernement bourgeois des monopoles, une mesure économiquement rentable, et une mesure politiquement très rentable... »

Les fameux GTU, les groupes de travail préconisés par l'UNEF pour casser l'isolement des élèves et modifier leur relation avec l'enseignant ? Un leurre. Le travail collectif est fréquemment un obstacle à la découverte, et il n'est de recherche valable qu'au-delà d'un certain seuil. Quant à la dénonciation des insuffisances pédagogiques, elle camoufle, le plus souvent, un renoncement à l'austère transmission du savoir. Et, en bonne logique, Althusser conclut à la nécessité du maintien de l'agrégation. S'ils veulent interpeller leurs maîtres, que les étudiants deviennent maîtres à leur tour ! La division entre le savant et l'ignorant est une division technique, pas une division sociale.

La lutte des classes, comme le fossé qui sépare l'idéologie de la science, s'interrompt aux portes de l'École normale supérieure. Un discours ferme, fermé, intégriste même.

Loin de freiner le développement des *Cahiers,* qui sait si ce langage ne l'accélère pas ? La demande de certitudes est telle, en ces années flottantes, que l'arrogance des « ulmards », dans la mesure où elle s'affiche, sans précaution, sans nuance, brutale et souveraine, suscite l'adhésion. La tentation est vive de se réfugier dans le giron du maître. Vive, aussi, de s'emparer de la « théorie » comme d'un sésame sécurisant.

Linhart le vérifie à chacune de ses prises de parole. Plus il se révèle cassant, assuré, plus il aligne les références, les longues citations égrenées de mémoire, plus il joue sur le complexe d'infériorité qu'éprouve chacun — qui ne s'estime en deçà du bagage nécessaire, de la bibliographie suffisante ? — et plus il est écouté, suivi, applaudi.

Sa vie publique, en un an, s'est totalement transformée. Sa vie privée aussi. Sitôt débarqué de l'avion d'Alger, Robert reprend, avec Nicole, l'existence ambiguë, amoureuse-amicale, qu'ils menaient déjà au seuil des vacances. Cela dure encore deux mois, où Nicole voit s'affirmer, en audace et en prestige, ce garçon qui d'abord la fascinait et qui maintenant la séduit. Elle devient la mascotte de la cellule d'Ulm, fait la connaissance de Jacques-Alain Miller, de Milner. Elle assiste même — seule femme de la bande — au séminaire d'Althusser et est invitée à prendre le café chez le « caïman ». Peu satisfaite de ses études de pharmacie, elle décide de les compléter par une licence de sociologie à la Sorbonne et, parallèlement, trouve un emploi alimentaire au labo d'un hôpital parisien. Par un week-end ensoleillé, Robert l'emmène dans la maison, libre, de ses parents. Le dimanche soir, ils ont résolu de vivre ensemble. Ils louent un deux-pièces au bas de la rue d'Assas, non loin d'Ulm ni du Beach, où ils séjournent longuement en sortant de l'École.

Ils n'hésitent plus à se parler d'amour. Mais ils ne se parlent pas moins de politique.

— Tu es prochinois, ce n'est pas une maladie honteuse. Qu'attends-tu pour le déclarer aux copains du cercle ? ne cesse de questionner Nicole.

Robert demeure prudent. Oui, il a été enthousiasmé par les arguments de Caballero, l'agronome espagnol qui l'a « converti » en Algérie. Oui, il partage avec Althusser — qui se permet parfois d'assez transparentes allusions au débat sino-soviétique — le sentiment que le PCF est la proie d'un médiocre « révisionnisme » : le bilan de Staline ramené à la dénonciation du « culte de la personnalité » ; l'apologie d'une « coexistence pacifique » qui abandonne à leur sort les peuples en mal d'indépendance, coincés entre les deux blocs ; le choix de la « transition pacifique » au socialisme masquant une installation douillette dans la légalité de la « démocratie bourgeoise ».

— Toutes ces critiques convergeront, répond-il à Nicole. Mais Althusser ou Miller ne sont pas prêts à se proclamer ouvertement prochinois. Mao Tsé-toung est un grand marxiste-léniniste. Par le biais du travail théorique, la référence à lui s'imposera.

S'il ne se découvre pas complètement, s'il se garde de proclamer son admiration pour les trouvailles de la commune rurale de Tatchaï, ou les astuces en matière d'irrigation, de pincement des tomates, rapportées par *Pékin Informations,* Robert Linhart ne dissimule pas son évolution à un confident privilégié, Jacques Broyelle, qui vient d' « intégrer » lors de la rentrée précédente.

Broyelle, fils de médecins du secteur public, est de souche anticommuniste. Son grand-père, qu'il retrouvait chaque été sur les collines du Limousin, avait été le secrétaire du député SFIO Jean Le Bail — le seul parlementaire de gauche qui eût refusé d'observer une minute de silence à l'Assemblée pour saluer la mort de Staline. Jacques, devenu étudiant, a néanmoins rejoint l'UEC, *via* le Front uni contre l'OAS. Mais il est resté un lecteur de Souvarine, de *Socialisme ou Barbarie.* Son copain Goldman, avec lequel il passait des heures et des heures au ciné, lui a un jour glissé sous les yeux des caricatures antisémites en provenance d'Ukraine. Et, second traumatisme, Broyelle est tombé sur un livre qui lui a cravaché la cervelle : *Une journée d'Ivan Denissovitch* (dont M. « K » autorisa la publication en 1962). L'auteur, Alexandre Soljenitsyne, était à Paris un parfait inconnu. Dès la khâgne, Jacques Broyelle sait qu'à l'Est les camps sont une réalité quotidienne.

Il est en quête d'un « anticommunisme de gauche », juge banalement réformiste le krouchtchévisme des « Italiens », préfère Boukharine à Trotski, perçoit le frémissement du tiers monde — Cuba, surtout — comme la réponse des nouveaux prolétaires à l' « embourgeoisement » de la classe ouvrière française.

Dans les couloirs de Louis-le-Grand, il a fréquemment croisé Linhart. Mais ce dernier était alors absorbé par la préparation du concours. En revanche, le Linhart qu'il découvre à Ulm est tout le contraire d'un frileux bouffeur de grimoires. Jacques et Robert ont en commun le goût de l'action, de l'activisme même. Ni Miller ni Milner, sans parler des nombreux marxistes en chambre de l'École, n'ont à ce point la fibre militante. Ce sont les derniers arrivants qui forment, au cœur du cercle de l'UEC, le noyau dur de la politique à plein temps.

La relation avec Louis Althusser en est naturellement affectée. Le stade de l'amicale connivence intellectuelle, nourrie de respect et d'admiration, est depuis longtemps dépassé. Celui de la convergence idéologique est aisément franchi. A présent, il s'agit de concocter ensemble une manœuvre politique d'envergure.

Althusser est arc-bouté sur son appartenance au parti communiste. Par la méditation théorique, mais aussi par la voie directe de conversations privées et régulières, il inspire à Linhart une conviction paradoxale : en un sens, nous avons de la « chance » d'avoir en France un PC stalinien. Il y perd de la souplesse, il entretient des blocages. Mais il conserve des liens solides, profondément ancrés, avec la classe ouvrière. S'il se lance, comme le souhaitent les protestataires de l'UEC, dans un ravalement à l'italienne, le risque est grand qu'il y gaspille simultanément son âme et ses troupes.

Ainsi naît un surprenant calcul — d'une logique imparable, Ulm oblige. Il faut, dans un premier temps, s'allier à la direction du Parti pour qu'avorte la tentation « italienne » et que soit rejetée dans les marges l'opposition dite « de gauche ». Après, mais seulement après avoir liquidé la déviation droitière et la déviation gauchiste — elle-même composite, mêlant l' « archaïsme » trotskiste et le « modernisme » à la sauce Péninou —, on affrontera, les yeux dans les yeux, le « révisionnisme » des maîtres du PC.

Broyelle et Nicole, sur lesquels Robert teste la ligne proposée, n'avalent pas la pilule sans s'étrangler au passage :

— Mais on va nous prendre pour des salauds !

— Sans doute, observe clairement Linhart. Il y aura de la casse. Nous récupérerons plus tard, à force d'explications, les camarades désorientés.

Vile magouille ? Qui n'a pas réussi, dans un bon rang, le concours d'entrée à l'ENS, ne saurait saisir ce que pareil aplomb recèle d'évidence. Robert, à l'image d'Althusser, de Balibar et de ses pairs, obéit à un mouvement aussi aristocratique que manipulateur. L'homme qui sait a le droit de ruser, puisqu'il connaît l'objectif supérieur dont sa ruse ouvre indirectement l'accès. Mais Linhart complique encore le jeu, manœuvre parmi les manœuvriers et s'en explique auprès de Broyelle : l'alliance tactique avec Leroy ne tiendra pas indéfiniment. L'inévitable rupture fournira l'occasion d'afficher au grand jour les thèses chinoises, la référence à Mao Tsé-toung, dans un bien meilleur rapport des forces.

Jacques, l' « anticommuniste de gauche », laisse peu à peu l'argument le gagner : l'explosion de l'UEC, déclenchée par les meilleurs à l'heure qu'ils auront choisie, ricochera sur le PC. N'empêche, au VIIIe Congrès, tandis que les « Italiens » crient leur dégoût, il n'est pas fier de lui et rase les murs quand un copain s'approche. Linhart, lui, impavide, prend date à la tribune sur l'affaire du compte rendu des débats truqués par *l'Huma,* assume sans ciller le rôle du traître, martèle, face à chaque contradicteur, que les délégués sont trop ignorants de l'état de la réflexion marxiste en France pour mesurer combien semblable démarche est au fond cohérente...

Au fond, tout au fond. Car en surface, les péripéties du printemps 1965 ne sont pas dépourvues de piment. Les « ulmards » siègent dignement au bureau national « expurgé » de l'UEC, entre Guy Hermier et Jean-Michel Catala, sous l'œil vigilant de Roland Leroy que ces drôles de marxistes intriguent. Ils essaient de jeter leurs grappins vers *Clarté,* mais l'abordage échoue. Après un premier numéro où la « patte » des althussériens est reconnaissable — Étienne Balibar est mis à contribution —, le comité de rédaction, contrôlé par Hermier, serre les boulons. Les astucieux conspirateurs de la rue d'Ulm sont fermement invités à utiliser leur ronéo et non les rotatives du Parti. Puisque les bureaucrates barrent l'entrée des bureaux, reste l'arme du discours. Linhart et les siens entendent démontrer que sa puissance de feu est inégalable.

Althusser les a faits, ils vont faire Althusser. Hormis quelques articles parus dans *la Pensée,* où il traitait notamment — dès 1961 — du jeune Marx (et se référait incidemment à Mao), le « caïman » de l'École normale est inconnu du public et des éditeurs. Il ne recherche pas plus la notoriété dans l'ordre intellectuel que dans l'ordre politique. Sollicité par ses disciples de poursuivre son séminaire, il est soumis à une autre demande : diffuser ses travaux.

François Maspero accepte qu'une collection dirigée par Louis Althusser, et baptisée *Théorie,* naisse à son enseigne. Coup sur coup paraissent, en cette année 1965, *Pour Marx* et *Lire le Capital* (en collaboration avec Balibar, Establet, Macherey et

Rancière). Sans attendre l'édition imprimée circulent des extraits ronéotypés, des fiches de travail.

L'impact est considérable. Cependant que les « Italiens » ruminent leur défaite, les purs et durs de la rue d'Ulm sonnent la charge avec tambours et trompettes. Sûrs d'eux-mêmes, ne dédaignant point le terrorisme verbal, ils impressionnent les « petits-bourgeois » en déroute et leur expliquent avec une dédaigneuse patience que les temps sont venus de renoncer, pour la Science, à l'idéologie spontanée. Précis, intransigeant, passionné, Robert chavire ses interlocuteurs. Aucun n'a, comme lui, assimilé les œuvres complètes de Lénine ; aucun n'est capable de lui tenir tête sur son terrain — sauf les plus expérimentés des trotskistes.

Le petit noyau activiste de l'ENS s'étoffe. Dans les locaux mêmes, des recrues de choix se présentent au portillon. Linhart et Broyelle ont la satisfaction de sortir du sempiternel ghetto des anciens khâgneux. Un futur mathématicien, Christian Riss, est le premier à se mêler aux philosophes, aux littéraires, aux sociologues qui suivent le séminaire. Il signe dans les *Cahiers,* prospecte en direction des grandes écoles scientifiques, parmi ses ex-compagnons de « taupe » (l'équivalent de la khâgne, à destination — principalement — de Centrale et de Polytechnique). L'élite fascine l'élite.

Louis-le-Grand demeure le vivier « naturel », sur lequel les heureux aînés de l'École normale veillent d'un regard jaloux. Jacques Broyelle a repéré de longue date un élément d'exception et l'accompagne pas à pas. Il s'appelle Benny Lévy. Apatride d'origine égyptienne, il étudiait en hypokhâgne quand Jacques préparait le concours dans la classe supérieure. En juillet, lorsque sont placardées les admissions contre le mur du hall, les hôtes de la maison sont assemblés et jettent, non sans une once de dédain, quelques commentaires ironiques sur la nouvelle cuvée qui se presse alentour. Broyelle fend le cercle des postulants, vérifie un nom sur le papier, prend par l'épaule un jeune garçon rieur, petit, et l'entraîne vers Robert :

— Je te présente Benny Lévy. Il sera des nôtres.

Linhart, sanglé dans son impeccable costume de velours vert sombre, toise l'autre, note l'acuité des yeux et des traits :

— C'est bien. On avait besoin d'un politique !

L'allusion vise un Jacques-Alain Miller, un Jean-Claude Milner pour qui l'investigation analytique ou épistémologique occupe le premier plan. Les fous de militantisme sont plus jeunes et plus rares. Celui-ci s'y lancera-t-il à corps et à tête perdus ?

Il en a l'intention, et Broyelle le sait fort bien. Cela fait des mois qu'ils se parlent, se jaugent, se préparent.

La politique, pour Benny, aussi loin qu'il se souvienne, c'est une image et un son très doux.

Le Caire, avant 1956. La chambre de sa mère, dont les volets sont tirés pour atténuer la lumière de l'après-midi brûlant. Un homme s'exprime à voix basse, sur un ton à la fois propagandiste et respectueux, filial. Le grand frère de Benny — sept années les séparent — explique pourquoi il s'est lié aux communistes clandestins. « Communiste... » Benny surprend le mot et le happe de son timbre clair, enfantin, qui tinte dans l'air tiède :

— C'est ça ? C'est ce que tu dis, le communisme ?

— Chhhhut...

Un Chhhhut murmuré, tendre et mystérieux. Le mot est entré dans l'univers de Benny par ce souffle, comme une bulle fraîche. Le souffle de l'homme qu'il admire, frère par le sang et père d'adoption (le vrai père, qui parfois gagne et souvent échoue au jeu de l'import-export, ne pèse guère à la maison ; ni Benny ni son plus proche frère, Tony, ne comprennent exactement ce qu'il vend).

« Communisme ». Une deuxième image : celle du grand-père maternel, chef d'un groupe rival de celui d'Henri Curiel, toujours absent, expédié en camp. Le frère aîné est le continuateur de ce héros invisible. Lui aussi est voué au bagne.

En Égypte, les Lévy mènent une existence tribale. La part du religieux est faible dans l'éducation des enfants (quoiqu'une grand-mère soit fille de rabbin). Le rite est plutôt un repère culturel, le rendez-vous du vendredi soir. On parle français. Les sociologues et les historiens invoqueront l'héritage de la mission culturelle qui accompagna Bonaparte. Mais l'usage de cette langue « étrangère » est infiniment plus, pour la circonstance, qu'une séquelle de l'histoire. C'est un commun dénominateur entre l'aile religieuse et sioniste de la famille, qui se délite peu à peu, et l'autre aile, celle qui domine en participant de la subversion communiste. L'intériorité juive s'estompe, le « progressisme » prend le dessus et les mots français servent de truchement à cette conversion.

Que deviendront-ils plus tard, Tony et Benny, les deux jeunes garçons de la tribu ? En pareils lieux et à pareille heure, le choix est restreint. Commerçants ? Comme papa ? Jamais ! Rabbins ? Leur mère fut sioniste de cœur dans les années trente, mais la pente n'est plus celle-là. Les figures fortes, l'oncle, le frère aîné, l'emportent. Tony et Benny ne seront ni commerçants ni rabbins. Ils seront révolutionnaires.

Leurs parents n'éprouvent aucune sympathie pour le mouvement national égyptien et considèrent ses rodomontades avec une désinvolture ostensiblement méprisante. Mais quand éclate l'affaire de Suez, le climat change. Benny se rappellera toute sa vie une banale promenade qui soudain se charge de menace.

Il a dix ans. Comme souvent, la famille se rend aux pyramides. Et puis une voix s'élève, s'échappe de chaque fenêtre. Gamal Abdel Nasser répond à William Blake, le puissant maître du Fonds monétaire international, qui a repoussé toutes ses demandes. Benny comprend l'arabe. Il perçoit l'insolence du faible face au colosse. Amplifiée par les haut-parleurs, la voix, la voix arabe grimpe jusqu'au hurlement, désagréable. « Pitre ! Tu vas voir ce que tu vas voir... », commente le père, hostile, violent lui aussi.

Et c'est la guerre. La nuit, les enfants observent leur père, en pyjama, qui écoute la radio d'Israël après le couvre-feu, une serviette sur la tête pour atténuer le bruit. Benny est malade. Il a de la fièvre. Et le roulement des bombardements se mêle dans sa mémoire à cette confusion fébrile, sensation double d'inquiétude et d'irréalité. L'un des détachements aériens « ennemis » est sous le commandement d'un cousin. Peut-être est-ce lui qui presse le bouton meurtrier, qui provoque ces déflagrations effrayantes.

En mars 1957 commence l'exil. Sur la piste, au pied de la passerelle, le frère aîné, le communiste traqué par la police de Nasser et qui sait qu'il ne tiendra plus longtemps dans la clandestinité, est venu embrasser les siens. Tony et Benny pleurent. Leur mère s'arrache à son grand fils. Au terme du long voyage, une ville sombre qui se nomme Bruxelles. Benny ne comprend pas où il se trouve — ce sentiment, depuis, ne l'a jamais quitté. L'exil le définit, définitivement.

Du Sud égyptien parviennent des nouvelles. Le grand frère a été arrêté. Nasser, mal remis de son demi-échec, frappe symétriquement à gauche et à droite. Les communistes sous surveillance ont été déportés vers un bagne torride. Les lettres que déchiffrent Tony et Benny sont écrites en caractères minuscules, sur du papier à cigarette. Dans le style ample, volontiers lyrique, qu'adoptent ceux qui souffrent pour délit d'opinion, le héros lointain trace des tableaux synoptiques de la situation mondiale, désigne les « forces de progrès », explique la difficile articulation des revendications nationales et de l'internationalisme, invite ses destinataires à ne pas rejeter en bloc la cause arabe. Les pattes de mouche, sur les toutes petites feuilles diaphanes, sont commentées avec ferveur, avec vénération.

Tony, le premier, quitte Bruxelles pour achever ses études en France. Interne au lycée de Versailles, il ignore que le statut de réfugié politique qui lui a été octroyé par les autorités belges ne l'autorise nullement à séjourner ailleurs. Mais l'Éducation nationale française l'ignore aussi et il passe son bac en plein paroxysme de la crise algérienne — dans son dortoir, les « cyrards » ont écrit au mur : « Nous nous instruisons pour vaincre ! » Admis en « prépa », il pénètre dans le circuit des étudiants « antifascistes » : FUA, UNEF, ESU. Et à l'automne 1962, tout en préparant une licence de mathématiques, il fréquente les réunions de l'UEC, où il retrouve un camarade d'hypotaupe : Jacques Broyelle. Ce dernier a délaissé les sciences pour les lettres, la taupe pour la khâgne. Parallèlement, Tony s'intéresse à *la Voie communiste*, attiré par une longue interview de Sartre, le penseur de son identité, dont il a sorti, jusqu'à l'épuisement du catalogue, tous les écrits littéraires à la bibliothèque municipale de Bruxelles.

Benny, lui aussi, lit Sartre en classe terminale. Les romans, les essais, *l'Être et le Néant*, de A à Z. Par Tony, il perçoit les échos de la vie politique française, qu'il fait sienne comme est sienne cette langue sans laquelle il crève, sans laquelle il perd la saveur des choses et la respiration. A l'athénée (équivalent local du lycée) de Bruxelles, c'est peu dire qu'il se distingue. Ses professeurs ne dissimulent pas, ou plus, une véritable admiration pour cet adolescent prodige qui ne supporte pas d'être le second en quelque discipline que ce soit. Il s'impose, il domine, mais sans la pesante application des forts en thème. Au contraire, il n'hésite point à provoquer, à virevolter, drôle, incisif, d'une implacable et poétique précision dans le maniement des mots — il parle comme on écrit et il écrit comme il parle.

Ce talent a explosé dès la seconde. Un concours d'éloquence est traditionnellement organisé au sein des athénées, puis entre tous les établissements de Belgique, chacun sélectionnant son champion. Benny franchit, une à une, les étapes du tournoi, jusqu'à la finale. L'épreuve ultime se déroule dans une atmosphère solennelle et chamarrée — professeurs en toge, militaires aux poitrines polychromes. Le corps diplomatique est également représenté dans la salle, notamment par l'ambassadeur de France. Le sujet proposé concerne le journalisme et l'information. Benny Lévy développe une argumentation en trois points, comme il se doit. Mais l'exercice comporte aussi un échange avec l'assistance. Il saisit le prétexte d'une question pour bifurquer vers la guerre d'Algérie :

— Ceux que vous appelez des fellaghas, clame-t-il, l'index pointé sur les diplomates français, et que j'appelle, moi, les héroïques combattants du Front de libération nationale...

Des hurlements l'interrompent. Hurlements de protestation. Hurlements de joie. Une bonne moitié du public est debout, élèves, professeurs, parents, officiels. Malgré l'esclandre, Benny obtient la palme. L'épisode, le lendemain, occupe la une des journaux.

Ce frisson-là, ce trouble qui ressemble tant à l'exaltation amoureuse, au plaisir de séduire et de s'abandonner, cette sorte d'au-delà de la victoire, d'après-joute, ce ravissement sans vainqueur ni vaincu, Benny sait désormais qu'il en possède le goût et la ressource. L'amitié profonde, déterminante, qui le lie avant même la classe terminale avec son professeur de philosophie, lui permettra de trouver dans ses lectures un nom à semblable capacité, ou inclination : le complexe d'Alcibiade — la faculté *démoniaque* d'élever à volonté la température d'un auditoire, modeste

275

noyau d'amis ou foule compacte. L'art que détient Benny de retourner vers lui-même le flux d'émerveillement attentif qu'il éprouve pour les plus marquants de ses maîtres, bref de renverser l'ordre du magistère, cet art qu'il devine pervers libère ce que son esprit recèle intimement de puissance, de revanche appelée.

Au terme de ses études secondaires, Benny Lévy veut aller en France. Non seulement parce que Tony l'a précédé et lui livre la chronique d'une agitation qui le fascine, mais parce que la France, comme point de chute, revêt un caractère d'évidence. C'est la matrice de son discours. C'est le territoire intellectuel où il aspire à ferrailler. Il en discute avec ses deux professeurs principaux, l'homme qui l'initie à la philosophie, la femme qui lui a communiqué l'amour des belles-lettres. Et d'eux, il apprend qu'il existe un lieu vers lequel convergent les meilleurs Français. L'École normale supérieure.

Il faut qu'il investisse cette place forte. Il faut qu'il se frotte à ces cervelles-là. Il ne s'agit pas de diplômes, de carrière. Il s'agit d'être ou de ne pas être.

En 1963-1964, Benny se plie — non sans protestation de l'échine — aux servitudes raffinées de l'hypokhâgne. Et l'année suivante, il compte parmi les sélectionnés olympiques de Louis-le-Grand. Rebelle aux aboiements de Clebs, ricanant lorsque M. Laubier — vieille barbe qui, en guise de philosophie, ressasse lourdement Auguste Comte — salue ses mérites, il s'immerge dans le grec ancien avec tous les délices de l'amateur de synonymes, de maïeutique et de tragédie.

Tony, lui, aime les mathématiques, mais ne prise guère ce qu'on enseigne sous cette dénomination à la faculté de la Halle aux vins. Il déserte de plus en plus les cours, même s'il décroche ses certificats avec une aisance qui accentue encore l'impression de sacrifier à un rituel dérisoire. Il perçoit une bourse (grâce à l'appui d'amis de la famille, diplomates de la Communauté européenne, il a obtenu le transfert de son statut vers la France, pour lui-même et pour son frère). Tous deux partagent une petite chambre dans le foyer géré par l'Office des réfugiés. Ils mènent l'existence de l' « étudiant pauvre », conformes au portrait qu'en dessine alors André Gorz dans *les Temps modernes*. Une existence discrète.

A l'UEC, Tony — qui ne possède pas les talents oratoires de Benny — se tient en retrait, ne se reconnaissant ni dans Pierre

Kahn ni dans Alain Krivine. Il lit, tous azimuts, entraîne Benny place Paul-Painlevé — le cadet se retrouve promptement avec sa carte en poche —, et même aux réunions de *la Voie communiste* où ce dernier rencontre Denis Berger, Félix Guattari, Marc Kravetz, Jean-Louis Péninou. Pierre Goldman croise fréquemment dans leurs parages, dort parfois chez eux, porte de Saint-Cloud, se lance avec Benny dans une excitante exégèse de *l'Être et le Néant,* le choque par la multiplicité de ses liaisons féminines.

Mais le principal copain, le commun dénominateur, c'est Jacques Broyelle. Au fur et à mesure que l' « ulmard » frais émoulu subit l'ascendant de Robert Linhart, il répercute autour de lui ses convictions nouvelles. Des bribes, pour commencer — un article d'Althusser. Puis la bombe : le numéro un des *Cahiers.* Il le porte à Benny alors que les khâgneux planchent en plein concours blanc — l'épreuve fatidique approche et les éléments sérieux consacrent deux heures par jour au vocabulaire grec. Malgré ces préoccupations immédiates, le choc est d'importance. L'idéologie selon Althusser, la science selon Lacan, qui dit mieux ?

Tony, marqué par *la Voie co* (et initié, sur ce chemin même, aux arcanes de la querelle sino-soviétique), est intellectuellement séduit, mais réticent devant la rouerie de Linhart. Benny, en revanche, s'enflamme — le coup paraît superbement calculé. Et, lorsqu'il brûle, la contagion est probable. Il plaide, Broyelle enchérit pour justifier la tactique du cercle d'Ulm au sein de l'UEC : le marxisme vaut bien une alliance contre nature. Tony cède, convient qu'Althusser rehausse la théorie à un niveau convenable. Il se souvient des lamentables traités russes qu'il feuilletait en rigolant dans la bibliothèque de son oncle. Et puis, la science réhabilitée, quand on a l'âme mathématicienne, voilà qui frappe juste. Comme Jacques, il enterre sa fierté au VIIIᵉ Congrès, regarde sans nostalgie s'éloigner les « Italiens » (Garaudy lui semble « obscène ») et professe que l'hypocrisie de l'instant annonce la clarté du lendemain.

Au fond, Benny obéit à une impulsion du même ordre que celle qui l'a éloigné de Bruxelles. Il rêvait de Paris. Il rêvait du cœur de la France. Maintenant, il rêve de figurer au nombre de ceux qui font battre ce cœur, qui en accélèrent le rythme. Jusqu'à présent, il est demeuré dans une relative obscurité. Tout juste l'a-t-on aperçu, lors d'un congrès de l'UEC, s'indigner pendant qu'à la tribune étaient lues les salutations fraternelles des nations et formations amies, dont celle de l'Égypte nassérienne : « Non,

non, c'est inadmissible. Mon frère est là-bas, il est communiste, et enfermé au bagne ! » Réfugié apatride, le voici admis dans l'équipe de tête.

A quelques-uns, du plus pointu des sommets, contempler le monde et descendre vers lui...

Robert Linhart, sitôt proclamés les résultats du concours, dresse un bilan optimiste. La récolte de l'été 1965 est prometteuse. Outre Benny, entrent à l'École Dominique Lecourt et Philippe Barret, recrues de bon augure. Barret, au premier coup d'œil, est tout le contraire de Benny Lévy. Pas d'effervescence apparente, pas d'éloquence affichée. Un vrai petit Français méritant, fils d'un représentant de commerce et d'une vendeuse, qui est « monté » à la force du poignet et qui n'a pas l'intention d'en rester là. Un vrai petit provincial qui aborde la capitale avec un mélange de pruderie et de défi. Un vrai Lyonnais, ex-chrétien, formé par l'UNEF et l'UEC, lecteur de *Clarté* et des *Temps modernes,* et qui a réussi l'assez belle performance de sauter directement du lycée du Parc à la rue d'Ulm.

1985. Philippe Barret, chargé de mission au cabinet de Jean-Pierre Chevènement, ministre de l'Éducation nationale :
— *Mes années de militantisme ne m'ont servi à rien. Je déplore que tous ces savoirs, ces savoir-faire, n'aient pas été reconnus par la société. Au long de mon parcours, j'ai rencontré des gens qui étaient plus intelligents que mes actuels supérieurs hiérarchiques. Aucun ne détient de réelles responsabilités. De toute cette aventure, il ne reste rien. Rien.*

Benny observe Barret. Ce garçon-ci, dont il est familier et qu'il parraine auprès du cercle d'Ulm, lui est, quant à la fibre, étranger. Linhart, en revanche, paraît moins étranger que distant — une distance dérangeante, provocante, lourde de sens, d'émulation. Un ashkénaze polonais (comme Jacques-Alain Miller) volontiers méprisant, dont les gestes et les mots trahissent une arrogance retenue.

Le séfarade égyptien confie à son ami Broyelle, garanti goy et, en la matière, témoin impartial, que Robert « a un côté polak ». Sa mise même suscite quelque agacement : une touche d'aristocratie désinvolte, d'élégance trop naturelle, dans la teinte, dans la coupe. L' « étudiant pauvre » méditerranéen se sent gauche, un peu emprunté, à côté du Parisien si parisien, juif comme lui et juif autrement que lui.

Par-delà ces signes visibles, une relation plus ambiguë se noue. Face à Robert Linhart, Benny Lévy éprouve une impression pour lui presque inconcevable : une admiration qui n'est pas totalement réciproque. Robert possède un « plus », et Benny saisit aussitôt, dès le premier contact, dans le hall de l'École, de quoi ce « plus » est nourri. Linhart est impressionnant, non parce qu'il s'exprime admirablement ni parce qu'il sort généralement vainqueur des tournois — cela, Benny en connaît sur le bout des ongles les mystères —, mais parce qu'il est *fondateur,* parce qu'il construit, pierre après pierre, un édifice politique. Il n'est pas — à l'image des leaders ordinaires — emporté par l'événement, élu par la conjoncture. Il se veut et il est puissance instituante. Et à ce titre, chef incontestable.

Tant que Linhart sera Lénine, il sera, lui, Benny, le second de Lénine — l'ami Broyelle cimentant le tout. Second : une fonction que Benny Lévy conçoit mal.

Une autre certitude est à ses yeux acquise dès la grille de l'ENS. S'il pénètre en ces augustes lieux, ce n'est certes pas pour des raisons universitaires. Il est là parce que là se joue son rapport à la France. Et il est là non pour se couler dans le moule de l'élite française, mais pour le muer en bastion révolutionnaire.

En ce sens, il lit Althusser, il le répand, mais il n'y adhère pas de tout son être. Il se dit que ce merveilleux jeu de construction est un excellent antidote contre le frou-frou des auteurs à la mode, ou de mode. Il accepte l'antihumanisme théorique comme on accepte une prime, un paquet cadeau, un supplément venu couronner un investissement exceptionnel. Mais il n'est pas réellement attiré par les sciences dites « humaines » ou « sociales », par le non-dit lacanien, par la mort de l'Homme. Ce ne sont qu'outils intelligents pour déblayer le terrain.

Tiennot Grumbach est de retour à Paris. Il a quitté Alger, juste avant Noël 1964, pour des « raisons personnelles » — son divorce et le désir de ramener en France l'enfant, une fille, de ce mariage manqué. D'autres éléments, moins intimes, motivent aussi sa décision. L'atmosphère, outre-Méditerranée, est devenue pesante.

Depuis leur visite à Cuba, dans les pas du Che, Tiennot et Jean-Paul Ribes ont durci leur lecture de l'histoire, délaissant les textes de Frantz Fanon pour un marxisme romantique et tiers-mondiste. L'ennui, c'est que le sol algérien n'est guère propice à cette graine-là. Les règlements de comptes se succèdent (Hocine Aït Ahmed, instigateur en Kabylie d'une tentative d'insurrection armée, a été capturé et risque la peine de mort). Les deux Français se sont de plus en plus liés à l'aile « gauche » des jeunesses FLN, où l'on fréquente *Que faire ?* sous la houlette d'anciens du parti communiste algérien. Une aile qui sent le soufre et la déviation fractionnelle.

S'il en coûte à Tiennot de retraverser la Méditerranée, d'abandonner Jean-Paul, de tourner le dos à tant de lumière blanche, aux sessions improvisées de l'Institut d'agriculture, aux aventures, aux imprévus, il lui semble opportun de respirer, en l'année 1965, l'air de Paris.

Drôle d'air. Le camarade Grumbach, mendésiste de la haute époque et naguère violemment anticommuniste, retrouve tous ses copains emportés par la tourmente de l'UEC. Fidèle à ses amitiés, il suit le mouvement, rejoint la bande. Mais la bande se disperse. Les uns sortent, les autres restent, les premiers accusent les seconds de remplir les charrettes du Parti — pas facile d'y voir clair. Place Paul-Painlevé, Tiennot débarque maladroitement, décalé, coincé dans le personnage du « colonial » exotique et privé de nouvelles fraîches. Sur la recommandation des JFLN — il a fait ses preuves lors de la préparation du festival de Sidi Ferruch, et une opération plus ample encore est en chantier —, on lui offre un *job* à LVJ (Loisirs et Vacances de la jeunesse, l'agence de voyages des JC). C'est tentant, mais il refuse de se glisser dans la peau d'un permanent, fût-ce pour servir de plaque tournante entre la France et l'Algérie. Il obtient un poste d'assistant de droit public à la faculté et reprend ses études, mi-élève mi-professeur.

L'occasion lui est cependant donnée d'exploiter son expérience d'outre-mer. Le 25 février, Ernesto Che Guevara, invité à Alger pour un séminaire économique afro-asiatique, développe un exposé qui tonne dans le ciel du tiers monde. L' « observateur » cubain, répondant au porte-parole de Moscou, met en question, de manière à peine voilée, le type d' « aide » qu'accordent les Soviétiques aux damnés de la terre. Il exige un peu plus de solidarité gratuite, de soutien sans contrepartie, lui qui vient de visiter le Mali, le Congo-Brazzaville, le Ghana, la Guinée. Bizarre, notent les experts. Des discordances couveraient-elles entre les assiégés castristes — qui attendent toujours des machines pour couper la canne à sucre — et leur « protecteur », Leonid Brejnev ?

Tiennot planche sur le sujet, parmi les rédacteurs et animateurs de *Clarté,* au sous-sol de la librairie. Mieux : Ribes lui transmet la version complète du discours d'Alger, que nul n'a encore traduit *in extenso.* Il en tire le maximum d'exemplaires sur la ronéo du cercle de droit, les distribue autour de lui. Bel émoi chez les « orthodoxes » du PC, qui ne goûtent guère cette littérature antisoviétique. Les « ulmards », eux, applaudissent. Tout ce qui démasque les tiédeurs ou trahisons des « révisionnistes » moscovites est bon à prendre.

L'épisode rapproche Grumbach et Linhart. Ils étaient déjà fort voisins. Quand Robert enquêtait dans les fermes d'État algériennes, interpellait le préfet d'Annaba, se passionnait pour la comptabilité matière, le « conférencier » de l'Institut agraire buvait du petit-lait, lui fournissait éventuellement le gîte et des contacts fructueux. Enfin un intellectuel, et de gros calibre, qui savait sortir de ses livres sacrés, qui acceptait de se pencher au-dehors sans craindre que le réel ne démentît ses thèses ! Devant un demi, au comptoir du Beach, ce ne sont pas des retrouvailles, c'est une conversation qui se poursuit.

Tiennot et Robert éprouvent un intérêt commun pour la « ligne de masse » chinoise, pour la primauté accordée, là-bas, à la paysannerie. Ils ne s'accommodent ni l'un ni l'autre d'une coexistence pacifique qui, estiment-ils, laisse l'impérialisme sévir sur des zones entières de la planète. Le premier pense d'abord au Che, le second à Mao — ils n'y décèlent aucune incompatibilité.

Et voici le rapatrié d'Alger « ulmard » d'honneur. Politiquement, s'entend. Car, en matière philosophique, il cultive un complexe d'infériorité vif et tenace. Bien qu'il ait plus que d'autres roulé sa bosse, il capitule à l'orée des écrits « de référence ». Certes, il est capable de pondre un rapport, et ses amis maghrébins ont usé et abusé, eux qui émergeaient de la clandestinité ou descendaient du maquis, de cette aptitude. Mais Tiennot est plus exigeant. Doué d'un exceptionnel talent d'organisateur, du goût d'entreprendre et de mesurer les résultats de l'entreprise, il aimerait en outre jongler avec les concepts, détenir la clé des portes qu'il enfonce. Il se rappelle le Che, qui n'était pas, lui non plus, originellement marxiste, sortant *le Capital* d'un tiroir de son bureau, dans la fièvre d'une discussion, une nuit, à La Havane.

Robert Linhart l'impressionne par son mélange d'activisme effréné et de voltige dans l'abstraction. Inversement, Tiennot Grumbach inspire confiance dès qu'une « tâche pratique » — acheter une ronéo d'occasion, gérer un stand de brochettes à la fête de *l'Huma,* dénicher un correspondant sur n'importe quel continent... — surgit. Là où les spécialistes de thème grec pataugent, Tiennot excelle. S'il n'assiste qu'à deux ou trois séances du séminaire d'Althusser, la notion de « pratique théorique » l'emballe, quoiqu'il n'en pénètre pas les infinis codicilles.

Après l'éviction des « Italiens », Guy Hermier, qui manque de cadres, propose à Grumbach de participer à la direction de l'UEC. Il refuse sans fournir d'explication précise. Et pour cause : l'explication véritable serait inavouable. La majeure partie de son investissement politique est en effet consacrée à une activité fractionnelle, qui rassemble autour de Linhart, Broyelle et Riss, un historien, Daniel Kuckerman, et deux juristes, Heyman et Bensoussan. Les conjurés baptisent leur club le « centre » — c'est l'appellation la plus neutre qu'ils aient pu inventer. L'objectif est de rallier, en vue de l'inéluctable scission, un maximum de sympathisants potentiels. Les leaders du cercle d'Ulm s'efforcent ainsi de multiplier les relais confidentiels, en vue du jour J.

Jean-Paul Ribes, à Alger, est tenu informé, autant que la prudence le permet, de ces péripéties. Mais sur place, d'autres événements le sollicitent. Le 19 juin, Houari Boumediene démet « en douceur » Ahmed Ben Bella. Des manifestations sporadiques se déroulent dans la capitale, ainsi qu'à Oran et à Annaba.

Mais le feu s'éteint au bout de cinq jours. Le nouvel homme fort cumule les charges de président du Conseil de la révolution, chef du gouvernement et ministre de la Défense.

Pas de sang à la une. Jean-Paul, toutefois, traverse une passe très difficile. Les amis avec lesquels Tiennot et lui entretenaient des liens privilégiés se voulaient « benbellistes » de gauche. Ils sont aujourd'hui « benbellistes » tout court. Hier, on les dégageait en touche. Maintenant, on les recherche afin de les jeter en prison.

Pour l'ancien porteur de valises qu'est Ribes, la pirouette de l'histoire est amère et douloureuse. Il séjourne dans un pays qu'il a — modestement — contribué à libérer du joug de sa propre patrie. Et il se trouve contraint de répéter, sur ce sol d'adoption, les gestes qui étaient siens dans le Paris de Maurice Papon. Le découragement l'envahit, le submerge. Mais les réflexes anciens recommencent à jouer. Il ouvre la porte de son appartement, rue Henri-Dunant, à des militants en fuite. Entre autres, Mohamed Harbi et Bachir Hadjali lui demandent asile. Jean-Paul rase la moustache de Bachir, lui teint les cheveux. Il se procure des voitures, organise le départ de ses hôtes — bref, il reproduit au détail près ce que la guerre d'Algérie lui a enseigné.

Fin juin, il se rend à Paris. Le mieux, dans l'immédiat, est d'observer une très stricte discrétion. De se mettre en vacances. Ribes, présenté par Tiennot aux membres du « centre » qu'il ne connaissait pas, lance une invitation générale : sa villa du Figuier est accueillante et fraîche. Robert, Nicole, Jacques accompagnent Jean-Paul et son amie Mylène (Marie-Hélène Dubois, la fille de colonel jadis arrêtée en même temps que Ribes, quand est tombé, cinq ans auparavant, le réseau Nizan, le réseau des lycéens complices du FLN).

La vie, à deux pas de la plage et à cent kilomètres d'Alger, est délicieusement bronzante et végétative. Loin de la coupure épistémologique, loin de Cathala, loin de la politique. Linhart proteste : on s'amollit, camarades ! A l'écart, et à l'ombre, Broyelle et lui relisent dans un silence réprobateur leurs pages de Lénine préférées : « Mieux vaut moins, mais mieux... »

Contre l'amollissement, Jean-Paul suggère un travail. Pas un travail ordinaire. Le réalisateur Pontecorvo tourne à la Casbah une reconstitution de *la Bataille d'Alger*. Des centaines de figurants sont embauchés. Ribes, qui possède naturellement mille relations dans la capitale, est aisément sélectionné. Nicole aussi.

Mais elle sort vite de l'anonymat des femmes qui attendent le signal de l'assistant pour débouler sur les terrasses en poussant des *youyous*. Pontecorvo a repéré cette jolie brune aux yeux noirs, à la peau mate, qui serait parfaite dans le rôle d'une porteuse de bombe. L'histoire vraie veut que le Front ait utilisé des Algériennes à l'allure de Françaises pour que les paras ne les importunent pas en contrôlant leurs sacs. Pourquoi, dans le film, ne pas renverser l'ambiguïté et confier le personnage d'une authentique Algérienne travestie en Française à une authentique Française qu'on prendrait volontiers pour une plausible Algérienne ?

Nicole est ravie et s'amuse. Robert s'indigne de ces divertissements. Il n'est pas au terme de ses peines. Alors qu'approche le tournage de la grande scène, Pontecorvo en joue une autre à Nicole, fort classique bien que non comprise dans le scénario. Vertueusement, elle tourne... les talons et abandonne le rôle. Au blâme politique du camarade Linhart s'ajoute désormais une pointe de jalousie. Il y a de l'orage dans l'air.

Tiennot, après un bref séjour au Figuier, s'envole pour la Chine. Une fois de plus, il a reçu mandat d'un organisme de loisirs pour jeter quelques ponts vers les pays lointains. Il ne part pas à Pékin comme à La Mecque. S'il lui fallait brandir un drapeau, il se dirait peut-être « marxiste-léniniste », « prochinois » à la rigueur, sûrement pas « maoïste ». A ses yeux, la Chine constitue une vivante critique du système soviétique — moins dans les déclarations que dans la confiance accordée aux masses, et d'abord aux masses rurales. Le groupe auquel s'est adjoint Grumbach comprend une douzaine de jeunes communistes français (plus des visiteurs curieux, parmi lesquels Jean-Pierre Elkabbach). On les balade suivant un itinéraire soigneusement balisé, sans réelle surprise. Ils demandent à rencontrer, ès qualités, des communistes du cru et sont reçus par des représentants du Comité central. La conversation n'est guère marquante, mais elle n'étouffe pas sous le protocole. Tiennot, qui a fréquemment parcouru les États « socialistes » d'Europe de l'Est, éprouve le sentiment, ici, d'échapper aux habituels réseaux de mesquine corruption, de petits trafics, d'échapper à l'ordinaire double langage. Il regagne Paris, sinon enflammé, du moins sympathisant.

Le rythme de la vie, communément admis, est celui de la vie universitaire. L'année ne s'étend pas du jour de l'an à la Saint-

Sylvestre, mais de la Toussaint à la fin des vacances. Car chacun est à sa manière étudiant — étudiant éternel, attardé, prolongé, étudiant qui recommence ses études ou en entame d'autres, étudiant qui continue à fréquenter les amphis tout en abordant, avec réserve, une carrière professionnelle. Les ressources sont infinies, qui permettent de ne pas décrocher, de ne pas franchir la frontière de la jeunesse, de ne pas plonger dans l'univers sec et planifié des adultes.

A l'équinoxe, donc, chacun se replie sur le Quartier. Linhart, Broyelle, Christian Riss battent le rappel. Les frères Lévy, Philippe Barret et leurs compagnons de la dernière cuvée accourent.

Robert est heureux de ce retour au « sérieux », à l'étude, à l'action. Pourtant, un grain de sable ramené d'Algérie crisse dans son existence. Nicole est enceinte. Que faire quand on souhaite être Lénine et qu'on est le géniteur d'un embryon de trois mois ? On « régularise » la situation. La pression parentale est intense. Le père de Nicole engueule la pécheresse : « Quoi ? Un intellectuel ? Communiste ? Et juif, de surcroît ? » L'intrigue se dénoue, comme de bien entendu, autour d'une nappe blanche. Robert, très digne, dans son costume vert, après le fromage : « Monsieur, m'accordez-vous la main de votre fille ? » Le père : « Monsieur, m'avez-vous attendu pour la prendre ? » Nicole Colas devient Nicole Linhart. Champagne !

Jean-Paul Ribes pleure. A la poupe du bateau qui s'éloigne vers Marseille, il regarde la ligne des flots noyer la côte africaine, qu'il noie un peu plus de ses larmes. C'est fini, il est le dernier de la série ; lui aussi, le Quartier l'attend. Au début de septembre, le gouvernement algérien l'a radié de l'Université. Il n'avait alors le choix qu'entre basculer dans un monde parallèle — celui d'un Jacques Vergès, d'un Henri Curiel —, ou bien reprendre le chemin du vieux monde, le sien, qu'il se refuse à considérer tel. Il pleure parce qu'il a l'impression qu'une zone de sa cervelle cesse d'être irriguée, où se sont empilés des souvenirs affectueux, des émotions brutales. Il ne s'était pas enfermé dans le cercle des pieds-rouges d'Alger, clos sur ses bruissements, ses querelles. Il a tenté de faire de la politique sans cellule, sans chef, en respirant et en parlant. Il a tenté l'expérience de l'enracinement, et les racines n'ont pas résisté à l'expérience. Ses « frères » lui ont dit adieu en portant la main au front, aux lèvres et au cœur. Terminé.

Terminé pour Jean-Paul, terminé pour le mythe de la « révolution » algérienne. Aux yeux, en tout cas, des jeunes Français voilà peu solidaires de la cause des « rebelles ».

Reste Cuba, dont le « socialisme » continue de susciter l'attention, le rêve, la fascination même. Mais ceux qui connaissent l'île et la politique ne sauraient éluder une question : où est passé le Che ? Fidel Castro est allé ostensiblement l'accueillir à l'aéroport de La Havane, le 15 mars, alors que le *comandante* achevait son périple afro-asiatique. Les observateurs en ont provisoirement conclu que ses écarts de langage, visant les Soviétiques, n'exprimaient nulle divergence au sein de l'état-major cubain. Mais depuis, plus rien. Aux correspondants étrangers, Fidel a simplement expliqué, le 20 avril : « Ernesto Che Guevara se trouve là où il est plus utile à la révolution. » Mystère...

Michèle Firk et Jeannette Pienkny se croisent et s'informent mutuellement. La première séjourne à Cuba et prend ses vacances en France. La seconde séjourne en France et prend ses vacances à Cuba.

De Jeannette (La Havane) à Michèle (Paris), le 31 juillet :

> Ma douce,
> Le 26 juillet, à Santa Clara, le Che n'était pas là. C'est très curieux. Il y a des portraits de lui partout, des affiches de lui partout. Ou bien on répand tous ces bruits de limogeage, désaccords, etc., entre Che et Fidel pour cacher autre chose et le cacher bien ; ou bien le Che boude. Il est possible qu'il y ait des désaccords. On aurait critiqué le Che pour l'indiscipline commise à Alger. Le Che serait en grève : mis en minorité au gouvernement, il attendrait qu'un compromis soit possible. Des gens disent qu'ils l'ont vu couper la canne, au travail volontaire, chez lui. Mais c'est toujours « quelqu'un qui m'a assuré l'avoir vu... »

Jeannette précise aussi que « Fidel a déclenché la lutte contre les homosexuels ».

Le 3 octobre, saluant la formation du Comité central du parti

communiste cubain, Castro donne lecture d'une lettre d'Ernesto
Che Guevara. Une lettre d'adieu. Le héros de la Sierra Maestra
ne dissipe pas les interrogations. On devine que, conformément
à la « deuxième déclaration de La Havane », il applique sous
des formes qui lui sont propres la maxime des insurgés : le
devoir d'un révolutionnaire est de faire la révolution.

De Michèle (La Havane) à Jeannette (Paris), le 10 octobre :

> Ma douce,
> Tout le monde pleure en lisant la lettre du Che... J'en ai parlé avec
> Michel Gutelman et Bettelheim, qui pensent comme moi qu'il
> s'agit de la meilleure sortie possible, la plus belle, due cependant à
> des désaccords politiques. Pourquoi d'ailleurs a-t-il écrit qu'il
> s'identifiera toujours avec la politique *extérieure* de Cuba ? Pour-
> quoi pas la politique tout court... ?

Au quartier Latin, l'enthousiasme l'emporte sur les obscurités.
Le Che, c'est le refus de s'installer, le refus de la bureaucratie.
Saint-Domingue est envahie par les Yankees ; cent cinquante
mineurs grévistes ont été fusillés en Bolivie ; Luis de la Puente,
chef de la guérilla du Pérou, a été tué au combat ; l'armée complote en Argentine... Ernesto Che Guevara quitte les ors de la
diplomatie pour assurer, quelque part, la relève des martyrs.

Le normalien Régis Debray n'a repris pied en France que
depuis quelques mois. A l'été 1963, il a délaissé les quiétudes
philosophiques de la rue d'Ulm ; la fréquentation des cinéastes
militants, Joris Ivens, Chris Marker et Jean Rouch (qui le fait
tourner dans *Chronique d'un été*), lui inspire l'idée de réaliser un
long métrage sur la lutte armée en Amérique latine. Il gagne
donc le Venezuela où il possède des contacts avec des révolutionnaires, accompagné d'un jeune opérateur, Peter Kassowitz.
Mais sitôt arrivé à Caracas, emporté par la contagion militante,
il abandonne la caméra. Durant des mois et des mois, il parcourt
le cône andin, d'un mouvement clandestin à l'autre, colportant
l'information, accumulant une expérience et une mémoire inédites, transmettant de pays en pays un savoir-faire subversif
acquis sur place.

Il était parti nourri d'idées prochinoises, mandaté par la revue
Révolution que dirige Jacques Vergès. Mais sur le terrain, il
découvre que la théorie pékinoise s'adapte mal aux réalités
locales. A l'ombre de la Cordillière, dans les bidonvilles, la seule
référence qui tienne, c'est Cuba. Lorsqu'au terme de ce long

périple, il rentre en janvier 1965 à Paris, Régis Debray est castriste. L'analyse des « ulmards » lui semble abstraite, décalée, pour tout dire délirante. Il donne cependant un texte aux *Cahiers marxistes-léninistes,* mais rédige surtout un grand article pour *les Temps modernes* — Sartre lui avait fourni, avant son voyage, une carte d'accréditation.

Il expose la théorie du *foco,* de l'action de commando judicieusement située : « Le foyer s'installe comme un détonateur à l'endroit le moins surveillé de la charge explosive et au moment le plus favorable à l'explosion. » Debray ne doute pas que le Che, parti allumer des mèches révolutionnaires, agit de concert avec Fidel, resté pour gérer la base arrière. L'un risque sa peau sur des collines perdues. L'autre prépare une conférence « tricontinentale » afin de sceller l'alliance entre les gardiens disséminés du feu révolutionnaire. Le castrisme, proclame Régis, c'est « le léninisme retrouvé et accordé aux conditions historiques d'un continent ». Et il crie son admiration devant la « perfection mythique » des deux hommes, unis, qui en sont l'âme.

A la rentrée scolaire de 1965, Debray enseigne la philo au lycée de Nancy. Un jour, début décembre, il trouve une fort surprenante missive dans son courrier : Fidel Castro l'invite pour la conférence Tricontinentale. Le *líder máximo* a lu l'article publié par *les Temps modernes,* que le Che lui a signalé. On ne résiste pas à l'appel de l'histoire. Le professeur Debray plaque ses élèves et s'envole vers Cuba. Un aller sans retour. Il rencontre Castro et est subjugué. Rapidement, le jeune homme de vingt-cinq ans est coopté à la direction cubaine, introduit dans le secret des dieux. Il entend Fidel critiquer vertement le culte de Mao qualifié de fascisant ; il sait, mieux informé encore que bien des membres du bureau politique, où est le Che — quelque part en Afrique.

Régis, jadis reçu premier à Normale sup, devient révolutionnaire professionnel.

Robert Linhart désapprouve ce départ. Le meilleur renfort que les Français puissent apporter au tiers monde, juge-t-il, c'est de révolutionner la France. Et la première étape de cette longue marche part de la rue d'Ulm...

9

États d'armes

Jérôme et Sylvie sont psychosociologues. Un métier exaltant. A longueur de questionnaires, ils demandent aux gens s'ils aiment la purée en flocons ou si les aspirateurs traîneaux ne sont pas trop lourds à manier. Les enquêtes d'opinion prolifèrent, les étudiants en rupture d'études trouvent aisément à exercer leur talent. Voire à construire une carrière sur des sondages. Jérôme et Sylvie ne roulent pas sur l'or, mais ils gagnent de l'argent. De plus en plus. Jérôme et Sylvie ont des idées sur le monde aussi transparentes que les baies vitrées de leur appartement. Mais, à défaut de pensées, ils accumulent les objets. Ceux dont ils testent les qualités toute la sainte journée et qui peu à peu les envahissent, les manipulent. A mesure que leur living s'emplit, leur vie se vide. Plate, sans surprise, moelleuse comme la moquette claire qui grimpe aux murs. Ils s'installent dans l'existence avec la même griserie de confort qu'ils éprouvent quand ils enfoncent leur postérieur dans un canapé souple et profond.

Jérôme et Sylvie sont désespérément insignifiants.

Avec *les Choses,* une « histoire des années soixante », Georges Pérec, ancien collaborateur de *Clarté,* tend à son époque un miroir presque fidèle. Ce petit couple docile est à l'image d'un pays qui soudain découvre les délices de la consommation. L'expansion aidant, la France prend de la bedaine, le pouvoir d'achat enfle. La boulimie de biens, de fringues, de machines, révulse les clercs de la rue d'Ulm et les guévaristes de la Sorbonne. Ils exorcisent, dans un frisson d'horreur, l'avenir radieux de Jérôme et Sylvie. L'existence creuse des cadres supérieurs, bagnole et résidence secondaire, leur apparaît sinistre, dérisoire. Ils rejettent l'intégration dans cette société pansue et molle. Ils ne veulent pas se couler dans le moule, mais changer le monde. Ils ne voient pas qu'il bouge, le monde, et d'abord dans les vitrines que des milliers de Jérôme et Sylvie lèchent avec désir.

Chaque semaine, « Madame Express » déclenche une explosion : mousse à raser, laque, crème Chantilly, tout devient matière à bombe. La FNAC vend des Nikon comme des petits pains. Le plastique et le Plexiglas fumé envahissent les salles à manger où l'on débite les rôtis des boucheries Bernard, le premier soldeur de viandes. Le teck venu du froid détrône le tristounet chêne plaqué dans les chambres à coucher. Robot, mixer, épluche-patates encombrent les cuisines par éléments, qu'anime la fée EDF. A grands coups de crédit, généreusement octroyé aux guichets de banque qui s'ouvrent à chaque coin de rue, on s'équipe. L'utile, l'agréable, le superflu s'entassent sur les étagères de Formica.

Les pantalons s'élargissent, les robes raccourcissent. Venue d'outre-Manche, la minijupe dévoile le bas. Et parfois le haut du bas. Les adolescents attrapent des torticolis et un créateur de génie invente — la moitié de l'humanité tient sa révolution — les collants.

A l'Opéra, ceux, couleur chair, des danseuses de Béjart qui fêtent *le Sacre du printemps* ne constituent pas l'unique raison du scandale. Au-dessus des têtes, le plafond repeint par Chagall hérisse jusqu'aux crânes chauves.

Les hommes recherchent les mocassins anglais et enfilent des chemises Arrow à cols boutonnés. Le couturier Courrèges présente ses femmes cosmonautes, bottées, ceinturées et casquées de blanc, et *le Nouvel Observateur* voit en lui un révolutionnaire aussi déterminé que le président Mao.

En changeant de formule, l'hebdomadaire n'a pas voulu rater le virage. C'est Jean-Francis Held qui tient le volant ; nouveau journaliste sans le savoir, émule de Roland Barthes — le subtil décrypteur, en ses *Mythologies,* de l'invisible syntaxe d'une société couverte de signes —, il a saisi avant tout le monde que les fantasmes roulent désormais sur quatre roues et que le lit des villes se bitume en parkings.

Chaque semaine, Held, psychanalyste de la soupape, couche un modèle neuf sur le divan d'asphalte. La Triumph TR4, le « piège à nanas » que les minets du Drugstore affectionnent, suscite de colériques jalousies chez les pères Dupont qui croisent en famille et en 403, pied au plancher. L'Alfa — « pour oser vouloir une Alfa, il faut être né comme cela » — tient sur l'autoroute la dragée haute aux DS. Et les Cooper, les Alpine... Les chevaux sous le capot servent d'étalons de la réussite. Le samedi, les Dauphine, les R8, parfois gonflées d'un moteur Gordini, les « deux pattes » jouent à saute-mouton entre les nationales, cap au soleil. L'évasion et... le cimetière. Le lundi, en guise de faire-part, les quotidiens s'habituent à titrer sur le bilan du dernier week-end, « encore plus meurtrier que le précédent ». L'hécatombe n'empêche pas les réservoirs de se remplir ; le litre de super coûte un peu plus d'un franc.

Retombée de la *Beatlesmania,* Londres impose la mode. Les garçons boutonneux du continent rapportent des puces de Soho leurs chemises bariolées, leurs gilets usés — et leurs cheveux longs. John, Paul, George et Ringo enregistrent *Michelle* et tâtent du sitar indien au coin de *Norvegian Wood*. Ils sont vraiment dans le vent, à l'heure où les charters prolongent l'autoroute du Soleil jusqu'à Katmandou. L'Hexagone éclate, les frontières pètent, et les Français se lancent à la conquête de la Méditerranée.

Il n'y a plus que Montand, filmé par Resnais, pour franchir les Pyrénées avec de faux papiers. Des millions de citadins se ruent sur la Costa Brava. Des kilomètres de villas, des chapelets de villages de vacances, des murailles d'immeubles beigeasses poussent le long des plages. Dans les journaux pullulent les placards publicitaires : « Vous aussi, soyez propriétaire en Espagne ! », « Des biens au soleil ! », « Les yeux fermés, j'achète tout en Espagne ! » A partir de vingt-deux mille cinq cents francs le quatre-pièces, avec crédit sur cinq ans, pourquoi se priver ? Les devises bétonnent le trône de Franco.

Aventurier intrépide, Jean-Francis Held ausculte encore le Club Méditerranée d'Agadir, « laboratoire de notre temps ». Il en revient ébahi. Le bonheur se mesure désormais à l'aune des congés. Le douzième mois devient le premier. Et déjà, Gilbert Trigano se soucie que les gentils membres ne bronzent pas idiots. « Les entretiens sous les oliviers qui ont commencé à la fin de mai ont reçu l'approbation des adhérents du Club Méditerranée. Les conférenciers de notre équipe seront encore présents en juillet et en août à Cefalu, le village sicilien du Club », annonce la publicité. Au programme, Jacques Mousseau, rédacteur en chef de la revue *Planète,* pose l'indispensable question : « Des loisirs, pour quoi faire ? » Et Jacques Sternberg, l'écrivain, disserte sur « les côtés roses de l'humour noir ».

Les jurés du prix Renaudot, qui récompensent Pérec, font décidément preuve de discernement en distinguant ses *Choses.*

Au *Petit Larousse* entrent de nouveaux mots : antiride, complexé, radiotélévisé, sodomie, super, et encore : dépolitisation, structuraliste, gauchisme.

« Qu'est-ce que je peux faire, j' sais pas quoi faire... » Anna Karina promène sa ligne de hanche et son ennui dans *Pierrot le Fou*. Belmondo, désespéré, se peint la gueule en bleu et se brûle la cervelle. Les ex-« Italiens » de l'UEC cherchent leurs raisons d'être et se posent la même question que la belle Anna.

Que faire, en effet, quand la politique colle à la peau, exigeante et dévorante, qu'elle borne l'horizon et engloutit le paysage ? De la politique, encore. Les vaincus ne sauraient admettre que, pour eux, c'est fini. Une urgence importe : demeurer ensemble. Pierre Kahn, Sénik, Forner créent une sorte de club, le Centre de recherche et d'intervention révolutionnaire. Prétexte pour se réunir, discuter, entretenir la connivence.

Le printemps 1965 est celui des exclus ; par une de ces coïncidences qui ne doivent rien au hasard, à l'instant même où la direction communiste reprend son organisation étudiante en laisse, la hiérarchie catholique excommunie les responsables de la Jeunesse étudiante chrétienne, coupables d'engagement trop marqué dans les remous de leur époque.

Ce n'est pas la première crise que traverse la JEC, déjà secouée par la guerre d'Algérie. Mais, cette fois, les démissionnés n'entendent pas en rester là. Ils lancent un nouveau groupe, la Jeunesse universitaire chrétienne, qui affiche sans rideau de fumée son penchant à gauche. La JUC critique un monde « malade d'injustice » où « la tragédie des hommes se perpétue ». Elle veut soulever « la redoutable et décisive question que silencieusement ou agressivement les pauvres posent à une société qui les méprise, au peuple des croyants qui les néglige ». Logiquement, la JUC « se solidarise avec les luttes que poursuit le mouvement prolétarien et se rattache au courant socialiste dans son ensemble ».

Nicolas Boulte, vingt-deux ans, leader de l'association des étudiants de l'Institut catholique de Paris, assure la présidence de la JUC. Avec les dissidents de l'UEC, la rencontre est inévitable.

Depuis longtemps, Pierre Kahn écoute les interrogations qui parcourent l'Église. Trois ans auparavant, il avait publié dans

Clarté une discussion sur « Le chrétien et la violence politique » qui avait donné lieu à quelques beaux échanges entre le père Lustiger, aumônier du centre Richelieu, et les jeunes communistes. A l'occasion de la crise de la JEC, il rédige pour ses camarades un long texte, fouillé et dense.

Au fond, les uns et les autres sont en plein démêlé avec le sacré. Les uns et les autres s'efforcent de jeter sur leurs croyances, leurs dogmes, leurs prêtres, un regard profane, un œil laïque — d'où l'aspiration spirituelle n'est cependant nullement absente, quoique déçue. Les théologiens réticents devant les audaces préconciliaires prêchent un retour à la transcendance, redoutent les sciences sociales, la psychanalyse, la contraception. Les clercs du messianisme prolétarien endiguent en catastrophe la montée du libre examen. La crosse et le marteau.

Les laissés-pour-compte des deux Églises se retrouvent lors de réunions communes au parc Montsouris, dans un local protestant. Ce supplément d'œcuménisme n'est pas non plus fortuit. Les Étudiants unionistes se trouvent également en délicatesse avec leur hiérarchie. Le CRIR s'affirme ainsi comme la fédération des disjonctés, l'alliance des proscrits. Kahn, Forner, Sénik, Guérin et d'autres vétérans de l'UEC s'acoquinent avec les chrétiens Nicolas Boulte et Henri Nallet, anciens dirigeants de la JEC, ou encore Laurent Jézéquel, protestant passé à la dissidence. De ce carrefour aux franges des appareils sortent beaucoup de parlottes, des commissions, des textes, des projets. Les participants condamnent le dogmatisme, sentent la société bouger sous leurs pieds. Ils ne sont qu'une poignée.

Michel-Antoine Burnier participe à trois ou quatre séances, puis décroche, convaincu qu'on ne bâtit pas une armée avec des éclopés. Surtout, il se détache du militantisme. Effet naturel de l'activité professionnelle, alors qu'il termine sa scolarité à Sciences-Po, il croise un jour, dans le hall, une de ses condisciples, Michèle Cotta, qui lui conseille : « Monte au premier, ils recrutent ! » Voilà Burnier assistant à la Fondation des sciences politiques, embringué dans de fort sérieuses études électorales. En outre, à l'été 1965, son complice de *Clarté*, Bernard Kouchner, lui présente Emmanuel d'Astier de La Vigerie.

Kouchner est conquis par d'Astier, grand résistant au profil de condottiere qui fréquenta Staline et est familier de De Gaulle. Dans ses conversations vibrent les tremblements du siècle. Pendant longtemps, ce gaulliste de gauche a dirigé le quotidien des compagnons de route du parti communiste. Mais au moment où le PCF étrangle *Clarté,* il liquide aussi *Libération,* sans ménagements. D'Astier, placé devant le fait accompli, tente de s'informer, mais personne, dans la *nomenklatura* communiste, ne daigne lui répondre. Plusieurs fois, il téléphone à Waldeck Rochet avec lequel il entretient d'excellentes relations ; enfin, il l'obtient au bout du fil, l'invite à déjeuner en tête-à-tête :

— Peut-être, on verra, réplique le secrétaire général ; il faut que j'en réfère au bureau politique.

A compter de ce jour, dans le sérail des camarades, on ne l'appelle plus Emmanuel mais d'Astier de La Vigerie. L'ex-ministre du Général ressent plus que de la sympathie pour les rebelles de l'UEC. Il prend Kouchner en affection, lui ouvre les portes d'un monde différent, aéré. Et quand d'Astier décide de relancer un journal, il propose à son jeune ami d'en être le rédacteur en chef.

Le carabin hésite entre le stylo et le stéthoscope. Il aime le travail hospitalier, qui colle au réel, où l'on côtoie la souffrance, où des résultats tangibles vérifient l'intention d'œuvrer utilement. Mais il est aussi attiré par les séductions de la presse, l'ambiance des bouclages, l'odeur de l'encre, le goût de l'exploration, de l'incertain, de l'enquête. Alors, il ne choisit pas, demeure médecin tout en préparant avec d'Astier la sortie d'un nouveau mensuel, *l'Événement.* Et naturellement, il appelle les copains à la rescousse.

Comme Kouchner, Michel-Antoine Burnier est subjugué par d'Astier. L'ancien ministre de l'Intérieur du gouvernement d'Alger a l'âge d'être son père. Et il devient, de fait, son papa. Il le forme, lui apprend à concevoir une maquette, à rédiger, à débarrasser son écriture du bric-à-brac universitaire. Christian Jelen, qui sort de HEC, et Jean-Paul Ribes, à peine débarqué d'Alger — tous deux se sont croisés au PSU vers la fin de la guerre d'Algérie —, viennent compléter l'équipe permanente du journal auquel collaborent Pierre Viansson-Ponté, Pierre Dumayet et d'autres plumes prestigieuses.

L'Union des étudiants communistes est mise au pas, la Jeunesse étudiante chrétienne décapitée, les jeunes protestants sont épurés, l'UNEF, elle, est à bout de course. Ce printemps 1965 est jonché d'illusions perdues. A Bordeaux, le syndicat étudiant tient ses assises annuelles en état de décomposition avancée. Privé des subventions traditionnellement consenties aux centrales syndicales par le pouvoir, l'état-major de la rue Soufflot accumule les dettes. Les effectifs régressent, les adhérents fuient, rebutés par un débat interne dont nul ne perçoit clairement la signification dernière.

A l'intérieur de la « gauche syndicale » s'affrontent depuis des mois « statutaires » et « structuristes ». Pour les premiers, brillamment représentés par Péninou et Kravetz, l'important est d'unifier le milieu étudiant à partir de son « vécu », de ses contradictions politiques, de ses références culturelles, voire de ses démêlés psychologiques. Les seconds, implantés dans les Écoles normales supérieures, ou nourris de l'esprit qui y souffle, insistent sur une approche « structuralo-structurelle » des bouleversements nécessaires. L'étudiant n'est pas seulement un individu, mais un produit socialement, idéologiquement, économiquement déterminé. On ne saurait se contenter d'en appeler à son désir de révolte ni miser sur l'appoint d'une gauche décevante ; pour agir efficacement, pour déchirer les réseaux qui l'enserrent, il faut qu'il s'approprie le savoir, la théorie; et les retourne ensuite contre la machine bourgeoise.

L'un des ténors des « structuristes », redoutable polémiste, s'appelle Jean-Marc Salmon. Sa biographie est déjà fort accidentée. Il est juif italien par son père, hispano-kabyle par sa mère, et rapatrié d'Algérie en 1961. La violence, c'est son enfance même — le martèlement « Al-gé-rie fran-çaise » au lycée de la ville blanche. Seul l'antisémitisme de ses copains de l'OAS l'a empêché de les rejoindre. Son virage à gauche, il l'a pris plus tard, préparant HEC dans la bonne ville de Nice et scandalisé par l'attentat qui priva de la vue la petite Delphine Renard (Salmon, pourtant, était adhérent de la FNEF, non de l'UNEF).

Il lit plus volontiers Malraux que Sartre, mais il aime aussi le Camus de *l'Étranger*; ses premiers mythes révolutionnaires brassent des chants de la guerre d'Espagne et la rage de loubards anglais rencontrés un été. Jean-Marc rate HEC, mais ne rate ni l'UEC ni l'UNEF, dont il devient un des leaders niçois. Il découvre Péninou et la « gauche syndicale » lors d'un stage à Royaumont, puis, au rythme des congrès, frôle *la Voie co,* avale les enquêtes sur l'Italie dans *les Temps modernes,* conquiert la direction étudiante de Nice où l'ambiance est surchauffée. « Son » café, le Méridien, place Gambetta, est assiégé par l'extrême droite. Pied-noir, Salmon est doublement suspect.

Fin 1964, il est à Paris, cadre de l'UNEF. Rennes cherche vainement un président pour son AG. Il y vole, saute en parachute, s'impose afin d'arracher cette place forte à l'emprise des « droitiers ». Il découvre que le pouvoir offre maints attraits ; qu'il est excitant de débarquer d'une traction noire pour surgir au cœur d'un meeting survolté. Excitant de camper sur les crêtes, de polémiquer, de brandir des concepts alambiqués face au « psychologisme » d'un Kravetz et d'un Péninou. La carrière, le fric, le tennis, *les Choses,* cela empeste la mort, cela sue l'ennui. Salmon redoute de manquer l'heure des brasiers. Quitte à incendier l'UNEF.

Au cours d'interminables assemblées générales, les partisans des deux thèses dissertent, gagnent, perdent, regagnent. « Quel rabbin, ce Salmon ! », murmure un soir Kravetz, excédé par les arguties de son adversaire. Même là, l'éternelle rivalité entre les askhénazes et les sépharades trouve son expression. Harcelés, harassés, les voltigeurs se séparent à la pointe du jour, terrassés par l'insomnie et la nuit blanche, grisés de la fumée des clopes grillées à la chaîne.

Péninou et Kravetz démissionnent en janvier du bureau national. Le second, dans un nouvel article des *Temps modernes,* rédigé avec Griset, adresse ses adieux émus au mouvement étudiant. Amère autocritique. Aliéné, idéologiquement dominé, le jeune scolarisé voit s'envoler ses vapeurs d'autonomie : « Sa prise de conscience politique ne peut se faire que s'il se nie en tant qu'étudiant »... Ces débats de sommet enferment les protagonistes dans une infernale logique du tout ou rien. Au congrès de Bordeaux, le combat cesse faute de combattants. La « gauche syndicale » crève d'avoir visé trop haut, et personne ne lui offre la moindre alternative.

Quoique pressé de tous côtés, Marc Kravetz, fidèle à ses analyses, refuse obstinément d'accepter la présidence de l'UNEF.

Pierre Guidoni, modéré de conviction et diplomate de nature, présente le lourd handicap d'être membre de la SFIO, tare absolue sur ces terres où le seul nom de Guy Mollet éveille la nausée. En récompense de ses bons et loyaux services, il est élu, sur proposition de Kravetz, président d'honneur. Les candidats ne se bousculent guère. Enfin, Jean-François Nallet, le frère d'Henri (fondateur de la JUC), que tout le monde appelle « Jeff », se laisse convaincre. Reste à composer un bureau digne de ce nom. L'ambiance est telle qu'on en est réduit à désigner les volontaires.

Les congressistes chantent, à l'adresse de Nallet : « Non, Jeff, t'es pas tout seul ! »

Kravetz, Griset et Péninou s'effacent. Prisca Bachelet, pilier de la FGEL et du groupe de philo, est l'auteur d'un diplôme sur Marx et Nietzsche qui s'achève par une phrase de Bataille : « Et nous ferons de la vie une fête immotivée... » Elle est tout indiquée pour assurer la formation. Alain Crombecque « prend » la culture. Manque encore un nom pour la vice-présidence information ; c'est Serge July qui est retenu. L'imprudent : il n'assiste pas au congrès. Il apprend sa flatteuse nomination par un télégramme, en pleines vacances pascales. C'est le jeune Bouguereau, dix-neuf printemps, qui assure pendant quelques semaines l'intérim.

1986. Organigramme de Libération, *quotidien du matin :*
Directeur : *Serge July.* Gérant : *Antoine Griset.* Directeur adjoint : *Jean-Marcel Bouguereau.* Chef du service étranger : *Marc Kravetz.* Responsable des éditions de province : *Jean-Louis Péninou.*

La machine est grippée, le syndicat étudiant se survit ; les militants, lucides, regardent mourir une époque et lui consacrent quelques vers d'humour nostalgique, façon Darbara :

> Voilà combien de jours voilà combien de nuits
> Voilà combien de temps que la gauche est partie
> Kravetz dit cette fois c'est le dernier voyage
> Pour l'UNEF déchirée c'est le dernier naufrage...

Serge July est fou de théâtre. Depuis plusieurs années, il ne rate pas une création. Dans *Clarté,* il rendait compte des pièces de Beckett, des spectacles de Peter Brook. Au sein de l'UNEF, avec son copain Denis Joxe, fils de Louis, le ministre du Général, il a entamé une réflexion sur l'activité culturelle. Le syndicat étudiant n'est pas dénué de tradition en ce domaine. Après la guerre, une Fédération du théâtre universitaire, où se distinguait Roland Barthes, connut un certain éclat, puis a périclité. Sa renaissance est l'œuvre de Jean-Jacques Hocquard.

Ce fils d'ouvrier, qui caresse le rêve de devenir officier de marine, est vice-président culturel de l'UNEF entre 1962 et 1964. Il obtient du cabinet d'André Malraux, ministre de la Culture, une subvention et, en 1962, relance la Fédération nationale des théâtres universitaires. Jean-Pierre Miquel, qui dirige le théâtre antique de la Sorbonne, en assure la présidence, secondé par Hocquard. Le secrétaire général de l'association est un jeune étudiant en droit de Nancy, Jack Lang, et le trésorier se nomme Philippe Léotard — comédien débutant, il appartient à l'Association théâtrale des étudiants de Paris, animée par Ariane Mnouchkine.

La FNTU se développe et regroupe bientôt toutes les troupes universitaires de France. A Paris, une compagnie se distingue, celle du lycée Louis-le-Grand où se démènent un ancien pion de l'établissement, Patrice Chéreau, Jean-Pierre Vincent et Jean Benguigui.

La troupe du théâtre universitaire de Nancy, dont s'occupe Jack Lang, est l'une des plus florissantes associations de province. Au point que son animateur a l'idée de transformer la capitale lorraine en centre théâtral international auquel un festival annuel donnerait un lustre particulier. La première manifestation du genre se déroule en 1962, avec la bénédiction de l'UNEF, et attire l'attention par la profusion de compagnies étrangères.

Au début de l'année 1965, Hocquard envisage de doter la FNTU, maintenant présidée par Patrice Chéreau, d'une revue, sorte de bulletin de liaison destiné à promouvoir les jeunes compagnies universitaires. Il réunit un comité de parrainage prestigieux — Adamov, René Allio, Jean Vilar — et mobilise les copains du bureau d'action culturelle de l'UNEF : Prisca Bachelet, Dominique Jameux, et deux Lyonnais d'origine, Yves

Lichtenberger et Alain Crombecque. Vice-président culturel de l'AG lyonnaise, Crombecque a organisé dans sa ville des biennales de peinture qui ont rencontré un succès certain.

Tout ce monde se retrouve au comité de rédaction de la revue, baptisée *Calliope* : Chéreau, Crombecque, Hocquard et Serge July, qui, au dernier moment, improvise un éditorial inséré sur feuille volante. Dans le deuxième numéro, il critique les conceptions théâtrales de Vilar. Puis, emporté par quelque rêve de grandeur, il propose à Hocquard d'arrêter *Calliope,* qu'il juge trop modeste, et de lui substituer une véritable revue théâtrale. *Calliope* cesse de paraître. Définitivement.

Le théâtre passionne Serge July, mais le vice-président information de l'UNEF n'est pas exempt de tâches plus politiques. Il lui revient d'accompagner, en particulier, Jean-François Nallet, le numéro un du syndicat, à un rendez-vous avec François Mitterrand. Les deux jeunes gens ont mandat d'annoncer avec les circonvolutions d'usage que, décidément, l'UNEF ne saurait soutenir le candidat unique de la gauche pour l'élection présidentielle. Semblable réserve est amplement partagée au quartier Latin. Jean-Louis Péninou, qui a retrouvé son leadership sur la FGEL, dénonce dans un communiqué vengeur l' « électoralisme sans programme » du député de la Nièvre, qu'il renvoie dos à dos avec le général de Gaulle — ils incarnent, l'un et l'autre, les « rivalités internes des couches dirigeantes françaises ».

Les révolutionnaires du boulevard Saint-Michel jugent sévèrement l'arriviste florentin, vétéran des ministères de la IVᵉ République. Ces adolescents que la guerre d'Algérie a jetés dans la politique n'oublient pas le ministre de l'Intérieur qui déclarait, lors de l'insurrection du 1ᵉʳ novembre 1954 : « La seule négociation, c'est la guerre. » En outre, l'affaire de l'Observatoire, où Mitterrand a été manipulé par un dénommé Pesquet, député poujadiste, est dans toutes les mémoires. Alors que le PSU débat de l'attitude qui sera sienne, un orateur ricane : « La droite ne présentant pas Pesquet, on ne voit pas pourquoi la gauche soutiendrait Mitterrand »...

Du côté des intellectuels, les réticences ne sont pas moindres. Michel-Antoine Burnier, toujours sartrien, collabore aux *Temps modernes.* Jean Pouillon lui demande de préparer l'éditorial de la revue contre Mitterrand. Un matin, le jeune homme est convoqué chez Simone de Beauvoir. Sartre lui indique la ligne fixée. Elle est dure : le candidat unique va ramener la gauche vers l'âge de pierre ; il faut tirer à vue sur ce sauteur de haies. Burnier, la conscience tranquille, s'exécute et exécute le condamné. Et Pouillon, révisant l'article, l'agrémente encore de deux ou trois piques supplémentaires.

Burnier n'a pas eu à forcer son talent polémique ; il déteste vraiment le personnage et partage le jugement d'Emmanuel Berl, qui écrit : « Il croit certainement tout ce qu'il dit, mais de tout près il n'en a plus l'air. » Aussi est-ce avec une envie gourmande de s'amuser que Burnier, le 22 novembre, se rend à la Mutualité, en compagnie d'une bande d'ex-« Italiens ». Ce soir-là, le candidat unique de la gauche subit, devant le public estudiantin entassé dans la grande salle, une sorte d'examen. Au cœur du Quartier, il lui faut convaincre un public qu'il sait inamical ou réservé. Mais il aime les empoignades et il est prêt à relever le défi.

Les chahuteurs se sont regroupés au balcon. Ils crient des slogans hostiles à l'orateur, lequel, en professionnel des tribunes, ne se laisse pas démonter :

— Si l'on veut rattraper celui qui est le plus à gauche, on s'essouffle. Je demande à ceux qui vont plus vite que moi de ralentir le pas.

Les vociférations redoublent. « US Assassins ! », scandent les trublions rassemblés autour de Pierre Kahn lorsque Mitterrand — qu'ils soupçonnent de proaméricanisme aigu — aborde la délicate question de l'Alliance atlantique. Depuis quelques mois, les bombardements ont repris sur le Nord-Vietnam, les États-Unis acceptent l'escalade militaire, et les rizières de la péninsule indochinoise se peuplent de GI.

Sur tous les points de l'acte d'accusation, le candidat répond d'un ton vif, vindicatif, n'hésitant pas à heurter la salle en vitupérant la « gauche discutailleuse » et les « cercles de penseurs suprêmes » qui « ruinent les chances de la gauche ». Les intéressés râlent de plus belle, mais à la fin Mitterrand, magnanime, leur concède :

— Allez, je vous prends tous à la fois, ceux qui veulent plus et ceux qui veulent moins, à condition que la ligne de départ soit la même.

Ils ne veulent pas être « pris ». Au balcon, Alain Krivine, Henri Weber et leurs troupes protestent à pleine voix.

Battue au VIIIe Congrès de l'UEC, la « gauche » s'est repliée sur son bastion du secteur Lettres, qu'elle continue de contrôler. Krivine pressent pareille situation provisoire. Animal politique doué d'un flair exercé, il ne nourrit aucune illusion : après le laminage des « Italiens » et la défaite des antistaliniens, il devine que la direction du PCF ne tolérera pas longtemps d'autres secteurs dissidents au cœur de l'organisation étudiante. Il sait que ses amis sont en sursis à l'UEC.

Pour l'heure, on cherche à l'exclure du PCF. Il appartient à la cellule du lycée Voltaire où il est professeur d'histoire. Huit fois de suite, ses pairs sont convoqués à des réunions où l'ordre du jour préétabli annonce une discussion sur « la situation politique en France et le cas du camarade Krivine ». Au fil des convocations, le mot « camarade » disparaît. Huit fois, la cellule refuse d'exclure Alain, excellent militant, dévoué, disponible. Un modèle.

Les apparatchiks s'impatientent et, bientôt, les communistes de Voltaire apprennent qu'ils ont l'insigne honneur de compter désormais parmi eux Georges Cogniot, qui a enseigné dans l'établissement quarante ans plus tôt. Avec ce vieux renard, le ton change. Dès la première réunion à laquelle il participe, les trotskistes, renégats de toujours, sont dans le collimateur : « Je les poursuis depuis trente ans, alors je les reconnais tout de suite. » Afin d'apporter une « aide prolétarienne à la cellule », deux nouveaux, des ouvriers dépourvus d'états d'âme, sont intégrés à la cellule.

Enfin, tous les adhérents sont convoqués au local de la section du onzième — il convient de prêter quelque solennité à l'exécution. La moitié des encartés sont absents ; malgré les pressions, ils n'ont pas voulu sonner eux-mêmes l'hallali. La hiérarchie, cependant, leur a demandé de s'exprimer par écrit. Cogniot lit les dépositions, les unes après les autres : elles sont rédigées de la même manière, ponctuées des mêmes griefs qui prouvent que le plumitif de service a manqué d'inspiration.

A une courte majorité, Alain Krivine, vingt-cinq ans, est exclu du parti communiste. Il supporte mal cet arrachement à son passé, à sa famille originelle, à sa culture. Le meilleur vendeur de *l'Avant-Garde,* qui découvrait avec émerveillement en 1957 la patrie du socialisme, aime la chaleur, la fraternité des militants

301

de base. Lorsque l'OAS avait plastiqué son domicile pour punir son activité au Front universitaire antifasciste, le PCF avait appelé à manifester devant chez lui, et il avait reçu maints témoignages de solidarité. Cette communauté est sienne. Il rêve d'un parti régénéré, purifié, débarrassé des bureaucrates tièdes. Puisqu'il est écarté de la matrice, force lui sera de reconstruire à côté.

Sitôt connue la candidature de François Mitterrand, le secteur Lettres publie un communiqué défavorable. Durant toute la campagne électorale, Krivine et ses amis mènent bataille dans l'UEC contre le candidat unique de la gauche, au vif courroux de la direction communiste. Après le deuxième tour et la réélection du général de Gaulle, la sanction s'abat. Un comité national extraordinaire de l'UEC est convoqué : les rebelles sont exclus.

Prudents, ils avaient préparé leur sortie. Pendant les vacances de Noël, dans un petit village bloqué sous la neige au-dessus de Briançon, les dissidents ont édifié les fondations d'une organisation nouvelle.

Au printemps, deux ou trois cents militants créent la Jeunesse communiste révolutionnaire, la JCR, qu'on prononce en Sorbonne la « Jcreu ». Elle recrute des néophytes épris de communisme originel, épouvantés par l'horreur stalinienne. Ils ne s'aperçoivent pas que les ronds-de-cuir de la IVe Internationale leur débitent en tranches le Talmud trotskiste.

Pierre Goldman a décroché du quartier Latin et ne milite plus qu'épisodiquement. Mais lorsque Guy Hermier, le nouveau maître de l'UEC, lui demande d'assurer la protection des collages d'affiches durant la campagne, il ne se dérobe pas. Pourtant, comme ses camarades de la Sorbonne, il est hostile à la candidature Mitterrand. Mais l' « antifascisme » instinctif prime. Les commandos musclés de Me Tixier-Vignancourt, qui porte les couleurs de l'extrême droite, n'hésitent pas à pénétrer dans le sanctuaire.

Un jour, Goldman se retrouve isolé avec Tiennot Grumbach, face à une trentaine d'individus devant le local de *Clarté* dont le rideau de fer — c'est devenu l'habitude — a été précipitamment baissé. Pas jusqu'en bas, toutefois : par l'ouverture ainsi ménagée, les militants réfugiés à l'intérieur ravitaillent Tiennot et

Pierre en bouteilles vides qu'ils manient avec assez de dextérité pour tenir les assaillants à distance respectueuse. Pendant quelques minutes, les projectiles sauvent les deux kamikazes qui sont sur le point de succomber, faute de munitions.

Surviennent des policiers.

Le commando s'égaille dans les rues avoisinantes. Tiennot est ceinturé, entraîné vers un car. Pierre Goldman, qui avait réussi à se planquer dans la librairie, ressort à la tête d'une petite troupe et se précipite pour libérer son camarade. Les agents cramponnent farouchement Tiennot, les militants tirent de leur côté. Goldman agrippe son ami par le bras et tente de le détacher de la grappe.

Ce bref contact physique, au cœur d'une mêlée confuse où tous se battent comme si le sort de l'humanité en dépendait, scelle un curieux pacte entre les deux hommes. Le tissu du pantalon de Tiennot craque soudain et il se retrouve brutalement renvoyé dans le camp ami, qui l'aspire. Mais Goldman, téméraire comme à l'accoutumée, s'avance seul au-devant des flics qui se rabattent sur lui.

Il est arrêté et condamné pour violences à agent.

Décembre 1974. Devant la cour d'assises de la Seine, Pierre Goldman répond d'une série d'attaques à main armée qu'il admet, et du meurtre de deux pharmaciennes qu'il nie. Le verdict tombe : réclusion à perpétuité. Goldman se lève, l'index tendu vers le ciel. Près de lui, au banc de la défense, un de ses avocats, Me Tiennot Grumbach, reste sans réaction, blême. Il serre très fort le bras de son client. Son ancien compagnon de militance.

Le carrefour de l'Odéon connaît une animation inhabituelle. Des jeunes gens aux crânes rasés, l'air bravache, déploient une banderole où est écrit : « Gloire à l'armée » et, en dessous, « Mouvement Occident ». Juché sur des épaules, Roger Holeindre, un baroudeur qui a combattu en Indochine, harangue ses troupes. Quelques uniformes de para, des bérets rouges émaillent la foule hérissée de drapeaux français frappés de la croix celtique. En bloc compact, les anciens combattants des guerres perdues, et d'autres, plus jeunes, remontent au pas la rue de l'Odéon déserte. Les tracts qu'ils diffusent, l'allure martiale, disent : « Mort aux traîtres », « Genet, pédéraste sans talent ». Les manifestants parviennent devant le théâtre. Un cordon de police coupe la petite place en deux.

A cet instant, une centaine d'étudiants de l'UNEF, emmenés par Yves Lichtenberger, vice-président culturel, et Yves Janin, toujours friand de bagarre, débouchent par la rue Racine. Ils gueulent : « Le fascisme ne passera pas ! » et prennent position sur les marches et sous les arcades. Les manifestants redoublent de fureur : « Malraux démission ! », « Genet au poteau ! » Puis ils ouvrent des sacs, bombardent le service d'ordre étudiant d'œufs pourris, de tomates, d'oranges. *L'Internationale* leur répond. Les assaillants répliquent avec *la Marseillaise*. Des taches jaunes et rouges constellent les colonnades et le fronton. Pour la quinzième représentation des *Paravents,* l'extrême droite a décidé d'ajouter un dix-neuvième tableau : l'attaque extérieure.

Depuis que l'Odéon a inscrit, en ce mois de mai 1966, l'œuvre de Genet à son répertoire, il ne se passe pas une soirée sans que des spectateurs tentent d'interrompre le spectacle. Les remous, dans la salle, s'amplifient jusqu'au moment où des manifestants se lèvent et agressent les acteurs de projectiles divers. A chaque fois, des militants de l'UNEF, appelés à la rescousse par Jean-Louis Barrault, le directeur, s'opposent aux perturbateurs qui jettent des fumigènes et parfois des boulons. Après deux semaines de ce petit jeu, les trublions sont résolus à frapper plus fort, aux marches du scandale.

Sur la place, les policiers repoussent les bataillons à poil ras. Des groupes se forment. On discute :

— C'est un tissu d'immondices, proclame un ancien combattant. Évidemment, ça lui plaît, à Malraux, c'est un ancien coco.

— Oui, oui, Barrault aussi ! approuve un autre. C'est pour ça que Malraux lui a ravalé sa façade ! Théâtre de France ! Ah ! il porte bien son nom ! Avec des fellouzes sur scène !

Sous les arcades, les étudiants de l'UNEF ne bronchent pas. De temps à autre, ils braillent en direction de leurs adversaires : « SS ! » L'un d'eux lit à haute voix un passage du *Monde* de ce jour. Christian Bonnet, député du Morbihan, demande qu'on coupe les vivres à Barrault.

André Malraux n'a aucune intention d'écouter l'honorable

parlementaire. Il sort à peine de l'affaire de *la Religieuse*. Malgré l'avis deux fois favorable de la commission de censure, le secrétaire d'État à l'Information, Yvon Bourges, a interdit la diffusion du film que Jacques Rivette a tiré de Diderot. Le scandale est énorme et vaut au ministre de la Culture la lettre la plus cinglante de sa carrière gouvernementale :

> Votre patron avait raison. Tout se passe à un niveau vulgaire et subalterne... Heureusement, pour nous, puisque nous sommes des intellectuels, vous, Diderot et moi, le dialogue peut s'engager à un échelon supérieur...
>
> Étant cinéaste comme d'autres sont juifs ou noirs, je commençais à en avoir marre d'aller chaque fois vous voir et de vous demander d'intercéder auprès de vos amis Roger Frey et Georges Pompidou pour obtenir la grâce d'un film condamné à mort par la censure, cette gestapo de l'esprit. Mais Dieu du Ciel, je ne pensais vraiment pas devoir le faire pour votre frère, Diderot, un journaliste et un écrivain comme vous, et sa *Religieuse*, ma sœur...
>
> Aveugle que j'étais ! J'aurais dû me souvenir de la lettre pour laquelle Denis avait été mis à la Bastille... Ce que j'avais pris chez vous pour du courage ou de l'intelligence lorsque vous avez sauvé ma *Femme mariée* de la hache de Peyrefitte, je comprends enfin ce que c'était, maintenant que vous acceptez d'un cœur léger l'interdiction d'une œuvre où vous aviez pourtant appris le sens exact de ces deux notions inséparables : la générosité et la résistance. Je comprends enfin que c'était tout simplement de la lâcheté...
>
> Si ce n'était prodigieusement sinistre, ce serait prodigieusement beau et émouvant de voir un ministre UNR en 1966 avoir peur d'un esprit encyclopédique de 1789...
>
> Rien d'étonnant à ce que vous ne reconnaissiez plus ma voix quand je vous parle, à propos de l'interdiction de *Suzanne Simonin, la religieuse de Diderot,* d'assassinat. Non. Rien d'étonnant dans cette lâcheté profonde. Vous faites l'autruche avec vos mémoires intérieurs. Comment donc pourriez-vous m'entendre, André Malraux, moi qui vous téléphone de l'extérieur, d'un pays lointain, la France libre.

C'est signé Jean-Luc Godard, et un post-scriptum précise : « Lu et approuvé par François Truffaut, obligé de tourner à Londres, loin de Paris, *Fahrenheit 451*, température à laquelle brûlent les livres. »

En septembre 1966, le Festival annuel de l'UNEF se déroule à Paris. La tradition veut que, chaque automne, une ville universitaire accueille ce mini-rassemblement international de la jeunesse étudiante. Des troupes de comédiens, de danseurs, venues d'une trentaine de pays, révèlent leurs talents dans une ambiance conviviale et chaleureuse. Les États africains et les démocraties populaires y détachent de forts contingents.

A Marseille, l'année précédente, la grande innovation a été la venue des Chinois. Les émules du président Mao ont été surpris de constater *de visu* à quel point la dissolution des mœurs occidentales avait gagné les communistes de l'Est. La vision de musiciens russes sérieusement éméchés, mêlés en tas confus à des danseuses tchèques qui ne valaient guère mieux, avait vivement commotionné les Fils du Ciel. Et voici qu'un soir ils surprennent des membres de la délégation soviétique en train d'inciter les organisateurs français, Crombecque et Hocquard, les deux théâtreux de l'UNEF, à plonger dans la vodka...

La délégation russe, effectivement, sait traiter ses hôtes avec égards ; caviar en abondance et alcool au litre. Bientôt, Crombecque et Hocquard ont perdu toute notion de latitude et de longitude. Ils se sentent pousser des ailes, se précipitent vers la fenêtre — les agapes se déroulent dans une salle au quatrième étage de la cité universitaire — en criant : « Nous voulons voler ! »

Les camarades soviétiques les rattrapent à temps et les rassoient sur des chaises où ils les maintiennent *manu militari*. Il ne leur reste d'autre issue que d'achever ces *Franzouski* incapables de boire comme les honnêtes gens. Ils leur introduisent donc un goulot entre les lèvres. C'est à cet instant qu'un Chinois, qui logeait à deux portes, alerté par le bruit, passe la tête par l'encoignure. Le spectacle est édifiant, la morale prolétarienne ébréchée : il court raconter à ses amis comment procèdent, en Occident, les révisionnistes.

Le lendemain matin, Hocquard, au réveil, ne se souvient de rien. Seul l'étau qui enserre ses tempes témoigne des frasques de la veille. Une femme de ménage l'avertit que les Chinois l'empêchent de nettoyer le théâtre des libations nocturnes. Il se lève péniblement, gagne les lieux du sinistre. Des morceaux de verres cassés jonchent le sol, les bouteilles à moitié pleines ont renversé leur liquide, dessinant de larges taches brunes. La délégation chinoise, l'œil frais et sévère, mitraille ce paysage désolé, fixe pour la postérité chaque tesson. Hocquard, vaguement inquiet, s'enquiert de la destination des clichés ; ses interlocuteurs la lui expliquent volontiers :

— Nous avons vu comment les révisionnistes vous ont pervertis. Nous voulons garder des traces de cette débauche.

Hocquard proteste faiblement.

Les excès de coulisses n'amoindrissent cependant pas le succès de la manifestation. Un défilé folklorique, dans les rues de Marseille, est salué d'enthousiasme. Kravetz et Péninou rêvent de recommencer l'année suivante dans la capitale.

En 1966, donc, c'est Yves Janin qui organise le Festival de Paris — lequel, au vrai, se déroule à Nanterre, dans une faculté neuve. Janin a demandé à son vieux copain de l'UEC, Pierre Goldman, d'assurer la sécurité et notamment de veiller sur la délégation vietnamienne. Il accepte avec reconnaissance. Pareille mission le purifie, le rebaigne dans la fraternité militante dont il s'était éloigné depuis le printemps.

En avril, il a quitté la France, seul, sans argent, pratiquement sans contact, avec l'espoir de rejoindre l'Amérique latine, de se fondre dans une guérilla.

Il embarque à Anvers sur un cargo norvégien où il est embauché comme garçon de cuisine. Juif, intellectuel, marxiste et amateur de rumba, il épluche des patates et récure les casseroles dans les coursives puantes d'un bateau nordique qui prend de la gîte. Le mal de mer le terrasse. A la Nouvelle-Orléans, il déserte le bord et gagne par autobus la frontière mexicaine, qu'il franchit sans son passeport resté sur le navire. Mais les policiers le repèrent, le refoulent vers les États-Unis où on le jette en prison. Durant quelques jours, au quartier blanc de la centrale de La Nouvelle-Orléans, il partage la cellule de grands criminels dont l'indifférence devant les années de détention le stupéfie. Les Américains le ramènent sur le cargo norvégien, et il retrouve l'odeur des cuisines, de retour vers l'Europe. C'est peu après son arrivée à Paris que Janin l' « embauche ».

Au terme de ces péripéties, la joyeuse pagaille du Festival de l'UNEF risque de lui sembler un peu fade. Pierre Goldman aborde toutefois ses responsabilités avec sérieux. Trop, même. La recette d'une soirée ayant été dérobée, il coince le coupable dans sa chambre et lui exhibe sous le nez un pistolet afin de le contraindre à restituer l'argent.

Quand s'éteignent les lampions, les Vietnamiens organisent une fête pour remercier les étudiants français qui ont veillé sur eux. Pierre Goldman prend la parole et, avec une solennelle gravité, annonce à ses protégés qu'il serait heureux de combattre à leurs côtés contre les Américains. Il ne parvient pas à terminer sa courte allocution.

L'émotion l'étreint, lui noue la voix. Il éclate en sanglots.

La foule des grandes heures. Recueillie, passionnée, enflammée. Elle a envahi le palais de la Mutualité pour assister aux « Six heures pour le Vietnam ». Dans la grande salle bourrée, Jean-Paul Sartre, Alfred Kastler — qui vient de recevoir le prix Nobel de physique —, le mathématicien Laurent Schwartz et l'historien Pierre Vidal-Naquet occupent la tribune. L'assistance est entièrement acquise à la cause de ce « petit » peuple qui affronte, en un combat inégal, la première puissance militaire du globe.

Depuis le début de 1965, les États-Unis se sont lancés dans une escalade militaire qui exige toujours davantage de moyens, de dollars, d'investissements. Cinq cent mille marines, spécialement entraînés, installés sur de gigantesques bases, véritables mégalopolis guerrières, tentent de mater la subversion au Sud-Vietnam. Mais le vrai combat se mène au nord du dix-septième parallèle où les B 52 déversent la mort sans discontinuer. L'ampleur du pilonnage aérien soulève d'indignation l'opinion mondiale.

Dans toutes les capitales occidentales, des jeunes gens, drapeaux du FLN déployés, portraits de l' « oncle Hô » brandis, arpentent le macadam. Même ceux qui fustigent le communisme stalinien oublient leurs réticences ; soutenir les Vietnamiens est un impératif catégorique. L'histoire s'écrit au napalm, et les photos des brûlés boursouflés qui hantent les magazines offrent de l'humanité le profil le plus barbare — dans sa sophistication technologique même.

L'idée d'organiser une longue soirée de solidarité avec le Vietnam « héroïque » appartient à Jean Schalit. L'ancien animateur de *Clarté,* toujours amateur de « coups », n'a eu aucun mal pour convaincre ses copains ex-« Italiens » de l'urgence d'une initiative. Michel-Antoine Burnier, Pierre Kahn, Bernard Kouchner, ces orphelins de la politique qui végétaient depuis leur éviction de l'UEC, se lancent à corps perdu dans la préparation des « Six heures ». Le résultat est là : c'est la Mutu de toujours.

Sartre reçoit une puissante ovation quand il prend la parole. Il a accepté, voilà quelques jours, de présider le « tribunal » créé par Bertrand Russel pour juger les « crimes de guerre américains » au Vietnam. Plus que jamais, il fait office de conscience incontestée :

— Nous voulons la paix au Vietnam, s'écrie-t-il, mais pas n'importe quelle paix. Cette paix doit se traduire par la reconnaissance de l'indépendance et la souveraineté du Vietnam. Et nous ne voulons pas de cette paix seulement pour des raisons morales.

Des crépitements frénétiques l'approuvent. Il poursuit :

« Les motifs de notre combat doivent être politiques. Nous devons être solidaires du peuple vietnamien car son combat est le nôtre. C'est le combat contre l'hégémonie américaine, contre l'impérialisme américain. Le Vietnam se bat pour nous...

Dans l'assistance, on en est persuadé. Les petits hommes en pyjama noir que les actualités télévisées montrent tirant avec de dérisoires fusils vers les avions supersoniques luttent pour la planète entière, à l'avant-poste de la révolution mondiale. L'aide qu'ils réclament ne saurait être monnayable. Par centaines, ce soir, les spectateurs du meeting remplissent un bulletin d'adhésion au Comité Vietnam national. Laurent Schwartz, Jean Schalit, Alain Krivine, Bernard Kouchner siègent à sa direction. Le Vietnam est si proche...

Avril 1979. Sur le pont du navire hôpital Ile de Lumière, *le docteur Bernard Kouchner regarde grossir le rocher de Poulo-Bidong. La grève jaunâtre disparaît sous des milliers de réfugiés vietnamiens qui attendent du secours. Ils ont bravé tous les dangers, risqué la mort, affronté les pirates afin de s'échapper du Vietnam socialiste. Le bateau, qui croise en mer de Chine pour recueillir les naufragés agonisant sur des embarcations d'infortune, approche du rivage et stoppe. Une clameur salue son arrivée. Kouchner et ses amis, apôtres et techniciens de la médecine d'urgence, ont les yeux humides. Ils ne sont pas venus pour rien.*

Rue d'Ulm, le moral est au beau fixe. Les émois existentiels ou lyriques des « ultrarévisionnistes » et autres symptômes du narcissisme petit-bourgeois n'émeuvent personne. Trois ou quatre années, à peine, séparent les « Italiens » errants des althussériens triomphants. Mais ce mince fragment de génération semble un gouffre, un abîme noir entre deux continents.

Pourtant, Robert Linhart et ses proches manœuvrent au plus près serré, et le passage de 1965 à 1966 s'est à maintes reprises étranglé en coupe-gorge. Même chez les fins dialecticiens du Beach, la candidature Mitterrand a provoqué des levées de boucliers. Tony Lévy, par exemple, a frôlé l'échauffourée avec Jacques Broyelle. La conversation, dans une allée du Luxembourg, s'est envolée jusqu'aux aigus :

— Mitterrand, cette raclure, le flic de 54, le garde des Sceaux de Mollet, vous délirez !

Et Broyelle, pas vraiment faraud :

— Qu'est-ce que tu veux qu'on fasse ? Qu'on aille chez Krivine ?

Les « anciens », ceux qui ont connu la guerre, tels Tiennot Grumbach ou Jean-Paul Ribes, dissimulent mal leur totale aversion pour le « revenant » que soutient le Parti. Les cadets, Benny, Barret, ont la mémoire plus courte.

Robert, sentant le vent du boulet, essaie de dégager la responsabilité des siens. Lors de la première réunion du bureau national de l'UEC consacrée aux élections, il réussit, par son éloquence (et tirant profit de quelques absences du côté de Guy Hermier), à obtenir le vote d'une singulière motion, qui émet toutes réserves sur « la personnalité du candidat », sur « sa politique présente et passée », enfin sur sa désignation comme « candidat commun sans programme commun ». Holà ! Dès la séance suivante, la majorité « orthodoxe » rameute le ban et l'arrière-ban, si bien que la résolution — tenue secrète — file à la corbeille.

Ne reste plus qu'à finasser comme seul finasse un khâgneux émérite. Certes, concède Linhart, le nommé Mitterrand est un représentant de la bourgeoisie. Certes, il est proaméricain. Plus grave encore, il propage le slogan réactionnaire « pour une plus juste répartition des fruits du travail », slogan misérable déjà dénoncé par Marx dans la *Critique du programme de Gotha*. Mais les statuts de l'UEC stipulent, à l'article 10, que celle-ci ne saurait « intervenir sur des questions qui ne lui sont pas ouvertes par sa pratique ». Moralité : les « ulmards » ne mèneront pas campagne en faveur d'un si douteux poulain ; ils se garderont néanmoins de contester publiquement l'option du Parti.

La ficelle est grosse, si grosse qu'elle se rompt à demi. Quand est prononcée la dissolution du secteur Lettres — le bastion des trotskistes — en janvier 1966, les « marxistes-léninistes » sont contraints de jeter du lest pour ne pas apparaître comme complices de la répression bureaucratique et se couper ainsi du milieu étudiant. Sans quitter l'UEC, ils démissionnent des organismes dirigeants. Les contestataires de tous poils se rassemblent, en attendant le prochain congrès, dans un collectif parisien : sept secteurs sur huit y délèguent des émissaires. Roland Leroy n'est pas au bout de ses peines.

Bien joué, estime-t-on rue d'Ulm. Un pied dedans, un pied dehors : la crise couve et avant qu'elle n'éclate, lançons nos filets de tous côtés !

La pêche est excellente, presque miraculeuse. Les disciples du « caïman » exploitent à fond l'« effet Althusser ». Le discret « répétiteur » occupe désormais le centre de la scène intellectuelle. Même un Jean Lacroix, personnaliste chrétien et chroniqueur du *Monde*, lui rend les honneurs : « Il débouche dans la production philosophique après vingt ans d'études et de réflexions. C'est la bonne méthode... La rigueur de la pensée a toujours valeur universelle. »

Cette grâce philosophique touche des personnages parfaitement inattendus. Ainsi Jean-Pierre Le Dantec. Breton, fils d'instituteurs résistants, son enfance est traversée de récits où le PC interfère, tantôt comme parti des fusillés, tantôt comme repaire des staliniens. Élève de Centrale, Le Dantec jouit d'un tempérament affable, critique et gourmand. Il aime rire — quoique ce rire dissimule souvent la réserve intime, la pudeur secrète des frères de la côte —, il adore cuisiner et, en politique, ne se laisse pas refiler du lieu noir pour du lieu jaune. L'UEC, il l'a visitée de la cave au grenier. *La Voie co* lui est familière et il a même poussé une excursion vers les jumeaux Krivine, Hubert et Alain. Il s'est engueulé abondamment avec Linhart (alors chargé de suivre les grandes écoles par le bureau de l'UEC) auquel il a reproché son double langage. Et il est « tombé amoureux », c'est lui qui le dit, de l'introduction du numéro un des *Cahiers*!

La théorie, ouvre-boîtes universel... Jean-Pierre, non content d'empoigner l'ustensile, en vante les vertus autour de lui. Son meilleur ami de « Piston » (l'École centrale), Jean-Claude Vernier, surnommé « Tataouin » et porte-étendard de l'UGE (l'Union des grandes écoles) à la direction de l'UNEF, subit une offensive en règle. Le concept de surdétermination, virus acrobate, s'accroche et ne vous lâche plus. L'épidémie s'étend. Les nouveaux contaminés s'appellent Jean-Pierre Olivier de Sardan, ethnologue en herbe, ou Gérard Dahan, secrétaire du secteur Sciences de l'UEC — un « orthodoxe », pourtant, mais qui a trouvé plus orthodoxe que lui.

Le Dantec est l'un des premiers « notables » du quartier à déposer les armes aux pieds de Christian Riss. Lequel les accepte, dans sa turne, avec une souveraine condescendance. L'impétrant, si expérimenté soit-il, est invité à retourner à la base et à méditer, repentant, la maxime de Lénine : « La politique n'a pas la rectitude de la perspective Nevski. »

Jean-Michel Catala et Guy Hermier s'aperçoivent, mais un peu tard, qu'ils ont eu tort, au printemps précédent, d'abandonner la commission nationale de formation théorique aux mains des « ulmards ». Sans doute ces derniers ne sont-ils parvenus à pirater qu'une livraison de *Clarté* — certaine interview de Charles Bettelheim donne encore le frisson à Roland Leroy. Sans doute sont-ils maintenant en marge du bureau. Il n'empêche qu'avec « leur » Althusser — dont *la Nouvelle Critique* reprend quelques thèses —, ils misent et parfois gagnent sur tous les tableaux.

Champions de l'ambiguïté, Linhart et les conspirateurs de l'École n'échappent cependant pas à leurs ambiguïtés propres. Au sein même du cercle d'Ulm, le malaise se mue en conflit. Jusqu'au début de 1966, *les Cahiers marxistes-léninistes* ont traité de sujets fort divers, sous la plume d'auteurs variés (Régis Debray, quoique suspect d' « idéologie petite-bourgeoise révolutionnariste », a donné un article au numéro cinq, consacré à l'Amérique latine, peu avant son départ). La fraction dure s'accommodait de ce très relatif éclectisme.

Mais le numéro huit, conçu par Jacques-Alain Miller (avec, notamment, Milner et Macherey), attire les foudres de Robert Linhart. Cette fois, c'en est trop. Une publication entière centrée sur « les pouvoirs de la littérature », un sommaire où s'enchaînent « La grammaire d'Aragon », « Une fiction de Borgès », « L'optique de Grombrowicz », nous voilà en plein « théoricisme » ! Robert bloque la parution. Et, cherchant manifestement la rupture, il met Jacques-Alain en accusation : « Tout ce que tu cherches, c'est une carrière académique, une position bourgeoise d'autorité ! » Miller proteste, mais surtout pour la forme. C'est vrai que la « ligne de masse » n'est pas son obsession. Lié à Judith, la propre fille de Jacques Lacan, il chemine à l'ombre de son maître et bientôt beau-père. Il objecte qu'un Canguilhem, un Lacan, un Foucault, qui ne se réclament pas du marxisme, sont plus utiles à la recherche marxiste que maints communistes auxquels est étrangère la portée scientifique de l'œuvre de Marx.

Robert ne plie pas. « Il est nécessaire, explique-t-il à ses troupes, de dégager l'idée marxiste-léniniste de la gangue bourgeoise. » Le groupe de Miller fait sécession et fonde un cercle d'épistémologie, doté d'une revue trimestrielle, *les Cahiers pour l'analyse*. Thème inaugural : la Vérité.

Debray est au loin, Miller est ailleurs. L'UEC de l'École s'identifie de plus en plus à la fraction activiste — dont le pouls s'accélère. Barret, Broyelle, Lévy, Linhart, Riss vivent un temps suspendu, sans représentation de l'avenir. Tout ce qu'ils savent, tout ce qu'ils croient, c'est qu'ils sont en 1965 et que la prise du palais d'Hiver, dans cinq ans, dans quinze ans, aura bel et bien lieu. S'ils n'y ont pas laissé leur peau, ils entreront les premiers, portés par l'immense mouvement qui se sera levé. Ils ne s'imaginent ni professeur au Collège de France ni directeur d'administration centrale. Ils ne s'imaginent tout simplement pas. Ils sont révolutionnaires professionnels — cette phrase-là ne s'écrit qu'au présent de l'indicatif. Chaque instant est une promesse d'éternité.

Ils utilisent l'austère et douillette maison dont le concours leur a fourni l'accès comme un hôtel bon marché. Le règne de Robert Flacelière, actuel gérant du domaine, est si libéral que les portes de cet hôtel battent à tous vents. Quand les turnes ne sont pas occupées par leur légitime détenteur — ceux qui vivent en couple louent un logement à l'extérieur —, les clés circulent de main en main, au bénéfice de camarades du dehors.

L'hôtel est aussi lieu de réunion. Les salles *U* et *V*, à l'arrière du bâtiment, sont détournées de leur destination pédagogique pour abriter conciliabules secrets et séances plénières. Au sortir de ces assemblées, la cantine — réputée supérieure aux restos U — rassasie tout le monde. Enfin, la « turne syndicale », sise au mitan de la galerie du premier étage — pièce assombrie par des murs verdâtres dont les ouvertures plongent vers la charmante cour privée du directeur —, se transforme en imprimerie trépidante.

Jean-Paul Ribes (qui ne souffle mot de ses délictueux contacts avec d'Astier) est même nommé rotativiste en chef et rétribué mille francs par mois. Heureux « ulmards », qui ont les moyens de se payer un tourneur de ronéo ! L'emploi, de reste, n'est pas une sinécure. Jean-Paul est contraint par Miller de retirer deux cents *Cahiers pour l'analyse* parce qu'une virgule de Lacan s'est indûment déplacée.

Les cadences universitaires diminuent au fur et à mesure que croissent les cadences politiques. Rares sont les marxistes-léninistes qui pointent le nez dans un quelconque amphi. Censés suivre des cours en fac, ils « sèchent », généralement, ne réapparaissant — et encore — qu'à l'heure du certificat. Seul le séminaire du « caïman » demeure un rendez-vous ponctuellement respecté. Un programme d'initiation à la philosophie est spécialement conçu à l'intention des scientifiques — Jean-Pierre Le Dantec et sa bande viennent y déguster les *Généralités, I, II & III,* avec le ravissement des néophytes. L'investissement intellectuel revêt un caractère propagandiste marqué. Astucieusement, les normaliens jouent de la fascination qu'exerce, hors les murs, l'institution qu'ils traitent, au-dedans, avec une totale désinvolture.

La célébrité d'Althusser, jointe au prestige de l'ENS — territoire en principe réservé —, permet aux conjurés de jouer sur le double registre de la mode et du sérieux. Esprits errants qui vous perdez dans les ténèbres extérieures, venez à nous... et reconnaissez-nous au passage comme cerbères exclusifs des portes de la théorie.

Le chic parisien et la révolution en marche.

Philippe Barret découvre une planète inconnue : les librairies, les controverses, les relations, les revues. Benny Lévy, lui, manque d'argent. Reçu « à titre étranger » bien qu'apatride, il ne reçoit pas l'allocation des futurs fonctionnaires français. Robert

Flacelière tente — vainement — de faciliter sa naturalisation. Louis Althusser lui procure des « tapirs » (en jargon local : lycéens ou étudiants dont la situation scolaire appelle le renfort de cours particuliers). Un de ces « tapirs » sort du lot ordinaire : c'est le patron de la Tour d'Argent, l'illustre restaurant de la rive gauche, qui cherche à la fois un mentor pour rehausser sa culture générale et un nègre pour ordonner ses mémoires. Alléché, Benny en réfère cependant à son état-major. Le verdict le condamne aux vaches maigres : il serait « moralement inacceptable » de vendre sa plume à un tel personnage. Servir le cuisinier des bourgeois, c'est déjà tâter de la cuisine bourgeoise.

Robert Linhart conserve le monopole des relations privilégiées avec Althusser. Toutefois, en deux années, un glissement sensible s'est opéré. Le rapport disciple-maître, converti en rapport jeune camarade-camarade expérimenté, s'est encore modifié. L'équipe des *Cahiers,* épurée, suit sa logique propre, revendique son autonomie. Le philosophe d'Ulm, au début, semblait un tireur de ficelles, agissant dans le clair-obscur de sa retraite feutrée. A présent, les « ulmards » émancipés projettent eux-mêmes l'image d'Althusser en ombre chinoise, sans cynisme affecté, mais sans révérence non plus.

Étrange tango. L'auteur de *Pour Marx* n'entend point s'écarter de l'orbite du PC. Or le PC, lui, penche pour Garaudy. Le Comité central se réunit durant trois jours, du 11 au 13 mars 1966, dans son bastion d'Argenteuil.

Trois jours entiers consacrés aux « problèmes idéologiques et culturels ». Voilà des lustres que semblables « problèmes » n'ont pas figuré au menu. Mais Waldeck Rochet sait que la crise des étudiants est un symptôme alarmant. Il sait que la fin des « années Thorez » s'est déroulée dans un paysage pétrifié, gelé, neutralisé. Il convient donc de réinvestir le terrain pour contrôler les multiples tensions qu'on y observe. Alain Forner et Pierre Kahn ont été vigoureusement expulsés. Rien n'interdit, dès lors, que le Parti injecte dans ses recettes, à doses mesurées, un peu de sauce italienne. La procédure est vieille comme le centralisme démocratique : je te combats, je t'exclus et je récupère tes idées les plus récupérables.

Louis Aragon préside la cérémonie. A Roger Garaudy échoit

315

le rôle du franc-tireur promu commandant. Louis Althusser vole très, très haut, si haut que le Parti le félicite d'être monté jusque-là et lui suggère d'y rester. La motion finale se résume en une idée force : le marxisme est un humanisme, le marxisme ouvre le dialogue — avec les chrétiens, avec les socialistes, avec les existentialistes.

Hurlements dans les couloirs de l'École. Le révisionnisme jette bas son dernier masque. Dix ans, tout juste, après le rapport « attribué à » Khrouchtchev, le PCF se déclare khrouchtchévien. Lénine est remplacé par Garaudy, la lutte des classes par l'électoralisme, l'avant-garde révolutionnaire par l'union de la gauche.

Linhart, Lévy, Broyelle et Riss convoquent leurs sympathisants au théâtre d'Ulm. L'ambiance est chaude. Robert estime que le point de non-retour est atteint. Il préconise la création de cellules marxistes-léninistes clandestines, prêtes à fonctionner quand l'UEC explosera. Élémentaire précaution organisationnelle. Quant au fond, c'est décidé : l'heure a sonné de marquer le coup. Adieu aux ruses statutaires de l'automne précédent, quand la candidature Mitterrand semait du poil à gratter dans les rangs. On fonce. Benny est chargé de préparer une réponse à la motion d'Argenteuil.

Il n'y va pas de main morte. La brochure qu'il rédige s'intitule gravement *Faut-il réviser la théorie marxiste-léniniste ?* mais l'intérieur est beaucoup plus tonique. Dans le collimateur : Aragon, surtout, et Garaudy en deuxième ligne. L'auteur des *Communistes* est couvert d'opprobre, accusé d'alimenter « le monstre, l'humanisme-de-sinistre-mémoire ». « Il n'y a pas d'homme, certifie le camarade Lévy, mais le capital, la classe ouvrière, la paysannerie, les intellectuels... Pauvre Marx : la montagne théorique accouche d'une souris. La science qu'il a instituée, au prix d'efforts théoriques et pratiques inouïs, se voit jetée par un idéologue sur le marché libre des académiciens. »

La suite n'est pas moins violente : « Aragon voudrait que nous abandonnions notre terre ferme pour aller discuter ailleurs ! Que nous jetions à la poubelle l'arme qui nous permettra de prendre la métropole impérialiste ! Aragon se paie notre tête. Mais notre tête tient bon, comme la théorie de Marx. »

Et, à la fin de l'envoi, Benny touche : « De sacrifices politiques en sacrifices idéologiques, de sacrifices idéologiques en sacrifices d'organisation, nous voilà arrivés au terme : le sacri-

316

fice de la théorie. Nous sommes remontés à la source. Le cercle du révisionnisme est bouclé. Comme le disait Lénine, le vin est tiré. »

Ce mauvais vin, on patientera quelque temps avant de le boire. L'atmosphère est électrique lors de l'inauguration du IXe Congrès de l'UEC, début avril. Les « marxistes-léninistes », dans leur brochure, insultent tranquillement le Comité central. Jean-Michel Catala et Guy Hermier les enverront-ils à la trappe, avec la sereine brutalité du père Ubu ? Non pas. S'ils ne brillent guère par la science philosophique, leur science de l'appareil est consommée. Il était — relativement — aisé de battre à plate couture des « Italiens » préalablement affaiblis. Il est — relativement — difficile d'en finir avec Krivine et son équipe, mais ceux-là sont hors jeu. Les « ulmards », en revanche, crachent le feu, ont toujours une citation du prophète sur le bout de la langue pour museler leur contradicteur, impressionnent les foules. Mieux vaut ne pas trancher publiquement.

Les élèves de Roland Leroy adoptent, face aux élèves d'Althusser, la bonne vieille méthode du quadrillage : par solides paquets, des provinciaux fraîchement recrutés et complètement perdus dans ces débats sibyllins contrôlent la salle et votent au canon. Les « prochinois » font le spectacle ; ils n'ont pas la moindre chance d'arracher une majorité.

Tandis que Robert compte et recompte ceux qui sont « sur ses positions », exige le micro, virevolte, met les rieurs de son côté, harcèle la tribune, Nicole pâlit et quitte l'assistance. Le terme est proche, elle est prise de douleurs. La petite Virginie s'annonce. Dehors, le ciel est noir, il neige à l'aube du printemps. Mais demain, l'Orient sera rouge.

A Poissy, sur les rives de la Seine, non loin de Paris, le bal du 14 Juillet accueille de bizarres danseurs. Ils surgissent en bande, refusent de chanter *la Marseillaise,* semblent gais, mais boivent modérément. Certains sont habillés de velours vert sombre. Beaucoup portent des lunettes. Des touristes peu ordinaires.

Tony Lévy et Dominique Lecourt ont reçu mission d'organiser la première conférence nationale des cellules marxistes-léninistes. La rupture avec le PC n'est pas prononcée, et il convient donc de procéder avec discrétion. Même si la séparation est certaine, autant ne pas fournir à l' « ennemi » un de ces arguments disciplinaires qu'il préfère aux arguments politiques. Les conspirateurs, une soixantaine environ, sont majoritairement parisiens. Mais une délégation fournie est aussi venue de Nancy où les « ulmards » ont déniché un nid de correspondants très actifs. La villa, sur la petite commune d'Andresy, a été prêtée par un sympathisant médecin, ami de René Frydman. L'instant est raisonnablement solennel. Chacun sait qu'ici l'on creuse les fondations d'un nouvel édifice. Les plus optimistes se demandent si ce sont eux-mêmes ou si c'est le Parti qui sera bientôt acculé à la scission...

Et Althusser ? Où est Althusser ? Pendant les trois journées que dure la session, la question rebondit et la rumeur ondoie. Il arrive, c'est sûr. Non, il ne sera pas là, il envoie un texte... Étienne Balibar, mandaté par le maître, annonce finalement que le « caïman » ne fera pas le voyage, mais qu'il n'est nullement hostile — théoriquement, sinon tactiquement — à ce qui se trame. Les initiés ont compris le message : d'accord, sur l'essentiel, avec ses jeunes émules, le « restaurateur du marxisme » hésite à les accompagner.

A Robert Linhart revient « naturellement » l'honneur de présenter le rapport inaugural — trente-deux feuillets soigneusement dactylographiés. Le style est concis, descriptif : le briefing d'un chef d'escadrille qui dresse un bilan avant de désigner les futurs objectifs. La « lutte interne » a porté ses fruits, malgré maintes entraves. Paris, Nancy, Rennes, Nantes, Lille, Dijon résistent à la pression des apparatchiks et abritent des foyers de résistance. Le mot n'est pas trop fort : depuis le Comité central d'Argenteuil, quiconque développe « une interprétation juste de la théorie marxiste-léniniste entre en conflit ouvert avec les thèses du Parti ».

— Pendant toute cette période, poursuit l'orateur, nous nous sommes fermement inspirés du principe fondamental énoncé par le président Mao : « Mépriser l'ennemi sur le plan stratégique, en tenir le plus grand compte sur le plan tactique. » Des erreurs ont néanmoins été commises : trop peu d'attention portée aux ouvriers et aux paysans, trop peu d'énergie déployée contre les divers « gauchistes » de l'UNEF. Attention à pratiquer l'union de la théorie et de la pratique. Marx-Lénine-Mao-Althusser, c'est bien. Mais le théoricisme guette. Méfions-nous, avertit Linhart, qui s'adresse en expert à d'autres experts, des

« coquetteries verbales », des « obscurités de langage parfois inutiles ». Il nous faut, précise-t-il, rectifier nos conceptions en étudiant le texte du camarade Mao Tsé-toung intitulé *Pour un style de travail correct dans le Parti*.

Des chiffres, enfin, sont fournis aux pionniers d'Andrésy. Le mouvement comprend onze cellules et quatre-vingt-quinze membres — dont neuf provinciaux. Auxquels s'ajoutent beaucoup d'éléments proches. Ainsi la cellule d'Ulm rassemble-t-elle, autour de onze piliers, trente-cinq adhérents « unanimes sur les grands problèmes, mais encore insuffisamment formés ». Nul, chez les présents, ne doute que Waldeck Rochet file un mauvais coton.

Les « grands problèmes » évoqués concernent la dénonciation du révisionnisme et l'orientation prochinoise qui s'affirme. Le contenu de cette dernière reste passablement flou. Concernant la « ligne de masse », Robert Linhart et Jacques Broyelle ont, non sans peine, mis la main sur une œuvre acceptable de Chen Po-Ta. Mais pour l'essentiel, on est prochinois parce qu'on est anti-soviétique — les laborieuses imprécations de *Pékin Informations* ne sauraient ravitailler d'aussi solides appétits. D'ailleurs, les soixante délégués de la conférence nationale excluent de se lier au Mouvement communiste français, la confidentielle officine des prochinois officiels, jugée hostile aux intellectuels, et stalinienne à l'excès.

Fin de la répétition générale. Le scénario de sortie est ficelé, les dialogues coulent de source. Chacun connaît son texte. Deux mois de pause et tous en scène !

Tony Lévy, voué par ses dispositions pour le calcul mental aux fonctions d'intendant-agent immobilier, a loué cet été 1966 une maison à Trégunc, près de Concarneau. Plusieurs chefs « ulmards » s'y installent, au milieu des champs de haricots. Jacques, Benny, Christian, Philippe — la fine fleur des « ML », avec épouses ou petites amies, est ici concentrée. Seuls manquent Robert et Nicole, que des obligations familiales ont entraînés en Suisse. Dans l'immense grenier, des tables à tréteaux ont été dressées où s'entassent les volumes épais, les éditions rares, les brochures annotées. Chacun a trimballé jusque-là ses dix ou quinze kilos de théorie reliée.

La plage n'est pas interdite ; le ciné, toléré. Mais six bonnes heures par jour sont consacrées à de fumantes cogitations. Un peu de Lénine le matin afin de se dérouiller, Marx, repas, Marx, Lénine pour se détendre, et la bronzette, quand le soleil mollit, en guise de récompense.

Linhart, avant son départ, a décrit à ses copains émoustillés les félicités que lui procure le tome IV des *Œuvres complètes* de Vladimir Illitch. On se le dispute. Il s'agit d'un très minutieux décorticage de la pénétration du capitalisme en Russie. Les statistiques de la Douma refroidissent les clients potentiels — même Tony, qui ne craint guère les chiffres...

A Trégunc, l'ambiance, studieuse, le muscadet aidant, n'a rien de compassé. Mais un coup de tonnerre retentit. Le facteur du lieu mériterait une stèle pour commémorer son apport à l'histoire du mouvement révolutionnaire français. Car le numéro de *Pékin Informations* qu'il glisse dans la boîte aux lettres par une belle journée d'août déclenche un cyclone sur la côte bretonne.

Ils sont réunis dans leur grenier bibliothèque, prêts à décrypter, avec application et une pointe d'agacement, l'habituel message codé des camarades asiatiques. Et ce qu'ils lisent, soudain, leur paraît clair, limpide, frais, évident. Ce qu'ils n'osaient rêver s'aligne sur le papier bible. Ce qu'ils cherchaient sans le savoir gît là, exactement là où ils pressentaient un filon, une mine de diamants, une caverne d'Ali Baba. La « Grande Révolution Culturelle Prolétarienne » déferle. La onzième session plénière du Comité central du parti communiste chinois, le 8 août, dans une *Déclaration en seize points,* vient d'en formuler la charte.

Cette Révolution culturelle, voilà dix-huit mois que la presse bourgeoise y consacre quelques échos. Sous forme d'anecdotes éparses. Dès le printemps 1965, on apprenait que *Kuangming Ji Pao* (la Lumière), journal pékinois, jugeait intolérable que l'on conservât en régime socialiste des appellations où survit l'âge féodal : le mont de l'Empereur-de-Jade, le pont de la Fée-aux-Aguets, la rue du Dévouement-Filial, l'hôtel des Mille-Bénédictions... Est-il digne, questionnaient les porte-plume du PCC, de laisser les jeunes gens, à Hangchow, caresser dévotement la pierre tombale de la belle Sou Siao-siao, illustre courtisane du royaume de Tchi ? Supportera-t-on longtemps que les rouleaux peints, dans les maisons de thé, expriment les sentiments décadents des lettrés d'autrefois (« Hiver : je regarde la neige qui tombe sur le pont en ruine. Ma flûte est mon seul compagnon... ») ? Qu'un chrysanthème ait nom l'Amant-qui-poudre-sabelle, et une rose la Belle-Maquillée-du-Royaume-de-Kouo ?

Rue d'Ulm, l'information n'avait bouleversé personne.

En mai dernier, les anecdotes ont changé de nature. Le 25 de ce mois, selon la presse occidentale, une étudiante, Nieh Yuanchi, et six de ses camarades du département de philosophie, ont placardé un écrit incendiaire au mur de la vénérable université Beida de Pékin. L'affiche — qu'on appelle là-bas un *dazibao* — exigeait la démission du recteur et s'achevait sur une exhortation musclée : « Brisons tous les contrôles et tous les maléfiques complots des révisionnistes, résolument, radicalement, totalement, complètement ! Détruisons tous les monstres, tous les éléments révisionnistes du type Khrouchtchev ! Menons jusqu'au bout la révolution socialiste ! »

Rue d'Ulm, on a tendu l'oreille.

Mais l'interprétation des signes semblait conjecturale. *Le Quotidien de l'armée* s'en est pris, dans la foulée, à des écrivains, à des historiens ou dramaturges, clamant un mot d'ordre : « Feu sur la ligne noire anti-Parti et antisocialiste ! » La littérature classique et étrangère était-elle l'unique cible de l'offensive ? Les observateurs se sont vite aperçu que non. Au bout de la ligne de mire se trouvait Peng Cheng, maire de Pékin et chef du Parti dans la capitale — bientôt destitué, en compagnie du ministre de la Culture, son complice au sein de la « bande noire ». Linhart et ses amis « prochinois » ont conclu que leurs honorables camarades avaient inventé le fusil à tirer dans les coins. Et ont guetté la suite des événements.

La suite et l'explication des mystères antérieurs, les voici révélées et traduites par *Pékin Informations*. Le 13 juin, les étudiants et les lycéens se sont mis en congé pour une durée illimitée afin de participer à la Révolution culturelle. Partout se développe la chasse aux « Khrouchtchev chinois qui dorment à nos côtés », aux nostalgiques du mandarinat, aux notables — les *Zou Zi Paï* — qui ruminent, fût-ce sous la bannière rouge, et aux plus hauts échelons de l'appareil, de l'Université, de l'armée, de l'État, un retour à la voie capitaliste.

Mao Tsé-toung, qui avait disparu, et dont seules des photos

étaient visibles à la mi-mai, est de nouveau présent en chair et en os. Fin juillet, tous les journaux de Chine ont annoncé que devant une foule énorme, assemblée à Wuhan, il s'est baigné et a nagé une heure dans le Yang-tsé, manifestant du même geste sa vigueur physique et sa vigueur politique. Le navire n'a pas perdu son pilote. Au contraire : sur la passerelle, une silhouette se profile qui rejette progressivement dans l'ombre toutes les autres.

La *Décision en seize points* lève les dernières ambiguïtés métaphoriques.

Il faut, proclame-t-elle, repérer et combattre les *Zou Zi Paï*, sans les confondre avec des révolutionnaires de la base coupables d'erreurs ou d'insuffisances passagères.

Il faut mobiliser les masses, les convier à intervenir directement.

Il faut leur faire confiance et ne pas craindre les troubles.

Il faut distinguer les contradictions au sein du peuple et se méfier des « pickpockets » qui « ravalent des révolutionnaires au rang de contre-révolutionnaires ».

Il faut classer les cadres en quatre catégories : « bons », « relativement bons », « médiocres », mais non « droitiers antipartis et antisocialistes », « nuisibles » — auxquels « sera indiquée une issue pour qu'ils puissent rentrer dans le droit chemin ».

Il faut enfin utiliser la pensée de Mao Tsé-toung comme guide de l'action.

Dans la maison de Trégunc, l'enthousiasme est général. Le sentiment prochinois des conjurés d'Andrésy était une sorte de coque vide, de référence abstraite à la controverse sino-soviétique. La coque s'emplit, la coupe déborde. La preuve est administrée que la « pratique théorique » est bel et bien opératoire. Tandis que les Russes, bureaucrates résignés et corrompus, prêchent leur tiède socialisme du goulasch, les Chinois démontrent qu'un régime en marche vers le communisme est capable d'autocorrection, capable de confier son sort aux masses. Leur chef n'est-il pas le premier à tenir ce discours ?

Du même coup s'envolent les scrupules antistaliniens qui planaient encore sur quelques cervelles. Dans son for intérieur, plus d'un disciple d'Althusser avait du mal à digérer que le Géorgien moustachu voisinât, au Panthéon de Pékin, avec Marx, Engels et Lénine. Aujourd'hui, le trouble se décante. Le révisionniste Khrouchtchev, héritier des vices du stalinisme, s'est contenté, afin d'éviter un examen radical du système, de pourfendre le « culte de la personnalité ». Mao Tsé-toung, à l'inverse, qui a jadis souffert des manquements de la IIIᵉ Internationale et parle donc en connaissance de cause, dissèque le bilan de Staline, conserve les apports et liquide les scories, non d'un effet de manche, mais sous contrôle du peuple.

Les locataires de Trégunc écument, alentour, les maisons de la presse, en quête de nouvelles récentes. Ils se méfient des organes bourgeois et impérialistes. N'empêche, le *Herald Tribune, le Monde* et autres « grands » de la propagande capitaliste ne sont pas complètement dépourvus de séduction.

« Intéressez-vous aux affaires de l'État ! », avait suggéré Mao. Les étudiants et lycéens qui ont déserté leurs universités et leurs écoles s'y intéressent. Le 18 août, dès l'aube, les rues de Pékin s'éveillent au son des gongs et des cymbales. Par milliers, par dizaines de milliers, par centaines de milliers, des garçons en tenue bleue, des filles aux mèches courtes s'entassent sur la place Tien An Men, chantant *L'Orient est rouge*. Le défilé dure des heures, interminable. Mao Tsé-toung, à la tribune, est flanqué de Lin Piao, son « plus proche camarade de combat ». Chou Enlai, le numéro trois, est à sa place. Mais Liou Shao-chi, le président de la République, et Teng Siao-ping, le secrétaire général du Parti, se tiennent en léger retrait. Mao se tait. C'est Lin Piao qui prononce un discours, exalté, violent : « Nous devons sur une vaste échelle mettre en place les autorités prolétariennes, abattre les révisionnistes contre-révolutionnaires... »

Les jeunes gardes rouges crient leur joie et leur haine. Ils brandissent en cadence un petit livre couvert de plastique, *leur* livre, *le* livre, le florilège des citations du grand homme voûté qu'ils aperçoivent au loin, phare impassible. Ils le tiennent, ce livre, entre deux doigts, par la tranche, ou, mieux, l'index glissé au milieu des pages, indiquant ainsi que la méditation vient de s'interrompre et qu'elle reprendra sitôt la manifestation achevée.

Pendant huit jours, la capitale chinoise n'est que slogans, musiques, piétinements cadencés. D'abord noyés dans la masse, les gardes rouges s'en détachent, organisent leurs propres cortèges. Les dazibaos se succèdent sur les murs, dénonçant les anciens bourgeois ou ceux qui les imitent, aux postes de commande, sous le prétexte hypocrite de servir le Parti, les professeurs réactionnaires, les intellectuels vendus à l'étranger. « Ne frappez pas ! », conseille Lin Piao. « Attention à la production ! » observe Chou Enlai.

Environnés de leurs grands livres épais, Benny, Tony, Jacques et les autres admirent tant de sagesse dans l'audace.

Le camarade Mao Tsé-toung a dit : « Notre ennemi dans l'étude, c'est la suffisance ; quiconque veut réellement apprendre doit commencer par s'en débarrasser. "S'instruire sans jamais s'estimer satisfait" et "enseigner sans jamais se lasser", telle doit être notre attitude. »

Les vacanciers démontent les tables à tréteaux, remballent leurs bouquins.

Le camarade Mao Tsé-toung a dit : « Si, étant arrivé à une théorie juste, on se contente d'en faire un sujet de conversation, pour la laisser ensuite de côté sans la mettre en pratique, cette théorie, si belle qu'elle puisse être, est dépourvue de toute signification. »

Benny, Tony, Jacques et les autres ne sont lassés ni d'apprendre ni d'enseigner, et n'ont nulle intention de faire de leur juste théorie un simple sujet de conversation.

« Bombardez les états-majors, feu sur le quartier général ! » La directive est adressée aux masses chinoises, mais les jeunes ML français la jugent taillée sur mesure. Dès la rentrée, ils se réunissent à Poissy, dans des locaux du CLAJ prêtés par l'entremise de Tiennot Grumbach. Au début de l'été, la température était bonne. L'automne est tel, à Pékin, que maintenant les esprits sont bouillants. Plus question de séminaires khâgneux, de servitudes universitaires. L'objectif numéro un est de propager le souffle de la GRCP — la « Grande Révolution Culturelle Prolétarienne ». Linhart indique les axes de l'offensive et les cibles privilégiées — « la politique de collaboration soviéto-américaine, la restauration du capitalisme en URSS, le caractère réactionnaire de la théorie dite de " la démocratie véritable " chère au PCF et ses thèses concernant le capitalisme monopoliste d'État ».

Mais sur un point, au moins, tous les adhérents de l'UEC sont d'accord : Waldeck Rochet n'est pas Mao Tsé-toung. Roland

Leroy, Jean-Michel Catala et Guy Hermier, qui suivent à la trace les boutefeux de leur organisation, décident qu'il est grand temps d'étouffer l'incendie. Le cercle de Nancy a l'honneur d'être le premier dissous, et son animateur, le dramaturge Jean Jourdeuil, lance l'aînée des publications « maoïstes » : *Garde rouge*. Suit le secteur lycées. Puis, en cascade, le droit, les grandes écoles, les sciences, les écoles normales... Tantôt la structure est administrativement rayée du tableau, tantôt le renouvellement des cartes est refusé aux éléments indésirables.

Les « ulmards », que ces mesures ne surprennent évidemment guère — le contraire les eût alarmés —, publient un numéro (quatorze) des *Cahiers marxistes-léninistes* intégralement consacré à la Révolution culturelle chinoise. Louis Althusser revoit, sans signer, certains des textes. La complicité intellectuelle semble entière. Mais, cette fois, la complicité politique est définitivement rompue. Robert, Jacques, Benny, Christian, les initiés du sérail, entretiennent à l'extérieur la fiction d'un prochain ralliement du philosophe. Ils savent, clairement ou non, qu'avec lui le cordon ombilical est tranché. Affaire de famille : quoi qu'il advienne, le « caïman » est incapable de s'écarter de celle qui l'a adopté presque vingt ans auparavant.

En politique, le culot paie souvent. Les exclus n'en manquent pas. Ils optent pour une attitude totalement déconcertante : infligeant au plus important parti de France un cours de dialectique accélérée, ils soutiennent sans broncher que les Catala, Hermier et autres « révisos » se sont mis en dehors du marxisme, et qu'eux-mêmes sont en plein dedans. Bref, les exclus ne sont pas ceux qu'on croit. A la limite — mais il convient, pour parvenir à cette conclusion, d'avoir intimement fréquenté Hegel —, les exclus sont ceux qui restent, et les authentiques adhérents sont ceux qui sortent. D'ailleurs, les proscrits, réunis en « collectif », convoquent un meeting salle des Horticulteurs, le 6 décembre. L'objectif est de s'expliquer auprès des membres de l'UEC et des JC, de commenter la voie chinoise. Et l'affiche, dans sa candide simplicité, revêt une certaine allure. Elle annonce, sobrement : « Qui sont les scissionnistes ? »

Avec une petite demi-heure d'avance, les leaders marxistes-léninistes pénètrent dans la salle. Ils connaissent bien les lieux. Leur première manifestation autonome s'est déroulée ici même, quinze mois plus tôt, en hommage à Manouchian. Mais aujourd'hui, le public est inhabituel. Rangée après rangée, des hommes d'âge mûr occupent les sièges ; il ne reste plus de place pour les étudiants qui commencent à pointer le nez. Catala, Hermier, des dignitaires de la fédération de Paris, des conseillers municipaux bloquent les travées avancées. Derrière s'aligne la piétaille : les petits permanents de l'appareil.

Gérard Dahan prend la parole, au nom des organisateurs. Son discours dure deux minutes trente, le temps d'une chanson de « Salut les copains ! » Pas même le délai nécessaire pour annoncer que Liou Shao-chi et Teng Siao-ping ont été démasqués. Parvenu à « l'ancienne direction liquidatrice... » (le propos vise les exécutants de Roland Leroy), l'orateur est submergé par la stridence d'un concert de sifflets à roulette. Et les actes succèdent aux sons. Linhart et les siens sont expulsés de la tribune, puis du local (dont ils ont réglé la location). « Camarades, nous venons ce soir de remporter une première victoire... », commence Hermier, tandis que s'emmêlent cris et ovations.

Cette péripétie musclée accentue, dans le Quartier, le courant de curiosité sinon de sympathie qui se porte vers les rebelles. Vue de Paris, la Révolution culturelle est volontiers assimilée à un mouvement antiautoritaire. Beaucoup de jeunes militants sont las de s'entendre répondre par le PCF, quand ils évoquent la routine mandarinale, l'ennui des amphis, la sexualité frustrante, la dépendance familiale, qu'il s'agit là de pulsions secondes, de protestations littéraires, de vague à l'âme des petits-bourgeois qui ont trop lu Dada et les surréalistes. Une sorte d'acné, même pas juvénile : infantile.

Or voici que le vieux Mao approuve, encourage l'imprécation des adolescents contre les notables. Serait-ce, enfin, l'esquisse de l'introuvable accord entre les soubresauts de la vie politique et ceux de la vie tout court ?

Un Jean-Pierre Le Dantec, croisement d'animal idéologique et de provocateur libertaire, n'hésite pas sur la réponse. Après son coup de foudre pour la coupure épistémologique, il subit une seconde secousse. Ses copains de Centrale, notamment Jean-Claude Vernier *alias* « Tataouin », ornent sa chambre d'un petit train de contradictions dont la locomotive proclame : « Je cherche la contradiction principale. » Reste qu'ils commencent à juger ce bizarre convoi assez entraînant. Même certains « Italiens » marginaux, tel Roland Castro, sont ébranlés.

326

Pour l'École centrale, l'année 1966 subsistera comme une cuvée spéciale. D'abord parce qu'un élève s'écarte du cursus convenu. Le nommé Antoine Muraccioli, collègue de Le Dantec et de Vernier, accomplit en effet, sous son seul prénom, des heures supplémentaires, le soir, à *l'Olympia*. Le phénomène revêt l'ampleur d'un phénomène de société. Gai, narquois, gentiment dilettante et aimablement anarchiste, Antoine, en quinze jours, devient l'idole des jeunes qui ont un peu grandi :

> Ma mère m'a dit : Antoine, fais-toi couper les ch'veux
> Je lui ai dit : ma mère, dans vingt ans si tu veux...

Ce garçon longiligne, que la presse de droite traite de pédé parce que, « de dos, on dirait une fille », sautille sur la scène, rit de sa guitare bringuebalante et de son harmonica rustique, tandis que des filles exhibent leurs seins et hurlent à ses pieds. Il conseille en chansons de vendre la pilule dans les Monoprix. Et il philosophe, interrogé par *Paris-Match* : « Suis-je un beatnik ? Si ce mot signifie simplement avoir des cheveux longs et sales, non. Les zazous les portaient déjà ainsi. Et d'Artagnan avant eux. Mais si c'est se contenter de ce qu'on a et profiter de ce qu'on vous donne, oui, je suis un beatnik. »

Le mot est neuf, en France. Surtout accolé à un ingénieur de vingt-deux ans (section urbanisme), qui gagne quatre mille francs par gala et vend deux cent mille disques en célébrant, follement applaudi, l'absolue liberté individuelle.

L'autre scandale de l'année, à « Piston », est signé Le Dantec & Compagnie. Vernier et lui ont naguère monté une chorale, fort sérieuse à l'origine puisque patronnée par Philippe Caillard. Ladite chorale figure au programme de la soirée de promo, cérémonie rituelle où se croisent les anciens, installés aux commandes de la France qui décolle, et les nouveaux qui grandiront sous leur aile. La soirée se déroule au Théâtre de Paris, en présence du directeur, M. Fougerolle, d'une escouade de grands personnages des divers ministères, de délégués du CNPF, de patrons de PME. La rampe s'allume. Le présentateur annonce, pour célébrer le « triomphe » de la fournée 1966, quelques instants de musique polyphonique.

Le Dantec, Vernier et leur bande surgissent sans cravate ni

veston, braillent des obscénités, invectivent les bourgeois, profanent l'harmonie du groupe.

On étouffe vaille que vaille l'incident (un gag, juste un gag). « L'an prochain, menace Jean-Pierre Le Dantec, ils auront droit à *L'Orient est rouge*. Avec traduction intégrale des paroles, avant l'exécution... »

Si, d'aventure, un sinistre plaisantin murmurait aux oreilles de Robert Linhart ou de Jacques Broyelle que l'audience de la glorieuse GRPC n'est pas sans rapport avec les pitreries hédonistes d'Antoine, ces derniers suffoqueraient d'indignation. Les 10 et 11 décembre 1966, au théâtre d'Ulm, une centaine de militants exclus de l'UEC fondent l'Union des jeunesses communistes (marxistes-léninistes). Quelqu'un propose d'ajouter un F au sigle, mais Robert s'insurge : « Nous sommes internationalistes, nous n'avons pas de patrie ! »

Garde rouge commente l'événement : « Hermier, Catala et autres constituent le fonds à partir duquel vont progressivement et rapidement se détacher les 95 % des étudiants communistes à Paris, la majorité des étudiants en province, dont la lutte se développe, du fait de l'isolement soigneusement ménagé par les liquidateurs, selon un rythme moins égal... »

L'UJC(ml), ayant absorbé l'ex-UEC, attirera ensuite la majorité des « communistes honnêtes » trompés par l'ex-PCF.

10

Les Chinois

L'année 1967 sera chinoise. Ainsi l'a voulu le Ier Congrès de l'UJC(ml). Ainsi le veut un jeune public intellectuel de plus en plus ample et fasciné.

Fasciné, comme au cinéma.

Il arrive — très rarement — qu'une motion de congrès devienne réalité, qu'une proclamation incantatoire, adoptée en assemblée générale à la manière dont les fidèles des grand-messes dévident leurs répons, engendre une postérité, s'évade des refrains liturgiques, altère le fil des événements. La poignée de révolutionnaires professionnels groupés autour de Robert Linhart connaît la sensation grisante, alliage insolite d'exaltation et de vertige, que ses slogans et ses prophéties se muent en gestes, en actes, en scènes. Que ses mots rêvés et scandés fabriquent du vivant.

Bien sûr, l' « ex »-PCF est encore debout. Il continue, contre l'évidence, à se déclarer « communiste ». Il se réjouit même bruyamment du pacte électoral conclu avec la FGDS (la Fédération de la gauche démocrate et socialiste, où cohabitent Mollet, Mitterrand et Billières) et s'imagine que le révisionnisme, la compromission bourgeoise paient : aux élections législatives de mars, les Français contredisent les sondages et, à quelques voix près, manquent de renverser la majorité gaulliste. Bien sûr, les officines modernistes entretiennent l'illusion d'une alternative douce : un certain Michel Rocard, haut serviteur de l'État jusqu'alors déguisé sous le pseudonyme de Georges Servet, dirige désormais le secrétariat national du PSU. Aucune de ces misérables affaires de boutique n'altère la fièvre messianique des conjurés d'Ulm.

Le jour est proche où il sera inutile d'accoler, pléonasme, tautologie provisoires, la précision *ml* au sigle de l'organisation naissante. Le jour est proche où tomberont les parenthèses, tels les murs de Jéricho.

Un scénario vraiment différent.

« L'UJC(ml) doit mener une lutte idéologique intransigeante contre l'idéologie bourgeoise et son complice révisionniste, contre l'idéologie petite-bourgeoise, particulièrement l'idéologie pacifiste, humaniste et spiritualiste... Elle doit créer une université rouge qui pourra se mettre au service des ouvriers avancés, de tous les éléments révolutionnaires. » Telle est la première tâche qu'énonce le numéro quinze des *Cahiers,* à l'aube de l'année chinoise.

Et elle prend corps, l' « université rouge ». Au théâtre d'Ulm, tour à tour, dissertent Dominique Lecourt sur *la Critique du programme de Gotha,* François Lebovicz sur *le Capital,* Benny Lévy sur le léninisme, Nicos Poulantzas sur les textes majeurs du marxisme — Poulantzas s'exprime au titre de conférencier invité, de professeur associé, à l'heure où des colonels soutenus par Washington travestissent son pays, la Grèce, le berceau de la démocratie, en dictature fasciste.

Et ils accourent, les « éléments révolutionnaires » attendus. A vrai dire, ils sont plus nombreux que les « ouvriers avancés ». Toutefois, les travées sont pleines. Pire : débordantes, au point que les locaux de l'École normale ne suffisent plus, qu'il faut louer la salle — ordinairement dévolue aux meetings — du 44, rue de Rennes, ou bien quémander un amphi à la faculté de Jussieu. Guère de casquettes ni de salopettes. Nulle délégation de Billancourt. En revanche, le Tout-Rive gauche étudiant et militant s'y presse. Et s'y pressent aussi les habitants de rives lointaines, qui répercuteront le message au-delà des mers, jusqu'en Amérique latine. La valeur travail, la plus-value ne concurrencent pas encore en curiosité le sarcophage de Toutankhamon, exposé au Grand Palais, mais cela viendra.

Tony Lévy, chef régisseur de la scène théorique, est accroché par un petit homme impérieux :

— J'aimerais pouvoir tourner ici.

Au cœur de la masse, un voyeur promène son regard. Le long des galeries de l'ENS, depuis le balcon du théâtre, dans les allées boueuses de Nanterre, à la sortie du « 44 », Jean-Luc Godard, caméra en tête, rumine son prochain film.

Le président Mao Tsé-toung a dit : « Nous exigeons l'unité de la politique et de l'art, l'unité du contenu et de la forme, l'unité d'un contenu politique révolutionnaire et d'une forme artistique aussi parfaite que possible. »

D'habitude, Godard filme dans l'ordre des séquences, en continuité, selon son idée préalable de la logique et de la chronologie. Mais ce film-ci est condamné à bousculer les habitudes. Avec son équipe, avec ses « vedettes » (Juliet Berto, Anne Wiazemsky), l'auteur d'*A bout de souffle* engrange des fragments, des échantillons, des bribes, des expériences. Il bombarde le phénomène sous tous les angles, se réservant de coller ensuite les morceaux recueillis, aux quatre coins de ses personnages : Yvonne, Véronique, Guillaume, Henri.

Il observe, il écoute. Benny Lévy agite les concepts avec la dextérité d'un jongleur, la ruse d'un escamoteur qui se rit des chalands et des parieurs, sur la place, les jours de marché. Robert Linhart, souverain traversé d'éclairs, à la fois dicte la règle et répand l'inquiétude, figure d'intellectuel hautain et d'intellectuel astreint. A Jacques Broyelle est échu le rôle du fidèle compagnon — confident solidaire, deuxième violon solidement dans la note. Tony Lévy glisse en coulisse, méthodique d'aspect et secrètement habité d'infinies nuances. Tiennot Grumbach, lui, étouffe les siennes sous la panoplie lourde de l' « homme de masse », l'organisateur-né, le bon sens en action, la ponctualité certaine. Et chacun de ces modèles ricoche, s'entrechoque, en une duplication concentrique et variée. De la férule sèche au romantisme passionnel, de l'arrogance extrême à l'extrême humilité, aucun de ces personnages n'est réductible à une silhouette élémentaire. Et leur déconcertant assemblage y gagne en force d'intervention. Les « Italiens » se sont dispersés dans Paris. Les « Chinois » aspirent à occuper la place.

Godard a entrevu les chefs, photographié les troupes. Des cascades de scènes lui noient la rétine.

Cela commence par deux plans de campagne — un pré, des poules, une vache : clin d'œil à la matrice rurale. Yvonne (Juliet Berto), provinciale et démunie, monte à Paris et se retrouve sur le trottoir. Elle finit par se fondre dans un petit groupe, qui lui donne accès à la culture. Quelque chose tombe du ciel. Puis elle lit des journaux, puis elle en vend.

Cela se termine sur une phrase au passé simple, prononcée d'une voix douce et affectée, comme est douce et affectée la voix des conseillers de l'ambassade de Chine. Véronique (Anne Wiazemsky) constate qu'elle n'a pas accompli un grand bond en avant. La Révolution culturelle est le premier pas d'une longue marche qui sera dix mille fois plus longue que l'autre.

Entre-temps, Henri hésite, balance tantôt vers l'inconnu, tantôt vers la tiédeur du révisionnisme — et bascule finalement dans la quiétude préservée. Guillaume brûle de fièvre adolescente. Yvonne porte, exotique et déclassée, le chapeau de paille conique des Vietnamiennes. Véronique s'oppose, par phrases décousues, à Francis Jeanson, maître de philosophie qui tente calmement d'analyser pour mieux défaire ses projets décousus — elle ne le suit pas et veut lancer des bombes dans les universités. Les citations du moment giclent, *in* ou *off*, à temps et à contre-temps. Henri lit un extrait du *Socialisme difficile* d'André Gorz. Un jeune Noir, Omar Diop — c'est le tiers monde qui donne une leçon aux autres —, déclame Althusser *(Pour Marx)*, Mao et des citations de *Garde rouge*... Et nos héros font de la gymnastique en chambre, au rythme des pensées du camarade Mao Tsé-toung, en écoutant Radio-Pékin.

Quand Godard, à l'été commençant, livre sa copie, l'indignation submerge ceux dont s'inspire le dazibao du cinéaste. *L'Humanité nouvelle,* organe des prochinois officiels, parle de « provocation fasciste » et promet son auteur aux tribunaux populaires. *Les Cahiers marxistes-léninistes,* moins acerbes, qualifient l'œuvre de « gauchiste ». Interrogés par *le Nouvel-Observateur,* les locataires de la rue d'Ulm rejettent le miroir qui leur est tendu : « Godard n'a décrit qu'une révolte adolescente, inorganisée, où le vocabulaire marxiste-léniniste ronronne à vide comme un code, ou comme un langage poétique. Il a situé l'action dans un luxe esthétique où les couleurs se heurtent avec bonheur. Ce n'est pas un film sur la jeunesse marxiste-léniniste. C'est un film sur une jeunesse bourgeoise qui a adopté un nouveau déguisement ! »

Il n'empêche : la péripétie est flatteuse. *La Chinoise* n'attire pas seulement les cinéphiles avertis, les abonnés de la Pagode — l'excentrique salle « d'art et d'essai » sise rue de Babylone. Du *Monde* au *Figaro,* du boulevard Saint-Michel au faubourg Saint-Honoré, les althussériens défraient la chronique. Et s'offrent le délicat plaisir d'inspirer la mode en critiquant la mode, de fournir à l'époque le fantasme d'un souffle héroïque et de se draper, intransigeants et dédaigneux, dans leurs capes austères de moines soldats.

— Ils sont fous ! hurle l'ultrarévisionniste Burnier. Ils se baladent entre le ghetto théorique et la ligne de masse !

— Des terroristes, des petits chefs ! vocifère l'humaniste Kouchner. Leur appétit de textes n'est que manie d'enfileurs de perles. Ce sont des gosses, des orphelins qui ont besoin d'une maman...

Mais la rumeur couvre les ricanements aigres-doux, les protestations effarées des anciens de *Clarté* réexpédiés à la poubelle de l'histoire. Voilà cinq ans, Khrouchtchev semblait la meilleure arme anti-Thorez. Aujourd'hui, la « Grande Révolution Culturelle Prolétarienne » déploie ses fastes antibureaucratiques avec Staline, et contre « K ». Aux Beaux-Arts, où il s'est replié après son éviction de l'UEC, Roland Castro concède que les Chinois ont découvert le « concept manquant » : la révolution dans la révolution. A ses amis Jean-Paul Dollé, Jean-Pierre Olivier de Sardan, il explique que l'attention sympathisante n'est plus de saison, qu'il faut épouser le parcours initiatique. « Suivons le mouvement, dit-il, comme on suit un orchestre... »

L'année 1967 sera chinoise.

Rue d'Ulm, au quartier général, on affecte la sereine assurance des stratèges qui voient, un à un, se réaliser leurs calculs. Tel Bonaparte à ses officiers de vingt-deux ans, Robert désigne une colline, une plaine, un marais, suppute l'état du terrain, chiffre les troupes fraîches, anticipe les mouvements. Ils n'ont plus le temps, les ML, d'aller au cinéma, même si le cinéma s'intéresse à eux. Ils n'ont plus le temps de fréquenter la littérature, les poètes, le théâtre. Ils n'ont presque plus le temps d'étudier, sinon pour concevoir un programme minimal d'études destiné aux ignorants qui les rejoignent. Ils enregistrent les ralliements sans tuer le veau gras et soumettent les postulants — fussent-ils plus âgés qu'eux-mêmes dans la carrière militante — à une batterie d'examens, mi-bizutage mi-check up : archéologie du passé politique, vérification des connaissances scientifiques de base, prescription de remèdes pratiques et théoriques. Le jury, essentiellement formé de normaliens, affecte la froideur d'un jury de concours. Il n'est pas réuni pour féliciter le postulant de son choix. C'est au candidat de convaincre le jury qu'il commettrait une erreur en ne l'admettant pas.

De la khâgne considérée comme modèle de sélection politique.

La renommée galope. Les effectifs gonflent légèrement. Le triumvirat dirigeant — dans l'ordre : Linhart, Lévy, Broyelle — sait, sans le formuler expressément, que cette contradiction sert l'UJ plus qu'elle ne la dessert. Peu importe qu'ils soient peu. La renommée se nourrit, précisément, de l'attrait qu'exercent les *happy few*. Ils étaient quelques-uns, les compagnons de Mao Tsé-toung, à la veille de la Longue Marche, quelques individus au creux d'un continent, adossés à une montagne, les mains nues, mais la tête armée du discours qui exprime et soulève la violence des larges masses. Et ce petit nombre était plus redoutable que les canons de Tchang Kaï-chek.

Plus tard, infiniment loin, au bout d'une imprévisible route, ils seront une poignée de survivants victorieux à mériter de murmurer : « J'y étais. »

Le président Mao Tsé-toung a dit : « Sans préparation, la supériorité des forces n'est pas une véritable supériorité et on ne peut pas non plus avoir l'initiative. Si l'on comprend cette vérité, des troupes, inférieures en force mais prêtes, peuvent souvent, par une attaque inopinée, battre un ennemi supérieur. »

Dans semblable dispositif, chaque élément compte. Peu importe que l'on soit peu. Mais il importe, il est capital que nul maillon de cette courte chaîne, destinée à subir des pressions énormes, n'offre la moindre défaillance. L'autocorrection, l'autocritique sont quotidiennement nécessaires. A défaut, la critique des camarades, la correction fraternelle prendront le relais. L'ascension dans la hiérarchie n'est ni un privilège de l'antériorité ni un état de grâce, mais une exigence supplémentaire, une obligation de vigilance accrue. Personne n'est dirigeant par essence : sa charge résulte de l'accord entre sa volonté propre et la volonté d'autrui.

Philippe Barret, qu'avaient tant séduit les lumières de la ville et les riches librairies, apprend à se laver de ses scories petites-bourgeoises. Fini l'évasion romanesque. Fini le ciné de la rue Champollion. Tout juste est-il permis d'en frôler les guichets, pour vendre des journaux dans les files qui s'étirent sous les affiches alléchantes — *Belle de jour, Blow Up, Bonnie and Clyde, le Bal des vampires*... Fini le piano, divertissement égoïste, plaisir solitaire, harmonie décadente.

Barret, cependant, s'autorise naïvement un écart de sept jours.

Durant les vacances de février, il part aux sports d'hiver. Le scandale, dès son retour, est à la légitime mesure de son illégitime légèreté. Glisser dans la poudreuse quand les prolétaires souffrent, c'est un péché contre l'esprit. Claquer du fric pour partager les ivresses et les ultraviolets des nantis, c'est un acte contre nature. Honteux et repentant, le camarade Barret avoue qu'il s'est aventuré sur une très mauvaise pente.

Il n'est pas au bout de ses surprises. La vie la plus intime, la vie amoureuse, n'échappe pas à la surveillance des gardes rouges parisiens. Si Robert et Nicole cultivent leur jardin secret, Benny pourchasse les pulsions libidinales avec une impitoyable acuité. Il a toujours condamné, sitôt débarqué de Bruxelles, le débraillé sexuel, pratiqué ou revendiqué, de ses compagnons d'étude. Les mœurs « italiennes », l'échange des partenaires, les filles stars qui choisissaient leurs amants et proclamaient que les femmes ont droit au plaisir, tous ces signes de laisser-aller lui ont paru vulgaires et sourdement répulsifs. A l'UJ, ce qu'il vivait dans un agaçant malaise tombe sous le coup de la loi non écrite — et il sait mieux que quiconque combien cette loi est contraignante. Benny n'hésite plus à contester ouvertement telle liaison, à commenter telle préférence.

Philippe Barret veut convoler avec Blandine Kriegel (la fille de Maurice Kriegel-Valrimont, l'un des libérateurs de Paris, victime de l'affaire Servin-Casanova). Blandine est philosophe. « Ne l'épouse pas », conseille fermement Benny. Le propos n'est guère plus précis, mais Philippe en devine les attendus : le cadre communiste ne saurait s'encombrer d'une intellectuelle, une égale ; mieux vaudrait qu'il s'accorde avec une camarade subalterne, assez proche idéologiquement et affectivement pour le sécuriser, assez lointaine pour ne point interférer dans ses décisions politiques. Blandine Kriegel devient néanmoins Blandine Barret-Kriegel.

Mais d'autres cèdent, rompent des liaisons, acceptent, à tout le moins, de « régulariser » par le mariage — conforme aux normes populaires — une situation déviante.

A chacun sa chacune (Robert-Nicole, Jacques-Claudie, Philippe-Blandine, etc.), pourvu que le sexe se taise en s'instituant, que le désir plonge dans le non-dit.

Jean-Pierre Le Dantec, lui aussi, se marie. Au soir de ses épousailles, il donne une fête chez son copain Albert, lecteur d'Artaud et anar convaincu devant l'absence d'Éternel. Le vin est abondant, mais ce n'est pas assez. Au bout d'une heure de face-à-face glacial, puis d'empoignade nerveuse, la rupture est consommée entre les vieux amis de Jean-Pierre et ses récents camarades. Le maître de céans expulse ces « curés sermonneurs », flanque Robert Linhart, Benny Lévy, Gérard Dahan à la porte de sa maison du Marais. « Êtes-vous vivants ou morts ? », leur crie-t-il, du haut de l'escalier, tandis que Le Dantec, triste et schizophrène, s'abîme dans la vodka.

Jusqu'à la lie. Le Breton indocile boit le calice et rentre dans l'ordre. C'est lui — hasard ? — que l'UJ sollicite pour assurer un cours sur « la question de Staline ». Dur. Mais à quelque chose, dialectique est bonne. Devant une assistance fournie, Jean-Pierre argumente en deux temps. Acte I : Staline est responsable d'horreurs (Le Dantec a suffisamment côtoyé les trotskistes pour n'en rien ignorer), mais il était, dans le contexte soviétique, le moins mauvais marxiste-léniniste concevable. La « deuxième expérience historique de la dictature du prolétariat », la révolution chinoise, permet d'examiner son bilan avec la distance critique nécessaire. Acte II : les ex-staliniens de choc ramollis, les Khrouchtchev, Thorez, Togliatti, se sont bon gré mal gré lancés dans l'anathème contre le « culte de la personnalité » pour se dédouaner eux-mêmes et pour fourguer à l'occasion de ce ravalement de façade leurs gravats révisionnistes. Mao, tenu éloigné des magouilles du Komintern, est le seul leader communiste susceptible de porter un jugement serein.

Gros succès. Écoutant Jean-Pierre Le Dantec, Roland Castro abandonne ses ultimes préventions.

L'UJ est une secte, non un parti. C'est son ciment et sa faiblesse. La « Jcreu » de Krivine, suprêmement méprisée, réunit sans doute plus d'adhérents que les douze douzaines de purs et durs qui gravitent autour d'Ulm. Mais la conviction est totale que les meilleurs sont là, ou qu'ils le seront bientôt. Et la structure groupusculaire offre maints avantages. Pas de cartes (Tony Lévy, un moment chargé de les imprimer, reçoit le contre-ordre), donc pas de chiffres, pas de courbe. Une hiérarchie — un bureau politique, un Comité central, un secrétariat du Comité central —, mais aucun contrôle démultiplié. La direction fonctionne par cooptation et vérifie en assemblée générale si ses orientations circulent ou grippent. Résultat : les « triumvirs » règnent sans partage. Et, parmi eux, Robert Linhart occupe l'avant-scène parce qu'il est Robert Linhart. L'École, dans sa langue, possède un nom pour le premier de la promotion : le « cacique ». Robert est le cacique de la Longue Marche française.

1986. Jacques Broyelle, journaliste à Valeurs actuelles, *« hebdomadaire de l'audace capitaliste » :*

— Nous avons été dangereux. D'autant plus dangereux que le PC était depuis longtemps en déclin idéologique et que nous avons contribué à fabriquer une version new look *de l'esprit révolutionnaire.*

« L'UJC(ml) était une microsociété totalitaire, avec cette gigantesque différence que nous n'avions pas le pouvoir de manipuler les paramètres matériels qui, dans un pays socialiste, conditionnent la vie des gens. Cela restait une servitude librement consentie.

L'ennui, c'est la concurrence du Mouvement communiste français qui annonce, au printemps 1967, la création imminente d'un parti prochinois. Linhart, Benny, Broyelle ripostent en théorisant leur fragilité. Ils invoquent une « décentralisation » préalable : le mouvement est trop faible pour s'ériger en parti ; ce dernier ne serait qu'une superstructure volontariste, bricolée de toutes pièces à l'image des armées trotskistes, prototypes de l'armée mexicaine. Que les pionniers s'immergent dans les masses, étudient la formation sociale de leur pays comme Lénine étudia jadis le développement du capitalisme en Russie, et alors, alors seulement, l'étape suivante sera envisageable.

L'autre ennui, c'est que les rivaux du MCF détiennent le monopole de la reconnaissance par les Chinois eux-mêmes. Afin de les contrer, Robert et les siens tirent la sonnette de l'ambassade. On les reçoit poliment. Et prudemment. La Révolution culturelle vient de gagner l'industrie. A Shanghai, une « commune » s'est emparée du pouvoir local. Les résistances sont telles que l'armée a reçu l'ordre d'appuyer les « comités révolutionnaires » tout en contrôlant les gardes rouges trop turbulents. Les assauts se multiplient entre factions adverses, qui parfois se réclament les unes et les autres de la pensée du président Mao. Autant dire que les diplomates en poste à Paris se montrent encore plus diplomates qu'à l'ordinaire. Ils évitent de claquer leur porte au nez d'enthousiastes partisans. Mais, le thé servi, ils se contentent de les écouter sans broncher.

Le handicap majeur des « ulmards » et de leurs recrues est qu'ils constituent une organisation de jeunes, d'intellectuels, si vif soit leur attachement à la « ligne de masse ». Comment pénétrer la société dans ses profondeurs ? Comment sortir du Quartier où les étudiants, spontanément, s'enferment ? Après un meeting anti-impérialiste où sont invoqués les mânes de Manouchian, le héros de l'Affiche rouge, et auquel s'associent d'anciens résistants, un outil est promptement forgé : les CVB, les comités Vietnam de base.

Contre le PCF qui mobilise rituellement « son » Mouvement de la paix et vide les mots d'ordre de contenu politique, contre le Comité Vietnam national, où la bande à Krivine, entourée de personnalités influentes, pèse lourd et agit du sommet, l'UJ sécrète ses propres unités destinées à expliquer dans les quartiers, dans les entreprises, au plus près de la vie des gens, que la guerre populaire triomphera des « fantoches ». L'exemple vietnamien est lourd de promesses. La « zone des tempêtes » qu'est devenu le tiers monde exportera ses orages. L'encerclement des villes par les campagnes débouchera sur l'embrasement des métropoles impérialistes.

Tiennot Grumbach, l' « homme de masse », coordonne l'opération. Jean-Pierre Le Dantec l'assiste et paie de sa personne, chaque week-end, place Jourdain, brandissant à grands cris *le Courrier du Vietnam* pour détourner les passants de Belleville des vendeurs de *l'Huma-Dimanche*. « Paix au Vietnam ! » scandent platement les révisionnistes. « Vive la lutte armée des peuples opprimés ! Vive la paix mondiale ! » rétorquent en chœur les militants de l'UJ.

Les CVB permettent à des jeunes « qui en veulent » de s'inscrire dans l'orbite « chinoise » sans se plier aux rituels d'adhésion, sans ingurgiter les abstractions althussériennes. Ils permettent aussi d'infliger aux « ralliés » de toutes provenances — surtout s'ils ont ailleurs occupé de hautes fonctions — un temps d'épreuve, un test par la base, une vérification disciplinaire. La solidarité avec les peuples en lutte est le degré initial de la participation aux luttes du peuple.

Le président Mao Tsé-toung a dit : « Il y a maintenant deux vents dans le monde : le vent d'est et le vent d'ouest. Selon un dicton chinois, "ou bien le vent d'est l'emporte sur le vent

d'ouest, ou c'est le vent d'ouest qui l'emporte sur le vent d'est ".
A mon avis, la caractéristique de la situation actuelle est que le
vent d'est l'emporte sur le vent d'ouest... »

Mais, paradoxalement, c'est au seuil de l'été que le vent fraî-
chit.

A la progression arithmétique des troupes militantes corres-
pond une progression géométrique de l'audience. Et les stratèges
du bureau politique se posent, *in petto,* une préoccupante mais
suave question : serions-nous géniaux ? Il est trop tôt, estiment-
ils, pour pratiquer le centralisme démocratique : la formation est
inégalement partagée alors que le recrutement est, « d'un point
de vue de classe », homogène à l'excès. Un souffle d'euphorie
caresse le petit groupe. Lequel explore les douceurs et les affres
de la vie de famille, tout en s'interrogeant sur l'art et la manière
de rompre le cercle initial.

Le 14 juin 1967, ils sont assemblés dans la salle *V* de l'École.
Tiennot est sur la sellette. Robert lui reproche deux erreurs, deux
gestes de coupable collaboration avec les concurrents des
CMLF (Cercles marxistes-léninistes de France). D'abord, le
camarade Grumbach a imprudemment envisagé d'associer ces
derniers à la manifestation organisée par l'UJ contre Israël
durant la guerre des Six Jours — qui vient de s'achever sur une
avancée de l'impérialisme. Ensuite, aggravant son cas, cédant à
une conception archiformelle et libérale des rapports entre mouvements d'avant-garde, le camarade Grumbach a confié aux
CMLF des photos du meeting des CVB, pour servir à l'illustration d'un article. Il n'en avait pas reçu le mandat. Il a agi avec
une légèreté qui trahit la légèreté de son bagage théorique et
politique.

Tiennot aime Robert. Il lui voue une intense admiration —
pour son brio, sa clairvoyance intellectuelle, son aptitude à
rebondir au détour d'un rapport. Et il aime aussi l'homme privé,
sa sincérité, sa passion, la qualité du rêve qui l'habite et le meut.
Il sait que Robert s'autorise des excursions parallèles, des sorties
tendres et gastronomiques avec Nicole. Il connaît un Robert
joueur et rieur à la terrasse du Beach. Un personnage poétique
et fidèle qui ne ressemble pas à l'inquisiteur sec, au maigre
Saint-Just, au virtuose désobligeant qui s'est dressé contre lui.

Blessé, pâle, le camarade Grumbach empoigne à son tour le fouet :

— Allons-nous supporter longtemps, crache-t-il d'une voix blanche, le style grand seigneur du camarade Linhart ? Ses coquetteries vestimentaires ? Son dandysme nonchalant qui ne l'empêche pas de distribuer, autour de lui, les consignes et les mauvais points ? Son mépris pour l'élaboration collective ?

Tiennot défie l'assistance, monte d'un cran, apostrophe son ami les yeux dans les yeux :

« Tu as de beaux costards, Robert, tu préfères le velours bien coupé. Tu ne te rases pas le matin pour ajouter une touche de négligence à ton élégance soignée. Mais le président Mao Tsé-toung a dit que les cadres du Parti doivent être " étrangers à tout égoïsme, toute ostentation, tout sectarisme hautain ". Et qu'es-tu donc, toi qui me fais, qui nous fais la leçon, sinon un monument d'arrogance, une jolie gravure de mode, un petit chef qui se régale de son pouvoir ?

Silence total. Grumbach avait jusqu'alors gardé pour lui ses talents d'éloquence. C'est Robert qui devient crayeux. La diatribe l'atteint à l'endroit sensible. Il est trop orgueilleux pour supporter que son orgueil soit ainsi déballé, exposé, arraché au mutisme, à la prescription tacite. Tiennot, dans son emportement, a violé un tabou, déchiré le paravent d'une zone obscure. Et les autres s'engouffrent par la brèche. Haro sur la suffisance du camarade Linhart, sur sa hauteur, sur sa morgue ! Benny, un éclat d'ironie socratique dans l'œil, se garde d'enchérir, lui qui vit mal l'ascendant du *Polack* ashkénaze. Jacques Broyelle, horriblement gêné, se sent entre deux feux, culpabilisé de ne pas voler au secours de l'agressé indéfendable.

Il se défendra lui-même. Mao Tsé-toung a dit : « Celui qui ne craint pas d'être lardé de coups d'épée ose désarçonner l'empereur. » Robert fréquente assez Tiennot pour ne point lui prêter la détermination d'un Brutus. L'ami Grumbach s'est débondé sous l'emprise d'une poussée de colère. D'autres, imprudemment, l'ont accompagné sur ce terrain mouvant. Leur véhémence même les rend vulnérables. « Les jugements subjectivistes et arbitraires, observe Mao, ne suscitent pas l'essor mais la " banalisation " de la critique. » Et l'auteur du *Petit Livre rouge* précise : « Quant à la critique des défauts personnels, il ne faut pas trop y insister s'ils ne sont pas liés à des erreurs politiques ou à des fautes d'organisation, de peur de laisser les camarades désemparés. »

Désemparé, Linhart ? Désemparé face au « subjectivisme » et à l' « arbitraire » ? Certes non. Le BP, de nouveau réuni le 28 juillet, écoute un long rapport dont le texte manuscrit noircit trente-six pages. L'orateur attaque, ou plutôt contre-attaque sans ménagements :

— Camarades, le mercredi 14 juin 1967 a eu lieu, à l'impromptu et d'une façon imprévue pour moi, une séance du bureau politique consacrée à la critique de mon activité. Au cours de cette séance, un certain nombre de critiques sans principe, anarchiques, psychologiques et erronées, ont été émises, et un certain nombre de positions petites-bourgeoises sur les questions de l'organisation de la direction ont été avancées, révélant l'apparition au sein du BP d'un mouvement d'opinion opportuniste.

Robert balaie ses accusateurs d'un regard apitoyé, puis enchaîne :

« Ce mouvement d'opinion opportuniste avait momentanément condensé en un courant unique : premièrement, le mécontentement subjectif de certains camarades ballottés par le développement réel et peu armés pour en suivre le rythme (à plus forte raison pour le précéder) ; deuxièmement, des idées petites-bourgeoises sur l'égalitarisme dans la direction, appuyées sur une interprétation opportuniste de la " Grande Révolution Culturelle Prolétarienne " ; enfin, des critiques superficielles portant sur des détails et dues à une absence d'analyse approfondie des choses et des circonstances...

Le fer est planté. Linhart le tourne dans la plaie. Tiennot avait frappé *ad hominem*. Robert lui renvoie la pareille en jouant de son malaise intime, ses démêlés avec la spéculation abstraite :

« La racine principale des déviations qui sont apparues est le retard dans la formation théorique et politique de certains membres du BP ; il y a, entre nous, égalité de droit et inégalité de fait.

Chacun est en droit de « centraliser un nombre aussi grand que possible d'idées justes venues des masses ». Mais les uns et les autres sont diversement aptes à exercer ce droit, tant est différemment répartie leur expérience et leur « assimilation du marxisme-léninisme ».

L'hallali approche. Voici la péroraison :

« *Toute division est de nature politique* (Linhart, l'index tendu, martèle sa phrase). Dévier d'un pouce de cette position et s'en prendre aux " méthodes " en tant que telles, c'est se laisser aller aux criailleries petites-bourgeoises et tomber dans le marais de l'opportunisme de style menchevik.

Grumbach est effondré, anéanti. Menchevik, lui, ardent soutien de l'indépendance algérienne, hôte du Che à La Havane ? Robert, d'un revers de manche, a liquidé son cas en postscriptum :

« Pour ce qui est de Tiennot, je ne m'arrêterai pas aux prétendues critiques par lui formulées, critiques dont la violence a été inversement proportionnelle au contenu politique, et dont l'insaisissabilité décourage toute tentative de discussion rationnelle...

L'intéressé, soumis à un feu roulant, improvise une autocritique en règle. Oui, la plupart des reproches qui lui ont été adressés sont justifiés. Oui, son travail personnel, au cours de cette année, a été insuffisant. Oui, le seul texte qu'il a produit concerne l'Algérie. Mais il est tombé malade. Mais il faut évaluer comment les gens vivent leur militantisme. Mais il n'a jamais éprouvé le moindre sentiment fraternel envers le CMLF. Mais...

Le tour de table qui s'ensuit l'isole un peu plus. Benny, lors d'un échange avec Jacques Broyelle, invente la formule du jour : « Les membres du bureau politique ne sont que les fonctionnaires de la pensée correcte. »

Commence alors pour Tiennot Grumbach une douloureuse période d'abattement amer, de flagellation morose, de dépression. Par une nuit singulièrement sombre, il glisse dans le rouleau de sa machine à écrire une double feuille de mauvais papier quadrillé et décide de vider son cœur. Il n'ignore pas que pareille attitude est indigne d'un révolutionnaire accompli, lequel place la cause au-dessus des fluctuations sentimentales et n'encombre guère ses compagnons de considérations subalternes. Mais Tiennot est malheureux en amour — une dernière tentative avec son ex-femme s'est soldée par un dernier échec — et malheureux en amitié — la rudesse des séances d'Ulm lui écorche la mémoire et lui gâche le présent. Appliqué, il tape :

Mon cher Robert,
Te dire que depuis le début de juillet je suis extrêmement tour-

menté ne sera pas pour te surprendre. Tu as correctement mis en évidence l'origine de certaines de mes insuffisances, mais à mon avis tu ne les as pas justement caractérisées. Si je pensais avoir un comportement opportuniste sur le plan politique, les fantasmes constants de suicide qui me hantent depuis un mois se seraient probablement matérialisés. Si je vis, ce n'est que parce que je crois avoir été, et être, un militant qui peut être utile parce qu'il est honnête avec lui-même et les autres...

Je ne pense plus, pour un temps, pouvoir assumer de tâches dirigeantes, non que je sois blessé par telle ou telle attitude ou proposition, ce qui est sans importance, mais parce que j'ai compris que ce que tu dis était ressenti par l'ensemble des autres, d'une façon probablement moins fraternelle à la fin du compte. En y réfléchissant, j'ai bien l'impression d'être devenu pour certains camarades une sorte de bouffon de la direction, que l'on supporte par sympathie, par habitude, et peut-être, j'en ai aujourd'hui peur, par intérêt provisoire.

Je devrais sûrement te dire bien d'autres choses, mais l'Équanil que j'ai pris pour pouvoir dormir fait son effet et, en relisant demain, je verrai s'il est bon de te faire parvenir cette missive.

Étant sûr de ne pas être « opportuniste à 100 % »,

Confiant dans notre avenir commun,

Espérant que le mot fraternellement retrouvera son sens,

Salutations d'un camarade.

Le lendemain matin, Tiennot Grumbach range parmi ses archives le brouillon de son désarroi. Robert ne lira jamais cette lettre. Les doléances subjectives ne sont pas reçues à l'UJC(ml). Et le bureau politique n'est pas un bureau des pleurs.

L'avion pique sur Canton à travers l'épais voile pastel de la mousson d'été. Robert Linhart, Jacques Broyelle, Jean-Pierre Le Dantec, Christian Riss et leur camarade Sturm — émissaire de la cellule de Nancy — sont les hôtes officieux du plus nombreux parti communiste du monde. Le temps d'apercevoir une flotille de sampans sur l'embouchure limoneuse du Si-kiang, et ils débarquent à l'aéroport cerné par la glorieuse Armée populaire de libération. Un petit homme vert les salue du bras au pied de l'immense statue blanche du président Mao. Les voyageurs ont vingt-quatre heures de vol derrière eux. Embarqués à Rome, ils ont découvert que les billets avaient été établis suivant leurs prénoms — M. Christian, M. Robert, etc. Il a fallu parlementer, expliquer qu'un employé de l'ambassade s'était fourvoyé dans ses écritures.

Qu'importent ces anecdotes futiles : ils foulent la terre sacrée, la terre de la grande promesse. Canton, puis Shanghai (où ils logent dans un palais anglais) ne sont que des étapes hâtivement franchies. Pékin, Pékin des gardes rouges, les accueille dans la nuit.

Les visites aux diplomates impassibles ont fini par porter leurs fruits. Tandis que les ténors, invités, descendent de leur nuage, une trentaine de frères inférieurs roulent vers la Chine, *via* la Sibérie, rail après rail. Les amitiés franco-chinoises, contrôlées par les CMLF, ne se sont guère montrées amicales. Aussi les nouveaux Marco Polo sont-ils passés par une association rivale, qu'anime Charles Bettelheim. Un autre détachement, enfin, visite l'Albanie. Août 1967 est le mois des pays rêvés.

Les fondateurs de l'UJC(ml) sont attendus, dans la capitale, par des porte-parole du Comité central et un haut dirigeant des Jeunesses communistes — qui leur sert, dès le premier repas, un discours roboratif sur les impasses bureaucratiques et régressives de la méthode stalinienne, comparées aux larges avenues de la GRPC. De longues voitures noires les emportent, au long de larges avenues désertes, jusqu'à leur hôtel. Question de l'accompagnateur, relayée par l'interprète :

— Quel est le chef de votre délégation ?

Ce point n'ayant figuré à aucun ordre du jour, Robert — cela va de soi — remplit la fonction. Il a droit à une chambre personnelle, les quatre autres couchent deux par deux.

Nouvel étonnement, au réveil. Le guide des jeunes Français leur suggère instamment de confier à des ciseaux impitoyables ces chevelures trop épanouies. Le Dantec grimace, tire sur ses courtes mèches, déjà émondées avant le départ. Qu'à cela ne tienne. Pour le même prix, il se peindrait les ongles des pieds (rouge vif).

Et les choses sérieuses commencent. Des journées entières de conversations méticuleuses, lentes, arrosées de thé vert. Les Pékinois ont demandé aux Parisiens de rédiger une liste de questions. Elle est prête. Ils leur adressent leur propre liste. Les réponses sont prêtes. Et chacun, alternativement, débite son monologue monotone et souriant, par la voix étale de l'interprète. Robert et ses coéquipiers relatent scrupuleusement la naissance de leur chapelle sans dissimuler les incertitudes ni les fragilités. Ils énumèrent les objectifs de l'UJ, les divergences avec les cercles du MCF (lequel accomplit sa mue en PCMLF, s'arrogeant la primeur de l'appellation partisane). Leurs interlocuteurs prêtent l'oreille, enregistrent, ne murmurent ni encouragement ni acquiescement. Après un délai de digestion, ils renvoient la balle, précis, curieux et froids.

Le Monde, fin juillet, rapportait que des émeutes sanglantes déchiraient les Fils du Ciel. Les ML tombés du ciel n'observent rien de semblable. Même à Canton, la métropole du Sud que la presse occidentale dépeint en ébullition, ils ne sont témoins d'aucune échauffourée, d'aucun désordre.

La première image qui leur est fournie de la Révolution culturelle surgit lorsqu'ils visitent la « Cité interdite », où s'abritent encore Liou Shao-chi et Teng Siao-ping, les deux fourriers de la restauration capitaliste. Une marée de dazibaos déferlent de toute la Chine, relayés par des tracts, des feuilles ronéotypées, des marionnettes et des caricatures. Une foire aux slogans, une folle kermesse idéologique. Des délégations de paysans, de soldats, d'ouvriers, d'étudiants parcourent les décamètres de journaux muraux, griffonnent des notes, agitent, au bout de leurs hampes en bambou, mille drapeaux rouges. Le peuple ! Le peuple s'empare de la politique, le peuple, enfin, « s'intéresse aux affaires de l'État ».

Durant une de ces journées pékinoises, à l'appel des grands ordonnateurs du mouvement de critique — Lin Piao, Chiang Ching, Chen Po Ta —, les étudiants français, depuis le paisible salon où se déroulent leurs pourparlers murmurés, entendent gronder le fleuve cadencé d'une manifestation géante, six heures d'affilée, qui passe sous leurs fenêtres, sur la place Tien An Men, et repasse, beaucoup plus tard, dans l'autre sens.

Jacques Broyelle, au soir tombant, aperçoit des camions en file, chargés d'hommes coiffés de casques d'osier et munis de bâtons. Où se rendent-ils ? Mystère. Quel ordre vont-ils maintenir ? L'ordre qui permet à la liberté d'exploser, à la spontanéité de se déployer. Jacques entrevoit aussi quelques individus que l'on promène un écriteau accroché autour du cou. Il ne lui paraît nullement anormal que certains exploiteurs soient ainsi exhibés en chair et en os. La scène n'est pas très belle à voir, mais les camarades chinois ne fusillent personne. Ils se contentent de respecter une tradition locale — il faut battre le chien qui se noie.

Ce même soir, Robert Linhart et Jean-Pierre Le Dantec, sur la terrasse de leur hôtel, regardent s'écouler et s'éloigner le flux des drapeaux rouges, tandis que s'éteint avec le soleil la rumeur des mots d'ordre. Leur émotion est à son faîte. Robert, bouleversé, arpente nerveusement le sol de long en large. Jean-Pierre sanglote. Il avait si peur d'une désillusion, analogue à celles qu'a connues sa famille, la Résistance dévoyée de son intention sociale, la révélation des crimes de Staline. Il n'a plus peur maintenant. Sur un continent, du moins, l'espérance n'est pas monnaie de singe. La foule, en bas, connaît-elle son bonheur ?

Les discussions « de sommet » touchent à leur terme. Une dernière fois, les envoyés de l'UJ se plient au cérémonial habituel. Sitôt descendus de leurs grosses voitures noires des années cinquante, Zil soviétiques vestiges de l'internationalisme sans faille, ils pénètrent dans la salle ombreuse et fraîche, et s'assoient en rond, face à leurs interlocuteurs. Les Chinois sortent le *Petit Livre rouge.* « Page *tant,* troisième citation. » Et tous ânonnent en chœur un aphorisme du président Mao. Lors de la première séance, les jeunes Français ont hésité — quelques secondes de flottement. Et puis, un à un, ils ont exhibé leur bréviaire et se sont joints au récitatif commun. « Mais qu'est-ce qui nous arrive ? », s'est demandé Le Dantec, toujours tenté de s'écarter du droit chemin. Broyelle, à côté de lui, ruminait la même mauvaise pensée : « Qu'est-ce qui nous oblige, tous les dix, dans un salon d'hôtel, à observer cette liturgie ? »

Une bête de concours n'est jamais à sec d'arguties. Les althussériens ont la cervelle assez pleine pour aborder l'ouvrage fétiche avec une certaine circonspection intellectuelle. A Mao Tsé-toung, ils empruntent surtout les réflexions sur la contradiction et les conseils de stratégie militaire. Reste, se disent-ils, que chaque nation traverse des moments idéologiques, que le bestseller habillé de plastique constitue une arme méthodologique pour les masses. Cela, c'est le discours faussement posé qu'ils se tiennent, dans leurs chambres, entre eux. Mais autre chose joue : l'auto-excitation de la vie en groupe qui étouffe les doutes et les angoisses. A la nuit tombée, ils révisent la leçon de la journée, vérifient que leur attente a été comblée. Oui, le parti unique a été dispersé, le peuple conquiert le pouvoir et s'unifie, par la vertu de cette réappropriation, autour d'un projet révolutionnaire.

L'extase est la sublime rançon d'obscurs et mécaniques agenouillements. D'ailleurs, les Chinois ont pris soin, comme pré-

ventivement, de communiquer à leurs invités des textes
« internes », « inédits », du président Mao critiquant le culte
dont il est l'objet — les brassards, les badges à son effigie. Qui
sommes-nous, méditent humblement les intellectuels du quartier
Latin, pour repousser dédaigneusement ces pratiques populaires
bon enfant ?

Pékin, c'est fini. L'instant est venu de plonger au creux de
l'océan, de s'immerger dans l'expérience. Après un pèlerinage à
l'université Beida, un salut fraternel à sa garde rouge, le club des
cinq émigre en banlieue, rencontre les « rebelles révolutionnaires » des ateliers de menuiserie de Kouang Houa. Désormais,
aux usines succèdent les usines. Aux dynamiques producteurs
de câbles d'acier du complexe de Karbine, en Mandchourie,
répondent les modestes mais non moins dynamiques femmes de
Taï Yuan, qui n'ont compté que sur leurs propres forces pour
donner naissance à une fabrique de cirage. Le scénario, alourdi
par les pesanteurs de la traduction, se dévide immanquablement
en trois points, au rythme ternaire de la dialectique pour tous.
Prologue : citations appropriées du président Mao. Premier
mouvement : les méfaits du Khrouchtchev chinois dans notre
unité (Le Dantec juge ledit « K » pourvu d'un hallucinant don
d'ubiquité). Second mouvement : ces provocantes perversions
ont entraîné une légitime résistance. Troisième mouvement : la
triple union des masses, de l'Armée populaire de libération et
des cadres, a suscité l'émergence d'un comité révolutionnaire.
Épilogue : le temps apparemment perdu est du temps gagné ; le
niveau de conscience des travailleurs et l'efficacité du travail
connaissent une hausse record.

Après les clés à molette, les charrues. L'homme le plus
célèbre de Chine, hormis Mao Tsé-toung, Lin Piao et le traître
Liou Shao-chi, est probablement le paysan Chen Yonk-kwei,
grâce auquel la commune populaire de Tatchaï, sur le flanc
d'une montagne aride, s'est transformée en jardin de terrasses
irriguées. Promu au bureau politique du Parti, le paysan
modèle, dévoré par ses nouvelles fonctions, ne peut recevoir les
étudiants français dans sa brigade d'origine — il les accueille à
Taï Yuan. Robert, expert en matières agricoles depuis Annaba,
l'assaille de questions. Mais pour Jean-Pierre Le Dantec, le

gueuleton qui couronne l'événement est sans doute son meilleur souvenir du périple. Au dessert, le vétéran porte un toast à la jeunesse, laquelle, a dit Mao, est « comme le soleil à cinq heures du matin ». Réplique de Jacques Broyelle qui s'arrache, l'espace d'un mot, au sérieux de rigueur : « Je bois à la victoire de la révolution prolétarienne en France, victoire que nous connaîtrons, je l'espère, avant d'en être à cinq heures du soir... »

L'interprète, hébété, n'ose livrer semblable message à son destinataire chenu. Linhart, soudain, hurle de rire, s'étouffe, s'effondre sur la table sous l'œil des Chinois sidérés. La quinte finit par contaminer toute l'assistance, qui verse des pleurs de joie.

La courte marche se termine par un retour dans la capitale. Les dirigeants de l'UJ, avant de reprendre l'avion, demandent à s'entretenir avec des étrangers familiers de la Chine. Parmi ces derniers, deux juifs new-yorkais, Epstein et Rittenberg, sont les correspondants de multiples publications internationales. Ils sont là depuis presque trente ans, et leur enthousiasme conforte celui des néophytes. C'est bien Staline qui est visé derrière Liou Shao-chi, explique Rittenberg ; la Révolution culturelle est une gigantesque Commune de Paris. Le reste n'est que tactique face à Moscou. Mao Tsé-toung est en train de rompre le carcan conformiste qui, jusqu'ici, a enserré, verrouillé les États socialistes.

Robert et ses compagnons boivent ces paroles avec ferveur. La « ligne de masse » n'est pas une opinion séduisante. La « ligne de masse » n'est point (seulement) une idée juste. La « ligne de masse » est une pratique — plus et mieux qu'une « pratique théorique ». Le principal gisement de savoir n'est pas dans les bibliothèques, fût-ce la bibliothèque de l'École normale supérieure. Il est dans la cervelle des masses silencieuses, d'où nul — sauf les Chinois — ne se soucie d'aller l'extraire. Les brillants intellectuels fondateurs de l'UJ considèrent qu'ayant vu ce qu'ils ont vu, l'essentiel reste à apprendre. Ailleurs que là où ils ont appris ce qu'ils croyaient savoir.

L'enveloppe paraît exubérante tant elle est constellée de timbres aux couleurs contrastées. La lettre qu'elle recèle est plus exubérante encore : « C'est génial, ma chérie, je te raconterai, pas le temps de détailler. » Nicole Linhart sourit au soleil du Languedoc. Les nouvelles de Robert sont elliptiques mais prometteuses. Lui, au moins, ne rentrera pas bredouille, comme les copains rescapés d'Albanie.

Sous la houlette d'Alain Monchablon, un pilier de l'UNEF rallié à l'UJ, ils étaient partis en quête du Saint-Graal au pays d'Enver Hodja. On leur a rasé la tête. On a prié les filles de troquer leurs jeans contre des jupes décentes. Et les prédicateurs des Jeunesses albanaises leur ont assené, matin, midi et soir, de languissantes platitudes sur l'abomination kolkhozienne et les félicités des coopératives locales. Habitué au folklore du syndicalisme étudiant et à ses arabesques inventives, Monchablon n'a pas tardé à s'ennuyer ferme. Et par un après-midi aussi morne que l'après-midi précédent, il a crayonné sur son calepin le dessin d'un serpent émergeant des sables avec cette légende : « Albanie, désert théorique. » Quittant la salle, il a négligemment balancé son œuvre à la corbeille.

Rassemblement. Les cadres albanais sont verts d'indignation consternée. L'un d'entre eux tient du bout des doigts, avec une évidente répugnance, le corps du délit : les graffiti de Monchablon, qu'un flic quelconque a ramassés, conformément aux ordres. « Camarades, un traître s'est glissé parmi vous, qui a gravement insulté notre glorieuse République. Votre séjour ne saurait se poursuivre dans ces conditions. » Le « traître », partagé entre la stupeur et l'hilarité, se garde d'avouer : les geôles, ici, sont profondes et les frontières étanches. Au bout de trois jours, elles s'entrouvrent pour réexpédier sur la planète capitaliste la délégation contaminée...

L'histoire a fait le tour des militants disséminés à travers la France pour enquêter sur l'état réel de la formation sociale du pays. La Conférence nationale de l'UJC(ml), seconde du genre, qui s'est réunie à la mi-juillet, a en effet donné consigne aux troupes d'employer utilement l'été à explorer les profondeurs du pays. C'est Benny qui a impulsé le courant. Observant qu'il ne suffit pas de se plonger dans les livres et de transcrire, par analogie, le tome IV de Lénine — une pierre dans le jardin de Robert —, il a cité le camarade Mao Tsé-toung : « La seule méthode qui permette de connaître une situation, c'est d'enquêter sur la société, sur la réalité vivante des classes sociales. Ceux qui assument un travail de direction se consacreront, suivant un plan défini, à quelques villes, quelques villages... » L' « analyse concrète de la situation concrète » est devenue l'impératif catégorique.

Et, cependant que quelques-uns s'acheminaient vers l'étranger (selon la terminologie bourgeoise, s'entend : la Chine, aux révolutionnaires, est moins « étrangère » que la Suisse), la plupart, microscope sous le bras, choisissaient pour objet d'étude la sidérurgie lorraine, la viticulture du Midi ou les artichauts de Saint-Pol-de-Léon — entre lesquels les frères Lévy plantent leur tente.

Nicole Linhart accompagne Jean-Pierre Olivier de Sardan sur les terres de ce dernier, à Sardan, près de Montpellier — Jean-Pierre (animateur des CVB avec Grumbach et Le Dantec) y est l'héritier du château. Les premiers coups de sonde chez les « paysans moyens » ne sont guère fructueux, même étayés de séjours studieux à la bibliothèque. Dans la vallée du Vidourie, on considère d'un œil soupçonneux ces jeunes gens instruits, apparemment de bonne, voire d'excellente famille, qui tombent de la lune et posent des questions indiscrètes. La discussion mord un peu, parce que les gens de la campagne n'aiment pas dire non brutalement, mais la moisson est maigre.

Un entrefilet, dans le *Midi libre,* change totalement le cours de l'enquête. Nicole lit un beau matin que les ouvriers de l'usine Perrier, non loin d'eux, à Vergèze, sont en grève depuis un mois. Pour populariser leur mouvement, les syndicalistes ont même distribué des tracts et des petites bouteilles rondes sur les plages de Palavas-les-Flots.

Elle décide de frapper à la tête. Le leader cégétiste de l'usine habite à côté. L'UJ dispose d'un nouveau journal, *Servir le peuple,* un vrai journal imprimé, orné de la faucille et du marteau, mais non d'effigies chinoises. Le numéro un est sorti début juillet. Pourquoi ne pas offrir aux salariés de Perrier les colonnes d'une prochaine édition ?

L'homme qui la reçoit aimablement paraît trente-cinq ans, et sa jolie visiteuse l'intrigue. Nicole plaide, timidement d'abord :

— Heu, voilà. Nous sommes, mes amis et moi, des étudiants de Paris. Nous publions un journal, un journal très à gauche, où nous voulons rendre compte des luttes ouvrières et paysannes dont la grande presse ne parle presque pas. Je propose d'écrire avec vous, sous votre contrôle et celui de vos camarades, un article qui explique pourquoi vous avez cessé le travail.

L'autre a l'air intéressé :

— Ce qui serait bien, ce serait de raconter comment marchent les primes. On nous vole. Théoriquement, la prime se monte à quarante pour cent du salaire, mais la chaîne ne fonctionne jamais à cent pour cent. Les primes de vacances sont calculées sur dix-huit jours, pas sur vingt-quatre. Et finalement, cela varie, à salaire égal, suivant la fiche de paie, entre cent quatre-vingts et trois cents francs par mois.

Nicole prend des notes, rédige un premier jet, revoit son contact. Il est satisfait. Plus, même : passionné. Progressivement, la conversation revêt un tour moins guindé, personnel. L' « homme de Perrier » est attaché à la CGT, au syndicalisme, mais il se sent isolé, déçu. Envers le Parti, c'est pareil — il se dit « communiste dur », sans autre précision. Quand l'article est prêt, il commande d'emblée huit cents exemplaires du journal, pour les écouler à la sortie. Nicole est simultanément comblée et inquiète. Les manœuvres d'approche ont complètement réussi. Mais qu'adviendra-t-il lorsque son cégétiste découvrira, noir sur blanc, le reste de la prose de l'UJ, les invectives contre Kossyguine (le « renégat soviétique qui se pavane au bras du criminel de guerre Johnson »), l'apologie de la cause palestinienne, l'éloge du dazibao, la célébration de la bombe atomique chinoise « grande contribution révolutionnaire » ?

Elle rassemble ses réserves de courage et soumet *SLP* à son informateur. Lequel ne bronche guère. Il feuillette le sommaire et lâche un sidérant verdict :

— On devrait se comprendre, je suis proalbanais !

A l'examen, cette déclaration d'intention s'avère assez vide de contenu, aussi vide que le carnet d'Alain Monchablon. Mais Nicole devine, sous l'évasive proclamation, la quête d'un communisme différent, offensif, rénové. Alors elle fonce et déballe tout : l'UJC(ml), l'antirévisionnisme, la Chine, la « Grande Révolution Culturelle Prolétarienne ». Et ça marche. Un ouvrier, un vrai de vrai, l'écoute et l'approuve.

En un sens, ce qui lui arrive ressemble à ce qu'ont éprouvé, de l'autre côté de la terre, les visiteurs de Tatchaï. Une même formule leur vient aux lèvres : c'est possible. Il est possible que le mouvement ouvrier s'autoréforme. Il est possible de se lier à la classe ouvrière.

Robert débarque dans un état d'intense excitation, fourmillant d'idées, effervescent, ébranlé. Et Nicole est au diapason. Quand ils se retrouvent, dans le Languedoc, juste avant la rentrée, ils confrontent leurs acquis de l'été, les leçons qu'ils ont reçues. Nicole n'a pas rencontré Chen Yong-kwei, le héros de Tatchaï. Mais elle a rencontré, ici même, l'homologue de ce dernier, le héros de Perrier. « Il est temps, dit-elle à son époux et camarade, de sortir des manuels, de s'évader des classiques. Ce n'est même pas suffisant d'entamer des enquêtes, de se pencher sur le bon peuple, tel l'entomologiste, avec la conscience satisfaite d'une science assurée. Il faut vivre parmi ceux qui travaillent. Il faut acquérir leur savoir, par la tête, par le discours et plus encore par le geste et la sueur. La classe ouvrière n'est pas une population de fourmis dont on observe les itinéraires, les progressions, les comportements et les nids. La classe ouvrière est un milieu auquel il est nécessaire de s'incorporer pour en parler valablement et pour y agir avec efficacité. »

Ses yeux noirs brillent. Elle est heureuse de vivre et ne poursuit qu'un rêve : s'embaucher, toutes affaires cessantes, à l'usine de Vergèze.

Le président Mao Tsé-toung, dans une citation particulièrement célèbre, distingue entre les touristes qui se contentent de descendre de leur cheval pour respirer les fleurs, et ceux qui s'établissent au cœur du village jusqu'à ce qu'ils en aient pénétré l'âme. Nicole n'entend plus jouer les touristes.

Le fondateur de l'UJ est exactement sur la même longueur d'onde. Ce n'était pas du tourisme, cette traversée de la Chine ; c'était, sous les charmes frivoles de l'exotisme, un séisme intellectuel, la radicale culbute d'un système de pensée. Il a entendu parler, à Shanghai, des lettrés, des universitaires qui se joignent aux paysans et aux ouvriers, non sans peine. Il a écouté les soldats de l'Armée populaire — qui venaient de manœuvrer au soleil devant leurs hôtes français assis sur des pliants et suçant des glaces — décrire le face-à-face qu'ils s'infligent, chaque soir, avec un miroir, s'interrogeant sur les fautes et les avancées de la journée qui décline.

Robert juge que l'heure a sonné, pour les révolutionnaires de l'UJC(ml), du face-à-face avec leur miroir.

352

Une grande réunion de bilan est convoquée à l'École normale, en septembre, afin de recueillir le fruit des enquêtes et d'en dégager les incidences futures. Si les pages de *Servir le peuple* ont été convenablement noircies par de consciencieuses dissertations sur le cynisme patronal et les méfaits des ordonnances gaullistes, force est de nommer les choses telles qu'elles sont : alors que les journées de grève générale décrétées par les syndicats révisionnistes et réformistes sont de francs succès, alors que des conflits spontanés, d'une surprenante violence, éclatent à Redon, à la Rhodiaceta de Besançon, à Saint-Nazaire, alors que les CRS investissent Berliet-Lyon à la suite d'un lock-out patronal, que les mineurs de fer lorrains occupent leurs carreaux, les « explorateurs » estivaux n'ont ramené de la brousse — Rouen, Nancy, la Bretagne, le Midi — que des bribes éparses de paysage social, des considérations abstraites sur la fonction intégratrice des coopératives paysannes.

Linhart, dont le prestige s'est encore accru d'avoir tutoyé Dieu, annonce que l'abcès sera vidé. Il sonne les trois coups de l'acte qui s'impose : « Un ample mouvement de rectification à grande échelle ». Octobre et novembre y sont consacrés.

Le président Mao Tsé-toung a dit : « Comment s'y prendre pour déterminer si un jeune est révolutionnaire ou non ? Comment faire la distinction ? Il n'y a qu'un seul critère : ce jeune désire-t-il se lier aux masses ouvrières et paysannes, et se lie-t-il effectivement à elles ? »

A la lumière de cette réflexion (le *Petit Livre rouge*, de concession méthodologique, est devenu instrument d'analyse et table de la loi), la lutte est engagée entre les deux voies. La voie — Benny Lévy — des défenseurs attardés du rôle spécifique de l'intellectuel, fidèles à la dignité ontologique de l'idée. Et la voie — Robert, et la majorité du bureau politique — de ceux qui souhaitent « respirer du même souffle que les masses, servir les masses, organiser les masses ».

Benny Lévy, père du mouvement d'enquête et absent du voyage en Chine, est sur la défensive. Il n'attaque pas de front, ou peu, le chef suprême. C'est avec Nicole que les passes d'armes sont les plus vives. Inversement, Linhart veille à ne point utiliser un registre outrancier — ce serait indigne de lui, les gardes rouges s'en chargent.

« Feu sur l'intellectuel bourgeois ! » Le *Bulletin intérieur* numéro trois de l'UJ indique jusqu'où creusera le bistouri.

L' « intellectuel bourgeois », bien sûr, c'est — indirectement — Althusser. Le meurtre du père s'accomplit sans que le nom du père soit prononcé, sans rupture ostensible, sans explication éclatante. Du reste, Robert, Jacques, Christian, ceux qui ont grandi sous la férule du « caïman », conservent pour l'homme une estime affectueuse — d'autant que ce dernier, dont l'équilibre personnel est fragile, s'éloigne fréquemment de l'École.

Non, ce qu'ils foulent aux pieds, c'est le statut qu'il incarne : leur statut, celui des normaliens, des mandarins en herbe, des penseurs transcendants. Jacques-Alain Miller, déjà politiquement distant, rompt les ultimes attaches. La Science naguère brandie contre les humanistes et les ignares, la Science toute-puissante abdique, en un brutal retour du balancier. « La racine de nos erreurs, proclament les chantres de la " rectification ", résidait dans une conception : c'était nous, intellectuels, qui étions les héros, armés de notre savoir. »

Et ils battent leur coulpe : « C'était NOUS qui déterminions la " problématique ", les masses nous apportaient un complément d'information. Nous cherchions à accumuler des connaissances " concrètes " qui illustraient les connaissances " théoriques " que nous possédions auparavant — dans le Languedoc, établir le budget de tel ou tel paysan pauvre ; à Lyon Saint-Chamond, analyser la distribution des primes. Dans l'enquête, c'était NOUS qui jugions de la validité de l' " information " recueillie, en fonction de NOS critères préétablis : elle NOUS servait à vérifier NOS théories. L'enquête était un système clos, un processus où nous partions des livres, passions par les masses et retournions aux livres. »

Ainsi naît la « ligne d'établissement ».

S'établir. Abandonner derrière soi, comme le franciscain nu renonce aux dépouilles terrestres, comme le nomade secoue le sable de ses sandales, les certitudes rhétoriques, les carrières prometteuses, les protections, les positions de repli. Céder à l'effrayante ivresse du tout ou rien. Franchir d'un trait, d'un geste immédiat, les échelons espacés, les lents apprentissages, les élans réfrénés — grises salles d'attente de l'absolu.

Ce sont, à l'UJC(ml), hormis Benny Lévy, les détenteurs patentés des estampilles livresques qui poussent en ce sens, qui brûlent ce qu'ils ont adoré.

Robert Linhart et les membres du bureau politique s'entourent, cependant, de précautions minimales. Le mot d'ordre n'est

354

pas : « Tous à la production ! » La préservation, le renforcement de l'organisation communiste supposent une division des tâches. Dans l'immédiat, les dirigeants ne quitteront pas le quartier général. En revanche, ils veilleront à ce qu'un permanent transfert de pouvoir s'effectue vers les établis. D'autre part, l'établissement même risque d'être source d'ambiguïté. Le président Mao Tsé-toung a dit : « On ne pourra jamais acquérir une connaissance complète en jetant simplement des coups d'œil à droite et à gauche, ou en se contentant de ouï-dire. » Pour autant, l'embauche à l'usine n'est qu'un moyen. Un moyen d'investigation. Un moyen d'action. La CGT, si inféodée soit-elle à l'appareil révisionniste, est un prodigieux vivier de militants combatifs. Une « CGT de lutte de classe », voilà l'orientation requise. « Crions, précise Robert, " Vive la CGT ! " plus fort que les pâles fonctionnaires du PC, et les syndicalistes nous écouteront... »

Une seconde ambiguïté est plus tenace, plus poisseuse. Le camarade Linhart essaie pourtant de la lever : « Gardons-nous d'assimiler à la contre-révolution une forme inférieure ou secondaire de travail dans les rangs de la révolution. » En clair, Robert se défend de prêcher le martyre. L'autocorrection individuelle sera une conséquence, non une finalité de l'établissement.

En principe, on ne part pas pour purger ses atavismes bourgeois, on ne part pas pour « témoigner ». En principe, on ne part pas pour obéir à l'esprit de sacrifice. On part pour s'instruire (parce que le réel est au-dehors) et pour instruire (parce que la forteresse révisionniste est souveraine, et imprenable, sinon par la base). En principe...

A son modeste échelon, à la modeste image du géant de Pékin, Robert, le khâgneux prodige, s'efforce de placer en déséquilibre la direction qu'il a lui-même constituée et de renverser le cours de l'histoire dont il a été, jusqu'ici, le protagoniste. L' « autorité absolue de la pensée de Mao Tsé-toung » figure désormais en toutes lettres dans les circulaires de l'UJ.

Benny vend ses livres, brade Lénine à l'encan. Vingt francs le tome, trente francs les trois.

Malgré la prudence des théologiens, le martyre glorieux suscite toujours des vocations fascinées. Une vingtaine de candidats répondent aussitôt, et la rumeur fait grosse impression à la JEC, à la JUC, chez les petits-bourgeois de la Sorbonne. Linhart préférerait plus de sang-froid. Mais il n'ignore guère, au fond de lui-même, que le modèle qu'il a incarné n'est pas pour rien dans l'éclosion de ces déterminations farouches. L'équipe d'Ulm offre à des camarades qu'elle a regardés de très haut l'occasion précieuse de monter plus haut encore, d'un seul élan, et sans lire *le Capital.*

Nicole Linhart n'a pas hésité une seconde. Elle sera du premier contingent. Après tout, c'est elle, d'une certaine manière, la « mère » de l'établissement. Quelques scènes prêtent à sourire. Des apprentis philosophes sont vite repérés par les agents de maîtrise et expulsés faute d'élémentaire compétence manuelle. D'autres provoquent des larmes. Le père, ouvrier lyonnais, d'un normalien de Saint-Cloud s'effondre en pleurs lorsqu'il apprend que son fils déserte l'École, piétinant les espoirs, le patient investissement de ses parents prolétaires.

Difficile, au départ, d'atteindre des cibles rationnellement choisies. En principe, les gros bastions — héritiers d'une ancienne tradition revendicative — sont visés. En pratique, les pionniers prennent pied où ils le peuvent. Jenny Pontalis, une amie de Nicole, file à Concarneau avec son mari. Lui sera docker, elle emboutira des boîtes de sardines à l'huile. Claudie, la compagne de Jacques Broyelle, déniche une place à Montrouge. Un camarade part pour Contrexéville. D'autres se retrouvent dans la confection, à Guéret. Nicole, naturellement, souhaite rejoindre Perrier-Vergèze, baptisée l'« usine numéro un » dans la légende de l'organisation. Mais l'éloignement de Paris et la nature des tâches — assembler des caisses — l'en dissuadent. C'est un étudiant de sociologie, Michel Joubert, et sa femme Martine, qui « descendent » vers l'unité pilote.

Nicole dépiaute les petites annonces, tâte le terrain. Renault ? Citroën ? Inaccessibles, pour le moment. Un copain lui refile le tuyau : les charcuteries Géo recrutent, au Kremlin-Bicêtre. La jeune pharmacienne n'offre guère, *a priori,* le profil requis. Elle modifie sa coiffure, se vêt de noir et se présente à la direction du personnel.

L'histoire qu'elle débite en vaut une autre, et le sous-chef l'écoute d'une oreille blasée. Nicole se prétend fille de petits épiciers, pourvue d'un mari ouvrier et d'une enfant en bas âge.

— Je cherche du boulot, explique-t-elle, parce que je viens de perdre ma tante, qui m'aidait financièrement.

De l'autre côté du bureau comptoir, l'homme la toise :
— Pour ce qu'on demande, vous avez l'air fluette...

Fluette ? Elle proteste, supplie, réclame un essai, tanne son interlocuteur, déploie une telle énergie qu'il la confie au service spécialisé. Il faut peser sur un levier avec le poignet, soulever des haltères. Elle y va, de toutes ses forces, le moindre muscle raidi. Impressionné, le jury capitule, l'invite lui-même à baisser les bras. Elle a gagné. On l'affecte au poste le plus dur.

Huit années auparavant, Nicole, très « minette », fraîchement inscrite à la fac, n'excluait pas un riche mariage et se promenait en décapotable avec d'éventuels beaux partis.

Le travail commence à six heures du matin. C'est Robert qui lève sa fille, Virginie, la change, l'habille et la conduit à la crèche après le petit déjeuner. Nicole, elle, sitôt rangé son Solex, descend jusqu'à un immense sous-sol. Comme dans un supermarché, des femmes poussent des caddies entre des bacs. Mais l'analogie s'arrête là. Chacune exécute sa « commande », consignée sur une fiche : tant de jambons, tant d'oreilles, tant de langues, tant de saucissons, tant de conserves. Des hommes, des immigrés, remplissent les bacs au fur et à mesure que les femmes les vident dans leurs chariots. Et la noria continue. Bac, oreilles, caddie, galopade, déchargement sanctionné par une contrôleuse. Tout le monde court.

Le salaire est proportionnel au rendement : en principe, plus tu cours, plus tu gagnes. L'odeur de viande salée est fade et prenante, le sol de ciment froid sous la lumière froide des néons. C'est sale et ça pue. Pour se réchauffer, deux gros pulls. Contre les éclaboussures de sang, la blouse. Par hygiène, il est recommandé de protéger ses cheveux.

Nicole touche cinq cents francs par mois. Elle sort à cinq heures et file récupérer la petite.

Les ouvrières discutent un peu durant les pauses ou à la cantine — jamais après le boulot, chacune « a son monde ». Nicole n'oublie pas qu'elle a changé de planète, non pour sa gouverne personnelle, mais pour apporter sa pierre à la révolution mondiale. Elle lance la conversation sur les primes. Souvent, les commandes « normales » sont achevées dès trois heures de l'après-midi et les voyages supplémentaires s'effectuent « au rab ». Le jeu en vaut-il la chandelle ? Nicole calcule le rendement des extras, pour l'ouvrière et pour le patron, et annonce ses chiffres à la cantonnade. La contremaîtresse s'approche :

— Qu'est-ce qui se passe ?

— Elle nous explique ce qu'on gagne avec les voyages supplémentaires. C'est pas beaucoup !

Regard intrigué de la surveillante :

— Vous n'êtes pas bête, vous !

— Moi, avant, j'étais dans l'épicerie. Alors je sais compter.

L'anecdote circule. Un soir, tandis qu'elle enfourche son Solex, l'ex-épicière est abordée par deux délégués de la CGT. Ils ont eu vent de son attitude et tiennent à la féliciter. Le syndicat est faible, dans cette usine de femmes. Il cherche des recrues de bonne trempe. Ne pourrait-on boire un café ensemble ? Nicole, ravie et flattée, accepte. Rendez-vous est pris pour le lendemain. Mais la scène ne se déroule pas selon le scénario escompté :

— Cette histoire de primes, plaide-t-elle, ce n'est pas net. On devrait mobiliser là-dessus.

— Là, tu te trompes. Les primes, ça motive. Et les travailleurs y sont attachés. Il n'y a que les types de la CFDT pour penser comme toi. Maintenant que tu as montré ta science, écrase-toi. On te présentera aux prochaines élections. En attendant, sois prudente.

La « Chinoise » du Kremlin-Bicêtre tombe de haut. Géo n'est pas Perrier, et la « CGT de lutte de classe », ici, n'est nullement en vue. Loin de plier, elle s'entête, démonte la mécanique des primes, en tire un tract que des camarades distribuent aux portes de l'établissement. Étonnement général : quels sont donc ces martiens, apparemment bien renseignés, qui se mêlent, à l'improviste, des affaires internes de l'entreprise ?

La contremaîtresse n'est pas la moins surprise. Elle convoque, pour un entretien à bâtons rompus, la fille qui s'est distinguée du lot. Pas de doute, la première impression se confirme : Mme Linhart est « capable de quelque chose ». Mi-calcul mi-gentillesse, son interlocutrice lui offre — au bout de huit semaines — ce dont rêvent ses collègues — depuis des semestres, ou des années :

— Voulez-vous quitter le sous-sol, petite, et travailler dans un bureau ?

Nicole refuse, sans parvenir à inventer le moindre argument plausible. Ranger son caddie pour monter « là-haut », personne ne manquerait pareille occasion. A moins d'être cinglée. Et elle a manifesté qu'elle ne l'était pas.

La voici suspecte. Un mauvais tour de rein l'oblige à s'arrêter huit jours. Quand elle revient, son certificat médical en poche, on l'appelle dans un de ces bureaux qu'elle a scandaleusement dédaignés. L'homme qui l'estimait « fluette » à l'embauche la considère différemment :

— Vous vous appelez effectivement Nicole Linhart. Mais votre mari n'est pas ouvrier. Aucune de vos tantes n'est morte. Et, l'an passé, vous étiez biologiste-assistante dans un hôpital. Je ne vous demanderai pas ce qui vous amène ici. Je vous demanderai de partir à cinq heures, définitivement.

Trois mois, elle a résisté trois mois. Ses résultats sont relativement meilleurs que ceux d'autres établis. Elle a noué des contacts, porté le ver dans le fruit. Des camarades assureront la relève. Quant au bilan personnel, Nicole s'applique à le dresser calmement, à écarter les états d'âme. D'abord la fatigue, une fatigue dévorante qui clôt les paupières, le soir, quand s'ouvrent les réunions, une fatigue que le week-end n'est pas assez long pour éponger. Ensuite l'ennui. Là est l'ennemi principal. Quand on aime la fantaisie, les controverses, l'envol des idées, le défilé des images, la condition prolétarienne semble d'une épouvantable monotonie : répétition des gestes, répétition des propos, étroitesse du vocabulaire, du champ de vision, absence d'avenir.

Elle a résisté trois mois ; elle en redemande. Au CVB du treizième arrondissement, où elle milite parallèlement avec, entre autres, Roland Castro, Nicole Linhart croise un prêtre ouvrier qui l'encourage. Ils se disent que le monde a besoin de saints et de fous, que la valeur de l'exemple n'a pas de prix.

Quinze jours encore, et elle est embauchée ailleurs. Des amis de Claudie Broyelle l'introduisent dans le réseau très spécial des employés de presse, comme OS volante, de journal en journal, au fil des remplacements. La « CGT de lutte de classe » demeure un inaccessible mirage. En l'occurrence, c'est le syndicat du Livre qui fait office de patron, qui trie les postulants, affecte les emplois, fixe les hiérarchies, définit les barèmes. L'usine Géo se situait au degré zéro de la tradition ouvrière. Entre le marbre des typographes et le plomb des linotypistes, entre l'encre des rotatives et la pétarade des coursiers, la culture ouvrière est à son zénith, puissante, codée, enracinée dans ses fondations solides et nobles.

Nicole court de *l'Huma* au *Figaro,* du *Parisien libéré* au *Herald Tribune.* Certaines semaines, on lui demande quinze heures. D'autres, soixante, ou plus. Lorsque le téléphone sonne, Robert grimace. Encore une urgence. La paie est excellente. Mais là n'est pas la question.

Tony Lévy est nommé assistant de mathématiques à la faculté de Poitiers, où il réside le moins possible. Benny, auquel est constamment refusée la nationalité française, ne s'éloigne guère de la terre d'asile qu'est l'École. Jacques Broyelle tergiverse au bord de l'établissement. Tiennot Grumbach a retrouvé, d'un cœur plus enjoué, son statut d' « homme de masse ». Robert observe, non sans malice, le léger décalage des intellectuels bourgeois. Absorbé par ses tâches politiques, il néglige cours et séminaires, et potasse l'économie à ses moments perdus.

Jean-Paul Ribes, pendant un bon moment, est demeuré discret, s'agitant pour le Vietnam et ne se vantant point de ses piges à *l'Événement* d'Emmanuel d'Astier (où il fréquente Burnier, Jelen, Kouchner, Dany de La Gorce, et interviewe... Édouard Leclerc). Mais Jean-Paul, qui a risqué sa liberté pour le FLN et n'a pas refusé les missions spéciales que lui confiait Henri Curiel au Mozambique, n'est jamais en retard d'une aventure.

Il est candidat à l'établissement. Et, tant qu'à s'immerger dans la classe ouvrière, il décide de plonger en eau profonde, là où se sont longuement accumulés strates et sédiments. Il rejoint dans le Nord Bernard Liscia et Amy Dahan, deux « ujistes » qui viennent d'enquêter là-bas pendant les vacances, et recherche un emploi sur la banlieue lilloise. Mais l'année 1967, bien qu'elle succède à beaucoup d'autres années d'expansion continue, est riche en turbulences sociales. Le chômage, inconnu dans des régions entières, frappe sévèrement le secteur où prospecte Jean-Paul. Du boulot, on en trouve, certes. Celui que refusent tous ses prédécesseurs. En la circonstance, le boulot qu'offre une ficellerie dépendant du groupe International Harvester.

Ribes ingurgite une première leçon, la plus dure. De même qu'il est extrêmement difficile de prendre la nationalité algérienne, il est extrêmement difficile de prendre la nationalité ouvrière. Cette classe exploitée où il entend semer le trouble n'a nulle envie d'être dérangée. Ou bien il converse avec des très jeunes qui ne parlent que de sorties dominicales, ou bien il écoute les très vieux raconter leurs histoires. Quant à lever l'étendard de la révolte, libre à lui s'il le désire : il le lèvera tout seul.

L'unique résultat auquel il aboutit est que le délégué CGT sort de l'atelier dès qu'il y pénètre.

Pourtant, Jean-Paul évite de prêcher, rentre ses slogans, ses phrases compactes, ses analyses clés en main. S'implanter, voilà l'objectif. Mais s'implanter dans quoi, dans quel milieu, s'insérer dans quel tissu ? Les conditions de travail sont si médiocres que la rotation des hommes est permanente : immigrés en transit, appelés qui recueillent quelque argent à la veille du service militaire. Le temps de nouer connaissance, et l'interlocuteur s'est évanoui.

Du ventre des péniches, on extrait d'abord d'énormes balles de sisal, acheminées jusqu'aux hangars bas où la matière brute est transformée en ficelle agricole. C'est là, dans une atmosphère chaude et humide — la température est stabilisée autour de trente degrés —, qu'il faut ensuite actionner les cardeuses. Trois cents personnes, à la chaîne, dégrossissent progressivement les fibres. On parle le patois du Nord, et l'établi, le Parisien, étranger au folklore, déclenche une avalanche de plaisanteries dont le sens lui échappe. Le salaire horaire est de deux francs et soixante-dix centimes. Encore celui de Ribes baisse-t-il : incapable de respecter la cadence, il est rétrogradé au niveau plancher — simple balayeur. Il évoque le Vietnam. L'écho répond Guy Lux.

Jean-Paul Ribes commet, dans le secret de son âme, le péché d'indiscipline. Pire : il succombe au doute. « L'organisation ne se rend pas compte », rumine-t-il. Rentrant de l'usine, ce qu'il souhaite, c'est entendre de la musique, boire une bière fraîche. Lors des réunions hebdomadaires, les camarades lui reprochent de n'avoir pas lu *Pékin Informations* et de se fier aux radios bourgeoises.

Ceux dont il partage le logement sont enseignants. Ils rencontrent des militants ouvriers, rapportent le soir mille confidences passionnantes, mille indices que la cause progresse. Jean-Paul, lui, n'a rien à narrer. Il parcourt le journal local, prépare le casse-croûte du lendemain et note, coïncidence, que les deux ou trois autres ouvriers d'emprunt restent, à son image, silencieux. Du moins l'établissement lui confère-t-il une sorte d'égalité avec les dirigeants, d'invincible parade symbolique contre le terrorisme intellectuel. Mao a raison de dire que la révolution « n'est pas un dîner de gala ». En français populaire, Ribes dirait plutôt qu'elle n'est pas de la tarte.

Jean Schiavo est militant de base, très actif au sein des CVB. Mais rien, ni dans ses origines ni dans son état, ne le destine à devenir OS. Il est né sur un campus d'Afrique occidentale, au Sénégal, où ses parents animaient une école normale — sans majuscules —, berceau intellectuel d'innombrables cadres des nouvelles nations indépendantes. Frappé par la fièvre de Malte, il a survécu — le cuisinier avait sacrifié un coq blanc, car la mort préfère un coq blanc à un enfant (fût-il blanc). Le lycée de Dakar, l'hypotaupe de Montpellier, le clivage fascistes-antifascistes, les ESU, l'UNEF. Bref, la pente « normale ».

Une bifurcation, cependant, modifie le parcours. Peu porté sur les mathématiques pures, Jean Schiavo entend parler de HEC, le *nec plus ultra* de la gestion commerciale. Il existe, paraît-il, une excellente classe préparatoire à Nice. Va pour Nice. Et, sans trop savoir où conduit ce chemin, il réussit le concours. Trois ans de haute école. Il monte à Paris, prend sa carte de l'UGE (la branche « supérieure » de l'UNEF). Les études commerciales comportent divers stages hors les murs. Et le premier de ces stages, Schiavo l'accomplit en Algérie à l'été 1964. Dans le bureau d'un préfet submergé par les dilemmes administratifs et les urgences agro-alimentaires, il découvre un jeune garçon volubile, au fait de chaque dossier, ferraillant pour imposer ses solutions : le nommé Robert Linhart, intarissable sur l'évaluation de la rentabilité des cultures.

Il le retrouve à Paris, en des circonstances qui ne manquent pas non plus de pittoresque. Schiavo fréquente assidûment le séminaire que donne Charles Bettelheim à l'École pratique. Bettelheim est alors l'économiste français dont la cote à l'exportation (vers le tiers monde en effervescence) paraît la plus élevée. Le cours suit son cours, un étudiant expose son exposé. Entre un garçon vêtu de velours côtelé. Le maître interrompt l'orateur, se tourne vers l'arrivant :

— Ah, voici le génial Robert Linhart !

On ne rencontre pas deux fois de suite un génie sans tenter une approche. Schiavo prend langue avec Robert, avec Christian Riss. Il atterrit à l'UJC(ml), effectue son second stage à Cuba (d'où le Che, auquel il avait écrit pour solliciter un droit de visite, a disparu), et devient une des têtes pensantes de la Commission d'enquête sur la réalité concrète, animée notamment par Benny Lévy. Le « mouvement de rectification », auquel il souscrit sans réserve, stoppe net une carrière qui s'annonçait brillante et une existence qui s'annonçait sereine : Jean a terminé HEC, s'est marié. Il jette à la corbeille les petites annonces du *Figaro,* et part s'établir dans l'Aude, ouvrier agricole, chez des viticulteurs.

Les producteurs de vin du Midi pratiquent une lecture fort hétérodoxe et radicale de l'orientation communiste dont ils se réclament. Mais les barrières culturelles, les frontières de langage, la méconnaissance des techniques sont plus redoutables que les divergences idéologiques. Brillant négociateur, Schiavo sent qu'il fera un médiocre éleveur de grappes. Il abandonne donc l'Aude pour le Languedoc — c'est un retour aux sources de sa vie étudiante — et tire la sonnette de l' « usine numéro un » : Perrier.

Le bonheur ! Le bonheur dans l'épuisement. Jean travaille à la caisserie. Il assemble les lattes de bois avec la même énergie qu'il argumente. Son débit verbal est vite légendaire. Son rendement musculaire impressionne les professionnels. Qui croirait que ce grand type est de la graine de directeur commercial parisien ? Il est à Perrier comme un poisson dans l'eau — la formule, naturellement, remporte un vif succès parmi les établis. Ses compagnons de Vergèze ont, sinon lu, du moins entendu citer Lénine. Les uns se réclament du drapeau rouge, les autres du drapeau noir. Que demander de plus à la vie ?

Schiavo ne se contente pas d'agiter Vergèze. A Montpellier, une cellule repère, appuie, popularise les luttes ouvrières. Si bien que les flics des Renseignements généraux remplissent leur devoir. Le rapport qu'ils transmettent au directeur du personnel de Vergèze est solide. Et immédiatement efficace : Jean est promptement éjecté de l'entreprise. Il se retrouve au chômage. Sa femme l'a quitté pour rentrer à Nice. Le président Mao Tsétoung a dit : « Le monde progresse, l'avenir est radieux, personne ne peut changer ce courant général de l'histoire... »

Que sont les althussériens devenus ? Quelle trappe a englouti les fins hellénistes qui jonglaient avec μέν et δέ ? Quel vent a emporté le concept de surdétermination, et sa modalité structurale puis métonymique? Lacan continue de remplir l'amphi Dussane. Le « caïman » continue d'assurer ses « répétitions ». Mais les éléments révolutionnaires de l'École, qui ont tant dominé le Quartier par leurs prestations théoriques, qui ont tant usé de la rhétorique khâgneuse, contemplent leurs gros ouvrages avec un mépris égal à celui dont ils accablaient, voilà quelques mois, les ilotes qui ne les fréquentaient point. Il y a plus de choses à la chaîne et dans les champs que n'en contient notre philosophie.

Olivier Rolin effectue précisément le trajet rue Saint-Jacques-rue d'Ulm à la rentrée de 1967. Comme Schiavo, il a grandi en Afrique. Son père, brillant officier, était médecin colonial quand il a répondu, sitôt captée la radio de Londres, à l'appel du 18 Juin. Il s'est, après la Libération, éloigné du mouvement gaulliste, se rapprochant de la gauche. Devenu diplomate, nommé à Dakar, il a expédié son rejeton vers le meilleur lycée français : Louis-le-Grand. Et Olivier a tenté de se montrer digne de l'homme qu'il admire, dont le courage rebelle, durant la guerre, a nourri son imaginaire.

Or l'imaginaire d'Olivier Rolin n'est pas un paisible grenier. C'est une brûlure, un repaire de fantômes, une mine de mots — au concours, Rolin a obtenu 19 pour sa version grecque, record historique et absolu. En hypokhâgne, puis en khâgne (qu'il bisse), c'est Malraux, son auteur favori. Plus que Sartre, plus que quiconque. Le Malraux de *la Condition humaine* et de la guerre d'Espagne, le Malraux de la Résistance et de l'antifascisme, le Malraux aventurier, casse-cou au style accidenté. Olivier a potassé Althusser parce qu'à Louis-le-Grand, être intelligent signifiait être althussérien, et réciproquement. Franchi le hall des quatre colonnes, installé dans sa turne, il relègue volontiers au placard l'arme de la théorie. Il vient de réussir le plus difficile des concours. Cela le flatte — le sentiment d'appartenir à l'élite reste vivace à l'ENS. Mais il se fiche complètement, la démonstration achevée, de négliger désormais ses études.

Membre de l'UJ depuis la fondation, le nouvel « ulmard » est affecté à une tâche unique : les CVB. L'idée de hasarder un œil à la Sorbonne, à l'École des hautes études, au Collège de France, l'idée de distraire trente mois de son existence pour prolonger sa formation intellectuelle ne l'effleure guère — son investissement universitaire se limite à quelques heures de Deleuze sur Spinoza, quelques aperçus des « mathématiques pour philosophes » dispensés par Étienne Balibar. Activiste virulent, il anime le comité Vietnam de Louis-le-Grand et suit ainsi la progression de ses cadets. En fin d'après-midi, le dimanche matin, il est l'âme d'un deuxième CVB, celui du « Point du jour », qui se manifeste sur le marché de la porte de Saint-Cloud. On y affiche le plan de la bataille de Ke San, des opérations de Jackson City.

Il faut bientôt protéger ces pacifiques démonstrations. A Louis-le-Grand, à Saint-Louis, les fascistes d'Occident, depuis leur bastion d'Assas, multiplient les « descentes » musclées contre les partisans de l'oncle Hô. Les bagarres se terminent place de la Sorbonne et deviennent hebdomadaires.

Olivier s'aperçoit qu'il aime la violence autant qu'il aime Thucydide, qu'il goûte la ruse stratégique — *la Guerre du Péloponnèse* est une bonne école —, mais aussi le craquement des cartilages, le pincement de diaphragme avant la cogne. Il s'aperçoit qu'il est courageux, qu'un cubitus ou un os malaire brisés ne l'arrêtent pas. Il est reconnu comme excellent organisateur des GPA (les « groupes de propagande et d'autodéfense », le service d'ordre des CVB). A défaut de grammaire, il apprend le karaté, qu'il pratique régulièrement, avec soin. Il apprend aussi l'usage des manches de pioche, des casques, des poings américains, des protège-dents, des protège-couilles.

D'abord défensives, les expéditions se transforment en commandos punitifs. Rolin tend un piège à ses « ennemis ». Une « chèvre » — un militant désarmé, ostensiblement encombré de ses journaux et de ses tracts — s'installe à l'entrée de Saint-Louis. Et quand surgissent les agresseurs habituels, le GPA les prend en tenailles et les laisse dans le caniveau.

Initialement, Olivier Rolin préparait Normale sup pour se diriger ensuite vers l'ENA.

Son supérieur immédiat dans la hiérarchie des « gros bras », c'est Jean-Marc Salmon, l'ex-porte-parole des « structuristes » dans les conclaves de l'UNEF. Salmon, après l'effondrement du syndicat étudiant, s'accorde une escale à Nice, le temps d'amorcer une licence d'histoire, avec Max Gallo pour précepteur. Retour à Paris, à la Sorbonne. Jean-Marc rédige sagement son mémoire de fin d'études. Mais peu à peu, les copains du service d'ordre, Jacques Rémy, un colosse, Didier Truchot, un fanatique de la cogne, abrègent ses nuits. Ils cherchent la « castagne », l'entraînent aux cours de karaté, avec un professeur vietnamien.

L'engrenage. L'assurance tous risques contre le vide. L'invincible attrait des rebondissements imprévisibles, des frissons inconnus. La trouille de se ranger, diplôme en poche. Jean-Marc milite aux CVB, milite comme il n'a jamais milité, jusqu'à ce que cette occupation se confonde avec son existence même. Ses copains et lui jugent les « Chinois » un peu tristes, un peu ternes. Mais voici que les « Chinois » se lancent dans l'aventure, vont aux usines. Quand Jean-Paul Ribes abandonne la direction du CVB dans le quinzième arrondissement pour s'établir près de Lille, c'est Jean-Marc Salmon qui le remplace. Tiennot Grumbach et les dirigeants de l'UJ lui demandent de réfléchir, avec quelques camarades de sa trempe, à l'édification d'une garde de fer des gardes rouges.

Le club philosophique s'est mué en détachement de choc.

20 décembre 1967. Plus de trois mille participants, à l'appel des comités Vietnam de base, investissent la Mutualité pour saluer le septième anniversaire du Front national de libération, sanglante écharde de l'impérialisme.

La petite équipe d'Ulm se sait aujourd'hui capable de mobiliser les masses. Mieux que les autres. Mieux que Krivine. Mieux que le PCMLF. Mieux que les procastristes emportés par leur romantisme exotique petit-bourgeois. Mieux que les révisionnistes. Mieux que les philosophes et mieux que les savants.

La révolution est imminente. La véritable avant-garde la prépare au sein du peuple, parmi les ouvriers et les paysans. Le quartier Latin, c'est fini. Les étudiants, ça n'intéresse plus personne.

11

Pour l'exemple

Sous l'égide de Laurent Schwartz, les militants de la fin de la guerre d'Algérie en rupture d'UEC reprennent du service : Burnier, Kahn, Kouchner, Krivine, Péninou, Schalit et beaucoup d'autres — tel le « catho » Nicolas Boulte — se mobilisent sans retenue. Le CVN implante des comités locaux et multiplie les initiatives : à l'automne 1967, il accueille, encore une fois au temple de la Mutu, Stokely Carmichael, le leader noir américain.

Dans la chaleur torride de l'été, les émeutes raciales de Newark (New Jersey) et de Detroit ont provoqué des dizaines de morts et des centaines de blessés. Le *Black Panther Party,* fondé à Oakland, en Californie, rassemble la frange la plus déterminée des Noirs américains, ceux qui prônent le *Black Power.*

Les jeunes Européens méprisent cette Amérique blanche incapable d'offrir l'égalité raciale à tous ses citoyens et qui exporte ses vices et ses bombes, joue les flics de la planète, impose par la force son hégémonie sur les peuples du tiers monde. Entre les hommes de couleur bafoués dans la citadelle impérialiste et les opprimés d'Indochine ou d'Amérique latine, les stratèges parisiens ont tôt fait de proclamer la complémentarité des fronts. De passage à La Havane, d'ailleurs, Stokely Carmichael se déclare solidaire des Vietnamiens.

A la tribune de la Mutualité, il martèle vigoureusement ses phrases et, le poing levé, jure que les Noirs américains, de plus en plus nombreux, refuseront d'aller se battre en Indochine.

Dans l'assistance, Jean-Louis Péninou opine du bonnet ; les Yankees déserteurs, il connaît. Beaucoup de GI transitent par l'Allemagne avant de partir pour les rizières de la mort. Les réfractaires profitent de leur séjour en République fédérale pour y quitter l'uniforme.

Afin de les cacher, de les prendre en charge, des filières s'établissent des deux côtés de la frontière. Marc Kravetz et Jean-

Louis Péninou retrouvent les réflexes et les astuces de la guerre d'Algérie. Ils participent à un groupe, le Groupe Liberté, lié à Henri Curiel, qui se spécialise dans cette tâche. En outre, ils organisent des stages de formation où les étudiants américains séjournant en France reçoivent un bagage théorique.

Les plus radicaux sont regroupés dans le SDS *(Students for a Democratic Society)*. Au début des années soixante, le SDS exhale une révolte existentielle et juvénile, nourrie de Kerouac, contre l'*American way of life.* Tom Hayden, fondateur du mouvement, écrit en 1962 dans un manifeste dont le retentissement est considérable : « Nous qui appartenons à cette génération qui n'a manqué de rien, qui sommes aujourd'hui à l'université, nous éprouvons un malaise à la vue du monde dont nous avons hérité... » La ségrégation raciale dans les États du Sud, l'escalade au Vietnam poussent bientôt le SDS vers des positions de plus en plus marxisantes.

En 1964, sur le campus de Berkeley, éclate une fronde qui tourne à l'aigu : les étudiants californiens réclament la jouissance des libertés politiques à l'intérieur de l'université et manifestent au cri de « Le bonheur, c'est le pouvoir étudiant ». La rébellion est menée par un Sicilien, Mario Salvio, naturalisé américain. Trois bons pas en avant de ses condisciples, il explique que la revendication de la liberté d'expression est une utopie, puisqu'elle est limitée par le bon vouloir des autorités.

Le refus, chez les étudiants américains, de se conduire en rouages dociles d'une civilisation malade et oppressive, s'accentue. Les « radicaux » prônent la transformation complète de la société, affichent leur soutien aux révolutionnaires du monde entier, développent l'agitation contre l'intervention au Vietnam. Parti des campus, le mouvement hostile à la guerre enfle et commence à ronger de l'intérieur le puissant organisme US. En octobre 1967, des centaines de milliers de pacifistes marchent sur Washington et tentent d'investir le Pentagone défendu par l'armée ; les affrontements sont violents.

La bonne conscience américaine s'effrite. La jeunesse renie « son » drapeau. Le doute s'insinue dans la presse, les médias, l'intelligentsia. Le pays de la démocratie aurait-il dégénéré en cynique machine pervertie ?

L'intensité de la mobilisation contre la guerre, la détermination des Black Panthers qui défilent, gainés de cuir noir, et armés, dans les rues, les milliers de GI qui dépouillent l'uniforme et brûlent leurs livrets militaires, tout persuade les jeunes Européens que l'Amérique est à vif, contaminée. Le système capitaliste pourrit par la tête. Il n'a plus la capacité de s'opposer à la longue marche des peuples vers l'émancipation. Les arpenteurs du Boul'Mich', tropique de la contestation, regardent, le cœur à l'unisson, rougeoyer les brasiers — des maquis andins aux plateaux vietnamiens. Le diagnostic est limpide : la bête est blessée.

Reste à l'achever.

Au début de 1966, les dirigeants cubains, internationalistes pour dix, convoquent à La Havane une conférence dite de la Tricontinentale qui réunit les militants révolutionnaires des trois continents les plus pauvres. Deux absents de marque pèsent sur les débats. Le « Che », dont les congressistes guettent à chaque instant la réapparition, et le Marocain Mehdi Ben Barka, l'un des principaux organisateurs de cette rencontre, enlevé trois mois auparavant en plein Paris, puis assassiné par les services secrets de son pays.

A l'issue des travaux est créée l'Organisation de solidarité des peuples d'Afrique, d'Asie et de l'Amérique latine (OSPAAAL) — son siège est naturellement installé à La Havane, où s'édite une revue publiée dans une dizaine de langues. En France, c'est François Maspero qui diffuse *Tricontinentale*. Mais les Cubains, vite déçus par de trop maigres résultats à l'échelle planétaire, préfèrent se concentrer sur leur terrain de prédilection : l'Amérique latine. Avec tambours et trompettes, ils tiennent, toujours à La Havane, durant l'été 1967, une session de l'Organisation latino-américaine de solidarité (l'OLAS). Outre les guérilleros du cône andin, des observateurs européens sympathisants sont invités.

Christian Blanc est de ces derniers.

Au quartier Latin, Blanc n'est pas rangé dans le clan des révolutionnaires. Ce Bordelais a effectué ses premières armes militantes sous la bannière de l'UNEF à la fin de la guerre d'Algérie. Lorsqu'il monte à Paris, il se retrouve aspiré par la « gauche syndicale », se lie avec Péninou et Kravetz. Sérieux, posé, il se désole de voir tant d'énergie gaspillée en joutes théoriques et vaines. Réformiste dans l'âme, il rêve d'une UNEF puissante, organisée, représentative. Déçu par la logorrhée qui paralyse le syndicalisme étudiant, il se consacre, pragmatique, à la gestion de la Mutuelle — dont il est élu président. Le vice-président est son copain Marc Kravetz.

Il n'empêche : ce jeune homme modéré qui admire Mendès France et rencontre régulièrement Michel Rocard est attiré, lui aussi, par la « fête cubaine ». Sont-ce ses origines basques espagnoles qui le portent vers la conga ? Ou bien la chronique, tôt ancrée dans son imaginaire, des Brigades internationales ? Quand il reçoit l'invitation du gouvernement cubain pour la conférence de l'OLAS, il est ravi. D'autant qu'il part avec Marc Kravetz, lequel ne rate jamais pareille occasion.

Un hiatus subsiste : les frais du voyage. Avec la fierté de leurs vingt-cinq ans, les deux amis n'envisagent pas d'accepter un billet des Cubains, qui pourtant ne demandent pas mieux : un crochet par Prague, puis vol direct vers La Havane. Tant de facilité rétribuée serait incompatible avec leur conception de l'honneur. Ce n'est pas aux victimes du blocus yankee de débourser. Ils se débrouillent donc et finissent par dégoter un vol gratuit pour Pointe-à-Pitre. Une fois dans les Caraïbes, ils comptent gagner par leurs propres moyens l'île interdite.

Preuve que les services de police ne fonctionnent pas trop mal, le sous-préfet cueille Blanc et Kravetz dès leur arrivée en Guadeloupe. Les indépendantistes s'agitent et le représentant de la Métropole conseille aux deux arrivants de rester tranquilles. C'est leur ferme intention ; leur ambition n'est nullement de soulever des vagues mais de dénicher un bateau. Fidèles aux lectures de Conrad, ils descendent vers le port et s'enquièrent d'un navire en partance pour les rivages cubains. La réalité est moins romantique que les récits d'aventure. S'embaucher sur un cargo relève de l'épreuve initiatique : tout est codifié, contrôlé.

Ils réussissent enfin à quitter la terre ferme sur un rafiot allemand dont le capitaine, pour le moins imprudent, les a engagés comme sous-officiers navigants. Ni Blanc ni Kravetz n'ont vu un radar de leur vie. Ils improvisent, masquant au mieux leur incompétence. Et puis, ils découvrent que les États-Unis, lorsqu'ils décrètent un interdit, ne plaisantent pas. Le blocus paraît infranchissable.

Le cargo cabote de port en port ; dès que les deux compères tentent une sortie, ils sont filés par un gros flic moustachu. A Porto Rico, ils renoncent à joindre Cuba par la mer, sautent dans un avion pour Miami. L'escapade vire au burlesque : les seuls Cubains qu'ils peuvent approcher sont des réfugiés, anti-castristes forcenés. Christian et Marc vident leurs poches, échouent à Mexico. Sans un sou, ils en sont réduits aux expédients. Kravetz, fan de Bob Dylan, chante en anglais, s'accompagnant à la guitare, tandis que Blanc ramasse les pièces.

L'aventure est au coin de la rue.

Janvier 1985. Nouméa.
L'émeute gronde dans les rues. Les Caldoches assiègent le palais du ministre Edgar Pisani. L'adjoint de ce dernier chargé du maintien de l'ordre dans l'île, le préfet Christian Blanc, est fort inquiet : à quelques centaines de mètres, les manifestants hurlent des injures et ne cachent guère leur intention de prendre d'assaut la Résidence officielle.

L'envoyé spécial de Libération, *Marc Kravetz, est au cœur de la cohue. Il peste contre son vieux complice de l'UNEF, aujourd'hui haut fonctionnaire, qui pousse le sens de l'État jusqu'à refuser de lui fournir la moindre information exclusive.*

A Mexico, le récital de Blanc et Kravetz est interrompu par le consul cubain, qui leur procure enfin des billets adéquats. Débarquant à La Havane, les deux Français ne peuvent échapper au regard sombre, béance dans la figure d'archange ombrée d'une barbe anémique : partout, des portraits géants du Che ornent les édifices.

Depuis sa disparition, deux ans plus tôt, le spectre du commandant Ernesto Che Guevara hante le tiers monde. On note sa présence en Afrique, au Pérou, au Mexique. On l'a vu à Saint-Domingue, repéré sous l'uniforme vietnamien, reconnu, déguisé en curé, au fin fond de l'Argentine. Il est signalé au Guatemala, identifié en Colombie, aperçu au Chili. Il court, insaisissable lutin de la révolution. Il est partout, mythe vivant, Mandrin au grand cœur, idole dont le poster stylisé, christique, illumine les murs terreux des bidonvilles, décore les parois crasseuses des ghettos noirs — unique visage pâle entre Cassius Clay et Malcom X — et s'affiche dans les chambres d'étudiants de Berlin à Tokyo, de Berkeley à Paris.

Pour les Américains, ce redoutable commis voyageur de la subversion qui ignore les frontières est l'homme à abattre. La

CIA croit déceler sa trace dans chaque grève, chaque guérilla, et annonce régulièrement sa mort. Le petit peuple cubain rigole. Le Che est libre, presque immortel : « Tel le phénix, Che renaît de ses cendres, aguerri et guérillero », titre la presse castriste. En avril 1967, coup de théâtre. Guevara donne de ses nouvelles. Il adresse au secrétaire de la Tricontinentale six photos qui le montrent glabre, souriant, et un long texte communiqué à la presse.

Aucun doute : ce style dense et fort, ce franc-parler sans détour, c'est bien la griffe de Guevara. Son message est un chant cruel et impétueux : « Il y a une pénible réalité : le Vietnam, cette nation qui incarne les aspirations, les espérances de victoire de tout un monde oublié, le Vietnam est tragiquement seul. La solidarité du monde progressiste avec le peuple du Vietnam ressemble, par une amère ironie, aux encouragements que la plèbe adressait aux gladiateurs du cirque romain »...

Le Che dénonce la carence des pays socialistes, en particulier de l'URSS, qui n'ont pas fait « du Vietnam une partie inviolable du territoire socialiste ». Et pour aider efficacement les maquisards indochinois, le Che préconise la création de « deux, trois, plusieurs Vietnam ». Les militants des cinq continents vont s'approprier ce mot d'ordre.

Les congressistes invités à la conférence de l'OLAS n'ignorent pas la signification du message, rendu public trois mois plus tôt ; il s'agit bel et bien d'une critique de la coexistence pacifique, du *statu quo* qui pétrifie les paysages révolutionnaires ; une critique conjointe, aussi, des Soviétiques et des Chinois qui passent leur temps à s'entre-déchirer plutôt qu'à unir leurs efforts. Pas étonnant que le cri pathétique du *comandante* n'ait été publié ni à Moscou ni à Pékin.

Les Cubains, eux, donnent à l'appel du Che un écho très ample. Sur d'énormes panneaux, d'immenses lettres noires contrastant avec le fond rouge répètent : « Il faut créer deux, trois Vietnam. » Une telle campagne, à La Havane, n'est pas seulement le fruit de l'attachement sentimental. Fidel Castro, en butte aux partis communistes « orthodoxes », cherche une troisième voie, une issue de secours qui lui épargnerait l'alignement sur Moscou. Mais il se voit bien isolé.

La solitude du Vietnam, c'est aussi celle de Cuba.

A l'hôtel Habana Libre, les guérilleros de vingt-six pays d'Amérique latine sont hébergés, brassés dans un incroyable melting-pot. Descendus des montagnes, provisoirement sortis de la clandestinité urbaine, des jeunes hommes qui ont choisi « la victoire ou la mort » débattent jour et nuit de stratégie : comment empêcher que les « gorilles » continuent leurs monstrueuses singeries ? On meurt plus souvent qu'on ne triomphe sur le continent andin.

Blanc et Kravetz, admiratifs, éberlués, écoutent ces *barbudos* qui proclament, le regard serein : « On va se faire tuer, mais cela n'a pas d'importance, on donnera l'exemple. » Le sacrifice est plus fort que la mort. Ceux-là ne connaîtront pas le souci de vieillir ; l'histoire et la culture leur ont inoculé ce sang. C'est ainsi que les hommes vivent et meurent, au sud de Panama. Héroïsme, machisme.

En avoir ou pas, n'est-ce pas ?

Pierre Goldman aussi réside au Habana Libre, après une longue errance. Partir, quitter les misères hexagonales, il ne pense qu'à cela depuis que sa première tentative a piteusement échoué au fond d'une geôle américaine. Sa quête de la lutte armée, son désir de rejoindre un maquis, il en parle inlassablement à ses amis du Quartier, et ils finissent par prendre au sérieux cette impulsion vitale et irraisonnée. Mais, en attendant le grand départ, il faut survivre.

Michel Butel l'héberge quelque temps. Goldman ne tient pas en place, disparaît, revient, rumine des hold-up afin de se procurer de l'argent pour le billet. Est-ce un fantasme ? Il est trop bavard, accumule les imprudences.

Il avoue à Butel être tenaillé par l'envie de goûter la « coke ». Consciencieusement ce dernier pile du sucre, en emplit un sachet et offre à Goldman un peu de poudre blanche solennellement prélevée, tout en l'avertissant de ne point toucher à la précieuse marchandise. Le lendemain, naturellement, le paquet a disparu. Durant des heures, Butel tremble : son ami aurait-il cherché à revendre la contrefaçon ? Si oui, il risque sa peau ; ni les trafiquants ni les consommateurs ne plaisantent avec les faussaires.

Fausse alerte.

En octobre 1966, Pierre Goldman rencontre Régis Debray — il le connaît à peine. La première fois qu'il a entrevu le normalien, Pierre discutait sur le trottoir de la rue de Vaugirard avec une étourdissante Scandinave. Debray s'était arrêté pour le saluer, et pour dévisager sa belle compagne — il s'agissait, en l'occurrence, d'une touriste égarée...

Régis fréquentait peu l'UEC et ne s'immisçait guère dans ses débats internes. Au sein du cinquième arrondissement, on lui reconnaissait l'aura du type qui a déjà plusieurs fois exploré l'Amérique latine, en a rapporté des articles et des livres, et fréquenté personnellement les dirigeants cubains. C'est d'ailleurs pour cette raison que Pierre Goldman était venu lui demander d'intercéder en sa faveur afin qu'il soit intégré à un groupe combattant. Régis rentrait de Bolivie où il avait reconnu les lieux, parlait peu et fumait de gros cigares. Embringué dans de complexes préparatifs concernant son propre engagement, il ne put appuyer la requête de Pierre.

Toujours taraudé par la lancinante envie de fuir bars louches et hôtels borgnes, Goldman résilie son sursis, s'offre à servir dans les parachutistes. Mais, au dernier moment, il déchire sa feuille de route et quitte la France pour Prague, puis la Pologne. Il séjourne cinq mois chez sa mère. A Varsovie, il espère trouver le contact pour réaliser son rêve latino-américain et, en effet, tombe sur un révolutionnaire ami de Debray. Tous deux lui écrivent. Goldman ajoute quelques lignes définitives, sincères et désespérées : il ne veut pas vieillir sans connaître l'épreuve du feu, vivre sans frémir de la peur de mourir, se vautrer dans le plaisir de l'existence sans lui donner sens.

Il retourne en France, après une vaine tentative d'embarquement à Anvers. La guerre des Six Jours vient d'éclater. Mais il ne songe qu'à repartir. En attendant — en attendant quoi ? —, il se terre, sans papiers, dans un hôtel de passe à Pigalle. Faute de fouler la terre promise, il boit du rhum, éteint ses angoisses sous la brûlure de l'alcool exotique. Finalement, ses amis collectent un peu d'argent ; il se procure un faux passeport et achète un passage pour La Havane.

Pendant la traversée, il apprend l'espagnol et lit *l'Orchestre rouge*. L'épopée de Léopold Trepper, le juif polonais qui avait roulé Hitler, le transporte d'admiration. Toute sa vie est tendue vers l'indicible désir d'héroïsme que les personnages de Gilles Perrault affichent avec une orgueilleuse modestie. Semblable chanson de geste, il n'y aura pas accès sur le vieux continent désamorcé. Mais cette fois, pour de bon, l'aventure est proche.

A Cuba, Goldman fait la fête. Il s'immerge dans la rumba,

dans la lascivité tropicale toute en rythmes, en saveurs. Il se lie avec des militants guadeloupéens, africains, auxquels, dans la ferveur du moment et la chaleur du rhum, il promet son aide. Il retrouve ses copains Blanc et Kravetz ; ensemble, ils déambulent dans La Havane en liesse, la Mecque des révolutionnaires qui se rient des frontières.

Une ombre unique assombrit ces moments de fraternité. Régis Debray, l'agrégé de philosophie, le camarade de l'UEC, qui préférait les gros cigares de Fidel humés dans la Sierra aux Gauloises fiévreusement consumées sur les banquettes du Champo, croupit au fond d'une prison bolivienne depuis quatre mois.

Trois hommes en civil et sans armes descendus de la montagne traversent le modeste village de Muyupampa, dans la province d'Oriente, quand ils sont interceptés par la police bolivienne. Très vite, l'un des suspects annonce en français : « Je suis journaliste. » Régis Debray, vingt-six ans, cherche à gagner du temps. Avec ses deux compagnons, l'Argentin Bustos et le Britannique Roth, il est emmené par les soldats. En chemin, le groupe croise un prêtre, le R.P. Schwartz, et un correspondant de *Presencia,* journal de La Paz, lequel photographie Régis auprès de l'ecclésiastique. Une chance.

Deux jours de suite, le trio est battu presque sans interruption ; Debray perd connaissance à plusieurs reprises, tombe, et, à terre, est encore roué de coups. Les autorités de La Paz diffusent un communiqué affirmant que « trois ressortissants étrangers ont été tués dans une opération anti-guérilla ». C'est avec une joie non feinte que les militaires boliviens apprennent l'identité d'un des captifs : Régis Debray, universitaire français originaire de la bonne bourgeoisie, est célèbre depuis quelques semaines, depuis le jour précis où est paru son livre *Révolution dans la révolution.*

Mordant, l'auteur y expose les thèses castristes sur la lutte armée en Amérique latine ; maints observateurs savent qu'il s'est abondamment entretenu avec le *líder máximo* avant d'écrire. Son essai n'engage que lui, mais, chez les révolutionnaires comme chez leurs ennemis, nul n'ignore que le groupe dirigeant cubain se trouve exprimé par la plume du Français.

Et ce qu'il dit sonne haut et clair : les partis communistes d'Amérique latine ont failli dans leur tâche historique parce qu'ils ont cherché à imposer de manière mécanique un modèle extérieur, négligeant une réalité mouvante et diverse. Il n'existe pas de schéma général applicable quel que soit le terrain : les analyses pertinentes en milieu urbain ne seraient qu'incantations vaines et dérisoires, plaquées sur les zones rurales. Le processus révolutionnaire classique, breveté Petrograd 1917, qui confère à la classe ouvrière le rôle moteur et décisif, patine sur les pentes de la Cordillère. La première tâche des penseurs et acteurs du changement, affirme Debray, consiste à se défaire des exemples passés, qu'ils soient chinois ou vietnamien. Et à innover.

Comment mener la lutte armée ? Jusqu'ici, les organisations qui s'y sont risquées ont souffert d'une séparation quasi fatale entre l'instance politique et la structure militaire, entre le parti et la guérilla. Pernicieux divorce : les combattants sont contraints de descendre en ville pour y recevoir les consignes de dirigeants politiques ignorants des données concrètes ; ils se démasquent, tombent dans des embuscades. Le manque de cohérence entre le politique et le militaire soumet la montagne à la ville, la guérilla au bureau politique — il en résulte erreurs, paralysie, échecs.

Pour surmonter cet hiatus mortel, le rédacteur de *Révolution dans la révolution* suggère de fusionner l'instance politique et l'instance militaire dans le creuset du *foco* — la direction politique s'incorpore au commandement militaire.

La publication du livre, début 1967, à La Havane, provoque quelque émoi dans le sérail révolutionnaire. Debray apparaît comme un provocant iconoclaste qui n'hésite pas à balancer par-dessus les moulins la bonne vieille conception marxiste-léniniste : construire patiemment le parti révolutionnaire, le renforcer, attendre que les « conditions objectives » mûrissent et, à ce moment-là — mais à ce moment-là seulement —, envisager l'offensive militaire. Chez Debray, c'est l'inverse : l'armée devient le noyau du parti, en symbiose avec lui.

L'impact est énorme dans tout le cône andin. L'analyse de *Révolution dans la révolution* est reçue comme une invitation à l'action immédiate. Tous ceux qui rêvent de monter au feu y décèlent la justification théorique de leur impatience ; inutile d'attendre d'hypothétiques circonstances idéales qui ne seront jamais réunies : la lutte armée est la plus féconde des matrices. Le mouvement s'invente en marchant. Telle est la leçon que retirent d'une lecture rapide et simplifiée les militants latino-américains. Fidel n'a-t-il pas donné sa bénédiction à Régis ? Et le Che, avant même de parcourir la copie du normalien, n'a-t-il pas précédé son discours et prêché l'exemple ?

L'histoire n'attend pas.

Les « gorilles » boliviens qui ont intercepté Régis Debray ne doutent point du prix de leur capture : ils détiennent entre leurs mains un responsable majeur de leurs maux, l'un des inspirateurs de la guérilla. Et ils ne se privent pas de lui présenter l'addition. Au bout de trois jours, le jeune Français est en triste état. Ses geôliers ont découvert une distraction désopilante : pour se défouler, ils tirent à balle autour de ses jambes, ou à frôler sa tête.

C'est à cet instant critique que surviennent plusieurs agents de la CIA. Tout de suite, le ton change. Ils appellent un médecin, traitent le prisonnier avec courtoisie. Leur dossier est assez volumineux, le *curriculum vitae* qu'ils ont reconstitué est assez nourri, leur liste des déplacements, des amis, des contacts de Régis est assez fournie pour qu'ils utilisent des méthodes plus subtiles. Ils savent que, lorsqu'il a été interpellé, Debray descendait du maquis. Du maquis commandé par Ernesto Che Guevara.

Le feu follet de la subversion a pénétré en Bolivie à la fin de 1966. En novembre, il prend la tête de quelques dizaines de guérilleros, originaires du pays mais aussi cubains et argentins. La petite troupe s'installe dans une ferme isolée, cernée par deux kilomètres de forêt, près de la rivière Nancahuazu — la région est désertique et montagneuse. C'est un campement provisoire, imposé par les circonstances. Aussitôt, l'instruction militaire et politique commence. Le Che a l'intention de transformer la bâtisse en école de cadres qui essaimeront à travers l'Amérique latine. Le noyau central est formé d'officiers supérieurs cubains, de dirigeants des groupes communistes boliviens, de responsables péruviens. Plus un état-major d'élite qu'une compagnie de seconde classe.

Le 20 mars, le Che note sur son carnet : « L'armée, une soixantaine d'hommes, avance sur la route de Valle-Grande. Au campement, j'ai trouvé Danton. »

Danton, c'est Régis Debray qui a rejoint le *foco*. Il assure la liaison entre Fidel et le Che.

Le lendemain, il discute toute la journée avec Guevara, auquel il apporte des nouvelles. Le Che écrit : « Le Français veut se joindre à nous. Je lui ai demandé d'aller organiser un réseau de soutien en France, où il retournerait en passant par La Havane. » Le héros romantique qui incarne les rêves aventureux des adolescents d'Europe repousse l'élan romantique de son interlocuteur. Pour Régis, le coup est sévère. Intellectuel de haute volée, il ne se définit pas moins comme analyste des situations concrètes, homme d'action autant que de réflexion. Lorsqu'il rédige, au terme de longues conversations avec Fidel Castro, *Révolution dans la révolution,* il sait qu'il retrouvera le Che en Bolivie. Les armes suivront la critique, mais elles suivront.

Le 23 mars, le groupe est repéré par l'armée bolivienne. L'accrochage, sévère, entraîne des morts des deux côtés. Le Che et ses compagnons sont contraints de décrocher, de s'enfoncer vers des secteurs de plus en plus hostiles. Le 28, les maquisards sont encerclés par deux mille soldats. Sans cesse, ils doivent se déplacer pour éviter que le piège ne se referme. Régis marche avec les autres. Il monte la garde, le fusil en bandoulière.

Juin 1979. Conversation entre Pierre Goldman et Régis Debray. Goldman :

— En mars 1967, tu arrives dans la guérilla du Che. Tu viens combattre les armes à la main. Le Che refuse ton incorporation, t'affecte à une mission de soutien extérieur. Mais, quelques jours plus tard, survient le premier accrochage, et la guérilla, encerclée, doit, contre ses projets, commencer à combattre ; dès lors, si tu en avais exprimé la volonté, tu aurais pu rester aux côtés du Che. Tu ne l'as pas fait. Pourquoi ?

— Je n'étais pas mûr pour la mort.

Le 19 avril 1967, Régis Debray quitte les guérilleros pour rejoindre la plaine. C'est le lendemain qu'il est arrêté. Les agents du contre-espionnage américain qui le prennent en charge n'ignorent pas que, depuis plusieurs semaines, le Che est en Bolivie. Et la présence sur ce territoire du Français dont les attaches avec les dirigeants castristes sont patentes le confirme d'éclatante façon. Sûrs de leur fait, ils questionnent inlassablement le prisonnier sur les forces de la guérilla, son organisation, ses plans. Les méthodes d'interrogatoire relèvent de l'arsenal traditionnel : on passe de la gifle au marchandage, des menaces de mort au paquet de cigarettes cordialement tendu. Les membres de la CIA veulent une confession franche et sensationnelle qui accréditerait l'idée que Régis, envoyé spécial de Fidel, est un espion international au service de Cuba.

Debray répète toujours la même histoire : à Cuba, un inconnu lui a remis une lettre du Che l'invitant à venir l'interviewer et désignant l'éditeur François Maspero comme intermédiaire. Difficile à admettre, pour des professionnels zélés qui suivent ses moindres gestes depuis son voyage au Venezuela en 1963 ! Serait-il tombé « par hasard » sur le campement de Guevara ? Et l'interrogatoire continue : une gifle, une cigarette. S'il est sorti de la guérilla, c'est pour porter un message à l'extérieur. Quel message ?

Régis Debray tient bon. Un message, il en est pourtant porteur. Guevara l'a chargé de transmettre oralement à Castro des nouvelles du « front » : le groupe du Che a des armes pour cent hommes, dont quatre mortiers de 60. Pas un seul paysan ne s'est enrôlé. Le Che ne possède que vingt-cinq hommes sous ses ordres. Si l'usage systématique de la torture contraignait le prisonnier à dévoiler ses informations, les experts de la CIA lui éclateraient de rire au nez. Comment croire que le *barbudo* le plus célèbre d'Amérique latine se soit embarqué avec aussi peu de bagages ?

Pendant deux mois, Régis est maintenu au secret ; puisqu'il ne reconnaît pas être un agent de liaison, ses geôliers cherchent à lui coller sur les épaules l'uniforme d'un guérillero qui aurait participé aux embuscades meurtrières. A la mi-juin, il reçoit, sous la pression de l'opinion internationale, la visite de Mᵍʳ Andres Kennedy, vicaire apostolique de La Paz, un prélat américain. Au cours de l'entretien, le Français confirme qu'il a été torturé.

Présenté désormais à la presse comme l'organisateur de la guérilla, le Français subit de permanentes brimades. Au cours d'un transfert en avion, un officier lui maintient un pistolet sur la tempe durant vingt minutes. Les militaires dépeignent avec délectation la manière dont ils l'exécuteront après son procès.

Un flic entre dans sa cellule et le traite d'assassin en hurlant. On le contraint à revêtir la tenue des bagnards, matricule 001...

En octobre commence à Camiri, petite ville de garnison perdue au sud de la Bolivie, le procès de Régis Debray ; les affiches, sur les murs des maisons, expriment sans détour les intentions des militaires boliviens : un vigoureux paysan écrase avec son pied la tête grimaçante du Che, symbole honni de la rébellion. Pour les autorités de La Paz, il faut proclamer haut et fort, aux yeux du monde, que la guérilla a été importée de l'extérieur ; Debray présente le profil idéal de l'agent sans patrie ni frontières. Le prisonnier est coincé ; il ne peut comme il le souhaite revendiquer politiquement sa participation au combat, car cela accréditerait la thèse de l'accusation.

Debray ne nourrit guère d'illusions sur le verdict. Avant même l'ouverture des débats, il sait qu'il ne sera pas jugé sur les faits : « Je serai condamné à la peine maximale, à trente ans de prison. Cette comédie est infâme et ce procès est une farce... »

Les irrégularités de procédure se multiplient ; les avocats n'ont même pas accès aux pièces de l'accusation. Les observateurs de la Ligue des droits de l'homme, Maspero et Feltrinelli, les éditeurs français et italien venus expliquer que l'inculpé préparait un livre à leur intention, sont expulsés de Bolivie.

Le tribunal produit deux déserteurs censés confirmer la participation de Debray aux embuscades. Ils rapportent qu'il a seulement monté la garde, armé d'une carabine. Le procès glisse vers son inexorable dénouement lorsque, le 9 octobre, les autorités boliviennes annoncent la mort d'Ernesto Che Guevara. Debray, à cette nouvelle, est anéanti. Il était persuadé que le Che s'en était sorti, qu'il avait quitté la Bolivie. Il ne comprend pas. Mais aussitôt, il abandonne son système de défense devenu inutile et, non sans panache, demande au tribunal de le considérer comme coresponsable des actes de guérilla :

— Je ferai tout mon possible pour mériter un jour l'honneur démesuré que vous devez m'accorder en me condamnant pour ce que je n'ai pas fait mais que, plus que jamais, je veux faire. Et en toute sérénité, de tout mon cœur, je vous remercie d'avance pour la lourde peine que j'attends de vous.

Les juges ne se privent pas d'accéder à son souhait.

Trente ans de prison.

Le commandant Ernesto Che Guevara a été abattu d'une balle en plein cœur, le 9 octobre, vers midi, une vingtaine d'heures après sa capture. Sur ordre des autorités boliviennes, un sous-officier, Mario Teran, est entré dans la salle d'école où le rebelle avait été transporté. Pour accomplir le geste qu'on a exigé de lui, le soldat s'est enivré mais, malgré son ébriété, il hésite. Le Che l'apostrophe : « Tirez, n'ayez pas peur ! » L'homme hésite d'autant plus. Il faut que ses supérieurs réitèrent leurs injonctions pour qu'il lâche une rafale de pistolet-mitrailleur qui laboure la victime étendue. Mais Guevara n'est pas mort sur le coup. C'est finalement un sergent, ivre lui aussi, qui l'achève d'une balle dans la poitrine — du côté gauche.

La guérilla du Che était encerclée depuis une quinzaine de jours. Pendant plusieurs mois, les maquisards avaient pu échapper aux tenailles de l'armée bolivienne, conservant l'initiative, causant de gros dommages à une troupe lourde, peu habituée à ce mouvement perpétuel. Tout bascule vers la fin du mois d'août, quand arrivent sur le terrain deux compagnies de rangers spécialement entraînés pour la guerre contre-révolutionnaire. Dans une ancienne sucrerie, à quelques kilomètres au nord de Santa-Cruz, les Américains ont installé un centre anti-guérilla. A sa tête, le commandant Shelton, un ancien de Corée, qui a également débarqué à Saint-Domingue en 1965. L'encadrement est fourni par des officiers qui ont combattu au Vietnam. Ils inculquent à leurs élèves des méthodes éprouvées ; camouflage, combat de nuit, action psychologique, infiltration de « paysans espions » dans la zone rebelle.

C'est d'ailleurs un « déserteur » qui, fin septembre, signale au quartier général l'endroit précis où campe Guevara ; aussitôt, mille cinq cents hommes sont dépêchés sur place, en une gigantesque manœuvre d'encerclement, coinçant les maquisards dans un canyon. Les extrémités du ravin sont bloquées. Une végétation abondante inonde le défilé et les pentes, mais les feuillus s'interrompent net plus haut et interdisent toute fuite à couvert. La poussière et les moustiques transforment la peau en une gangue fourmillante. Les buissons inextricables, très secs, hérissés d'épines, rendent les déplacements impossibles hors des sentiers et des cours d'eau méthodiquement investis par les militaires.

Le commandant Guevara, qui a déjoué tant de pièges au cœur de la Sierra Maestra, cette fois, est enfermé dans une nasse. Le 8 octobre, à l'aube, il consigne sur son carnet : « Nous sommes dix-sept sous une lune très petite et la marche a été dangereuse, laissant de nombreuses traces. » Toute la matinée, avec ses compagnons, il progresse. Vers treize heures, les guérilleros tombent sur une patrouille à laquelle une paysanne avait indiqué leur passage.

Guevara s'expose avec un autre maquisard pour protéger la retraite ; il est presque immédiatement fauché par une rafale qui l'atteint aux jambes. Il ne peut plus bouger. Son compagnon essaie de le hisser sur ses épaules, mais un nouveau tir l'oblige à le poser à terre. Trop tard ; la fusillade le massacre. Guevara est entre les mains des rangers. Pendant six heures, les guérilleros s'accrochent, refusant d'abandonner le Che.

Ce dernier est transporté dans une couverture jusqu'au village de Higueras. Rien n'est entrepris pour soigner ses blessures, dont aucune n'est mortelle. Au contraire, son transfert à l'hôpital est interdit. Il passe la nuit dans un vaste hangar, sur une civière. Le colonel Selnich, qui commande les rangers, essaie de l'interroger, insiste durant deux heures. Bien qu'il soit allongé, Guevara réussit à gifler le militaire quand il se penche vers lui. Le 9 octobre au matin arrive l'ordre d'achever le blessé. Ernesto Che Guevara meurt. Il a trente-neuf ans.

Si puissant est le mythe que l'annonce par les autorités boliviennes de la fin du Che est accueillie avec scepticisme dans les capitales étrangères. Une rumeur de plus... Même la publication de la photo du *comandante* gisant le torse nu, troué d'impacts de balles, la barbe et les cheveux en broussaille autour des yeux ouverts et fixes, n'emporte pas la conviction.

Les regards se tournent vers La Havane, attendant un démenti. Le 15 octobre, Fidel Castro prend la parole à la télévision. Dès la première phrase, le doute n'est plus permis : « La mort du commandant Ernesto Guevara est douloureusement certaine. » Le *líder máximo* décrète un deuil de trois jours et convoque le peuple cubain pour une veillée mortuaire, le 18 octobre, sur la place de la Révolution. La place où l'on a tant dansé.

La nuit est chaude, antillaise, mais les centaines de milliers de Cubains assemblés, recueillis, émus aux larmes, frissonnent sous l'immense portrait d'une beauté tragique qui flotte au-dessus d'eux, au-delà d'eux. Et la foule se remémore les phrases transmises quelques mois auparavant par le Che : « Peu importe le lieu où me surprendra la mort. Qu'elle soit la bienvenue pourvu que notre appel soit entendu, qu'une autre main se tende pour empoigner nos armes et que, dans le crépitement des mitrailleuses, d'autres hommes se lèvent pour entonner les chants funèbres... »

Pierre Goldman est perdu dans la multitude, tétanisé par l'obsession morbide qui l'étreint depuis l'enfance. Une mort comme celle-là, n'est-ce pas une délivrance ?

La voix de Fidel s'élève :

— C'est un jour du mois de juillet ou d'août 1955 que nous avons connu Che. Et, en une nuit, il devint l'un des futurs expéditionnaires du *Granma*. Mais à cette époque, notre expérience n'avait ni bateau, ni armes, ni troupes. Douze ans ont passé...

Toute la population de La Havane est réunie. Elle écoute.

« C'était un homme parfaitement intègre, d'une honnêteté suprême, d'une sincérité absolue, de vie stoïcienne et spartiate...

Avec simplicité, chaleur, trahissant une affection qui voile le souvenir des récents désaccords, Castro s'acquitte d'une impossible tâche : prononcer familièrement l'éloge funèbre d'un mythe. Il évoque le disparu, son mépris du danger, son exigence morale. Che n'est pas mort, puisqu'il demeure l'exemple :

« Aujourd'hui, à l'issue de ce rassemblement, au moment de rendre cet hommage, toutes nos pensées se tournent vers Che, et avec optimisme envers l'avenir, avec un optimisme absolu envers la victoire définitive des peuples, nous disons à Che et, avec lui, aux héros qui ont combattu et sont tombés à ses côtés. " Jusqu'à la victoire, toujours ! "

Alors que s'élève *l'Internationale,* Pierre Goldman est pris de tremblements. L'envie de pleurer lui bloque les mâchoires, mais il cède à une force, non à une faiblesse. Figé dans un garde-à-vous statufié, il dresse le poing. Vengeur. D'instinct. La fureur de vivre s'excite quand s'affiche l'extase de mourir.

Quelques jours après la cérémonie, le jeune Français rencontre enfin le contact tant recherché qui l'introduit dans un groupe clandestin préparant la lutte armée au Venezuela. Goldman justifie son désir de combattre, d'empoigner l'histoire. On l'avertit qu'au bout du chemin l'attendent la torture, l'échec, la mort. Il est prêt. La consigne est de rentrer en France, où lui sera donné le signal du départ vers le Venezuela.

Paris, c'est La Havane-sur-Seine. Du moins dans le périmètre sacré de la Sorbonne. Les copains du Quartier, que Goldman revoit au hasard d'un bistro, ont tous été bouleversés par la mort du Che. La JCR a même organisé à la Mutualité une soirée d'adieu où l'émotion fut poignante quand les participants sifflèrent, en sourdine, *le Chant des martyrs*. Plus d'un apprenti bolchevique a senti fondre sa carapace en écoutant Jeannette Pienkny, la « Cubaine », parler du *comandante* qu'elle a souvent approché lors de ses séjours à La Havane. La voix de Jeannette, ordinairement haut perchée, prenante, semblait rouler sur de brefs sanglots. Ce soir-là, ce n'était pas une impression.

L'Amérique latine obsède le quartier Latin. Les militants connaissent par cœur les infinies variétés des organisations qui s'y entre-déchirent fraternellement. Serge July, Prisca Bachelet, Yves Janin, qui fonctionnent en phalanstère politique, unis comme les doigts de la main, rejoignent une Organisation de soutien aux révolutionnaires latino-américains, l'OSARLA. Ils hébergent des Boliviens, des Argentins, les ravitaillent en faux papiers, diffusent leur littérature. Taraudés par l'obsédante tentation d'y aller voir de plus près.

Ils envient le normalien gonflé qu'ils ont croisé, deux ou trois ans plus tôt, entre Champo et Painlevé, et qui a eu le cran de larguer les amarres, de mettre ses actes en conformité avec ses écrits.

A Camiri, le petit-bourgeois Régis Debray entame entre quatre murs la première de ses trente années de détention.

Il aura cinquante-sept ans lorsque les Boliviens le libéreront.

Une baraque en bois dont les murs de planches disjointes semblent être l'œuvre d'un bricoleur du dimanche, branlante comme la cabane de Charlot dans *la Ruée vers l'or*, spacieuse comme une cabine de bain. La gare de La Folie mérite son nom. Chaque matin, les étudiants venus de Paris, et qui ont pris le train à Saint-Lazare, descendent là, passent sous la passerelle couverte d'affiches politiques — « Libérez Régis Debray » —, longent un interminable mur grisâtre, pataugent dans la boue laissée par les roues des camions de gigantesques chantiers et débouchent, quelques centaines de mètres plus loin, devant de vastes parallélépipèdes de béton, de verre et d'acier.

Au bout de la balade : la faculté de Nanterre.

Si, au début des années soixante, le cerveau d'un sociologue pervers avait imaginé un quelconque lieu géométrique où convergeraient toutes les contradictions de la France gaullienne, le site de la nouvelle université l'aurait comblé d'aise. Sur un microcosme de quelques hectares s'emmêlent le moderne et le périmé, l'opulent et le misérable, le manuel et l'intellectuel. Les barres sinistres des cités HLM qui se détachent dans le brouillard des cheminées d'usines, la monstrueuse tranchée du RER, le métro de demain, où butinent les bulldozers dans un vacarme incessant, les cahutes des bidonvilles, naguère bastions du FLN, et, perdu dans cette débauche de hangars industriels, de voies ferrées, le sanctuaire où souffle l'esprit, où triomphe la science.

Le choix du lieu ne doit rien au calcul et tout au hasard. L'épopée commence bêtement par un échange de bons procédés entre deux ministres du général de Gaulle. L'un, chargé de l'Éducation nationale, cherchait un secteur en région parisienne pour implanter une faculté ; l'autre, maître des armées, disposait justement d'un terrain de trente-cinq hectares — un entrepôt de matériel jadis destiné à l'aviation — dont il ne savait que faire. Le marché fut conclu sans que personne ne s'enquît de l'environnement immédiat, du cadre socioculturel, des moyens de transport. Si l'on avait entassé là des moteurs d'avions rouillés, on pouvait aussi bien y stocker des étudiants. Le temps pressait, les enfants du *baby-boom* préparaient leur bachot et bientôt frapperaient aux portes de l'enseignement supérieur.

En novembre 1963, alors qu'il est interdit de séjour à la Sorbonne par les garnements Kravetz et Péninou, le ministre Christian Fouchet pose la première pierre du « complexe universitaire de Nanterre » dont un grand prix de Rome, l'architecte Chauliat, a dessiné les plans. Inspiré par la conquête de l'espace, le ministre prophétise qu' « aux quatre coins cardinaux de la capitale, des centres universitaires seront lancés comme des satellites de la prestigieuse Sorbonne ».

Loin de se comporter en annexe, juste bonne à héberger des

clients en surnombre, Nanterre coupe le cordon ombilical. Implantée dans un paysage urbain en pleine transformation, la nouvelle institution est fille de son temps, à l'opposé de l'édifice solennel qui monte la garde, flanqué de sa chapelle, entre la rue Saint-Jacques et le boulevard Saint-Michel.

A la rentrée de 1964, une soixantaine d'enseignants accueillent quinze cents étudiants. Pierre Grappin, jadis résistant courageux, germaniste distingué, progressiste et moderne, a accepté de délaisser *l'Alma mater* pour partir à la conquête de l'Ouest. Il assure les fonctions de doyen avec libéralisme et bonhomie. Son bureau est situé au rez-de-chaussée, porte toujours ouverte, et il connaît rapidement tout son monde. Mais les effectifs gonflent chaque année au fur et à mesure que de nouveaux bâtiments sortent du sol, et la studieuse convivialité des origines s'estompe, remplacée par le classique anonymat des campus. La petite fac humaine et détendue traverse une crise de croissance incontrôlée. Les maîtres s'avèrent moins disponibles. Certaines carences, telle l'absence de bibliothèque, deviennent insupportables.

Les militaires, en partant, ont oublié le mur d'enceinte, haut de plusieurs mètres, surmonté de barbelés qui semblent circonscrire un camp pénitentiaire. Ou un ghetto. On ne s'échappe pas du domaine universitaire, déposé sur ce coin de banlieue par la hâte d'une technocratie débordée. Une oasis de mono-culture dans la jungle des villes. Un laboratoire idéal pour des sociologues en herbe avides de renifler les entrailles de la société.

Par la vertu des répartitions géographiques, la plupart des étudiants proviennent des beaux quartiers de l'ouest de Paris, les seizième et dix-septième arrondissements, et des communes élégantes de la banlieue privilégiée — Boulogne, Saint-Cloud, Neuilly. Le parking atteste l'aisance des usagers : les Triumph, les mini-Cooper, les Alfa alignent leurs calandres enviées aux côtés des 2 CV et des R8. Les premiers, passagers en transit, suivent les cours puis s'enfuient, slalomant entre cités et dépôts. Les seconds vivent sur place à la « Résidence ».

Beaucoup de provinciaux, souvent fauchés, habitent la cité universitaire, qui s'intègre platement à la morne ligne des cubes uniformes. Douze cents étudiants y séjournent, dans des piaules de neuf mètres carrés, meublées selon le style « fonctionnel » qui égaie les prisons modernes. Au bout des couloirs étirés comme les coursives d'un transatlantique, des salles équipées de réchauds électriques incitent à l'expérimentation culinaire. Quelques cabines téléphoniques permettent de recevoir des coups de fil. Après vingt-deux heures, les communications sont coupées.

Les « résidents », le soir, crèvent d'ennui. Le dernier autobus part à vingt et une heures, isolant la cité du monde connu. Ceux qui ne sont pas motorisés sont condamnés à la télévision, à boire un coup au zinc de la Faculté, le bistrot de quartier qui ferme le dimanche, et, bien sûr, à potasser, face aux vitres où clignotent, très loin, les lumières de la ville.

La solitude exerce ses ravages. Les relations entre locataires sont mornes, insatisfaisantes. Dans les chambres, on picole, seul ou en bande, comme à l'armée. La déprime. Les tentations de suicide sont suivies de quelques tentatives. L'usage des tranquillisants se banalise. La drogue circule.

Il est également permis d'interdire. Un règlement intérieur désuet édicte des normes dignes d'un internat de jésuites. Les hôtes de la maison n'ont pas le droit de déplacer les meubles, d'accrocher des photos aux murs, de manger chez eux. Surtout, tabou majeur, l'accès des mâles au pavillon des filles est rigoureusement proscrit — sérieuse entrave à la distraction la moins coûteuse. Les cerbères qui veillent aux loges sont inflexibles et font valoir que les filles, elles, sont admises à visiter les garçons...

Depuis l'origine, une association de résidents exige la « libre circulation » entre les bâtiments. Au ministère, la revendication fait sourire : « Hier, ils réclamaient des maîtres ; maintenant, il leur faut des maîtresses. » Dès 1965, à la cité d'Antony soumise aux mêmes rigueurs, quinze cents étudiants s'étaient opposés à la construction d'une loge de gardien devant le domicile des demoiselles. Ils avaient obtenu un assouplissement partiel de la règle. Et leur exemple, à Nanterre, nourrit maintes méditations.

« Non aux ghettos sexuels ! » C'est une conférence sur Wilhelm Reich qui met le feu aux poudres. L'affiche annonçant la réunion est partout placardée dans la cité : on y découvre une « minette » signée Siné, court vêtue, et protégée par des barbelés d'un groupe de « mecs » au regard concupiscent.

Un soir de mars 1967, quelque soixante garçons décident d'occuper le bâtiment des filles. L'administration appelle la police. Les contestataires se barricadent au neuvième étage, bloquent les escaliers avec les armoires, s'arment d'extincteurs et de barres de fer. Les forces de l'ordre attendent des ordres. Fort Chabrol chez les « nanas ».

Au petit matin, la situation n'a pas évolué, et les policiers sont à leur tour assiégés par d'autres étudiants, venus aux nouvelles. Nul n'osant assumer le risque d'une décision, l'affaire remonte jusqu'au ministère. Le recteur imagine enfin une solution : les mutins seront autorisés à sortir sans contrôle s'ils peuvent montrer leur clé, attestant ainsi qu'ils sont de la maison. Tous sortent, brandissant le symbolique sésame. Cependant, violant ses engagements, l'administration publie peu après une liste de vingt-neuf trublions, menacés d'expulsion. La presse rit de ces gaudrioles estudiantines ; un monôme, voilà tout.

« Mettez des bottes en caoutchouc », conseille le doyen Grappin aux jeunes filles du seizième qui continuent de porter des mocassins à talons plats par-dessus les tranchées. En cet automne 1967, ils sont près de quinze mille étudiants qui patinent dans la boue de Nanterre. Une véritable invasion. L'Université française se fissure sous une poussée que les pouvoirs publics désespèrent de canaliser. Concoctée par le précédent ministre de l'Éducation, Christian Fouchet, la réforme de l'enseignement supérieur est appliquée sous la houlette de son successeur, le normalien Alain Peyrefitte.

Elle consiste *grosso modo* à remplacer l'ancien système des certificats, dont l'accumulation fournissait la licence, par l'instauration d'un premier cycle suivi de la licence proprement dite, puis de la maîtrise. Mais le chevauchement entre l'ancien et le nouveau régime suscite de nombreuses perturbations. Des milliers d'inscrits ont déjà entamé une licence. En quelle année les classera-t-on ?

Le ministère définit une grille d'équivalences, rigide et générale, qui, fatalement, se révèle inapplicable à de multiples cas individuels. La méthode illustre magnifiquement les effets pervers de la centralisation jacobine.

Philippe Meyer est ce qu'on appelle une grande gueule. Inscrit en deuxième année de sociologie, c'est un modéré, mendésiste de cœur, qui fricote vaguement avec les étudiants du PSU, trop radicaux à son goût. Meyer est d'abord un membre actif de la communauté chrétienne locale. Le Centre Richelieu — l'aumônerie de la Sorbonne — a acquis un petit pavillon derrière l'université et y a implanté un foyer qui draîne les éléments pieux de la paroisse. Le groupe « catho » est fort militant sur le campus. Dès la rentrée, Meyer et ses proches s'adressent à l'UNEF et suggèrent une action sur les équivalences.

L'annexe nanterroise du syndicat étudiant est à peu près aussi déliquescente que le bureau national et n'attire guère que les mandataires de factions rivales qui s'étripent en d'interminables assemblées générales où la victoire revient au plus endurant. Le bureau est « tenu » par un trotskiste mélomane, Jean-François Godchau, membre de la JCR d'Alain Krivine.

La question des équivalences n'intéresse apparemment guère l'UNEF. Les « réformistes cathos » passent outre. Le vendredi 17 novembre, Philippe Meyer, sagement vêtu d'un sombre costume trois-pièces, s'en va trouver le Pr Bourricaud dans la petite salle attenante à l'amphithéâtre de socio :

— Monsieur le Professeur, je voudrais intervenir afin de proposer aux étudiants de se mettre en grève.

— Vous ne pouvez pas décréter la grève sans qu'il y ait eu vote.

— On va voter, concède Meyer.

Il met l'initiative aux voix ; les deux tiers de l'amphi l'approuvent. A la sortie, deux responsables de l'UNEF, furieux, attendent Meyer :

— On ne déclenche pas un mouvement comme celui-là sans en référer aux camarades !

Rapidement, le reste de la faculté suit. Le débrayage s'effectue par département, les étudiants rédigent des cahiers de doléances, réclament, outre le réexamen des équivalences, une représentation des usagers au conseil de la faculté. Un embryon de cogestion.

L'étincelle n'a pas jailli au hasard du département de sociologie. Cette discipline, reconnue depuis peu par l'Université — la licence date de 1958 — attire des éléments un peu marginaux, qui ont fréquemment tâté d'autres matières antérieurement et sont plus âgés, plus expérimentés. Ils n'ont guère obéi à l'ambition professionnelle : les débouchés s'annoncent limités. Et ambigus — semblable compétence, « bien » utilisée, peut servir à manipuler les individus, à régenter les groupes, à façonner l'ordre social.

Les enseignants de socio eux-mêmes ne sont point à Nanterre des représentants très orthodoxes de l'institution. Le « pape » Henri Lefebvre, qui s'exerce à la critique de la vie quotidienne, est tout sauf un mandarin. Michel Crozier n'a jamais joui d'un statut universitaire, et Alain Touraine débarque de l'École pratique des hautes études. Tous, sur des registres différents, développent une pensée de la société passablement sulfureuse et se montrent volontiers méfiants quant au fonctionnement de la machine scolaire. Et leurs assistants, tel Baudrillard, sont très proches des étudiants.

Le comité de grève, dirigé par le catho Meyer et le trotskiste Godchau, convoque pour le mardi 21 un meeting dans le grand hall. Deux mille étudiants se pressent sous les plafonds bas. Le doyen Grappin prend la parole après les leaders étudiants et tente d'apaiser les inquiétudes. Libéral, partisan du dialogue, il n'est nullement hostile aux revendications. Mais, prisonnier d'un règlement qui l'enserre, il ne saurait les satisfaire de sa propre autorité.

En gage de bonne volonté, il ouvre une assemblée des professeurs aux délégués étudiants. Philippe Meyer y expose son cahier de doléances, insiste sur le désir de participer aux délibérations et décisions. Les professeurs, dans leur majorité, opposent un refus à peine poli à ces exorbitants fantasmes. L'un d'eux soupçonne même son collègue Henri Lefebvre d'avoir inspiré la grève.

— Je n'ai pas eu cet honneur, monsieur, riposte l'accusé.

La discussion s'envenime. Lefebvre défend les étudiants avec un tel enthousiasme qu'à la sortie Alain Touraine commente, admiratif :

— Le vieux lion a ouvert sa braguette...

Grâce aux bons offices du doyen Grappin, une commission paritaire consultative voit le jour. Une délégation mixte, composée des leaders étudiants et du doyen, se rend au ministère, où elle est reçue par le directeur des enseignements supérieurs, Pierre Aigrain. Sans grand résultat.

L'échec de la grève est vécu, dans la faculté, comme l'échec du réformisme. La preuve est administrée que la modération, la concertation rencontrent en haut lieu le vide, l'apathie ou l'hostilité. Dès qu'un conflit surgit, l'échelon politique sanctionne ou se dérobe, laissant aux hommes du terrain le soin de se débrouiller. Pour autant, il leur refuse la moindre souplesse, la moindre latitude.

La grève de novembre, pour tous ses acteurs, sert d'excellente et rude leçon de choses, d'éprouvette où chacun vérifie ses formules. Les éléments modérés, quoique appuyés par une ample mobilisation, sont contraints de constater qu'ils se heurtent à un mur d'indifférence. Déçus, ils voient leur volonté modernisatrice dissoute par l'archaïsme de traditions autoritaires ; amers, ils concluent que le blocage de l'Université n'est que le symptôme du blocage de la société entière.

C'est là ce que proclament, de toute éternité, les révolutionnaires. L'édifice, à leurs yeux, n'est point amendable. Les à-coups de la réforme Fouchet ne sont pas fruits de l'incompé-, tence bureaucratique ni du gigantisme centralisateur. Ils sont voulus, calculés : l'Université ne marche pas parce qu'elle obéit à des finalités qui la dépassent — les impératifs économiques, la nécessité d'une augmentation générale et massive des qualifications sécrètent une rationalisation impitoyable, une spécialisation précoce, une exploitation cynique de la main-d'œuvre intellectuelle. Derrière la façade d'une structure ouverte — et envahie — se profile une démarche sélective, soucieuse d'efficacité. C'est cette contradiction qui explique le tangage des mesures bâtardes. Pareil gâchis trahit la volonté de maintenir un ordre social et culturel déterminé : à l'image de la société, l'Université est bourgeoise, donc contestable dans sa globalité.

Entre réformistes et révolutionnaires, le divorce est consommé. Les seconds, quasi absents de la grève, prennent le relais. Avec d'autres objectifs et d'autres méthodes. Après le compromis, la stratégie de rupture. Après l'ébauche de dialogue, l'insolence, la provocation. Après le mouvement de masse, le geste exemplaire. Après la conciliation, la révolte.

Une minorité. Une infime minorité. Mais décidée, imaginative, qui sait frapper où cela fait mal. A partir de janvier 1968, elle entretient en permanence une agitation irritante, un prurit à vif. L'objectif est de paralyser l'appareil, de susciter l'escalade, d'appeler la répression, et d'étaler ainsi au grand jour la vraie nature de l'enseignement, la charge idéologique du savoir transmis. Il s'agit, à terme, de muer la critique culturelle en déséquilibre social.

La poignée de contestataires interrompt les cours, somme les professeurs de modifier programmes et méthodes — exige par exemple que Michel Crozier remplace sa leçon par la projection d'un film de Chris Marker sur la longue grève de l'usine Rhodiaceta. Le sociologue repousse l'ultimatum. Il est désormais traité en ennemi du peuple. Effrayés par cette virulence, choqués par cette insolence qui ne respecte ni les hommes ni les traditions, les modérés baptisent bientôt les perturbateurs d'un surnom : les « enragés ».

Daniel Cohn-Bendit est le leader de la petite bande qui récuse les leaders. Alain Touraine, dont il a été l'étudiant l'année précédente, n'a guère tardé à le remarquer. Il ne s'est pas écoulé une heure de cours sans que Cohn-Bendit intervienne. C'est un « homme de parole » qui discute, commente, critique. En fait, il réfléchit à haute voix devant les autres. Il dit toujours ce qu'il pense, quelles que soient les circonstances. Une intelligence intuitive dotée d'un sens inné du mot qui touche, du geste qui frappe, du symbole qui révèle le reste.

Daniel Cohn-Bendit est un juif allemand né en France — complexe histoire qui produit un fils d'émigrés pas vraiment juifs et assez juifs pour mériter l'étoile jaune sous Vichy. Les parents Cohn-Bendit sont agnostiques, la mère parle un peu le yiddish, le père, pas du tout. A Berlin, où réside la famille, ce dernier exerce la profession d'avocat et défend les communistes et socialistes emprisonnés. Quand Hitler prend le pouvoir, les Cohn-Bendit s'exilent en France. Pendant la guerre, ils participent à la Résistance.

Daniel naît à Montauban en 1945. Il ne reçoit aucune éducation religieuse, n'est pas circoncis. Durant toute son enfance et son adolescence, l'identité juive ne le tourmente guère. En 1951, son père regagne l'Allemagne pour y reprendre son métier d'origine. La mère reste en France avec Daniel et son frère aîné, Gaby. Daniel est élève du lycée Buffon. Mais le père tombe malade et sa femme le rejoint, emmenant le cadet, qui termine ses études secondaires à Francfort. Son père meurt en 1959, sa mère en 1963. Bac en poche, il revient en France et s'inscrit à la fac de Nanterre.

La passion du sport, chez lui, s'est affirmée bien avant le goût de la politique. A treize ans, il remporte avec son équipe le championnat de Paris de basket-ball. Il joue au foot, se faufile dans les tribunes du Parc des Princes pour soutenir les tricolores avec un chauvinisme juvénile. Comme les autres, la politisation lui vient avec les séquelles de la guerre d'Algérie. Surtout, il subit l'influence de Gaby, son « parrain », un des premiers contestataires de l'UEC, dès 1956, tôt converti à l'anarchisme.

A Nanterre, Dany se réclame d'un minuscule groupe libertaire, Noir et Rouge — la dénomination est explicite. Au début, il est adhérent de l'UNEF et pointe son nez lors des assemblées. Il lui arrive même, une fois, d'être élu président du bureau. Cela ne dure pas. Les Mutu empesées, les tribunes solennellement revêtues de vert, les titulaires du micro qui se succèdent sagement, très peu pour lui. Ce qu'il préfère, Cohn-Bendit, c'est porter la contradiction. Dans les cours de Touraine, parce qu'il conteste du même coup le savoir et l'institution. Et dans toutes réunions où il lui sied de mettre les pieds.

François Mitterrand tient-il meeting avec Morvan Lebesque contre la force de frappe ? Cohn-Bendit déboule avec véhémence, interpelle le président de la FGDS. Il est si violent que le chroniqueur du *Canard enchaîné* dénonce ses méthodes et le traite de fasciste. Dany, troublé par l'anathème d'un homme qu'il respecte, répond, presque suppliant :

— Non, pas vous, Morvan Lebesque, pas vous !

L'UNEF convoque-t-elle une assemblée générale de délégués venus de toute la France ? Dany, sans mandat aucun, s'y rend. Les orateurs défilent, conformément à la liturgie. Cohn-Bendit demande à intervenir :

— Je suis de Nanterre ; je veux parler.

— Tu n'es pas à l'UNEF, tu ne peux pas parler, réplique le président de séance.

— Cela fait un an qu'avec l'UNEF on se bat contre les fascistes à Nanterre ; j'ai des choses à dire.

— Tu n'en as pas le droit.

Il se rassied, vaguement intimidé. Profitant d'un nouveau temps mort, il se relève, mais son élan est coupé net :

« Non, tu n'es pas délégué, tu te tais.

Au bout de deux heures, Daniel Cohn-Bendit se dresse et parle sans micro — son coffre puissant l'en dispense. Il dénonce le ridicule d'une assemblée où l'on discute de questions qui n'intéressent pas les étudiants. Il évoque l'aliénation du milieu, les formes de transmission du savoir, termine en racontant l'occupation du bâtiment des filles à la résidence de Nanterre, appelle à lutter contre la répression sexuelle :

— Vous verrez, dans un an, à Nanterre, on occupera les résidences et, si les flics nous virent, on occupera la faculté.

Éclat de rire général. Les cadres de l'UNEF passent aux choses sérieuses. En cette rentrée 1967, ils ont mieux à faire qu'écouter les prophéties de ce trublion.

Son goût de la provocation méthodique, Cohn-Bendit ne le puise pas dans le simple désir de paraître, dans la seule aptitude à renverser ou exploiter l'événement, à prononcer le bon mot au bon moment. La dénonciation scandaleuse, le surgissement intempestif, c'est encore un art, voire une stratégie.

S'il les a peu lus — il ne raffole guère des bouquins ni de la culture reliée —, Dany a beaucoup médité l'exemple des situationnistes, ses devanciers, qui, les premiers, ont compris que l'acte politique est spectacle.

Le scandale de Strasbourg éclate le 26 octobre 1966. Une douzaine d'étudiants interrompent le cours inaugural d'un cybernéticien, Abraham Moles, qui détient la chaire de psychosociologie. Les tomates pleuvent dru, et l'éminent professeur est contraint de battre en retraite. Les perturbateurs se déclarent « situationnistes » et reprochent essentiellement à Moles de former des jeunes cadres modèle standard.

Pendant l'été, quelques étudiants de Strasbourg sont venus trouver les situationnistes pour leur annoncer que six de leurs amis, extrémistes, en désaccord avec toutes les chapelles possibles et imaginables représentées dans l'UNEF, ont été élus, de manière régulière et dans l'indifférence générale, à la direction de l'association locale du syndicat étudiant. Ils n'avaient aucun programme, excepté de tout raser sur leur passage. La délégation venait donc demander aux « situs » un coup de main et surtout quelques idées fumantes pour détourner au mieux les fonctions officielles récemment conquises.

L'Internationale situationniste, fondée en 1957 par une poignée de surréalistes de la politique, publie une revue du même nom confidentiellement diffusée et qui dénonce, avec une égale virulence, un sens aigu de la dérision, les dictatures bureaucratiques à l'Est comme à l'Ouest. Les rédacteurs, plumitifs orfèvres et polémistes de grand style, possèdent l'art de la formule choc, celle qui retourne une situation. Par exemple, cette maxime programme : « L'humanité ne sera vraiment heureuse que le jour où le dernier bureaucrate aura été pendu avec les tripes du dernier capitaliste. »

Dans la livraison numéro neuf de la revue, publiée en août 1964, les situationnistes s'interrogent eux-mêmes afin de mieux expliciter leurs thèses. Une autodéfinition, une autoproclamation qui ne sont dépourvues ni d'allure ni d'ambition :

— Que veut dire le mot situationniste ?

— Il définit une activité qui entend *faire* les situations, non les *reconnaître* comme valeur explicative ou autre. Cela à tous les niveaux de la pratique sociale, de l'histoire individuelle. Nous remplaçons la passivité existentielle par la construction des moments de la vie, le doute par l'affirmation ludique. Jusqu'à présent, les philosophes et les artistes n'ont fait qu'interpréter les situations ; il s'agit maintenant de les transformer. Puisque l'homme est le produit des situations qu'il traverse, il importe de créer des situations humaines. Puisque l'individu est défini par sa situation, il veut le pouvoir de créer des situations dignes de son désir...

— L'Internationale situationniste est-elle un mouvement politique ?

— Les mots « mouvement politique » recouvrent aujourd'hui l'activité spécialisée des chefs de groupes et de partis, puisant dans la passivité organisée de leurs militants la force oppressive de leur pouvoir futur. L'IS ne veut rien avoir de commun avec le pouvoir hiérarchisé... L'IS se propose d'être le plus haut degré de la conscience révolutionnaire internationale. C'est pourquoi elle s'efforce d'éclairer et de coordonner les gestes de refus et les signes de créativité qui définissent les nouveaux contours du prolétariat, la volonté irréductible d'émancipation... L'IS se réfère à une révolution permanente de la vie quotidienne.

— L'IS est-elle un mouvement artistique ?

— L'IS est le seul mouvement qui puisse, en englobant la survie de l'art dans l'art de vivre, répondre au projet de l'artiste authentique. Nous sommes des artistes par cela seulement que nous ne sommes plus des artistes : nous voulons réaliser l'art.

— L'IS est-elle une manifestation nihiliste ?

— L'IS refuse le rôle qu'on est tout prêt de lui accorder, dans le spectacle de la décomposition... Il est vrai que, partout dans la société de consommation, les terrains vagues de l'effondrement spontané offrent aux valeurs nouvelles un champ d'expérimentation dont l'IS ne peut se passer. Nous ne pouvons construire que sur les ruines du spectacle...

— Les positions situationnistes sont-elles utopiques ?

— La réalité dépasse l'utopie.

— Quelle est l'originalité des situationnistes, en tant que groupe délimité ?

— Premièrement, nous faisons, pour la première fois, une nouvelle critique, cohérente, de la société qui se développe *actuellement,* d'un point de vue révolutionnaire... Deuxièmement, nous pratiquons la rupture complète et définitive avec tous ceux qui nous y obligent, et *en chaîne...* Troisièmement, nous inaugurons un nouveau style de rapport avec nos « partisans » ; nous refusons absolument les disciples...

— Êtes-vous marxistes ?

— Bien autant que Marx disant « Je ne suis pas marxiste ! »

— Combien êtes-vous ?

— Un peu plus que le noyau initial de guérilla dans la Sierra Maestra, mais avec moins d'armes. Un peu moins que les délégués qui étaient à Londres, en 1864, pour fonder l'Association internationale des travailleurs, mais avec un programme plus cohérent. Aussi fermes que les Grecs des Thermopyles, mais avec un plus bel avenir.

— Quelle valeur pouvez-vous attribuer à un questionnaire ? A celui-ci ?

— Il s'agit manifestement d'une forme de dialogue factice... Dans le présent questionnaire, toutes les questions sont fausses ; et nos réponses, vraies cependant.

Les situs ne doutent guère de leur mérite. Du haut de leur donjon, ils expédient des flèches empoisonnées vers tous ceux qui, dans le domaine culturel, à l'avant-garde de la révolution des formes, pourraient un tant soit peu contester leur monopole. L'assassinat est, sur leur planète, le plus prisé des beaux-arts.

Ainsi Michèle Bernstein, membre du comité de rédaction, exécute-t-elle d'un même trait de plume Resnais et Robbe-Grillet dans le numéro sept de l'*IS* : « Toute cette dose d'erreurs prétentieuses oblige à un réexamen du cas Resnais [...]. Robbe-Grillet, arrivé beaucoup trop tard pour détruire le roman, a tout de même détruit Resnais [...]. Avec la retombée de Resnais dans le plus redondant et le plus mité des spectacles, force est de conclure qu'il n'y a plus d'artistes modernes convenables en dehors de nous. »

Jean-Luc Godard, qu'Aragon baptise digne héritier de Lautréamont, n'échappe pas au massacre : « Godard est un Suisse de Lausanne qui a envié le chic des Suisses de Genève, et de là les Champs-Élysées [...]. » Ou encore : « Godard est l'équivalent cinématographique de ce que peuvent être Lefebvre et Morin dans la critique sociale ; il possède l'apparence d'une certaine liberté dans son propos (ici, un minimum de désinvolture par rapport aux dogmes poussiéreux du récit cinématographique). Mais cette liberté même, ils l'ont prise ailleurs [...]. Ils sont le Club Méditerranée de la pensée moderne [...]. »

Pareille maîtrise dans la proscription, pareille propension arrogante à créer le vide autour de soi ne sont guère propres à élargir les frontières du cénacle. Qui ne le souhaite d'ailleurs pas. Les situs savent mieux que personne combien la rareté crée la valeur. Comme leurs lointains parrains, les surréalistes, ils investissent beaucoup de leur énergie en excommunications mutuelles. Forts en anathèmes, ils préservent la pureté de l'espèce avec une vigilance maniaque.

Quand les sympathisants strasbourgeois sollicitent leur concours, ils acceptent, grands princes, de détacher Mustapha Khayati, un rédacteur de la revue, auprès du groupe. Khayati conseille aux étudiants de produire un texte manifeste, mais, observant les carences littéraires de ses interlocuteurs, il s'empare lui-même du stylo.

Le jour de la rentrée universitaire, les autorités académiques reçoivent en cadeau une plaquette, *De la misère en milieu étudiant,* éditée sous l'égide de l'UNEF et de l'Association fédérative générale des étudiants de Strasbourg (AFGES), qui annonce simultanément le premier point de son programme d'action : sa propre dissolution immédiate. Le fumet de l'affaire se répand bien au-delà des amphithéâtres. Le bureau iconoclaste est accusé d'avoir dilapidé l'argent de l'UNEF pour publier la brochure.

La justice, saisie, considère que les cinq étudiants élus à la direction de l'association syndicale sont « à peine sortis de l'adolescence, sans aucune expérience, le cerveau encombré de théories philosophiques, sociales, politiques et économiques mal digérées, ne sachant comment dissiper leur morne ennui quotidien » ; qu'ils « émettent la vaine, orgueilleuse et dérisoire prétention de porter des jugements définitifs et bassement injurieux sur leurs condisciples, leurs professeurs, Dieu, les religions, le clergé, les gouvernements et les systèmes politiques et sociaux du monde entier »...

Le président Llabador, dans une ordonnance de référé du tribunal de grande instance, estime encore « que, par leur caractère foncièrement anarchique, pareilles théories et propagandes sont éminemment nocives, et, par leur large diffusion, tant dans le milieu estudiantin que dans le public par la presse locale, nationale et étrangère, mettent en danger la moralité, les études, la réputation et, par conséquent, l'avenir des étudiants de Strasbourg »... Conséquemment, la Cour décide la mise sous séquestre des locaux et des biens de l'AFGES. Voilà les émules des situs hors d'état de nuire.

L'inhabituelle verdeur des attendus judiciaires répond à l'agressivité verbale du texte incriminé. Sur un point, au moins, les hommes de loi n'ont pas tort. L'impact de la brochure *De la misère en milieu étudiant, considérée sous ses aspects économique, politique, psychologique, sexuel, et notamment intellectuel, et de quelques moyens pour y remédier* déborde largement le cadre strasbourgeois. La virtuosité littéraire de Mustapha Khayati, talentueux expert de la phrase finale, ajoute encore à cette charge sans retenue, autopsie saignante du malaise universitaire.

« Nous pouvons affirmer sans grand risque de nous tromper que l'étudiant en France est, après le policier et le prêtre, l'être le plus universellement méprisé. » La première ligne du libelle donne le ton. Dans cette société « marchande et spectaculaire », l'étudiant n'échappe pas à la loi commune, la passivité généralisée. Sa période de formation n'est rien d'autre qu'une initiation à son rôle futur dans le giron du système.

Matériellement, le « statut de l'étudiant est l'extrême pauvreté ». L'immense majorité vit avec des revenus largement inférieurs aux revenus les plus bas des salariés. Mais la misère psychologique est plus grave encore : « L'étudiant se maintient à tous les niveaux dans une minorité prolongée, irresponsable et docile. » S'il lui arrive de s'opposer à sa famille, « il accepte sans mal d'être traité en enfant dans les diverses institutions qui régissent la vie quotidienne ». L'étudiant mérite le mépris parce qu'il tolère la condition qui lui est faite en la mythifiant. Son devenir est inscrit : il sera un « petit cadre ». « Devant le caractère misérable, facile à pressentir, de cet avenir plus ou moins proche qui le dédommagera de la honteuse misère du présent, l'étudiant préfère se tourner vers son présent et le décorer de prestiges illusoires. [...] Les lendemains ne chanteront pas et baigneront fatalement dans la médiocrité. C'est pourquoi, il se réfugie dans un présent irréellement vécu. »

L'étudiant se croit libre alors qu'il est entravé par toutes les chaînes de l'autorité. « L'ensemble de sa vie, et *a fortiori* de la vie, lui échappe. » Pour compenser semblable dérision, l'étudiant se mue en boulimique consommateur de « marchandise culturelle ».

Belle occasion, pour les situationnistes, de tirer au bazooka sur tout ce qui bouge dans l'intelligentsia : Althusser, Sartre, Barthes, Lefebvre, Lévi-Strauss... Pur produit de la société moderne, l'étudiant ne saurait contester son infinie aliénation que par la « contestation de la société tout entière ».

Reste donc la révolte, dont pointent les prémices. Mais attention : il ne s'agit pas de ramener « une nouvelle jeunesse de la révolte à l'éternelle révolte de la jeunesse ». Cette fois, « la révolte de la jeunesse contre le mode de vie qu'on lui impose n'est en réalité que le signe avant-coureur d'une subversion plus vaste qui englobera l'ensemble de ceux qui éprouvent de plus en plus l'impossibilité de vivre, le prélude à la prochaine époque révolutionnaire. [...] » La libération de la condition étudiante ne sera effective que par la libération de la société. Il revient au prolétariat, désaliéné, « de transformer le monde et de changer la vie » — ce qui est la même chose.

« Les révolutions prolétariennes seront des fêtes ou ne seront pas, car la vie qu'elles annoncent sera elle-même créée sous le signe de la fête. » Et la brochure conclut sur une déconcertante promesse : « Vivre sans temps morts et jouir sans entraves. »

A Nanterre, *De la misère en milieu étudiant* est diffusé par les amis de Cohn-Bendit. Les deux bibles théoriques des situs, *la Société du spectacle,* de Guy Debord, et *Traité de savoir-vivre à l'usage des jeunes générations,* de Raoul Vaneighem, circulent également. Dans le groupe même des « enragés », quelques personnalités, tel René Riesel, sont liées directement aux situs. Ainsi sont importées des méthodes qui ont fait leurs preuves : généralisation de l'insulte outrancière, détournement des bulles dans les bandes dessinées, prolifération de graffiti.

Au début de janvier 1968, les sabotages des cours par les « enragés » deviennent quotidiens. Les enseignants constituent des victimes d'autant plus vulnérables qu'ils sont proches de leurs ouailles, qu'ils acceptent le dialogue. Même les plus libéraux des professeurs s'insurgent bientôt contre l'intolérance. Poussé à bout, Alain Touraine se cabre :

— J'en ai assez des anarchistes, et encore plus des situationnistes ! Pour le moment, c'est moi qui commande ici, et si un jour c'était vous, je m'en irais dans des endroits où l'on sait ce que c'est que le travail !

L'outrance des guérilleros du verbe choque non seulement la grande majorité des étudiants, mais aussi les militants gauchistes qui ne sont pas mûrs pour envisager une stratégie de rupture.

Entre les jusqu'au-boutistes qui visent le point de non-retour et les « révolutionnaires réformistes » qui se cantonnent dans une critique du savoir et de la fonction universitaire, Daniel Cohn-Bendit balance. Il est trop politique pour se satisfaire d'actes gratuits. Mais que cette gratuité se révèle payante, mette au jour une contradiction, dévoile le caractère répressif de l'institution, et le libertaire fonce. La cascade des incidents crée un climat tendu, passionnel, propice à la déflagration.

Elle est vraiment magnifique, et pour tout dire olympique. Les promoteurs n'ont pas lésiné sur les moyens. La toute nouvelle piscine creusée sur le campus de Nanterre arrache des cris d'admiration au petit groupe d'hommes en complet-veston qui parcourent, ce 8 janvier, les installations. François Missoffe, ministre de la Jeunesse et des Sports dans le gouvernement Pompidou, ne regrette pas les huit cents millions de centimes qui vont permettre aux étudiants de barboter. Sa visite n'a pas été annoncée, et la délégation est fort discrète. Pourtant, le ministre a la surprise de déchiffrer moult affiches : « Ce soir, à 18 heures, partouze à la piscine. » L'itinéraire que suivent les officiels est fléché d'énormes phallus. Les « enragés » ont prévu de bombarder le cortège d'œufs pourris et de tomates. Mais, pour l'instant, le front est calme.

Quand François Missoffe sort du bâtiment qui abrite le bassin, Daniel Cohn-Bendit se détache des spectateurs et s'approche.

Le doyen, inquiet, l'intercepte et, l'agrippant par le col, l'oblige à se retourner. Comme une marionnette de chiffon, Cohn-Bendit se laisse manipuler sans objection. Mais le voici qui revient de l'autre côté et aborde le ministre. Les huiles universitaires blêmissent. L'étudiant se contente de demander du feu à François Missoffe. Il allume sa cigarette, souffle posément la fumée et lance à brûle-pourpoint :

— Monsieur le Ministre, j'ai lu votre *Livre blanc sur la jeunesse*. En trois cents pages, il n'y a pas un seul mot sur les problèmes sexuels des jeunes.

L'interpellé réplique qu'il est là pour favoriser le sport et que les adolescents devraient s'y adonner davantage. Mais Cohn-Bendit insiste : pourquoi ne parle-t-on jamais de sexualité ? Le ministre s'échauffe. S'il doit débattre du sujet, ce ne sera pas avec l'impertinent rouquin :

— Avec la tête que vous avez, vous connaissez sûrement des problèmes de cet ordre. Je ne saurais trop vous conseiller de plonger dans la piscine.

— Voilà une réponse digne des Jeunesses hitlériennes...

Les officiels s'éloignent. L'anicroche a duré deux minutes, mais un récit magnifié se répand dans l'université à toute vitesse. Le perturbateur qui exaspère professeurs et étudiants y gagne en popularité. Trois répliques, et Cohn-Bendit devient Dany.

Une fois encore, la judicieuse exploitation des circonstances s'avère l'investissement le plus rentable. Un bombardement de fruits avariés aurait sans doute heurté les usagers de Nanterre. L'interpellation directe, la passe d'armes verbale avec un ministre qui en perd son sang-froid font que le provocateur avisé ramasse la mise.

Le *Livre blanc sur la jeunesse* évoqué par Cohn-Bendit est le résultat d'une enquête menée auprès d'un échantillon très représentatif des quinze/vingt-quatre ans. Il dresse du jeune Français « moyen » un portrait édifiant, apte à conforter les adultes dans leur certitude que la révolte des générations montantes n'est qu'invention des journalistes. On y lit : « Le jeune Français songe à se marier de bonne heure mais a le souci de ne pas mettre d'enfants au monde avant d'avoir les moyens de les élever correctement. Aussi son objectif numéro un est-il la réussite professionnelle. En attendant, sur ses gains modiques, il fait des économies, le jeune homme pour acheter une voiture, la jeune fille pour construire son trousseau. » Et encore : « Il s'intéresse à tous les grands problèmes de l'heure, mais ne demande pas à entrer plus tôt dans la vie politique — 72 % des jeunes estiment qu'il ne faut pas abaisser à moins de vingt et un ans le droit de vote. Il ne croit pas à la guerre prochaine et pense que l'avenir dépendra surtout de l'efficacité industrielle, de l'ordre intérieur, de la cohésion de la population. » Le sondage date de mai 1967.

Cohn-Bendit, en attaquant le ministre sur la question sexuelle, ne tape pas à l'aveuglette. Si, selon le livre « blanc », les jeunes n'ont point de sexe, les contestataires qui ont dévoré Reich ne partagent nullement cette opinion et en trouvent confirmation dans l'insurrection, l'an passé, des locataires de la Résidence. Le décalage entre l'aspiration à la « permissivité » et le puritanisme officiel, entre la libération des mœurs suggérée par le cinéma ou la publicité et la pérennité des contraintes morales grandit. La France se déboutonne lentement, et l'effeuillage social fait grincer bien des fermetures.

Voilà seulement six mois, en juin 1967, que les articles 3 et 4 de la loi de 1920 interdisant la « propagande anticonception-nelle » ont été abrogés. Il a fallu près d'un an de travail au rapporteur du projet, Lucien Neuwirth, six mois de discussions en commission parlementaire et une heure et quart de délibération du Conseil des ministres pour que la pilule soit en vente dans les pharmacies. Sans remboursement par la Sécurité sociale...

La France industrielle se modernise à vive allure, les autoroutes étirent leurs tentacules, les immeubles grimpent, les campagnes se vident, les banlieues champignonnent, les entreprises prospèrent, les grandes surfaces s'élargissent. Sur les plages, quelques seins timidement dévoilés suscitent l'ire des censeurs. La modernité s'arrête, semblerait-il, à la lisière des us et coutumes. Défense de s'éclater dans une société qui éclate. La jeunesse, telle un sismographe, enregistre, elle, le frémissement des failles.

Suite à l'incident de la piscine, un fonctionnaire zélé de la préfecture engage contre Daniel Cohn-Bendit une procédure d'expulsion. Contrairement à son frère aîné, que ses parents avaient abrité derrière le formulaire adéquat, Daniel est allemand. Craignant le pire, l'insolent perturbateur adresse au ministre une lettre d'excuses préventive : François Missoffe — dont la fille, Françoise, est étudiante à Nanterre — classe le dossier. Mais la rumeur d'une menace brandie contre « Dany » alourdit encore l'atmosphère. Les « enragés » n'éprouvent aucune peine pour maintenir la pression.

A la fin du mois de janvier, la campagne dénonçant « la répression policière » s'alimente d'un nouveau bruit persistant. L'administration aurait dressé des « listes noires » recensant les militants politiques les plus engagés — en vue de leur infliger diverses sanctions disciplinaires. Elle aurait même demandé à des flics en civil de repérer les meneurs. Les « enragés » ripostent avec les mêmes armes : ils photographient les indicateurs présumés. Au matin du 26 janvier, une centaine de manifestants déambulent dans le grand hall, brandissant des panneaux où sont épinglés les visages des « moutons ». Ils ont convoqué des photographes professionnels pour immortaliser la scène.

Des appariteurs tentent d'interrompre le chahut. Ils sont repoussés. Le doyen, qui est en train de donner son cours, est averti et permet qu'on appelle la police. Une douzaine d'agents du commissariat de Nanterre surgissent : ils sont chassés du bâtiment et réclament des renforts.

Au moment précis où plusieurs centaines d'étudiants sortent des amphithéâtres — midi sonne —, ignorant tout des empoignades de la matinée, ils se trouvent nez à nez avec des forces de police casquées, matraque à la main. La réaction tient du réflexe : ils s'arment de pieds de tables, de chaises, et se ruent sur l'ennemi. En une poignée d'heures, les contestataires sont passés de quelques dizaines à plusieurs centaines. L'effet quasiment pavlovien que provoque la vue des képis joue à plein. La dialectique provocation-répression-mobilisation fonctionne à merveille. Les « enragés » ne sont plus isolés. Ils ont démontré leur habileté tactique et entonnent un chant de victoire, *la Grappignole,* sur l'air de *la Carmagnole* :

> Valsons la grappignole
> C'est la misère ou la colère
> Valsons la grappignole
> C'est la colère
> A Nanterre
> Ah, ça ira, ça ira
> Morin, Lefebvre, on les emmerde
> Ah, ça ira, ça ira
> Et le Touraine, on s' le paiera.

Par la dérision, le scandale, l'insulte, un noyau infime grossit à vue d'œil. L'administration, débordée, riposte de manière disproportionnée, et sa réaction même entraîne une nouvelle escalade, jette un nouveau défi.

L'université de Nanterre, micro-laboratoire des tensions sociales, est à point pour l'explosion.

12

La fièvre

La place de la République est noyée dans la fumée des gaz lacrymogènes. Divers projectiles volent vers les CRS, en position devant
la préfecture que des groupes fournis, reformés après chaque
charge, veulent à tout prix atteindre. Jean-Marcel Bouguereau, le
complice de Kravetz et de Péninou en syndicalisme sorbonnard,
écarquille ses yeux larmoyants. Il est ici, à Caen, pour animer un
stage de l'UNEF. Et les copains locaux l'ont invité à quitter l'université, entassés dans une Dauphine, afin d'assister, en plein centre-
ville, au grand rassemblement des ouvriers de la Saviem, grévistes
depuis trois jours. Le déplacement valait la peine : ce soir du 26
janvier 1968, la capitale du Calvados ressemble à une station bal-
néaire de Floride — juste après le passage d'un ouragan.

Le mouvement a démarré par une banale demande d'augmentation de salaire. Les trois quarts des travailleurs sont ouvriers
spécialisés, OS, et gagnent quelque 600 F par mois — les
femmes, parfois 400. La plupart, d'origine paysanne, ont été
chassés de l'exploitation familiale par l'exode rural, prolétarisés
pour les besoins de l'industrialisation. Beaucoup sont jeunes,
démunis de traditions syndicales, et n'ont guère connaissance
des us et coutumes du « combat de classe ». Dans les campagnes, quand on se décide à exiger quelque chose, on l'exige
tout de suite, et à coups de fourche s'il le faut.

Le débrayage se propage en vingt-quatre heures. La direction
n'entend pas négocier sous la pression de ces mula-terreux récemment habillés de bleu. Aux portes de l'entreprise, des groupes, la
nuit, montent la garde dans un froid polaire. Le deuxième jour,
vers quatre heures du matin, le directeur en personne se présente
devant le piquet à la tête de quatre cents non-grévistes. Sur leurs
talons, des pelotons de CRS qui bientôt dispersent les trublions.
Pour répliquer, ces derniers décident de marcher vers le centre
de Caen.

Vieille tradition paysanne. Quand rien ne va plus, on investit la ville.

Ils avancent les mains dans les poches lorsqu'une charge sévère de gardes mobiles les stoppe. Plusieurs ouvriers sont sérieusement blessés. Colère dans les rangs. On ramasse tout ce qui traîne, et le bombardement des forces de l'ordre commence. Les gendarmes, débordés, sont contraints de se replier. Et leurs adversaires se promettent de revenir.

Ils sont sept mille, le surlendemain, place Saint-Pierre, écoutant les discours des dirigeants syndicaux. Les principales usines de la périphérie ont débrayé par solidarité. Cette fois, les jeunes OS ont pris leurs précautions ; ils ont les poches remplies de boulons, de billes d'acier. Des frondes, des masses de chantier, des barres de fer apparaissent. Bien qu'un responsable de la FEN ait invité, sous les huées, à défiler dans le calme, il ne fait guère de doute qu'on est là pour en découdre.

La préfecture. Il faut attaquer la préfecture, symbole du pouvoir central, du pouvoir d'État qui envoie ses flics contre les prolétaires. Effectivement, arrivé devant le bâtiment solidement défendu, le cortège se fractionne. Des groupes renversent les barrières, cherchent l'accrochage.

Vers dix-neuf heures trente, les gardes mobiles arrosent l'esplanade de grenades lacrymogènes. Un brouillard âcre envahit les rues. Des pneus incendiés répandent une odeur nauséabonde. En vitesse, les commerçants baissent le rideau de fer. Les gendarmes, surpris par la virulence des émeutiers, tardent à reprendre le contrôle de la situation. Jusqu'à minuit, les échauffourées se poursuivent.

Les édifices publics sont systématiquement visés, mis à sac ; banques, chambre de commerce ont leurs vitrines brisées. Jean-Marcel Bouguereau, qui n'a pas manqué une manif sur le pavé parisien depuis 1964, n'a jamais été spectateur d'un tel déchaînement. Et il se prend à rêver d'un réveil en fanfare de la classe ouvrière. Déjà, fin 1967, à Redon, au Mans, la même violence spontanée, la même agressivité frisant l'inconscience avaient jailli des cortèges de jeunes travailleurs parfaitement désinvoltes envers les consignes de modération.

Jean-Marcel n'ose imaginer que la recette des « triques à la mode de Caen » — la formule a été mitonnée par *le Canard enchaîné* — pourrait resservir ailleurs. Quelque chose d'indéfinissable couve, malaisément perceptible : une lame montante dont on ne distingue encore que le lointain gonflement.

Le jeune Bouguereau, pas encore vingt-deux ans et déjà vieux politique, note simplement, comme tout le monde, l'inhabituelle détermination des manifestants, qui se battent comme s'ils n'avaient rien à perdre, animés d'une sourde haine contre les puissants, les riches, les flics.

Un moment, il observe un vieil ouvrier, seul au milieu de la place, silhouette floue dans la fumée ; l'homme brandit une barre de fer à bout de bras et répète inlassablement : « A bas les patrons, vivent les ouvriers ! A bas les... »

Bouguereau est plus souvent à l'étranger que sur les campus de province. Il a déniché, dans le sillage de son aîné et complice, Jean-Louis Péninou, une enviable sinécure. Le tandem s'occupe depuis 1965 du secteur international de l'UNEF. L'organisation étudiante se décompose, les bureaux nationaux ne règnent que sur leurs locaux de la rue Soufflot, à la merci d'une assemblée générale, du coup de force d'un groupuscule politique. Mais les deux compères ont créé une « commission internationale » dont ils sont les secrétaires inamovibles.

Et ils voyagent à travers l'Europe, et même parfois au-delà, en solo, en duo, en bande. Au printemps 1966, Péninou, Kravetz et les deux « théâtreux » Alain Crombecque et Jean-Jacques Hocquard se sont rendus en Chine à l'invitation des Jeunesses communistes. La Révolution culturelle prend son essor durant leur séjour, mais ils n'en perçoivent rien. Quelques signes, de temps en temps, les alertent sans qu'ils en devinent la portée. Ainsi le silence glacial qui suit, lors d'un banquet, le toast porté par Kravetz à un écrivain qu'il admire. L'homme de lettres vient de disparaître à la trappe.

La veille du rendez-vous de la délégation française avec les dirigeants des Jeunesses, elle apprend que la rencontre est annulée. Leurs interlocuteurs ont été arrêtés. Rentrés de Chine, Péninou et Kravetz refusent de prononcer les conférences rituelles et émerveillées qu'attendent les Amitiés franco-chinoises — le culte de Mao, la petite verrue du Grand Timonier affichée à chaque coin de rue heurtent ces adversaires viscéraux de la religiosité stalinienne.

Bouguereau et Péninou, ministres des Affaires étrangères de l'UNEF, ont charge d'entretenir des relations suivies avec leurs homologues anglais, italiens, allemands. Ils se sont réparti le travail. Péninou assure la diplomatie « officielle », celle des contacts au sommet avec les organisations correspondantes, quelle que soit leur coloration politique, et Bouguereau profite du voyage pour nouer des liens avec les ailes gauches. Car le rêve des deux commis voyageurs est de regrouper, au niveau européen, les minorités subversives, même de l'autre côté du rideau de fer.

L'UNEF est adhérente de l'Union internationale des étudiants, dont le siège se trouve en Tchécoslovaquie — sous la houlette vigilante des Soviétiques. A l'Est, on ne considère pas d'un mauvais œil les efforts des Français, et l'on s'aventure jusqu'à les encourager. Un jour, dans une chambre d'hôtel en face de la Sorbonne, un Polonais remet une liasse de dollars à Bouguereau, lequel, cyniquement, espère en faire à Prague quelque usage subversif. Mais là, il est déçu.

Depuis janvier, Alexandre Dubcek, chef de file des « libéraux », a remplacé Novotny à la tête du parti communiste tchèque. Le dégel s'amorce, le printemps est en avance, et un vent de liberté inconnu souffle sur le pays. Les bouches s'ouvrent, les langues se délient et, comme partout, les étudiants ne sont pas en reste. Ceux que rencontre Bouguereau sont fascinés par l'Occident. Ils ne comprennent pas très bien qu'on puisse contester des régimes où, précisément, le droit de contester est reconnu. Et pourtant...

Pourtant, la fièvre monte dans les universités du vieux monde. A Rome, à Berlin, à Londres, et même à Madrid, la jeunesse étudiante, nourrie de lectures identiques, secoue le cocotier, brandit le drapeau de la révolte contre la société. La simultanéité des actions, la concordance des mots d'ordre troublent maints esprits trop conventionnels qui agitent le spectre d'un complot international. Bouguereau et Péninou, de par leurs fonctions, sont bien placés pour savoir qu'il n'est nul besoin ni nulle trace d'un chef d'orchestre clandestin.

Partout, les symptômes d'un identique malaise jettent des jeunes gens dans la rue ; dans tous les pays développés, les systèmes éducatifs, confrontés à une effrayante inflation numérique, doublée d'une insatiable demande sociale, s'avouent inadaptés, archaïques. Les étudiants commencent par critiquer la distorsion entre les ambitions et les réalités, la finalité et les moyens, mais, rapidement, sautent de la critique de l'Université à celle de la société tout entière.

Les pouvoirs établis, incapables de réformes adéquates et maîtrisées, semblent démontrer *a contrario* que seule une refonte globale de l'environnement économique et culturel permettra l'épanouissement de chacun. La révolution n'est plus un aboutissement, mais un préalable.

Une évidence.

1986. Henri Weber, maître de conférences en sciences politiques à l'université Paris-VIII :
— *Ce qui séduisait les étudiants dans le marxisme, c'était sa dimension millénariste. La société radicalement mauvaise, non réformable, devait être détruite de fond en comble afin de permettre l'accession à la bonne société. Pour passer de l'une à l'autre, la révolution était nécessaire. La classe ouvrière, Messie collectif, serait l'instrument de la rédemption. Le prolétariat n'était rien ; il serait tout. De l'excès de mal naîtrait l'excès de bien. C'est cette force mystique, prophétique, religieuse qui a donné au mouvement révolutionnaire, dans les pays développés, un souffle, une dimension, une énergie considérables. Il n'est pas de grande transformation sans mythe mobilisateur.*
Or, nous ressentions un immense besoin de croire.

Puisant à une source commune, scandant par-delà les frontières des slogans partagés, une Internationale de la jeunesse grandit. L'espoir du grand chambardement ressuscite. La flammèche, après avoir sillonné les tropiques, embrasé la zone des tempêtes, revient à toute allure vers le vieux continent, où s'accumule la poudre.

Bouguereau est souvent en Italie. Les facultés de la Péninsule sont occupées pendant plusieurs semaines, et il souhaite ne pas louper pareil spectacle. Parti de Turin à l'automne 1967, le mouvement gagne Gênes, Pavie, Salerne, Trente, puis Pise, Florence et, enfin, Rome, où les affrontements — d'une extrême violence — provoquent plusieurs dizaines de blessés.

La contestation initiale de l'autoritarisme des enseignants, qualifiés de *baroni della cattedra* (les barons de la chaire), et de la rigidité presque féodale du système de formation s'évade du cadre universitaire, cherche ses références chez Guevara, Mao. A Trente, les étudiants de l'Institut de sciences politiques remplacent les cours magistraux par des groupes de travail sur l'Amérique latine, la guerre du Vietnam — prémices d'une université critique, préludes à la critique de la société.

En Allemagne, la pente est semblable. Bouguereau et Péninou, vingt fois, effectuent le voyage de Berlin où fleurit l'« Université libre ». Sous l'impulsion du *Sozialisticher Deutscher Studentbund,* le SDS, les étudiants de l'ancienne capitale du Reich abandonnent l'idée d'un aménagement de la structure existante pour élaborer un lieu critique, géré par les usagers, ouvert à tous, alternatif. La mort d'un des leurs, tué au cours d'une manifestation contre la venue du chah d'Iran, accélère la politisation du mouvement et l'exportation du modèle berlinois vers d'autres *Länder.* Des milliers de jeunes participent au cortège funèbre. L'un des grands journaux de RFA titre en manchette : « Maintenant, il y a trois Allemagne ! »

Les Japonais ne demeurent pas à l'écart sur leur île. L'incroyable organisation, la folle audace des manifestants nippons impressionnent fortement les Européens. Le *Zengakuren,* le syndicat le plus représentatif, qui regroupe trois cent mille étudiants, prépare les démonstrations de rue selon une technique sans pareille ; les participants se mettent en boule, hérissés de lances moyenâgeuses, puis se déploient d'un seul coup, tel un serpentin, et l'extrémité de la colonne vient percuter les forces de l'ordre.

Comme partout, l'agitation est fille d'une inadaptation de l'Université, et, comme partout, elle s'est étendue : la principale cible reste les États-Unis, qui traitent l'archipel « ami » en gigantesque porte-avions US, en grand arrière pour la guerre du Vietnam.

A Tokyo, à Rome, à Berlin, à Berkeley, c'est la lutte des Vietnamiens contre la première puissance économique et militaire du monde qui constitue le symbole essentiel de la révolte. Un symbole parfait, énorme : d'un côté, une machine écrasante, sophistiquée, dotée des outils de mort technologiquement les plus avancés ; de l'autre, un petit peuple aux mains nues, prêt au sacrifice suprême pour proclamer son indépendance.

Le FNL incarne toutes les souffrances de la planète et tous les espoirs des opprimés. Jamais combat n'a paru plus clair. Spectateurs, les adolescents occidentaux éprouvent une mauvaise conscience impuissante devant un affrontement aussi inégal ; les Vietnamiens, eux, rampent dans les rizières. Frustrés, ceux qui les soutiennent opèrent un formidable transfert affectif et militant. Le Vietnam, épicentre de la révolution mondiale, dessine à lui seul le contraste limpide du blanc et du noir.

Dans la nuit du 29 au 30 janvier 1968, les forces rebelles, appuyées par les Nord-Vietnamiens, déclenchent l'offensive du Têt. L'objectif est de pénétrer et de tenir les villes majeures du Sud-Vietnam. L'attaque, généralisée et foudroyante, bouscule le pesant et compact dispositif américain, et, en quelques heures, affecte les centres urbains de Kontum, Pleiku, Da Nang, Can Tho...

Les maquisards se risquent jusque dans Saigon, tirent au mortier sur l'ambassade américaine où se sont retranchés les GI et paradent en Jeep à travers les faubourgs de Cholon comme en territoire conquis. Les combats, le long de l'aéroport de Tan-Son-Nhut, fermé au trafic international, sont acharnés. Des centaines de cadavres gisent dans la rue, parmi les ordures.

A Hué, le drapeau du FNL flotte sur la citadelle et les *marines*, corps d'élite auréolé de sa victoire durant la guerre du Pacifique contre les Japonais, montent à l'assaut par vagues successives, sous la pluie, dans la boue. Ils subissent des pertes terribles, et le monde entier découvre, grâce au courage des correspondants de presse, les photos saisissantes de soldats américains, visage blanc ou noir pétrifié de souffrance et d'effroi, maculés de terre, corps recroquevillé, plaqué au sol. Ces instantanés d'une putain de guerre, atroce et injuste, sèment le doute. Et si l'Invincible Armada n'était pas invincible ? Et si la rageuse détermination des Vietnamiens venait à l'emporter sur le bulldozer yankee ? En Europe, l'offensive du Têt cravache les désirs d'histoire.

Sur l'estrade, le petit homme vêtu d'une chemise à carreaux échancrée parle suivant un débit si rapide et saccadé que l'interprète peine en route. Une mèche de cheveux raides retombe sans cesse devant les yeux noirs, fiévreux, mobiles, de l'orateur. Rudi

Dutschke, le leader du SDS berlinois, explique à trois cents Français entassés dans un amphithéâtre de l'université technique comment se déroulera la manifestation du lendemain.

Le 18 février 1968, l'ancienne capitale du Reich accueille un grand rassemblement international contre la guerre du Vietnam. Quinze pays européens y envoient des délégations. Celle qui vient de France est principalement composée de militants appartenant à la Jeunesse communiste révolutionnaire, emmenés par Alain Krivine et Henri Weber.

Depuis sa création, en 1966, la JCR consacre l'essentiel de son activité à la cause vietnamienne, par l'intermédiaire du Comité Vietnam national dont Krivine est l'un des dirigeants. La JCR est une organisation hybride ; ses militants sont tiers-mondistes, guévaristes, antistaliniens viscéraux, et ses responsables émargent à la IVe Internationale, fondée par Léon Trotski. Les adhérents de la « IV » possèdent tous les leviers de commande, inculquent aux jeunes la pensée du « vieux » et le respect des textes sacrés. Mais ils procèdent avec habileté, veillent à sauvegarder les apparences. Au sein des multiples variétés de la souche trotskiste, ils constituent une branche ouverte, peu sectaire, portée vers l'action.

Les relations, entre membres de la JCR, sont familiales, amicales souvent. Le groupe est de dimension modeste, et les deux ou trois cents militants parisiens, formés pour beaucoup dans le moule de l'UEC des années perdues, se connaissent tous. Les réunions, qui se déroulent à la bonne franquette, se terminent invariablement dans les restaurants à bas prix du coin, pizzerias ou chinois, et les ténors de la direction ne répugnent guère à mêler leur fourchette à celles des militants de base. Le culte du chef est denrée rare.

La parole de Krivine, comme toute autre, est soumise à critique, et nul ne s'en prive. Alain, élevé dans le giron stalinien, échaudé par sa propre expérience et passablement vacciné contre les magouilles bureaucratiques, s'emploie à effacer les distances, à n'être qu'un révolutionnaire parmi des révolutionnaires. Il y parvient sans trop de peine, spontanément chaleureux, généreux, curieux de découvrir les derniers arrivants.

L'animal politique recèle de vraies qualités humaines, lesquelles entrent pour beaucoup dans sa popularité. Quant à son premier lieutenant, Henri Weber, plus « intello », il ne goûte rien tant que les « petites bouffes » et les « soirées copains ». Le studio du couple Weber, rue Monsieur-le-Prince, à deux pas de tous les carrefours stratégiques, est une véritable annexe du mouvement, accessible jour et nuit à qui souhaite pousser la porte. La fraternité conviviale acquise à l'Hachomer Hatzaïr a laissé des traces.

C'est dans ce minuscule appartement qu'en principe, chaque mois, se prépare le journal de la JCR, *Avant-Garde jeunesse,* dont de temps à autre Guy Hocquenghem, normalien, membre de la direction, trousse les éditoriaux. Le style de vie des militants trotsko-guévaristes n'est pas un modèle de bolchevisme austère. Périodiquement, des voix sévères s'élèvent pour réclamer un peu plus de discipline, exiger la « prolétarisation des mœurs » afin de chasser le petit-bourgeois qui sommeille. En vain : le naturel revient au galop.

La JCR est une organisation étudiante qui évolue au quartier Latin dans son milieu « naturel ». Elle y est née, elle y grandit. Elle rêve d'en sortir.

En scrupuleux disciple de Trotski, Alain Krivine, internationaliste de cœur autant que de raison, observe avec un intérêt soutenu les frémissements qui parcourent la vieille Europe. Son analyse a le mérite de la transparence : une nouvelle race de militants, gagnée par le romantisme de l'action que le conservatisme des partis communistes rebute, cherche les chemins de l'engagement sur les pas glorieux de Guevara, admire le courage stoïque des Vietnamiens. C'est avec cette pâte, encore fraîche et malléable, qu'il convient de modeler les futures troupes d'élite.

Quand est lancé l'appel pour manifester à Berlin, la JCR répond aussitôt favorablement. Elle affectionne ces amples confluences internationales où les jeunes confrontent leurs expériences. Et puis, Berlin, quel symbole ! Hier centre nerveux du nazisme, aujourd'hui vitrine de l'Occident tailladée par le mur qui coupe l'Europe et le monde en deux...

Le gouvernement de Bonn ne ménage pas son appui aux Américains qui, par l'entremise de l'OTAN, sont omniprésents sur le territoire fédéral. Manifester à Berlin, c'est porter la contestation au cœur même de l'architecture yankee, c'est exprimer une double opposition à la guerre du Vietnam. Contre ceux qui la mènent. Contre ceux qui l'approuvent.

Ces attendus de l'initiative n'échappent pas aux autorités sociales-démocrates de la ville, qui interdisent la manifestation. Lorsque la délégation française arrive à Berlin, la tension ne cesse de grimper, et les dirigeants du SDS se déclarent pessimistes. Le bourgmestre, l'après-midi, a invité ses compatriotes à aider la police dans sa mission : « éliminer la pègre qui envahit les rues ». Puisque de l'Europe entière convergent des groupes, italiens, belges, danois, espagnols, il n'est pas question pour les organisateurs de renoncer. Il faut ruser. C'est pourquoi Rudi Dutschke en personne explique aux *französische Kameraden* le sens de la manœuvre.

Les autorités tolèrent seulement un dépôt de gerbe devant le monument aux victimes du nazisme. Les manifestants se rassembleront donc là et partiront en cortège. L'animateur du SDS dessine au tableau noir le plan du quartier, crayonne les voies à emprunter, les parcours de remplacement, l'objectif final. Les Français, admiratifs, reçoivent une leçon de stratégie où tout est prévu, soupesé, analysé.

Le professeur a « de la présence ». Plus, il se dégage de sa personne une force de persuasion exceptionnelle. Est-ce la voix rauque ou le regard à la fois sombre et vif qui donnent à cet ancien théologien l'apparence d'un missionnaire inspiré ? Ou encore, simplement, sa manière directe, chaleureuse ? En tout cas, les Parisiens sont sous le charme de ce Rudi, transfuge de l'Allemagne de l'Est, qui a eu la bonne idée d'appeler son fils Che. En outre, ils se sentent au diapason quand, avec la même vigueur, Dutschke dénonce les dictatures bureaucratiques de l'Est et l'impérialisme de l'Ouest, récuse l'aliénation capitaliste et les « modèles » de socialisme qui font fi des libertés individuelles.

A l'intersection des deux blocs, ce rejet symétrique condense les aspirations de la jeunesse contestataire européenne.

Dans la soirée du samedi, l'université technique se transforme en tour de Babel. La foule qui envahit les lieux est merveilleusement composite. On parle anglais, allemand, français, on s'interpelle en italien. Les militants du SDS assurent un service d'ordre sourcilleux. Dans les escaliers, dans les couloirs sonorisés s'entassent des centaines de participants qui n'ont pu franchir la porte du grand amphithéâtre bondé où se déroule un meeting *non stop*. Pendant une douzaine d'heures, les orateurs se succèdent pour dire à peu près tous la même chose en langues différentes : le Vietnam s'inscrit au cœur de l'affrontement entre révolution et contre-révolution. La dénonciation de l'impérialisme américain est le devoir de tout révolutionnaire.

Dans une ambiance euphorique, survoltée, dans une chaleur tropicale aussi, des jeunes danois, belges, autrichiens, italiens espagnols, français, allemands, hollandais vérifient combien l'analogie est totale entre eux-mêmes et leurs voisins ; combien la lutte contre la guerre du Vietnam cristallise la même révolte contre la société. Ils prennent conscience de leur force, de leur complémentarité. L'internationalisme juvénile est à l'œuvre, émouvant, exaltant.

L'enthousiasme atteint son paroxysme lorsque, tard dans la soirée, tombe l'incroyable nouvelle : le tribunal administratif vient de casser la décision du bourgmestre. La manifestation du lendemain est autorisée. Dans la nuit, Rudi Dutschke emmène Krivine dormir chez lui. L'Allemand circule en 2 CV. Dans le vide-poche, Alain aperçoit un revolver :

— Tiens ! Tu te balades avec un flingue ?

— Cela vaut mieux. Mais s'ils veulent vraiment me descendre, ça ne sera pas suffisant.

Le dimanche, à midi, la démonstration commence comme prévu par un dépôt de gerbe devant le monument aux morts. Des dizaines de cortèges affluent, formant bientôt un défilé ininterrompu, submergé de drapeaux vietnamiens, de drapeaux rouges. Des portraits géants de Guevara, de Hô Chi Minh flottent au-dessus des têtes. Et des milliers de poitrines martèlent les mots d'ordre : « *Zwei, Drei Vietnam !* », « FNL à Saigon ! »

Mais, incontestablement, le slogan vedette de la journée, scandé des dizaines de fois et ponctué de battements de mains, c'est un cri de guerre : « *L.B.J., how many kids did you kill today ?* » Lyndon B. Johnson, le Président américain dont l'effigie honnie se trimbale au bout d'une pique, concentre sur son nom toute la haine du moment.

De temps à autre, les délégations impeccablement alignées s'ébranlent au pas de course, gueulant en cadence : « Hô-Hô Hô Chi Minh ! Che-Che Guevara ! » La manifestation semble alors balayée par une risée qui se propage de part en part. L'effet visuel est superbe, et les Français ne se lassent pas de le faire renaître. Le cortège de la JCR, structuré comme une phalange romaine, recueille les suffrages avertis des Allemands ; ces derniers apprécient en connaisseurs l'efficacité du service d'ordre dirigé par Xavier Langlade, étudiant en sociologie à Nanterre, et Jean Labib, historien de la Sorbonne.

Bien que la radio et la presse aient invité les Berlinois à fuir

415

l'invasion des « extrémistes », les trottoirs sont chargés de spectateurs. Des curieux, pour la plupart, étonnés du déferlement de ces hordes hurlantes dans les avenues de leur ville. Çà et là, quelques personnes âgées recroquevillent un poing fermé au passage de la meute. Un vieux monsieur, l'œil humide, confie :

— C'est la première fois depuis 1933 que je vois autant de drapeaux rouges dans Berlin.

De quel drame, jalonné de camps et de mort, est-il rescapé ?

Des contre-manifestants sont là, eux aussi. Massés à un tournant, ils brandissent des étendards américains. Pierre Rousset, fils de David, le très notoire gaulliste de gauche, s'approche. Il porte une grosse chapka de fourrure, car, l'année précédente, il a été trépané à la suite d'une fracture du crâne — œuvre du groupe Occident devant le lycée Voltaire. Mais cette grave blessure n'a pas tempéré ses ardeurs. D'un seul coup, il arrache une bannière étoilée. Le suppôt de l'impérialisme qui s'y cramponnait, juché sur le toit d'une voiture, est emporté par l'élan et dégringole. On évite l'incident de justesse.

Vers seize heures, le défilé débouche sur la place de l'Opéra, que le SDS a rebaptisée place du 2-Juin-1967. C'est en ces lieux que, neuf mois auparavant, le jeune homme qui protestait contre la visite du chah d'Iran a été abattu par la police. La manifestation s'achève en meeting. Des audacieux ont grimpé jusqu'à la flèche d'une grue pour y accrocher le portrait de Rosa Luxemburg. Le visage sévère de celle qui fut assassinée ici même, à Berlin, en 1919, plane sur la foule, ultime symbole d'une journée qui en a tant véhiculés.

Les Français repartent de Berlin épuisés, la tête emplie de cris, d'images. Krivine et Weber, les dirigeants de la JCR, mais aussi Bouguereau et Péninou ou Cohn-Bendit — tous étaient présents — ne peuvent s'empêcher de penser qu'en regard des autres pays, l'Allemagne et l'Italie surtout, le mouvement, à Paris, est en retard d'une bonne longueur.

Ils vont s'employer à la rattraper.

Trois jours plus tard, le Comité Vietnam national, à l'occasion de la traditionnelle journée anti-impérialiste du 21 février, investit le boulevard Saint-Michel, renommé pour la circonstance « boulevard du Vietnam héroïque ». Belle opportunité de tester les nouveaux « trucs » appris à Berlin : slogans hachés, frappés dans les mains, sautillements sur place au rythme de « Che-Che ! », banderole en lettres de feu tendue à travers la chaussée...

19

20

19. Berlin, février 1968.
Manifestation internationale contre
la guerre du Vietnam : Rudi
Dutschke et Alain Krivine.

20. Occupation de la tour
administrative de la faculté de
Nanterre, le 22 mars 1968.

21

22

21 et 22. Cour de la Sorbonne, le
3 mai 1968. Henri Weber au micro.
Les participants au meeting
attendent l'arrivée d'un commando
d'Occident. Le groupe d'extrême
droite défile sur le boulevard
Saint-Michel, emmené par Alain
Madelin (au premier plan).

23

24

23. Daniel Cohn-Bendit, Marc Kravetz et Tiennot Grumbach.

24. Place de la Sorbonne, le 9 mai. Louis Aragon tente de parler aux étudiants.

25

Paris-Match/Habans

25. La nuit des barricades.
Alain Geismar dans la
voiture d'une station de
radio.

26. Au petit matin, les
derniers manifestants se
réfugient à l'École
normale supérieure.

26

Gamma/Rey

27

28

27. Le 13 mai 1968, à la gare de l'Est, les prochinois haranguent la foule. Au micro, Tiennot Grumbach, cachant Jean-Paul Ribes, et, à côté, portant le haut-parleur, Jean-Jacques Porchez.

28. La marche sur Renault. Au premier plan, Jean-Pierre Olivier de Sardan, Didier Truchot et Jacques Rémy.

29

29. Jean-Paul Sartre dans
le grand amphi de la
Sorbonne.

30. Serge July dans la rue
(au premier rang, à
gauche), le 24 mai.

31. Le rassemblement au
stade Charléty, 27 mai
1968. Jacques Sauvageot,
André Barjonet, Henri
Weber et Michel Rocard.

32. L'arrivée de Pierre
Mendès France,
accompagné de
Me Georges Kiejman.

30

31

32

33. Juin 1968. Bagarres à Flins.

34. L'enterrement de Gilles Tautin.
A gauche, poing levé, Roland Castro.

Rousset, qui a précieusement conservé le drapeau américain arraché à l'ennemi, en coiffe une effigie de Johnson, solennellement brûlée devant la fontaine Saint-Michel. Voilà des années que plusieurs milliers de personnes n'avaient ainsi foulé le macadam du quartier Latin. Les prochinois, eux, boudent ces initiatives, qu'ils jugent trop pacifiques.

La direction de l'UJC(ml), pour se démarquer des timidités « démocratiques », s'est fixé comme objectif d'envahir les Champs-Élysées et de marcher sur l'ambassade américaine, près de la Concorde. La consigne est transmise aux « gros bras » des comités Vietnam de base, Tiennot Grumbach, Jean-Marc Salmon, Didier Truchot, encore tout auréolés de leur gloire récente : ils ont tenu le pavé, haut les cœurs, le 7 février précédent.

Ce jour-là, un comité d'extrême droite avait convoqué une réunion à la Mutualité afin de soutenir les Sud-Vietnamiens lâchement agressés. L'offensive du Têt battait son plein, et pareille assemblée dans le temple du Quartier parut aux CVB intrinsèquement perverse, et en un mot provocatrice. L'UJ rassemble les siens place Maubert. Le propos est clair : « casser le meeting ».

Pour la première fois, l'idée d'assumer un affrontement violent a été acceptée et préparée. Des casques de chantier ont été achetés en gros au BHV, ainsi que des manches de pioche. Grâce à une savante manœuvre tactique, les trois cents militants prochinois réussissent à prendre de vitesse les policiers et partent en direction de l'église Saint-Germain, à contresens de la circulation. Sur le boulevard, un barrage de gendarmes les attend de pied ferme, et ils ne refusent pas la bagarre. Les heurts, rudes, durent toute la soirée.

Jacques Rémy, terreur patentée des fascistes, se distingue particulièrement dans l'exercice de son sport favori : l'abattage du flic en plein élan. Le jeu consiste à feindre la fuite, à se laisser rattraper par un policier et, au moment où ce dernier croit avoir gagné le match, à se retourner brusquement et, dans le mouvement même, balancer de toutes ses forces un coup de barre. La méthode, meurtrière, exige du sang-froid et de la vigueur.

Forts de ce succès, les chefs de l'UJ décident donc, le 21,

d'aller semer le trouble dans les beaux quartiers. Les responsables « militaires », cependant, jugent l'opération aventureuse et, en fin de compte, décident de se contenter du consulat du Sud-Vietnam, avenue de Villiers. Le drapeau du FNL est hissé sur le fronton, la façade maculée de slogans. Puis les militants se groupent en cortège et sont rejoints par les CRS. Mais, au lieu de s'enfuir, les voici qui font face, résistent aux charges pendant quelques minutes. Cette violence voulue est nouvelle. Elle rassure les plus déterminés : les gardiens de la paix bourgeoise ne sont pas invincibles.

« Malraux, démission ! » « Réintégrez Langlois ! » Devant le siège de la Cinémathèque, rue de Courcelles, quelques centaines de personnes crient des slogans en direction d'un cordon de policiers qui protège l'immeuble. Au premier rang, muni d'un porte-voix, dominant la foule de sa haute stature, Jean Marais dirige la manœuvre. Tout le gratin du cinéma est là, de la vieille garde à la nouvelle vague, pour réclamer le retour à son poste légitime d'Henri Langlois, personnage de légende qui consacre sa vie à sauvegarder les films.

Celui que Jean Cocteau appela « le dragon qui veille sur nos trésors » incarne la Cinémathèque depuis trente-quatre ans. Il a commencé par racheter au kilo les vieilles bobines de films muets, dépréciés par l'avènement du cinéma parlant. Il stockait tout dans son appartement et jusque dans sa baignoire. En 1934, avec Georges Franju, il a fondé la Cinémathèque et, animé d'une passion farouche, s'efforce de préserver le maximum de pellicule. Grâce à ses efforts, des centaines, des milliers d'œuvres demeurent accessibles.

Collectionneur boulimique, amoureux fou des salles obscures, Langlois est à lui seul un musée, une encyclopédie. De partout on le consulte, et il n'est jamais avare de ses conseils pour les jeunes réalisateurs. Pourtant, d'un seul coup, l'irremplaçable spécialiste est remercié. Lors d'une séance du conseil d'administration, sur injonction du ministre de la Culture, André Holleaux exécute Langlois. Ce dernier, effondré, proteste :

— Tout est perdu, on m'a pris mon enfant pour le confier à une marâtre.

Dans les studios, l'émotion remplace la stupeur. Personne ne comprend très bien les motifs de cette éviction — froideur technocratique, souverain mépris envers la ferveur esthétique... Le pouvoir gaullien, qui s'est déjà distingué deux ans plus tôt en interdisant *la Religieuse* de Rivette, se coupe une fois encore des intellectuels, s'enferme, derrière les protestations de rationalité moderne, dans une archaïque tour d'ivoire.

L'ensemble de la profession prend fait et cause pour Langlois. De Resnais à Renoir, de Marker à Cayatte, les gloires de l'écran clament leur indignation. Le 14 février, ils sont près de trois mille face au palais de Chaillot. Chabrol et Carné, Deville et Daquin, Signoret et Belmondo, Piccoli et Mireille Darc — et tous les autres, unanimes, résolus, choqués.

Les agents barrent l'avenue du Président-Wilson. Des petits groupes tentent de passer, et deux sections de CRS chargent comme à l'exercice. Les premiers rangs sont matraqués. Les lunettes de Jean-Luc Godard volent en l'air. François Truffaut reçoit plusieurs coups sur la tête et s'étonne de ne sentir qu'une boule de chaleur, pas vraiment douloureuse. Godard, hissé sur des épaules, annonce la fin de la démonstration :

— A partir de maintenant, hurle-t-il, il n'y a qu'un seul mot d'ordre : dès que la Cinémathèque rouvrira et ne sera plus protégée par la police, chaque spectateur doit trouver lui-même les moyens de saboter les projections.

La vague de protestation s'étend. De prestigieux metteurs en scène, Bergman, Buñuel, Dreyer, Lang, Litvak, Pasolini, Penn, Preminger, Wells, envoient des télégrammes. Les hommes politiques s'emparent de l'affaire Langlois. Dans une question écrite au ministre de la Culture, le député de la Nièvre François Mitterrand lui demande de « bien vouloir exposer les raisons qui l'ont conduit à faire procéder dans des conditions particulièrement choquantes à l'éviction du directeur de la Cinémathèque »...

Une nouvelle manifestation est prévue, cette fois devant le siège même de la Cinémathèque. Et tandis que Jean Marais harangue les troupes au mégaphone, un commando résolu casse une vitre, pénètre à l'intérieur. La police intervient et chasse les occupants.

Dans la mêlée, un jeune homme est embarqué. Dehors, les gens du cinéma commencent à se disperser quand un garçon roux, calé sur le rebord d'une fenêtre, les apostrophe :

— Camarades...

L'appellation surprend. Les têtes se tournent vers l'orateur, que nul n'a jamais croisé au détour d'un plateau.

« Camarades, reprend-il, nous ne partirons pas tant que notre camarade ne sera pas libéré. Nous restons sur place.

François Truffaut est impressionné. Tant d'obstination carrée heurte ses habitudes. Mais pourquoi pas ? Avec d'autres metteurs en scène, il s'en va s'adresser au commissaire du quartier et obtient, effectivement, la libération du manifestant arrêté, un lycéen. Sitôt revenue la délégation victorieuse, Truffaut demande qui est ce rouquin doué d'à-propos :

— C'est un type de Nanterre.

Daniel Cohn-Bendit, curieux de toutes les formes de contestation, vient d'enseigner à la profession cinématographique les vertus de l'action directe.

Le pouvoir finit par céder. Henri Langlois est réintégré dans ses fonctions. Une bonne partie de l'intelligentsia s'aperçoit qu'en ces temps d'apparente toute-puissance, quelques voix détonantes sont capables d'empoisonner l'État.

Une brise glaciale congèle les oreilles des individus qui, par paquets, sortent discrètement du métro et s'acheminent vers l'immense esplanade des Invalides. En haut des escaliers, le grand Labib presse le mouvement et dirige les arrivants sur l'ambassade de Pologne. Bientôt, trois cents conjurés sont rassemblés, formant un petit carré dérisoire sur cette vaste plaine. Des banderoles sont déployées : « Libérez les étudiants polonais », « Démocratie socialiste ». Alain Krivine lance les mots d'ordre que reprennent les manifestants, généralement militants de la JCR : « Solidarité avec les étudiants polonais ! », « Libérez Kuron et Modzelewski ! »

Tradition oblige, les trotskistes suivent avec une attention particulière les affaires qui émeuvent en ce mois de mars 1968 la jeunesse polonaise. Entre deux slogans, on se répète la dernière blague importée de Varsovie :

— Savez-vous quelle est la police du monde la plus cultivée ?

— Non, je ne vois pas.

— C'est la police polonaise.

— Oui, mais pourquoi ?

— Parce qu'elle va tous les jours à l'université...

Le drame a commencé sur scène. Le Théâtre national donne en janvier la pièce de Mickiewicz, *les Aïeux,* un classique du répertoire qui chante la résistance polonaise contre l'empire des tsars. Mais, à chaque représentation, le public, inspiré par quelque mauvais esprit, applaudit cordialement certaines répliques auxquelles l'actualité prête une résonance singulière. Des phrases telles que : « Je ne veux pas de la liberté dont Moscou me fait grâce », ou encore : « Moscou nous a toujours envoyé des canailles », remportent un franc, trop franc succès.

Le ministère polonais de la Culture décide, le 17 janvier, d'interdire la pièce « en raison d'applaudissements trop démonstratifs ». Des écrivains dénoncent la censure, et, le 8 mars, les étudiants manifestent dans la cour de l'université. Déguisés en ouvriers, des miliciens se glissent à l'intérieur et provoquent des incidents violents. Les étudiants s'insurgent aux cris de « Liberté d'expression ! », « Démocratie ! », et ajoutent à l'adresse des flics : « Gestapo ! » La démonstration se poursuit au centre de Varsovie, devant le monument élevé à la mémoire de Mickiewicz. Le pouvoir arrête ceux qu'il considère comme les meneurs, Jacek Kuron et Karol Modzelewski.

Tous deux, assistants à l'Université, ne sont point des prisonniers néophytes. En fait, ils viennent d'être libérés après trois années de détention pour avoir rédigé en 1965 une *Lettre ouverte au parti ouvrier polonais.*

Au début des années soixante, Kuron et Modzelewski participent à divers clubs confidentiels : « Les chercheurs de contradiction », « Les bébés révisionnistes » ou le « Babel Club » — ainsi se regroupent les éléments « critiques » qui débattent des difficiles relations entre socialisme et liberté.

De toutes ces discussions, les deux jeunes gens tirent un document épais et fouillé, cruelle analyse du régime polonais sous forme d'une lettre au Comité central. Il s'agit d'un véritable réquisitoire contre la mainmise de la bureaucratie communiste : « Le parti qui gouverne a le monopole du pouvoir. [...] L'appareil d'État tout entier, avec ses organes administratifs, sa police politique, son organisation judiciaire, étouffe dans l'œuf toute tentative mettant en cause le rôle dirigeant du Parti. [...] Le Parti qui, au sommet de sa hiérarchie, est tout simplement la bureaucratie organisée, devient, en bas de l'échelle, un outil servant à démanteler toute tentative de résistance. » Pour contrecarrer cette emprise, les auteurs préconisent le pluralisme, réclament

« la liberté de parole, de presse, de réunion, la suppression de la censure préalable, la pleine liberté de la recherche scientifique, de la création littéraire et artistique »...

Un programme qui leur vaut trois ans à l'ombre.

La *Lettre ouverte* circule sous forme de *samizdat*; toute l'intelligentsia en connaît les thèmes et les revendications — Kuron et Modzelewski apparaissent comme des figures de proue. En les arrêtant une seconde fois, les autorités polonaises ne se trompent guère de cible, même si les deux universitaires ne sont pas directement mêlés à l'affaire des *Aïeux*.

Dès le lendemain de leur interpellation, les étudiants occupent les facultés. Le débrayage gagne les autres villes universitaires. Le 11 mars, une nouvelle manifestation assiège l'immeuble du Comité central. Et des mots d'ordre inédits sont criés, où pointe l'écho des événements limitrophes : « Vive la Tchécoslovaquie ! », ou encore : « Toute la Pologne attend son Dubcek »... A l'université polytechnique, occupée en permanence, s'instaure un véritable pouvoir étudiant qui édicte une résolution en treize points, la charte de la rébellion.

A ce stade, le pouvoir polonais s'effraie. Craignant la contagion en direction des ouvriers, il lance la contre-offensive sans lésiner sur les moyens. « Les manifestations ont été menées à l'université par un groupe d'aventuriers recrutés dans la jeunesse dorée », écrit le principal quotidien.

Une énorme campagne s'organise pour démontrer que l'agitation est le produit d'un complot « sioniste ». A Katowice, centre industriel de la Silésie, le Parti orchestre une manifestation d'ouvriers porteurs de pancartes explicites : « Les étudiants à leurs études », « Les sionistes chez Dayan ». Une boutade rassemble les cibles retenues par le régime : « Mon père est écrivain, mon mari est juif, mon fils est étudiant. Je suis dans une situation désespérée... »

Le ministre de l'Intérieur, le général Moczar, alimente la rumeur antisémite, qui enfle. Une vague d'épuration emporte maints éléments d'origine juive, et les éditorialistes se déchaînent contre le « sionisme », la « cinquième colonne ». Un tract anonyme, sans doute diffusé par les services de police, suggère : « Jeunesse polonaise, saisis ton sabre et coupe la barbe aux juifs ! »

Plus d'un millier d'étudiants sont incarcérés, deux cents demeurent sous les verrous. C'est cette répression qui provoque la manifestation de soutien parisienne. La JCR, qui compte dans ses rangs plusieurs fils d'anciens responsables du PC polonais écartés pour « déviationnisme », est particulièrement bien informée. Elle a diffusé sous forme de brochure la *Lettre ouverte* de Kuron et Modzelewski. Mais les jeunes trotskistes sont, en l'occurrence, passablement isolés.

Dans la révolte des « camarades polonais », Krivine et ses amis décèlent les signes avant-coureurs d'une révolution « politique » qui jettera bas la bureaucratie du Parti et instaurera un socialisme démocratique. Des deux côtés du rideau de fer, à l'Est comme à l'Ouest, ce ne sont finalement que les deux faces d'un même combat — celui de la classe ouvrière pour son émancipation.

« Rome, Berlin, Varsovie, Paris », scande le service d'ordre de la JCR.

A Amiens, les fureurs de la rue ne parviennent que fort amorties. Tout ce que l'Université française compte de bons esprits s'y trouve rassemblé afin de réfléchir aux indispensables réformes du système éducatif. Ce colloque en prolonge un précédent, tenu deux ans auparavant à Caen et où Jacques Monod, Laurent Schwartz, André Lichnerowicz — entre autres — avaient déjà planché sur le sujet. Cette fois, le ministre de l'Éducation nationale, Alain Peyrefitte, s'est déplacé en personne.

Devant la croissance rapide des effectifs, la question centrale tourne autour de la sélection. Faut-il décréter un *numerus clausus* dès l'entrée, ou pratiquer l'écrémage à la fin du premier cycle ? Les deux formules ont leurs partisans, mais tous les « réformistes » présents s'accordent sur un point : la situation actuelle ne saurait perdurer. Telle qu'elle fonctionne, avec des effectifs multipliés par cinq en l'espace d'une décennie, l'institution est menacée d'embolie. Il faut plus d'enseignants, plus d'amphis, plus de crédits. Il faut surtout savoir ce que l'on veut.

C'est au tour d'Alain Geismar d'intervenir. Il passe pour un homme pondéré, sérieux, un syndicaliste responsable. A sa sortie de l'École des mines de Nancy, Geismar, refusant le privé, a volontairement opté pour l'enseignement. Il a soutenu une thèse d'État sur la physique des solides et a été nommé maître-assistant à la faculté des sciences de Paris. En 1966, lassé des embrouilles du PSU, il a rendu sa carte.

Mais un tel activiste ne peut se satisfaire de ses étudiants et de ses recherches. C'est dans le syndicat des enseignants du supérieur, le SNESup — affilié à la FEN —, qu'il réinvestit son énergie militante. Le SNESup est contrôlé par les communistes. Geismar réussit à cristalliser un courant où se retrouvent, des troskistes aux chrétiens, avec quelques années et un métier en plus, les rescapés de la guerre d'Algérie, les normalisés de l'UEC, les maîtres-assistants recrutés à la hâte et qu'opprime la férule des caciques.

Au congrès de 1967, cette confluence l'emporte, et Geismar est élu secrétaire général sur la foi d'un texte intitulé *Pour une petite révolution culturelle à l'Université*. La nouvelle direction est convaincue que les maux dont souffre l'organisme ne sont pas seulement d'ordre quantitatif et qu'il ne suffit pas de réclamer des crayons et des gommes. L'équipe de Geismar s'interroge sur le contenu du savoir, critique son mode de transmission, s'attaque au mandarinat, pourfend les relations hiérarchiques entre patrons et assistants.

Peu d'observateurs ont relevé, à chaud, le basculement du SNESup. Il marque pourtant une date dans l'évolution des intellectuels vis-à-vis du parti communiste. Une ample frange de jeunes enseignants amorce une prise de distance, revendique une autonomie qui rendent un son original. Au bureau politique, en revanche, on a saisi l'importance de l'enjeu. Puisque le SNESup sape l'hégémonie des camarades, reste à s'attacher les services du nouveau secrétaire général.

Geismar subit une offensive de charme menée par Pierre Juquin, responsable des intellectuels, et, en décembre 1967, il est reçu par Roland Leroy soi-même :

— Des jeunes syndicalistes comme toi, le Parti en a besoin. Il y a, dans tes analyses, beaucoup d'idées intéressantes. Il faudrait injecter cela dans le Parti, qui ne demande qu'à évoluer. Si tu adhères, crois-moi, c'est ta position qui deviendra celle du PC. Et le Comité central manque de sang neuf.

Geismar écoute, surpris et tenté. C'est une belle carrière d'apparatchik que lui offre Leroy ; mais il est trop politique pour miser sur une virtuelle évolution des staliniens. On en reste là.

Quand il prend la parole devant l'aréopage des professeurs réunis à Amiens, Alain Geismar n'entend pas se cantonner dans de prudentes généralités. En sa qualité de secrétaire général du SNESup, il développe à la tribune les thèmes qui ont secoué le syndicat. La rénovation de l'Université ne dépend pas simplement de l'ampleur de l'enveloppe budgétaire. La crise de l'institution appelle un remodelage complet des structures et la participation de tous les usagers :

— Faut-il donc fabriquer des hommes heureux ? lance-t-il à l'honorable assistance. Je ne le pense pas. Nous voulons former des hommes capables de savoir pourquoi ils ne sont pas heureux, capables aussi de pouvoir agir sur la situation ; en un mot qui risque de soulever une certaine dérision, car il a été quelque peu galvaudé : des révolutionnaires.

Les professeurs présents gloussent, dédaigneux. Geismar termine par un avertissement :

« La volonté d'innovation véritable et progressiste se mesure dans les lois d'orientation, les lois programmes et les budgets. Ou bien par la grève, et dans la rue.

Alain Peyrefitte, flegmatique, refuse de considérer pareille bravade avec sérieux. La crise est réelle, certes, mais elle n'est pas nouvelle.

Et les mises en demeure, ce 18 mars 1968, ne l'effraient pas.

Au coin de la rue Daunou et du boulevard des Capucines, une dizaine de jeunes gens conservent l'œil rivé à la vitrine d'un marchand de vêtements. Leur mise — parkas verts ou blousons de cuir sur jeans et pantalons de velours — et leur mine — cheveux mi-longs, barbe — ne justifient guère tant d'intérêt pour les complets-veston. Un observateur vigilant jugerait, en plein quartier cossu de l'Opéra, leur attitude suspecte et leur immobilité bizarre. Un agent, sorti de l'école de police dans un rang honorable, s'apercevrait même que les intrus ne regardent pas le contenu de l'étalage mais surveillent le reflet de la rue dans le miroir de la vitre. De l'autre côté de la chaussée, un groupe identique se fige dans la même attente, l'œil mobile, l'oreille aux aguets.

Soudain, un cri est poussé. Les badauds se regroupent en un instant. Le petit détachement, une centaine de personnes, s'engouffre aussitôt au pas de course dans la rue Scribe et, cinquante mètres plus loin, stoppe à l'angle de la rue Auber, devant le siège de l'American Express. Tandis que le gros des manifestants scande « FNL vaincra ! », un commando se détache et, armé de barres de fer, fracasse les baies.

425

Un étudiant en médecine, silhouette dégingandée, sort de sa poche une bombe à peinture et badigeonne le mur de mots d'ordre anti-américains. La bannière étoilée est symboliquement enflammée. L'action dure à peine deux minutes, la bande se reforme, tourne les talons, vite engloutie par la bouche du métro Opéra, au milieu de la place.

Deux jours auparavant, des charges explosives ont endommagé les façades de la TWA, rue Scribe, et de la Bank of America, place Vendôme. Depuis, des patrouilles de police quadrillent le secteur où s'alignent les immeubles des sociétés américaines. Mais tout s'est passé si rapidement qu'elles n'ont guère trouvé le temps d'intervenir. Les agents du commissariat de l'Opéra, installé dans les sous-sols, à vingt mètres de l'American Express, n'ont même pas quitté leur antre.

Xavier Langlade, lui, ressort du métro.

Responsable du service d'ordre de la JCR, il passe pour un spécialiste des « coups durs ». Au lieu de s'engouffrer dans la rame, comme les copains, il décide, mu par une subite impulsion, de retourner évaluer sur place l'étendue des dégâts. Il n'a pas le loisir d'en dresser l'inventaire. Son allure le trahit-elle ? A-t-il été reconnu ? Dénoncé ? Des policiers l'interceptent et l'embarquent, d'abord au commissariat de l'Opéra, puis quai des Orfèvres où le commissaire Jobard, de la brigade criminelle, mène l'interrogatoire dans le cadre d'une « enquête concernant la sécurité publique ».

Durant la nuit, quatre lycéens membres des comités Vietnam sont appréhendés chez eux et, vers six heures du matin, le vendredi 22 mars, Nicolas Boulte est cueilli à son domicile de Massy. Boulte est l'ancien président de l'Association des élèves de l'Institut catholique de Paris, l'ex-président aussi de l'éphémère Jeunesse universitaire chrétienne, scission de la JEC. Enfin et surtout, il est présentement secrétaire du Comité Vietnam national dont les personnalités les plus marquantes ont nom Laurent Schwartz et Jean-Paul Sartre.

A Nanterre, dans l'après-midi du 22, tandis que la nouvelle des arrestations se répand, l'émotion grandit. Langlade, inscrit à la faculté, est un militant connu. Sur le campus, il promène un flegme à toute épreuve dont il ne se départit jamais. Et, d'emblée, Daniel Cohn-Bendit devine le parti que les enragés peuvent tirer du réflexe clanique. C'est un des leurs, un Nanterrois, qui est frappé par la répression. Inlassablement, suivi d'une petite équipe, il parcourt les couloirs, pénètre dans les salles de cours et annonce pour cinq heures une réunion dans l'amphithéâtre B2. Unique ordre du jour : la riposte.

Des centaines d'étudiants répondent à la convocation. Devant un vaste écran où une main anonyme a écrit : « Libérez les militants politiques, agissons contre la répression », les orateurs défilent. Que faire ? Chacun sent que la réaction doit être à la hauteur de la situation, qu'il faut monter d'un cran. Oui, mais par quelle initiative ? Dany prend la parole :

— Les militants qui sont venus ici sont déterminés à agir contre la répression policière en France.

Cela va de soi. Applaudissements.

« Nous proposons, pour que l'opinion publique soit alarmée, pour que l'opinion publique parle de ce qui se passe, nous proposons ce soir une occupation d'un bâtiment de la faculté de Nanterre où nous resterons toute la nuit. Nous marquerons ainsi notre volonté que les victimes de la répression, que ce soit Xavier Langlade, de Nanterre, ou Nicolas Boulte, du Comité Vietnam national, soient libérées.

Une tonitruante ovation salue l'allocution. Ceux qui sont là brûlent d'agir, et la perspective d'enclencher l'escalade comble leur aspiration. Sur sa lancée, Cohn-Bendit suggère de camper dans les locaux du département de sociologie. Les apprentis sociologues ne sont-ils pas à la pointe du combat ? Mais un anar simultanément discret et influent, Jean-Pierre Duteuil, emporte la décision :

— C'est la Tour qu'il faut occuper, s'écrie-t-il, c'est dans le bâtiment administratif que nous devons nous installer.

Par acclamations, l'amphi vote. La Tour, symbole phallique de l'autorité, qui domine le campus, offre une cible idéale aux contestataires.

La nuit tombe sur une université désertée, battue par le vent frisquet, quand les premiers assaillants abordent le donjon. Dans le hall, une controverse stratégique éclate : à quel étage s'établir ? Cohn-Bendit, prudent, est partisan de rester au rez-de-chaussée. L'effet psychologique n'en souffrira point, et les envahisseurs risqueront moins d'être expulsés.

Le modéré Dany se voit débordé. Déjà, quelques éclaireurs ont commencé à escalader les étages. Cohn-Bendit se rallie :

— Si la majorité est pour aller en haut, j'irai en haut.

En haut, c'est l'étage magistral, celui de la salle du conseil.

427

Autour de la grande table ovale, où siègent d'ordinaire les professeurs, les visiteurs du soir prennent leurs quartiers ; les uns s'avachissent dans les confortables fauteuils, d'autres s'asseoient sur les tables. Des caisses de sandwiches, des canettes de bière apparaissent.

Évelyne July n'en revient pas. Bibliothécaire à l'université, elle suit depuis des semaines toutes les réunions politiques et ce soir, comme d'habitude, a accompagné le mouvement. L'insolence et l'audace des occupants la ravissent. Elle n'obéit qu'à une urgence : prévenir les copains, Serge, son mari, et Prisca Bachelet, qui s'est fait embaucher par la municipalité de Nanterre comme animatrice culturelle. Évelyne réussit à la joindre au téléphone :

— Viens vite ! Toi qui as connu l'occupation de la Sorbonne en 64, il faut que tu voies le spectacle. Ils sont encore plus fous que nous...

L'ancienne militante de l'UEC, la frangine compatissante du trio des « anges noirs » — Butel-Goldman-Janin —, la meneuse de l'UNEF ne perd pas une seconde.

Lorsqu'elle arrive, le pique-nique bat son plein. Dans un coin, un barbu s'essaie à la guitare, mais on le prie de mettre une sourdine. Tout le monde s'exprime dans une joyeuse pagaille, comme si, d'un coup, la parole giclait. Dany, rayonnant, ravi, roi d'une nuit, savoure l'épisode. Des secrétaires lui ont confié un trousseau de clés qui ouvrent tous les bureaux. Faut-il fouiller partout, rechercher les fameuses listes noires qui obsèdent les trublions ? Il hésite, craignant les excès incontrôlables. Finalement, il jette le trousseau sur la table :

— Moi, je ne suis pas partisan qu'on fouille. Mais si quelqu'un trouve la bonne clé qui ouvre la bonne porte, et qu'on tombe sur les listes, c'est qu'il aura eu raison !

Des explorateurs chanceux dégotent quelques bouteilles de champagne destinées aux cocktails mandarinaux. Une fois encore, Cohn-Bendit s'interpose nonchalamment :

« Je trouve que ce n'est pas très politique de piquer ce soir. Mais si certains veulent boire du champ'...

Entre les fêtards, émules des situationnistes, qui comptent bien se régaler, et les calculateurs plus réfléchis qui anticipent l'interprétation future de l'action, les occupants sont tiraillés. Curieuse ambiance, qui tient du chahut étudiant et de la réunion militante, où chacun s'abandonne à sa pente naturelle. La phobie de l'infiltration policière rôde, et un anar invective deux individus qu'il suspecte d'être des argousins en civil. De même, un journaliste de *France-Soir,* prévenu on ne sait comment, est prestement éconduit.

A mesure que la nuit avance, les politiques prennent les choses en main. Ils ont le sentiment de vivre un moment exceptionnel, l'aboutissement longtemps attendu d'un mûrissement qui couronne des semaines et des mois. Au bout du tremplin, ils ne sauraient reculer. L'autorité légale est bafouée, les signes extérieurs de sa puissance ont été profanés, il importe de tracer des perspectives.

Une commission s'isole afin de rédiger un texte, un manifeste. Le ton est raide : « L'heure n'est plus aux défilés pacifiques... Nous devons rompre avec les techniques de contestation qui ne peuvent plus rien... A chaque étape de la répression, nous riposterons de manière de plus en plus radicale. » La motion propose de transformer la journée du 29 mars en débat permanent. Quatre commissions défricheront le terrain — luttes ouvrières, Université, lutte anti-impérialiste, pays de l'Est.

La résolution est adoptée par 142 voix contre 2, et 3 abstentions. Ayant dit et fait, les occupants décident d'aller se coucher. Il est une heure trente du matin.

Les forces de police avaient reçu l'ordre d'intervenir à deux heures. Langlade, Boulte et les autres militants arrêtés ont été relâchés en début de soirée.

Trop tard pour enrayer l'histoire.

Le 20 mars 1968, Jean-Louis Péninou est l'heureux père d'un fils. Sa femme et lui le baptisent Mao.

Après la prise de la Tour, l'agitation ne connaît plus de répit sur le campus ; des groupes sillonnent les halls, improvisent des meetings, rédigent des journaux muraux, imitant la Révolution culturelle chinoise. D'énormes inscriptions insolites et insolentes griffent les parois jusqu'alors immaculées : « Professeurs, vous êtes vieux, votre culture aussi », « Laissez-nous vivre »... Rime surréaliste sur fond situationniste, la poésie s'intègre à l'arsenal militant.

L'imagination guigne le pouvoir, et le pouvoir s'affole devant cette intrusion inattendue. Les événements qui affectent Nanterre ne ressemblent à rien de répertorié en matière de désordre. Les incidents se multiplient, les cours sont perturbés. Une assemblée de professeurs d'espagnol, le 25, est bruyamment interrompue par un commando qui leur demande de signer une pétition contre la dictature franquiste.

Le 26 mars, les enseignants se réunissent pour confronter leurs propres impressions. Le doyen s'inquiète de la volonté affichée par les révolutionnaires de paralyser l'institution. Beaujeu, son second, lance un avertissement : « Certes, l'expression d'idéologies de destruction de la société ne nous concerne pas. Mais si cette contestation passe par la destruction de l'Université, il faut réagir. » On dresse l'inventaire des sanctions usuelles : poursuites judiciaires, convocation des meneurs devant le conseil de discipline. Sous la pression, le doyen Grappin décide de suspendre les cours pour deux jours à compter du 28 mars.

Comme ils l'avaient résolu lors de l'occupation du bâtiment administratif, les insurgés consacrent la journée du 29 à discuter en commissions. La fac est fermée, mais le soleil brille, et les débats, par petits groupes, se déroulent sur les pelouses, devant les portes closes. Semblable contestation champêtre, baignée de lumière printanière, revêt un aspect ludique, apaisant. Des « enragés », ces paisibles disserteurs en herbe ? Le doute serait-il permis ?

Dès la réouverture, les rebelles décrètent une « journée de réflexion » dans l'enceinte de la faculté. Le doyen Grappin leur octroie généreusement une salle de quatre cents places. Mais ce n'est pas assez. Les étudiants s'entassent dans le grand amphithéâtre rebaptisé *illico* « amphi Che-Guevara ». Ils sont plus de douze cents qui écoutent le président du SDS allemand, Karl Wolf. Au beau milieu du meeting, la lumière s'éteint. Dans le noir, Cohn-Bendit pousse une gueulante :

— Si, d'ici dix minutes, le courant n'est pas rétabli, nous nous transporterons dans la salle du conseil !

La lumière revient. Plus les autorités tentent d'enrayer l'agitation, plus le mouvement s'amplifie. La poignée des origines — trois mois plus tôt — s'est muée en régiment. Les sympathisants s'enrôlent. Au sommet de la Tour, le soir du 22 mars, ils étaient 142. Tel est, du moins, le chiffre qui a été avancé, personne n'ayant vraiment compté les présents. Le « Mouvement des 142 », désormais, enfle et réclame droit de cité.

L'action « exemplaire », à la mode castriste, hante les *bar-*

budos nanterrois. Le 26 juillet 1953, avec une escouade de fidèles, un jeune avocat barbu avait commandé l'assaut contre la forteresse de la Moncada. Ainsi Fidel Castro était-il entré dans l'histoire, amorçant le « Mouvement du 26-Juillet »... Le « Mouvement des 142 », réflexion faite, référence vérifiée, révérence gardée et ironie en plus, s'appellera « Mouvement du 22-Mars ».

Des anars, des lecteurs assidus des situationnistes, des trotsko-guévaristes de la JCR, des anarcho-communistes, des libertaires, des jécistes, des inorganisés. Ils ne sont d'accord sur rien. S'ils s'asseyaient autour d'une table pour parler doctrine, conjoncture ou théorie, leur compagnonnage ne durerait pas dix minutes. L'unique ciment qui les accole, c'est l'action.

Le Mouvement du 22-Mars est une mouvance, un creuset, sans programme, sans hiérarchie officielle, sans dirigeants élus. Des leaders, il n'en manque point, mais leur autorité ne provient que de la force de persuasion, de l'imagination, de la réflexion. Assez libertaire pour les anars, assez réfléchi pour les léninistes, Cohn-Bendit est un meneur naturel, exact baromètre de la sensibilité médiane, armé d'un bon sens aigu, d'un flair et d'une intuition rares. Il « sent » comme personne une assemblée générale, sait jouer de son talent oratoire, de sa faconde, de son fulgurant esprit de repartie pour orienter le flux sans en avoir l'air. Il éprouve du plaisir à diriger une assemblée, à la conduire vers ce qu'il souhaite. Mais, au fond, il est essentiellement démocrate, il croit à la vertu de la libre expression, de la délibération collective, dont il corrige les excès et parfois les penchants manipulateurs.

Patrick Viveret a l'occasion de mesurer les bienfaits d'un tel leadership. De formation, Viveret est plus volontiers bâtisseur de cathédrales que de barricades. Depuis son adolescence, il milite à la Jeunesse étudiante chrétienne, dont il est l'un des cadres nationaux. Élève au lycée de Nanterre, puis, après son entrée en faculté, résident à la cité universitaire, il a vécu toutes les péripéties locales.

Pilier de la communauté chrétienne qui tente d'affirmer un réformisme constructif pendant la grève de novembre, Patrick Viveret voit croître le gauchisme, se multiplier les enragés. Il observe de l'intérieur, circonspect mais dans le coup. Le 22 mars, il est là, séduit par la dimension ludique et décapante de ce grand jeu adolescent qui bouscule les orthodoxies. Il s'investit dans la commission sur la réforme universitaire, se découvre passionné par le concret et le sérieux des travaux.

Peut-on avouer sa modération, quand on participe au Mouvement du 22-Mars ? Viveret le pense. Au cours d'une assemblée générale, alors que les orateurs rivalisent pour esquisser le grand parti révolutionnaire dont la classe ouvrière a besoin, il interpelle ses camarades :

— Pourquoi n'envisageons-nous que la perspective révolutionnaire ? Pourquoi ne pas cogiter aussi sur une dynamique réformiste ?

La sortie provoque rires et indignation. Une militante, hors d'elle, pointe l'index :

— Si nous ne sommes même pas entre révolutionnaires, que faisons-nous ici ?

Cohn-Bendit bondit au micro, rappelle le caractère œcuménique, rassembleur, du 22-Mars. Tout le monde y a sa place, fût-ce un réformiste patenté, qu'on est d'ailleurs libre de critiquer.

La démocratie directe, à l'athénienne, a du bon. Mais elle sécrète ses propres limites. Le dernier orateur, ou le plus fin démagogue, risque de l'emporter. La base est friande des numéros de bateleur. Sur l'estrade, Dany demeure le meilleur acrobate, et le subtil politique qui chez lui se dissimule derrière le provocateur acide tente — sans toujours y parvenir — d'éviter les dérapages.

Et puis, et surtout, Cohn-Bendit est de l'espèce des révolutionnaires joyeux. Militer et s'amuser, à ses yeux, vont de pair. Il se méfie des bolchevo-tristes, des marxistes-léninistes à la longue figure, des prophètes sentencieux qui portent sur leurs épaules étroites les malheurs de l'humanité. Il raille les lugubres professionnels de la révolution, dogmatiques, exégètes, théologiens.

Daniel Bensaïd n'encourt guère pareil reproche. Ce Toulousain volubile, normalien de Saint-Cloud et philosophe à Nanterre, représente la JCR au sein du 22-Mars. Il en respecte et en aime la spontanéité. Tout de suite, il a saisi l'originalité de la démarche, compris qu'elle casse opportunément le rituel militant ancestral, qu'elle traverse à propos les clivages groupusculaires.

Il prêche l'unité, colle à Cohn-Bendit, dont il partage *grosso modo* le point de vue : sont membres du 22-Mars ceux qui acceptent les initiatives arrêtées en commun. A l'intérieur de la « Jcreu », contre les tenants du syndicalisme étudiant classique, il plaide pour l'innovation, l'ouverture.

L'élan, de toute façon, est si puissant que les pisse-froid réticents se retrouvent, de gré ou de force, vite disqualifiés. Les prochinois de l'UJC(ml), complètement absorbés par la recherche d'une jonction avec la classe ouvrière, condamnent les vapeurs adolescentes, l'ébullition petite-bourgeoise. Ils préfèrent se mettre « au service du peuple », et s'en vont quérir le peuple jusque dans les bidonvilles.

La Sorbonne ronronne. Les étudiants étudient, les professeurs professent. De temps à autre, la vente à la criée d'un journal, une distribution de tracts pour le Vietnam, un meeting étique dans la cour entachent la sérénité des lieux. Ce calme désespère les militants qui ont défilé à Berlin ou qui, avec les CVB, ont affronté la police le 21 février sur les grands boulevards. Au creux de ce désert, les échos de l'agitation nanterroise semblent des signaux d'espoir. Les mordus de la politique ont tôt fait de pousser une reconnaissance outre-Défense afin d'ausculter sur place le phénomène.

En ce printemps 1968, Serge July, Yves Janin, Prisca Bachelet n'attendent plus grand-chose des tressaillements révolutionnaires du vieux continent. Ils militent au sein de l'ORSALA, une organisation de soutien aux Latino-Américains, fournissent une aide concrète, hébergent des réfugiés, leur procurent des faux papiers.

July est un adepte de la théorie du *foco,* il croit à la vertu de l'action exemplaire. Pendant les cours de philo qu'il dispense aux potaches du collège Sainte-Barbe, il a tout loisir de rêver à son héros, Douglas Bravo, un dissident du parti communiste vénézuélien qui tient le maquis dans les montagnes. Mais l'action par procuration ne satisfait guère ces intellectuels désireux de mordre sur l'histoire. Prisca, Janin, July ont pris contact avec le groupe d'Henri Curiel. Ils veulent passer dans la clandestinité. La conquête de la tour administrative, à Nanterre, stoppe leur plongeon.

Et si, enfin, l'ouragan effleurait nos latitudes ?

Dès le 23 mars, Serge July fonce. Avec Janin, son vieux complice de l'UEC et de l'UNEF, avec Prisca, il se fond dans le 22-Mars. Quatre ou cinq années les séparent des Nanterrois — assez pour que leurs réminiscences algériennes, leurs souvenirs de l'UEC les assimilent à de sympathiques dinosaures.

Une des premières contributions du camarade July consiste à rédiger le texte d'une affiche intitulée *les Quatre Fonctions du 22-Mars,* version campus de la subversion *fociste.* Un programme complet : transgresser les tabous, bousculer les interdits, franchir les limites.

Juché sur sa bicyclette rouge, Rudi Dutschke dévale le Kurfürstendamm, la plus grande avenue de Berlin-Ouest. Brusquement, un type, au bord du trottoir, s'avance vers lui, braque un revolver, tire plusieurs coups de feu. Atteint à la tête, le leader du SDS s'écroule dans une mare de sang. Transporté d'urgence à l'hôpital, le blessé est aussitôt opéré. Les chirurgiens réussissent à extraire la balle qui a effectué un tour complet de la boîte crânienne mais qui, par miracle, n'a provoqué aucune lésion essentielle. Néanmoins, ils réservent leur pronostic.

Dans toute l'Allemagne, l'émotion est vive. Les autorités de Berlin-Ouest ne portent guère l'agitateur professionnel dans leur cœur, mais se rendent à son chevet. Le chancelier fédéral Kiesinger interrompt ses vacances et adresse un message de sympathie à l'épouse de Dutschke.

« Ils ont voulu tuer Rudi ! » Le même cri de colère sillonne les villes universitaires de RFA. « Ils », c'est plutôt « il » : Axel Springer, magnat de la presse, qui possède 43 % des journaux allemands et 73 % des périodiques berlinois. Depuis des mois, dans les colonnes qu'il contrôle, une campagne incessante vise Rudi le Rouge, et le *Bild Zeitung,* quatre millions d'exemplaires, jette à ses lecteurs ce genre d'invite : « Qu'attend-on pour mettre à la raison un dangereux individu qui déshonore notre ville ? »

Pour les étudiants, le responsable, l'homme qui a armé le bras du tueur — un pauvre type exalté — est tout désigné. Le soir même, par milliers, ils descendent dans la rue en brandissant des torches et attaquent l'immeuble berlinois du groupe Springer. Ils réussissent à pénétrer dans le garage et à incendier des véhicules. L'imprimerie de Essen est assiégée. Des incidents violents éclatent à Cologne, à Francfort, à Hambourg, à Munich, à Stuttgart. Des camionnettes de presse sont attaquées. Les autopompes de la police inondent les artères des villes majeures.

En France, la nouvelle de l'attentat tombe en plein congé pascal. Les facultés sont closes, les étudiants potassent leurs examens. Seuls les militants veillent. Alain Krivine, de longue date, a convoqué ses amis de la Jeunesse communiste révolutionnaire pour une conférence interne, durant le week-end. Les péripéties nanterroises sont au centre des débats.

Le samedi, quarante-huit heures après la tentative d'assassinat, trois ou quatre cents membres de la JCR manifestent devant l'ambassade d'Allemagne, cernée par d'impressionnantes forces de police qui ne tolèrent qu'une prise de parole. Krivine, puis Cohn-Bendit, également présent, face à une solide haie de gardes mobiles, dénoncent la campagne de presse outre-Rhin.

Le commissaire de police indique alors l'itinéraire de dispersion. Toutes les voies alentour sont bouchées, sauf une. Mais, sans crier gare, l'assistance file au pas de course à travers les jardins du Grand Palais. Le temps que la police réagisse et déjà le cortège, toujours courant, franchit la Seine et longe les quais en direction du quartier Latin. Devant l'Assemblée nationale, les colonnes de cars s'interposent toutes sirènes hurlantes et les manifestants n'insistent pas. Ils s'égaillent mais, de groupe en groupe, la consigne circule : « Fontaine Saint-Michel, dans une demi-heure. »

Au bas du Boul' Mich', la circulation est dense. Les touristes qui lèchent les vitrines sont surpris de voir un hurluberlu bondir au milieu des voitures et scander : « Rudi Dutschke ! Rudi Dutschke ! » En quelques secondes, Alain Krivine est rejoint par des dizaines, puis des centaines de sympathisants. Le service d'ordre prend la tête de la colonne qui remonte vers le Luxembourg. Au carrefour Saint-Germain, la police est là. Sautant de camions bâchés, des agents en tenue kaki, armés de leurs longs bouts de bois — les « bidules » — chargent immédiatement. La bagarre est brève. Les tables, aux terrasses des cafés, sont renversées, les chaises volent, des passants sont matraqués au hasard. Les militants remarquent que certains badauds se mettent de la partie et font le coup de poing.

Dès le lendemain des vacances de Pâques, l'UNEF organise une manifestation de solidarité avec les étudiants allemands. Les contestataires les plus décidés ne doutent pas qu'elle sera tumultueuse. Et ils se préparent pour une véritable bataille de rue. Hervé Chabalier, l'un des responsables, avec Labib et Langlade, du service d'ordre de la JCR, a rempli sa voiture, une Fiat 600, de carreaux de plâtre et de cailloux dérobés sur un chantier. Les uns après les autres, les membres du SO s'installent à bord de la voiture garée près de la Sorbonne et emplissent les poches de leurs parkas ou de leurs blousons.

Tout au long de la soirée, ils cherchent le contact avec la police, désireux d'en découdre, de se montrer à la hauteur du SDS. Mais les flics jouent les filles de l'air. Une voiture-pie, qui a le malheur de croiser à proximité, soulage partiellement la frustration des guérilleros. Elle est lapidée.

Devant le théâtre de l'Odéon, un émissaire du SDS fustige la presse Springer. Cohn-Bendit parle à son tour, élargit la revendication :

— Il n'est pas normal que la liberté d'action politique n'existe qu'à Nanterre. Il faut que cela se généralise.

On applaudit, sans trop y croire. Plus facile à dire qu'à réaliser.

Au terme de cette incursion sur la rive gauche, les Nanterrois retournent à Nanterre. Les congés, contrairement à ce qu'espéraient les autorités, n'ont nullement calmé les esprits, ni apaisé les ardeurs. Les meetings quasi quotidiens, les commissions permanentes, les affiches géantes — attractions du grand hall —, tout indique qu'une minorité décidée et imaginative ne vise rien moins que la prise du pouvoir.

De manière insistante, on envisage un boycottage des examens, piliers du système universitaire. Le Mouvement du 22-Mars est désormais capable de mobiliser en quelques heures de mille à quinze cents étudiants.

Assez pour paralyser la faculté.

N° 5934 *bis*. Tel est le numéro, attribué par dérision, d'un bulletin du 22-Mars qui circule sur le campus. On y découvre une longue analyse de la nature du Mouvement. Surtout, on y apprend la recette du cocktail Molotov. Cette fois, en haut lieu, c'est la panique. Les enragés crachaient des injures. S'apprêtent-ils à cracher le feu ?

Il n'est guère rassuré, Pierre Juquin, quand il pénètre, le 24 avril vers dix-sept heures, dans l'amphithéâtre D1. Le cercle des étudiants communistes a convié le jeune député, membre du Comité central du PC et spécialiste des questions universitaires, à développer ses thèses. Sitôt annoncée la venue d'un haut gradé, le Mouvement a décidé de le recevoir avec les égards dus à son rang. Dans le hall, d'énormes panneaux, œuvres des pro-chinois, invitent à chasser « le Lecanuet du PCF ». Il est prévu que Dany lui posera des questions sur les articles hostiles au folklore nanterrois dont *l'Humanité* n'a pas été avare.

Les adhérents locaux de l'UEC ont averti Juquin que sa conférence ne serait pas de tout repos. A l'orée de l'amphi, il comprend que c'est un doux euphémisme. Un bataillon de l'UJC(ml) déploie une immense banderole : « Les intellectuels révisionnistes sont vomis par la classe ouvrière et les étudiants progressistes. » Ça promet.

Trois mots, et le tohu-bohu s'instaure. Les ML, massés dans le haut de la salle, hurlent pour couvrir la voix de l'orateur. Robert Linhart se lève et, suivi de ses troupes, dévale les gradins. « Judas Juquin ! » crient les perturbateurs, qui brandissent le *Petit Livre rouge* pour exorciser le démon complice de Liu Shao-chi.

Juquin ne perd pas trop de temps à évaluer la situation ; il s'enfuit par la porte du fond. Les prochinois sont ravis d'avoir proscrit le révisionnisme et affublent leur victime d'un sobriquet railleur : « Juquin-petit-lapin ». Cohn-Bendit, lui, est furieux. Il préfère la confrontation verbale, et il espérait bien, devant un public gagné d'avance, ridiculiser l'universitaire communiste.

L'action d'éclat des prochinois marque leur retour à Nanterre. L'organisation de Linhart, obsédée par sa greffe sur le prolétariat, a longtemps considéré que l'agitation des étudiants n'offrait aucun intérêt. Mouvement de petits-bourgeois coupés de la classe ouvrière, poussée d'acné juvénile...

Mais Robert est venu flairer le vent sur le campus — où étudie sa sœur — et s'en est retourné fort chaviré. L'implantation même de cette université, coincée entre bidonvilles et chantiers, en fait une base idéale pour « servir le peuple ». Le prolétariat campe aux portes de la fac. Linhart impose donc à la cellule locale de l'UJ, trop à cheval sur les principes, une sérieuse correction de tir.

— Le président Mao a dit...

La salle croule sous un rire contagieux. Près de mille étudiants sont regroupés dans l' « amphi Che-Guevara » en assemblée plénière du Mouvement du 22-Mars. Derrière la tribune, une inscription : « De la critique de l'Université à l'Université critique. » Dès l'ouverture de la séance, Roland Castro demande la parole. Sur ordre de la direction de l'UJC(ml), il vient prononcer une autocritique en règle. Et pour faire bonne mesure, il a décidé de commencer par une citation opportune du président Mao. Hélas ! le *Petit Livre rouge* ne lui en fournit aucune qui paraisse adéquate. Alors, il invente. Et nul ne s'en aperçoit. D'ailleurs, les versets et les sourates, ici, on s'en fout.

« Nous avons au début qualifié de réactionnaire le Mouvement du 22-Mars, confesse Roland. Nous étions sectaires, pleins d'idées abstraites, générales, préconçues...

Ce n'est pas un hasard si Castro a été désigné pour cette mission. L'ancien « Italien » de l'UEC, devenu « mao » par éblouissement devant la Révolution culturelle, est apprécié à l'École des beaux-arts autant pour ses penchants libertaires que pour ses analyses marxistes-léninistes.

« Nous avons décidé d'être à Nanterre comme des poissons dans l'eau.

L'eau frémit. Cette fois, la citation est puisée à bonne source et recueille des bravos. Dans la foulée, l'assemblée décide de baptiser les 2 et 3 mai « journées anti-impérialistes » sur le campus.

Jean-Marc Salmon a le trac. Tout à l'heure, au théâtre d'Ulm, quand une fois encore il a repassé l'opération, croquis à l'appui, le scénario semblait impeccable. Impeccable au tableau noir. Avec ses copains de karaté, Jacques Rémy et Didier Truchot, avec aussi Tiennot Grumbach, le patron des CVB, il a minutieusement répété chaque geste, repéré les lieux, conçu l'attaque. Maintenant, le moment de vérité sonne. Jean-Marc jette un œil, là-haut, vers l'horloge du clocher Saint-Germain. Le succès dépend de la coordination, à la seconde près, des différents groupes ; au moindre écart, au moindre retard, il pourra avaler ses galons.

Le 44, rue de Rennes, est un bel immeuble cossu qui donne sur la place Saint-Germain-des-Prés, à cinq pas de la terrasse des Deux Magots. Juste au-dessus de la porte qu'encadrent deux réverbères en forme de guidon de bicyclette, une plaque de marbre discrète, quasi énigmatique : « Société d'encouragement pour l'industrie nationale. » Au rez-de-chaussée, une salle de contenance moyenne est louée régulièrement par la société de gérance.

Elle abrite, en cette fin d'avril, une exposition qui vante l'héroïsme du régime de Saigon agressé par les communistes. C'est un « Front uni de soutien au Sud-Vietnam », animé par Roger Holeindre, qui en assume l'initiative. La direction de l'UJC(ml) a jugé intolérable que les amis des « fantoches » aient ainsi pignon sur rue et a transmis à Tiennot l'ordre de balayer cette racaille. Au moment où la guerre du peuple démontre aux pleutres et aux sceptiques qu'elle est vraiment invincible, impossible d'accepter qu'un quarteron de fachos pollue le pavé germanopratin.

Salmon regarde par-dessus son épaule. Sagement rangés en file indienne, les membres des sections d'assaut sont plaqués contre le mur, à l'angle de la rue Guillaume-Apollinaire. Légère contracture au niveau du plexus, petite boule agaçante qui chez les moins endurcis tord les tripes. Ils ont été convoqués le matin même à Normale sup où Salmon et Rémy leur ont expliqué la manœuvre. Tout repose sur l'effet de surprise.

Deux hommes gardent l'unique porte, située à dix bons mètres du coin de la rue. S'ils voient arriver les assaillants, ils auront le temps de verrouiller le lourd battant de bois. A la tête du premier groupe, Rémy — des épaules à rendre jaloux le bourreau de Béthune — n'a qu'un objectif : passer, bousculer les plantons et entrer. Au deuxième noyau, emmené par Salmon, revient la tâche de pénétrer dans la grande salle, à gauche, et de nettoyer la place. Un troisième groupe bloquera l'escalier qui commande les étages, afin d'éviter d'être pris à revers.

Salmon surveille le coin du boulevard Saint-Germain. Il déclenchera l'opération à la seconde exacte où surgira la 4L Renault chargée de matraques, de barres de fer et de casques. La place est vide ou presque. A la terrasse du Bonaparte, quelques consommateurs qui achèvent leur apéritif s'étonnent de ces jeunes gens silencieux, immobiles.

Le grand Rémy a bondi. La voiture attendue se gare dans un coup de frein le long du trottoir, devant le 44. Les vigiles regardent les types qui jaillissent du véhicule, ouvrent le hayon et extraient des engins allongés. Lorsqu'ils comprennent, il est trop tard. Jacques Rémy, suivi de sa colonne d'assaut, est sur eux. Il entre sans difficultés, sans même ralentir son élan.

Salmon, avec son groupe, est sur ses talons. Le porche est dégagé. Il tourne à gauche, tout de suite, d'instinct. Les lieux, il les connaît par cœur : c'est ici que se déroulaient les écoles de formation de l'UJ. Mais l'accès à la salle est condamné. Les assiégés ont eu le réflexe d'entasser des tables, de créer un goulet. Les assaillants sont contraints de se présenter un par un. Salmon a l'âme d'un chef, et un chef est courageux. Il n'hésite pas, s'élance. Un coup de barre lui ouvre le cuir chevelu. Seul de tout le commando, par coquetterie ou par défi, il ne porte pas de casque. Le sang gicle, l'aveugle. Il recule. Derrière lui, la pression est vive. Pas moyen de bouger. C'est fichu, il ne reste qu'à décrocher.

Une porte claque, au fond, et Tiennot Grumbach entre comme un bolide. Lui aussi connaît les lieux et s'est souvenu de cette ouverture latérale. Pendant deux secondes, les « fachos » se retournent, se voient pris en tenaille. Le temps pour Salmon et son groupe de repartir à l'attaque. Cette fois, ils passent. La bataille, au corps à corps, est d'une brutalité totale. Avec des grondements sourds de forgeron, on cogne de part et d'autre.

Les défenseurs, une vingtaine à peine de jeunes gens au crâne rasé, se sont serrés autour de leur meneur, Holeindre, qui en a vu d'autres. Baroudeur d'extrême droite, ancien para, il a sauté en Indo et fricoté avec l'OAS. Mais là, sous le nombre, il succombe. Les coups s'abattent sur lui. Ils s'en donnent à cœur joie, Rémy et Salmon, Tiennot et Rolin, Truchot, les castagneurs qui bouffent du « faf » à longueur de journée. Ils sont repus.

De l'exposition, il ne subsiste rien : l'appareil de projection est en morceaux ; l'écran, déchiqueté ; les panneaux sont lacérés ; les photos, piétinées. Un champ de ruines. Le bruit croissant d'une sirène de police interrompt le pugilat qui tournait au massacre. Rémy sonne la retraite. Le commando ressort. Dehors, une cinquantaine de militants des CVB jouent le rôle des larges masses et scandent des slogans hostiles aux « fantoches ». Accessoirement, ils sont chargés de faire écran et de permettre aux « combattants » de s'éclipser. Ce qu'ils font. Un membre de ce groupe extérieur, Christian de Porzamparc, étudiant en architecture, se montre plus lent que les copains. Il est embarqué.

La police a investi le quartier et recherche les assaillants. Salmon, mal en point, le visage couvert de sang, n'a pu fuir. Il s'est réfugié dans un immeuble avec une camarade et grimpe les étages. La fille, au bout de quelque temps, part chercher une voiture et l'évacue sans encombre. Elle l'emmène à l'hôpital, où on lui suture le crâne. Chez les assiégés, dix blessés, dont Holeindre, sont soignés à l'hôpital Laënnec.

La direction de l'UJC(ml) savoure sa victoire. La guerre du peuple a triomphé. Normal. Dans l'après-midi de dimanche, les CVB publient un communiqué où ils revendiquent la paternité de cette action d'éclat. Un peu plus tard, le mouvement d'extrême droite Occident, qu'animent Alain Robert, Gérard Longuet et Alain Madelin, réplique par une déclaration de guerre : « La police a laissé faire les provocateurs marxistes. Tant pis pour elle. Elle n'aura qu'à ramasser les blessés qui vont s'allonger dans les rues du quartier Latin. La chasse aux bolcheviques est ouverte, nous les écraserons. »

Bolchos contre fachos, ça va saigner.

On fourbit les gourdins.

Le lundi matin, Nanterre accueille Daniel Cohn-Bendit comme un héros. A la veille du week-end, il a été interpellé chez lui, dans le quinzième arrondissement, par des inspecteurs de police, et a été interrogé samedi durant huit heures avant d'être relâché. La plainte d'un étudiant de la FNEF — petit syndicat de droite —, molesté sur le campus de Nanterre, était à l'origine de cette procédure. Mais Dany a démontré qu'il n'était pour rien dans la bagarre. Toujours est-il que la nouvelle de son arrestation contribue encore à tendre l'atmosphère. Un meeting « contre la répression », lundi après-midi, rassemble plusieurs centaines d'étudiants. Cohn-Bendit s'amène, goguenard :

— Je vous annonce une grande nouvelle : je me marie cette semaine.

Éclats de rire. Dany enchaîne, imperturbable :

« Je vous fais cette confidence parce que la presse dit que je suis le meneur. Alors, je sacrifie au culte de la personnalité.

Jubilation générale.

Les incidents de Nanterre alimentent désormais une chronique régulière dans les journaux, où le trublion rouquin occupe une place de choix. Les plumes s'exaspèrent, vitupèrent. La légende de Dany le Rouge s'étoffe.

L'air est bleu des fumées de cigarettes. Ils sont plus d'un millier, deux mille peut-être, entassés, mardi 30, dans l'amphi D1.

Ils viennent d'apprendre que huit étudiants, partis distribuer des tracts aux portes du lycée voisin, ont été arrêtés. Les esprits sont chauffés à blanc. Une voix propose :

— Allons tous ensemble au commissariat exiger leur libération.

La salle approuve, se lève déjà. Une autre voix :

— Tu es fou, les flics n'attendent que ça, qu'on sorte de la fac, pour nous matraquer.

Les mêmes applaudissent. Cohn-Bendit, indécis, cherche une issue. Derrière lui, un garçon écrit en lettres rouges, géantes : « Le sommaire ne passera pas. » Dany se retourne, hausse les épaules et s'empare du micro :

— Il y a un conseil de faculté, aujourd'hui. Il faut demander aux profs d'aller libérer nos camarades.

Ovation décisive. A cet instant même, les huit étudiants réapparaissent. Ils viennent d'être relâchés.

Les enseignants, réunis dans la désormais célèbre salle du Conseil, au huitième étage de la Tour, l'ont échappé belle. Mais ils n'ont guère besoin d'une incursion étudiante supplémentaire pour céder à la passion. Une vingtaine de professeurs ont signé un texte réclamant des sanctions exemplaires. Une petite minorité, en revanche, où figurent Paul Ricœur et Alain Touraine, préconise le dialogue. Le doyen Grappin, abattu, déchiré, tangue. Le navire lui échappe. Dans deux jours, le 2 mai, les contestataires organiseront une « journée anti-impérialiste ». De quels rebondissements sera-t-elle le théâtre ? Heureusement, demain 1er mai, est férié. Douce pause.

Pas de fête du travail pour les militants. Depuis le matin, ceux de l'UJC(ml) sont sur le pied de guerre. Leurs dirigeants les invitent à s'immiscer en force dans le cortège syndical. Massés au coin du cirque d'Hiver, ils attendent — quelques centaines — qu'une délégation de la CGT, noyautée par des prolétaires amis, consente à s'entrouvrir. Ils pourront y vendre leur nouveau journal, *la Cause du peuple,* dont le directeur est Roland Castro. Les choses ne se déroulent pas exactement comme prévu.

Les sections cégétistes défilent les unes après les autres, solidement encadrées par un service d'ordre musclé, lequel observe d'un œil torve ces agités qui gueulent : « Vive la CGT de lutte de classes ! », ou encore : « A bas le gouvernement gaulliste anti-populaire de chômage et de misère ! » et brandissent des drapeaux rouges. Robert Linhart se décide. Pareille situation ne saurait s'éterniser. Il faut s'insérer coûte que coûte dans la manif. Les costauds de la CGT ne partagent pas cet avis. La mêlée est confuse, les injures pleuvent, les coups volent bas. Linhart, passionné, hurle à un métallo qui lui reproche d'être étudiant :

— Mais je suis prêt à mourir pour la classe ouvrière...

Jean-Pierre Le Dantec pousse, parmi les copains. Il se démène comme un beau diable quand il se retrouve nez à nez avec un rouquin potelé, porteur d'un drapeau noir.

— Pauvre con d'anar, lance le « Chinois », on a suffisamment de mal avec nos drapeaux rouges ; ne venez pas nous faire chier avec vos drapeaux noirs !

— Ta gueule, crétin de stal ! réplique Cohn-Bendit, définitif.

La gueule de Cohn-Bendit, Le Dantec l'a découverte en parcourant un numéro de *Paris-Match* pendant les vacances de Pâques. Du même coup, il apprenait l'existence de la contestation nanterroise. Ce vague chahut d'adolescents prolongés n'avait suscité en lui que ricanements ; des boutonneux qui jettent leur gourme.

Au centre hospitalo-universitaire de la Pitié, une réunion rassemble, l'après-midi de ce 1er mai, Geismar, secrétaire du SNESup, Cohn-Bendit, Péninou, Bon et maints autres. Ordre du jour : comment développer et coordonner l'action ? L'ambiance est celle d'un état-major subversif traçant son plan de campagne. Mais aucun des participants ne nourrit d'illusions. A l'approche des examens et des vacances, l'agitation va retomber comme un soufflé. C'est la rentrée qu'il s'agit de préparer.

L'hebdomadaire d'extrême droite *Minute* n'a pas pour habitude de faire dans la dentelle, et le numéro qui sort en kiosque le jeudi 2 mai respecte la tradition : « Il faut en finir avec la chienlit des Cohn-Bendit. Dans le tumulte actuel, ce Cohn-Bendit doit être pris par la peau du cou et reconduit à la frontière sans autre forme de procès. Et si nos autorités ne s'en sentent pas le courage, nous connaissons un certain nombre de jeunes Français que cela démange d'accomplir ce geste de salubrité publique »... Les damnés de Nanterre ne comptent point parmi les lecteurs assidus de cette virulente prose.

Pourtant, colportée avec l'évidence du réel constaté, la rumeur enfle : le groupe Occident, soutenu par d'anciens combattants, prépare une attaque contre la faculté. Un tract circule, rapporte-t-on, qui proclame : « Nous sommes capables de nous opposer à la terreur rouge et de rétablir l'ordre avec les moyens qui s'imposent. » Le matin même, un incendie criminel a détruit le local de la FGEL à la Sorbonne. Les saboteurs ont laissé leur griffe : une croix celtique, l'emblème des fachos.

La psychose grandit à l'ombre de la Tour. Les fameuses « journées d'étude sur l'impérialisme » risquent d'être fort animées. Auréolés de leur glorieux coup de main sur le 44, rue de Rennes, les prochinois débarquent en masse et offrent leur savoir-faire.

Robert Linhart commande personnellement la manœuvre. Les experts en guerre du peuple, armés du *Petit Livre rouge* et de solides gourdins, transforment le campus en citadelle. Épatés, les militants du 22-Mars regardent les sectateurs de Mao planifier l'autodéfense comme s'ils attendaient un régiment de fusiliers marins. D'ailleurs, afin que nul ne s'y trompe, une banderole annonce à l'entrée : « Paras, vous avez échappé à Diên Biên Phu. Vous n'échapperez pas à Nanterre ! »

Ces préparatifs guerriers alimentent encore la fièvre. Une équipe est partie au bois de Boulogne chercher des branches fourchues pour fabriquer des frondes. A l'orée du campus, on commence à creuser une profonde tranchée pour que les agresseurs soient obligés d'abandonner leurs voitures, d'avancer à pied et à découvert, en sorte qu'ils seront impitoyablement bombardés et décimés. Sur les toits, sous la houlette du *comandante* Roland Castro, un groupe hisse des caisses de boulons et de pierres. La buanderie est rebaptisée « base rouge ».

Linhart, général en chef, inspecte tout, dicte ses directives. Des estafettes à mobylette patrouillent dans les environs. L'appartement de Prisca Bachelet, qui jouit d'une vue plongeante, sert de mirador.

Au fil des heures, la nervosité s'agace, la psychose ronge, le délire croît. Les prochinois entendent appliquer à la lettre leurs préceptes importés. Les Nanterrois sont invités à se constituer en groupes d'autodéfense, à se plier aux ordres de l'avant-garde. Qui se succèdent : on déplace, transporte, déploie, concentre, disperse. Quelqu'un propose de répandre un liquide glissant sur les routes.

Puis les spécialistes de l'UJ s'avisent d'installer un système élastique pour catapulter des tables. Sceptiques, quelques étudiants leur demandent si une telle machinerie, manifeste défi aux lois de la pesanteur, fonctionnera. Réponse patiente :

— Les gardes rouges l'ont utilisée à l'université Beida. Cela marchera.

Venu par curiosité humer l'atmosphère, Alain Krivine rigole ; cette gymnastique parodique est digne de l'Opéra de Pékin.

Occident ne vient pas, mais la police est là. En nombre impressionnant, elle cerne la faculté. Dans ce climat survolté, irréel, où le moindre bruit nourrit la chronique, tombe une véritable, une vérifiable information : la convocation reçue par huit étudiants — dont Cohn-Bendit, Duteuil, Flesch — devant le conseil de discipline, lundi 6 mai, onze heures, à la Sorbonne.

Ils risquent l'exclusion. Cette menace directe apparaît soudain plus proche que l'éventuelle attaque des fachos. Lassés des gesticulations maoïstes, les Nanterrois se rebiffent, se retournent contre leurs protecteurs qui ont mué une journée de débats en western de banlieue. Très digne, Linhart rameute ses troupes. Puisque les petits-bourgeois dédaignent son savoir militaire, il lève le camp. Entre l'UJC(ml) et le mouvement étudiant, de nouveau, c'est le froid.

Durant l'après-midi, on revient au programme initial. Dans l'amphithéâtre B2 est projeté un film sur le *Black Power*. A quinze heures, le professeur René Rémond arrive pour donner son cours, précisément en cet endroit. Sur la porte, une affiche lui apprend que « le cours de Rémond n'aura pas lieu ». Il s'obstine et, à la tête de deux cents disciples studieux, tente une percée. En vain. L'enseignant reçoit un banc dans les jambes. L'assistance entonne *l'Internationale*. René Rémond, ulcéré, se retire et refuse de faire cours ailleurs.

En début de soirée, le recteur Roche arrive, mandate par le ministre Alain Peyrefitte. Il vient envisager avec le doyen Grappin les mesures susceptibles de ramener un peu de sérénité. Les deux hommes n'en décèlent qu'une : fermer. Le 2 mai, tandis que la lumière décline, un communiqué est diffusé : les cours sont suspendus *sine die*. La réouverture s'effectuera discipline par discipline. Une fois le foyer infectieux circonscrit, la fièvre chutera d'elle-même. C'est logique.

Autour de Cohn-Bendit et des responsables politiques présents, une réunion s'improvise pour riposter à la convocation devant le conseil de discipline. Les perspectives paraissent sombres. Les « journées anti-impérialistes » ont été un échec. Au-delà des quinze cents sympathisants toujours enclins à suivre, les étudiants repassent leurs examens, opposent indifférence ou hostilité à l'agitation méthodique.

La presse n'est pas tendre. On se montre, dans le dernier *Monde,* le billet d'Escarpit : « Lorsque, dans dix ou vingt ans, M. Daniel Cohn-Bendit et ses amis seront doyens, recteurs, ministres, ou l'équivalent sous quelque autre nom, je leur souhaite d'affronter la révolte de leurs propres étudiants avec autant de modération qu'on en fait preuve aujourd'hui à Nanterre. »

Modération ? Il en a de bonnes, Escarpit.

Finalement, les meneurs décident de convoquer, le lendemain 3 mai, un meeting de protestation dans la cour de la Sorbonne. L'idée manque de panache. Mais on ne saurait faire moins...

Après, on verra.

13

Une fête immotivée

Aujourd'hui encore, Alain Krivine a délaissé son travail chez Hachette pour gagner la Sorbonne. Cela lui arrive de plus en plus souvent, et il finira par être sanctionné. Mais il ne saurait demeurer prisonnier d'un bureau quand l'événement le sollicite, à trois cents mètres de là. Parvenu dans la cour, Krivine jauge l'assistance en professionnel. Maigrelette.

Ni la fermeture de Nanterre, la veille au soir, ni la convocation de Cohn-Bendit et de ses complices devant le conseil de discipline ne remuent les foules. Quelques centaines de personnes se sont dérangées pour écouter les orateurs du meeting « contre la répression ». Et encore, sur le nombre, la très grande majorité est composée des militants assidus, les habitués qui connaissent par cœur la litanie rituelle et n'écoutent que d'une oreille distraite les appels à la mobilisation. L'unique attraction, c'est la délégation, fournie, du 22-Mars chassé de ses terres et le nommé Daniel Cohn-Bendit, que les sorbonnards découvrent, ou presque.

Tiède consolation, le soleil brille, et l'on paresse délicieusement sur les marches de la chapelle. De main en main circule *l'Humanité*. Un étudiant, à voix haute et le ton solennel, donne publiquement lecture d'un article de Georges Marchais, obscur apparatchik du bureau politique, dont la notoriété n'a pas atteint la rive gauche. L'orateur adopte l'emphase des congrès et déclame au milieu des rires :

— « Comme toujours, lorsque progresse l'union des forces ouvrières et démocratiques, les groupuscules gauchistes s'agitent dans tous les milieux. »

— C'est bien vrai, ratifie l'auditoire.

— « Malgré leurs contradictions, ces groupuscules, quelques centaines d'étudiants, se sont unifiés dans ce qu'ils appellent le " Mouvement du 22-Mars " dirigé par l'anarchiste allemand Cohn-Bendit. »

Une joviale hilarité secoue le cercle des curieux. Le trait est tellement gros qu'on dirait un pastiche. Quelques incrédules veulent, de leurs yeux, vérifier que l'adjectif *allemand* est imprimé noir sur blanc. Il l'est, et même deux fois, puisqu'on le retrouve accolé au nom du philosophe Herbert Marcuse.

Imperturbable, haussant la voix pour dominer les exclamations, le récitant poursuit :

« Les thèses et l'activité de ces " révolutionnaires " pourraient prêter à rire. D'autant qu'il s'agit en général de fils de grands bourgeois — méprisants à l'égard des étudiants d'origine ouvrière — qui rapidement mettront en veilleuse leur " flamme révolutionnaire " pour aller diriger l'entreprise de papa et y exploiter les travailleurs... »

Suspension de séance. Les vociférations et les insultes fusent. La bêtise de l'argumentation déconcerte jusqu'aux plus ironiques. Beaucoup des présents sont issus du giron communiste. Les plus anciens, tels Weber, Krivine, Bouguereau, ont fait leurs dents à l'UEC, voilà quatre ou cinq ans. Et, parmi les plus jeunes, les rejetons d'encartés sont nombreux. La révolte contre le PCF est aussi une affaire de famille, jalonnée de crises, d'excommunications, de fureur.

Les arguments massues, ils les ont tous entendus, le dimanche, lors d'empoignades devant le gigot flageolets. Mais celui-là, le coup des fils à papa qui jettent leur gourme, ils ne l'avaient pas même imaginé. Ici, cour de la Sorbonne, la plupart des militants sont boursiers ou vivent de boulots alimentaires. Ce n'est pas sans angoisse que nombre d'entre eux sentent approcher les examens, moment de vérité où se monnaient les heures de réunion, les distributions de tracts, les collages d'affiches. Un échec, un redoublement, et adieu les subsides de l'État...

Après Weber, Cohn-Bendit explique l'action du 22-Mars. Lui succède un jeune homme bien mis, la figure avenante. On se pousse du coude.

— Qui est-ce ?

— Sauvageot.

— Qui ?

— Sauvageot, le vice-président de l'UNEF.

Personne ne le connaît, à l'exception peut-être du bureau national qui lui a refilé la délicate mission, quelques semaines auparavant, d'assurer l'intérim du président démissionnaire.

Des étudiants quittent la bibliothèque Richelieu pour aller

déjeuner et jettent un regard blasé sur le rassemblement étriqué. Les bûcheurs révisent leurs exam's. Ils n'ont guère pris au sérieux un tract distribué la veille, dans l'après-midi, qui propageait cependant une extraordinaire nouvelle : « Pour la première fois dans l'histoire de l'Université, les enseignants de la Sorbonne annoncent publiquement leur intention de refuser de corriger les examens cette année. » Les auteurs du tract, exceptionnellement documentés, relatent comme s'ils y avaient participé une assemblée des professeurs où fut arrêtée l'incroyable décision.

Le doyen Durry, lui, s'est alarmé des effets dévastateurs d'un tel brûlot. Il publie un communiqué garanti officiel pour préciser que les examens auront lieu aux dates prévues.

A l'origine de ce canular, un noyau, minuscule, qui rêve d'être au quartier Latin ce que le 22-Mars est à Nanterre. Ce sont les animateurs de la FGEL, les briscards de la gauche syndicale, Jean-Louis Péninou, Jean-Marcel Bouguereau, et le tout nouveau président des syndicalistes sorbonnards, Brice Lalonde, qui ont créé le Mouvement d'action universitaire, le MAU.

Des lointaines origines, de l'analyse du milieu produite par Kravetz en 1963-1964, les initiateurs gardent une conviction : l'Université est le maillon faible de la société, la plaque sensible où viennent s'impressionner et se superposer l'ensemble des contradictions sociales. Afin de dévoiler le sacré de l'institution, comme à Nanterre, les animateurs du MAU souhaitent ériger la provocation en stratégie, le rire en arme, la dérision en méthode. Expérimentés, fins tacticiens et fins politiques, ils s'écartent de l'affreux jargon militant, bannissent la rugueuse langue de bois qui décourage les profanes.

Treize heures. Les organisateurs du meeting prennent acte de son échec. A pareille saison, il n'est pas irrémédiable. Pour ne point demeurer sur leur faim, ils décident de se retrouver l'après-midi au même endroit et s'égaillent dans les restaurants universitaires.

A quatorze heures, les troupes ont légèrement grossi. Les lève-tard émergent. Des militants ont rameuté leurs copains, quelques curieux pointent le nez. Les mêmes orateurs que le matin dénoncent avec la même virulence la répression, appellent à manifester lundi, quand Cohn-Bendit et ses acolytes seront déférés devant le conseil de l'Université.

L'après-midi s'égrène lentement. Un représentant de l'Union des étudiants communistes, sommé de s'expliquer sur l'article de Marchais dans *l'Huma,* apporte un peu de distraction. Afin de tuer le temps, les services d'ordre entonnent leurs hymnes révolutionnaires : « Quittez les machines, dehors, prolétaires... »

Tout le répertoire y passe. N'empêche : la jeune garde reste bien seule.

Vers quinze heures, une estafette déboule en trombe : une centaine de « fafs » se sont regroupés à l'Observatoire et marchent sur la Sorbonne. Branle-bas de combat. En un instant, les détachements prennent position aux portes de la cour. Des manches de pioche sont répartis. Les casques sortent de sacs en plastique. Des tables sont promptement brisées pour en détacher les pieds métalliques. Les militants, soulagés, se figent dans l'attente. Ils peuvent venir, les fachos, ils seront reçus.

Les nouvelles, vraies ou fausses, se répandent, les rumeurs volent. Pour se donner du cœur, le service d'ordre reprend ses chants guerriers. On martèle le pavé avec les barres de fer, en cadence. Et puis l'attente s'éternise. Ils n'arrivent pas. Les amphis se vident. Leurs occupants se hâtent de traverser le camp retranché.

Passé seize heures, les cinq cents personnes réunies dans la cour sont désormais persuadées que l'ennemi les trahit. Occident ne bronchera plus. Les éclaireurs rapportent que des forces de police considérables ont bouclé le quartier et encerclent la Sorbonne. Nul ne s'inquiète. Les meneurs, Cohn-Bendit en tête, s'efforcent de donner un sens ultime à cette journée qui n'en a plus beaucoup. Des militants s'éloignent, convaincus qu'il ne se passera rien.

Serge July retourne se recoucher ; il a veillé toute la nuit pour corriger les copies de ses élèves. En début d'après-midi, ses pas l'ont conduit jusqu'au sanctuaire. Il a aussitôt compris que rien de grandiose ne se produirait aujourd'hui. En partant, vers le haut du Boul'Mich', il aperçoit les brigades spéciales de la préfecture de police qui dispersent une petite cohorte d'extrême droite. Il peut aller dormir la conscience tranquille.

Dans la Sorbonne, le dernier carré reste encore un peu, pour marquer le coup. D'ici une heure, il se dispersera.

— Ils arrivent !

Le cri, en une seconde, remobilise les troupes alanguies. On saisit les barres, les casques, et l'on s'apprête à casser du facho. Le long de la galerie qui débouche sur la rue des Écoles, une masse sombre, compacte, progresse. Les voltigeurs, aux avant-postes, distinguent des hommes casqués, munis de boucliers.

— Les flics, ce sont les flics !

Les manifestants s'immobilisent, stupéfaits. Pourquoi la police est-elle entrée dans le périmètre inviolable ? Qui l'y a autorisée ? Qui l'a invitée à disperser un rassemblement quand ce dernier, de lui-même, s'apprêtait à le faire ? Le temps que surgissent ces questions, les hommes en noir cernent la célèbre cour. Pendant quelques secondes, les regards s'évaluent, les services d'ordre se toisent.

Parmi les étudiants, quelques-uns songent à résister. Mais Alain Krivine, prompt, a immédiatement apprécié la situation. Les militants sont dans une nasse. Riposter par la violence serait inutile et dangereux. Il s'avance très vite vers le commissaire qui commande l'opération. L'échange est bref : les étudiants acceptent de sortir sans se défendre ; en revanche, la police les laissera filer jusqu'au métro. Il était moins une. Déjà, des agents excités brandissent quelques matraques en direction de leurs adversaires, lesquels ont reflué vers la sortie latérale qui donne sur la rue de la Sorbonne. Dans un silence épais, oppressant, on n'entend plus que le son des barres de fer quand les membres du SO, disciplinés, les laissent tomber à leurs pieds.

La police, maintenant, enserre complètement le groupe. Tous les leaders étudiants sont là, coincés, tassés les uns contre les autres : Cohn-Bendit et les Nanterrois, Krivine et Weber, Bouguereau, Sauvageot — l'illustre inconnu. Nul ne bouge. Enfin, peu à peu, la masse s'écoule jusqu'au porche, filtrée goutte à goutte entre deux rangées de gardes mobiles. Rue de la Sorbonne, une surprise : des cars sont alignés, portières ouvertes, et un cordon d'hommes en uniforme ordonne d'y monter.

Le message circule : « Ils embarquent. » Les présents ont tous été emmenés au poste au moins une fois et n'appréhendent guère le traditionnel contrôle d'identité. Deux heures de perdues. Avec un brin de chance, ils attraperont la dernière séance au Champo.

L'évacuation est interminable. La noria des cars jusqu'aux commissariats de quartier n'en finit plus. Enfermés dans la cour, les participants au meeting décèlent vaguement une rumeur, puis des cris, de plus en plus forts. Une oreille exercée décrypte : « Libérez nos camarades ! »

Les dirigeants étudiants, les leaders se regardent, ahuris. Ils sont tous bloqués, impuissants. Qui est capable, en un délai record, d'avoir déclenché la riposte ? Les prochinois de l'UJC(ml), seuls absents du jour, et qui boudent l'agitation universitaire ? Impensable : ils sont au fond de leurs banlieues, de leurs usines. Le voudraient-ils qu'un retour au Quartier leur coûterait des heures. Alors, qui ?

Poussés par la curiosité, les passants qui flânaient sur le Boul'Mich', le nez au vent, les étudiants qui sirotaient un café aux terrasses de l'Écritoire ou de l'Escholier, à l'ombre d'Auguste Comte, s'agglutinent sur la place de la Sorbonne, face au barrage de police qui obstrue la rue. En se démanchant le cou, ils aperçoivent des étudiants, un peu plus bas, empilés dans les cars sous la menace des mousquetons. On siffle, on proteste, on chahute un peu. Les policiers sont nerveux. Ils repoussent sans ménagements les premiers rangs hostiles.

Des insultes fusent, des coups sont échangés, les matraques fleurissent. Soudain, les curieux deviennent manifestants. Le vieux réflexe antiflic, acquis d'instinct en posant le pied dans la fac, se réveille. Des noyaux spontanés se forment, se soudent et gueulent : « Libérez nos camarades ! », « A bas la répression ! » Les slogans, comme un aimant, attirent de nouveaux badauds qui s'approchent à leur tour puis reprennent les mots d'ordre improvisés. Les voici plusieurs centaines, quinze cents peut-être, qui s'époumonent. Quelques audacieux ramassent des pierres et les lancent vers les pèlerines bleues.

Les premiers cars bourrés d'étudiants arrêtés traversent la place, toutes sirènes mugissantes. Tollé général. Des poings martèlent les parois des véhicules qui se fraient un passage avec peine. Pareille situation ne saurait se prolonger ; la police reçoit l'ordre de nettoyer les abords. Elle arrose la place de gaz lacrymogènes. Les protestataires reculent, se regroupent un peu plus loin. La nappe opaque noie les terrasses, brouille les vitrines. Sur le trottoir, de l'autre côté du boulevard Saint-Michel, contre les murs du lycée Saint-Louis, des gens narguent les policiers.

Dix-sept heures trente. Roland Castro, le responsable prochinois des Beaux-Arts, arrive par la rue de Vaugirard. Il n'est au courant de rien, se joint aux spectateurs et contemple la Sorbonne enveloppée de brume, les pelotons de police et de gendarmerie qui envahissent la place.

Roland voit, juste devant lui, détaler un jeune homme. Cheveux noirs mi-longs coiffés en casque, col roulé sombre, jeans de velours, il a la dégaine d'un lycéen.

Léger dans ses Clarks, les chaussures américaines en peau retournée qui font fureur, il s'élance au milieu de la chaussée où la circulation n'a pas été interrompue. Il zigzague entre les voitures, évite une 4L Renault, contourne une camionnette de boucherie qui freine brutalement et s'avance, seul, vers un car de police Citroën, vieillot et noirâtre. Il tient à la main un pavé qu'il balance avec énergie. Le projectile fracasse le pare-brise de droite. L'homme assis derrière s'écroule, le crâne ouvert.

Rapidement, l'épisode est rapporté dans les rangs des forces de l'ordre : un des leurs a été grièvement blessé, il est mourant peut-être. Dès lors, la violence se déchaîne sans frein. Les policiers chargent, dégagent le boulevard Saint-Michel, repoussent les manifestants vers le bas, vers la Seine. Ils matraquent tout sur leur passage, les consommateurs des cafés, les touristes, les cinéphiles qui patientent au guichet des cinémas. Affolés, les passants courent ; aveuglés par les lacrymos, ils cherchent refuge dans les bistrots dont descendent les rideaux de fer. L'air est irrespirable, bleuté. Les voyageurs qui émergent du métro à la station Saint-Michel sont en pleurs.

Henri Vacquin visite rarement le Quartier. L'ancien gérant de *Clarté* — au beau temps des « Italiens » — a laissé tomber la politique, les copains. Il a essayé de monter une entreprise de meubles, a fait faillite, s'est reconverti dans la sociologie des entreprises. Ce soir, il est venu chercher sa femme qui travaille chez Hachette. Au carrefour des boulevards Saint-Germain et Saint-Michel, il tombe sur des manifestants furieux.

Effaré, il aperçoit une poignée de jeunes gens qui se ruent sur un car de police, le secouent comme un prunier en déformant les tôles. Ils extraient les occupants du véhicule, les frappent. Vacquin essaie de s'interposer, croit reconnaître un visage :

— Vous êtes fous ! Qu'est-ce qui vous arrive ?

— Ta gueule, vieux con, tu n'es plus dans le coup.

En trois ans, les mœurs ont fort changé. Lui, plus dans le coup ? Lui, Vacquin, vétéran de toutes les manifs contre la guerre d'Algérie...

Pendant ce temps, en haut du boulevard, mille contestataires se sont rassemblés près de la place Edmond-Rostand. Les grilles de fonte, au pied des arbres, sont détachées, jetées sur la chaussée. Des poteaux de signalisation sont arrachés, des voitures disposées en chicane. Les étudiants ont allumé un feu. Le goudron fond et des plaques se craquellent, qui fournissent d'excellents projectiles.

Sur ce barrage haut de trente centimètres, franchissable sans effort, une haie humaine se dresse. Ils sont jeunes, très jeunes, inexpérimentés mais résolus. Lorsque la police charge, ils ne s'enfuient guère, ils résistent, bombardent, contre-attaquent avec une rage froide, une haine imprévisible.

Serge July n'en revient pas. Son sommeil a été brutalement interrompu par sa femme Évelyne qui, écoutant la radio, a appris l'intervention de la police à la Sorbonne. Serge a sauté dans un pantalon, couru vers le Quartier.

Il arrive à point pour voir s'ériger la mini-barricade, en haut du boulevard Saint-Michel. La témérité de ces jeunes gens qu'il ne connaît pas l'effare. Sans chefs, sans service d'ordre, ils se cognent aux flics avec une totale inconscience du danger. Par quel mystérieux mécanisme, par quel étrange dédale des garçons et des filles que les observateurs, hier, peignaient apathiques, isolés, sortent-ils de leurs gonds, agressent-ils l'ordre établi ?

Le « vieux » routier de l'UNEF, de l'UEC, n'aperçoit dans cette foule juvénile aucun copain — le voici spectateur d'un mouvement qui lui échappe. Entre la Seine et le Panthéon se déclenche un processus insolite, inexplicable. Un vent de folie souffle sur le périmètre « libéré ».

Des lycéens, des étudiants, vingt ans à peine, découvrent l'extraordinaire ivresse que procure l'explosion d'une violence tapie au fond de soi. Dans ces instants-là, tout bascule, les interdits sautent. Les rancœurs accumulées, les déceptions, la grisaille, le désir de révolte refoulé rompent les digues, surprennent celui qui frappe comme ils surprennent celui qui est frappé. L'affrontement, les professionnels de la révolution le souhaitaient, le préparaient depuis des mois. Il éclate soudain, sans eux, dans leur dos, en leur absence. Ironique leçon que le politique July n'en finit pas de méditer.

Aux alentours de vingt heures, côté police, on décide d'en finir avec l'émeute. Méthodiquement, les grenades pilonnent l'artère vitale du quartier Latin. Puis les brigades spéciales foncent, bidule au poing. C'est fini. Les ultimes émeutiers se dispersent en hoquetant. Ils ont tenu presque quatre heures.

Dans toutes les rues du territoire indocile, la chasse est ouverte. Mais la définition policière du manifestant est fort extensive. Les coups portent à l'aveuglette. Place Edmond-Rostand, un automobiliste est arraché de sa voiture et promptement assommé sous les yeux de sa femme qui hurle. Des passants, indignés, s'approchent ; ils s'effondrent à leur tour sans avoir eu le temps de comprendre, la bouche encore arrondie par un cri d'indignation avorté. Un peu plus bas, un étudiant, cerné par la meute, essaie de se protéger la tête avec un classeur dont l'attache, défaite, pendouille dérisoirement. Une femme, la cinquantaine, bouleversée, crie :

— Arrêtez, arrêtez !

Trois ou quatre policiers se retournent, se détachent de la pieuvre aux innombrables matraques qui battent en cadence et se jettent sur elle, la frappant à tour de bras ; elle tombe, le visage en sang, gémit :

« Mais je n'ai rien fait, rien.

— Il ne fallait pas défendre ces salauds-là.

L'espace d'une soirée, les bâtons des « gardiens de la paix » suscitent des milliers d'enragés. La répression, chacun y goûte, même s'il ne l'a nullement cherché. Et les discours des gauchistes sur la société répressive, qu'on écoutait d'une oreille distraite, prennent corps, matière : l'odeur du caoutchouc dur, la consistance du bois épais. Les groupuscules, malgré leur audience croissante, n'avaient pas réussi à dépasser leur propre cercle. L'exceptionnelle sauvagerie des flics remplace les séances d'éducation politique, les cours de formation accélérée.

Sans doute le terrain a-t-il été consciencieusement balisé, miné. Le fond de l'air, depuis le début du printemps, incite au soulèvement. Insensiblement, parfois sans le mesurer eux-mêmes, les militants ont semé quelques graines d'enthousiasme, ou de foi. La mort du Che, l'offensive du Têt ont ému bien des esprits qui ne fréquentent point les assemblées ordinaires. Et l'irrésistible besoin de substituer l'aventure à l'ennui a taillé son chemin.

Faute de mieux, sans perspectives, l'étudiant révise ses examens, mais, à la première occasion, il franchit le pas, s'enflamme, précède ou suit. La répression tous azimuts, imbécile, fournit un aliment à la faim d'action. Plus besoin de rêver, plus besoin d'exotiques voyages. Le risque, le délicieux frisson qu'engendre le danger rôdent au coin de la rue. A quatre pas d'ici il devient possible, par flic interposé, de narguer la société, les autorités, les institutions, la famille. D'exister. Enfin.

Alain Geismar est à Nanterre. Il assiste à une réunion des enseignants de la faculté. Le doyen Grappin explique qu'il a été contraint de fermer pour éviter que le sang ne coule. Le secrétaire du SNESup objecte que cette mesure ne supprime aucun des problèmes soulevés par le malaise ambiant. Une secrétaire entre précipitamment, annonce qu'on se bat à Paris, que la Sorbonne est envahie par la police. La réunion est aussitôt levée et Geismar file au siège de son syndicat. Il réussit à rassembler les membres du bureau et rédige un communiqué appelant les universitaires à la grève générale. Il est vingt et une heures trente. Parallèlement, il cherche à joindre au téléphone le ministre de l'Éducation nationale, Alain Peyrefitte. Il n'obtient qu'un membre du cabinet et réclame une audience immédiate.

L'homme de quart rétorque aimablement :

— Si vous croyez que le ministre n'a que cela à faire...

La plupart des leaders arrêtés dans la cour de la Sorbonne ont été conduits au commissariat qui occupe les sous-sols de l'Opéra. Bouclés dans des cages grillagées, ils ont tout loisir d'analyser la conjoncture. Sauvageot découvre Cohn-Bendit, qu'il ne connaît guère, et entame avec lui une longue conversation. En aparté, Alain Krivine et Henri Weber, les dirigeants de la JCR, planifient les mobilisations futures.

Relever le gant ? Tout le monde en est d'accord. Mais comment ? Et puis, ces manifs, dont les échos assourdis sont parvenus jusqu'aux cars qui traversaient le Quartier à toute allure, quels en sont les inspirateurs ? Un point, en tout cas, recueille l'unanimité. Le pouvoir vient d'offrir aux révolutionnaires sans révolution une chance inespérée, inouïe.

Vers vingt-deux heures, nouvel arrivage. Des jeunes gens que personne n'a jamais vus sont propulsés dans les cellules avec une certaine rudesse. Ils saignent, portent des traces bleuâtres et semblent éberlués, ailleurs. Weber interroge l'un d'entre eux :

— Que se passe-t-il au Quartier ?

— Je ne sais pas. Je sortais du cinéma. J'ai reçu un coup derrière la tête. Je n'ai rien compris, les flics tapaient sur tout ce qui bougeait.

— Il y avait des manifestants ?

— Pas vraiment. Les gens avaient la trouille. On ne voyait rien dans la fumée des grenades.

Le mystère s'épaissit.

Dans les studios d'Europe n° 1, Michel-Antoine Burnier, le sartro-togliattiste propulsé rédacteur en chef de « L'Événement », participe avec son mentor, Emmanuel d'Astier de La Vigerie, à une émission sur le Printemps de Prague. Des témoignages rapportent la lente évolution, le processus prometteur et inédit impulsés derrière le rideau de fer par Alexandre Dubcek. Survient Henri Vacquin. Il a entendu dans sa voiture le début de l'émission et s'est précipité rue François-Ier. A son ancien camarade de l'UEC, Burnier, il lance, essoufflé :

— Arrête tout, avec les Tchèques. C'est au Quartier que cela se passe.

Burnier le regarde. Les journalistes de la station confirment. D'ailleurs, ils diffusent sur l'antenne un communiqué du recteur Roche annonçant la fermeture *sine die* de la Sorbonne.

Sous l'Opéra, les étudiants incarcérés sont relâchés un à un à partir de onze heures du soir. Krivine a demandé à Pierre Rousset d'essayer de sortir le plus rapidement possible, afin d'alerter les copains et de renouer les contacts au-dehors. Rousset s'approche des grilles, apostrophe un gardien :

— Appelez votre chef, j'ai quelque chose à déclarer.

Un inspecteur arrive.

« Je suis le fils de David Rousset. Mon père est un ami du général de Gaulle. Je voudrais le prévenir.

— Vous êtes le fils de David Rousset. Il fallait le dire plus tôt ! Venez par ici, M. Rousset.

Pierre échange un clin d'œil avec Krivine. Ça a marché. Le policier le conduit sur un banc à l'écart, où est déjà assis Cohn-Bendit.

« Attendez ici un instant.

Les uns après les autres, les militants libérés prennent le large. En passant, ils ont la surprise de constater que Rousset est toujours sur son banc, le sourire un peu plus crispé. A deux heures du matin, il ne reste que lui, et Cohn-Bendit. Un policier s'approche et pointe son index vers Dany :

— Mon petit père, tu vas payer. C'est dommage que tu ne sois pas crevé à Auschwitz avec tes parents, parce que ça nous éviterait de le faire aujourd'hui.

Rousset comprend qu'il n'a pas choisi la bonne tactique...

Jean-Pierre Le Dantec n'y a pas résisté. La direction de l'UJC(ml) avait donné l'ordre à ses militants d'éviter le quartier Latin toute la journée de vendredi ; ils ne devaient pas tomber dans le piège, s'enfermer dans le ghetto universitaire. En tant que membre de la direction, Le Dantec s'estime fondé à enfreindre les consignes. Il a résolu de mesurer sur place l'ampleur du meeting. Comme son camarade Castro, débarqué juste à temps pour suivre l'envol du premier pavé, Jean-Pierre tombe au beau milieu des échauffourées initiales. La Sorbonne est déjà cernée. Et il rigole doucement en imaginant ces petits-bourgeois coincés à l'intérieur — comme des gamins. Il rentre chez lui, ouvre la radio : les flashes d'information retentissent du bruit des grenades. Vite, il hèle un taxi. Direction Ulm. Le chauffeur semble ravi :

— Ça chauffe, on va enfin se marrer !

Dans les couloirs de l'École, l'excitation crépite. La « base rouge » des prochinois est en effervescence. Si la police a violé le sanctuaire de la Sorbonne — ancestrale franchise —, rien ne l'empêchera de débarquer ici. Les militants réquisitionnés courent à travers les étages, trimballant des liasses de documents : les archives qu'ils vont brûler. De sinistres rumeurs prétendent que les morts jonchent le pavé. Robert Linhart s'affaire, donne les directives. A mesure que les leaders sont libérés, ils rappliquent.

Une réunion s'amorce quand sonnent deux heures. Alain Geismar est parvenu à retrouver les responsables étudiants ; Sauvageot est également présent, ainsi que Weber, et July, mandaté par le 22-Mars. Les animateurs nanterrois se sont déjà concertés en fin de soirée dans l'atelier d'un peintre ami, à Montmartre.

D'emblée, Linhart se démarque. D'une voix cinglante, définitive, qui n'admet ni objection ni critique, il exige que les participants ne se considèrent pas comme les représentants d'organisations, mais comme simples acteurs des événements en cours. Weber récuse cette prétention, et cet interdit. Le débat tourne à l'aigre. Les prochinois s'en vont. Premières escarmouches groupusculaires, premières frictions.

Dès cette nuit du 3 au 4 mai se met en place un état-major, un cartel qui parle désormais au nom « du mouvement ». Avec maintes nuances, le SNESup, l'UNEF, le 22-Mars, la JCR, le MAU se retrouvent d'accord : on joue l'escalade. Ils convoquent une manifestation pour le lundi. Dès neuf heures, afin de soutenir Cohn-Bendit et les autres accusés déférés devant le conseil de discipline. Et à dix-huit heures trente, place Denfert-Rochereau, sous la bannière de l'UNEF.

Quand ils se séparent, aux premiers feux de l'aube, les conjurés, épuisés, sont convaincus qu'en un rien de temps l'histoire a changé de cap. Hier, à midi, quelque quatre cents obstinés battaient la semelle sur le pavé sorbonnard en se remontant le moral à coups de *Jeune Garde* et d'*Appel du Komintern*.

Des troubles ? « Une dizaine d'enragés », avait soupiré un ministre inspiré.

La rage est contagieuse.

Poings levés, Cohn-Bendit, Flesch, Duteuil et les autres prévenus remontent la rue Saint-Jacques en chantant *l'Internationale*. Suivis par une meute de journalistes, ils se rendent à la convocation devant le conseil de l'université, siégeant en commission de discipline. Le groupe approche de la Sorbonne, flanquée d'imposantes forces de police.

Sur le trottoir d'en face, André Sénik regarde passer les trublions, hilares, goguenards, et il envie cette insolence rieuse. Lui, le boute-en-train de l'UEC « italienne », le roi de la repartie, qui a tant souffert du carcan rigide des jeux politiques traditionnels, est subjugué par la virulence de cette dérision calculée. Maintenant qu'il enseigne la philosophie au lycée Bergson, il ne peut s'empêcher de penser que ses cadets — même pas dix ans de moins que lui — ont une chance inouïe de vivre des instants pareils. Le militantisme, les tribunes, il s'en est éloigné peu à peu, las des motions, des amendements. C'est le moment de replonger.

L'aréopage, présidé par Robert Flacelière, directeur de l'École normale supérieure, comprend les doyens des facultés ; il doit juger les agissements de ceux qui défraient depuis des semaines la chronique universitaire. L'audience est prévue de longue date, bien avant que l'émeute du vendredi ne redistribue les cartes. Henri Lefebvre, Paul Ricœur, Alain Touraine assurent la défense des étudiants. Dans une Sorbonne vide, ce « tribunal » sonne creux. Il examine les manquements à la discipline d'une poignée de « meneurs » suspectés d'avoir investi diverses salles de la faculté de Nanterre sans autorisation ! A la sortie, devant la touffe des micros, Cohn-Bendit blague :

— On s'est bien amusés pendant quatre heures !

Ils commencent à avoir les jambes lourdes. Depuis le matin, ils marchent. Aux premières heures, ils tournaient déjà autour du Quartier. Sur le coup de midi, un meeting les a rassemblés à la Halle aux vins. Et là, différentes tactiques se sont affrontées. Les prochinois voulaient entraîner l'assistance vers les banlieues, afin d'y expliquer et exporter l'action. Weber, pour la JCR, était, lui, partisan de demeurer dans les parages de la Sorbonne.

Il n'a guère eu besoin de forcer son talent. La foule qui grossit d'heure en heure n'a nulle envie de délaisser l'unique objet de son désir. Dimanche soir, tard, Alain Geismar a tenu une conférence de presse où il a énoncé les revendications « spontanées » des rebelles : la réouverture de la Sorbonne et des facultés, sans entraves, le départ de la police du quartier Latin, la libération des étudiants emprisonnés.

Pendant le week-end, la justice — d'une célérité exemplaire — a condamné à des peines de prison plusieurs manifestants arrêtés le vendredi, certains avant même le début des échauffourées. Sur la lancée des brutalités policières, la répression judiciaire frappant au hasard une poignée de boucs émissaires est un efficace ferment. Cet État aveugle, incapable du moindre dialogue avec la jeunesse, ne mérite que mépris et coups.

Quittant la Halle aux vins, un cortège s'est dirigé sur la place Saint-Michel, mais un barrage condamnant les quais l'a obligé à bifurquer vers la rive droite. Durant trois heures, il déambule sans autre objectif que de retrouver le giron d'où il est sorti. En début d'après-midi, par le boulevard Saint-Germain, c'est chose faite. La fatigue commence à creuser les traits. La plupart des marcheurs n'ont rien mangé.

Quand la tête de la manifestation parvient au carrefour Saint-Jacques, elle pivote brusquement et remonte vers la Sorbonne. Délibérément, les responsables du service d'ordre cherchent l'affrontement. Et le trouvent sans délai. Les gardes mobiles, massés un peu plus haut, rue des Écoles, dévalent, mousquetons dressés. Les étudiants résistent un moment, puis refluent et s'installent place Maubert.

Durant deux heures, on se bat à distance, grenades contre pavés. D'instinct, dépourvu de consignes, le front s'organise : à l'avant, les voltigeurs, rapides, aériens, qui progressent en courant, nimbés de lumière, au nez des gardiens de l'ordre, jettent leur projectile, détalent, disparaissent derrière une voiture garée en travers. D'autres, encore plus téméraires, se spécialisent — coup de pied ajusté — dans le renvoi des grenades avant qu'elles n'explosent.

A l'arrière, on creuse la chaussée, on dépave, on forme la chaîne pour ravitailler en cailloux les premières lignes. Tous s'en donnent à cœur joie. Les militants embarqués le vendredi, à la Sorbonne, frustrés de bagarre, reçoivent leur baptême du feu. Des anciens, disparus depuis des mois, attirés par l'odeur de la poudre, rappliquent. Alain Forner, l'ancien secrétaire général de l'UEC, l'homme qui défiait Roland Leroy, s'apprête à passer l'agrégation d'histoire. Il est quand même venu renifler l'ambiance, d'abord spectateur. Et puis, cela le démange trop fort. Il y va, lui aussi, de son petit pavé.

Michel Butel, dit d'Elseneur à l'UEC, tombe par hasard sur son ami d'enfance Yves Janin, et les deux compères ne mettent guère de temps à reproduire le geste auguste du lanceur.

Accroupis derrière leur bouclier de Plexiglas, les CRS encaissent un déluge de pierres. Parfois, l'un d'eux s'écroule en hurlant et ses voisins le tirent à l'abri. Le préfet de police, Maurice Gri-

461

maud, vient à pied se rendre compte sur place. Il discute avec les journalistes, voire avec des manifestants. Aux environs de dix-sept heures trente, les CRS déclenchent la contre-offensive. En grand. Ils arrosent la place d'un tir nourri de grenades lacrymogènes. Les étudiants décrochent. Sans regret : il est l'heure de se rendre à Denfert-Rochereau.

L'UNEF a convoqué un rassemblement pour dix-huit heures trente. La foule est au rendez-vous, joyeuse, déterminée. Le sentiment exaltant de constituer une force compacte, homogène, la certitude d'être dans son droit, du côté de la justice, soudent les énergies. Des enseignants sont là aussi, acclamés.

La cohorte se met en branle, enfile le boulevard Raspail.

July marche devant, éberlué de sentir cette lame dans son dos qui déferle, envahit la rue de Rennes. Les étudiants prennent conscience de leur nombre. Ils crient : « Nous sommes un groupuscule ! » et, par dérision, les deux mains levées, doigts écartés figurant le nombre : « Une dizaine d'enragés ! » Aux fenêtres, les riverains, nombreux, applaudissent et sont applaudis en retour. Quelques drapeaux rouges apparaissent. C'est du délire.

A proximité de la place Saint-Germain, les premières lignes s'immobilisent et, comme en un infini carambolage, les suivantes stoppent, les unes derrière — ou contre — les autres. Les cris cessent. L'air est électrique. La tension, la peur succèdent à la joie, à l'exubérance initiale. Là-bas, tout près, à cent mètres, proche de l'Odéon, large, menaçant, noir, figé, un mur de policiers attend. Silencieux.

Instant de vérité. Pose devant l'objectif. Dilemme dans les têtes. Reculer. Avancer. La trouille et la haine. Le cortège bascule : le heurt est inéluctable, prévu, programmé. Il faut en passer par là. Quinze mille manifestants glissent vers leur logique point d'impact.

Les pierres sifflent. Les étudiants hurlent. Les flics reculent à hauteur de la Rhumerie. Comme l'après-midi autour de Maubert, un ballet s'improvise, fruit d'un invisible chorégraphe mégalomane. Des voitures sont poussées en travers de la chaussée, les grilles d'arbre arrachées. A l'aide de poteaux de signalisation, on élargit l'interstice entre deux pavés jusqu'à ce que le premier branle. Et aussitôt, la chaîne. Un bruit terrible assourdit les tympans. Les gaz brûlent les poumons, agacent les cornées. On se prête des citrons, des chiffons mouillés.

Spectaculaire métamorphose. La violence voulue par

d'infimes minorités une semaine auparavant est assumée, reconnue, revendiquée par des milliers de combattants, que grise cette découverte. Les gestes les plus fous, saisir un projectile, le lancer, courir, braver le danger paraissent naturels, évidents. Les individus se reconnaissent communauté en fusion.

Un étudiant en médecine qui potassait l'internat a lâché son sthétoscope. Vendredi, sortant de la fac de médecine, il a reçu un coup de matraque derrière la tête, il a vu une femme piétinée par des agents sadiques. Aujourd'hui, lui qui n'avait jamais lu un tract de sa vie, il se bat.

A plusieurs reprises, les CRS refluent sous la grêle. Chaque reculade est saluée par une immense clameur que l'écho répercute. Une compagnie entière, saisie de panique, tourne les talons, pourchassée par des adolescents vociférants. Un gradé sort sa matraque et cogne sur ses propres hommes pour les contraindre à faire demi-tour, à faire leur devoir.

Deux auto-pompes abordent le boulevard et balaient d'un jet puissant la chaussée loin devant elles. Un commando se glisse sous la barre liquide et balance des pavés contre les vitres. Les mastodontes s'arrêtent, hésitent, reculent. Cette nouvelle victoire encourage un peu plus les manifestants ; ils se jugent invincibles, portés par toutes les audaces, tous les courages.

Incapable de briser la résistance par un assaut frontal, la police entreprend un ample mouvement tournant afin de prendre la manifestation à revers. La manœuvre réussit et les étudiants se replient vers la rue de Rennes et ses petits affluents. L'horloge, au clocher, marque plus de vingt et une heures. Certains insurgés tiennent la rue depuis le matin. Peu à peu, les affrontements s'étiolent, perdent de leur intensité, s'éloignent du carrefour Saint-Germain.

Un calme oppressant s'installe, troublé de loin en loin par les sirènes des ambulances, par quelques détonations éparses. Entre Mabillon et le Drugstore, le boulevard Saint-Germain semble avoir subi les outrages d'un ouragan. La chaussée, crevassée, fouaillée de béances, est constellée de cailloux, de chaussures, de gravats. Des voitures renversées, défoncées, cabossées forment un monstrueux cimetière de ferraille. Les photographes de presse mitraillent tandis que les gardiens de l'ordre entament un nettoyage systématique.

Comme vendredi, les ratonnades n'épargnent personne. Les badauds trop curieux, qui ont eu l'imprudence de s'avancer aux premières loges, sont impitoyablement visés. Les policiers s'acharnent sur des passants isolés, tombés à terre, tabassent des jeunes filles en pleurs, balancent des grenades dans un cinéma, dans les cafés. Les jeunes interpellés sont passés à tabac. Les cars, les commissariats, le centre de tri de Beaujon sont les théâtres de scènes sauvages.

Le bilan officiel annonce 805 blessés, dont 345 parmi les forces de police. Le bilan officieux est plus accablant.

Le gouvernement a perdu le contrôle de ses facultés.

La détermination des étudiants, les atermoiements d'un pouvoir incertain, les brutalités policières qu'attestent d'irrécusables témoins, tout concourt à rendre les revendications des « enragés » sympathiques. La plupart des observateurs fustigent la maladresse gouvernementale contrastant avec un périlleux étalage de la force. Dans *Combat,* Philippe Tesson note : « Maintenant, le mal est fait et il est très grave... Cette journée laissera des traces profondes. Le régime s'est définitivement coupé de la jeunesse étudiante, celle-ci a montré sa puissance, et elle a montré la vulnérabilité de l'autorité en place. »

Fruit de l'urgence, le cartel s'instaure direction de fait. Au siège du SNESup ou à celui de l'UNEF, chaque jour, les leaders se retrouvent afin de définir la conduite à suivre. Alain Geismar, le plus politique, le plus exposé aussi, animateur d'un syndicat représentatif, seul interlocuteur concevable des pouvoirs publics, est investi d'une responsabilité particulière. Il ne désespère pas de susciter un large front syndical. Mais, simultanément, dès le début, il a plongé, soutenu les étudiants et, le lundi, en pleine bagarre, invité les enseignants du Supérieur à descendre dans la rue aux côtés de leurs élèves. Son avis pèse lourd.

A Jacques Sauvageot incombe la délicate tâche de porter une banderole qui n'est plus qu'un sigle. L'UNEF est moribonde, mais c'est une étiquette commode, aux yeux de l'opinion, de l'extérieur. Reste que Sauvageot — personnellement lié au PSU — est obligé de compter avec les forces réelles, sa propre raison sociale n'étant qu'une façade.

Alain Krivine et Henri Weber apportent la contribution d'un service d'ordre efficace, discipliné, indispensable pour manœuvrer plusieurs milliers de personnes, commander et contrôler les

charges. Tous deux sont partisans résolus de l'escalade, du har-
cèlement permanent, de la pression entretenue.

Pour le Mouvement du 22-Mars, plutôt que Cohn-Bendit —
qui ne prise guère les réunions —, July ou Stourdzé, avec tiraillements et coquetteries, se rangent dans le camp des jusqu'au-boutistes. Ils se méfient de l'UNEF, des organisations politiques, et
jouent habilement du prestige nanterrois.

Deux nouveaux venus ont conquis un strapontin au grand
quartier général : Maurice Najman et Michel Recanati, dirigeants des comités d'action lycéens, les CAL, qui fleurissent
dans les établissements parisiens. Les principaux lycées de la
capitale cessent les cours et entrent dans la danse.

Enfin, Marc Kravetz et Jean-Louis Péninou, chefs sans
troupes mais consciences du mouvement étudiant, apportent
dans les débats de sommet leurs analyses, leur expérience, leur
connaissance du milieu. Les premiers, ils flairent que ce courant
naissant a besoin de se structurer au-delà des groupes existants
et lancent l'idée de comités d'action susceptibles d'accueillir,
sans contrainte, les inorganisés.

A l'exception des lycéens, cet état-major de crise est formé de
personnalités aguerries, alignant des années de militantisme, sur
la brèche depuis cinq ou dix ans. Tous ont accompli leur apprentissage au temps de la guerre d'Algérie, œuvré à l'UEC ou à
l'UNEF, voire au PSU des origines. Les cinq ou six années qui
les séparent des lanceurs de pavés sont un fossé considérable.
Les « professionnels » fournissent aux révoltés qui en sont
dépourvus un savoir-faire, une histoire, des idéologies.

Après l'épreuve de force, la démonstration de force. Les leaders du mouvement ont clairement perçu, le mardi matin, que
l'opinion frémissait, qu'elle pouvait se prononcer en leur faveur.
A condition qu'ils conservent l'initiative. Ils lancent un appel
pour une nouvelle manifestation, mardi à dix-huit heures trente.

Juché sur le Lion de Belfort, Jacques Sauvageot énumère dans
un mégaphone les objectifs, les trois points sur lesquels il
n'est pas question de transiger : libération de tous les étudiants
arrêtés, évacuation par les forces de police des établissements
universitaires, réouverture des facultés. La foule, nombreuse,
approuve.

465

Le cortège s'ébranle dans la direction du quartier Latin. En fait, les responsables se demandent jusqu'où la voie sera libre. Arrivées au carrefour de Port-Royal, les premières lignes stoppent près de la Closerie des Lilas. Devant, à perte de vue, sur toute la longueur du boulevard Saint-Michel, une succession de murailles sombres, de cars en quinconce, une forêt de mousquetons, l'infini moutonnement des casques. Infranchissable. Le préfet de police s'avance vers les étudiants. Il réitère l'interdiction de pénétrer dans le quartier Latin, mais ajoute que les forces de l'ordre n'interviendront pas ailleurs.

Weber, en tête avec le SO de la JCR, comprend instantanément qu'il faut faire dévier la foule, lui donner, comme prévu, la satisfaction d'un long parcours. Il grimpe sur des épaules, hurle dans un porte-voix :

— Camarades, nous proposons de nous engager dans la direction de Montparnasse.

— A la Sorbonne ! A la Sorbonne ! répondent les manifestants, qui, derrière, ne voient ni n'entendent rien.

Weber insiste :

— Le barrage, devant nous, est infranchissable ; je ne sais pas si vous l'avez remarqué, mais la chaussée sous vos pieds est asphaltée.

Argument de bon sens, déterminant. Sous l'asphalte, les pavés. Mais le temps de les atteindre...

Déjà le défilé manœuvre vers le carrefour Vavin. Mais Roland Castro, au milieu d'un groupe de prochinois, gueule à son tour :

— Non, ne tournez pas à gauche ! Les trotskistes veulent vous entraîner dans les beaux quartiers, chez les bourgeois, leurs semblables. Il faut aller vers les quartiers populaires !

Du bras, il indique, à droite, la direction des Gobelins.

La foule est perplexe : les bourgeois ou le populo ? Les invectives fusent, des groupes flottent, se détachent. Weber s'empare encore du mégaphone :

— Camarades, jamais un cortège n'a remonté les Champs-Élysées derrière des drapeaux rouges. C'est le jour ou jamais !

L'invite est tentante, l'argument porte. Le fleuve s'écoule, traverse Montparnasse, dévale les Invalides. Le jour tombe lorsqu'il vient battre contre une digue policière qui barre le pont Alexandre-III. Bras tendus, à la manière fasciste, scandant sans relâche « CRS-SS », des milliers de jeunes longent les policiers blêmes.

L'aversion nue se débonde au contact de l'autorité. Une force inconnue, insoupçonnée, chavire les têtes ; des gisements de révolte, enfouis, se dévoilent soudain, transforment les gentils « polars » obsédés par leurs examens en boules de vie, prêtes à rouler jusqu'au bout de l'aventure. L'espace de quatre jours, la métamorphose s'est accomplie en chaque individu, comme une irrésistible et bouleversante pulsion ; signe distinctif des grands moments où la conscience se regarde devenir autre, étrangère.

Sur le quai, les manifestants cherchent leur destination. Mais les estafettes à mobylette signalent que, devant l'Assemblée nationale, le pont n'est pas gardé. Les premiers rangs filent au pas de course, puis tournent au pas de charge vers la place de la Concorde, sans un regard pour le Palais-Bourbon où les députés discutent du malaise étudiant.

— Le pouvoir est dans la rue ! Le pouvoir est dans la rue !

Lancé par une voix anonyme, le mot d'ordre ricoche, rebondit, sonne comme un défi.

Toute la manifestation inonde par vagues successives l'immense esplanade. Au pied de l'obélisque, dans ce décor grandiose, les milliers de silhouettes galopantes, les drapeaux qui flottent offrent un spectacle somptueux — une séquence d'Eisenstein. Énormes sunlights, les projecteurs caressent les façades, allongent démesurément les ombres rapides.

La cavalcade joyeuse atteint les Champs-Élysées. Symbole. Les vitrines de la société de consommation sont impudiquement livrées aux profanateurs, qui ne songent même pas à les violer. Sur les larges trottoirs, les promeneurs, un peu effrayés, contemplent les envahisseurs, tandis qu'aux fenêtres des restaurants chics pointent des têtes effarouchées.

— Les cocus au balcon ! entonne un groupe rigolard.

— Mais non, camarades, il faut être sérieux, proteste un sérieux camarade.

Devant l'immeuble du *Figaro*, on brocarde, sur l'air des lampions, le chroniqueur universitaire, un dénommé Papillon, qui n'a pas témoigné ces derniers jours une tendresse particulière envers les enragés :

— Papillon, t'es un con, Papillon, t'es un con...

En haut de l'avenue, les contestataires ne savent plus où aller. L'Arc de Triomphe, violemment illuminé, accueille cette armée bizarre de l'ère nouvelle. Les lampes des projecteurs sont brisées. Sur la tombe du Soldat inconnu, plongée dans l'obscurité, une triple, quadruple haie de poings brandis se dresse cependant que jaillit, comme une revanche, comme un défi, *l'Internationale*. Minutes d'allégresse, que chacun voudrait prolonger. Pourtant, force est de rentrer au bercail, de remettre le cap sur la Sorbonne, lointaine et accessible.

La longue marche reprend dans un Paris qui s'endort, revêt des allures de retraite sans flambeau. Nul ne possède le pouvoir de mener pareille masse ailleurs que là où elle entend buter : sur les barrages policiers qui cernent le périmètre défendu. Les héros du jour sont terriblement fatigués, la tête lestée d'images inoubliables.

Il est près de minuit. Le gros des troupes se disperse. Quelques centaines de *desperados* insatiables se jettent en pâture aux flics. Des noctambules « innocents », consommateurs attardés aux terrasses de Montparnasse, paient fort cher l'addition.

Robert Linhart campe à Ulm. Le dirigeant de l'UJC(ml) ne dort plus, vit dans un état d'excitation intense. Ce n'est pas la participation aux manifestations qui l'épuise, mais leur existence même. Il souffre affreusement de voir un mouvement aussi puissant confisqué, dévoyé par la « petite bourgeoisie ». Lui qui rêve de jonction avec le prolétariat, qui souhaite enraciner les étudiants dans les banlieues, là où les ouvriers vivent et travaillent, ne comprend pas, ne tolère pas cette infantile fixation sur la Sorbonne.

L'obsession est si vive qu'il en perd le sommeil. Dans la journée de mardi, les prochinois ont distribué un tract-programme : « Et maintenant, aux usines ! » Il dénonce l'alliance de la social-démocratie, des trotskistes et de l'UNEF pour « à tout prix maintenir les étudiants au quartier Latin ». Il appelle à « quitter les quartiers bourgeois ».

Linhart est angoissé. Il devine que son argumentation ne convainc guère ses camarades eux-mêmes. Lundi soir, après la bagarre homérique de Saint-Germain-des-Prés, Roland Castro est venu le voir à l'École normale, accompagné de deux prolos ramassés dans la rue.

— Tu vois bien, Robert, que les ouvriers descendent au Quartier se battre avec les étudiants.

Inlassablement, Linhart répète son analyse, explique, commente, décortique l'alliance de toutes les forces en jeu contre la classe ouvrière. Il faut tenir bon, seuls. A trois heures du matin, Castro capitule, convaincu, retourné par son génie dialectique. Seuls dans un gigantesque corps à corps avec l'histoire : quelle aubaine !

Aux Beaux-Arts, le mardi matin, Christian de Porzamparc et lui ont tenté d'exposer la ligne : les manifs sont le résultat d'une vaste manœuvre où le pouvoir gaulliste et les leaders étudiants conjuguent leurs efforts pour jeter le prolétariat dans un piège. Ils n'ont pas été très surpris de crouler sous les huées. Le soir même, au carrefour de Port-Royal, Roland a essayé de diriger les protestataires sur les Gobelins. Après son échec, la mort dans l'âme, il a suivi le cortège à distance.

Vers minuit, Castro tombe sur un autre rôdeur, Daniel Cohn-Bendit. Lui aussi est interdit de manifestation. Pas pour les mêmes raisons que le militant prochinois : ses camarades du 22-Mars ne veulent pas qu'il prenne de risques, qu'il tombe entre les mains des flics. Toute la soirée, consigné dans le bureau du SNESup qui l'héberge rue Monsieur-le-Prince, Dany, bouillant d'impatience, a écouté à la radio la marche vers l'Étoile. Mais quand il a entendu que les manifestants rentraient au quartier Latin, tant pis, il a enfreint les consignes. Les deux « clandestins » bavardent un instant :

— Chut ! implore Castro, tu ne m'as pas vu.

— Toi non plus.

— C'est incroyable, ce qui se passe, incroyable.

Et Roland Castro regagne la rue d'Ulm. Les prochinois, privés de manifs, tiennent conclave au théâtre de l'École. Robert Linhart parle. Exalté, debout, il parle, parle à jet continu, sans que personne n'ose l'interrompre. Tous les dirigeants sont là, muets et fascinés, subissant cette extraordinaire emprise, happés par la logique implacable. Benny Lévy, second dans la hiérarchie, est arrivé le jour même de Rennes. D'abord réservé, étonné, il se laisse gagner, emporter par cette voix de feu, descendue de l'Olympe, irrésistible.

Tiennot Grumbach, à l'imprimerie où il travaille, a entendu les linotypistes, les typographes louanger les étudiants ; il a senti la séduction qu'exerce leur violence soudaine, leur résistance aux policiers. Ce soir, écoutant le discours fleuve de Robert, il doute mais n'objecte rien. La fébrilité, l'intransigeance, l'état second de son chef l'inquiètent et l'intriguent, mais c'est son chef, le génial Robert. S'il avait raison contre tous ?

469

Aucun des responsables de l'UJC(ml) ne réfute la démonstration de Linhart. Plus que jamais, l'avant-garde, trempée dans l'acier, le noyau du futur parti communiste, doit demeurer à l'écart des débordements sans espoir. Une voix, une seule, coupe le monologue, tranche :

— Robert, les étudiants se battent dehors. Les choses ne se jouent plus ici, à huis clos. Il faut en être.

Nicole Linhart a interrompu son mari. C'est une quasi-exclusivité qu'elle possède. Dans les entreprises de presse où elle est présentement embauchée, elle a recueilli les mêmes échos que Tiennot : les ouvriers regardent favorablement l'action des petits jeunes. Elle le dit. La voix mouillée, presque pathétique, elle crie :

« Les prolos veulent aller aux manifs, suivre l'exemple des étudiants, revendiquer, se mettre en grève.

Linhart, furieux, la foudroie comme s'il ne connaissait pas la perturbatrice. Il réplique :

— Sors. Tu n'as pas le droit de parler ici. Dehors.

Nicole part en courant et s'effondre, la porte franchie, en larmes. Jamais Robert ne s'est exprimé de la sorte. Ce mépris, cette violence après tant d'intimité, est-ce possible, acceptable ?

Robert court derrière elle, s'excuse, invoque les circonstances, la fatigue, la tension, jure qu'il s'expliquera lorsqu'il en aura le temps. Nicole :

— Je ne veux plus te voir. Tu es ailleurs.

Elle s'éloigne. Meurtrie.

Il pleut. Une pluie fine, insistante. Place Edmond-Rostand, des noyaux de manifestants errent, inquiets, désabusés. Tout à l'heure, au terme d'une courte promenade entre la faculté des sciences et le Luxembourg, un porte-parole de l'UNEF a commandé la dispersion. Ils ont obtempéré, sans obéir. Perdus, ils restent sur place. Alain Geismar circule de groupe en groupe, mal à l'aise. Il saisit des grincements de colère contre les « bureaucrates » qui ont négocié, dans le dos du mouvement, ce défilé inachevé ; il perçoit une intense frustration et la partage.

Pire, il se sent coupable. Ces doigts accusateurs qui le désignent, ces injures qui le blessent le dépeignent, lui, comme le responsable de l'opération avortée. Le matin même, il déclarait, confiant : « Ce soir, nous coucherons à la Sorbonne. » Le bâtiment est là, à un jet de pavé, toujours gardé, bien gardé.

Geismar a passé sa journée en discussions, en pourparlers avec les autres syndicats, avec les autorités. Journée de tractations, journée de désescalade. Journée des dupes. En fin d'après-midi, à la Halle aux vins, un meeting intersyndical a réuni plusieurs milliers de personnes. L'atmosphère avait bien changé depuis la joyeuse et triomphale cavalcade de la veille.

Les forces politiques, hors-jeu pendant un moment, ont refait surface. A l'initiative d'éminents professeurs, des discussions sont en cours, et le camp de la révolte, ayant montré sa force, attend un geste du pouvoir. Le parti communiste flaire le vent et tempère provisoirement ses invectives à l'égard des groupes « gauchistes ». Il rapplique, banderoles déployées. Ses élus de la région parisienne, ceints de leur écharpe tricolore, prétendent même s'installer en tête du cortège tristounet qui déambule sans entrain.

Geismar s'en veut d'avoir marché naïvement dans l'entourloupe. En bon syndicaliste, il a réclamé et obtenu un front institutionnel contre la répression. Il s'aperçoit trop tard que semblable coalition n'a d'autre intérêt que de circonscrire un phénomène qui lui échappe, de le récupérer dans une joute politique classique, gauche contre droite. Il pressent, confusément encore, que le soulèvement de la rue depuis cinq jours, l'irruption de la jeunesse transgressent les barrières commodes, effraient les appareils vétustes qui n'en ont rien prévu, rien vu, rien compris.

« Le mouvement » — c'est son nom, puisqu'il n'en a pas — n'a cure des pétitions de principe, des motions d'orientation, des votes de confiance. A travers le refus viscéral de la répression policière qui l'a fondé, il s'affirme par lui-même, crée sa propre conscience collective, inédite et mouvante. Sans le savoir, la secousse qui éventre, en spasmes désordonnés, les avenues parisiennes dissèque la société en ses profondeurs, son inconscient.

Ce soir, pour la première fois, le mouvement n'a pas avancé ; il recule donc. Jusqu'au bord de la défaite. Il suffit que le pouvoir décèle cette fragilité, élargisse la faille, et les étudiants amers, déboussolés, aigris, s'en retourneront dans leurs facultés ouvertes. Tel est le scénario que Geismar, culpabilisé, rumine en gagnant le siège du SNESup, rue Monsieur-le-Prince. Il n'est pas seul sur cette pente.

Alain Krivine, aussitôt après la dispersion, réunit les siens chez Jean-Pierre Vigier, dont la fille est membre de la JCR. L'ambiance est morose. Un accablant parfum de déroute plane sur l'assistance, et Pierre Rousset traduit le sentiment général :

— C'est foutu. Nous n'avons pas compris les grandes manœuvres de récupération. Maintenant, le pouvoir a l'initiative. Qu'il retire ses flics cette nuit et, demain, tout rentre dans l'ordre.

Krivine l'interrompt. Il doit remonter le moral des troupes, ces militants sur la brèche depuis des mois et des années, et qui ont vu, divine surprise, leurs cris isolés relayés par des milliers de poitrines, comme si la théorie prenait vie, comme si l'utopie se vérifiait.

— Ne soyons pas trop pessimistes. Ce soir, nous avons connu une défaite. C'est évident. Encore une journée comme celle-là, et Rousset aura raison. Mais tout n'est pas cuit. Il faut maintenant une épreuve de force, décisive. Une nouvelle manifestation, qui ira jusqu'au bout. Et la reculade d'aujourd'hui sera oubliée.

La centaine de militants entassés, assis par terre, l'écoute sans trop y croire. A moins que le gouvernement ne s'enfonce dans une improbable imbécillité, le printemps n'aura duré qu'une courte semaine.

Cette même nuit, à l'autre extrémité de Paris, avenue de Verzy, c'est le 22-Mars qui est assemblé. Les esprits sont plus véhéments qu'abattus ; on voue aux poubelles de l'histoire les bureaucrates syndicaux qui ont trahi, on fustige les appareils, on condamne les magouilles. Cohn-Bendit, harassé mais survolté, dénonce les accords tacites conclus avec le pouvoir par Geismar et Sauvageot. La porte s'ouvre. Alain Geismar entre.

Il est trois heures du matin. Le visage gris sous une barbe sale, les yeux fiévreux, il semble la proie d'une agitation extrême. Tout à l'heure, retournant rue Monsieur-le-Prince, au siège de son syndicat, il s'est effondré en pleurs parmi ses camarades stupéfaits. La fatigue physique, la tension nerveuse ne sont pas les uniques responsables d'une telle émotion.

Les idées qui le taraudaient se sont ordonnées. Soudain, il a eu l'illumination que les deux logiques qui cheminaient en lui étaient inconciliables. Le concubinage avec la gauche classique ou l'indépendance du mouvement ? Le secrétaire général du SNESup ou l'animateur de la révolte ? Il fallait choisir. La fracture passait, intime, entre son expérience de syndicaliste pondéré et sa conscience tourmentée d'insoumis.

Cette nuit-là, Geismar tue le vieux militant, proclame, expie sa faute.

Devant les enragés du 22-Mars, il est venu s'expliquer, tant son désir est vif de plonger *illico* dans cette lave débordante. Il doit tout raconter, justifier son itinéraire, remonter aux sources. Il est ému, au bord des larmes, devant des types de dix ans ses cadets qui l'écoutent d'abord hostiles et goguenards, et puis, peu à peu, se laissent déconcerter par l'imprévue confession d'un homme qui est déjà une vedette. Il récuse, à son tour, les chausse-trappes de l'intersyndicalisme, et ce diagnostic, dans la bouche d'un expert, revêt une légitimité singulière.

La voix brisée, il laisse tomber :

— Et le plus écœurant, c'est qu'on va m'accuser d'avoir livré des types aux flics.

Regards incrédules. Il poursuit :

« Oui, la police libère les étudiants arrêtés mais garde les étrangers. On va dire que je les ai livrés aux flics...

Geismar craque. Il n'en peut plus, mais ce débordement le soulage, le libère.

Au milieu des membres du 22-Mars, Prisca Bachelet écoute, passionnée. Sur la place Edmond-Rostand, six heures plus tôt, elle a, ivre de rage, insulté Alain Geismar. Maintenant, l'ancienne syndicaliste de l'UNEF, l'ex-battante de l'UEC saisit mieux que les révoltés imberbes l'ampleur des tiraillements intimes qu'avoue l'orateur, les contradictions dans lesquelles il se débat. Elle compatit au drame éthique essentiel : se nier soi-même pour exister à nouveau. Pareil déchirement la trouble. Et la séduit.

La métamorphose d'Alain Geismar, désormais inébranlable dans la conviction que le mouvement doit suivre son cours, marque un tournant capital. Le pouvoir a perdu un interlocuteur. L'intransigeance a gagné un allié.

Le jeudi matin, dès huit heures, l'état major de la révolte se réunit au siège du SNESup. Cohn-Bendit, mandaté par l'assemblée du 22-Mars, tente un grand coup de bluff. Il annonce que « le 22 » organise une manifestation le lendemain :

— Cent mille tracts sont déjà tirés. Nous les distribuons en ce moment.

Les autres, placés devant le fait accompli, ignorent que le premier mot dudit tract n'a pas encore été rédigé. Geismar appuie,

Krivine applaudit. Sauvageot tergiverse et se rallie. Par la détermination d'un petit noyau, les événements rebondissent.

Mais, cette fois, l'épreuve de force est inéluctable.

Comme d'habitude, Cohn-Bendit a eu la bonne réaction. Le jeudi 9, en début d'après-midi, des centaines d'étudiants déambulent sur le boulevard Saint-Michel. Place de la Sorbonne, ils se heurtent aux gendarmes impassibles, à leurs cars sombres, garés en travers. Un attroupement se forme, Cohn-Bendit surgit et propose :

— On s'assied par terre pour discuter.

Sans délai, le *sit-in* bloque le Boul' Mich'. Dany saisit un porte-voix :

« Nous voulons nous réunir pour débattre. Mais la police nous interdit l'accès à la cour de la Sorbonne. Je déclare donc ce lieu grand amphithéâtre.

Et, se tournant vers les gardes mobiles, toujours impavides juste dans son dos, il s'excuse, l'œil pétillant :

« Nous sommes désolés de gêner la circulation.

Geismar, Sauvageot, Weber, Bouguereau, Schalit, tous rappliquent. Les deux premiers sont pris à partie pour leur attitude de la veille. Geismar, sur un mode moins pathétique, recommence son autocritique, reconnaît ses torts. Sauvageot promet :

— Dès la réouverture de la Sorbonne, nous l'occuperons jour et nuit.

La foule grossit sans cesse. Des inconnus commentent, invectivent. L'apprentissage de la démocratie s'opère, à tâtons. La parole libérée tourne vite à l'aigre, l'intransigeance guette, Cohn-Bendit tempère.

Voici Louis Aragon. Aussitôt, Dany le somme de s'expliquer sur les articles de *l'Humanité* qui, depuis une semaine, fusillent verbalement les « gauchistes ». Il lui tend le porte-voix. Des protestations s'élèvent :

— Les salauds n'ont pas le droit à la parole.

— Ici, tout le monde a le droit de parler... râle Cohn-Bendit.

Et, après une pause :

« ... aussi traître soit-il.

Le vieux poète communiste, crinière blanche impeccablement coiffée, justifie sa présence « à titre personnel » parmi les jeunes.

Il met à la disposition des étudiants la prochaine livraison des *Lettres françaises*. Cohn-Bendit le coupe :

« Ton journal, les ouvriers ne le lisent pas. C'est dans *l'Humanité* que nous avons été calomniés, traités d'agents du pouvoir. C'est dans *l'Humanité* que nous voulons répondre.

— Dans *l'Humanité,* je ne peux rien, soupire l'écrivain, mais je vous donne mon journal. Je suis avec vous. Pensez-en ce que vous voudrez.

La foule s'esclaffe. Quelques applaudissements crépitent.

Les injures pleuvent :

— Et les surréalistes que tu as trahis ?

— Et la Guépéou que tu as chantée ?

— Et Nizan que tu as traité de flic ?

L'œil bleu noircit, le masque se raidit. Aragon lève les bras en signe d'impuissance, se retourne, disparaît avalé par la foule.

Le *sit-in* continue. A mesure que l'après-midi avance, que le public s'étoffe, les mouvements des forces de l'ordre s'accélèrent. Cohn-Bendit avertit les silhouettes casquées :

— Nous informons messieurs les gradés que nous ne nous battrons pas aujourd'hui. Inutile de provoquer, nous ne répondrons pas. Nous voulons seulement discuter.

Puis il demande à la JCR, qui doit tenir un meeting prévu de longue date au palais de la Mutualité le soir même, de l'ouvrir à l'ensemble du mouvement. Weber s'empresse d'accepter.

« La jeunesse de la révolte à la révolution », proclame une banderole qui ceinture la vieille salle. Dès vingt et une heures, les travées, les couloirs, les abords sont noirs de monde. Daniel Cohn-Bendit, sous les hourras, prône l'unité de tous dans l'action, assortie d'un permanent débat démocratique entre les divers courants. Bensaïd, au nom de la JCR, l'approuve sur cette voie. Et Jean-Louis Péninou n'hésite pas à enfoncer le clou, sans excès de diplomatie :

— Il est heureux que le gouvernement n'ait finalement pas reculé hier soir, car nous aurions reculé aussi. Le mouvement a montré à quel point il est vulnérable. Et il en sera ainsi tant que nous ne serons pas organisés. Toutes les récupérations sont possibles.

Il appelle à la formation de comités de base, de comités d'action, avant de donner rendez-vous, le lendemain soir, au pied du Lion de Belfort.

Debout sur un banc, juste au carrefour des boulevards Saint-Michel et Saint-Germain, Cohn-Bendit et July, côte à côte, braillent de concert : « Brisez les chaînes ! Ce soir, pas de service d'ordre ! » L'atmosphère, rieuse en début de manifestation, lorsqu'à Denfert-Rochereau étudiants et lycéens découvraient leur nombre et leur force, s'est alourdie. Le cortège, étroitement canalisé par des murailles policières, a dévalé le boulevard Arago, salué les prisonniers de la Santé d'un « Libérez nos camarades ! », bifurqué aux Gobelins, enfilé la rue Monge.

L'objectif de l'état-major était d'occuper pacifiquement un lieu symbolique, tels le ministère de la Justice ou le Palais du même nom. Le dispositif policier, énorme, l'interdit. La manif s'est engouffrée sur le boulevard Saint-Germain et, parvenue là où July et Dany se défoulent, hésite. L'unique voie dégagée, bizarrement, c'est le boulevard Saint-Michel. On l'emprunte, longeant la Sorbonne condamnée.

En haut, à l'orée du Luxembourg, la tête de cortège s'arrête d'elle-même. Pas question de continuer plus avant vers l'Observatoire et de déserter le territoire revendiqué. Pas question non plus, ce soir, de se disperser comme des malpropres après cette balade apéritive. Les chefs sentent la volonté farouche des jeunes gens, qui scandent sans discontinuer le slogan de la soirée : « Nous irons jusqu'au bout ! »

Tous savent que la pièce connaîtra, dans les heures prochaines, un dénouement, quel qu'il soit. Les ténors du mouvement, échaudés par les atermoiements du mercredi, ne reculeront pas. Geismar, Sauvageot, Cohn-Bendit même, voudraient-ils détourner la manif ailleurs, la dissoudre, que personne ne les suivrait.

On campe sur pied, on attend. Entourés d'un cercle protecteur, les leaders se concertent, tentent d'imaginer une issue entre l'affrontement violent, immédiat, et une reculade qui tuerait l'espoir. Les jeunes commencent à trouver le temps long. Des groupes s'approchent des cordons de policiers. Quelques intrépides veulent attaquer la Sorbonne, entreprennent de défoncer la chaussée.

Alain Touraine avise Cohn-Bendit :

— Il faut absolument trouver quelque chose pour empêcher ces bêtises...

Dany saisit un porte-voix :

— Nous n'entrerons pas dans cette putain de Sorbonne tant que nos camarades n'auront pas été libérés !

Il ajoute :

« Dispersez-vous, ne restez pas agglutinés ; formez des cercles de discussion. On reste ici. Le Quartier est à nous.

La consigne se répand à toute vitesse ; on occupe le Quartier, on renverse la situation, on assiège les flics, pacifiquement. Sauvageot grimpe sur les épaules de Geismar et, muni d'un mégaphone, répercute le mot d'ordre de loin en loin. Progressivement, les manifestants remontent, s'installent sur la place Edmond-Rostand, débordent dans la rue Gay-Lussac. La manif éclate, se ramifie.

Rue Le Goff retentit soudain le bruit métallique des pavés qu'on martèle. Désœuvrés, guettant des événements qui ne se produisent pas, quelques adolescents ont descellé un poteau indicateur et se sont mis à l'ouvrage. Le premier bloc de granit est extrait. D'autres suivent. On les entasse. La fourmilière s'organise, les mains se tendent, transmettent le parallélépipède rugueux. La chaussée s'ouvre, se retire, découvre un sable jaunâtre. Un jeune homme contemple cette apparition. Et il écrit sur un long mur clair : « Sous les pavés, la plage. »

Les tas se dressent, deviennent murs, barrages, frontières qui balisent une aire libérée des troupes d'occupation. Personne n'a donné l'ordre. L'idée s'est imposée d'elle-même, naturellement. Et acquiert la force de l'évidence.

En quelques minutes, l'initiative est reprise, amplifiée. Le haut du quartier Latin se mue en chantier, où s'activent des centaines de bras. Les immeubles en construction sont pillés : planches, balustrades, madriers, morceaux de ferraille, tout est bon pour grossir les amoncellements hétéroclites. Les voitures garées au bord du trottoir sont traînées vers le milieu des rues, retournées parfois. Un riverain, rue Gay-Lussac, descend donner un coup de main pour adosser son propre véhicule à une muraille de pierres. Hervé Chabalier, l'un des chefs du SO de la JCR, regarde, ravi, sa petite Fiat blanche rejoindre les fondations d'une barricade.

Nul stratège ne dessine l'emplacement des fortifications. Elles s'érigent là où s'interrompt la chaîne, où a été balancé le premier cube. Cohn-Bendit court de barrage en barrage et répète inlassablement :

— Surtout, n'attaquez pas les flics. Les barricades sont défensives, pour se protéger. On occupe pacifiquement.

Les bâtisseurs de la rue Le Goff, aux premières loges, se montrent particulièrement nerveux, excités. Ils rêvent d'en découdre sans délai. Dany s'efforce de les calmer, justifie la tactique. Ce sont de jeunes ouvriers de Saint-Denis, et l'un d'eux interpelle le leader étudiant :

— Vos trois points, vous les obtiendrez sûrement. Mais nous aussi, nous avons nos problèmes. Alors, même si le gouvernement cède, ne vous dispersez pas. Il faut tenir pour les autres, pour nous.

Lourde responsabilité. Cohn-Bendit redoute une effusion de sang. Il parcourt les rues et vérifie que les barricades ne sont pas trop rapprochées, qu'en cas d'attaque, les défenseurs pourront fuir. L'assaut, chacun s'y prépare sans vraiment y croire.

Dans le camp retranché ne règne pas l'angoisse mais la joie, la fête. Plus. Une sorte d'allégresse communicative, fruit du sentiment conscient de vivre des heures exceptionnelles, émouvantes, qui marqueront les mémoires. C'est l'occasion des retrouvailles. Connus et inconnus se congratulent, s'embrassent. Des copains perdus de vue surgissent, une planche à la main, au détour de la barricade :

— Toi aussi, tu es là ?

— Je n'allais pas rater ça, tout de même. Depuis le temps !

Tous ceux qui, cette dernière décennie, ont sillonné le Quartier, abreuvés de politique, militants de l'UNEF et de l'UEC, cathos virés au rouge, vétérans de la guerre d'Algérie, éloignés par les charges professionnelles du jardin de leur adolescence, sont au rendez-vous, disponibles comme hier, comme s'ils avaient toujours vingt ans, parmi les manifestants de vingt ans. Alain Forner, Dédé Sénik, Michel Butel ne se quittent pas, croisent par les petites rues d'une barricade à l'autre, saluent les visages retrouvés. Serge July et Prisca Bachelet collent à Geismar, qu'ils ne lâchent pas d'une semelle. Kravetz et Péninou s'affairent du côté de la Contrescarpe. Krivine et Weber sont rue Gay-Lussac.

C'est la nuit des camarades.

La soirée décline, l'exaltation croît. Les insurgés vivent des moments de bonheur insoupçonnable, la bouleversante révélation d'une fraternité immédiate, palpable, où les individus s'épanouissent et s'admettent dans un creuset généreux, collectif.

Chacun existe, aspire à ne plus fermer cette parenthèse où je et nous s'accolent. Instant d'éternité, étrange cérémonie initiatique.

L'intensité des émotions altère les visages, aiguise les caractères. Le barricadier est capable de remuer des montagnes, de résister à des armées entières. Et dans la rage de détruire se réveille l'éternel désir de construire. De façonner l'histoire.

Jeannette Pienkny se laisse gagner par cette ambiance délirante. Elle, l'ancienne responsable de l'UEC écœurée par l'épuration de Servin et de Casanova, elle qui a quitté la France pour respirer les effluves révolutionnaires sous les tropiques, retrouve ce soir les airs et les parfums de la fête cubaine. Le quartier Latin se prend pour La Havane en liesse. Mais l'homme qu'elle cornaque de barricade en barricade ne partage pas son enthousiasme.

Roberto Santucho, dirigeant du parti révolutionnaire des travailleurs argentins, ne décolère pas. Avec un groupe de guérilleros latino-américains, il est en transit à Paris. Dans quelques jours, il rejoindra Cuba afin de suivre un stage d'entraînement. Le hasard a voulu qu'il débarque en plein soulèvement étudiant. Jeannette, très fière, a voulu lui montrer ce dont les Européens étaient malgré tout capables. Pourtant, Santucho n'apprécie pas : la révolution est une chose sérieuse. Il ricane :

— Vous êtes des incapables. Vous ne préparez pas la prise du pouvoir. Vous ne savez pas où sont les radios, les armureries.

Le révolutionnaire professionnel n'arrive pas à comprendre que le combat, ici, ne se déroule pas à coups de mitraillettes mais à coups de symboles.

Tandis que la rue se déguise en commune, Alain Krivine rassemble ceux de ses fidèles qu'il a pu contacter, à l'entrée de l'impasse Royer-Collard. Une barricade se dresse là, inutile et grotesque puisqu'elle contrôle un cul-de-sac — trente mètres de chaussée clos par un haut mur. Le leader de la JCR grimpe sur l'échafaudage dérisoire et harangue ses troupes d'un ton grave, qui tranche sur l'ambiance de kermesse :

— L'affrontement est imminent. Le gouvernement ne peut

tolérer que, demain matin, Paris s'éveille couvert de barricades. Cela va être dur, très dur. C'est le moment de vous montrer à la hauteur. Vous êtes des révolutionnaires, soyez les meilleurs. Dispersez-vous par petits groupes sur les barricades. Et battez-vous en première ligne.

Ces fermes propos, un brin solennels, cravachent les échines. La joie exubérante se mâtine d'un étrange sentiment de responsabilité devant le tribunal de l'histoire, cependant que la trouille jusqu'alors refoulée mord le ventre. L'instant pointe où les discours généraux et les théories généreuses laissent la place aux actes. L'occasion ne renaîtra pas de sitôt de se confronter avec soi-même dans une situation aussi simple, aussi pure.

Au 22 de la rue Gay-Lussac, Annick Fructus tient une agence de voyages, Inter-Europe. C'est une ancienne résistante, qui a servi pendant la guerre d'agent de liaison entre responsables de haut niveau. Ce soir, elle met sa boutique à la disposition des insurgés. Krivine, le premier, y accède. Il aperçoit Geismar, qui vient de quitter son bureau du SNESup pour rejoindre le camp retranché, et le hèle.

Aussitôt, Geismar s'empare des téléphones, appelle le préfet de police, cherche à joindre Georges Séguy, le patron de la CGT.

Roland Castro dîne rue Mouffetard dans un restaurant. Chinois. Il se gausse de ces abrutis qui, dehors, creusent la chaussée. Jean-Pierre Le Dantec, dans un boui-boui voisin de l'École des mines, mastique son munster avec application. Mais il bouffe surtout de l'étudiant. Ces rigolos qui soignent leurs fantasmes en jouant aux barricades, quelle bande de petits cons ! Il y a tant de choses plus urgentes. La classe ouvrière attend, demain matin, le dernier numéro de *Servir le peuple*. Au lit, vite, pour la criée de six heures, métro Gare-de-l'Est. Tiennot Grumbach erre aux lisières du théâtre des opérations. Homme de rêve, homme d'action, il est tenté de se mêler à cette multitude où il reconnaît maints visages familiers. Mais, discipliné, il n'ose outrepasser les ordres. La direction de l'UJC(ml) a interdit à ses membres de descendre dans la rue.

A Ulm, Robert Linhart est torturé par une inextinguible souffrance : ce qu'il avait prédit, prévu, est en train de se réaliser. La dernière phase du piège est atteinte ; la petite bourgeoisie entraîne la classe ouvrière au massacre. Robert divague. Éreinté, les nerfs à vif, il ne dort plus, ne mange plus depuis une semaine. Il décolle de la réalité, fuit dans un discours échevelé, fou.

Ses camarades s'inquiètent, décèlent une excitation aiguë, anormale. Ils le pressent de se reposer, de dormir. Benny Lévy, le brillant second, se tait, se réfugie dans sa turne. La situation est absurde, mais la parole du chef reste sacrée, même si elle déraille.

Linhart débite une fois encore son analyse paradoxale, argumentation fermée sur elle-même, hermétique, dont il ne sort pas : les événements sont l'aboutissement d'une machination. Il faut empêcher le complot de triompher, contrecarrer l'alliance de la social-démocratie et du pouvoir gaulliste. Un militant ouvrier, « monté » des Vosges, le contredit :

— Tu délires, Robert, sors, va voir dans la rue.

Robert ne veut rien voir. Il sait. Ce soir, le jeune normalien dont l'extraordinaire brio impressionne ses professeurs, le fondateur de l'UJC(ml), le disciple d'Althusser, franchit les limites connues au-delà desquelles la raison ne commande plus les actes.

Désespéré, il disparaît, accompagné d'un ami qui ne veut pas le quitter. Prisonnier de sa logique, il s'en va frapper au siège du PCF, rue Le Peletier, pour rencontrer Waldeck Rochet, lui offrir son soutien, sauver le prolétariat du néant. Les gardiens le refoulent. Il repart, rédige une lettre d'insulte à Mao Tsé-toung, qui s'est déclaré favorable aux étudiants. Enfin, il s'embarque dans un train, saute en marche parce qu'il se croit poursuivi, échoue chez un médecin ami qui lui administre des calmants. Il est hospitalisé, entre en cure de sommeil.

Robert Linhart, vingt-cinq ans, commence un long voyage au fond de lui-même.

Le fort Chabrol du quartier Latin s'installe dans l'expectative, inconscient et heureux. On plaisante, on polémique, on mange. Les habitants du coin descendent des gâteaux secs, des fruits, du chocolat. Un boulanger rouvre sa porte et se met au pétrin. Les responsables du mouvement, eux, sont de plus en plus inquiets. Ils souhaitent prévenir l'intervention de la police, espèrent une ultime concession du pouvoir. Des tractations sont en cours, menées par des intermédiaires. Sur la réouverture de la Sorbonne et l'évacuation de la police, l'accord semble concevable. La libération des emprisonnés est plus difficile à obtenir. La Justice, en principe, est indépendante du pouvoir politique. Mais si la tendance porte au compromis, il suffira de quelque astuce.

A vingt-deux heures, le recteur Roche, qui, une semaine auparavant, a tout déclenché en sollicitant la police, intervient sur les ondes :

— Je suis prêt à recevoir les représentants des étudiants de la Sorbonne pour examiner avec eux, en accord avec le doyen, les conditions dans lesquelles pourrait avoir lieu, dans le calme, la reprise des cours universitaires.

Rue Gay-Lussac, Geismar, dans la voiture de Radio-Luxembourg, est paré à dialoguer. Plus les conversations dureront, plus les chances de tenir grandiront. Jusqu'au matin, peut-être. Au siège de la station, Alain Dauvergne sert de médiateur. Le vice-recteur Chalin l'appelle. Il est connecté sur l'antenne. Le débat s'engage, en direct :

— Monsieur Geismar m'entend actuellement ?

— Oui.

— Monsieur Geismar, je suis tout prêt personnellement à me rendre à l'endroit où vous vous trouvez actuellement, afin d'avoir une conversation avec vous. Est-ce que cela est possible ?

— Cela est possible. Certainement. Mais le problème est le suivant : il y a un point sur lequel personne ne peut transiger. Quand nous avons annoncé depuis le Lion de Belfort, au début de la manifestation, à tous les gens qui étaient rassemblés, qu'on était prêt à nous donner satisfaction sur deux points, mais que, sur l'amnistie, il n'y avait pas de déclaration, la réponse des manifestants a été dans un cri unanime : « Libérons nos camarades ! » Alors, si là-dessus il n'y a rien de nouveau, ce n'est pas la peine que vous vous déplaciez, monsieur le Recteur.

— Monsieur Geismar, vous comprenez bien que je ne puis, personnellement, prendre un engagement là-dessus. Ce que je peux faire, c'est prendre contact avec le ministre, qui, lui, au nom du gouvernement, peut prendre cette décision.

Le vice-recteur part à la recherche d'Alain Peyrefitte. Geismar patiente dans la voiture radio. Quarante minutes plus tard, la conversation reprend. Des milliers de manifestants, suspendus aux transistors, suivent l'échange. Ils escomptent une réponse positive, un geste. Dès les premiers mots, c'est la déception. Le recteur Chalin n'est autorisé qu'à répéter les termes du communiqué du recteur Roche. Geismar se ferme :

— Nous avons posé maintenant, devant l'ensemble de la population qui était aux écoutes, une question. Si le gouvernement n'est pas capable de prendre ses responsabilités sur cette question, c'est la population qui doit prendre cette responsabilité. C'est clair pour nous.

Le recteur Chalin invite Geismar à rencontrer en tête-à-tête le recteur Roche. Le secrétaire du SNESup refuse :

« Nous sommes du côté des manifestants et nous n'en sortons plus.

La rue partage sa détermination. L'absence d'interlocuteur habilité à trancher, l'évaporation d'un pouvoir qui fuit hérissent les insurgés.

Minuit. Alain Touraine croise Cohn-Bendit, son élève.

— Qu'est-ce que vous voulez maintenant ? interroge le sociologue.

— Que les flics s'en aillent. Faites décamper les flics et il ne se passera rien.

— Vous croyez ?

Aussitôt, Touraine prend langue avec le recteur Roche, propose une entrevue qui est acceptée. Il part avec deux autres professeurs, et Cohn-Bendit. La police a reçu la consigne de laisser passer « une délégation ». Au premier barrage, rue Soufflot, le commissaire du quartier reconnaît Dany et se cabre. Touraine s'interpose, parlemente, et le petit groupe poursuit son chemin jusqu'à la Sorbonne. Le recteur Roche reçoit les visiteurs en deux temps, d'abord les enseignants, puis l'ensemble. Il n'identifie pas Cohn-Bendit. En tout cas, il ne relève pas cette présence incongrue. Alain Touraine parle en premier. Il demande le retrait des forces de l'ordre, seule manière d'éviter une confrontation sanglante. Le recteur se tourne vers Dany :

— Qu'est-ce que vous voulez que je fasse ?

— C'est simple. Vous faites évacuer la police, vous ouvrez la Sorbonne. Je trouve trois ou quatre orchestres et c'est la fête. Il n'arrivera rien d'autre.

A ce moment, M. Roche est appelé au téléphone. C'est son

483

ministre. Alain Peyrefitte est furieux : il a appris par la radio que Cohn-Bendit est chez le recteur :

— Que se passe-t-il ? Il était convenu que vous receviez une délégation de l'UNEF. Or, vous discutez avec Cohn-Bendit.

— C'est impossible, monsieur le Ministre.

— N'avez-vous pas devant vous un garçon trapu avec un visage rond et des cheveux roux ?

— En effet, monsieur le Ministre.

— Je veux vous parler, passez dans une autre pièce.

Le recteur Roche s'éclipse, revient, répète qu'il n'a reçu aucun mandat : les forces de l'ordre ne se retireront pas. Il semble désemparé, perdu, dépassé. Alain Touraine souhaite parler à Peyrefitte : vingt ans plus tôt, ils étaient ensemble élèves de Normale sup. Le dialogue est bref, pathétique. Le sociologue supplie son ancien condisciple d'éloigner la police. Le ministre refuse. Pas question de capituler devant l'émeute.

— Je n'ai plus rien à te dire, conclut Touraine, le sang coulera.

Le recteur Roche reprend l'écouteur. Peyrefitte est expéditif :

— Reconduisez la délégation.

— Mais, monsieur le Ministre, c'est l'émeute.

— On prendra les mesures nécessaires.

A la sortie, les reporters radio guettent les plénipotentiaires. En direct, Cohn-Bendit enregistre l'échec :

— Nous n'avons pas engagé de négociations. Nous avons dit : ce qui se passe ce soir dans la rue montre que toute une jeunesse s'exprime contre une certaine société...

Une fusée rouge éclaire le ciel. Des huées hostiles répondent. Une nuée de grenades s'abat sur la barricade la plus avancée, au coin de la rue Auguste-Comte et du boulevard Saint-Michel. L'assaut commence. Rapidement, le Boul' Mich' est dégagé. La situation, pour les manifestants, y était intenable. Serge July, quelques instants auparavant, leur avait demandé de se replier rue Gay-Lussac, mais la plupart des jeunes gens étaient restés sur place, pour voir, pour narguer les flics.

Une masse compacte d'hommes en noir se rassemble devant la rue Gay-Lussac. Vue d'en face, c'est une armée sans visage, une multiforme tête de mort. Lentement, elle avance. S'immobilise un instant. Le temps de tirer au fusil une série de grenades lacrymogènes. La nappe épaisse engloutit l'orée de la rue. Les défenseurs ripostent par un bombardement de pierres, de projectiles hétéroclites. Toute peur a disparu. Le danger n'existe plus. Il faut se battre. C'est tout.

Les policiers ne recherchent pas le contact direct. Ils grenadent. L'air est irrespirable. Des jeunes filles inanimées sont évacuées vers l'arrière. Les riverains jettent de l'eau, à cuvettes entières, par les fenêtres, afin de dissiper les gaz. L'armée d'ombres émergeant du brouillard s'approche à nouveau. *L'Internationale* est entonnée. « CRS-SS ! », scande la foule.

Par à-coups, une silhouette, fantôme jailli du monstrueux amoncellement, se dresse et lance une bouteille incendiaire. Le bombardement redouble, incessant. Aux balcons, les habitants s'émeuvent, crient des injures en direction des policiers, lâchent des pots de fleurs, des objets — ce qui leur tombe sous la main.

Les forces de l'ordre reculent. Et se vengent. Par tirs tendus, elles expédient des grenades dans les fenêtres ouvertes. La barricade résiste toujours. Le vacarme est infernal et les explosions s'accélèrent. En larmes, suffoquant sous leurs mouchoirs noués à la hâte, les étudiants se replient enfin jusqu'à la barricade suivante. Et le pilonnage recommence.

Afin de retarder l'inexorable progression, les assiégés poussent des voitures en feu vers les assaillants. Des amas brûlent partout, allumés par des grenades ou incendiés. Des flammes de trois mètres lèchent les façades, embrasent la rue. Le spectacle est grandiose. Des ombres s'agitent, courent, sautent, lancent quelque chose vers les ténèbres où se devinent les blocs opaques, menaçants. Les pompiers surviennent et des pavés les accueillent. Cohn-Bendit bondit, son porte-voix à la main :

— N'attaquez pas les pompiers ! Ce ne sont pas nos ennemis.

Dans l'épreuve, le lutin est partout, colportant des encouragements, prodiguant des conseils de protection. Pas une seule fois il ne jette un pavé. Après les heures d'attente, simultanément emplies d'incertitude et d'allégresse, le combat s'est engagé comme une délivrance. Les étudiants se défoulent. Ils connaissent l'issue mais n'ont d'autre obsession que de faire front le plus longtemps possible. Forner et Butel s'en donnent à cœur joie. Comme des gamins, ils se repaissent de castagne. Une charge les sépare.

A l'autre extrémité, là où Gay-Lussac bascule vers Claude-

Bernard, un incroyable édifice a été construit. La plus grande, la plus efficace des barricades. Sur le chantier de la nouvelle École normale, les bricoleurs ont trouvé de quoi satisfaire leur boulimie. Des baraques entières ont été transportées en travers de la chaussée. Des wagonnets à mortier gisent, roues en l'air. Les défenseurs se sont affublés de casques ouvriers et provoquent les CRS :

— Venez-y, esclaves !

Les interpellés attendent le signal, certains qu'ils seront bientôt les maîtres.

Des petits malins ont réussi à mettre en route plusieurs engins de terrassement, et les pelleteuses déversent des gravats supplémentaires. La barricade applaudit les conducteurs, persuadée que les travailleurs du chantier sont à leurs côtés.

— Les ouvriers sont là !

La rumeur roule de proche en proche, en rencontre d'autres, nées on ne sait où ; de rue en rue, de barrage en barrage, le bruit s'amplifie, se mue en certitude :

— Les prolos arrivent !

Ils sont quinze mille à Strasbourg-Saint-Denis, alertés par la radio. Une estafette les a vus. C'est sûr. Il faut tenir encore un peu. Ils vont prendre les flics à revers. On s'embrasse. Serge July défaille de joie. Cette fois, la victoire est possible. Paris s'éveillera le cœur en barricades. C'est la révolution.

La révolution.

Une à une, les barricades de la rue Gay-Lussac tombent. Devant la résistance acharnée des étudiants, les policiers utilisent systématiquement des grenades offensives. Le bruit des explosions est effarant. Parfois, un manifestant reçoit la cuillère en plein visage et s'écroule en hurlant. Des secouristes bénévoles évacuent les blessés. L'un d'eux, couché sur un brancard, crie : « Ma main ! Ma main ! » Il contemple, ahuri, le moignon sanguinolent qui pendouille au bout de son bras. Deux heures après le début de l'assaut, la rue Gay-Lussac est reconquise par la police. A présent, celle-ci nettoie le terrain.

Des centaines d'étudiants ont trouvé refuge chez les riverains. Assis par terre, hébétés de fatigue, soudain dégrisés, ils émergent d'un rêve halluciné, le visage gris, les yeux battus, ne pensant plus qu'à fuir la bastonnade méthodique. Les CRS pénètrent dans les immeubles, forcent les appartements et en chassent les occupants à coups de matraque.

Serge July est planqué dans une chambre sous les toits, presque au carrefour avec la rue Saint-Jacques. Quand la barricade est tombée, il a couru comme les autres vers une porte cochère, a grimpé les escaliers quatre à quatre jusqu'à ce qu'une porte s'ouvre. Terrorisé, il sent au-dessus de sa tête la cavalcade des agents qui ratissent sur les tuiles, le zinc, entre les cheminées. Par un vasistas, il voit des scènes horribles. Il entend le bruit mou des corps qui dévalent les marches, et les gueulantes de bêtes féroces qui hurlent à la mort, cognant à tour de bras.

D'un immeuble de la rue Saint-Jacques, les flics ont extrait une jeune fille qu'ils projettent dans la rue à moitié nue et qu'ils balancent comme un paquet, de l'un à l'autre, jusqu'au car. Ils rient :

— Salope, on va te faire traverser Paris à poil !

La répression est sauvage, inhumaine. Les prisonniers sont parqués mains sur la tête, tabassés avant d'être emmenés vers les commissariats où à nouveau pleuvent les coups.

Alors que la menace se précise, Jean Schalit, le vétéran de l'UEC, avise Cohn-Bendit et l'entraîne jusque chez lui, à deux pas, boulevard de Port-Royal. Dany est sonné, épuisé, paumé. Grâce au téléphone de Schalit, il joint Europe n° 1, lance sur les ondes de la station un appel à la dispersion. Il demande également aux syndicats ouvriers de déclencher une grève générale de protestation.

Il est cinq heures. Paris s'éveille. Tandis que le jour pointe et qu'une lumière pâle blanchit l'horizon, de longues colonnes de CRS, harnachés comme à la bataille, progressent en file indienne, le canon des fusils dressé vers le ciel. Toute la nuit, on a joué à la guerre. De part et d'autre, sans que rien ne soit exprimé, on sait que l'ultime limite ne sera pas franchie. Celle où l'on donne intentionnellement la mort. Mais maintenant, dans l'aube sinistre, c'est un véritable champ de ruines que découvrent les premiers badauds. Dizaines de carcasses calcinées, gros hannetons retournés et ridicules, amas de pierres et de gravats brûlés, chaussée luisante, éventrée, jonchée de pavés, d'éclats de grenades, barricades encore fumantes que les bulldozers de la police entreprennent de dégager, odeur âcre aux relents chlorés qui continuent de râcler la gorge...

Place de la Contrescarpe, des étudiants refusent de céder. Dans l'entrelacs des petites rues, plus faciles à barrer que les avenues signées Hausmann, les insurgés ont édifié des barrières infranchissables qui montent jusqu'au premier étage des maisons, hérissées de pieux, de madriers, ficelées de fils tendus à hauteur des chevilles. Les assauts répétés échouent, les gaz refluent sur les grenadiers. Des francs-tireurs téméraires se permettent même quelques sorties et menacent de cocktails Molotov les policiers qui fuient. Cette ultime forteresse ne se rend qu'à cinq heures et demie. Jean-Louis Péninou est l'un des derniers à quitter les lieux pour se réfugier rue d'Ulm.

L'École normale supérieure accueille le dernier carré des irréductibles. Poursuivis par les CRS, les manifestants sprintent avec l'énergie du désespoir jusqu'à ses portes. Certains entrent par derrière. A l'intérieur, ils sont reçus par les prochinois, l'œil clair, le teint frais, qui guident leurs hôtes. Benny Lévy se calfeutre toujours dans sa chambre, mais son frère Tony monte la garde à la grille. Tous les chefs de la rébellion sont là, hormis Cohn-Bendit.

A bout de forces, Henri Weber réclame un lit et s'écroule, assommé. Péninou et Kravetz errent à travers cette cour des miraculés. Hébétés, la tête emplie de sons, de cris, d'explosions, d'images flamboyantes, les rescapés du grand soir vivent un petit matin difficile.

L'ENS revêt l'allure d'un vaisseau en perdition dont l'équipage attend le dernier quart d'heure avec la sérénité du devoir accompli. Alain Krivine n'arrive pas à se départir d'un goût amer de défaite, de dérobade. Entamée dans l'ivresse, la nuit s'achève par une tenace gueule de bois. L'épuisement physique, le relâchement des nerfs après une douzaine d'heures de manifestation, plus quatre heures de combat, suscitent l'abattement soudain. Dormir, s'allonger quelques minutes devient l'urgence absolue. Et la peur, envolée durant les affrontements, refait surface, insidieuse. Beaucoup ont frôlé les ratonnades, vu tomber un copain ensanglanté.

Comme pour raviver les craintes, des grenades tirées pardessus les murs explosent dans la cour. Tout autour de la rue d'Ulm, les forces de l'ordre se montrent menaçantes. Furieux de voir s'échapper vers le sanctuaire universitaire une part de leur gibier, les policiers cognent déjà aux portes.

Alain Geismar, accompagné de Prisca Bachelet, est parvenu *in extremis* à gagner Ulm. L'arche de Noé est au bord du naufrage. Un homme perdu circule en pyjama, le chapeau sur la tête. C'est Robert Flacelière, le directeur de la maison. Geismar l'entraîne jusqu'à la cabine téléphonique, dans le hall, et le somme d'appeler Peyrefitte afin d'interdire l'École aux flics. Il obtempère. Par les souterrains, Geismar rejoint son laboratoire de la rue Lhomond. Là, il empoigne un téléphone et contacte les responsables de la FEN (la Fédération de l'Éducation nationale, à laquelle est affilié le SNESup).

C'est à cet instant, sorti de la fournaise, qu'il mesure l'impact, à l'extérieur, des événements. Les syndicalistes enseignants ont été submergés d'appels. La France entière, par les reportages ininterrompus des stations de radio, était aux balcons de la rue Gay-Lussac. Partout, l'émotion est considérable. Les récits vibrants, les rumeurs incontrôlées, le fracas des combats répercuté en direct sur les ondes ont donné à l'Hexagone l'impression que le quartier Latin était en guerre. Déjà sympathisante, l'opinion verse franchement du côté des étudiants, accable un pouvoir dont la seule réponse au malaise de la jeunesse a été le bâton.

Geismar devine que la prévisible défaite militaire se mue en une éclatante victoire politique. Toujours coincé dans son laboratoire, au milieu du Quartier quadrillé, il cherche un moyen de sortir, songe même à mobiliser le syndicat des égoutiers. Finalement, la FEN lui fournit une voiture. C'est à plat ventre, au fond d'une DS Citroën, solidement encadré par des professeurs d'éducation physique, qu'Alain Geismar s'échappe et atteint le siège de la Fédération, rue de Solferino.

Le champagne est au frais. Les dirigeants de la FEN l'avertissent que Georges Séguy et Eugène Descamps désirent le rencontrer à la Bourse du travail.

L'accueil cégétiste manque de chaleur.

— Où étais-tu ? On t'a cherché toute la nuit.

— Fallait venir ! Tout le monde savait où me trouver.

Geismar goûte sa revanche. Pas rasé, la chemise ouverte, le costume fripé, il débarque dans une réunion commencée depuis longtemps. Les leaders syndicaux ont déjà décidé d'avancer au 13 mai la grève générale initialement prévue pour le 14. Le monde du travail se solidarise avec les étudiants.

Samedi, en fin d'après-midi, Brice Lalonde et Jean-Marcel Bouguereau sonnent à la porte de la faculté de Censier, l'annexe de la Sorbonne. Le concierge connaît Lalonde de vue. Il ouvre sans méfiance. Immédiatement, le jeune homme glisse son pied dans l'embrasure. Une cinquantaine d'étudiants, planqués au coin du bâtiment, arrivent en courant. Au carrefour des Gobelins, deux cents mètres plus loin, Marc Kravetz harangue une manifestation lycéenne qui passe par là. Il réussit à en détourner un contingent. Tout ce monde envahit Censier. Gagné. La première occupation d'un édifice universitaire commence.

L'opération de commando a été concoctée par la bande du MAU, emmenée par Kravetz et Péninou, pionniers des comités d'action. Dans la soirée, des centaines d'occupants, avertis par un flash radio, affluent. L'assemblée générale du mouvement étudiant débute. Kravetz préside. La parole se déchaîne. Chacun parle, veut parler. L'auditoire tangue sous un flot incessant, tourmenté, de suggestions, de slogans. Une fille propose, dans un tonnerre d'applaudissements :

— Camarades, remettons les examens à l'après-régime.

A vingt-trois heures, on s'interrompt pour écouter le Premier ministre Georges Pompidou, qui rentre d'Afghanistan :

— J'ai décidé que la Sorbonne serait librement ouverte à partir de lundi.

Un murmure intéressé salue la nouvelle.

« A partir de lundi, également, la cour d'appel pourra, conformément à la loi, statuer sur les demandes de libération présentées par les étudiants condamnés...

Les vivats crépitent. Pompidou capitule. La revendication la plus litigieuse, celle sur laquelle ont achoppé toutes les négociations, est satisfaite. A Censier, les plus avertis ne doutent guère que l'indépendance de la magistrature va subir un rude outrage et que les prisons s'ouvriront. Le Premier ministre n'a pas mégoté. En quelques minutes, il accorde aux étudiants les fameux trois points que les autorités ont obstinément refusés pendant cinq jours. Le pouvoir, honni, brocardé, recule.

Les Français, rivés à leur transistor, apprennent par la même occasion que, pour obtenir satisfaction, il faut se battre. L'exemple des étudiants est là, probant, et leur slogan : « Le pouvoir est dans la rue », gueulé l'autre soir devant une Assemblée nationale dédaignée, trouve une légitimité singulière. Pour le mouvement, c'est un triomphe. Le défilé de lundi sera celui de la victoire en chantant.

Heureux. Ils sont heureux. Bras-dessus bras-dessous, Cohn-Bendit, Geismar et Sauvageot lèvent le poing tandis qu'ils entonnent *l'Internationale*. Au premier rang de l'immense manif, ils ont marqué une pause devant la rue Gay-Lussac afin de commémorer leurs exploits de l'avant-veille. Georges Séguy, visage fermé, a été obligé, lui aussi, de suspendre sa marche. Il vit un calvaire : il a dû passer sous les fourches caudines de Geismar au cours des interminables négociations qui ont préparé la journée. La CGT ne souhaitait pas que le cortège aboutisse au quartier Latin. Il y est.

Mais la pire des humiliations, c'est la présence, là, tout près, de ce Cohn-Bendit, l' « anarchiste » que le camarade Marchais récusait — en quels termes ! — voilà dix jours.

Et, juste derrière, le service d'ordre étudiant, casqué, qui braille à pleins poumons : « Nous sommes tous des enragés ! », ou encore : « Nous sommes un groupuscule ! »

La dizaine d'enragés qui défrayait la rubrique universitaire des journaux a proliféré. Dany, Geismar, Sauvageot sentent dans leur dos cette énorme masse en ébullition, ces centaines de milliers de Parisiens qui apportent au mouvement qu'ils ont animé un appui enthousiaste.

Cependant que la tête atteint la place Denfert-Rochereau, des paquets de manifestants piétinent encore à la République, scandant avec défi le mot d'ordre de ce nouveau 13 mai : « Dix ans, ça suffit ! » Ils sont quelques-uns qui défilèrent, marginaux, en mai 1958...

Au pied du Lion de Belfort, la première ligne se sépare. Séguy serre la main des leaders syndicaux, salue Descamps, de la CFDT, et se trouve nez à nez avec Cohn-Bendit. Il hésite à peine, tourne les talons. Le Nanterrois n'en a cure. Il se préoccupe plutôt d'entraîner les gens au Champ-de-Mars pour un meeting sur l'herbe.

Et ensuite, dans un quartier Latin où ne pointe plus un seul képi, direction la Sorbonne.

14

La conjuration des ego

Un piano, échappé d'on ne sait où, joue du jazz en bas des marches de la chapelle. Lorsqu'il s'interrompt, des cuivres, des vents prennent le relais et rythment le brouhaha qui ricoche aux quatre coins de la cour, dans l'air tiède de l'été précoce. Cette belle nuit, cette nuit de fête n'a rien de sucré, d'amolli. Malgré la fatigue, malgré le long piétinement de la manif monstre, c'est un commencement qui se vit, qui se danse. La journée du 13 mai 1968 fut digne, imposante, historique, mais sage. Au clair de la lune, la Sorbonne libérée, la Sorbonne reconquise s'offre à elle-même le spectacle de son ivresse, vérifie, comme par précaution, qu'elle bénéficie bien d'une exterritorialité nouvelle. Victor Hugo, coiffé d'un chapeau breton et armé d'un manche à balai, brandit les pensées de Mao Tsé-toung ; Pasteur a les bras chargés de drapeaux rouges. L'îlot dérive, complètement aban-donné à sa kermesse héroïque.

Les étudiants affluent, s'entassent, s'engorgent. Chaque amphi bondé devient une nacelle d'utopie suspendue dans l'éther, un navire refermé sur son existence propre. Où que l'on soit, on est chez soi. N'importe qui parle avec n'importe qui. Les badauds aussi sont les bienvenus. Poussant les portes des salles enfumées, ils ont l'impression de happer un fragment de voyage. Pour être du voyage, il suffit d'entrer, et de refermer la porte, derrière.

Il y a de l'ordre dans ce désordre affiché. La statue d'Auguste Comte, au centre de la place, face à l'Escholier, est couronnée d'un vieux pneu. Pourtant, sur le boulevard Saint-Michel que les flics ont déserté, des jeunes gens assurent la police, détournent la circulation. A l'intérieur, la plus discordante des assemblées subit une loi intransgressible : nul, fût-il bavard, pédant, clo-chard ou bègue, n'est *a priori* écarté du micro. Dans la panto-mime qui se joue, le droit d'ouvrir sa gueule est absolument cor-rélatif du droit d'être là. La grande masse crache sa haine ou son mépris des institutions lourdes, des procédures détournées. N'empêche que des bouffées de légende quarante-huitarde, d'épopée communarde, tempèrent d'une connivence rituelle cette désinvolture. L'assistance vocifère sa hantise de voir la tribune confisquée par un parti, par un groupe, par un maître. Mais plus d'un, montant en chaire après s'être régulièrement inscrit, se croit Jaurès au Pré-Saint-Gervais ou Vallès vitupérant Versailles.

C'est possible.

Au creux du nombril de l'État le plus centralisé d'Europe, il est possible de défier la norme et de rêver tout haut.

Dans leur immense majorité, ces étudiants en délire, voilà deux semaines, courbaient l'échine et ruminaient leur ennui, loin de la politique, loin du syndicalisme, insatisfaits d'eux-mêmes et du reste, mais sans espoir de revanche. Ils s'émerveillent de communier soudain dans une protestation qu'ils ignoraient partager. Ils s'étonnent de se retrouver tous, ou presque, alors que le ciment de ces retrouvailles est élastique, que les mythes traditionnels sont troués. Ils devinent que le flou de l'ensemble, le côtoiement du refus instinctif et de l'avant-garde sentencieuse sont probablement une condition majeure de l'expérience. S'ils savaient où ils vont, ils seraient moins nombreux.

Des non-étudiants, des « étrangers » se glissent parmi les gens du lieu. Ils ne sont pas de la paroisse, mais ils possèdent le mot de passe : ils sont jeunes. Jeunes employés, que le couperet de la sélection a écartés de l'enseignement long. Jeunes ouvriers, qui se risquent dans le temple de la Science comme on visite en douce un domaine privé, le pied incertain, par crainte de salir les tapis. Ils ont vite compris qu'ils n'ont rien à craindre. Qu'ils sont même, eux, les exclus, traités en hôtes d'honneur par les petits-bourgeois culpabilisés.

Arrivent encore des parents curieux, des profs solidaires, des politiques intrigués, des ivrognes bien cuits, des paranoïaques saignants, des autodidactes fascinés, des curés à l'écoute, des photographes fébriles, des romanciers désœuvrés, des comédiens amateurs. Et Aguigui Mouna, le prophète officiel du Quartier, en sandales et toge crasseuse.

Arrivent, un à un, tous les « anciens ».

Les « événements » ont surpris Philippe Robrieux alors qu'il sortait de l'Institut de géographie, à l'angle de la rue Saint-Jacques et de la rue Gay-Lussac. C'était dans les premiers jours.

Enfin devenu « sérieux », il n'avait en tête que ses examens d'histoire. Il aperçoit des garçons et des filles qui s'accrochent avec une escouade de gendarmes mobiles. Bizarre. Il change de trottoir, croise deux types qui se tiennent tendrement par la main et réprime — difficilement — une autre sensation bizarre. Sacré Quartier ! Il s'enferme chez lui, potasse, est dérangé par un ami :

— Viens, descends, il faut que tu voies cela !

Il a vu, il voit, et le spectacle l'étourdit. Ça, la cour de la Sorbonne ? Combien de fois, depuis ces mêmes marches, à droite du piano, a-t-il harangué des foules inégales, sur un ton responsable, le cou serré d'une cravate responsable ? Combien de fois, en contrebas du vénérable Louis Pasteur, a-t-il polémiqué avec un mandataire ironique de la FGEL ? Philippe écarquille les yeux : à cet endroit, à cet endroit précis, aux pieds du vainqueur de la rage, se déploient les profils emboîtés de Marx, Engels, Lénine, *Staline* et Mao. Lui qui fut le stalinien officiel puis l'antistalinien officieux de l'établissement, il éprouve quelque peine à surmonter un léger vertige. Il se dit que la fabuleuse cohue qui s'agite alentour n'est nullement exprimée par cette résurgence contre nature.

Dix, vingt, cinquante visages familiers. Krivine, là-bas, au pas de charge, très entouré. Schalit, filant vers la sortie, une liasse de feuillets à la main. Robrieux se retourne. Les pionniers de la déstalinisation, les bêtes noires de Roland Leroy, les battus de 1965 sont sortis de leur retraite. Sénik, Dédé Sénik, hilare, est devant lui. Et voici Alain Forner. Et Pierre Kahn !

Les rescapés de l'UEC « italienne » entament, fendant la bousculade, une visite exhaustive de la vieille maison qu'ils ont quittée trois ou quatre années auparavant. Robrieux raisonne, selon son habitude, en « vrai » politique, essaie d'identifier les forces qui se brassent, d'imaginer des traits d'union. Kahn, Forner, Sénik, au contraire, goûtent l'infini et subtil plaisir du piéton qui guette, en haut du Tourmalet, les échappés du Tour de France.

Dès la réouverture, ce matin, des pinceaux anonymes sont entrés en action. « Interdit d'interdire », annonce le premier mur consulté. Et les dignes professeurs de philosophie que sont devenus Kahn et Sénik se régalent des sujets de méditation qui leur sont offerts. « Nous sommes des rats et nous mordons ! » « Celui qui peut attribuer un chiffre à un texte est un con. » « Quand le dernier des sociologues aura été étranglé avec les tripes du dernier bureaucrate, aurons-nous encore des " problèmes " ? » Le grand amphithéâtre, par l'ampleur de la surface disponible, autorise une débauche de surcharges, de ratures, de citations. Au fur et à mesure que la nuit s'avance, les graffiti s'allongent, se chevauchent, se querellent. « Saviez-vous qu'il existait encore des chrétiens ? », questionne l'un. Et l'autre, devant lequel André Sénik, ex-figure modèle des Vaillants, tombe en extase, conseille : « Baisez-vous les uns les autres, sinon ils vous baiseront. » Rudes souvenirs de 1956, âpres diatribes de la camarade Jeannette Vermeersch contre « les vices de la bourgeoisie »... Kahn et Sénik revisitent mille raffinements du puritanisme de leur adolescence, du militantisme considéré comme la salutaire douche froide qui éteint les pulsions importunes.

Robrieux ne les accompagne qu'avec réticence sur cette pente libidinale. Mais juste au milieu de la galerie Lettres, une ample inscription les agresse, tous, cruelle : « Ô gentils messieurs de la politique, vous abritez derrière vos regards vitreux un monde en voie de destruction. Criez, criez, on ne saura jamais assez que vous avez été castrés ! » Ces petits cons qui barbouillent cloisons et remparts ignorent-ils qu'ils doivent un peu de leur mordant à des devanciers proches et déjà oubliés, dont la révolte, qui n'était pas moins vive, circulait tant bien que mal à travers le labyrinthe des amendements, les crevasses des codes ?

Henri Vacquin surgit. Lancé, après tâtonnements et déboires, dans la sociologie des conflits d'entreprise, il n'a rien perdu de sa gouaille :

— Salut les mecs, et vive la Sociale !

Étrange amicale, longtemps dispersée, et que rassemblent l'imprévu, l'impensé. Déphasés au sein des amnésiques bâtisseurs de barricades, il leur semble observer ce qu'ils préparaient sans le savoir, ce qu'ils ont enfanté et qui est né loin d'eux. Non pas la révolution bolchevique — ils n'y croient plus et n'y croiront plus. Mais cette libération de la parole qui était au bout de la parole qu'ils disputaient à Thorez ; cet éclatement de l'attention, ce désir de culture qu'ils opposaient à l'étouffant économisme ; cette tolérance combative, cette permission de contredire qu'ils ont réclamées jusqu'à l'excommunication. En un sens, la crise de mai, pour eux, tombe trop tard. En un autre sens, ils ont le cuir assez tanné pour faire leur deuil du grand soir et profiter à plein du meilleur de la fête. On leur a volé leurs vingt ans. Ils vont vivre leurs vingt ans entre vingt-cinq et trente.

Jean Schalit n'a pas le temps de se conduire en visiteur du soir. Le virus de la presse ronge toujours le rénovateur de *Clarté.* Professionnellement, dans la société d'édition familiale où il est entré, il s'occupe de *Sciences et Voyages* et de *l'Almanach Vermot.* Préparant la mouture 68 de ce bottin de la plaisanterie grasse, il a fait appel à des jeunes dessinateurs qui grattent ordinairement pour *Hara-Kiri,* Reiser et Wolinski. Aucun lecteur n'a remarqué cette collaboration. Mais l'homme de presse Schalit reste un mordu de politique. Avec ses copains de l'UEC, Bon, Burnier, Kouchner, il rêve de lancer un journal itinérant, un « journal-valise », haut-parleur des luttes, qui parcourrait le pays au rythme des conflits. Divers contacts sont pris avec des agriculteurs de l'Ouest, et Schalit rencontre, en compagnie d'Henri Nallet, Bernard Lambert, chef de file de la nouvelle vague paysanne.

Le quartier Latin se met à bouillir avant que le projet ne voie le jour. Dès l'envol du premier pavé, Schalit réagit au quart de tour. La situation est neuve, elle réclame un journal neuf.

Le 4 mai à l'aube, Schalit frappe à la porte de son copain Jézéquel qu'il a fréquenté en 1965 dans les locaux protestants du parc Montsouris. Jean n'a pas dormi de la nuit. Il est fort excité :

— Il faut faire un journal. Tout de suite.

Schalit cherche l'état-major étudiant, le trouve en pleine réunion. Il demande la parole, propose de doter le mouvement d'un organe de presse. L'idée semble saugrenue, mais personne ne s'y oppose. Schalit suggère un titre : *Guérilla.* Krivine hurle :

— C'est trop gauchiste !

Pendant le week-end, les copains rameutés, Fred Bon, Jean-Marcel Bouguereau travaillent dans la fièvre. Jérôme Savary pointe sa barbiche. La sœur de Schalit, figure en vue sur la petite planète des publicitaires, obtient les bons offices de professionnels imaginatifs. Siné débarque, sa bouteille de vitriol sous le bras. On cherche un titre : *Action,* parce que ce sera un journal qui bouge, mais un journal sans programme. On cherche un directeur de publication présentable devant les tribunaux : Jean-Pierre Vigier, en sa qualité d'universitaire, offre un paravent convenable — il est élu par acclamations, et l'équipe ira même jusqu'à l'informer de la distinction qui l'honore.

497

Guy Hocquenghem rédige un papier intitulé : « Pourquoi nous nous battons. » Les dessinateurs s'en donnent à cœur joie. Siné conçoit la maquette et croque deux flics casqués qui traînent un manifestant sanguinolent jusqu'à un gradé, lequel interroge :

— Il était armé ?

— Oui, chef.. d'un diplôme !

Siné dresse encore un plan du Quartier où sont signalés les commissariats dangereux et les points de concentration des forces de police, en cas de bouclage. Quarante-huit heures plus tard, le journal est prêt.

Le 7 mai, alors que le cortège sacrilège remonte vers l'Étoile, *Action* est mis en vente. Les mains se tendent par centaines. Le succès est immédiat.

Un deuxième numéro sort le 13 mai, lesté d'un long récit de la nuit des barricades. Et toujours des dessins. Deux poulets, assaisonnés par Reiser, devisent doctement en faisant traverser des petits enfants qui se rendent à l'école. Un des agents, le bras en écharpe, l'œil au beurre noir, confie à l'autre :

— Tu vois, à cet âge-là, ils nous respectent. Moi, je trouve qu'on devrait juste leur apprendre à lire et à compter, aux étudiants.

Wolinski, également accouru, produit ses premiers dessins politiques. Un CRS casqué tire par le pied un manifestant inanimé. Il soliloque :

— Un coup de bâton de plus, et je le tuais... Je crois qu'il faut rendre hommage à mon sang-froid.

Schalit et sa troupe occupent un local réquisitionné, rue Galande. Il a puisé dans l'ancien comité de rédaction de *Clarté* — aux beaux jours des « Italiens » — Bon, Dollé, Kouchner, Tissier. D'autres anciens de l'UEC rappliquent, Kravetz notamment. André Glucksmann, assistant de Raymond Aron à la Sorbonne, prête sa plume. Une brillante équipe, entièrement formée de vétérans du militantisme, bardés de théorie. Mais, plus encore que les articles, ce sont les caricatures qui assurent la popularité d'*Action*. Wolinski, toujours lui, dans de mini-bandes dessinées, happe l'esprit du temps.

Deux vieux, barbichus, courbés sur leur canne, s'adressent à un jeune homme :

— Enfin, enfin, la jeunesse se réveille. Bravo, bravo.

— Enfin, elle nous montre le chemin. Braves petits.

— Jeune homme, l'avenir t'appartient. Mais ne touche pas au présent.

— Et laisse le passé tranquille !

A dater de ce jour, les cons solennels de Wolinski, ses Français moyens abrutis, fleurant le pastis à l'heure du PMU, dispensateurs de maximes le béret sur le crâne et la baguette sous le bras, se rangent au Panthéon des soixante-huitards.

Action ne se vend pas en kiosques comme la presse qui a pignon sur rue. *Action* se moque des pignons et se vend directement dans la rue. Des crieurs bénévoles surgissent de partout et (le plus souvent) rapportent la recette. L'imprimeur est payé en billets de cent francs (anciens), en pièces d'un franc (nouveau). Mais il est payé, jusqu'au dernier rond. Les deux numéros initiaux sont hebdomadaires, puis le journal adopte un rythme quotidien, et les tirages grimpent — cinquante mille, soixante mille, jusqu'à cent mille. Les rédacteurs ne perçoivent aucun salaire — les bénéfices sont investis dans l'achat de photos. La leçon de *Clarté* n'est pas oubliée : les belles images, les images fortes, sont l'indispensable ingrédient d'un organe d'agitation. Schalit est heureux. La machine est repartie.

C'est possible. En marge des Messageries de presse, pompe centrale du système français d'information, il est possible de diffuser un journal, un vrai, un « pro ».

*Octobre 1986. Le Groupe Presse Hachette annonce que M. Jean Schalit, qui fut l'un des fondateurs d'*Actuel, *est nommé « chargé de mission auprès de la direction ». « Il va, précise le communiqué, animer et coordonner sur les plans de la gestion, de la fabrication, de la publicité et de l'éditorial le groupe d'étude constitué autour du projet* Omega, *quotidien national à gros tirage. »*

Acteurs ou promeneurs, les ex-« Italiens » sont à la fête. Sauf Michel-Antoine Burnier. L'ancien porteur de valises, l'auteur de *la Tragédie de l'UEC*, éprouve les affres et le désarroi du renégat renié par ses compagnons de reniement. Son cousin et complice Fred Bon est convoqué à la réunion fondatrice d'*Action*. Pas Burnier. Schalit lui téléphone, en quête d'adresses d'imprimeurs.

Burnier fournit le renseignement ; son interlocuteur ne lui en demande pas plus. Voilà ce qu'il en coûte de se lier avec Emmanuel d'Astier, d'avouer une certaine tendresse pour de Gaulle, d'étaler son réformisme avec une sorte de rage vengeresse.

Michel-Antoine était présent à chaque manif, vécue comme un électrochoc. Il se sent sortir d'une nasse, jette — secrètement — aux orties toute la sagesse politique qu'il a récemment accumulée. Les vagues de foule, les voitures en feu, les drapeaux levés, la sauvagerie de la répression, il n'a rien manqué, pas une scène, pas une miette. Et ce soir du 13 mai, il veut le foutre en l'air, le régime du Général ; il se traite de salaud pour s'être douillettement intégré dans une société pourrie.

Il se balade à travers la Sorbonne délivrée et frétile : les appartements du doyen, portes et fenêtres grandes ouvertes, se visitent comme à Versailles. Ni le portrait de Richelieu ni le mobilier national ne sont esquintés. Mais l'allégresse du promeneur dépérit, s'éteint sous l'avalanche du repentir, de la frustration fautive. Tandis que le piano se marre (les initiés reconnaissent la formation de Guy Lafitte, amenée par Frank Ténot, M. Jazz à Europe n° 1), Burnier pense — lui ! — que Krivine avait raison, que les petits soldats de la « Jcreu », après tout, sont fidèles à l'engagement du Che : le devoir d'un révolutionnaire est de faire la révolution. A cette heure et en ce lieu, les autodidactes de la rive gauche lui semblent surclasser les fins analystes de la chose publique, les diplômés de la rue Saint-Guillaume, les historiens rassis, les sociologues nuancés, ses idéologues désenchantés.

Il entrevoit Bon, se fraie un passage, l'agrippe :

— Fred, j'ai compris qu'on en apprend beaucoup plus dans la rue qu'à l'université.

L'interpellé regarde son cousin d'un air confusément inquiet, surpris, et réplique sur le ton d'une conciliante réprobation :

— Cesse de dire des bêtises, veux-tu ? En tout cas, pas devant moi...

Les lendemains de banquet sont généralement difficiles. Quand il repart pour Nanterre, à l'aube du 14 mai, Daniel Cohn-Bendit réprime un frisson, surmonte un haut-le-cœur — prélude au vertige. Tout va pour le mieux, en apparence. La kermesse continue. Mais Dany le Rouge, comme le surnomme la presse à gros titres, sait flairer la tendance, dépister les syndromes alarmants sous l'éclat d'un teint prospère. De Gaulle, ce mardi matin, part pour la Roumanie en visite officielle. Le pouvoir espère circonscrire l'abcès, jusqu'à ce que l'usure fatale isole les étudiants du reste des Français, et isole les étudiants révolutionnaires du reste des étudiants.

Pourtant, Nanterre la boueuse a de la gueule et prouve à la Sorbonne qu'il n'est nullement bon bec que de Paris. Les dazibaos, ici, sont peut-être encore plus crus, plus insolents et libertaires que ceux de la capitale. A l'entrée, côté A1, sur le « mur baignant infiniment dans sa propre gloire » (ainsi s'affiche-t-il lui-même), une sentence choc : « L'anarchie, c'est je ! » Et ce sujet multiple, gaiement livré au vent printanier, se déchaîne en inépuisables variations : « L'agresseur n'est pas celui qui se révolte mais celui qui affirme », « Tout pouvoir abuse, le pouvoir absolu abuse absolument », « Ne me libère pas, je m'en charge ! »

« Je jouis dans les pavés », proclame, au milieu du hall, une main inconnue. « Violez votre *Alma mater* », répond une autre, bâtiment C24. Le sexe, le désir, le plaisir, plus qu'ailleurs, investissent les métaphores. D'autres tabous émergent, en marge des groupes politiques (extrême gauche incluse). « L'alcool tue, prenez du LSD », conseille un provocateur sur la paroi de l'ascenseur. Et les révolutionnaires patentés sont contraints de subir, au détour d'un couloir, l'amère et vindicative remontrance signée par « des filles enragées » : « L'aptitude de l'étudiant à faire un militant de tout acabit en dit long sur son impuissance... » Aucune motion de congrès, aucune « légitime revendication » n'a jamais inclus fût-ce une parcelle de semblable discours.

Cela, Cohn-Bendit s'en délecte sans retenue. Quel dommage que l'excellent M. Missoffe, prescripteur de bains tièdes contre les appels de la chair, ne se hasarde point sur le campus ! Reste que la semaine écoulée a filé trop vite, et que les porte-parole du mouvement, hors d'haleine, sont à court de suggestions. Non parce que leur cervelle défaille, mais parce qu'ils n'ont pu trouver le loisir ni les moyens adéquats de saisir ce qui leur arrive.

L'essentiel du débat, à Nanterre, se focalise sur les examens. Se dérouleront-ils selon la procédure habituelle ? Existe-t-il d'autres formes, différentes, d'évaluation ? La bande du 22-Mars préconise une sanction collective des efforts individuels. En clair : on reçoit tout le monde, cette année, jusqu'à complète refonte et rénovation du système. La proposition séduit beaucoup d'auditeurs, anxieux d'apaiser aux moindres frais les alarmes familiales. Mais plusieurs, une forte minorité, portent la contradiction, dénoncent la « démagogie ». Cohn-Bendit reconnaît qu'une telle mesure est nécessairement bâtarde et provisoire :

— Pourquoi mettrions-nous trois jours à comprendre ce que d'autres ont mis quinze ans à ne pas comprendre ?

Alain Touraine s'en mêle, n'hésite pas à heurter de front l'assemblée générale, défend la préservation du sérieux. Un malabar s'interpose au mitan de sa péroraison, monte sur l'estrade, entonne *Cha ba da ba da* en claquant des mains, couvre la voix de l'orateur. Touraine abandonne.

Daniel Cohn-Bendit est, en matière de dérision, un collectionneur insatiable. N'empêche que, tout au fond, il n'est pas dupe. Ce refus des examens, c'est un terrain commode pour préserver une audience fragile, pour différer la remise en route de la machine. Pour gagner du temps.

Une discussion analogue s'est engagée à Censier — où s'étaient repliés les rescapés des nuits d'émeute — dès le lendemain des barricades. Les uns se prononcent pour le boycott, les autres suggèrent une forme de soutenance sur travaux. L'ironie des graffiti (« Aux examens, répondez par des questions », « Le recteur Roche n'est qu'un petit caillou ») dissimulait joyeusement le flottement des insurgés. La controverse se poursuit à la Sorbonne dès que la voie est libre.

Elle se poursuit et s'enfle, se ramifie.

Il y a plusieurs Sorbonne, au matin de la nuit d'extase. D'abord la cour, entièrement livrée à la foire politico-culturelle. Chaque officine installe son stand, déploie ses oriflammes, aligne ses brochures, calligraphie ses slogans. Les « Chinois », qui ont brillé par leur absence la semaine précédente, se rattrapent en multipliant les portraits de Mao — et pareille promiscuité ne tarde pas à mettre en fuite les honnêtes jeunes gens de l'UEC. La JCR est forte de sa légitimité combattante. Elle édite un quotidien ronéotypé, dont les plus brillants porte-plume sont Daniel Bensaïd et Guy Hocquenghem. Ses quelques mètres carrés de pavé privé constituent l'un des principaux lieux de rendez-vous politique. Il est convenu que chaque jour, à dix-sept heures, Alain Krivine et Henri Weber commenteront les dernières péripéties, analyseront l'événement sur le vif.

A deux pas claquent les drapeaux noirs des anars, symboliques pieds de nez destinés aux « organisés » de toute obédience (depuis les situationnistes jusqu'aux autonomistes bretons). Derrière les tables, les journaux grimpent au mur tel un lierre avide, envahissent puis masquent les fenêtres de la galerie. Les maximes péremptoires succèdent aux démonstrations longuement articulées : I, 1, A, a, α...

Ensuite les salles du rez-de-chaussée, où s'épanche la libre parole. « Le n'importe quoi érigé en système », observe un griffonnage particulièrement lucide. Le grand amphi, surtout, s'est transformé en monstrueux divan psychanalytique où s'associent du coq-à-l'âne images, fantasmes, sermons, souvenirs, éructations, anathèmes, consignes. On prêche, on rêve, on argumente, on se marre, on se soulage. Au léniniste sourcilleux qui vient d'exposer pourquoi la dictature du prolétariat n'est pas ce que vous croyez succède un prolo de 36 expert en lutte des classes : « De Gaulle, je vous le dis, il n'a jamais mangé des harengs avec le peuple... »

Les communistes tentent de timides percées, régulièrement infructueuses. Les invectives de Georges Marchais contre l' « anarchiste allemand » Cohn-Bendit sont inoubliables. Imprescriptible, aussi, le retard avec lequel « le Parti » a pris le train en marche. Il faut quelque courage, sur ces bancs, pour déployer *l'Huma*. La classe ouvrière, on la respecte. Les bureaucrates qui l'encadrent, on les siffle.

Et il y a, enfin, les séances plus discrètes du premier étage, les « commissions » diverses, baptisées de sigles intraduisibles, du CLIF au CART, qui démontent pierre après pierre l'Université bourgeoise et se promettent de la rebâtir aussi sec, selon de nouveaux plans. Là, on travaille, sérieusement, par discipline, avec le renfort des enseignants amis et des anciens — Forner et Robrieux prêtent leur concours au groupe d'histoire, Kahn et Sénik à celui de philo. « Soyons réalistes, demandons l'impossible » était déjà le mot d'ordre à Censier. Mais il n'est pas si aisé de coucher l'impossible noir sur blanc, et les commissions planchent, déversant salive et sueur.

Les trois Sorbonne (plus quelques autres) sont aux mains d'un comité d'occupation élu chaque soir pour vingt-quatre heures. Des brouillons s'élaborent, des phrases s'entrechoquent, des contenus sont révisés, des méthodes se comparent. Ainsi naissent les bribes d'une « Université sauvage » où l'expansion du savoir n'aurait plus pour moteur le rapport d'autorité, le cours du magistrat, la sélection/sanction. Telle mouture, issue d'un collectif de droit, exprime assez bien l'inspiration dominante : « L'Université sauvage se présente formellement comme une communauté homogène d'universitaires. Enseignera tout universitaire ayant le *pouvoir* de propager un certain savoir, pouvoir issu de la seule *possibilité* et non de la *puissance*. Tout universitaire est tour à tour enseignant ou enseigné selon qu'il fait part de son savoir ou de son désir de l'accroître ou de le préciser... »

L'ensemble des spécialités remettent sur le chantier leur ouvrage. A la fac de médecine, un livre blanc s'écrit page après page. Bernard Kouchner en est l'un des principaux rédacteurs. S'il se trouve voué, presque par nature, au romantisme tout court, le romantisme politique lui est désormais étranger — chez lui aussi, le vaccin de l'UEC a définitivement mordu. Mais il goûte, parmi ses jeunes condisciples qui ont sans cesse la révolution aux lèvres, la progression d'une solide réflexion réformiste (un mot qu'il se garde soigneusement de prononcer).

Les artistes ne sont pas épargnés par l'épidémie. Cela commence à la Sorbonne, où l'on s'empoigne sur le beau, le fric, le peuple, la culture. Conversation de salon ? Des voix éraillées ont tôt fait d'interrompre les esthètes. Et des barbouilleurs mal élevés tracent dans le hall du grand amphi : « La plus belle sculpture, c'est le pavé de grès. Le lourd pavé critique, le pavé qu'on jette sur la gueule des flics. » On discute, on discute. On prolonge la discussion à l'École d'archéologie, rue Michelet. On rediscute, pour dire qu'on n'est pas là pour discuter : les artistes ne sauraient être moins hommes d'action que les sociologues ou les linguistes !

Et soudain l'éclair jaillit. Un émissaire de « l'ex-École des beaux-arts » signale que des jeunes peintres ont occupé « l'ex-atelier Brianchon » : le temple de la lithographie. La troupe se déplace rue Bonaparte, investit les locaux sales et vétustes, où l'enseignement est égal à lui-même depuis trente ans. Au milieu des plâtres gris, des copies conformes, l' « atelier populaire » se dessine. Une usine d'affiches. Pas de signatures ; l'œuvre est collective, les projets soumis à l'assemblée générale. Les styles à la mode, le *psychedelic,* sont bannis. Certains — Roland Castro, mandataire de l'UJC(ml) — suggèrent d'illustrer prioritairement les sujets « ouvriers » : les cadences, la durée du travail... D'autres illustreraient plus volontiers « Sous les pavés la plage » ou « Jouissons sans entraves ». Les stocks de peinture sont suffisants pour tous, et la production commence. Les cadences ne tardent pas à croître, la durée du travail à s'allonger. Quand on aime, on ne compte pas.

Jean-Louis Péninou est déchiré entre la jubilation et la peur du vide. La Sorbonne retranchée, la Sorbonne citadelle du désordre, quelle revanche !

Quatre années plus tôt, Kravetz et lui, taxés d' « aventurisme », étaient désavoués pour avoir entraîné la FGEL hors des sentiers raisonnables. Libre à eux, aujourd'hui, d'arborer le modeste triomphe du prophète incompris. Mais ils ne s'accordent pas la facilité de regarder en arrière. Ils incitent les comités d'action à se fédérer en une coordination provisoire. Et ils ont peur, peur que tout soit fini. La fête sorbonnarde signifie aussi que le mouvement n'a plus d'adversaire, qu'il se contemple lui-même. Leur expérience politique est assez dense pour qu'ils perçoivent combien la privation d'ennemi est, à terme, insupportable. Ils contrôlent la bonne tenue des débats, dans le grand amphi. Ils connaissent par cœur ces jeux raffinés. Pourtant, la crainte n'est pas absente de leur volupté ludique. Ils contemplent, impuissants, la fracture qui sépare leur propre discours d'éventuels objectifs politiques. Des copains, mi-figue mi-raisin, leur jettent au passage : « Mais vous êtes en train de refaire l'UNEF, les gars ! »

Par des chemins parallèles, Alain Geismar se retrouve sur une longueur d'onde voisine. Pour lui, l'épreuve majeure, au sortir du 13 mai, c'est un imprévisible chambardement personnel. La notoriété, puis la célébrité s'abattent sur sa cervelle, sur son visage et son corps, à la manière d'une foudre psychologique, d'une bombe mentale.

1986, Alain Geismar, vice-président de l'Agence pour le développement de l'informatique :
— Se retrouver une vedette presque du jour au lendemain, ça

monte à la tête. Plus moyen d'entrer dans un bistrot sans qu'on attende de vous des paroles historiques. Le patron du restau familier de la rue Cujas vous propose une arme, à toutes fins utiles. Des gens, des inconnus, vous baisent les mains en vous qualifiant de fils du peuple. C'est étrange, grisant, foncièrement jouissif. Et c'est dur, agressif, effrayant. Je ne savais plus qui j'étais.

Geismar, comme les autres leaders de mai, a dormi dix fois trois quarts d'heure en dix jours. Il vit dans un état second, artificiel, exalté. Il a oublié sa famille « légale » et ne quitte plus Prisca Bachelet. Il s'est écarté de sa famille militante, le SNESup, et respire l'ambiance du petit groupe chaud et vif qui le préserve, issu du 22-Mars, dont Prisca et Serge July occupent le centre. Il a choisi de s'immerger dans les flots de la rue. Mais il est l'unique « notable » converti, et la presse, les politiques, les étudiants eux-mêmes lui attribuent une fonction médiatrice, à cloche-pied, intenable. C'est angoissant. Ce qui est plus angoissant encore, c'est l'idée que ça pourrait s'arrêter.

Le 14 mai 1968, dans l'après-midi, l'Assemblée nationale débat des manifestations du quartier Latin, de la crise de l'Université. Les ténors de la FGDS, dont François Mitterrand, interpellent Alain Peyrefitte et le gouvernement de la République. Tout le monde s'en fout.

Trois heures du matin, Alain Krivine rentre chez lui, et Daniel Bensaïd l'accompagne quelque temps. A cinq cents mètres de la Sorbonne, Paris plonge dans le noir, dans le silence désert. La transition leur semble trop brutale. Où est le vrai, et où est l'artifice ? Dans le tapage des AG ? Dans ces quartiers ordinaires rendus au paisible sommeil des honnêtes gens ? Complète ambiguïté du cri des étudiants : « La vie est ailleurs ! » Ils sont du côté de Raspail. Au bout du boulevard, deux flics casqués montent la garde.

Le carrefour est vide. On croirait le couvre-feu décrété. Alain et Daniel, piétons disciplinés, traversent entre les clous. Ils marchent sans bruit. D'autres pas, craquants, les rattrapent, et deux silhouettes les encadrent. Les flics. L'un dit, bizarrement :

— C'est bien ; il faut toujours emprunter les clous.

Krivine et Bensaïd ne répliquent pas, marchent droit.

Ils atteignent le trottoir d'en face, sans se retourner vers leur escorte. Et, brutal, un grincement. Un fourgon est parqué dans l'ombre des arbres. Ses portes s'ouvrent, synchronisées. Deux bourrades violentes. Krivine et Bensaïd sont à genoux, sur un tapis de sport qui sent le caoutchouc, dans la camionnette de police totalement obscure. Ils devinent des respirations, sentent que les occupants sont nombreux. Un temps. Puis les insultes, crachées par d'invisibles bouches :

— Pauvres connards, on vous a repérés. Toi, tu es Krivine. Toi, tu es Bensaïd. Vous êtes allés faire les marioles, là-haut. Mais on vous suit depuis le début. On devrait vous casser la gueule.

Alain s'en veut : chaque manif a été précédée d'une courte réunion à son domicile, d'où sont parties par téléphone des consignes de rassemblement. Il était certainement sur écoute. Et les voix continuent :

— Salopards, on vous a vu balancer des pavés !

En douce, Krivine tire lentement de sa poche les lunettes sous-marines dont chaque responsable JCR est pourvu afin de se protéger les yeux. Accablante pièce à conviction.

— Tu planques tes lunettes, hein ? Si on vous revoit dans les manifs, on vous pète la gueule ! Et on vous pète aussi la gueule si vous parlez de ça, en sortant.

Deux coups contre la portière. Le tandem casqué, qui attendait dehors, bascule la poignée. Alain Krivine et Daniel Bensaïd sont sur le trottoir, hébétés. Le car s'éloigne tranquillement. Surgi de nulle part, un taxi. Alain lève le bras. Même les révolutionnaires professionnels ont parfois besoin d'un chauffeur.

L'aube pointe quand il parvient à la porte de son logement provisoire — un appartement escale, prêté pour la circonstance. Les premiers coursiers amènent des Messageries les éditions du 15 mai. Krivine s'offre *l'Humanité* et attaque les gros titres en grimpant l'escalier. *Piano. Pianissimo.* Le Parti se félicite hautement du succès des protestations du 13, mais il assortit ces vivats d'une obsessionnelle mise en garde contre « tout mot d'ordre d'aventure ». Il est vrai qu'au retour de la manif fleuve, devant les micros déployés, le camarade Cohn-Bendit n'a pas péché par excès de diplomatie : « Ce qui m'a fait plaisir cet après-midi, a-t-il lâché d'un air particulièrement comblé, c'est d'avoir marché

GÉNÉRATION

en tête d'un défilé où les crapules staliniennes étaient à la remorque. » La fête estudiantine a moins bonne presse, dans les colonnes de *l'Huma,* que les pétitions contre les ordonnances gaullistes menaçant la sécurité sociale.

L'agitation demeure suspecte hors du quartier Latin, et jusqu'au sein de la classe laborieuse. Benoît Frachon, la veille du 1er mai, brocardait ironiquement « les brillants annonciateurs de grèves générales à répétition ». L'ironie a désormais baissé d'un cran. Cependant, parvenu sur son palier, Krivine est contraint de plisser les paupières, d'aiguiser ses yeux myopes pour découvrir, en sept lignes, et au fin fond de la page 9, qu'hier, à Bouguenais, près de Nantes, les travailleurs de Sud-Aviation — petite usine de deux mille ouvriers, dans un secteur de pointe et au cœur d'une région « dure » — ont débrayé, occupé l'entreprise, séquestré le directeur et les cadres malgré l'opposition des délégués CGT.

Sept lignes, en page 9... Alain, pur produit de l'appareil communiste, sait interpréter les signes et hausse les épaules. Pas de doute, le Parti freine des quatre fers. Les « enragés », bientôt, seront condamnés à piétiner dans leur ghetto, et les lampions s'éteindront.

Seul Pierre Franck, le grand-papa des trotskistes de la JCR, s'obstine à répéter que quelque chose d'énorme se prépare, que ce sera plus important qu'en 36. Il a même bousculé ses horaires de repas — un comble ! Irrespectueusement, Krivine se dit que le Vieux déconne.

Il dort une heure et remonte vers la Sorbonne.

« Déjà douze jours de bonheur ! » L'inscription qui l'accueille, franchi le porche, lui paraît à la fois émouvante et cruellement dérisoire. Un bonheur amnésique, dévoré par bouchées gloutonnes, et que plus rien ne ravitaille. Il entre une note sublime dans cette griserie du provisoire. Mais le très bolchevique leader de la JCR considère que la politique est d'abord l'appréciation d'un rapport de forces, et qu'une jouissance contrôlée, encerclée, tolérée, n'est qu'un vent tiède, un effet de brise qui tombera au crépuscule. « Le vide, rumine-t-il, nous barbotons dans le vide. De Gaulle parade en Roumanie, les flics nous tiennent à l'œil, et Waldeck Rochet aussi. » La télé passe et repasse, bulletin après bulletin, l'épouvantail des bagnoles calcinées pour semer la réprobation dans les faubourgs et les campagnes. « Vous êtes concernés ! », scandaient les étudiants dès la première manif, désignant du doigt les balcons bondés. Oui, les Français sont concernés. Mais le savent-ils ? Et les joyeux ravaudeurs d'univers qui dissertent sans relâche mesurent-ils la profondeur croissante du fossé entre les amphis frénétiques et les masses sur leurs gardes ?

Les légitimes représentants des travailleurs n'ont pu, sous la pression étudiante, éviter de convoquer leurs troupes et de défier pacifiquement le régime. Les Français n'admettent pas que leurs gosses se fassent sauvagement casser la gueule. N'empêche, c'est fini, la messe est dite. Elle fut superbe, et rondement chantée. Tout en courant d'un micro à l'autre, Krivine sent son discours patiner.

La coordination informelle qui siégeait en permanence jusqu'à la nuit des barricades s'effiloche. Chaque groupe, chaque réseau gère son espace politique, défend son maigre territoire au milieu de la cohue. Les stands se multiplient encore dans la cour, de plus en plus exotiques et bariolés. La foire s'enrichit d'orateurs farfelus, de clochards intellos, d'intellos clochardisés. Le « baron » Lima dispute leur auditoire aux adversaires de la vivisection. Les badauds rigolent, collectionnent les brochures, les tracts, les affiches, songent qu'il faut avoir vu cela avant de mourir et se promettent de le raconter, quand l'histoire aura retrouvé son lit, à leurs petits-enfants. *Action,* irremplaçable trait d'union, concilie l'inconciliable, dégage une harmonie ravageuse du tintamarre discordant. La dérision nanterroise a gagné Paris et décape les professions de foi trop solennelles. On daube les prophètes empesés, et pourtant, sous l'acide, subsiste un élan vrai de tolérance, d'implicite complicité.

Montparnasse et Saint-Germain-des-Prés s'y déversent, à flot continu. Mais d'autres figures surgissent, qui viennent d'ailleurs, de loin, des banlieues. Un personnage s'impose, Lucien Coudrier, dit Lulu ; il prétend être né à Shanghai, avoir servi comme mercenaire au Congo, guerroyé au Yemen. Sa bande et lui, surnommés « les Katangais » pour compte de leurs exploits africains, offrent aux frêles insurgés le bénéfice de leur expérience « militaire ». Le comité d'occupation leur octroie cent quatre-vingts francs par jour pour constituer un « service d'intervention rapide ». Déguisés en soldats d'occasion, armés de

chaînes de vélo et de grenades, suivis d'une escorte de groupies fascinées, « Lulu », « Mao », « Tonio », « Rugiati », « Chicago » et
les autres quadrillent à grand fracas la citadelle assiégée, abreuvent
les petits-bourgeois aux mains nues de récits d'escarmouches ima-
ginaires, se saoulent de violence crachée que nul n'ose récuser. Ils
sont trente. La presse bien intentionnée les dépeint trois mille.

Jean-Louis Péninou s'inquiète, parce qu'il se voit pris en
tenaille. D'un côté, Krivine, qui attend l'arrivée du croiseur
Aurore pour décréter la situation révolutionnaire. De l'autre côté,
la joviale équipe du 22-Mars, qui mime la révolution sans trop se
soucier des ténèbres extérieures. Pour comble, par-delà ces
divergences, Péninou partage l'inquiétude des autres militants
expérimentés : une fois élues les instances d'occupation quotidienne, une fois réparties les commissions, une fois lancée la
machine à se défouler en chœur, que faire ? Il n'entrevoit qu'une
réponse : sortir, sortir de la Sorbonne, aller expliquer ailleurs,
dans des comités de quartier, que cette fête n'est pas un
monôme, qu'elle génère un sens destiné à l'exportation, que la
libre parole, la libre association sont des instruments universels.

Péninou, Kravetz et leurs amis ont compris une donnée essentielle de ces temps difficiles : la critique de la « société de
consommation » est malaisément recevable par des prolétaires
endurcis qui luttent depuis la Libération pour assurer l'expansion et en partager les richesses ; déconcertante aussi pour
maints prolétaires de jeune souche qui aspirent à s'approprier
les acquis qu'ont rudement arrachés leurs aînés. Ils devinent
qu'aux yeux d'une majorité de Français — de Séguy à Pompidou — le langage contestataire sonne comme une coquetterie
de gosses de riches, ou de métaphysiciens régressifs. La voiture
individuelle, c'est le progrès. Vivre autrement pour vivre plus,
seule la CFDT est capable de souscrire à un mot d'ordre aussi
alambiqué. L'idée que l'interpellation des pouvoirs (y compris le
contre-pouvoir politique ou syndical) représente, à terme, un
investissement rentable est une idée trop complexe pour être
vendue sans frais.

L'appel est entendu. Des comités de quartier naissent
(Péninou souhaiterait qu'*Action* devienne l'organe officiel de
cette échappée : Schalit s'y refuse, préserve son enfant). Reste
qu'à la base, dans les ateliers, sur les marchés, les propagan-
distes de l'esprit de mai découvrent une soif de participer au
débat infiniment plus vive que ne l'imaginent les observateurs

habituels, journalistes, politiciens, sociologues, « bureaucrates » de diverses provenances. Les ménagères, les artisans, les poinçonneurs du métro en ont sur le cœur. Mais, du même coup, la Sorbonne se dépeuple d'éléments nourriciers. En voulant s'étendre, le mouvement se fractionne.

Ce mercredi soir 15 mai 1968 est un mercredi trouble. On rame. Les uns rament pour se cadenasser dans la Sorbonne et y entretenir la flamme. Les autres rament pour s'en évader et transmettre le flambeau hors les murs.

La tactique est vieille comme l'art de la défaite : quand rien ne va plus, on tente une diversion. Comment bouger sans violer la frontière du périmètre autorisé ? Comment étendre son domaine symbolique sans déclencher l'escalade ? L'idée jaillit d' « inorganisés » impatients, accompagnés de quelques membres du 22-Mars : occupons l'Odéon ! Le théâtre de Jean-Louis Barrault et de Madeleine Renaud, celui-là même où se donnèrent Claudel mais aussi Genet, est désigné à la vindicte générale comme temple des normalisations feutrées, des audaces d'élite. C'est la ruée — malgré les réticences de la JCR, de l'UNEF — vers le frontispice gréco-romain, à trois cents mètres, de l'autre côté du boulevard Saint-Michel.

Une scène, il leur faut une scène ! Le grand amphi de la Sorbonne n'est pas assez riche en cintres, en rampes, en projecteurs, en jardin et en cour. Il leur faut un théâtre, un vrai théâtre, pour le détourner, le retourner plutôt. D'ailleurs, le commando de tête qui gravit les marches s'empresse d'inscrire en rouge, dans le hall d'entrée : « Quand l'Assemblée nationale devient un théâtre bourgeois, tous les théâtres bourgeois doivent devenir des assemblées nationales ! » Au Palais-Bourbon, la veille, communistes et fédérés ont déposé une motion de censure. Les envahisseurs de l'Odéon entendent censurer par d'autres moyens la censure ordinaire, tentaculaire, admise et digérée, inconsciente même, que sécrète la norme bourgeoise.

Le rideau de fer se couvre de graffiti : « La révolution n'est pas seulement celle des comités, mais avant tout la vôtre », « Êtes-vous des consommateurs ou bien des participants ? », « Solitaire d'abord, solidaire ensuite et enfin »... Et la vague se répand le long des couloirs, dans le foyer : « Tout est dada », « Embrasse ton amour sans lâcher ton fusil », « Faites l'amour et recommencez », « Vivre au présent », « L'art c'est de la merde », « Cours, camarade, le vieux monde est derrière toi ! »

Les gardes mobiles, à quatre rues de là, n'ont pas bronché. L'université, avec ses coupoles et ses chaires, est une cible, un enjeu. Pas la bonbonnière rouge d'une salle de (ré)création. Si les « enragés » tiennent à souligner eux-mêmes combien leur gesticulation est narcissique, au point de se contempler complaisamment de part et d'autre d'une fosse d'orchestre, qu'on les laisse s'enfermer, s'enferrer dans leur logorrhée pittoresque, qu'on les laisse s'épuiser en tirades postillonnantes, que viennent vociférer les thésards obscurs, les comédiens chômeurs, les baratineurs aigris, les utopistes du dimanche. Il suffira de les montrer du doigt, en train de jouir, pour que la France des téléspectateurs, la vraie France, s'écarte avec dédain ou dégoût.

L'œil critique, les militants contemplent la foule rieuse qui se presse vers la nouvelle attraction. Ceux-là chantent, s'embrassent, jouent. Entassés dans les loges, au parterre, ils vont exiger la parole et s'en repaître, certains d'avoir ébranlé une colonne, un contrefort du temple, certains d'avoir enfanté l'irréversible en violant le silence.

En silence, les « politiques » regardent, dedans-dehors, mal à l'aise et frustrés. Ils n'osent pas casser l'ambiance, revêtir la bure du rabat-joie, semer l'amertume de Cassandre sous les arcades de la rue Corneille. S'ils osaient prendre à revers la farandole qui envahit les trottoirs de la rue Rotrou, ils diraient que les acteurs du quartier Latin, minute après minute, sont de moins en moins acteurs, qu'ils deviennent spectateurs de leur propre impuissance, quand bien même ils se déguisent en comédiens. Le pouvoir est sur toutes les lèvres, mais la question du pouvoir n'est pas posée. De Gaulle les aura, on ne sait quand ni comment : il les aura.

C'est d'abord une rumeur légère. Quand ils déploient, comme chaque matin, *l'Humanité,* à l'aube du 16 mai, les ténors de la Sorbonne doivent patienter jusqu'à la page 6 pour dénicher quatorze lignes consacrées à Renault-Cléon. Quatorze lignes : deux fois plus que pour Sud-Aviation. Mais vite, le tam-tam des transistors transforme la rumeur en grondement, l'écho en dépêche, l'entrefilet en pavé. « Ils » sont en grève, « ils » occupent, « ils » séquestrent le directeur et six cadres.

La nuit des barricades, le bruit s'était colporté que des milliers d'ouvriers s'acheminaient en renfort. Plus d'un — tel Serge July — avait pleuré de joie, rue Gay-Lussac, à l'annonce du message. Fantasme d'une puissance inouïe, torrent de mythes. Bâtards, illégitimes, coincés entre deux classes, entre deux mondes, les étudiants rêvent de racines, d'approbation fraternelle, paternelle. Le 13 mai a coloré leur rêve sans apaiser leur désir. Ils voudraient que la classe ouvrière, qui seule a le *droit* (eux n'en ont que le *devoir*) de faire la révolution, accepte la fusion, ne se contente pas d'un bout de conduite. Ils sont prêts à la servir, à se déposséder pour elle, à rogner leur arrogance. Le terme de leur insolence est là.

Juste à temps, juste au bord du vide, l'impossible, cette fois encore, prend chair.

A Cléon, aux portes de Rouen, quatre mille cinq cents ouvriers montent des boîtes de vitesses. Une usine née d'un terrain vague, peuplée de jeunes Bretons récemment « importés ». Ils ont, en moyenne, vingt-neuf ans, et depuis que l'agriculture regorge de bras, ils sont voués à l'exil — géographique, social, technique. La violence étudiante, la jacquerie anti-autoritaire ne les effarouche nullement, au contraire — ils ont déjà fraternisé, le 13 mai, avec les potaches. La saga des prolétaires leur est inconnue, la CGT recrute chez les plus anciens, les plus qualifiés ; c'est la CFDT qui capte cette énergie différente, la canalise vers des mots d'ordre inédits : des commissions paritaires de contrôle, ébauches d'autogestion. Les Parisiens apprennent que, dans la nuit du 15 au 16, les jeunes OS de Cléon se sont barricadés derrière les grilles de l'entreprise, jouant la sonnerie aux morts sous les fenêtres du directeur enfermé dans son bureau. Puis que, entassée dans deux cars, une délégation rouennaise a gagné Flins, pour y propager son slogan vedette le long des chaînes : « On peut négocier avec le patronat après la grève, jamais avant ! » (la phrase est d'Eugène Descamps, le secrétaire général de la CFDT). Le commando a grossi, s'est dirigé vers Paris, vers la forteresse de la Régie.

Jean-Pierre Le Dantec est noyé dans une AG à Censier. Depuis leur ratage de la semaine passée, les ML rasent les murs, boudent les amphis sans réellement trouver prise à l'extérieur. Et Le Dantec se tient coi tandis que s'égrène le rituel de la réunion. Soudain, un malabar, hors d'haleine, écarte en force les portes battantes :

— Billancourt est occupée ! Billancouuourt est occupée !

Il est un peu plus de dix-sept heures.

La relève ! Et quelle relève : le cœur même de la classe messianique, la phalange des métallos ! Tout recommence.

Immédiatement, les réflexes jouent. Jean-Pierre Le Dantec fonce rue d'Ulm et tombe en plein conclave des cadres de l'UJ. Benny Lévy n'a plus l'allure d'un chef par intérim, mais d'un second qui obtient enfin le commandement mérité. Il est convenu, avec Nicole Linhart, de minimiser en termes évasifs la maladie de Robert — qui est « épuisé », point final. Tiennot Grumbach, installé chez l'imprimeur de toutes les gauches, Simon Blumenthal, assure la reconversion de *Servir le peuple* en un organe plus offensif, plus proche du terrain, et qui doit progressivement adopter le rythme quotidien : *la Cause du peuple*. Roland Castro effectue la navette avec les Beaux-Arts, achemine les affiches. Philippe Barret « couvre » la banlieue nord de Paris, et son camarade Porzamparc contrôle le secteur sud. Tony Lévy sillonne la province, de Lyon à Montpellier, de Grenoble à Marseille. Il a déjà dépêché des enquêteurs vers Bouguenais. La nouvelle lui est parvenue qu'à Perrier, « l'usine n° 1 », des cégétistes ont déchiré leur carte pour protester contre la mollesse des bureaucrates. Quand il entend Le Dantec, il dit :

— Ça y est, c'est le Front populaire...

Par bribes, le scénario se dévoile. Billancourt, à l'inverse de Cléon et de Flins, compte soixante pour cent de cégétistes. Aimé Albeher, le leader de ces derniers, n'a pas attendu l'arrivée des jeunes de la périphérie. Sentant le climat s'échauffer, il a lui-même lancé le débrayage, d'abord à l'atelier 39. Des chariots lestés de fonte ont vite barré les cinq portes majeures. « Nos 1 000 F, pas moins, nos 40 heures, pas plus ! » Quatre mille hommes se préparent à camper sur des ballots, des matelas.

Et les OS du Mans ne sont pas en reste.

Pour Benny et les siens, l'heure des marxistes-léninistes est arrivée. La classe ouvrière, c'est leur affaire. Voici le mouvement rendu au sérieux. Et voici l'occasion de regagner du terrain. Avant que les autres groupes n'aient le temps de se retourner, de surmonter leur émotion, les « maos » — ainsi commence-t-on à les nommer — descendent vers la Sorbonne, rameutent quelques poignées (deux cents, trois cents) d'occupants et mettent le cap sur l'île Seguin pour apporter aux pionniers des métallos insurgés le salut respectueux de la jeunesse scolarisée. Le cortège quitte le quartier Latin entre chien et loup, et parvient à Billancourt après une longue marche nocturne. Au premier rang, un large calicot est déployé : « Les ouvriers prendront, des mains fragiles des étudiants, le drapeau de la lutte contre le régime anti-populaire. »

La phrase recueille l'unanimité, sans faille aucune. *In petto,* le camarade Le Dantec sourit. Personne ne le sait, mais elle est signée Staline.

Portes closes, épaisses et grises, fanaux rares. Quelques palabres s'engagent, éparses, quasi clandestines. La consigne syndicale, *intra muros,* est de conserver ses distances. La CGT, selon le mot de Georges Séguy, est « une grande force tranquille ». Pas très tranquille, pourtant, lorsque la frôlent vingt dizaines d'enragés.

Ils tournent les talons, un peu refroidis. Mais ils reviendront.

Hier, les responsables sorbonnards camouflaient de leur mieux une inquiétude mordante. A présent, ils exultent. Les damnés de la terre sont debout. Les étudiants ne demeureront pas seuls. Bouguenais, Cléon, Billancourt ont frappé les trois coups, et soudain la contagion se propage à une allure bouleversante. Il semblerait que partout, étrangement synchrone, l'attente couvait. Les usines basculent le temps d'un changement d'équipe. Nul ne se risque à lancer des prophéties, mais chacun se laisse porter par le flux avec l'absolue conviction que la révolution est une idée neuve. Cette fois-ci, ou la prochaine : ce qui se met en branle, minute après minute, ne s'arrêtera plus. Sommes-nous en 1870, en 1905, en 1917 ? Les interprétations varient. Une certitude : les préliminaires sont achevés.

Tandis que les ML promènent leur banderole sur les berges de la Seine, Daniel Cohn-Bendit, Alain Geismar et Jacques Sauvageot sont les hôtes, à l'ORTF, de la première chaîne. L'invitation ne manque pas de surprendre. L'information télévisée — soixante pour cent des foyers français possèdent un récepteur — est la chose du pouvoir. Alain Peyrefitte, ministre de l'Information entre 1962 et 1966, avait installé son bureau avenue de Friedland, juste au-dessus du directeur général. Les journalistes francs-tireurs ne tardent guère à expier leurs audaces. On s'étonne donc que les plus célèbres des enragés aient accès aux antennes.

Dès le début de l'émission, on commence à comprendre. Claude Couban, l' « animateur » du « débat », a pour mission de semer la panique en exhibant à point sa brochette de révolutionnaires. En face des trois lanceurs de pavés, trois signatures : Michel Bassi *(le Figaro),* Jean Ferniot *(France-Soir),* Pierre Charpy *(Paris-Presse).* Les deux premiers sont ouvertement hostiles, Charpy carrément hargneux.

Les porte-parole des étudiants n'ont qu'une hâte : évoquer Bouguenais, Cléon, Billancourt, expliquer que leur propre action est complémentaire de la grève ouvrière, que leur revendication de la libre expression, de la liberté d'imaginer, leur critique des carcans hiérarchiques et des tabous sociaux s'inscrivent en amont de toutes les autres. Proclamer que la légitimité du gouvernement s'effiloche. Tel n'est pas l'ordre du jour, à l'ORTF. Couban, relayé par Bassi et Charpy, axe la controverse sur un thème unique : allez-vous empêcher les lycéens et les étudiants qui le désirent de se présenter à leurs examens ? Allez-vous rassurer, ce soir, les parents angoissés ?

Le Pr Geismar, ès qualités, répond paisiblement :

— Nous comprenons ces inquiétudes. Mais précisément, notre rejet de la sélection — sélection sociale et non-sélection par le talent — est un combat contre l'échec scolaire.

Dany le Rouge en profite pour porter quelques coups assassins à l'école bourgeoise. Bassi, Charpy :

— Mais les examens, les examens se dérouleront-ils normalement ?

Cohn-Bendit s'énerve :

— Ça suffit, on parle d'autre chose, y en a marre.

Et la discussion roule sur les récents « événements », les violences, l'enjeu de la crise. Jean Ferniot, courtoisement incisif, pique juste :

— Enfin, mesurez-vous que ce que vous risquez, c'est la guerre civile ?

— On prend le risque, concède Geismar, grand seigneur.

Et il poursuit son développement.

Charpy, agacé, tapote la table, et le son se répercute dans le micro. Cohn-Bendit le mouche, lui demande de se tenir tranquille, de cesser de se conduire comme un gamin.

— Nous, insiste le leader de Nanterre, on veut parler sérieusement aux gens qui nous écoutent.

Derrière les caméras, les techniciens se marrent à gorge

déployée. Couban est totalement largué. Pas de doute, le direct possède un charme irremplaçable ! En quittant les studios, les trois boutefeux sont ravis de leur coup. Malgré les tirs de barrage, ils ont réussi, estiment-ils, à décocher quelques flèches et à ranger les rieurs de leur côté.

Voire. Derrière les caméras, on se régale. Mais devant les postes, les réactions sont autrement mitigées. D'autant que, juste après l'émission, le Premier ministre, Georges Pompidou, prononce une allocution : « Des groupes d'enragés — nous en avons montré quelques-uns — se proposent de généraliser le désordre avec le but avoué de détruire la nation et les bases mêmes de notre société libre... » Double aveu. D'abord, l'astuce de mise en scène : l'allocution a été enregistrée *avant* le débat ; ensuite, ce « nous », ce « nous » de propriétaire, qui résume d'un mot le statut réel de l'ORTF. N'empêche : le frisson a caressé l'échine de la France profonde.

Daniel Cohn-Bendit file en droite ligne des studios vers l'Odéon où est convoquée, à minuit (de toute manière, la salle ne désemplit pas), une réunion plus spécialement consacrée aux travailleurs du spectacle. Antoine Bourseiller ou Yves Robert sont certes présents. Mais c'est la foule de la Sorbonne qui déborde des travées, des baignoires, du poulailler. Le charivari est tel, la cohue est si menaçante que le service d'ordre étudiant a bouclé les portes, derrière lesquelles tambourinent des mécontents entassés. Dany, seul, réussit à dominer le brouhaha, justifie l'invasion du théâtre « symbole de la culture bourgeoise et gaulliste », s'attire une volée de quolibets avertis quand il raille « les graffiti de Chagall » (le plafond, en l'occurrence, est l'œuvre d'André Masson) et conclut :

— Nous devons considérer le théâtre en tant qu'instrument de combat contre la bourgeoisie.

Assis par terre, dans un coin du plateau, un petit homme maigre vêtu de sombre ne bronche pas. L'assistance reconnaît Jean-Louis Barrault, près de Madeleine Renaud. Des voix l'interpellent. Il s'approche du micro, se tourne vers Cohn-Bendit :

— Au risque de vous décevoir, je dirai que je suis complètement d'accord avec monsieur (il désigne l'« anarchiste allemand »). Barrault n'a aucun intérêt dans l'histoire ; Barrault n'est plus le directeur de ce théâtre, mais un comédien comme les autres. Barrault est mort.

L'ovation est telle que les lustres tremblent.

Les tubes cathodiques s'éteignent. Les projecteurs de l'Odéon aussi, à la pointe de l'aube. Cette nuit-là, pendant que s'agitent les protagonistes de la contestation, des ateliers débraient, des chaînes s'arrêtent, des drapeaux rouges, et parfois noirs, sont hissés sur les toits. Changement de décor.

La radio, le 16, dénombrait soixante-dix mille grévistes. Le 17, dans l'après-midi, Europe n° 1 parle de trois cent mille. En soirée, sauf à la télé qui minimise les chiffres sur ordre, l'évaluation a plus que doublé. La vague initiale se transforme en déferlante. Bordeaux, Bayonne, Toulouse, Nice, Dieppe, Roubaix. Cambrai, Woippy : du sud au nord, l'impulsion est donnée ; les mineurs de potasse imitent les métallos de l'Ouest. Le phénomène, désormais, est national. Les PME d'où la représentation syndicale est proscrite ne sont pas moins nerveuses que les bastions de la lutte finale. Souvent, même, ce sont les prolos de la dernière heure qui devancent les encartés de toujours. La CFDT chevauche le tigre avec une évidente allégresse. La CGT ne dissimule pas, ou mal, sa répugnance à suivre un courant qu'elle contrôle difficilement. Lorsqu'elle prend les devants, comme à Billancourt, c'est pour éviter de se retrouver dans la voiture balai.

Alain Krivine, Henri Weber et l'état-major de la JCR ne décolèrent pas de s'être laissé griller par les ML. Sitôt connu le soulèvement de Renault, leur réaction immédiate a été de mobiliser un maximum d'étudiants pour préparer un cortège massif, intégrant l'ensemble des composantes du mouvement. Mais Le Dantec, Benny Lévy, Tiennot Grumbach leur sont passés sous le nez sans attendre. Tant pis, on remet ça le lendemain, en visant plus grand, plus large. Dès le matin du 17 mai, alors que se confirme la progression de la flambée ouvrière, des doigts se lèvent dans chaque salle, chaque commission, pour suggérer qu'on interrompe la discussion, que Billancourt devienne l'absolue priorité. Au micro du grand amphi, Krivine « casse » l'AG ; la marche sur Renault est votée par acclamations.

Toute la journée, les haut-parleurs de la Sorbonne ressassent le mot d'ordre : départ à dix-sept heures ; aujourd'hui, ce ne sont pas les métallos qui viendront en promenade au quartier Latin, ce sont les étudiants qui s'en iront visiter leur fief.

Au début de l'après-midi, il s'avère, cependant, que des syndicalistes ouvriers se sont spécialement déplacés. Dans la cour, une pluie de tracts s'abat sur les organisateurs de la manif. Une pluie glacée, une douche froide, signée CGT-Renault : « Nous sommes opposés à toute tentative inconsidérée qui pourrait compromettre notre mouvement en plein développement et faciliter une provocation amenant une intervention gouvernementale. Nous déconseillons vivement aux initiateurs de cette marche de maintenir cette initiative. Nous entendons avec les travailleurs en lutte pour leurs revendications diriger notre grève et nous nous refusons à toute ingérence extérieure... » Surpris la veille au soir, les cerbères du PC, cette fois, ne négligent aucune précaution.

Flottement dans les rangs. Les briscards de l'UEC ou de l'UNEF, les Kravetz, Péninou, Krivine, ne sont guère étonnés. Mais les soixante-huitards fraîchement éclos tombent des nues, interloqués, abattus. Quoi ? On leur rejette au visage, comme un crachat, la solidarité sincère, enthousiaste, généreuse qu'ils offrent à bras ouverts ? Pour enfoncer encore le clou, les transistors rappellent que *l'Humanité* et les dirigeants communistes condamnent l'idée lancée par le Mouvement du 22-Mars, les comités lycéens et l'UNEF de défiler devant l'ORTF. « Les ouvriers et la jeunesse ne tomberont pas dans cette provocation », assure le communiqué.

Assez fielleuse, l'UJC(ml) déclare forfait, conseille la prudence (une prudence qui lui conserverait le monopole de la quête d'une jonction avec les usines occupées). Les autres résistent. Et à l'heure dite, dans une belle confusion, ils sont trois milliers qui marchent cap à l'ouest, d'un pas vif. Krivine et Sauvageot figurent aux avant-postes.

Le spectacle qu'ils découvrent, peu après dix-neuf heures, valait le déplacement. Malgré les stratégies de dissuasion, malgré le cordon sanitaire cégétiste, nombre d'ouvriers de l'île Seguin attendent les étudiants devant l'entreprise. Ils ont même renoncé à la cantine pour ne pas décevoir les arrivants. *L'Internationale* éclate. Jacques Sauvageot — le moins récusable des « éléments extérieurs », puisqu'il représente une centrale syndicale — prononce quelques mots. Puis le cortège entame un tour de l'usine, ouvriers et étudiants mêlés. A chaque halte, les délégués syndicaux, munis de porte-voix, expriment un bref salut, rappellent leurs revendications et, se jugeant quittes d'urbanités, invitent à la dispersion « sans provocations ».

Les paroles tombent de miradors lointains. Les manifestants devinent aux fenêtres, sur les toits, des mouvements de sympathie. Mais nulle fissure, nul entrebâillement.

Sur les vantaux, sur les troncs des arbres, la même affiche : « MISE EN GARDE. » La CGT avertit que « des milieux étrangers à la classe ouvrière » s'apprêtent à semer la division, à « souiller l'organisation syndicale » ; fruit de leur « sale besogne », ils « touchent une grosse récompense pour leurs loyaux services rendus au patronat ». La conclusion vire à l'aigu : « Cette mise en garde est sans doute superflue pour la majorité des travailleurs de la Régie qui ont vécu dans le passé de telles agitations. Par contre, les plus jeunes doivent savoir que ces éléments servent la bourgeoisie à chaque fois que la montée de l'union des forces de gauche menace ses privilèges. »

Les jeunes ouvriers qui accompagnent au pied des remparts les jeunes étudiants ne dissimulent pas leur malaise. Krivine leur montre le tract qui a été diffusé dans la cour de la Sorbonne. « Si c'est écrit, dit l'un, sur un ton d'excuse, ça a dû être voté ! » Mais il n'était pas là... Un délégué CFDT s'indigne, part tirer sur sa ronéo, pour le geste, un message de bienvenue. Quelqu'un amène des sandwiches, des bières. Les manifestants se fragmentent en noyaux qu'absorbe la nuit. Comme hier les ML, ils sentent le moment venu de repartir, de regagner leur camp, leur planète.

Krivine s'en veut d'être si déçu. Il les connaît par cœur, les « stals ». Il connaît par cœur leurs mots de toujours — « sale besogne », « grosse récompense », « loyaux services ». Il sait, lui, que pareille précaution maniaque n'est pas signe de force, d'autosuffisance, mais aveu de peur, d'incertitude devant l'inconnu.

Krivine l'orthodoxe se refuse à penser que l'hiatus des générations pourrait être aussi hérissé que les frontières de classe. Il fut un temps, celui de son adolescence, où le communisme osait se réclamer de la jeunesse du monde.

Lockheed à Beauvais, UNELEC à Orléans... Voilà peu, on comptait une à une les usines effervescentes. C'était avant-hier, avant l'arrêt du métro, des trains, des avions, avant que les Messageries ne suspendent la distribution des journaux, avant que l'ORTF ne se mette à bouillir. Six cent mille grévistes le 17, deux millions le 18, six millions le 20. Plus, beaucoup plus qu'en 36. Plus que jamais.

Il paraît que Charles de Gaulle, rentré de Roumanie avec douze heures d'avance, s'est exclamé : « La récréation est terminée » en débarquant à Orly. Il paraît qu'il a invectivé son Premier ministre : « C'est le bordel partout ! » Il paraît même qu'il a ordonné l'évacuation immédiate de la Sorbonne et de l'Odéon, et que les ministres les plus courageux ne l'en ont dissuadé que de justesse. « La réforme, oui, la chienlit, non ! », a tonné le chef de l'État, coincé dans l'Élysée, enragé — lui aussi — de se découvrir impuissant.

A l'atelier des Beaux-Arts, Roland Castro et ses copains ont immédiatement conçu un nouveau modèle d'affiche. Sous un général marionnette, les bras levés dans le style « Je vous ai compris », une phrase boomerang : « La chienlit, c'est lui ! » Cette fois, la légitimité du père est en cause, et le monarque vacille.

La troisième semaine des « événements » s'ouvre sur une question : qui, désormais, gouverne la France ? Pas le gouvernement. Pas l'Assemblée — où se repousse, contre l'évidence, une dérisoire motion de censure. Pas les usines, où l'on s'occupe des affaires locales — cadences, salaires, conditions de travail, hiérarchie. Pas les facultés, où les commissions continuent de plancher sur l'Université future. Pas même la rue, où la fête éparpillée succède aux affrontements.

L'essence est rationnée. Les centres postaux sont bloqués, et les chèques ne circulent plus. Les ménagères stockent du riz. Les cafés sont pleins. La parole déchaînée se faufile partout, jusque dans les églises. La moindre sous-préfecture se fabrique sa petite Sorbonne, son mini-Odéon. Les nez fins prennent le vent.

Tout le monde attend. Leaders politiques, syndicalistes, patrons. Tout le monde attend quelque chose. La radio, le carillon du transistor, est le dernier vestige de la vie ordinaire, le fil qui relie les Français dispersés.

Cette semaine, à chacun son mai.

Les émules de Mao Tsé-toung s'immergent au sein du peuple. Nicole Linhart, en grève avec le syndicat du Livre, cherche une terre de mission moins corporatiste. Accompagnée de deux camarades (une fille des Beaux-Arts, un collègue d'imprimerie), elle se présente chez Citroën, quai de Javel, où Jean-Marc Salmon a posé des jalons. Citroën, c'est l'anti-Billancourt. Les

521

syndicalistes classiques y sont rares, tant la répression est efficace. Nicole découvre là une cinquantaine de jeunes prolos, un peu loubards, heureux de se cogner contre les flics, heureux de défier l'autorité proche ou lointaine. Ils n'ont jamais participé à une manif de leur vie, jusqu'au 6 mai. Depuis le 6 mai, ils n'ont pas manqué une manif.

Leur chef s'appelle Dédé de Narbonne. Ses cheveux lui tombent jusqu'aux omoplates. Il agrémente ses vêtements de peaux de mouton retournées, de clochettes, de foulards. Au milieu des gros bras couverts de tatouages, Nicole, fluette et vive, fait sensation. Ses interlocuteurs se fichent éperdument de Frachon et de Séguy. Elle leur conte la chanson de geste chinoise et ils ajoutent volontiers un badge de Mao aux multiples bricoles qui ornent déjà leurs broderies et calicots. Le soir, quand l'air tiédit, ils sortent des chaises sur le bitume, devant la grille garnie de drapeaux rouges. On apporte du vin, un phono. Et l'on danse.

Nicole Linhart, durant une semaine, est sans nouvelles directes de Robert. Puis elle s'éclipse chaque après-midi pour lui rendre visite. Mais elle respecte la consigne, et n'en parle pas.

Le comité de Citroën publie bientôt son propre journal, *Drapeau rouge*. Le Grand Timonier de la Révolution culturelle s'y offre de profil. La bande, sa bande suit Nicole pas à pas. Même au théâtre de l'École normale supérieure.

Ulm, avant mai 1968, était idéologiquement une contrée ML. Maintenant, le territoire est matériellement conquis. Chaque matin, les émissaires des « groupes communistes d'entreprise » s'y assemblent pour une réunion de coordination, sous la houlette de Benny Lévy. Tiennot Grumbach, qui a bouclé dans la nuit la dernière édition de *la Cause du peuple*, livre les paquets de journaux aux diffuseurs — le tirage monte jusqu'à vingt mille, et Tiennot envisage d'installer une offset dans l'École même. Le débat politique est expédié à gros traits. On collationne dans la foulée les échos qui alimenteront la parution prochaine. Benny rédige les éditoriaux d'un jet, entre deux portes. Quand Tiennot est trop épuisé, il dort trois ou quatre heures dans la turne du chef — lui par terre, et Benny sur le lit.

Tony Lévy, au volant de la voiture de René Frydman, parcourt la province, irrigue en *CDP* les grandes villes, rapporte des informations. Chacun, dignitaire ou homme de base, est tenu d'aller sur le terrain. Claudie et Jacques Broyelle habitent un pavillon prolétarien de la banlieue rouennaise. Jean Schiavo visite les corons du Nord. Philippe Barret écume Argenteuil et Saint-Ouen. Jean-Pierre Le Dantec noue des liens au dépôt de Pantin des NMPP, à l'imprimerie Lang, vend le journal à la criée près du métro Crimée, harangue les chalands aux carrefours de Belleville, se casse les dents aux portes du TEP. Jean-Paul Ribes, « descendu » de son usine de sisal, près de Lille, prête main-forte à l'équipe du quinzième et se retrouve, comme Nicole et Salmon, à Citroën.

Seul Benny ne quitte jamais le havre d'Ulm. Depuis le début du mois, Tony possède la nationalité française. Le nouveau leader de l'UJ, en revanche — et ce, malgré les démarches de Louis Althusser et de Robert Flacelière —, reste passager provisoire, hôte errant, officiellement interdit de politique. Il se garde de s'exhiber, ne participe à aucun cortège. En est-il frustré ? Ou bien secrètement accordé à ce rôle de bouche d'ombre ? L'action qu'il a charge d'ordonner se conçoit et se planifie dans sa tête. L'ordonnerait-il avec la même aisance s'il avait l'occasion, fût-ce par bribes, d'en saisir les images, les images réelles, sans truchement ?

Soirée de gala, le 20 mai, à la Sorbonne. Vers vingt-deux heures, Sartre est attendu dans le grand amphi. Le philosophe qui a boudé les lauriers universitaires, l'« humaniste » qu'on disait, quinze mois plus tôt, enterré, passé de mode, pulvérisé dans la broyeuse structurale, laminé sous la pression althussérienne — Sartre fait sa rentrée.

L'affiche manuscrite apposée par le « bureau d'agitation culturelle » inscrit également au générique Kostas Axelos, Pierre Bourdieu, François Châtelet, Marguerite Duras et quelques autres. Mais si l'immense salle est comble longtemps à l'avance, si des garçons sont juchés sur les épaules de Richelieu, de Robert de Sorbon, si une jolie jeune fille s'est cavalièrement nichée dans les bras de Blaise Pascal, si des resquilleurs se cramponnent au cou de Descartes, c'est pour entendre, pour voir Sartre.

Jean-Louis Péninou, à la tribune, malgré ses dix mille Mutu, éprouve un trac hors du commun. Cette rencontre-ci rassemble tout le reste. Les années d'Algérie et les autres.

Le petit homme à la voix grinçante, vêtu de gris, est ponctuel.

Il succède à Max-Pol Fouchet tel un orateur parmi d'autres, régulièrement inscrit. Les photographes piétinent les rangées étudiantes, les flashes s'embrasent. Le plus célèbre des écrivains français sera-t-il dévoré par les jeunes lions qui le guettent ?

Sartre, tranquille, et un brin désinvolte :

— Je croyais que vous en aviez assez des cours *ex cathedra*.

La pointe est habile. Il coince le public dans ses retranchements, l'invite à rompre l'attente passive, à préciser ses demandes. Bataille de mains tendues. Un barbu en chandail vert l'emporte :

— Vous avez écrit : « L'enfer, c'est les autres. » Qu'est-ce que cette réflexion signifie ?

— Cela va nous faire perdre beaucoup de temps...

Laissons l'ignorant réviser ses classiques. L'urgence, ce sont les affaires d'État :

— La dictature du prolétariat est-elle nécessaire ?

— La dictature du prolétariat, cela veut souvent dire dictature sur le prolétariat. Je considère que socialisme et liberté sont inséparables. Si on ne pose pas cela d'abord, on perdra pour des années la liberté, et ensuite le socialisme.

Un timbre anonyme s'élève du chœur, vindicatif :

— Sartre est un très bon artiste, mais un piètre politicien.

— Je ne suis pas ici en tant que politicien, mais en tant qu'intellectuel.

Les escarmouches s'apaisent. Au fond, ce que désire l'assistance chahuteuse, c'est qu'un maître non magistral, un maître ami prête sens à ces journées tourbillonnantes. Ce jeu-là, l'auteur du *Sursis* et des *Chemins de la liberté* consent à y entrer. Sous réserve qu'on ne l'accable pas, lui qui a refusé le Nobel et le respect des élites, d'un respect déguisé. Jean-Paul Sartre, soixante-trois ans, ne s'est pas déplacé pour recevoir la couronne de prince des contestataires. Il entend bousculer son public, le renvoyer à lui-même, lui retourner ses questions. Il a peur de guérir, par un phénomène de dépossession dont les foules sont friandes, la fièvre inventive de ses jeunes interlocuteurs. Ce lundi soir, les émeutiers de la Sorbonne ont trouvé leur Socrate.

Une proposition pratique :

« Il faut que les jeunes ouvriers et apprentis puissent venir dans les facultés, que les cités universitaires deviennent des cités de la jeunesse.

Un commentaire politique :

« Il est évident que le mouvement de grève actuel a eu son origine dans l'insurrection des étudiants. La CGT a dû accompagner le mouvement pour le coiffer. Elle a voulu éviter surtout cette démocratie sauvage que vous avez créée, et qui dérange toujours les institutions.

Un mot d'ordre, applaudi à tout rompre :

« Ce qui me semble le plus important, c'est qu'actuellement les fils de la bourgeoisie s'unissent aux ouvriers dans un esprit révolutionnaire.

Il est vingt-trois heures trente. Jean-Paul Sartre commence à s'extraire de son fauteuil :

« Ce qui me frappe aussi, c'est votre autodiscipline. Une salle houleuse au départ a décidé de ne plus l'être.

Il se lève :

« Bon, il est tard, et je commence à être fatigué.

Un cordon du service d'ordre dégage la porte arrière. Et le petit homme gris disparaît aussi soudainement qu'il était apparu.

Pas de courbettes, pas de rappels. Mais le public s'attarde comme s'attardent les publics conquis devant une scène déserte et qu'ils n'en finissent pas de repeupler d'images.

Interrogé sur le rôle de Cohn-Bendit, Sartre en a dressé l'éloge : « Il maintient le mouvement sur le vrai plan de contestation où il doit se situer. » Propos de connaisseur. Un peu partout, dans les travées du grand amphi maintenant livré aux discussions éparses, *le Nouvel Observateur* occupe le centre des empoignades. L'hebdomadaire mis en vente ce même jour, rescapé de la grève des Messageries, publie une conversation entre le philosophe et l'étudiant nanterrois. Dany le Rouge, subtilement aiguillonné, livre sa pensée, lui qui éprouve tant de peine, d'habitude, à l'ordonner : « Notre force, c'est de nous appuyer sur une spontanéité " incontrôlable ", de donner l'élan sans chercher à canaliser, à utiliser à notre profit l'action que nous avons déclenchée. »

Mais cet élan, relance Sartre, jusqu'où ira-t-il ? Surprise. Cohn-Bendit, volontiers dépeint comme incendiaire grisé par les flammes, affiche un réalisme optimiste mais pondéré. Nous avons démontré, dit-il, que l'Université n'est pas inamovible. Nous avons cassé le mythe selon lequel ce régime est intouchable. Cela compté, il ajoute : « Je ne crois pas que la révolution soit possible du jour au lendemain. Je crois que nous allons plutôt vers un changement perpétuel de la société, provoqué à chaque étape par des actions révolutionnaires. » Pour que se produise une déflagration radicale, il serait nécessaire que convergent une crise économique grave, une puissante mobilisation ouvrière et l'initiative propre de la jeunesse et des étudiants. Cette convergence semble introuvable. « Au mieux, conlut l'" anarchiste allemand ", on peut espérer faire tomber le gouvernement. Mais il ne faut pas songer à faire éclater la société bourgeoise. »

Plus d'un enragé juge excessivement timide semblable pronostic. Peu ont médité l'ironique inscription qu'un Tocqueville de circonstance a tracée sur les murs de Nanterre : « Ce n'est pas une révolution, Sire, c'est une mutation »...

L'intelligentsia vit un coup de folie. Artistes, écrivains, architectes, avocats, tous s'enflamment, s'emparent de la parole et du micro. Ils veulent toucher les héros de la fête. Au 22-Mars, c'est un défilé permanent.

— Les psy souhaitent une rencontre.

Autour de Dany, on ne se précipite pas. En fin de compte, Cohn-Bendit lui-même se rend à l'invite ; plusieurs dizaines d'analystes, membres de l'École freudienne de Paris, l'attendent dans un amphithéâtre. Parmi eux, le maître, Jacques Lacan.

— Que peut-on pour vous ?

— Ramasser un pavé.

Rires. Puis le rouquin tend la main :

« Nous avons besoin de fric : les tracts, les affiches, l'essence...

La quête est fameuse, les billets pleuvent. Pour une fois, les analystes paient. Un pactole : près de deux mille francs.

Cohn-Bendit, radieux, rejoint ses copains. Brève délibération, puis la bande s'attable à la Coupole. Merci, Lacan, la révolution, ça creuse.

Bannir l'esprit de sérieux, railler l'austérité bolchevique. Et jouer. Lancer, par exemple, un faux bruit dans les couloirs de la Sorbonne — que Marchais est dans les murs —, et chronométrer le temps que met la rumeur pour revenir aux oreilles de ses auteurs.

Mais bientôt, malgré les rigolades, malgré les gags, il est au

526

bout du rouleau, Dany. D'abord champion inégalé dans l'art des petites phrases, le voici penseur patenté. Chantre de la spontanéité, il commence à se demander ce qu'il advient de la sienne. Et puis, ses chevilles enflent doucement. Ennemi public numéro un, ami public numéro un — c'est beaucoup à la fois. Les radios, la télé, les photos, Sartre, *l'Obs*... Où s'est envolé le joyeux *Rumpelstilzchen,* l'espiègle lutin sautillant qu'il adorait incarner quand il était gosse ? Trop de culot, peut-être. Le culot du détenteur de porte-voix, juché sur le Lion de Belfort, et qui crie à vingt-mille manifestants : « Où voulez-vous aller ? » avant de leur indiquer l'itinéraire prévu.

La bande du 22-Mars a pour règle d'ignorer le leadership. Le collectif, insaisissable, se dissout en sous-ensembles flous, se reconstitue à l'heure des AG, déconcerte adversaires et partenaires par ses transformations permanentes. Péninou, qui convoque à l'Institut d'art les réunions de coordination des comités d'action, s'arrache les cheveux pour inventer un moyen terme entre la structuration bétonnée, modèle bolchevique breveté Krivine, et l'ondulante improvisation, spécialité nanterroise.

Pas facile, camarade Cohn-Bendit, d'être porte-parole quand on n'est pas chef. D'autant moins facile que des divergences couvent, et qu'elles sont de taille. Comme il l'a dit à Sartre, Dany considère qu'un « gouvernement populaire » serait une issue positive, qu'une sanction provisoire est nécessaire au lendemain des barricades, que le mouvement ne saurait, finalement, servir de simple signal d'alarme, de feu clignotant. Ni 1905 ni 1917. Une étape dans l'extension de la démocratie.

« Dany, tu nous déçois. » Les copains ne sont guère sur cette longueur d'onde. Du « centrisme » à la sauce PSU !

1986. Daniel Cohn-Bendit :
— *Je vivais au jour le jour. J'avais été surpris comme tout le monde par l'ampleur de l'événement. Je n'avais aucune idée de l'issue. Je ne savais pas où était la limite, s'il y avait une limite. Je me sentais isolé, coupé. J'étais déraciné politiquement, incapable de mener le débat avec les militants gauchistes qui avaient, eux, leurs certitudes. Je suis parti parce que j'étais dépassé. C'était une fuite.*

Il s'en va, se replie, file à Saint-Nazaire, chez Gaby, le frangin bien-aimé. Après les pavés, la plage, avec des gars des chantiers navals. Surgit un reporter de *Paris-Match*. Il sait que les étudiants berlinois ont invité Cohn-Bendit :

— On te donne une bagnole si tu acceptes qu'on t'accompagne.

Prendre la parole à la fac de Berlin, là même où il a vu Rudi Dutschke, en février, planifier la grande manif pour le Vietnam. Dany accepte. Voyage en DS. Photos, une valise à la main, devant la porte de Brandebourg. Appel d'Amsterdam. Il accepte. Un meeting fou. Il jette à la multitude en délire : « Le drapeau tricolore est fait pour être déchiré, pour en faire un drapeau rouge ! » La BBC dépêche une journaliste. Londres souhaite préparer une émission, du direct. Elle est jolie. Il accepte.

Les amis parisiens le réclament. Sont-ils jaloux ? Il accepte de rentrer. Mais le 22 mai au soir, le gouvernement français, ou ce qu'il en subsiste, annonce que le nommé Cohn-Bendit, qui s'est permis d'insulter à l'étranger le drapeau national, est désormais interdit de séjour sur le territoire.

Dany gagne Sarrebruck. Histoire de semer la pagaille, les copains de Strasbourg ont laissé courir le bruit qu'il tenterait une percée à Kehl. Des compagnies de CRS montent vers la frontière. Et c'est à Forbach que l'indésirable se présente, les mains chargées de fleurs ironiques, accueilli par les flics. Il est reconduit au poste frontalier. La jolie journaliste anglaise l'embarque dans une Mercedes diesel.

Relâche pour le premier rôle. Daniel Cohn-Bendit a disparu.

Jeannette Pienkny, depuis qu'elle est membre de la JCR, se fait appeler Jeannette Habel. Elle a changé de nom. Elle a changé d'affiliation. Elle est en train de changer d'univers. Cuba, c'était l'alternative au vieux continent, à cette terre morte et mollement opulente où rien n'éclatait plus, où les volcans de la subversion sociale s'étaient définitivement éteints, où la fraternité combattante avait dégénéré en laborieuses alliances électorales. Voilà quatre ans qu'elle a retrouvé le pavé parisien. Ce fut d'abord l'errance, la déprime consécutive à la normalisation de l'UEC — que ne compensaient plus les nouvelles en provenance de Cuba, lestées d'ambiguïté, de reflux, d'ombres, de morts. Puis elle a repris pied, et a vécu l'année 1967 comme un envol.

Et maintenant, elle plane. La grève et la fête, les meetings dansés, les murs éloquents, l'insolence, l'ordre du désir, c'est son rêve qui renaît. Ici, en Europe, à Paris. Plus besoin de s'évader, plus besoin d'îles lointaines. La France — divine surprise — respire *por la libre*.

Autour d'elle, à l'état-major de la JCR, la température varie en dents de scie. Les troupes fraîches du service d'ordre, des CAL, s'en donnent à cœur joie. Le noyau dirigeant est plus inquiet. Guère de soviets à l'horizon. Les comités sont innombrables, mais nulle avant-garde ne les fédère. Cohn-Bendit est un type épatant ; c'est aussi l'anti-Lénine. Krivine, Bensaïd, Weber sont fiers de l'aide que leur apporte la IVe Internationale — essence belge, talkies-walkies américains, collecte des dockers ceylanais. Mais ils répètent : « Le pouvoir aux travailleurs » sans mordre sur la classe ouvrière. L'immensité du soubresaut qui traverse les usines les ramène à ce qu'ils sont : quelques compagnies décidées de très jeunes lycéens, fondues dans un bataillon d'étudiants à peine plus expérimentés. La prise du Palais d'hiver sera pour l'occasion prochaine.

Jeannette n'en est point ébranlée. L'occasion viendra. C'est le service d'ordre de la JCR qui a scandé, le premier : « Ce n'est qu'un début, le combat continue. » Et les mots, d'eux-mêmes, se sont redistribués pour une meilleure euphonie : « Ce n'est qu'un début, continuons le combat »...

En plein milieu de ces jours inespérés, elle retrouve Michèle Firk, une matinée durant, dans l'appartement d'un ami. Michèle a vécu la nuit des barricades, la fête à la Sorbonne. Elle s'est emballée pour les potaches qui ne se contentent pas de réclamer des locaux et des maîtres, qui se portent au-devant des exclus du savoir, qui refusent de vivre dans un monde de vieillards. Elle a écrit, noir sur blanc : « L'un de mes plus chers vœux, c'est que mes neveux comprennent peu à peu le sens de tout cela, à quel point ils sont " concernés ", et qu'ils participent en tant qu'acteurs conscients à cette nouvelle page de notre histoire qui commence juste à s'écrire. »

Elle a écrit ces mots, à chaud, sur le vif. Mais elle part. Elle part immédiatement, à destination du Mexique où la contactera un émissaire du FAR guatémaltèque.

Jeannette la désapprouve et plaide :

— Reste. C'est une erreur. Tu pars sans en avoir vraiment envie, tu ne veux plus travailler pour les Cubains.

— Je pars parce que je dois partir, parce qu'on m'attend.

— Mais non, tu ne *dois* plus partir. Tu partais parce qu'il ne se passait rien ici. Regarde ce qui s'y passe maintenant. Regarde : c'est ici que cela se passe.

Entre les deux jeunes femmes, il y a tant de racines emmêlées que le dialogue banal déborde de réminiscences. A treize ou quatorze ans, le centre de leurs échanges concernait ce qu'il était en leur pouvoir d'entreprendre, elles, juives polonaises internationalistes, pour la révolution. Elles n'imaginaient pas une seconde de s'installer dans la vie. Elles se promettaient de suivre la Cause à la trace, où que cette trace conduise. Lorsqu'elle supplie son amie, sa complice, de demeurer à Paris, Jeannette éprouve l'absolue conviction qu'elle lui réclame fidélité, et non pas un accommodement prudent. La trace, aujourd'hui, aboutit en France ; le Guatemala est une impasse.

Michèle Firk ne cède pas.

Elles se revoient à la nuit. Michèle ne cédera pas. Au terme d'une longue conversation, qui répète la précédente, elle tire de son sac un revolver noir mat, se cale le canon sous le menton, à la naissance de la gorge :

— Je sais que je ne tiendrai pas le coup si je suis torturée. Je sais que faire si cela tourne mal.

Et une dernière fois, obstinée :

« Ici, ce n'est pas une vraie révolution.

Masturbation, onanisme, castration. Tels sont les mots qui lui tournent dans la cervelle. Tout au long des jours d'émeute, Pierre Goldman promène sur les scènes qu'il observe un regard distant, hostile, dégoûté. Il se tient coi, ne se mêle de rien. Le souci qui l'habite est de se procurer un faux passeport avant que lui parvienne le signal de son départ pour le Venezuela. Quelqu'un, au dernier moment, lui indiquera quand, et par quelles voies, le voyage s'effectuera.

Les manifestations étudiantes l'excitent. Mais il les juge obscènes, dans leur hystérie ludique. Sages enragés ! La parole leur suffit. Le pouvoir de l'imagination, pouvoir imaginaire, leur suffit. Le jet de pavés leur suffit. Les CRS ne sont pas des SS ; eux ne sont pas des partisans. Les combats où l'on tire à blanc ne sont pas des combats. Révolution fictive.

Goldman s'adresse à un militant du 22-Mars qu'il connaît de confiance :

— Il faut donner au peuple une preuve de sang, ouvrir le feu sur les forces de l'ordre, déclencher une réplique militaire. La situation en sera bénéfiquement aggravée, radicalisée.

Seule la rupture de l'étrange consensus qui s'arrête au seuil de la mort réunira étudiants et ouvriers.

Son vis-à-vis le rembarre sèchement.

« Nous sommes tous des juifs allemands ! », entend-il. Ce cri qui devrait l'atteindre l'irrite bizarrement : « Les cons, ça aussi, ils veulent l'être... »

Alain Geismar enfile une chemise blanche, fourre une cravate dans sa poche. Prisca Bachelet se moque :

— Alors, notable, tu mets ta chemise propre pour aller négocier ?

Sous la raillerie, la tendresse. Prisca est inquiète. Des tombereaux de billets anonymes, de menaces de mort — qui s'étendent au fils du destinataire —, d'ordures antisémites s'entassent quotidiennement dans la boîte aux lettres d'Alain. Elle les dérobe avant qu'il ne sorte. Geismar a refusé, par principe, l'escorte d'un garde du corps. Le couple se déplace armé d'un pistolet d'alarme...

Il a failli servir, une fois. Tous deux partaient animer un meeting en province, dans les Ardennes. Geismar conduisait la voiture de sport prêtée par Jean-Luc Godard, une décapotable verte. Entre deux pompes à essence (la distribution est contingentée, impossible d'obtenir plus de dix litres), il est repéré par des types vociférants, munis de barres de fer. Le pare-brise s'étoile. Alain démarre pleins gaz. Les autres s'enfournent dans leur propre véhicule. Ils calent. Sauvés.

Drôle de vie, double vie. Geismar, July, Prisca, qui ont rallié les éléments de pointe du 22-Mars, croient à une progression géométrique de la subversion, courent de foyer en foyer, attisent le remue-ménage. Rien ne leur est plus étranger que le scénario bolchevique, la pyramide de conseils lourdement empilée. Leur scénario, à eux, c'est une propagation horizontale, plane, de la transgression, une contagion par l'exemple. Les jeunes ouvriers ont accaparé la révolte étudiante. Ils contournent, débordent, submergent éventuellement les appareils timorés. Mille, dix mille, cent mille comités sauvages, nés et porteurs d'un désordre fécond !

Mais, en même temps, Geismar reste le bon sauvage de la classe politique. Il demeure, pour le moment, secrétaire général du SNESup. Et, parallèlement à ses activités sulfureuses, il est l'objet d'anachroniques sollicitations.

Le message lui est transmis par Maurice Labi, animateur, à Force ouvrière, de l'aile gauche : Pierre Mendès France désire le rencontrer pour s'informer de l'état d'esprit des jeunes contestataires. Jean Maire, responsable des métallos de la CFDT, pèse dans le même sens. Alain respecte Mendès et ne voit nulle objection à semblable entretien. Dès le 18 mai, ils sont face-à-face dans un restaurant voisin de la rue Montholon. Une autre conversation suivra.

L'ancien président du Conseil est à la fois réjoui et alarmé. Réjoui parce qu'une de ses vieilles prédictions se réalise : ce régime est à la merci d'une poussée violente. Tourmenté parce qu'il juge de Gaulle capable de recourir aux armes. Geismar expose quel espoir le porte :

— Il est exclu que nous rentrions paisiblement à la Sorbonne, que tout reprenne comme avant. Ce qui est engagé, c'est une mutation concrète de l'existence concrète, sur les lieux de travail, au plus près de la vie des gens. Nous accouchons de formes politiques d'un type nouveau, radicalement différentes des partis traditionnels.

Sur ce point, Mendès, à l'évidence, est enthousiaste. Mais on n'éludera pas, objecte-t-il, la constitution d'un gouvernement provisoire. Et surtout, il ne croit en aucun cas qu'une société mue par la croissance puisse s'offrir le luxe de casser la machine économique et industrielle :

— Vous êtes très jeune. La France ne saurait courir le risque de dégénérer en pays sous-développé. Vous ne mesurez pas combien vous allez détériorer l'appareil productif si vous prétendez le transformer d'un coup.

— Regardez : les relations humaines se modifient déjà dans les ateliers.

— C'est merveilleux. Mais nous courons à l'asphyxie...

Pierre Mendès France, sous la IVe République, a été le premier chef de gouvernement à considérer la jeunesse comme une priorité absolue. La « bouteille » politique d'Alain Geismar est assez pleine pour qu'il s'en souvienne. La démarche de son hôte le touche par sa sincérité. Mais comment résoudre la quadrature du cercle ?

François Mitterrand suit de près. Le téléphone sonne, un beau soir, rue Monsieur-le-Prince, au siège du SNESup. Quelqu'un décroche. M. Mitterrand souhaiterait parler à M. Geismar. Le quelqu'un raccroche brutalement, non sans avoir ironiquement lâché : « Merci, on n'a pas besoin de Kerenski... »

C'est donc par d'autres voies que le contact s'établit. Jean Poperen, ex-mentor de Geismar au PSU, s'entremet. Le rendez-vous est fixé chez Georges Dayan, le confident du patron de la FGDS, rue de Rivoli. La réputation qui s'attache au *challenger* du général de Gaulle est de florentine sinuosité. Pourtant, il parle droit :

— Vous, les jeunes, vous êtes dans la rue, et c'est sans doute bien ainsi. Nous, nous avons des élus, un appareil, l'expérience des institutions parlementaires. Si vous cherchez vraiment une issue positive, force sera d'établir des passerelles entre l'un et l'autre.

Geismar note que la FGDS n'accompagne pas le cortège étudiant avec des chants d'allégresse.

— Nous sommes contraints de vous adresser des reproches, explique Mitterrand, parce qu'une partie de nos militants et de notre électorat s'effraie de la pagaille que vous semez. Reste que, sur l'essentiel, notre discours ne vous agresse pas à la manière de celui du PC.

La perche tendue n'est nullement négligeable. Mitterrand souhaiterait dégager un espace entre la social-démocratie et les contestataires, sachant qu'à gauche l'ennemi réel de ces derniers, c'est Waldeck Rochet. Alain Geismar entend clairement l'invite. Il la décline sans agressivité (il fut membre, en 1965, du comité de soutien au candidat unique de la gauche), car il la sait totalement irrecevable. Un problème d'épiderme, pour le moins.

Non qu'il ne soit préoccupé par la quête d'un hypothétique et introuvable « débouché politique ». Mais il vérifie, lors de chaque réunion, de chaque meeting, que l'aspiration — déçue — des insurgés de mai est exactement contraire. Ils voudraient que le PC devienne ou redevienne révolutionnaire ; que ceux qui se proclament les professionnels exclusifs du branle-bas social se réjouissent que ça bouge, au lieu de hurler à la provocation, et remplissent leur contrat. Le blocage est insurmontable : les staliniens ont peur de l'inédit, et leurs concurrents sont assimilés à Guy Mollet ou à Robert Lacoste. Finalement, ce sont les réformistes, les ex-chrétiens de la CFDT, les modernistes du PSU qui se situent le plus près. Si près qu'on les accuse de « récupération ».

Le rouge flamboyant et le noir intégral.

Démocratiquement, Geismar rend compte de ces entrevues furtives. Les copains du 22-Mars lui prêtent une oreille désinvolte. Il a, en l'occurrence, l'impression d'être un zombie, un martien.

C'est fou, c'est dément. Le gouvernement est en loques, et le pouvoir insaisissable — quoique la motion de censure déposée par l'opposition ait été rejetée à onze voix près. Depuis samedi, depuis le retour du général de Gaulle, le pays est entièrement paralysé. Même l'ORTF, même la voix de son maître commence à s'enrouer. Cette semaine à la fois dure et molle cherche son dénouement. Chacun agit comme si ce désordre suspendu, cette indétermination fébrile étaient susceptibles de se prolonger. Chacun devine qu'il n'en est rien, sauf à confondre guérilla urbaine et guerre de tranchées.

L'Élysée va-t-il lâcher ses chars contre les rouges ? Le PSU, la CFDT, à force de bons offices, vont-ils réussir à débloquer la gauche ?

Les étudiants, dans le doute, isolent une certitude : l'heure a sonné de tester l'état des camps en présence, d'infliger à la France tantôt délirante et tantôt prostrée un électrochoc. Dès le mercredi 22, un défilé spontané réplique à la proscription de Dany Cohn-Bendit. Mais les choses sérieuses sont programmées pour le surlendemain, le 24. L'UNEF, le SNESup, le Mouvement du 22-Mars, les CAL convoquent une manifestation de solidarité avec « l'anarchiste allemand ». Pour souligner l'envergure de l'initiative, les organisateurs fixent quatre points de rassemblement : le métro Stalingrad, la porte des Lilas et celle de Montreuil, la place Clichy. Sur la rive droite. De l'autre côté de la frontière. La fête est finie, on passe à l'offensive. A nous deux, Paris !

Le PC, la CGT ne s'y trompent pas et clament leur réprobation. *L'Humanité* écrit, concernant Cohn-Bendit : « Faire confiance aux " leaders " de cette espèce serait creuser la tombe du mouvement ouvrier. » Quelques jours auparavant, Georges Séguy conseillait à ses troupes de « ne pas s'exciter outre mesure sur l'importance de ce Mouvement du 22-Mars et des personnages qui l'animent ». Fausse désinvolture : l'excitation croît.

Parmi les responsables des comités d'action, chez les boutefeux du 22-Mars, la tendance est à la hausse. Plus question de planifier une énième promenade de santé. Alain Geismar, revenu de ses pourparlers officieux, est lui aussi partisan d'augmenter la mise. Les communistes trahissent, la CGT freine, la FGDS est invendable. En revanche, de la grève sauvage naît une dynamique ouvrière qui, donnée sans précédent, échappe au PC, prend corps à côté de lui et parfois contre lui. L'espoir est là. C'est cette brèche qu'il convient d'élargir.

En cercle clos, les conspirateurs élaborent leur bombe. Quel explosif ? Quelle mèche ? Quelle cible ? L'objectif est d'enclencher une logique insurrectionnelle, un affrontement d'une autre nature. July observe que le 24 mai est la veille du jour anniversaire de la Commune. Prenons l'Hôtel de Ville. Geismar préférerait le ministère des Finances, la pompe de l'État — un palais officiel que l'armée serait contrainte de reconquérir au matin. Sondés, les dirigeants de la JCR demeurent sceptiques. En bons trotskistes, ils n'estiment pas si facile le contournement des staliniens. Les ML ne sont guère consultés. Mais, pour ce qui est de doubler le PC, ils seront partants : voilà belle lurette qu'ils ont balancé aux orties la « CGT de lutte de classes » dont ils rêvaient l'éclosion.

L'Hôtel de Ville est retenu (à défaut, en repêchage, on se rabattra symboliquement sur la Bourse, temple du capital). Jean-Louis Péninou part en reconnaissance, visite les galeries où s'installèrent les communards, trace un plan minutieux, note les entrées, les goulots d'étranglement. Son verdict : nous n'avons pas d'armes, sinon un énorme stock de boulons près de Jussieu, et un camion pour les transporter ; nous entrerons aisément, mais résister de l'intérieur sera vite impossible.

« Ils » seront obligés de nous chasser. Par le fer et par le sang.

15

Fin de partie

24 mai 1968. Bientôt dix-huit heures.

« Le pouvoir est dans la rue ! Le pouvoir est dans la rue ! »
Serge July a la gorge nouée de bonheur et braille en cadence
pour libérer cette giclée d'émotion brûlante.

Ils sont quelques centaines qui descendent de Clichy vers
Barbès-Rochechouart. Et là, par un prompt renfort — un second
cortège déboule d'Aubervilliers, *via* Stalingrad —, ils se comptent plusieurs milliers. Tout au long du boulevard Magenta, la
colonne s'étire, se dilate. Les responsables du 22-Mars, des
comités d'action, les ML tenaient à ce que les rassemblements
partent de la banlieue, des quartiers populaires. Sortir de la Sorbonne pour « drainer les masses ». Elles s'amènent, les masses, à
chaque tournant, à chaque carrefour. La chenille hurlante enfle
presque inconsciemment, presque sans surprise, sûre de sa force.
« Ça y est, jubile Serge. Ça y est, ça vient, ça marche ! »

Des estafettes, en Solex, sont expédiées vers la République
pour savoir où en est la CGT. Elle a bonne mine, la CGT.
Georges Séguy, mardi dernier, ironisait : « Le mouvement, placé
sous la vigilance des travailleurs, est bien trop puissant pour
qu'il soit question de le stopper avec des formules creuses telles
que autogestion, réforme de civilisation, et autres inventions. »
Et *l'Huma,* ce matin : soutenir Cohn-Bendit signifie « division,
diversion, provocation ».

Elle a bonne mine, la CGT, avec ses deux processions contre-
feu, l'une rive droite, l'autre rive gauche, l'une étique et l'autre
maigrelette, qui s'en vont mollement mourir près de Havre-Cau-
martin et porte de Choisy.

Pas de problème, répondent les éclaireurs. L'arrière-garde des
concurrents a disparu depuis vingt minutes. Inutile de faire un
détour. Voici la Bourse du travail. Des types, des huiles sans
doute, sont au balcon. Sous leur nez, à leurs pieds, le défilé

brame *la Jeune Garde*. Et ils ne bronchent pas, rien, muets, la gueule de travers. Bureaucrates pourris ! Le cri du cœur les assaille : « CGT, trahison ! »

République, Bastille. Sur la place, trois ou quatre cents cégétistes, justement, sont demeurés à la traîne et scandent encore leurs mots d'ordre de l'après-midi. Avant même de les apercevoir, July entend : « Abrogez les ordonnances ! », « Nos quarante heures ! », « La Ve au clou, la VIe c'est nous ! » Pas mal, le dernier. D'ailleurs, le répertoire se modifie — « Ouvriers, paysans, étudiants, tous unis ! » — et une *Internationale* de bienvenue salue les arrivants. On fusionne, on s'applaudit mutuellement. Les prolos sont jeunes ; la ration tiède que leur a servie Séguy n'était pas suffisante : ils en redemandent.

July les observe qui ramassent des couvercles de poubelles, sortent des manches à balai. Le bouclier et l'épée des gueux. Une image, une réminiscence frappe sa rétine de fin cinéphile : Spartacus, le *Spartacus* de Kubrick. Il a devant lui l'armée de Spartacus, et s'y enrôle, s'y jette, ébloui.

D'autres manifestants sont en route depuis les portes est de Paris. D'autres encore montent du quartier Latin. Et d'autres sortent de nulle part, d'une bouche de métro, d'une ruelle, d'une camionnette qui stoppe hâtivement et reprend sa noria : « De Gaulle, chienlit ! », « Séguy, pas de compromis ! », « Ni Mitterrand ni de Gaulle ! », « Les usines aux travailleurs ! »

Beaucoup de gosses, quinze ans peut-être, et pas seulement des gosses de riches. Les étudiants, les lycéens se découvrent rejoints par des banlieusards de la ceinture rouge — cuir, foulards —, des employés sans cravate et en baskets.

« Nous sommes tous des juifs allemands ! »

Les poches des blousons, obèses, avouent leur cargaison de boulons, d'écrous, de pierres, de billes d'acier. Les fermetures Éclair s'entrebâillent sur un manche de pioche, de hachette.

« La censure est dans la rue ! »

Des filles, des jeunes femmes, plus que d'habitude, elles aussi en uniforme de combattant — jean, chaussures de sport, parfois casque de motard.

Le rendez-vous est fixé à dix-neuf heures, sur l'esplanade de la gare de Lyon. A vingt heures, le général de Gaulle prononcera une allocution retransmise par les radios et la télévision. La préfecture de police n'a autorisé qu'un meeting.

Un meeting ? Tu parles, Charles...

Les détachements s'amassent devant la gare, les noyaux deviennent foule. Dix mille, trente mille protestataires, entassés, empilés pas strates successives, buttent contre le terminus, débordent sur les rampes, piétinent cour Diderot. La presse est telle que les états-majors ont du mal à se réunir, et plus encore à se concerter. Sans cesse, de nouvelles délégations arrivent : les grévistes de l'ORTF, très applaudis, des comédiens, des cinéastes, des journalistes. Soudain, Roland Castro pâlit. Il vient d'apercevoir une banderole avec ces quatre mots saugrenus : « Convention des institutions républicaines. » Il reconnaît trois silhouettes atypiques, Louis Mermaz, Georges Fillioud, Charles Hernu. Les potes de Mitterrand, les marmitons de la cuisine bourgeoise. De toute son âme, il insulte les suppôts de la social-démocratie.

Juillet 1984. L'hélicoptère présidentiel survole les communes à l'est de Paris. Dans l'appareil, l'architecte Roland Castro décrit à François Mitterrand ses projets pour la rénovation de la banlieue. Au terme de l'excursion, il obtient une lettre de mission officielle.

Jean-Marc Salmon et Jean-Pierre Olivier, les deux stratèges ML, étudient un plan quand ils sont rejoints par Le Dantec. Ce dernier, passant par la Nation, a cornaqué « ses » troupes du vingtième — pour en souligner l'implantation « populaire », on a eu l'idée de former des « groupes de rue » munis de pancartes distinctes. Du coin de l'œil, les chefs maoïstes surveillent les chefs trotskistes. Henri Weber est occupé à ravitailler le service d'ordre de la JCR en lunettes sous-marines, citrons, sirops et autres remèdes antilacrymogènes.

Henri sait pertinemment pourquoi Salmon et Olivier retournent leur plan dans tous les sens. La police a eu vent du projet d'assaut contre l'Hôtel de Ville, et l'objectif numéro un est inaccessible. Reste la cible de rechange, la Bourse. Les gens du 22-Mars, des comités, les ML sont partisans d'essayer à tout prix d'y parvenir. Sauvageot (derrière lequel s'abrite le PSU) et Krivine craignent une escalade volontariste et meurtrière. Les gros bras de leurs SO respectifs, casqués et cuirassés, vont devoir souffler le chaud et le froid.

On attend. Tous les manifestants portent un mouchoir autour du cou, élémentaire protection contre les gaz. Que veulent-ils ? Gueuler, c'est évident. En découdre, cela se flaire. Mais jusqu'où ? July, Geismar, Le Dantec sont convaincus — depuis qu'une fraction ouvrière « désobéit » à Séguy — que la minorité fraîchement détachée préfigure une majorité naissante. Et donc, qu'il faut pousser les feux, au maximum. Bensaïd, Krivine, Weber, fidèles à leur école de formation, croient préalablement nécessaire l'émergence d'une avant-garde patiemment construite, conquise, sous peine d'impuissance et de recul au lendemain d'une répression sanglante.

On attend. Les généraux ignorent les intentions dernières des bataillons qui les environnent, et sur lesquels ils ne sont nullement assurés d'exercer un quelconque ascendant.

La soirée tiède glisse jusqu'au crépuscule. Il est vingt heures. Dans la lumière douce, déclinante, le silence gagne. Autour des transistors posés sur l'asphalte, sur le toit des voitures, les cercles tendus ou rieurs se resserrent.

Charles de Gaulle s'adresse aux Français. La voix de gorge, la voix de commandement, la voix usée déclenche immédiatement une bordée de ricanements.

— Chhhttt ! sifflent les « éléments responsables ».

— ... Si, dans l'immense transformation politique, économique et sociale qu'accomplit la France en notre temps, beaucoup d'obstacles intérieurs et extérieurs ont été franchis, d'autres s'opposent encore au progrès. De là, des troubles profonds, surtout dans la jeunesse, qui est soucieuse de son propre rôle et que l'avenir inquiète trop souvent...

Sur l'esplanade, la « jeunesse inquiète et soucieuse de son propre rôle » se marre sans retenue.

Le chef de l'État sort la carte attendue, dont il s'est tant servi pour couper à cœur : un référendum en juin. Et il abat son éternel atout :

« Au cas où votre réponse serait " non ", il va de soi que je n'assumerais pas plus longtemps ma fonction.

Sur l'esplanade, un geste unanime. Des milliers de bras détachent et agitent des milliers de mouchoirs. Des milliers de voix railleuses entonnent :

— Adieu, de Gaulle ! Adieu, de Gaulle ! Adieu...

Les différents leaders respirent. Le Vieux s'est complètement fourvoyé. Il n'a rien compris. Il est foutu. Un journaliste annonce que la direction du PC a immédiatement appelé à voter « non ». Comme soulagée. Les cons. Eux non plus, décidément, n'ont rien compris.

Un peu en retrait, à la lisière de la cohue, un visage se crispe, se fane. Emmanuel d'Astier de La Vigerie, flanqué de Michel-Antoine Burnier, est probablement l'unique gaulliste ici présent. Et certainement le seul ancien ministre de l'Intérieur — le Général lui avait confié cette charge au sein du gouvernement provisoire de la France libre. Le directeur de *l'Événement* a voulu voir de près les jeunes insurgés pour lesquels il éprouve de la curiosité, de l'attirance, gâchées d'une pointe d'amertume : il a l'âge du siècle et sait que la ligne de partage entre le conformisme et l'anticonformisme est fort zigzagante. Burnier lui sert de chauffeur — il a garé la grosse Volvo de son patron à prudente distance.

Michel-Antoine, cette nuit, est effrayé. L'air sent la guerre civile. Le nombre de copains entrevus devrait le rassurer. Mais, malgré les bourrades amies, les blagues dont la chute s'évapore, son diaphragme se contracte, l'étouffe. Il est incapable d'écouter les mille histoires qui se content alentour.

Fred Bon le frôle, accompagné d'Henri Vacquin. Le « mai » du jeune sociologue est l'un des plus extravagants. Parcourant les différents étages de l'entreprise — son terrain de chasse —, il s'est aperçu que les généralités idéologiques ne correspondent guère au réel ; que l'encadrement, en particulier, n'est pas un ramassis de petits chefs et de paranoïaques, mais une mine de compétences frustrées. Lors d'une séance, au grand amphi de la Sorbonne, il s'inscrit, monte à la tribune, pousse son cri programme (« Non à Taylor, non à Stakhanov ! ») et appelle à la formation d'un CCCC : Comité de coordination des cadres contestataires. Dix jours plus tard, le fichier comprend trois mille six cents noms. L'aile extrême, du reste, déborde le fondateur en décidant, le 21 mai, d'occuper les locaux de la CGC. On enfonce les portes. André Malterre, maître de céans, téléphone aux flics. Les CRS, vite dépêchés, cherchent en vain les manifes-

541

tants. Ils sont reçus par une escouade de messieurs bien mis qui leur disent : « Les cadres, c'est nous. » Troublés (un manifestant, par définition, n'est pas habillé Brummell), les gardiens de l'ordre tournent provisoirement les talons. Vacquin amortit le coup.

Le CCCC figure parmi les organisateurs de la soirée.

Mouvement de foule. Un frémissement sans consigne, un déclic nerveux. Le « meeting » s'achève. Les commentaires du discours élyséen, les récits d'épopées singulières s'interrompent, se hachent en bribes. Bernard Kouchner agrippe une épaule : Michel Butel, *alias* d'Elseneur :

— Alors ? Qu'est-ce que je dois faire ? Les armes à la main ou la trousse à la main ?

Sourire. Aux heures historiques, les fils de l'UEC se renouent. Ils cavalent tous deux vers la rue de Lyon, envahie par la tête de la manif.

A l'avant, le barrage policier est compact, opaque, renforcé par des cars et des autopompes. La Bastille est totalement investie, le cordon noir des gardes mobiles hérisse les surplombs de la voie ferrée, avenue Daumesnil. A gauche, la Seine et le canal Saint-Martin. A droite, la ligne SNCF. Au bout de l'étroite rue de Lyon, le blocus. Derrière, trente mille corps qui poussent, qui pèsent. Sauvageot et Geismar tentent de parlementer. Un officier se détache, accompagné d'un civil en gabardine beige — le commissaire de l'arrondissement.

— Mes ordres sont de vous bloquer ici, indique fermement le gradé. Vous pouvez manifester devant la gare de Lyon, mais pas ici.

— Comment voulez-vous qu'on fasse demi-tour ? plaide Sauvageot.

— C'est votre problème, pas le mien.

Tac, tac. Le bruit du premier fer glissé dans l'interstice du premier pavé. La rue de Lyon se rebelle. Les frondes, les lance-pierres sortent des poches. Des manifestants grimpent sur les toits pour desceller des cheminées, des tuiles, n'importe quoi qui se lance, qui blesse.

— Viens, on fait des barricades !

Burnier, après une seconde d'hésitation, identifie la voix : c'est Pierre Kahn, déjà plus loin. D'Astier et lui battent en retraite.

Les enragés, aujourd'hui, ont l'intention de mériter leur

surnom. La nuit est sombre, la rue sinistre, mais ils s'échauffent. « Une nasse, pense Salmon. Comment se tirer de là ? » Un son bizarre le fait se retourner, un son nouveau. Les « Katangais » de la Sorbonne ont apporté des scies de bûcherons, des haches, et commencent à abattre les arbres pour barrer la chaussée.

Les flics n'attendent pas que les barricades grimpent. Deux fusées rouges chuintent dans le ciel, et la charge suit immédiatement. Les gardes mobiles, les CRS ont clairement perçu les transformations de l'adversaire. En deux semaines, les étudiants ont beaucoup appris et ont recruté des alliés qui n'ont pas beaucoup à apprendre. Des tirs de grenades précèdent le mouvement. Des tirs tendus. Un nuage gris-bleu noie la rue. Les éclats coupent, tranchent. Les victimes hurlent, certaines s'effondrent. Les autres se ressoudent, décidés à fixer l'abcès. Qu'ils y viennent, les salauds ! Certains cassent ou ébrèchent leurs gourdins sur l'arête des trottoirs : ça « leur » rentrera mieux dans la viande.

Trois minutes d'affolement. Un « groupe incontrôlé » s'en prend au rideau métallique d'une armurerie. A coups de marteau, l'angle gauche est soulevé, la vitrine apparaît. Le service d'ordre de la JCR intervient en catastrophe, encercle les provocateurs, établit une chaîne autour de la boutique, menace de réduire en bouillie les pillards s'ils ne décampent. Ils décampent, esquintés au passage. Imbéciles : pour comble, la vitrine est vide.

Il est neuf heures moins le quart. Une à une, les trois barricades naissantes, rue de Lyon, tombent. Les uns refluent vers la gare, les autres s'échappent par le boulevard Diderot, en direction de la Nation, du faubourg Saint-Antoine. Des ambulances improvisées sont bloquées par les CRS, qui en extirpent les occupants, balancent les blessés dans le caniveau. La haine.

La gare de Lyon, c'est fini. Mais les hommes en noir n'ont pu empêcher leurs ennemis de s'émietter, répandant l'émeute sur la rive droite. « A l'Hôtel de Ville ! » « A la Nation ! » « A la Bourse ! » Les directives s'emmêlent, s'embrouillent, s'annulent. La manif explose, se scinde. Elle y perd en cohérence. Elle y gagne en mobilité.

Chaque groupe, lancé à travers Paris, invente sa manif. Livré à lui-même. Sous prétexte de réserver les fréquences à la police et aux secours, les autorités ont privé les stations de leurs radiotéléphones. Les manifestants ne sont plus approvisionnés en informations par leurs transistors. Impossible, sans les reportages en direct, sans les multiplex, de se former une idée globale de la situation. Ce soir, on improvise.

Jean-Marc Salmon a fini par dénicher une brèche pour s'échapper : la rue Ledru-Rollin, qui passe sous la ligne de chemin de fer. Suivi d'un cortège mi-ML mi-PSU, il s'y engouffre, contourne les grands axes, débouche boulevard Voltaire. Quand il y parvient, il constate, sans trop comprendre comment, que ses troupes ont grossi : cinq mille, dix mille ? Elles se sont aussi renouvelées — moins de militants classiques, plus de prolos, et des loubards des banlieues. On chercherait en vain, sous les portes cochères, une poubelle encore pourvue de son couvercle. Les boucliers sont denrée précieuse.

Salmon est tenté de tourner à gauche, vers Richard-Lenoir, pour se rabattre sur la Bastille et coincer les flics par-derrière. La manœuvre est séduisante, dangereuse aussi. Par scrupule, il consulte ceux qui l'entourent :

— Nous tenons l'occasion de faire sauter le verrou. Mais il faut s'attendre à des combats violents, plus violents que rue Gay-Lussac. A des morts.

Hésitations, flottements. Le bruit circule que la répression est inouïe, qu'on dénombre plusieurs tués. Les loubards sont prêts à foncer.

Surgit Geismar, sur le trottoir d'en face, pile au bon moment. Il juge la manœuvre inutilement saignante.

— A la Bourse ! dit-il, à la Bourse !

On repart. Direction la République, puis Réaumur. Serge July, bouclant une boucle qui l'a emmené à Belleville, est de retour. Devant Saint-Ambroise, les CRS montrent les crocs, et finalement s'écartent.

Trois escadrons de gendarmes mobiles sont lâchés. Ce n'est pas assez. Après les bagarres du boulevard Diderot, le foyer reprend à Daumesnil. Le commissariat central du douzième arrondissement est assiégé et réclame de l'aide. Le pont de la Concorde, aux marches du Parlement, est imprudemment dégarni. Il faut y courir, mais les manifestants bloquent celui d'Austerlitz. Une barricade tient encore, rue Saint-Antoine, sous l'œil connaisseur de la statue de Beaumarchais.

544

Les insurgés se sont fragmentés. Les forces de l'ordre, elles aussi, se dispersent, galopent d'une escarmouche à l'autre, constamment harcelées, retardées.

Incroyable ! Place de la Bourse, peu avant dix heures, il n'y a pas un casque, pas un mousqueton quand Geismar, July, Salmon et leur escorte touchent au but. D'autres groupes sont déjà présents, de toutes obédiences ou sans étiquette. Roland Castro est là. Burnier et d'Astier — la Volvo s'est frayé un chemin en empruntant les trottoirs — observent la scène.

Un temps mort. Le temple du capitalisme, monumental, aligne paisiblement ses colonnes, offert aux révolutionnaires assemblés. Une simple grille le défend. La chose est si imprévue qu'ils en ont le souffle coupé. Lors des réunions préparatoires, l'objectif semblait énorme, ambitieux. Quasiment hors de portée. Un journaliste de l'AFP sort de l'agence, face au palais Brongniart, et interroge Alain Geismar sur ses intentions.

— La Bourse a pour nous une valeur symbolique, répond le secrétaire général du SNESup. Ce sont les manifestants eux-mêmes qui, en en débattant, décideront s'ils investissent ou non l'édifice.

La discussion s'engage, et tout s'accélère. Les gauchistes sont partisans de saisir l'occasion, les ouvriers appuient, les loubards se fichent pas mal du symbole, le service d'ordre de l'UNEF et du PSU, préventivement, commence à se déployer le long du bâtiment, à suggérer un repli vers la rive gauche. Mais un commando spontané rompt la chaîne, escalade la grille. D'autres arrachent les madriers du chantier proche d'un parking souterrain. Le béliers sonnent contre les portes hautes. Quelques protestations, recouvertes par les applaudissements, accompagnent les éclats des vitres qui se brisent.

Et les portes cèdent. Les assaillants se ruent, défoncent les cabines téléphoniques, renversent les tables, forcent la salle de la corbeille, arrachent les panneaux de cotations. Ici, on vend à l'encan la sueur des prolétaires. Ici, les profiteurs se disputent la plus-value. Les « casseurs » disloquent des chaises, empilent des bureaux, ramassent le papier qui traîne, cherchent de l'essence, battent le briquet. Les flammes montent, à plusieurs mètres. Mais seules les cloisons des cabines s'allument volontiers.

July déguste le spectacle. La Bourse est difficile à incendier :

peu de combustible entre des colonnes froides. Mais ça flambe quand même, du rouge et du blanc sous le noir des fumées, dans l'embrasure du fronton. C'est beau comme *Autant en emporte le vent*.

Par l'AFP, les radios sont aussitôt averties, et l'information ricoche. Paris brûle-t-il ? La question court à travers la France. On se bat aussi à Rennes, à Nantes, à Bordeaux, à Strasbourg, à Lyon.

Quand Henri Vacquin atteint le point chaud, escalade les marches, une silhouette, qui se détache à contre-jour sur le brasier naissant, l'interpelle. C'est Pierre Kahn :

— Tire-toi, Henri, on a mis le feu !

— Est-ce que ça crame bien, au moins ?

Un instant, Vacquin est saisi de vertige. Depuis la liquidation de l'UEC, il a fourni tant d'efforts pour devenir raisonnable, réaliste... Tous les chants de son enfance, tous les rêves de son père, soudain, lui remuent le sang. La Révolution majuscule ne l'habite plus. Mais ce qu'il vit ce soir ressemble furieusement au Grand Soir.

« La Bourse est en flammes ! » Henri Weber apprend la nouvelle alors qu'il franchit coudes au corps une passerelle du canal Saint-Martin et fonce vers le boulevard Poissonnière. Une escouade de la JCR y était, en était. Mais lui et le gros de ses effectifs sont demeurés longtemps accrochés aux alentours de la Bastille, des Halles, et jusqu'à Belleville. Maintenant, ils investissent dans l'euphorie les larges artères tracées par le baron Haussmann, et les voici sous les fenêtres de *l'Huma*. Tandis que se consume l'antre du capitalisme, la coïncidence mérite d'être célébrée. Les joyeux protestataires marquent une pause, chantent, lèvent le poing. « Le PC dans la rue ! Le PC dans la rue ! » Pas de réaction. « Enragez-vous ! » Pas plus. « Séguy, connais pas ! » (Réplique à la désinvolte pique du chef des cégétistes : « Cohn-Bendit, qui est-ce ? ») Nul mouvement des persiennes. L'organe central du « parti de la classe ouvrière » demeure sourd et muet quand étudiants et prolétaires mêlés défilent sous son balcon.

Onze heures moins le quart. Signe qui ne trompe pas : les flics ont mis quarante-cinq minutes, pas moins, pour débarquer à la

Bourse. Signe que la capitale, par pans, leur échappe ? Plus d'un le pense, tandis que les incendiaires et leurs complices refluent vers le nord, se fondent dans le cortège qui vient de brocarder l'*Humanité,* atteignent l'Opéra. Ils sont bien dix mille.

Tout est-il possible ? S'ils avaient le loisir d'accorder des interviews au débotté, July ou Geismar répondraient que oui. Alain Krivine pense que non. En aval de cette conviction, des impressions contradictoires l'étreignent : « Drôle de pays. La violence policière est scandaleuse, mais ailleurs, nous nous ferions canarder à la mitraillette... »

La manif balance. L'ouest ? Le sud ? Ce carrefour est sans doute le point crucial de la nuit. Les guetteurs signalent que des colonnes de cars grillagés convergent précipitamment sur l'Élysée. C'est tout près, l'Élysée, c'est tout droit. Quinze minutes, au pas de promenade.

La demi-heure qui suit est simultanément inactive et tendue à l'extrême. Les fantasmes rôdent entre les groupes. Blanqui, Trotski... C'est un transistor qui dissipe la ronde des chimères. Le quartier Latin s'est soulevé, les barricades renaissent, plus hautes, plus larges. L'affrontement est inévitable, et proche. Les dirigeants de la JCR, de l'UNEF et du PSU saisissent la perche : « Allez, on rentre chez nous ; impossible d'abandonner les copains. » Le mot d'ordre joue sur la corde sensible, le réflexe familier du retour au bercail. Geismar est déchiré mais se rallie. On pourrait continuer tout droit. A condition d'accepter de mourir. Or, cette foule consent à se battre, pas à perdre la vie. Serge July en pleurerait. Il voudrait, à tout le moins, fondre sur l'ambassade américaine.

A gauche toute, rue de la Paix.

Mais qu'il est malaisé de s'arracher à cette rive, à l'hémisphère bourgeois de Paris ! Ils ont fondu de trouille derrière leurs pesants doubles rideaux, les faiseurs de fric, les piliers de l'ordre, les arrogants, les famille-patrie, les peine-à-jouir. Leurs lustres ont frissonné au son de la fusillade. Leurs narines ont été caressées de parfums inconnus. Les rats ont couiné à leurs portes, et, quelques instants — délicieux —, ils ont redouté la grande peste.

Place Vendôme, devant le ministère de la Justice, le vertige ressuscite. Il suffit d'entrer. Une dizaine de plantons apeurés s'efforcent de garder contenance à défaut de garder l'État ; ils s'envoleront comme des moineaux. Henri Vacquin et Fred Bon, qui se sont retrouvés, échangent un regard. La Chancellerie, belle prise ! On y va ? Prisca Bachelet, non loin d'eux, est résolue à franchir le pas. C'est si facile que les manifestants tergiversent. Que désirent-ils, au fond ? Faire la révolution ou mimer la révolution ? Faire la guerre ou parodier la guerre ? « Au quartier Latin ! Au quartier Latin ! » Les malabars du service d'ordre ravivent la consigne. Des pierres cinglent les vitres du premier étage, mais la marche reprend.

Cette nuit, on ne franchira pas le point de non-retour.

A cinq pas des fenêtres maintenant étoilées, le garde des Sceaux, Louis Joxe, Premier ministre par intérim durant l'absence de Pompidou, est seul avec Pierre Creyssel, son directeur de cabinet.

— Joxe, démission ! Joxe, au balcon !

Les quelques gardes républicains que lui accorde le protocole ne résisteront pas dix minutes. Pressé par Creyssel, il descend, traverse le jardin, gagne la porte du fond, s'enfourne dans une DS noire, se blottit au creux de la banquette. La Chancellerie est vide.

Minuit s'approche. Rue de Rivoli, un peloton de CRS protège le ministère des Finances. Mais ils ne sont ni nombreux ni vaillants. L'essentiel de leurs collègues barre le jardin des Tuileries à hauteur du pont Royal — l'Élysée demeure la priorité absolue. Ultime tour des insurgés, dans leur valse hésitation. Serge July râle à contre-courant :

— Nous nous trompons d'objectif. Envoyons mille ou deux mille types au Quartier si c'est nécessaire. Mais il ne s'agit pas, aujourd'hui, de protéger notre base rouge. Il s'agit d'occuper Paris. Nous occupons Paris, les mecs, nous occupons Paris, et nous le tiendrons !

Peu l'entendent, peu l'écoutent. La troupe, au pas de course, emprunte les guichets du Louvre, longe les quais, trouve le Pont-Neuf dégagé — lui seul, c'est bizarre —, enfile la rue Dauphine.

Trois barricades sont élevées entre le carrefour Saint-Michel et la place de la Sorbonne. La plus impressionnante jouxte le musée de Cluny. Tout s'y entasse : troncs d'arbres, branchages, bancs déboulonnés, grilles, panneaux, morceaux de palissades. Les flics, pour l'instant, ne bronchent pas. On s'impatiente même, crachant des injures à la meute noire qui bloque la Seine.

Un commando attaque le commissariat du cinquième arrondissement, face au Panthéon. Cela commence par un bombardement à coups de pierres. Puis les bouteilles d'essence s'enflamment, embrasent un car de police. Les assiégés répliquent avec des grenades lacrymogènes. Ils ne se dégageront pas sans renforts, qui tardent. Seront-ils acculés, dans la panique, à sortir les armes à la main ?

Vers une heure du matin, les renforts surgissent, libèrent le fort Chabrol, prennent position en haut du Boul' Mich'.

A l'autre extrémité, l'assaut est commandé, cependant qu'un mouvement de tenaille isole le boulevard. Les flics ne progressent que très lentement, précédés d'un incroyable et pétaradant arrosage de grenades, lacrymogènes ou offensives. Ils évitent le combat rapproché, adoptent une tactique en deux temps : tir à distance, puis rouleau-compresseur — d'ailleurs, un monstrueux bulldozer verdâtre gronde sur leurs talons. Les enragés, pour les aveugler, allument d'immenses murs de flammes, sèment derrière eux des cocktails Molotov qui explosent sous les bottes des forces de l'ordre. Le 10 mai est loin. Les gardes mobiles calculent leurs gestes, les barricades ne sont plus des symboles. Peu avant deux heures, deux d'entre elles sont toujours debout.

Des incendies secondaires illuminent les façades rue de Buci, près du Pont-Neuf, sur le Saint-Germain. Rive droite, autour des Halles, l'émeute s'est ranimée. Le poste de police du quartier des Archives, rue Beaubourg, a été saccagé, ravagé.

Tandis qu'avancent, mètre par mètre, les gardiens de la paix et de l'ordre, Pierre Mendès France fait irruption à la Sorbonne, havre insolite, île taboue. « Je suis venu sur les lieux des combats pour être un témoin. » Il a tout enregistré. Les voitures calcinées, les autopompes renversées, la centaine d'arbres abattus à la tronçonneuse. Bouleversé, solidaire, l'ancien président du Conseil confesse, dans un amphi : « Quand j'étais étudiant, j'ai vu beaucoup de bagarres au quartier Latin, mais jamais pareille sauvagerie. Les combats entre la police et les manifestants sont trop inégaux. » Il rejoint ensuite le siège de l'UNEF, rue Soufflot.

Un commissariat désert, voisin de l'Odéon, est pillé, dévasté. Rue Saint-Jacques, rue Thénard, des voitures vides, freins lâchés, sont lancées vers les gendarmes. Massée sur le parvis de Notre-Dame, la foule lapide les flics.

A trois heures, le ministre de l'Intérieur, Christian Fouchet, convoque les journalistes pour une déclaration. Un mot lui échappe : *pègre*. Il le martèle. Les émeutiers ? Une « *pègre* qui sort des bas-fonds de Paris et qui est véritablement enragée, dissimulée derrière les étudiants ». Et il insiste : « Je demande à Paris de vomir cette *pègre* qui la déshonore. »

Juste avant l'aube, la ratonnade succède aux échauffourées. M. Fouchet a été entendu : avec la pègre, inutile de prendre des pincettes. Les CRS, les groupes d'intervention se déchaînent. Les blessés affluent à Broussais, à Cochin, à Sainte-Anne. L'archevêque de Paris, Mgr Marty, leur rend visite. Dehors, la violence est à son faîte. Pas de témoins, surtout. Un photographe de presse, Jean-Pierre Rey, est assommé à coups de crosse. Il fixait pour l'éternité une bande de CRS qui venaient d'expulser une infirmière de son véhicule et la piétinaient férocement. Jean-Marc Salmon, qui tente de repasser rive droite, est intercepté par un barrage sur le pont Sully. Tabassé impitoyablement, il se dit que, la prochaine fois, il fera tout pour s'échapper.

Quelque huit cents manifestants, dont une moitié de non-étudiants, sont embarqués vers des centres de tri — Beaujon, principalement — où les attend un comité d'accueil musclé. Hébétés, ils sont traînés depuis les paniers à salade jusqu'à une haie de matraques vengeresses. Des scènes, ignobles, insoutenables, se répètent à chaque nouvel arrivage. On apprend qu'un jeune homme, Philippe Matherian, est mort victime « d'une blessure à l'arme blanche ». On apprend qu'un commissaire lyonnais a péri écrasé par un camion fou.

La pluie emprisonne les nappes de gaz qui continuent de flotter sur la capitale suffoquée. Des touristes sourient à l'objectif parmi les décombres. Paris mérite le voyage.

Le vent du boulet. Dans la matinée du 25 mai, Georges Pompidou évoque « une tentative évidente de déclencher la guerre civile ». Il avertit que « tout rassemblement sera immédiatement dispersé avec la plus vive énergie ».

Rodomontades d'un gouvernant affaibli, qui se cramponne à ses leviers de commande sans être clairement assuré d'un quelconque effet ? Sans doute, estiment les artificiers de la nuit.

Mais d'autres événements prouvent que le Premier ministre n'est pas totalement démuni. Ce même samedi, à quinze heures, dans le salon d'honneur du ministère des Affaires sociales, rue de Grenelle, une négociation marathon s'engage sous sa présidence.

Belle brochette, en vérité. Paul Huvelin, le patron des patrons. Le père Frachon, signataire en 36 des accords Matignon. Georges Séguy. Eugène Descamps, le vigoureux leader de la CFDT. FO, la CGC. En tout, quatre mandataires du pouvoir, dix du patronat, trente-quatre des syndicats. La troupe est au complet grâce, notamment, aux bons offices d'un jeune secrétaire d'État, Jacques Chirac. La trame du scénario, très vite, n'est plus un secret pour les journalistes massés sur le perron de l'hôtel du Châtelet. Benoît Frachon, l'œil réjoui, profite d'une première suspension pour révéler que, d'emblée, le gouvernement accepte de majorer le SMIG, le salaire minimum, d'un bon tiers. Une augmentation générale sera plus difficile à décrocher, l'épineuse question des ordonnances n'est pas encore sur le tapis. Mais la partie s'annonce prometteuse.

Les révolutionnaires du quartier Latin ont compris. Pompidou, malin comme un maquignon auvergnat, déchire son bas de laine afin d'acheter sur pied la classe ouvrière. Et la CGT est à vendre. Ils ont eu si chaud, tous, quand la Bourse flambait, qu'ils sont mutuellement disposés à s'entendre, à troquer la paix sociale contre monnaie sonnante. C'est l' « esprit de mai » qu'on assassine : à la trappe, la critique des hiérarchies verrouillées, du confort à crédit, de la passivité rétribuée ! Hormis la CFDT, contenue en seconde ligne, quel « légitime représentant » se souciera de libérer la parole, l'initiative, et pas seulement de réclamer du fric ?

Là-dessus, le consensus est ample entre les différents groupes, Grenelle revêt l'allure d'un joyeux enterrement.

Durant tout le week-end, les complices de la « pègre » suivent, impuissants, les progrès de la négociation. Pourtant, d'autres signes sont favorables : les paysans entrent dans la danse, les « Jacques » donnent de la voix à Nantes, à Saint-Brieuc. La province longtemps muette s'est à son tour ébrouée. Et, dans la capitale, l'ORTF, la docile confrérie des lécheurs de bottes, s'est enfin révoltée et ne diffuse plus qu'un programme minimum.

Oui, tout serait encore concevable si... Si nous n'avions pas frôlé la victoire, et reculé à la dernière seconde, ruminent les jusqu'au-boutistes. Si nous fédérions les comités en avant-garde cohérente, expliquent les trotskistes. Si nous nous préoccupions d'offrir au mouvement une issue politique raisonnable, fût-ce à titre provisoire, estiment les animateurs de l'UNEF et du PSU.

La grande braderie de printemps s'achève après vingt-cinq heures de discussions menées tambour battant. Les salaires vont grimper de dix pour cent. Pompidou et Séguy ont joué une spectaculaire partie de bras de fer en trompe-l'œil : ils étaient aussi pressés l'un que l'autre d'expédier la corvée. Descamps, au forcing, s'est difficilement interposé entre les compères, arrachant un statut pour la section syndicale d'entreprise. Les négociateurs doivent présenter aux travailleurs de Billancourt le triomphal bilan de leur guérilla en chambre.

Il est huit heures trente, lundi 27 mai. La Sorbonne s'apprête à mettre le drapeau en berne.

Mais la rumeur s'enfle : « Ils ont dit non, ils les ont envoyé paître ! » Europe n° 1 confirme, diffuse la séquence. Lorsque Frachon évoque les « revendications importantes déjà arrachées », l'oreille distingue des sifflets, des murmures. Et quand Séguy assure le relais, promet que « les jours de grève seront récupérés », les cris de colère s'élèvent. Une gueulante du fond des tripes : « Ne signez pas ! » Séguy sourit jaune : « Camarades, on continue... », et les vivats déferlent.

Billancourt, Billancourt qui claquait sa porte au nez des étudiants adresse un pied de nez à ses propres chiens de garde ! Est-il meilleur symptôme que les renforts ouvriers de la nuit du 24 n'étaient pas des marginaux épars, mais le bouillonnement naissant d'une lame de fond prochaine ? Si la citadelle des staliniens résiste aux bureaucrates, tous les donjons sont désormais vulnérables.

Douce revanche. Avant-hier, au matin des « incidents », *l'Humanité,* en écho à M. Fouchet, parlait de la « lie » répandue dans Paris. Eh bien, la lie déborde !

Alain Geismar s'achemine en traînant les pieds vers le stade Charléty. Il vient, aujourd'hui même, de rendre son mandat de secrétaire général du SNESup pour avoir les coudées franches ; or, son premier geste d'homme « libre » lui paraît ambigu. Ce meeting convoqué par l'UNEF, avec l'appui de la CFDT, c'est évidemment une « manip » PSU pour placer Mendès sur orbite. Mais c'est aussi, dans la foulée du refus exprimé chez Renault, une réplique à Grenelle. Entre les deux, Geismar balance. Non aux combinaisons politiciennes, oui à la spontanéité des prolétaires.

La situation géographique du stade est presque un symbole. Ici, la cité universitaire, là l'usine Snecma du boulevard Kellermann : le creuset qui s'offre aux arrivants est « naturellement » unitaire. Le PC, mal remis du camouflet essuyé aux aurores, a organisé parallèlement douze rassemblements pour voler la vedette aux gauchistes du PSU. Il n'empêche : quinze mille personnes, en comptant large, répondent à Waldeck Rochet. Et cinquante mille à l'UNEF.

La verte pelouse, dès dix-huit heures, vire au rouge et au noir. « Pouvoir ouvrier », « Révolution sociale ». L'ambiance est communément chaleureuse, fraternelle. Un accord a été négocié avec les autorités, et les flics demeurent à distance. Tout le monde s'est déplacé. Les anars piquent un sprint sur la cendrée où Michel Jazy a remporté maintes palmes. La JCR, politiquement méfiante, n'en fournit pas moins l'appoint de son irremplaçable service d'ordre. Les maoïstes ricanent sur l'œcuménisme petit-bourgeois. Ce qui ne dissuade guère Marc Heurgon, la cheville ouvrière du PSU — il considère Michel Rocard comme son poulain et régente Sauvageot —, de jubiler : le mélange, si hétérogène soit-il, semble prendre.

L'entrée en lice des délégations ouvrières confirme ce sentiment. Voici les émissaires de Sud-Aviation, triomphalement applaudis, la CFDT de Flins, les employés du Crédit lyonnais, les techniciens de l'ORTF. Jean-Louis Péninou, qui n'a guère apprécié ces derniers temps le rôle modérateur de l'UNEF, est gagné par la contagion. La foule gaie et brassée qui l'entoure incarne bien le veto de Billancourt. Des syndicalistes impertinents scandent : « Séguy, démission ! » Ce dîner sur l'herbe sort des cuisines politiques, il n'en est pas moins appétissant.

Jacques Sauvageot, officiellement puissance invitante, ouvre le meeting :

— Je vois que la pègre est venue nombreuse... *(Rires.)* La violence peut se justifier. Aujourd'hui, nous ne la croyons pas efficace. Le gouvernement, qui a trouvé des alliés... *(Rires.)* Le gouvernement cherche à diviser ouvriers et étudiants.

Geismar grimace. Il le voit venir, Sauvageot, avec sa petite idée. L'ex-secrétaire général du SNESup n'ignore pas que, la nuit précédente, des ambassadeurs du PSU, de la CFDT, de FO, des « personnalités », se sont rencontrés en présence de Mendès. Krivine aurait reçu un carton d'invitation. A l'ordre du jour : un gouvernement de transition qui accorderait sa place au « courant de mai ». Pierre Mendès France souhaiterait même que lui, Geismar, accepte d'y figurer, sous bénéfice d'inventaire. L'hypothèse basse, songe Alain, une issue de secours, une zone de repli.

Reste que ce meeting sort de l'ordinaire. Frédo Krumnov, leader charismatique de la fédération CFDT du textile, exalte l'alliance des manuels et des intellectuels « dans une même lutte qui doit dépasser les revendications matérielles ». Maurice Labi, explosif chimiste de FO :

— Ce que nous demandons ne se négocie pas, ça se conquiert.

André Barjonet s'approche du micro, porté par une ovation frénétique. Il a solennellement abandonné ce matin son poste de directeur du centre d'études économiques de la CGT et adhéré au PSU :

— La situation où nous sommes est révolutionnaire, tout est possible !

C'est au tour d'Alain Geismar. Lui aussi, la foule l'acclame, accentuant son malaise intime. Il serait absurde de cracher dans la soupe. Mais il ne saurait non plus cautionner l'institutionnalisation craintive et prêcher le retour à l'ordre — fût-ce un ordre de qualité supérieure.

Il justifie sa démission du SNESup, adresse ses adieux au syndicalisme et à la politique politicienne, préconise l'émergence d'un double pouvoir dans les entreprises, invite ouvriers et étudiants à sortir de leurs ghettos respectifs, conclut sur Che Guevara :

— Le devoir premier d'un révolutionnaire est de faire la révolution.

Jacques Sauvageot, visiblement épuisé, se charge de conclure. Il cloue — sans le nommer — Séguy au pilori et lâche le morceau, carrément :

— Négocier avec le gouvernement, pas question. Il n'est pas un interlocuteur valable. Construisons, pour le remplacer, un regroupement de forces capables de pousser le mouvement jusqu'à ses conséquences ultimes, l'instauration du socialisme.

Les participants se dispersent avec la conviction que la nouvelle gauche, la gauche différente qui se cherche depuis quinze ans est cette fois dégagée des limbes, des colloques, des clubs, de la marge. Demain, dans dix jours, dans un mois, elle sera peut-être aux affaires.

Geismar apprend en sortant que Pierre Mendès France était présent, discrètement, parmi l'assistance, après avoir observé la formation du cortège principal, boulevard de Port-Royal. Vigoureusement applaudi (sauf par Roland Castro, qui l'a couvert d'injures), il a refusé la tribune où le conviait de manière pressante le porte-parole de l'UNEF. Mais son apparition silencieuse n'en est que plus marquante, d'autant plus « récupératrice » qu'il s'est abstenu de toute complaisance démagogique. Alain est furieux. « Je viens de rouler, peste-t-il, pour le plus intelligent réformiste de France, la dernière chance de la bourgeoisie ! »

1986. Daniel Cohn-Bendit :
— Charléty, c'était la bonne idée. Il y avait peut-être une magouille derrière mais quelle importance ! Toutes ces forces rassemblées, qui cherchaient une issue politique, c'était notre seule chance. Et notre chance, elle s'appelait Mendès. Nous aurions dû nous-mêmes proposer des élections, avancer le nom de Mendès France.

L'autre gauche, la gauche traditionnelle, ne reste pas inerte. Le lendemain 28 mai, à onze heures, devant cinq cents journalistes assemblés dans les salons de l'hôtel Intercontinental, François Mitterrand se déclare disponible s'il faut pallier le vide du pouvoir. Se réservant la candidature à la présidence de la République lorsque l'échéance du référendum ouvrira cette perspective, il concède que Pierre Mendès France offrirait le profil adéquat pour diriger, jusque-là, un « gouvernement provisoire de gestion ».

Pâle concession. Le président de la FGDS connaît la viscérale hostilité des communistes à l'encontre de l'« atlantiste » Mendès, qu'ils haïssent comme ils haïssent les gauchistes ou les « technocrates ».

Place de la Sorbonne, l'expert en analyses à chaud qu'est Jean-Louis Péninou commente la péripétie :

— Les gaullistes s'affolent, crient au coup de force. Mais ils ont tort. Charléty, c'était l'anti-Grenelle. Mitterrand, c'est l'anti-Charléty. Il a besoin du PC, et le PC a besoin de lui comme recours contre Mendès. De toute façon, entre Mendès France et de Gaulle, Waldeck Rochet préfère de Gaulle.

Le décorticage passe très au-dessus du public. Ces histoires politicardes ne passionnent guère les barricadés. Un réflexe joue, cependant, tandis que se poursuit le ping-pong des communiqués : à comparer Mitterrand et Mendès, les enfants de mai se portent instinctivement vers le second. Les plus âgés conservent en mémoire des images de la IVe République, de la guerre d'Algérie. Les plus jeunes, sans vraiment le connaître, flairent chez François Mitterrand l'homme d'astuce, de combines, d'élections, de compromis — un produit du système, un professionnel qui cultive l'ambition et sacralise le pouvoir.

La forteresse en fête du quartier Latin continue de danser sous les lampions. Les ramifications du comité d'occupation sont désormais innombrables. On mange à la Sorbonne : une « soupe populaire » (sandwiches et boissons à la menthe) est proposée dans le grand hall, et le réfectoire assure deux services, avec frites à tous les repas et vin en supplément. On couche à la Sorbonne. On se soigne à la Sorbonne : l'Institut des hautes études chinoises, transformé en infirmerie, croule sous les médicaments — le Pr Kahn, qui règne en ces lieux, s'efforce d'écarter faux médecins et vrais mythomanes. On rigole à la Sorbonne. L'escalier E, tenu par les anars et les littéraires, est la cité de la joie. L'escalier A, en revanche, conduit au fort sérieux CLEO (comité de liaison étudiants-ouvriers) et à son concurrent, le CLEOP (comité de liaison étudiants-ouvriers-paysans). Le comité d'agitation culturelle, où s'illustre Georges Lapassade, est en fermentation accélérée. Les bénévoles balaient. La « sono » éveille les pires convoitises, et le SO, cantonné au troisième étage, escalier C, intervient fréquemment pour dissuader les pirates.

En fin d'après-midi, un garçon brun, joufflu, les yeux cernés de lunettes fumées, circule paisiblement à l'arrière du grand amphi, du côté de l'infirmerie. Les accès de l'immense salle sont barrés par des cerbères — le débat en cours est, semble-t-il, d'importance.

Le nouveau venu demande le passage. Refus catégorique. Il attrape par la manche de sa blouse blanche un toubib, l'entraîne à part :

556

— Je suis Cohn-Bendit.

— Du calme, mon vieux, du calme.

Mais l'inconnu, conduite classique des patients atteints de dédoublement de la personnalité, insiste pour exhiber son passeport. Résigné, le médecin saisit le document, et lit : « Cohn-Bendit, Daniel, né le... » C'est lui. Grimé. Les cheveux teints. Jean-Louis Péninou, qui n'a pas oublié son expérience de porteur de valises, a contribué au rapatriement clandestin de l'indésirable.

Dans l'amphi, sous la présidence d'un membre du MAU, la polémique est serrée. On s'empoigne concernant l'art et la manière de réaliser un front unique. Jean-Pierre Vigier, le directeur d'*Action*, s'est vainement appliqué à rapprocher les points de vue des comités de base et de la JCR. On ne porte guère attention au type — un Espagnol, peut-être — qui escalade l'estrade. Il souffle quelques mots à l'oreille du président de séance, lequel se lève soudain, prend le micro, interrompt l'orateur du moment :

— La liste des inscrits est encore longue, mais voici quelqu'un qui va sans doute faire avancer la discussion.

L'Espagnol enlève ses lunettes. Dany ! Tout l'amphi est debout, crie, applaudit. « Les frontières, on s'en fout ! Les frontières, on s'en fout ! » le slogan de la nuit du 24 explose, allègrement martelé. L' « anarchiste allemand » a les larmes aux yeux.

Vers minuit, il donne une « conférence de presse », juché sur une échelle, dans la bibliothèque d'études classiques.

— Comment êtes-vous venu ?

— J'ai marché...

— Qu'allez-vous faire maintenant ?

— Je ne sais pas.

Au vrai, Dany n'en sait effectivement rien. Son retour signifie que les sorbonnards restent capables de bafouer l'État. Mais il n'est plus porteur d'un message singulier. D'ailleurs, pour conjurer les dangers de la « personnalisation », la bande du 22 Mars convoque une seconde conférence de presse le lendemain matin. Le rouquin de Nanterre en est absent, et ses copains, désinvoltes, déclarent aux journalistes : « Cohn-Bendit, c'est nous ! » Il est officiellement interdit d'interdire. Pourtant, le « porte-parole » a bel et bien été interdit de parole. Avec un argument imparable qui l'a laissé sans voix : « Dany, on ne veut pas de vedette ! » Quand les politiques cherchent un homme providentiel, les contestataires escamotent le leur.

On a retrouvé Dany, on a perdu de Gaulle. Le 29 mai, à onze heures vingt-quatre, très exactement, le Général s'est volatilisé, après avoir annulé *in extremis* le traditionnel Conseil des ministres du mercredi. Parti vers Colombey, il n'y est point arrivé.

Mise en scène pour plonger dans un désarroi orphelin les paniquards de la France profonde ? Jeu d'ombre, afin d'embrouiller les spéculations de l'adversaire ? Liquéfaction brutale, retraite anticipée ? Nul n'échappe au doute, grand du royaume ou simple manant.

En plein cœur de la « disparition », la CGT déploie dans Paris sa force tranquille, avec le soutien du PC. Plusieurs centaines de milliers de grévistes défilent calmement de la Bastille à la gare Saint-Lazare. Calmement, mais fermement. Un mot d'ordre inédit s'inscrit au répertoire : « Gouvernement populaire ! »

Sur la cour de la Sorbonne souffle, comme ailleurs, un vent de perplexité. Le pouvoir est à genoux. Grenelle s'est soldé par un échec, Charléty par un succès. Cohn-Bendit est rentré, à la barbe de Fouchet. La CFDT pousse Mendès. La CGT se durcit. Logiquement, c'est à gauche que se déroule, maintenant, la partie.

Logiquement, oui. Pourtant, le bruit court à gauche que l'armée, sollicitée par les gouvernants en déroute, ne tardera plus à dépêcher ses cracheurs de feu, à mettre en branle ses chenillettes. D'autant qu'à droite le bruit court que les communistes projettent une offensive autonome. Et le bruit du bruit résonne, enrichi d'infinies variantes, nourri de craintes prospectives, de scénarios rebondissants.

A six heures et quart, flash sur toutes les ondes : le Général est chez lui, dans sa propriété de *La Boisserie*. On sait seulement que l'hélicoptère présidentiel s'est posé sur l'aérodrome de Saint-Dizier. Certains journalistes avancent que le disparu s'est entretenu avec son gendre, Alain de Boissieu, commandant de la 7e division mécanisée, et qu'il aurait rencontré le général Massu.

La droite reste flottante. La gauche éprouve le trouble soulagement d'avoir récupéré son principal adversaire. Médiocre réconfort, quand il faut agir vite. Péninou croise Krivine au détour de l'amphi Richelieu. Il lui dit, inquiet, que l'indétermination est en train de changer de camp.

— Dans les circonstances présentes, je ne me retirerai pas...

La négation claque, articulée avec la dernière énergie. L'état-major et le service d'ordre de la JCR, réunis dans une salle de Censier, écoutent, crispés, le transistor. Rien de commun avec l'ambiance railleuse de la gare de Lyon, six jours auparavant. De Gaulle diffère son référendum, dissout l'Assemblée nationale, convoque des élections législatives « dans les délais légaux », maintient Georges Pompidou à la tête du gouvernement. Et, pour faire bonne mesure, il brandit le rituel épouvantail du communiste au couteau entre les dents, du « parti qui est une entreprise totalitaire ». « La France, gronde-t-il, est menacée de dictature. » Contre pareille menace, un seul rempart : luimême. Au cas où l'actuelle « situation de force » l'exigerait, il utilisera d'autres ressources.

Le silence est rompu par une voix triste et calme :

— C'est foutu.

Henri Weber vient de résumer le sentiment dominant. Bensaïd, Krivine sont au diapason. A la fois lucides et sonnés, ils sont immédiatement certains que la période bascule, que le reflux est inévitable. Pour quelque temps — compté, mais indéfini —, la crise révolutionnaire est ajournée. Avant-hier, ils récusaient Mitterrand, critiquaient Mendès France, rêvaient (sans y croire) d'économiser l'intermède d'un Kerenski. La nécessité, maintenant, est de démonter les décors, de ranger les costumes, en bon ordre, pour préserver intacts les hommes et le matériel.

L'ampleur de la décrue étonne les plus pessimistes. Les reporters, qui ont — hasard ? — récupéré l'usage de leurs radiotéléphones, crient qu'une invraisemblable cohue noie les Champs-Élysées, qu'ils sont deux cent mille, cinq cent mille, un million, jaillis d'on ne sait où pour répondre à l'appel de leur sauveur. Les Debré, Joxe, Malraux, Peyrefitte, Sanguinetti, ceints de tricolore, sont sortis du Parlement sitôt la dissolution prononcée et chantent *la Marseillaise* sous l'Arc de Triomphe, comme s'ils lavaient ce lieu saint des profanations récentes.

La liesse est à la mesure de l'épouvante des mauvais jours.

Des « comités de défense de la République » ont « spontanément » pris corps en quelques heures. Les anciens combattants arborent bérets, calots et médailles. Des cars déversent leurs contingents de provinciaux agglutinés. Le Général aussi a ses jeunes : convenables, le poil court, la cravate nouée.

— De Gaulle n'est pas seul ! Regardez comme de Gaulle est seul ! clame Michel Debré, qui n'en revient pas.

Et la foule scande :

— Mitterrand, c'est raté ! Les cocos au poteau !

L'aile extrême du cortège, où hurlent les fachos d'Occident, change non seulement de ton mais de mode :

— Vidangez la Sorbonne ! Cohn-Bendit en Allemagne ! Cohn-Bendit à Dachau !

Les journalistes sont formels : même si la démonstration est moins improvisée que ne le prétend la version officielle, même si des éléments d'extrême droite s'y sont mêlés (et pourtant, Malraux n'est pas loin), même si les beaux quartiers y délèguent la bonne pour accompagner Madame, la manif gaulliste du 30 mai est « populaire ». Le parti de la trouille fournit une majorité aux partis gouvernementaux. Les enragés n'ont pas mesuré combien leur passage à la limite, le 24, a effrayé les gens, toutes classes confondues. Le chef de l'État vise juste en offrant aux Français, amis et ennemis, une issue électorale. Amis et ennemis se surprennent à respirer.

Le week-end de la Pentecôte commence le lendemain. Pompidou rouvre les vannes de l'essence rationnée. C'est la ruée sur les pompes, sur les autoroutes. Les bagnoles roulent, les gaz s'échappent. On déplorera soixante-dix morts et six cents blessés. La vie redevient normale.

L'UNEF est seule, le 1er juin, à organiser un défilé de Montparnasse vers Austerlitz. La CGT désavoue, le PC aussi, la CFDT s'excuse, le PSU se divise. Cohn-Bendit, Geismar, Sauvageot, Krivine, suivis de vingt mille obstinés, traversent le quartier Latin, drapeaux rouges et noirs en tête, et rodent leur nouveau slogan : « Élections, trahison ! »

— Le pouvoir est dans les urnes, pas dans la rue, réplique Raymond Marcellin, ministre de l'Intérieur du gouvernement remanié.

En rase campagne. Le jeudi 6 juin 1968, trois heures du matin.

Un millier de CRS et de gendarmes mobiles encerclent l'usine Renault de Flins, entre Mantes et Les Mureaux, à l'ouest de

Paris. Un half-track, puis un autre enfoncent les barrières que le piquet de grève érige la nuit, écrabouillent les braseros autour desquels les deux cents hommes de veille se chauffent. Le timbre nasillard d'un porte-voix avertit, avec une concision toute militaire :

— Tirez-vous, ça va barder.

Ils se « tirent », en effet, désarmés, à un contre cinq, donnent l'alerte dans les rues des Mureaux, s'éparpillent vers leurs cités de Bougimonts, d'Élisabethville, de la Vigne-Blanche...

Flins est en grève depuis dix-neuf jours. Les « accords de Grenelle » sont vieux d'une semaine et demie, et les ouvriers de l'automobile refusent de se rendre. Maintes négociations par branche, pourtant, portent leurs fruits : les PME, en cascade, s'assagissent ; hier, le courrier a recommencé d'être distribué ; le métro et les trains roulent, le courant est rétabli, les écoles rouvrent. Mais les métallos ont le cuir plus épais que les fonctionnaires. Ils n'admettent pas, en particulier, que le patronat s'arroge l'initiative de les consulter sur leurs intentions. Chez Renault, Citroën, Michelin, les salariés ont boycotté les bureaux de vote, déchiré les bulletins qui leur étaient obligeamment tendus. A Flins, des urnes ont été brûlées.

Curieux prolétaires que ces dix mille « betteraviers », comme on les surnomme — référence à l'environnement, et aussi à la fraîche extraction rurale de bon nombre d'entre eux, soudain projetés dans le fracas des machines, parmi des Africains, des Espagnols, des Portugais, des Yougoslaves. Le pourcentage de syndiqués est très faible : un sur vingt, quoique les cédétistes gagnent du terrain. Des ateliers de pointe, un personnel sans mémoire. La direction de la Régie n'a pas visé au hasard pour engager l'épreuve de force et punir, du même élan, la trop remuante CFDT. Avec Billancourt, elle transigera plus tard.

Sitôt les lieux investis, elle publie un communiqué de victoire : « La liberté du travail est assurée, les voies d'accès sont également libres, et toutes les dispositions sont prises pour qu'elles le demeurent. Le travail normal reprendra vendredi 7 juin, aux heures habituelles. »

C'est violer l'un des tabous ancestraux de la saga des damnés de la terre : on ne produit pas le fusil dans le dos. Mais les stratèges de l'encadrement jugent, ici, le risque raisonnable. D'ailleurs, la riposte des syndicats s'avoue défaitiste. Ils annoncent un rassemblement pour demain, huit heures, aux Mureaux. Un meeting d'arrière-garde, à cinq kilomètres de l'usine, quand les équipes de cinq heures trente et de sept heures trente seront déjà rentrées !

Désemparés, quelques jeunes ouvriers décident d'appeler à l'aide. La démarche n'est que partiellement spontanée : un membre de l'UJ, Jean-Michel Normand, établi dans l'usine, leur indique le chemin des Beaux-Arts où se sont repliés, au fur et à mesure que la police reconquiert les locaux universitaires, les étudiants irréductibles.

Un front du refus multiforme s'y est coordonné. Les durs des comités d'action, les « basistes » du 22-Mars et d'ailleurs. Tandis que la JCR conserve ses distances — elle estime le pourrissement irréversible —, les ML d'Ulm, si méprisants et populistes courant mai, reviennent à marches forcées. Leur conviction est inébranlable : le mouvement étudiant est parvenu à sécréter une violence irrépressible, mais le PC et la CGT s'emploient à désarmer le mouvement ouvrier — soyons donc prêts, y compris militairement, à monter en ligne. De Cohn-Bendit à Geismar, de July à Benny Lévy, une obsession commune : préserver les bastions de l'autonomie prolétarienne, que les réformistes consentent à démanteler.

Lorsqu'ils pénètrent, en fin d'après-midi, dans la lourde bâtisse de la rue Bonaparte, les émissaires de Flins découvrent, à côté du célèbre « atelier populaire », un quartier général haletant. Les tableaux noirs disparaissent sous une immense carte où s'affichent, au rythme des nouvelles, les entreprises normalisées et les foyers de rébellion. Ils exposent leurs alarmes, l'inexplicable décalage du meeting syndical trop tardif, l'absolue nécessité de reconstituer le piquet de grève *avant* l'arrivée de la première équipe.

L'auditoire est plus qu'attentif. Un observateur étudiant file à Flins pour vérifier l'exactitude du récit. Il téléphone bientôt, très excité, dicte le texte d'un tract hâtivement griffonné sous le contrôle de ses interlocuteurs, et qui mesure la « température » aux environs de l'entreprise : « Mobilisation générale, travailleurs étudiants. En réponse à l'occupation de leur usine par 6 000 CRS, les ouvriers de Renault-Flins appellent tous les travailleurs et étudiants disponibles à se rassembler le 7 juin à 5 heures du matin place de l'Étoile à Élisabethville (près de l'usine de Flins) pour manifester en masse leur soutien ! *Signé :* Les travailleurs de Renault-Flins. »

Tiré à dix mille exemplaires sur les ronéos des Beaux-Arts, le message est acheminé par des équipes « mixtes », mi-ouvrières mi-étudiantes, vers la zone des opérations. Les HLM de Mantes sont systématiquement visitées : les distributeurs ne se contentent pas d'inonder les boîtes aux lettres ; ils grimpent dans les étages, glissent une feuille sous chaque porte.

De Nanterre, les volontaires affluent. La fac elle-même fournira un excellent relais. L'UNEF donne sa bénédiction. La commission permanente de mobilisation, à la Sorbonne, mobilise. Censier est plus réticent.

La CGT-Renault, elle aussi, a vent du complot, de la « marche » qui se trame. Précipitamment, elle lance l'anathème habituel : « Nous tenons à préciser notre complet désaccord sur une telle initiative, qui risque de favoriser une provocation policière et nuire à la grève des travailleurs de chez Renault. » Il s'agit d'un communiqué public. Son effet immédiat est de stimuler la police.

Benny Lévy décrète le branle-bas général. L'occasion est magnifique, inespérée : le cœur de la classe ouvrière sans l'emprise du PC. Les ML, par leur camarade établi, possèdent des renseignements de première main. En outre, durant le mois de mai, ils ont introduit dans l'usine occupée un espion, un photographe sympathisant, qui a repéré la disposition des locaux et notamment étudié l'alimentation électrique des transformateurs.

Assemblés au théâtre d'Ulm, les chefs maoïstes rédigent une déclaration haute en couleur : « La dictature gaulliste, affaiblie et isolée par les millions de grévistes, par toute la population laborieuse, a lancé un défi à la classe ouvrière. Les ouvriers de Renault savent que les ouvriers de tout le pays les soutiennent. La classe ouvrière resserre les rangs. Camarade, à ton poste de combat : l'usine ! »

Puis Benny jette sur le tapis la question informulée : jusqu'où ? Jusqu'où convient-il d'envisager des « solutions militaires » ? Roland Castro, présentement directeur de *la Cause du peuple,* prêche la modération. Le sens de la pente n'est pas celui-là. Par précaution, le mot « armes » n'est pas prononcé — on dit « plumes », « prendre les plumes ». On envisage sérieusement d'acheminer des « plumes » jusqu'à Flins. De les utiliser contre les CRS. Jacques Broyelle cite les écrits militaires de Mao. Peu à peu, une ligne se dégage : nous nous avancerons aussi loin que possible ; en d'autres termes, aussi loin que s'avanceront les prolétaires. S'ils veulent saboter l'usine, nous la saboterons. S'ils veulent tuer, nous tuerons. Mais nous n'anticiperons pas sur leur désir, nous ne nous substituerons pas à eux.

Jean-Pierre Le Dantec est consigné à l'ENS pour assurer la permanence avec Benny. De Sardan, responsable du secteur ouest de la région parisienne, coiffera les grandes manœuvres. Tiennot Grumbach continue son œuvre d'imprimeur-livreur. Barret, Castro partent en reconnaissance. Olivier Rolin, le baroudeur « ulmard », et Jean-Marc Salmon formeront avec un camarade de l'autre École normale, Saint-Cloud, le triangle de direction « militaire ». C'est du reste à Saint-Cloud que les plans sont tracés et les mesures concrètes prises. De subtils itinéraires sont arrêtés. Un véhicule bourré de cocktails Molotov rejoint l'objectif.

Alain Krivine, Daniel Bensaïd et Henri Weber suivent de loin les préparatifs, s'inquiètent de la fébrilité qu'ils décèlent. Leur commentaire est sans nuance : « Ces types, décidément, sont de dangereux cinglés ! »

Serge July s'engage avec Prisca Bachelet sur l'autoroute de l'Ouest. Comme Alain Geismar, comme les copains du 22-Mars — Dutheuil, Stourdzé —, ils seront au rendez-vous avant l'aube. Ils obéissent à un réflexe essentiel, constitutif : leur rêve est d'agir sur l'histoire, mais l'idée que la jeunesse intellectuelle agisse d'elle-même ne les effleure pas ; les seuls acteurs véritables sont les travailleurs — trompés par les appareils, et cependant détenteurs d'une légitimité exclusive. Les étudiants resteront toujours les bâtards, les enfants illégitimes de l'idéal révolutionnaire. Il n'est d'action *réelle* que dans les rangs des acteurs. Serge et Prisca courent s'y fondre.

Franchi le pont de Saint-Cloud, au détour d'une courbe, c'est le piège. Les gendarmes arrêtent toutes les voitures, vérifient les papiers, fouillent. Porteurs de tracts, Serge et Prisca sont embarqués pour Beaujon, où les attendent d'autres naïfs, prisonniers du même filet. Jean-Edern Hallier, coincé au volant de sa Jaguar, n'a pas réussi à convaincre les policiers qu'il partait en week-end à Deauville. Et Butel, encabanné avec Nicolas Boulte, le « catho », qui insulte sans fin les gardiens. On les parque pour une douzaine d'heures dans une chapelle étrange — « sadienne », observe Prisca —, ornée de fresques rose et vert pâle, sous l'œil d'un flic qui fait les cent pas au buffet d'orgue.

Cinq heures. Alain Geismar, lui, a observé les consignes et emprunté des chemins détournés. Il discerne, dans la nuit grise, les grilles de l'usine, les silhouettes des gendarmes mobiles et des CRS, le serpent blanchâtre du faîte des véhicules de police. Flins revêt l'allure d'une cage mal éclairée, dont les habitants se détachent à contre-jour. Des étudiants surviennent, par petits paquets. Certains ont dormi dans la gare des Mureaux, leurs distributions de tracts achevées. Ils s'asseoient sur la chaussée devant le cordon des forces de l'ordre. Alain reconnaît des visages amis :

— T'as vu ? C'est mieux qu'au zoo...

Le piquet de grève est encore maigre : cent, cent cinquante personnes, dont deux tiers d'ouvriers. Aucun syndicaliste déclaré. Les premiers travailleurs arrivent à mobylette et augmentent sans hésitation les effectifs du noyau initial. Puis surgissent les cars de ramassage. L'instant critique. Les flics avancent pour dégager la route. Mais les ouvriers la traversent, tournent le dos à l'entrée. On attend la deuxième équipe — six mille hommes, le gros de la troupe. Les délégués CGT et CFDT sont maintenant présents, tendus. Afin de tuer le temps, les moqueries courent sur le nouvel accoutrement des CRS, du jamais vu : visières antigaz, boucliers de plastique. Des voitures bondées déversent leurs cargaisons d'étudiants. Une caisse contenant des casques de motocycliste, des bâtons, est promptement vidée.

— Dégagez ! Dégagez ! crie un drôle de type bizarrement vêtu.

C'est le préfet, malhabile dans son uniforme.

— Rigolo ! Guignol !

Les railleries fusent. Un jeune ouvrier lui plante le doigt dans le dos. Il pivote :

— Qui m'a fait ça ? Je veux savoir qui m'a fait ça...

Fin de la récréation. L'interminable file des cars de la Régie s'étire à l'infini. Cette fois encore, les CRS dégagent la route.

Geismar court, parmi les autres, pour crier dès que glissent les portes pneumatiques :

— N'y allez pas, n'entrez pas, la grève continue !

La plupart des ouvriers entendent l'appel. D'autres marchent jusqu'aux grilles, aperçoivent les casques et les mousquetons, retournent sur leurs pas. La direction a manqué son coup. Les quatre cinquièmes du personnel restent dehors.

— Pas de provocation, pas de provocation ! recommande le porte-voix de la CGT.

Le meeting syndical « officiel », aux Mureaux, est un four. Devant trois cents clients, un orateur — de la CFDT — tangue, indécis :

— La situation est floue. Elle est mouvante, camarades. Elle évolue tout le temps, camarades...

Il se tait, accepte de déplacer la sono vers Élisabethville, place de l'Étoile.

Alain Geismar ressent une émotion singulière. Ses copains et lui sont environnés de prolos, sept mille, immergés dans cette masse fraternelle et grondante. Le secrétaire général de la fédération CGT des métaux apporte le salut de Billancourt. Le porte-parole de la CFDT remercie « les camarades étudiants qui mènent avec les travailleurs un seul et même combat ». Le meeting, le vrai meeting celui-là, au nez des flics, tire à sa fin. Et voici qu'une rumeur monte de l'assemblée : « La parole aux étudiants ! » L'un de ces derniers, près du monument aux morts, est poussé vers la sono, qu'un chef cégétiste commence à débrancher. Protestations. Geismar, sollicité, empoigne le micro :

— Les étudiants et les enseignants qui sont venus à Flins ne cherchent pas du tout à diriger la lutte des travailleurs, qui savent très bien ce qu'ils ont à faire. Ils sont venus pour leur apporter leur soutien et pour se mettre à leur disposition.

L'ovation est sincère, rugie, joyeuse. Alain, comblé, n'ose s'avouer *in petto* que son auditoire, au fond, souhaiterait recevoir des camarades expérimentés du quartier Latin quelques directives plus explicites. Il est ici « au service de » — ainsi le prévoit la distribution des rôles.

Vers dix heures, alors que les rangs se sont éclaircis, une délégation syndicale s'apprête à réclamer une entrevue avec la direction. Jean-Marc Salmon est juste à côté d'une voiture de pompiers des Mureaux. La radio de bord crache l'ordre de faire dégager. Trois sommations. Une grenade.

Salmon saisit une pierre, la lance droit devant. Il encaisse sur la pommette gauche le poing d'un cégétiste. Son voisin se marre :

— Celui-là, tu ne l'as pas volé !

Mais les escarmouches deviennent sérieuses. Geismar, escamoté par les siens (« Sois sage, tu es notre seule caisse de résonance ! »), s'éloigne, frustré. Les « militaires » de l'UJ, les voltigeurs du 22-Mars entrent en lice. Ils ne sont pas seuls. Les jeunes ouvriers vident les réservoirs de leurs mobylettes, siphonnent l'essence des cars. Les flaques de feu rampent sous les bottes des flics. Un commando de manifestants, du haut de la rue en pente, roule vers les CRS une énorme cuve à mazout vide. Salmon juge néanmoins imprudent de poursuivre l'escalade « au contact ». Il ordonne de ne pas utiliser les cocktails Molotov.

Le front ne tarde guère à se disloquer, à se fractionner dans les rues d'Élisabethville. Les assaillants se replient sur la gare, qu'ils tiennent durant deux heures. Puis s'échappent le long de la voie ferrée.

C'était le plan prévu. Les forces de l'ordre sont invincibles mais lourdes. On les entraîne dans les champs. On leur inflige les fantaisies d'une guérilla éclatée — les commandants de gendarmerie devraient étudier Mao Tsé-toung. Un hélicoptère mouchard traque les foyers de subversion au creux des collines, au fil des potagers, lâche des grenades. Philippe Barret se spécialise dans le ramassage de branches fourchues, propres à fournir des lance-pierres. Olivier Rolin goûte cette guerre bucolique, les replis successifs dans les graminées, les haltes sous un cerisier.

En ville, c'est moins drôle. Les habitants des HLM abritent de bon cœur ces jeunes gens un peu fous qui s'identifient si volontiers à la cause des autres. Les flics ratissent, ratonnent, tirent des grenades jusque dans les logements, atteignent un ouvrier dans sa cuisine.

La presse compte cinquante blessés.

A Paris, les cheminots CGT refusent de fournir aux multiples manifestants (de l'UNEF, de la CFDT) qui soutiennent les irréductibles et s'en vont le crier sous les remparts de Billancourt un train spécial acheminant des renforts. La centrale de Georges Séguy, dès le lendemain, hurle, et *l'Humanité* répercute à pleines colonnes ce hurlement : « Alors que les travailleurs étaient rassemblés dans le calme, des groupes étrangers à la classe ouvrière, conduits par Geismar, qui apparaît de plus en plus comme un spécialiste de la provocation, se sont introduits dans ce rassemblement pour inciter les travailleurs à réoccuper l'usine. Ces formations, entraînées quasi militairement, qui se sont déjà signalées à l'occasion des opérations de même nature dans la région parisienne, agissent visiblement au service des pires ennemis de la classe ouvrière. »

Le Toulec, orateur du parti communiste, est hué lors d'un meeting à Bêcheville, près de Flins. Des mains, dans la foule, réduisent *l'Huma* en confettis sacrilèges.

Sous le carnaval, la guerre. Les dirigeants maoïstes, qui ont refusé, refoulé la dimension ludique des journées de mai, investissent enfin l'avant-scène. Une bataille, une vraie bataille est engagée sur l'unique champ de bataille qui soit : les lieux de production. Le climat, rue d'Ulm, est celui des grands soirs. Benny Lévy, Jean-Pierre Le Dantec portent sur leurs épaules le poids d'un terrible et fascinant privilège : le droit de tuer dans l'exercice de sa fonction.

Le président Mao Tsé-toung a dit : « Une guerre révolutionnaire agit comme une sorte de contre-poison, non seulement sur l'ennemi, dont elle brisera la ruée forcenée, mais aussi sur nos propres rangs, qu'elle débarrassera de tout ce qu'ils ont de malsain. »

Le cas de conscience n'est pas de verser le sang ou non, mais d'apprécier le degré de mobilisation des masses. Être à l'avant sans se détacher. Benny et les siens sont persuadés que le corset bureaucratique qui enserrait la classe ouvrière est en train de craquer. Il faut peser, pousser, tirer, élargir les déchirures. Jean-Pierre Olivier de Sardan, Jean-Marc Salmon effectuent d'incessantes navettes entre Paris et Flins, afin d'évaluer le potentiel de violence accumulé et de fournir à l'état-major une estimation motivée.

Après deux jours de guérilla rurale, ils rentrent chauffés à blanc. Les jeunes prolos sont très remontés, envisagent de faire sauter les transfos. Benny les arrête :

— Non, pas question de sabotages. Ce n'est pas mûr. Nous devons préserver d'abord la perspective d'une scission de la CGT.

Olivier Rolin et son copain de Saint-Cloud ont repéré un pont, sur l'autoroute de l'Ouest, d'où il serait aisé, avec quelques bombes, d'incendier des cars de CRS en convoi vers Flins. Benny Lévy réagit de la même manière :

« Pas d'accord, nous ne sommes pas là pour nous faire plaisir. Il ne nous appartient pas de déclencher la guerre civile avant que les masses ne la déclenchent.

Rolin piaffe, amèrement déçu.

Le week-end s'achève dans l'incertitude. Le lundi matin, les militants parisiens découvrent que les flics, durant la nuit, ont méthodiquement crevé les pneus des voitures immatriculées hors du département. Pendant que le ballet rentrera-rentrera pas se danse une fois de plus entre les bottes des « mobiles », un détachement de CRS investit le local de la CFDT. Prisca Bachelet, libérée de Beaujon, s'y trouve. Elle court jusqu'au mur du jardin, s'agrippe. Cinq ou six bras musclés la tirent en arrière, l'embarquent dans un camion. Les gauchistes captifs sont conduits à l'usine, collés contre le mur sous la menace des mitraillettes. Les forces de l'ordre cherchent à les humilier, abattus, dérisoires, sous le regard des prolétaires. Ils entonnent le répertoire révolutionnaire. Ils chantent à tue-tête.

Jean-Marc Salmon réceptionne une équipe de secours, dépêchée de Paris pour assurer la relève. C'est le début de l'après-midi. Le rendez-vous champêtre est fixé à la pointe d'une île de la Seine, non loin de Meulan. Un pont la domine. Salmon expose les directives, mais un camarade de la Sorbonne, un prêtre, émet des réserves, et la discussion se prolonge. Tout est calme alentour.

L'échange s'achève. Une voix : « Les flics ! » Jean-Marc aperçoit, à deux cents mètres, une dizaine de gendarmes mobiles qui s'avancent vers eux. Rudement tabassé la nuit du 24 mai, il n'a guère l'intention de se laisser arrêter. Mais pas de panique : il a le temps de fouiller ses poches, d'enterrer les notes compromettantes. Quelqu'un crie : « A l'eau ! » et, sans bousculade, les étudiants plongent dans le fleuve.

Salmon s'y jette le dernier. La Seine est froide, lui coupe le souffle. Il nage vingt mètres, passe sous un pont, distingue des camarades qui accostent déjà sur la rive droite.

— Sors de là ou je tire !

Un motard s'est arrêté sur le pont, brandit son arme, la pointe vers lui. Une femme âgée, une passante, près de la balustrade, interpelle le gendarme :

— Mais vous êtes complètement fou, vous n'allez pas tirer ?

D'autres hommes en uniforme accourent, délibèrent. Jean-Marc, gêné par ses vêtements et ses chaussures, accélère, cisaille l'eau comme il le peut.

Un autre nageur, à trente mètres sur la droite, légèrement en amont, semble avoir des problèmes. Il s'enfonce un peu, crie en levant le bras. Salmon ne l'identifie pas, s'efforce de se diriger vers lui, mais le courant contraire le freine ; son blouson de cuir, gonflé d'air, le retient comme une ancre flottante. Aucune réaction du côté des gendarmes. Cela dure. Salmon s'essouffle sans progresser. Un type en survêtement plonge du pont, arrive à l'endroit où s'agitait la main du jeune homme en difficulté, cramponne son vêtement. L'étoffe se détache. Jean-Marc voit couler le corps du copain inconnu.

Il s'abandonne au courant, retrouve, plusieurs centaines de mètres après, un ami prof de gym. Les flics sont toujours à leurs trousses. Ils dénichent une barque. Les avirons sont à bord. Ils franchissent la Seine, arrivent aux Mureaux, où tout le monde les croit morts.

Le disparu s'appelait Gilles Tautin, lycéen de dix-sept ans. Il appartenait au service d'ordre de l'UJ. Sa spécialité était de tirer le portrait des fachos dans les manifs. A Flins, il prenait des photos pour *la Cause du peuple*.

La nouvelle court de cité en cité. L'air sent la poudre. Roland Castro frôle le gouffre. Il est tombé sur un groupe d'ouvriers quelque peu loubards, très excités, dont l'intention vengeresse est de piller, à l'aube, une armurerie de la région. Roland vient aux ordres, rue d'Ulm. L'atmosphère y est étrange, accablée et survoltée. En l'occurrence, Benny accorde le feu vert, dans la mesure où l'initiative provient des travailleurs eux-mêmes. Castro, lui, s'interroge. La fine bande de justiciers dont la responsabilité lui échoit paraît très frimeuse, imprévisible. Les conjurés passent la nuit dans un bois, pour échapper à la vigilance des policiers qui quadrillent systématiquement les rues. A la pointe du jour, le camarade Castro déploie sa science maoïste, justifie la nécessité de longues et patientes enquêtes auprès du peuple avant d'agir ou de s'exprimer en son nom. Ne serait-il pas judicieux de procéder à une ultime investigation ? Le commando rengaine ses colts virtuels et part s'initier à la sociologie.

Pendant ce temps, Jean-Pierre Le Dantec se mue en grand ordonnateur des pompes funèbres. C'est lui qui reçoit mission d'avertir les parents de Gilles, puis d'orchestrer des obsèques utilitaires et grandioses. Elles sont fixées au 15. Tiennot dirige les répétitions dans la salle *U* de l'École. Sous sa baguette, un chœur de militants exaltés psalmodie la mélopée funèbre que prisait Lénine, *Adieu camarade*. Des tracts crêpés de noir invitent les Parisiens à honorer « leur » martyr.

Traversant la cour du Mûrier, aux Beaux-Arts, Le Dantec, affairé, croise, avachis sur la pelouse, deux ex-amis du bon vieux temps de l'UEC, Crubelier et Janin. Ils ont la dent dure :

— Alors, vous le tenez, votre cadavre ! Et vous allez l'enterrer dans le calme et la dignité. Pauvres cons !

Jean-Pierre leur cloue le bec d'une injure et file. En ces heures sombres, un dirigeant de son rang n'a pas le loisir de polémiquer.

L'usine de Flins est provisoirement désertée par les forces de l'ordre. Mais le mardi 11 juin, à Sochaux, loin des étudiants, loin de la capitale, les CRS abattent d'une balle de neuf millimètres Pierre Beylot, ouvrier serrurier-ferreur de Peugeot, lors d'une opération analogue à celle de la semaine précédente. Un autre travailleur, Henri Blanchet, se tue en tombant d'un mur. Les affrontements, selon les agences de presse, sont d'une violence sauvage. La rumeur parvient même, au quartier Latin, que le corps d'un CRS, étranglé par une chaîne de bicyclette, aurait été précipitamment évacué en hélicoptère. Lyon, Saint-Nazaire, Toulouse sont les théâtres d'échauffourées sérieuses.

C'est la dernière, et ils le savent. Ce mardi soir, l'UNEF et les divers affluents du « courant de mai » convergent sur la gare de l'Est pour dénoncer la répression. Le secteur est bouclé, les arrivants filtrés et embarqués vers des dépôts de grande banlieue. Soixante-douze barricades, pas moins, émaillent cependant Paris tout au long de la nuit. Les forces de l'ordre ne s'épuisent pas à les réduire — sauf devant l'ancienne gare Montparnasse, où s'élèvent des fortifications géantes. Elles veillent plutôt à morceler les foyers de rage. Malgré cinq commissariats assiégés, malgré dix cars détruits, le péril majeur est *a priori* écarté — les ministères sont pleins, le pouvoir n'est plus à prendre.

Les étudiants allument des feux de joie avec les panneaux électoraux. Les experts des partis de gauche prévoient un raz de marée gaulliste. Les étudiants s'en moquent ; les notions de majorité et de minorité ont à leurs yeux perdu tout sens — quand la vague se reformera, le peuple abusé, trahi, laissera rejaillir sa colère.

Ce n'est qu'un début.

Le 12 juin, le gouvernement prononce la dissolution de onze organisations « gauchistes », dont la JCR, l'UJC(ml) et le Mouvement du 22-Mars. Daniel Cohn-Bendit a déjà clandestinement regagné l'Allemagne, convoyé par Marie-France Pisier.

Le 13 juin, le comité d'organisation de la Sorbonne décide d'expulser les « Katangais » et de fermer les portes pour quarante-huit heures. L'état politique et sanitaire des lieux réclame un ample balayage.

Le 14 juin, la police chasse de l'Odéon « Lulu », « Jackie » et les autres, qui s'y sont réfugiés.

Le 15 juin, Gilles Tautin est enterré au son de *l'Internationale,* sous un déluge d'œillets. Un ouvrier de Flins jure sur sa tombe qu'il sera vengé.

Le 16 juin, la Sorbonne capitule sans accroc.

Le 17 juin, les chaînes de Renault redémarrent.

Le 30 juin, au second tour des élections législatives, la majorité qui soutient le général de Gaulle obtient 358 des 465 sièges de la nouvelle Assemblée.

Élections, piège à cons !

16

Le théâtre des combats

La France reprend haleine. Huit semaines ont suffi pour qu'une étonnante cavalcade, partie de Nanterre, entraîne le régime, la Vᵉ République et son chef au bord du gouffre. Comment un pays voguant vers la prospérité, doté d'une économie en expansion rapide, d'un État baraqué et d'un souverain prestigieux s'est-il ainsi délité, désagrégé ?

Le raz de marée gaulliste, fin juin, inonde les urnes et l'Assemblée nationale. Mais c'est le parti de la trouille qui l'a emporté. Les observateurs, les journalistes, les sociologues, et quelques penseurs parmi les politiques, ne sont pas dupes ; ils cherchent quelle inquiétude, quelle aspiration couvaient sous la sérénité des apparences. Depuis la fin du conflit algérien, seule une poignée d'exaltés, à peine fichés par les Renseignements généraux tant leur nocivité semblait factice, appelaient de leurs vœux le grand chambardement. Les syndicats ouvriers et l'opposition parlementaire ne ménageaient ni leurs critiques ni leurs revendications, mais ne s'aventuraient guère hors des voies usuelles, et légales.

Pourquoi ? Oui, pourquoi l'agitation étudiante, qui, de Tokyo à Berkeley, de Rome à Berlin, de Varsovie à Madrid asticotait l'Université, a-t-elle contaminé, en France, une fraction majeure du corps social, comme si cette parole échevelée frappait au cœur des millions d'individus ? Pourquoi l'utopie marginale, le rêve d'un monde différent, meilleur, juste, s'est-elle affirmée avec un tel sentiment d'urgence, de nécessité concrète, et partagée ? Pourquoi le cri poussé par le quartier Latin a-t-il été amplement — quoique inégalement — répercuté ? La France gaullienne, sautant en quelques enjambées tardives d'un siècle à l'autre, avait-elle accumulé tellement de frustrations secrètes et contradictoires — effroi devant le changement, impatience devant sa lenteur ?

A chaud, un brin étourdis par le souffle de l'explosion, les analystes perspicaces ne manquent pas de relever la très lourde responsabilité du pouvoir qui, d'atermoiements en oscillations, d'aveuglements en rodomontades, n'a rien pressenti, rien compris. Dès les premiers symptômes, sa religion était faite : un classique chahut estudiantin, un monôme détourné par une poignée de meneurs pervers dont les anomalies psychologiques se soigneraient à coups de matraque. Effrayante cécité. Son immédiat produit a été la constitution quasi spontanée d'un vaste front juvénile.

Le parti de la jeunesse ! C'est Edgar Morin qui, dans deux articles du *Monde* (« La révolution sans visage »), légitime l'expression. Le sociologue réfléchit sous l'emprise de l'événement, magnifie le rôle historique d'une classe d'âge, la jeune classe, celle du *baby-boom*. Il prolonge ses analyses du « phénomène yé-yé » surgi lors de la nuit de la Nation, en 1963. Et il écrit : « Le mouvement étudiant fait fonction polymorphe de parti de la jeunesse entraînant une fantastique force de frappe juvénile où tous les ordres sont réunis dans une sorte de 89 groupant solidairement étudiants, jeunes populaires, lycéens ; de parti intellectuel, entraînant et exaltant une intelligentsia jusqu'alors rêvant de révolution et signant des manifestes verbalement incendiaires ; de pseudo-parti ouvrier d'avant-garde appelant à la révolution prolétarienne ; de vrai parti populiste dans son élan fraternisateur vers les classes populaires. »

Les insurgés de la Sorbonne apprécient modérément les salades romantiques de Morin. La seule classe émancipatrice qu'ils connaissent est la classe ouvrière, la classe révolutionnaire par définition. L'âge des protagonistes — tendre, ils en conviennent — ne saurait masquer l'affrontement social derrière un conflit de générations. July et Grumbach, Krivine et Geismar, Kravetz et Péninou éprouveraient toutefois bien des difficultés pour réfuter, au moins sur un point, le discours du sociologue : « C'est la masse juvénile qui constitue le mouvement, mais celui-ci aura toujours comme tête politique, l'orientant dans un sens rouge et noir, la petite élite révolutionnaire, la pléiade de militants expérimentés, de vingt à trente ans, vétérans des luttes politiques étudiantes, devenus demi-soldes de la société bourgeoise. »

L'explosion française puiserait ainsi une explication dans la conjonction de la révolte de la jeunesse et de la survivance d'un état-major politique, cuirassé par dix années de bagarres sur la rive gauche de la Seine. Cet état-major — socialement novateur et politiquement archaïque — inocule dans un soulèvement existentiel, libertaire, anti-autoritaire, une idéologie marxisante, ouvriériste, populiste.

1986. Daniel Cohn-Bendit :

— Il faut accepter l'ambivalence de Mai, son archaïsme et sa modernité. C'était un mixage entre la dernière révolution du XIXe siècle et un mouvement neuf, inédit, qui posait les problèmes de la fin du XXe. Nous avons été, sur le coup, prisonniers de la mythologie. La théorie révolutionnaire était caduque, mais nous ne nous en rendions pas compte. Il a fallu, pour cela, des années. L'acquis de Mai, c'est l'expérience historique de l'action collective qui fonde l'imaginaire social. L'« individualisme » de Mai était sain, enraciné dans le groupe. Aujourd'hui, nous vivons sur la nostalgie de la convivialité, de la générosité.

D'instinct, les révoltés de Mai ont bousculé les vieilles armatures d'un pays figé dans ses valeurs, ses rites et ses codes, alors que son appareil économique évoluait, que le niveau de vie grimpait, que la demande scolaire s'envolait, que les antennes s'accrochaient aux cheminées. Le toilettage des mœurs, la mise à jour des relations sociales devaient suivre. Là réside le malentendu : les révolutionnaires en quête de révolution ont tôt drapé le bouillonnement printanier d'oripeaux périmés.

Ils se sont voulus héritiers de la tradition — images de Petrograd et de la Commune entremêlées — tout en s'échinant à soulever une dalle de béton. Le mouvement de Mai était le révélateur d'un changement de la société ; ses acteurs, à demi conscients, désiraient changer de société. Ils s'immergeaient dans le bain politique, se torturaient de ne savoir s'emparer du pouvoir, armaient leurs légions pour la prochaine fois, tandis qu'émergeaient partout des contre-pouvoirs, des associations, des regroupements, des courants qui ne visaient qu'à protéger les individus contre le pouvoir. Les protagonistes catalysaient des crises latentes, dans l'école, la famille, l'entreprise. Au fond, ils l'ignoraient.

Juillet. Henri Weber et Daniel Bensaïd prennent le soleil à la terrasse du Bonaparte en sirotant un demi. Les touristes étrangers, place Saint-Germain-des-Prés, cherchent désespérément, sur la chaussée, sur les murs, quelque trace des « événements » — une inscription, une affiche — à travers l'objectif. Quel chasseur d'instantanés imaginerait que les deux jeunes gens paisibles et méditatifs devant leur bière figurent parmi les principaux animateurs du Mai étudiant ? Mieux encore : que les lieutenants d'Alain Krivine sont recherchés par la police, accusés de « reconstitution de ligue dissoute » ? Bref, qu'en dépit des apparences, ils mènent une existence clandestine ?

Après la dissolution des groupuscules par le Conseil des ministres, les dirigeants de la JCR ont proclamé qu'ils refusaient cette décision et qu'ils continueraient. L'éventualité d'une interdiction gouvernementale avait été envisagée, et toute une infrastructure était prête : planques, voitures, ronéos, argent, et même une direction de rechange.

Bensaïd et Weber se cachent ensemble chez Marguerite Duras, rue Saint-Benoît. Ils consacrent leurs journées à rédiger, pour l'éditeur François Maspero, un livre sur le printemps chaud que la France vient de vivre. Le titre est tout trouvé : *Une répétition générale*. En fin d'après-midi, quand ils sont las d'écrire que la prochaine sera la bonne, ils descendent, violant les plus élémentaires règles de prudence, boire un verre. Ils communiquent avec Krivine par estafettes interposées. De temps à autre, les chefs trotskistes se rencontrent dans l'appartement de quelque insoupçonnable célébrité.

La voiture a laissé Alain Krivine près de la gare Saint-Lazare. Il revient de Bruxelles et a franchi la frontière illégalement.

Le leader de la JCR a rendez-vous avec sa femme Michèle, la fille de Gilles Martinet, devant le lycée Condorcet — le lieu de ses exploits adolescents. Il ne l'a pas vue depuis un mois. Tout en descendant la rue du Havre, il jette un coup d'œil alentour. Rien de suspect. A quelques pas derrière lui marche un agent de la RATP, sa sacoche en bandoulière.

De loin, il aperçoit Michèle, seule devant le lycée, et lui adresse un petit signe. Au moment où il s'apprête à traverser la rue pour la rejoindre, coïncidence : un camarade, dirigeant de *Voix ouvrière,* un groupe trotskiste concurrent, et qui passe là par hasard, salue Michèle. Elle lui montre Alain. Il n'a pas le temps de venir jusqu'à eux. Le voici entouré par une vingtaine d'individus qui ont convergé en dix secondes : entre autres, un clochard, deux électriciens, un vendeur de *France-Soir* et, bien sûr, l'agent de la RATP...

Presque au même instant, trois voitures banalisées débouchent et stoppent bruyamment. Les policiers embarquent tout le monde, Krivine, sa femme Michèle et le copain trotskiste, lequel se surnomme « Spartacus ». Les inspecteurs sont persuadés qu'il avait affaire avec Alain.

Le trio est conduit au Fort de l'Est, qui abrite la Cour de sûreté de l'État. Les deux hommes bénéficient d'une cellule spacieuse : un dortoir de quarante places. Chacun couche à un bout, et, au milieu, une douzaine de policiers se relaient jour et nuit. Ils boivent de la bière en quantité et jouent aux cartes.

Krivine ne pense qu'à dormir, encore dormir. Pendant des semaines, il a tenu, grappillant quelques heures de sommeil entre deux réunions, deux manifs, deux assemblées générales. Puis la clandestinité l'a obligé à changer de logement en permanence, quittant le domicile d'un grand médecin catholique pour celui d'une comédienne, fille d'un gaulliste historique. Jamais de vraie pause. Ici, il est permis de s'écrouler.

Peu à peu, les cerbères s'approchent, engagent la conversation. Bizarrement, ces flics, dont les collègues en uniforme ont été copieusement traités de SS durant deux mois, témoignent un certain respect à l'agitateur étudiant. Ils veulent discuter, comprendre, et Krivine découvre que la police n'est nullement un corps monolithique. Ses interlocuteurs ont vécu douloureusement les événements, certains sont franchement ébranlés, voire traumatisés dans leur rôle de gardiens de l'ordre musclé. L'un d'entre eux, en tête-à-tête, se confie, raconte qu'il était monteur de chauffage central. Il ne supporte plus ses collègues, demande au prisonnier de l'aider à s'en sortir.

Le commissaire Delarue, historien de la Gestapo, mène les premiers interrogatoires. Il se montre prévenant, attentif. Il ne cache pas à son interlocuteur qu'il aurait aimé converser en d'autres circonstances. Krivine ne répond à aucune question précise, et les deux hommes en viennent vite à parler politique : les étudiants, les groupes révolutionnaires, le parti communiste, de Gaulle, réforme, révolution. Sincèrement, le dirigeant de la JCR s'étonne que les policiers lui accordent tant d'importance : il a fait si peu.

« Spartacus », le responsable de *Voix ouvrière*, est également questionné. Au retour, il ne manque jamais de chantonner en anglais sur l'air de *Oh When the Saints*. Les policiers s'inquiètent de cette manie, réclament le diagnostic d'Alain : léger dérèglement mental ? Imperturbable, l'autre continue à chanter. Il chante, pour informer Krivine, une brève synthèse de la dernière séance, mentionne les noms évoqués. Un matin, il entonne, très *blues,* toujours en anglais : « Va aux chiottes, il y a un mot sur le papier ! » Alain obtempère, gagne les toilettes, découvre quelques lignes hâtivement griffonnées sur le rouleau : « A midi, on mange du poulet... » Fine plaisanterie. L'enfermement ramollit.

Dix jours, et Krivine est transféré à la prison de la Santé, menottes aux poignets, encadré par une impressionnante escorte. En arrivant, il croise un groupe de taulards qui descendent à la promenade. D'un seul mouvement, les détenus lèvent le poing pour le saluer. Ils n'ont pas oublié les cris de « Libérez nos camarades », boulevard Arago, sous leurs fenêtres, voilà deux mois. Alain trouve un mot sur son lit lui expliquant la marche à suivre s'il désire entamer une grève de la faim. C'est signé : « Un groupe de prisonniers amis. »

Courant juillet, Krivine est rejoint à la Santé par plusieurs militants de la JCR arrêtés lors d'une réunion : la direction de rechange a été pincée en flagrant délit. Le juge d'instruction accorde aux « gauchistes » le statut politique : cellules ouvertes dans la journée, livres, possibilité de commander ses repas. La vie de château ! En perquisitionnant chez Alain, les policiers ont saisi des notes sur un camp de vacances qui avait été prévu à Cuba cet été — comme le fit jadis l'équipe de *Clarté*. Ils sont persuadés qu'il s'agit d'un camp d'entraînement. Le fantasme du complot international téléguidé par l'étranger amuse fort les emprisonnés. Si les charges sont de ce calibre, ils savent qu'ils ne moisiront pas en cellule. Et déjà, ils préparent la suite.

A longueur de temps, ils parlent. La situation est limpide ; les journées de Mai ont montré que la révolution n'était pas une chimère. La classe ouvrière, que d'aucuns décrivaient « embourgeoisée », assoupie, s'est réveillée en fanfare. Il n'a manqué, dans cette conjoncture exceptionnelle, qu'un véritable parti révolutionnaire qui saisisse sa chance. Les yeux rivés sur 1917, les jeunes trotskistes devinent ce qu'il leur reste à faire : construire un tel parti. L'occasion ne leur échappera plus. Décidément, ce n'est qu'un début.

Robert Linhart réapparaît à Ulm quand commence l'été. Depuis sa disparition, dans la nuit du 10 mai, nul n'avait revu le chef de l'UJC(ml). La cure de sommeil, les médicaments ont émoussé son emportement. Il va un peu mieux. Juste à sa sortie de clinique, Nicole l'a promené en voiture afin qu'il soit témoin des dernières occupations. Il a pu discerner quelques drapeaux rouges flottant sur les cheminées, des banderoles fatiguées battant contre les portails. Images fugitives, ultimes soubresauts d'un mouvement que le jeune normalien avait tant espéré et qu'il a manqué, coincé entre quatre murs blancs.

Durant son repos forcé, il a réfléchi, s'est longuement interrogé ; il veut comprendre, analyser pourquoi il a persévéré dans l'erreur avec une telle virulence. Les autres membres de la direction, Benny Lévy, Broyelle, Grumbach, Castro, en conviennent aisément : le bureau politique a fait faillite, il faut ouvrir un ample débat, il faut analyser la manière dont l'organisation marxiste-léniniste est passée à côté du phénomène étudiant.

Une première réunion se tient clandestinement dans un appartement proche de la gare de Lyon. Robert, fatigué mais lucide, déclare d'emblée que l'attitude adoptée en mai était erronée, qu'il convient de la critiquer. La voie étroitement ouvriériste choisie par l'UJ dans son insatiable désir de « servir le peuple » l'a conduite à négliger la révolte universitaire et à traiter par le mépris la contestation qui sourdait de la jeunesse tout entière.

Cette interrogation politique cèle, chez Linhart, une introspection trouble, inavouable. Comment lui, le chef génial et incontesté, le brillant dialecticien qui prenait de court — et de haut — ses professeurs, s'est-il à ce point fourvoyé, muré dans son intransigeance ? C'est au fond de lui que Robert traque les signes d'un dérapage. Face à ses camarades, il dissimule cette angoisse, ou ce vertige. Ils ne l'en taraudent que plus.

Dans l'ordre de la « militance », le moi est quantité seconde. L'erreur est d'essence politique. Les « problèmes personnels »

— étiquette commode, fourre-tout du non-dit — sont proscrits des subtiles architectures stratégiques. Seuls les néophytes s'imaginent trouver, munis de leurs sésames partisans, des micro-sociétés fraternelles où s'expérimenterait une relation différente entre les individus. La révolution n'est ni un dîner de gala ni une association d'entraide.

Tiennot Grumbach, lui, sait que derrière le ressaisissement de Linhart, par-delà l'examen théorique, textes du président Mao à l'appui, brûle une déchirante inquiétude. Quelques jours auparavant, il a reçu un mot de Robert qui l'a bouleversé, qui a ravivé son affection ancienne, ébréchée l'an passé lorsqu'il avait critiqué le leadership de ce dernier. Grumbach regrette presque, maintenant, de ne pas lui avoir adressé la lettre où il avouait son propre désespoir. Violemment ému, il a lu et relu les lignes — comme toujours — élégamment calligraphiées :

> Mon cher Tiennot,
> J'ai beaucoup réfléchi, ces derniers temps, à notre passé. J'en suis venu à la conviction que tu as souvent eu des positions correctes, que j'ai combattues à tort.
> En particulier, il m'apparaît maintenant que le mouvement d'opinion du 14 juin 1967 était pour une très grande partie correct ; il n'avait que le défaut de ne pas être suffisamment structuré du point de vue politique. Ta déclaration, selon laquelle il fallait « me protéger contre moi-même », a été confirmée avec éclat par les faits récents. Je t'en suis reconnaissant (à retardement, malheureusement).
> J'espère reconquérir ton amitié.
> Beaucoup de choses ont changé. Pour ma part, j'ai été désarçonné de mon cheval par la vigilance révolutionnaire de mes camarades : je n'ai aucune intention de me remettre en selle ; je suis maintenant résolu à briser mon orgueil et à devenir un élève modeste des masses, du peuple travailleur et de mes camarades.
> Je te prie de croire à ma fraternelle affection.
>
> Robert.

Après cela, Tiennot, chez qui l'affectivité prime, est enclin à toutes les absolutions : il préfère, de loin, ce Linhart gagné par le doute, et qui avoue — fût-ce en verbiage convenu — sa fragilité, à l'inaccessible chef bolchevique.

Benny Lévy n'est pas un homme à s'épancher. Depuis toujours, envers Linhart, il a cultivé le complexe du brillant second. Leurs rapports sont dominés par une sourde rivalité intellectuelle, et, des années durant, il a souffert de la primauté, de la légitime primauté du fondateur. Reste qu'au plus fort de la tourmente le numéro un s'est évanoui. Benny a dû assumer une succession à la fois périlleuse et tacite : il n'a aucune envie de gommer cet épisode. Quand Robert semble l'englober dans une autocritique collective de la direction, quand il évoque l' « aventurisme » de l'UJ à Flins, Benny contre, sèchement.

Quant à Roland Castro, il est déboussolé, perdu. Las des rivalités, des ambitions contraires, il souhaite plonger à la base. En bons maoïstes, tous s'accordent sur la nécessité d'un « mouvement de critique » : les militants, pendant l'été, sont invités à réfléchir, à s'immerger dans les masses, à consigner leur bilan. La rentrée venue, il sera temps de faire le point.

Benny Lévy part pour Sochaux. Le normalien, qui n'a pratiquement pas quitté la rue d'Ulm en mai, s'en va enquêter sur les affrontements violents qui ont marqué la reprise du travail aux usines Peugeot. Deux ouvriers, Beylot et Blanchet, ont été tués. Un mois plus tard, les jeunes métallos que rencontre le militant prochinois sont encore sous le choc. Ils racontent les bagarres d'une violence extrême ; ils racontent que les flics ont tiré, que les ouvriers ont riposté avec tous les moyens disponibles.

Fasciné, Benny entend dire qu'une dizaine de CRS ont été précipités dans des cuves d'acide. Il ne lui vient pas à l'esprit de contester la véracité de ces propos, puisqu'ils émanent des « prolos » eux-mêmes. Des travailleurs en bleus tachés de cambouis avertissent carrément : « La prochaine fois, c'est avec des fusils qu'on les accueille ! », ou réclament : « Ce qu'il nous faut maintenant, ce sont des groupes armés »... La conviction de Benny s'aiguise : une fraction du prolétariat est disposée à hausser la mise, à s'armer, même ; c'est sur ce noyau déterminé, combatif, qu'il convient désormais de s'appuyer.

D'autres groupes ML s'installent à la campagne, tentent de partager la vie des paysans. En référence à l'épopée du camarade Mao, ils baptisent « longues marches » ces retours aux champs. Le plus souvent, cela consiste à s'enrôler comme ouvrier agricole nourri et logé, mais non rémunéré. Tel est le lot de Jean-Pierre Le Dantec dans sa Bretagne natale. D'autres écument le pays nantais.

Nicole Linhart emmène ses loubards de Citroën dans le Languedoc. L'accueil des ruraux est frisquet. Les arrivants n'offrent point une dégaine appropriée aux travaux de la terre. Robert les accompagne un temps. Il est abattu, silencieux, sans entrain.

Épuisés. A l'orée de l'été, Prisca Bachelet, Alain Geismar, Serge July atteignent la limite de l'effondrement physique. Durant deux mois, le trio ne s'est pratiquement pas quitté, cogitant et agissant ensemble. A la fébrilité des journées glorieuses a succédé la gueule de bois des lendemains d'histoire. Ils ont traversé dans la douleur l'effilochage du mouvement, les engueulades, l'émiettement, la dispersion. Surtout, ils ont durement encaissé l'affreux sentiment d'impuissance contre l'inéluctable, contre le retour à l'ordre. Difficile, lorsqu'on a fait vaciller le pouvoir, lorsqu'on a provoqué chez quelques ministres l'impétueux besoin de boucler ses valises, difficile de contempler sans rage le quartier Latin quadrillé, d'assister au triomphe des couards, de subir l'arrogance des revanchards.

Et si tout recommençait comme avant ? Impensable ! July et Geismar ont le sentiment que l'histoire s'est cassée en deux, qu'entre le début mai et la fin juin subsistent un avant et un après. Ce coup de folie qui s'est emparé d'un pays gavé et serein, ce délire collectif et rieur, ce déferlement contre l'autorité, la hiérarchie, cette impulsion égalitaire mais différenciée — semblable merveille ne saurait s'évaporer par un dimanche électoral. Il faut souffler sur les braises, endiguer le reflux. Comment ? Avec qui ?

A l'intérieur du 22-Mars, le clivage s'accentue entre les « vieux militants » — comme eux — qui parlent lutte des classes, superstructure, et leurs cadets, qui ne pensent qu'à s' « éclater ». Pour ces derniers, Mai, c'est l'avant-goût d'une fête collective, d'une révolution culturelle essentiellement assimilée à une libération des mœurs. Le pouvoir, les rapports de force, la tactique, ils s'en battent l'œil. La société adopte le tutoiement, les tabous et conventions morflent. La vraie révolution, c'est de prendre son pied sans attendre la révolution. L'émancipation des travailleurs ? Parfait. Mais pas au prix du sacrifice, de l'abnégation monacale.

Geismar se méfie de cette frange délirante et désirante ; il goûte le sérieux. En juin, les survivants du 22-Mars ont mimé, lors d'un psychodrame à la faculté de Nanterre, les meilleures péripéties du printemps. Chacun a joué un rôle, ou rejoué son rôle. Les joints circulaient. Geismar, déjà peu conquis par l'exercice, craignait en outre que ne débarque la brigade des stupéfiants. Herbe ou militantisme ? Il entreprend avec July la rédaction d'un bouquin qui devrait s'appeler *le Drapeau noir de l'inconscient.*

1986, Serge July, directeur de Libération :

— *En 68, on change de planète. On passe d'une société culturellement rurale à une société urbaine — avec, entre les deux, ce symbole de la barricade qui sépare deux mondes. 68, c'est une cassure. Les structures culturelles, mentales, avaient un demi-siècle de retard sur la modernisation économique. C'est l'embryon d'une société en gestation qui cherche à s'affranchir du politique. Mais nous, nous étions en porte-à-faux. Nous, c'est-à-dire les militants des années soixante. Nous mettions de la politique dans un mouvement social. Notre obsession était le lien avec la classe ouvrière. Nous avons réintroduit ce grand mythe du XIXᵉ siècle. Nous avons mimé la Révolution. Nous avons donné aux événements l'allure d'une révolution par le langage, la gestuelle. Nous avons greffé le gauchisme sur Mai.*

Une fois n'est pas coutume. Fidel Castro est muet. Pas le moindre commentaire sur la secousse qui a ébranlé la France. July a beaucoup milité pour l'Amérique latine. Geismar fut invité, en janvier 1968, au congrès culturel de La Havane. Ils s'émeuvent l'un et l'autre de ce silence, qui passe à leurs yeux pour un désaveu — ou pour une complaisance envers le général de Gaulle, dont la politique étrangère ne déplaît pas aux Soviétiques. Les deux compères prennent donc leur plus belle plume et s'adressent au *líder máximo* : les castristes ont besoin d'être informés sur la situation française. Ils s'offrent généreusement à combler ces lacunes. Dix jours plus tard, ils reçoivent des billets d'avion.

Le 2 août, escale à Prague, point de passage obligé vers Cuba. L'inspecteur de service, à Orly, a pris bonne note du départ de Geismar pour un foyer de subversion. Il a également relevé que le protagoniste des barricades est accompagné du nommé July et de Herta Alvarez — Basque espagnole, fille d'un militant anarchiste. Pendant une journée entière, dans l'attente de la correspondance pour les Caraïbes, tous trois déambulent dans les rues, sans chercher le contact avec les animateurs du Printemps de Prague. Cette histoire entre communistes ne les passionne pas vraiment. Au fond, ils ne croient guère à la régénérescence d'un « socialisme à visage humain ». Mai leur a enseigné qu'un projet révolutionnaire est ontologiquement anticommuniste. Inversement, ils doutent qu'un assouplissement « libéral » du communisme de l'Est puisse revêtir un caractère révolutionnaire.

Deux semaines plus tôt, Alexandre Dubcek a repoussé les exigences de ses puissants alliés, réclamant qu'un frein soit mis à la « libéralisation » du régime. La pression soviétique est très forte, et tout Prague chuchote qu'une rencontre est imminente entre le secrétaire du parti tchèque et Leonid Brejnev. L'éducation politique d'Alain Geismar et de Serge July s'est édifiée sur les ruines de Budapest, en 1956. Ils ne conçoivent guère d'illusions quant à l'issue de la présente confrontation.

Parvenus à Cuba, ils sont reçus comme des pachas. Mais pas question d'aller se dorer sur la plage. Ils voulaient des discussions, ils en auront : un austère programme a été préparé, et, du matin au soir, les deux Français s'expliquent. Leurs interlocuteurs sont effectivement mal renseignés : ils croient que les manifestants parisiens ont défilé par dizaines de milliers pour exiger la libération de Régis Debray... S'ils disent approuver le mouvement de Mai, les Cubains confirment qu'ils n'entendent point gêner la diplomatie gaulliste.

Ces conversations vont bon train quand est connue, le 21 août, la nouvelle d'une intervention des armées du pacte de Varsovie en Tchécoslovaquie. Les castristes sont stupéfaits ; spontanément, ils expriment leur réprobation, et, à La Havane, les techniciens tchèques sont applaudis lorsqu'ils défilent dans les rues en criant : *« Patria o muerte ! »*

La veille au soir, les aiguilleurs de la tour de contrôle, sur l'aérodrome de Ruzyne, près de Prague, ont guidé l'atterrissage d'un gros avion-cargo soviétique de l'Aéroflot. Il s'est immobilisé en bout de piste ; personne n'en est sorti. Un peu avant minuit, des parachutistes ont jailli de l'avion et, sans délai, se sont rendus maîtres de l'aéroport : les centaines d'appareils qui attendent sur les bases de Pologne et d'Union soviétique ont alors la voie libre. Dans la nuit, sept mille chars massés aux frontières se mettent en branle et foncent vers le cœur du pays ; cinq cent mille hommes abrègent le Printemps de Prague.

Dans les rues de la capitale tchèque, des foules de jeunes gens brandissent le drapeau national devant les files de tanks dont les servants reçoivent, dès qu'ils sortent la tête, des tombereaux de questions, de quolibets, d'injures. La résistance passive s'organise. Tous les poteaux indicateurs sont enlevés ou maquillés, et annoncent désormais une seule direction, à l'intention des envahisseurs : « Moscou, 2 000 km. » Dans une usine praguoise, le parti communiste tchèque réunit clandestinement son XIVe Congrès, envisage la grève générale, fait appel à la solidarité internationale.

A La Havane, Fidel Castro prononce une allocution radiodiffusée. Les membres du Comité central que rencontrent Alain et Serge sont persuadés que le *líder máximo* aura entendu le cri des camarades tchèques. Auprès de leurs amis cubains, les Français sursautent : Fidel justifie l'intervention russe, mal nécessaire pour « empêcher un mal plus grand encore de se produire » — la restauration du capitalisme. July avait cru en l'autonomie de la révolution castriste. Il accuse le coup.

Le mythe cubain, mélange de fête, d'utopie et de guerre, qui avait tant alimenté les fantasmes des jeunes intellectuels européens, s'évanouit l'espace d'un discours. Castro rentre dans le rang. L'île réintègre l'archipel. Le réalisme alimentaire l'emporte sur la fuite en avant révolutionnaire. Coïncidence ? Le ministre du Travail imprime des cartes sur lesquelles sera noté le comportement de chaque salarié. Alain et Serge, déçus, mal à l'aise, décident d'écourter leur séjour et de rentrer en France. C'est là, ils en sont persuadés, que se préparent les échéances décisives. Le monde a changé de base.

Jacques Broyelle, numéro trois dans la hiérarchie de l'UJC(ml), a passé des vacances studieuses ; il a rédigé un long texte autocritique où il met en cause la direction de l'organisation et, au premier chef, Robert Linhart. Il prend soin de s'impliquer dans la diatribe, lui qui fut associé aux décisions depuis le travail fractionnel à l'intérieur de l'UEC : « Le style de direction était basé sur l'autorité de l'intellectuel bourgeois : je dirigeais parce que je passais pour avoir une bonne formation théorique. Le noyau dirigeant détenteur du savoir développait un style de travail manipulatoire qui consiste à laisser les autres dans l'ignorance de ses plans. » Broyelle égrène les erreurs commises. A l'origine de ces déviations, « une position orgueilleuse et immodeste à l'égard de la pensée de Mao » : « Nous ne cherchions pas à appliquer à la lettre les directives du président Mao, que tous les militants pouvaient trouver dans le *Petit Livre rouge*. Au fond, c'est notre autorité et non celle du président Mao que nous voulions implanter. [...] Pour asseoir nos méthodes de direction et obtenir la discipline dans l'organisation, nous avons développé le mythe que, sans le bureau politique, l'UJC(ml) serait privée de toute pensée correcte. En fait de discipline, c'est la soumission servile que nous avons imposée. [...] »

Poursuivant son réquisitoire confession, Broyelle s'interroge : « Pourquoi ne me suis-je pas révolté ? Je ne critiquais pas le subjectivisme, l'autoritarisme, les attitudes de grand seigneur, parce que j'admirais ces attitudes et les reproduisais dans une certaine mesure à l'égard de l'échelon inférieur. Critiquer les camarades, c'était me critiquer, c'était remettre en cause ma propre position de dirigeant. En étant au bureau politique, j'avais l'impression d'être important, de voir les choses de haut, d'être au plus près des plus hauts dirigeants, de toujours être au courant de tout. J'avais sacrifié, dans la société bourgeoise, mon avenir d'intellectuel bourgeois. Mais je voulais avoir des compensations. [...] » Et Jacques Broyelle préconise le remplacement de l'ancienne direction par une nouvelle équipe issue des unités de base.

Le texte circule rapidement parmi les militants et met le feu aux poudres. Un peu partout, des cercles de discussion s'expriment, élaborent des documents critiques. A Lyon, à Toulouse, on dénonce avec virulence « le groupe révisionniste ». Fin août, tous les prochinois s'assemblent rue d'Ulm.

Dès la première séance, c'est la curée. Robert Linhart et Benny Lévy, les « deux plus hauts dirigeants », sont accusés d'avoir manqué d'affection pour le président Mao — de l'avoir détournée vers eux-mêmes. La preuve ? Affirmant leur attachement à la *pensée* du Grand Timonier, ils trahissaient leur faible inclination pour sa *personne* et son exemple. Violent, impétueux, Tiennot Grumbach piétine ses liens secrets, exorcise ses complexes idéologiques, mène l'attaque. Avec lui, Broyelle, Roland Castro affirment la nécessité d'un parti révolutionnaire authentiquement maoïste. En mai, il a manqué un quartier général, un état-major digne de ce nom. Il est urgent de s'atteler à cette tâche, ou de rejoindre ceux qui s'y sont précédemment attelés. Leurs voix sont amplement majoritaires.

Pour défendre Linhart et Benny, une poignée de fidèles, un carré de grognards — les gros bras du service d'ordre, les cogneurs de Flins, qui pensent que le parti ne se décrète pas mais se construit suivant un processus lent, et guerrier. De Mai ils tirent une lecture inverse : l'UJC(ml) s'est trop comportée comme une organisation, comme un groupuscule soucieux de ses intérêts, comme une boutique révolutionnaire parmi les autres. Il fallait davantage coller au mouvement, se fondre dans les masses.

L'UJ, cénacle qui marine sur lui-même, n'échappe pas à la loi shakespearienne : les oppositions politiques laissent vite la place aux affrontements de personnes ; les arguments rationnels, à la passion ; les rivalités, à la haine. Dans la salle, l'atmosphère s'alourdit de minute en minute, un énorme psychodrame se noue où s'intriquent rancœurs et frustrations. On ne parle plus, on hurle ; on ne se répond plus, on s'injurie.

Assis par terre, prostré, suant à grosses gouttes, Robert Linhart se tait, ne bronche pas. Jusqu'au 10 mai, il fut un dirigeant incontesté, *le* dirigeant. Dur, bouillant, implacable — en public. Combien de fois ses coups de boutoir, son ironie ont-ils blessé, démoli des militants endurcis qui ne pouvaient deviner, sous l'arrogance, la quête d'une pureté outrancière et désespérée ?

Tiennot, procureur d'un jour, oublie la lettre qu'il a reçue en confidence, oublie que Robert promet de ravaler l'orgueil qui l'a fait chanceler. L'AG se mue en défouloir. Chacun se bouscule pour cracher sur l'ancien chef déchu. Les activistes qui, pendant des années, ont tout subordonné à l'engagement, les études, la vie personnelle, les menus plaisirs quotidiens, clament leur rage et leur effroi que tant de sacrifices ne les aient pas prémunis contre l'erreur, ne les aient pas empêchés de manquer l'histoire.

Des établis, l'index pointé, dénoncent la vanité de leurs efforts pour s'immerger dans la classe ouvrière. Linhart, le visage fermé, livide, se mure. Il voit la haine dans les regards où il a si souvent lu la fascination. Il observe ses proches, ceux qu'il considérait comme des amis, Broyelle, Tiennot.

Il ne perçoit pas l'amour déçu qu'inclut leur virulence. Ni le vertige sacrilège qui les emporte et, peut-être, les étonne eux-mêmes. Dans l'adulation dont Robert était l'objet entrait une bonne dose de religiosité. Même quand le délire s'est emparé de lui, au plus fort de la tempête, nul n'osait le lui dire en face ; nul n'a osé, longtemps, le penser. La transgression de tels interdits ne saurait être sereine. Sans demi-teintes ni demi-mesures, le croyant ne cultive guère la nuance. Blanc ou noir, le monde est bicolore, et Linhart, l'ange inspiré, a pour la circonstance couleur de démon.

Parodiant les luttes de clans qui nourrissent, en Chine, la chronique, les accusateurs manient le concept de « bande noire » infiltrée dans le camp de la révolution. On ne se trompe point par ignorance, aveuglement ou défaut d'analyse, mais par calcul. Volontairement. Pour trahir. L'autre, l'adversaire, est un chien, un flic, un espion, un renégat. Afin de le démontrer, on fouille les poubelles, on se salit.

Sous les huées, Robert reste muet. Même s'il le voulait, les mots ne déchireraient pas la boule compacte qui lui obstrue la gorge. Une fille s'avance :

— Et en plus, nous étions dirigés par un fou !

Nicole lui administre une paire de claques. Robert n'a pas cillé. La déviance, la maladie sont taboues. Ni Nicole ni Benny n'ont pu faire état des troubles du fondateur de l'UJ pour justifier les flottements du début de mai. De toute manière, l'excuse serait déclarée irrecevable.

Plusieurs participants chavirent, se sentent mal. L'extraordinaire tension, la cruauté du *happening* agacent les nerfs au-delà des limites. Benny reçoit d'une militante un crachat. Il se réfugie aux Feuillantines, le café proche de l'École, pour boire un calva, mais ne peut porter le verre à ses lèvres. Son estomac se révulse, il vomit. Broyelle éprouve des palpitations cardiaques, d'autres craquent. La séance est suspendue. Rendez-vous dans quelques jours.

Quand ils se retrouvent au « théâtre » de l'ENS, les prochinois sont divisés en deux camps inégaux qui se vouent mutuellement aux gémonies. L'élite intellectuelle qui a conquis le haut lieu de l'Université française, le cercle qui se pensait à l'avant-garde d'un irrésistible courant historique, le noyau généreux qui s'est lancé vers les masses explose en excommunications, en signes de mépris.

« Liquidos » contre « révisionnistes ». L'anathème dresse face à face les tenants, très minoritaires, des deux leaders honnis et les autres, tous les autres — tentés par le giron d'un parti léniniste. Les premiers ont pris leurs précautions. Benny Lévy entre sous la protection d'une garde prétorienne, qui interviendra physiquement s'il le faut : Jean-Marc Salmon, Olivier Rolin et quelques éléments sûrs l'encadrent. La spontanéité populaire ou l'édification du parti, aventurisme, économisme, bande noire, les mots défilent, perdent leur sens, enflant les phrases jusqu'à la démesure.

La haine, brutale, nue, désigne le voisin, le copain, le coturne ; les affections sont broyées, les amitiés piétinées. La révolution possède sa logique, évidente, toujours vérifiée, de Moscou à Pékin : l'ennemi est dans nos rangs, le plus proche compagnon d'armes est le pire traître. L'objectif implique son extermination. Rue d'Ulm, on mime, on parodie le procès, on tire à blanc. On atteint sans tuer. Heureusement.

Linhart souffre toujours en silence, culpabilisé d'avoir provoqué ce gâchis. La rupture, il ne la souhaite pas mais la sait irrémédiable. Benny a décidé de se défendre. Il se bat, sarcastique, provocateur, effaré par instants des fulgurances démoniaques qu'il voit surgir. Sent-il, ce matérialiste subtil, combien la pièce démente qui se donne là échappe aux classifications du vieux Marx, dévoile la face funèbre, mortuaire, des espoirs infinis, l'envers fatal du messianisme révolutionnaire ?

Benny assène à ses contradicteurs une énormité qui perfore les cervelles :

— La ligne de partage, dans cette salle, passe entre ceux qui ont peur de la mort et les autres.

Une seconde, et le tohu-bohu s'apaise, un silence inattendu s'abat. Chacun digère l'agression, s'interroge : est-il prêt à sacrifier sa vie pour la cause ? Fait-il semblant ? Mourra-t-il si l'histoire l'exige, si le parti l'exige ? Le Dantec accepte l'introspection : ses trouilles durant les manifestations, ses lâchetés dérisoires prennent sens, s'ordonnent.

Ici se transperce la cuirasse : la militance, l'action, les débats, la théorie, tout est simulacre si l'on se dérobe. La révolution, pour ne point dégénérer en chimère, appelle le sacrifice non de son mode d'existence, mais de son existence. En refusant de franchir cette frontière, les contestataires de mai savaient qu'ils ne transformeraient pas leur révolte en révolution. Et Benny, jetant pareille incongruité sur l'auditoire, sait qu'il touche à l'intime.

Tiennot, le premier, réagit. Il rugit, lui, le baroudeur, refuse de se laisser intimider :

— Ce chantage est ignoble ; tu veux nous culpabiliser, mettre en doute le courage individuel de chacun. C'est du mauvais théâtre, une astuce dramatique pour évacuer le vrai débat, pour éviter l'autocritique.

L'ouragan souffle sur l'assemblée. Castro bégaie d'indignation. Les frères ennemis menacent de se battre pour de bon. Chaque camp semble croire que l'avenir de l'humanité dépend de l'écrasement des autres.

1986, Roland Castro, architecte :
— *Nous avons fait, dans l'imaginaire, la guerre, la révolution. Nous avons fait croire. C'était la douleur sans l'accouchement, sans le passage à l'acte. La souffrance était intérieure. Du théâtre. Et cela nous a permis de demeurer hors de l'enfer, du meurtre.*

Nerveux, sec, Benny Lévy entraînant les siens quitte ces lieux profanés. Salmon, Rolin, Sardan, Le Dantec l'accompagnent, convaincus qu'ils portent, seuls, le flambeau. Robert Linhart suit, épuisé, vidé, déchiré par la rupture. L'organisation qu'il a fondée trois ans plus tôt est morte.

Paradoxe. Le jongleur, le virtuose conceptuel qu'est Benny rassemble sa poignée de jusqu'au-boutistes sur un sursaut tripal, un cri primaire : que ceux qui en ont me suivent. « Terrorisme des couilles au cul », dénonce Roland Castro. N'empêche, ce « terrorisme » séduit les plus abstraits des normaliens, les plus fins des dialecticiens.

Les troupes de Benny n'excèdent pas une petite cinquantaine de militants, ceux qui craignent les temps morts, l'atermoiement. La vague révolutionnaire n'a pas reflué, elle gronde, bat les digues de l'ordre bourgeois. Ils sont enclins à la violence, à la lutte armée. Les bagarres de Flins et de Sochaux sont autant de signes avant-coureurs. Le prolétariat est mûr pour saisir le fusil. Il faut lui en donner le désir, ouvrir la voie par des actions exemplaires, habituer les masses à la nécessité de la violence accoucheuse.

Benny Lévy, vingt-deux ans, juif égyptien apatride, accomplit enfin son acte fondateur : un noyau de jeunes gens, élèves pour la plupart des grandes écoles — Ulm, Centrale, HEC —, déclare la guerre à la société bourgeoise.

Ils ne doutent pas de leur victoire.

L'ambassadeur des États-Unis au Guatemala, John Gordon Mein, n'a pas eu le temps de comprendre. Il quitte sa résidence lorsque son véhicule est coincé par deux voitures. Des hommes armés surgissent. Le diplomate tente de s'enfuir, mais il est abattu d'une rafale de pistolet-mitrailleur.

Quelques jours auparavant, le chef des Forces armées rebelles, les FAR, Camillo Sanchez, a été arrêté au cours d'un affrontement. C'est pour obtenir sa libération que les FAR ont essayé d'enlever le dignitaire yankee. Elles voulaient l'échanger contre leur chef, mais l'affaire a mal tourné. Toutes les polices du pays traquent le commando. Une des voitures qui ont servi pour l'opération est retrouvée. Un loueur donne le signalement de la jeune femme qui a pris le volant.

7 septembre 1968. Dans la petite maison qu'elle occupe, à la périphérie de Guatemala Ciudad, Michèle Firk dispose trois couverts sur la table de la cuisine. Elle attend des convives, responsables clandestins. L'ancienne élève de l'IDHEC a définitivement abandonné la caméra. Entrée illégalement au Guatemala — c'était le début de l'été —, elle a rejoint les FAR. Depuis l'assassinat de l'ambassadeur, le filet se resserre, l'armée et la police multiplient les contrôles et les perquisitions, contraignant les guérilleros à des déplacements continuels. La maison de Michèle sert de planque.

On frappe à la porte, assez violemment. Il est vingt-trois heures.

— J'y vais, j'y vais.

Et puis plus rien.

Les policiers enfoncent la porte. Ils découvrent Michèle Firk affalée contre le mur, la jambe droite repliée sous elle. Le visage a basculé vers l'arrière, les yeux grands ouverts fixent l'inconnu. Un filet de sang s'échappe de sa bouche et forme une tache sur le carrelage. Juste à côté, un pistolet, le canon encore chaud.

Au moment où les policiers entraient, Michèle Firk s'est tiré une balle dans la bouche, répétant exactement le geste qu'elle avait montré à son amie Jeannette Pienkny lors de leur dernière conversation. C'est elle qui avait loué le véhicule pour enlever John G. Mein, et elle avait participé à l'opération. Elle n'a pas voulu prendre le risque de parler sous la torture. Avant de quitter la France, elle avait, à l'intention de ses amis, rédigé une lettre d'adieu prémonitoire :

Chers camarades,
Je vous laisse cette lettre, car si j'avais omis d'y penser moi-même, l' « affaire Debray » est là qui nous enseigne à quel point il faut être vigilant lorsqu'on décide de s'engager entièrement et jusqu'au bout dans la lutte anti-impérialiste. Quand les faits sont trop précis, la bourgeoisie s'efforce de dénaturer leur sens afin d'en limiter la portée, et elle amène les idées sur le terrain où elle peut le mieux les pourfendre — le plus loin possible de la politique.
L'extrême droite a fait de Régis un « traître » à sa classe, à sa patrie. La grande bourgeoisie, bien plus intelligente, s'est contentée patelinement de le réduire aux dimensions d'un jeune homme rêveur, généreux, donquichottesque, christique, un peu toqué peut-être, en bref, *récupérable* demain, même si l'on doit le surveiller d'un peu près.
Rien de tel ne me guette, je représente tout ce qui fait horreur : un terrain mouvant, l'insécurité, l'instabilité, l' « asociabilité ». Il ne sera que plus facile de me condamner au nom d'un goût suspect pour « les aventures » et le « tiers monde », et de faire oublier qu'il s'agit avant tout d'un *combat politique.* Rien n'est plus important que le combat contre l'ennemi impérialiste, parce que nous sommes tous menacés, cernés, et que nous ne pouvons pas ne pas choisir. Il n'est pas honteux, au contraire, de faire de la lutte révolutionnaire l'axe de sa vie, autour duquel tout le reste ne sera qu'accessoire. Ce qui est honteux, c'est de converser du Vietnam, les doigts de pied dans le sable, sans rien changer à sa vie, de parler des guérillas en Amérique latine comme du tour de chant de Johnny Hallyday. Ce qui est honteux, c'est d'être « informé objectivement », c'est-à-dire de loin, sans jamais prendre part. Nous sommes des citoyens du monde, et le monde est vaste : ici ou là, peu importe, il n'est point de fatalisme géographique. Mes moyens sont limités et faibles. Cependant, je les ai mis tout entiers dans le combat et je refuse à quiconque le droit de me voler les idées au nom desquelles je me battrai jusqu'à la mort, celles du Che, de Fidel, du peuple vietnamien. Dans la lutte contre l'impérialisme américain, tous les champs de bataille sont glorieux. Pourtant, la gloire est bien ce qui nous est le plus indifférent.
Chers camarades, ne permettez pas que l'on fasse de moi autre chose que ce que je suis et ce que je veux être : une combattante révolutionnaire.
Comme dit le Che, jusqu'à la victoire toujours.

Michèle Firk avait trente et un ans.

L'automne est lugubre.

A Mexico, deux Noirs américains, en tête du cent mètres olympique, dressent sur le podium leurs poings serrés, gainés de cuir. Le geste des Black Panthers. L'armée, quelques jours plus tôt, a ouvert le feu sur les étudiants rassemblés en un meeting. Place des Trois-Cultures, on a relevé des dizaines de cadavres.

Robert Linhart, vingt-quatre ans, s'embauche chez Citroën comme manœuvre. L'établi ne préparera jamais l'agrégation de philo.

Tiennot Grumbach, assistant en droit, dix années de militantisme échevelé derrière lui, vingt-huit ans, entre également comme OS sur une chaîne de montage à Citroën. Il effectue les dernières finitions des DS 19. Il est totalement désespéré.

Alain Geismar, vingt-neuf ans, et Serge July, vingt-six ans, mettent la dernière main à un gros livre, *Vers la guerre civile*, achevé après leur retour de Cuba. Ils écrivent : « Mai a remis la révolution et la lutte de classes au centre de toute stratégie. Sans vouloir jouer aux prophètes, l'horizon 70 ou 72 de la France, c'est la révolution. » Et encore : « Voici les premiers jours de la guerre populaire contre les expropriateurs, les premiers jours de la guerre civile. » En attendant, il faut survivre. Geismar reprend ses cours à la faculté des sciences. Le doyen Zamanski, plein d'attentions, lui a confié une section d'officiers d'active. Leurs rapports sont excellents.

Alain Krivine, vingt-sept ans, sort de prison et part à l'armée. Le combat continue sous l'uniforme.

Henri Weber, vingt-quatre ans, assure la succession. Un impératif catégorique : regrouper les militants épars dans une nouvelle organisation. Il relit *Que faire ?* de Vladimir Illitch et lance un journal : *Rouge*.

C'est Schalit, trente ans, le vétéran de l'UEC, qui a trouvé le titre. L'ex-animateur de *Clarté* songe à transformer *Action*, le journal de Mai, en quotidien. Mais l'équipe, Glucksmann, Bon, Burnier, juge le projet quelque peu démesuré.

Roland Castro, vingt-huit ans, paumé, ballotté, s'installe à Nanterre. Las du combat des chefs, il souhaite militer sur le terrain, à la fac, dans les bidonvilles. Sa citation préférée du président Mao est : « Démerdez-vous ! »

Régis Debray, vingt-huit ans, dans sa cellule de Camiri, happe les nouvelles du monde sur un transistor. Il n'a pas compris comment un chahut étudiant avait pu menacer le général de Gaulle. Et lorsque Fidel Castro a approuvé l'intervention soviétique à Prague, il a fait parvenir une lettre à son ami, le *líder máximo,* pour marquer son désaccord.

Bernard Kouchner, vingt-huit ans, étouffe dans la vieille Europe. Il rêve d'aventure, d'espace, de fraternité ; la politique française lui semble étriquée, nombrilesque. Par son copain Marek Halter, il apprend qu'on demande des médecins pour le Biafra. Il sait à peine situer ce pays sur la carte. Le lendemain, il s'engage dans une équipe médicale. Il a définitivement choisi la trousse du praticien. Aux côtés de ceux qui souffrent le plus.

Pierre Goldman est aussi en instance de départ. Ses contacts avec les guérilleros vénézuéliens l'ont averti de se tenir prêt ; il vole un passeport, le fait falsifier. Il espère qu'en Amérique latine il connaîtra des épreuves décisives qui le transformeront. Un impératif l'obsède : mourir avant trente ans.

Il en a vingt-quatre.

à paraître :

Génération

2. Les années de poudre

Annexes

SOURCES

D'où parles-tu, camarade ?

Pour clore — provisoirement —, nous devons au lecteur sinon une justification, du moins une explication. En d'autres temps — ceux dont il est ici question —, il eût été opportun de vérifier notre situation et notre position de classe, notre pedigree politique et les arrière-pensées innombrables que ce dernier alimentait fatalement. Aujourd'hui, la meilleure façon d'exposer l'intention de ce premier volume est probablement de révéler comment il a été conçu. La manière de faire semble le plus sûr indicateur de la manière de voir.

Le choix même du récit commande le reste. Choix soigneusement délibéré, qui déborde amplement le goût de mener à la limite le genre périlleux du « roman vrai ». Trois considérations nous y ont conduits.

D'abord, nous n'éprouvions nul désir de commettre un essai sur Mai 68. Un de plus, bien carré, bien ficelé de quelque thèse univoque. Une telle péroraison magistrale, une telle facilité péremptoire nous paraissaient incompatibles avec la nature des événements abordés. « La » pensée de 68, « la » clé du gauchisme, « le » glabre destin des échevelés d'hier... Si brillante soit l'analyse, elle induit l'équarrissage, et cela, nous n'en voulions pas. Pour une raison majeure : la généalogie, l'éclosion, la postérité de Mai 68 fourmillent de chevauchements irréductibles à l'argumentation *ex cathedra*. Comment montrer, si ce n'est à vif, que les « Italiens » de l'UEC, marginalisés et disqualifiés avant le printemps des barricades, préfigurent cependant leurs lendemains ? Comment esquisser, si ce n'est en mouvement, le paradoxe d'un soulèvement modernisateur emmené par une avant-garde idéologiquement archaïque ?

Nous ne voyions — et ce fut notre deuxième attendu — qu'une manière d'embrasser tant de complexité : passer par les hommes, entrecroiser les voix singulières. A la fois pour recouper l'information et pour déceler comment s'est opéré, chez les uns et les autres, le travail de la mémoire. D'une certaine façon, nous avons porté autant d'intérêt aux oublis qu'aux souvenirs. Lors des entretiens, nous sommes demeurés en retrait, fort peu directifs, ne refusant ni un silence ni une digression. L'objet n'était pas de boucler une narration exhaustive.

Mille autres livres voisins sont concevables — par exemple, sur les chrétiens, ou sur les paysans, ou sur les familles de province. Il s'agissait, par approximations méthodiques, de mesurer l' « effet de génération » chez divers représentants significatifs d'une population restreinte (des étudiants qui ont eu vingt ans dans les années soixante), laquelle, hasard et nécessité, a mis en branle toute la jeunesse, et tout le pays. Et il s'agissait, à travers leurs histoires, de mesurer l'étendue de bouleversements culturels et sociaux qui les dépassent infiniment.

Enfin, nous souhaitions produire un texte rédigé au présent de l'indicatif. Les ricanements rétrospectifs sur les naïvetés de naguère, les soupirs nostalgiques sur les amollissements de la quarantaine, les parties de quatre coins opposant « grognards » et « renégats », franchement, non merci. La génération dont nous traitons s'inscrit entre guerre et paix, entre flamme et cendre, entre rêve et mort, entre sacrifice et abondance, entre foi et vide. Les secousses qu'elle a subies, les ruptures qu'elle incarne sont trop brutales, trop violentes pour qu'on les aplatisse en un bilan comptable. Nous n'entendons pas l'éluder, ce bilan, au terme du prochain tome. Mais le terme du voyage suppose qu'on prenne la peine de voyager.

Pour autant, nous n'avons nullement « romancé ». Chaque détail, chaque anecdote proviennent de témoignages et/ou d'archives. Chaque dialogue — c'est la raison pour laquelle nous n'en abusons guère — nous a été rapporté. Nous avons connu le plaisir, l'excitation, l'émotion aussi de manier une « matière » vivante et chaude. Nous avons connu la frustration de ne point exploiter au-delà des règles du récit maintes situations qui s'y prêtaient admirablement.

La source principale est l'interview. Les protagonistes ont bien voulu accepter nos questions durant des dizaines d'heures. Qu'ils soient très sincèrement remerciés de s'être ainsi confiés, et même, pour beaucoup, d'avoir ensuite consenti à revoir (l'exercice est fréquemment désagréable) le texte de leurs déclarations. Nous ne saurions être certains de les satisfaire. Du moins auront-ils la certitude d'avoir été entendus. Les décryptages de leurs propos nous ont coûté quelques mois de transcription patiente — nous nous sommes retrouvés lestés d'environ quinze cents feuillets « bruts ».

Ont notamment été interrogés pour ce premier volume :

> Prisca Bachelet
> Philippe Barret
> Alexandre Bilous
> Paul Blanquart
> Frédéric Bon
> Jean-Marcel Bouguereau
> Jacques Broyelle
> Michel-Antoine Burnier

Michel Butel
Roland Castro
Michel Clévenot
Daniel Cohn-Bendit
Robert Davezies
Régis Debray
Serge Depaquit
Alain Geismar
Tiennot Grumbach
Jean-Claude Guérin
Pierre Guidoni
Jean-Jacques Hocquard
Serge July
Pierre Kahn
Bernard Kouchner
Marc Kravetz
Alain Krivine
Jean-Pierre Le Dantec
Benny Lévy
Tony Lévy
Nicole Linhart
Robert Linhart
Philippe Meyer
Jean-Louis Péninou
Jeannette Pienkny
Jean-Paul Ribes
Philippe Robrieux
Olivier Rolin
Jean-Marc Salmon
Jean Schalit
Jean Schiavo
André Sénik
Marie-Noëlle Thibault
Henri Vacquin
Pierre Vanlerenberghe
Patrick Viveret
Henri Weber.

Par la force des choses, ces témoignages étaient formulés dans le langage des années quatre-vingt. Nous avons essayé de retrouver le plus possible les mots contemporains des actions rapportées. Nous nous sommes plongés dans la presse du temps, dans les quotidiens, les hebdomadaires, les revues, les magazines. Nous avons revu les films de l'époque, écouté les chansons, collectionné les affiches. Moscou en 1957 ou La Havane en 1960 sont dépeintes « au premier degré » —

l'exercice littéraire, lui, suppose qu'on se hisse d'emblée au second ou au troisième...

Qu'il nous soit permis, en cette occasion, d'exprimer notre gratitude à Armelle Lorsignol et à l'équipe des documentalistes du journal *le Monde,* sans qui pareille recherche eût été quasiment impossible. Merci également aux animateurs de l'Institut d'histoire sociale, dont l'accueil efficace et cordial nous a grandement aidés. Merci enfin à Béatrice Caufman pour ses plongées dans la presse de l'époque.

Plusieurs interviewés, non contents de se prêter au supplice du magnétophone, ont eu la gentillesse de fouiller leurs armoires ou leurs caves et d'en extraire imprimés, tracts, notes manuscrites, correspondances, collections privées, photographies. Entre autres, Michel-Antoine Burnier, Roland Castro, Robert Davezies, Tiennot Grumbach, Jean-Claude Guérin, Pierre Guidoni, Jean-Jacques Hocquard, Serge July, Pierre Kahn, Alain Krivine, Nicole Linhart, Robert Linhart, Philippe Meyer, Jeannette Pienkny, Jean-Paul Ribes, Philippe Robrieux, André Sénik nous ont apporté ce secours.

Génération ne comporte pas la moindre note de bas de page. Nous entendions ainsi nous contraindre à ne pas rompre le fil de l'action, à « rentrer » dans la narration même les références, les sigles qui la nourrissaient. Nous n'en sommes pas moins tributaires de lourdes dettes qu'il convient d'acquitter. Sans aligner une bibliographie qui occuperait des dizaines de pages, sans retenir chacun des titres qui font référence sur l'ensemble de la période (tels les ouvrages d'André Fontaine, de Jean Lacouture ou de Pierre Viansson-Ponté), nous mentionnerons les témoignages qui ont étayé notre propos. Ainsi :

Cohn-Bendit Daniel, *Le Grand Bazar,* Paris, Belfond, 1975.
Debray Régis, *La Guérilla du Che,* Paris, Éd. du Seuil, 1974, et *Les Rendez-vous manqués (pour Pierre Goldman),* Paris, Éd. du Seuil, 1975.
Le Dantec Jean-Pierre, *Les Dangers du soleil,* Paris, Presses d'aujourd'hui, 1978.
Francos Ania, *La Fête cubaine,* Paris, Julliard, 1961.
Goldman Pierre, *Souvenirs obscurs d'un juif polonais né en France,* Paris, Éd. du Seuil, 1975.
Karol K.S., *Les Guérilleros au pouvoir,* Paris, Laffont, 1970.
Lindenberg Daniel, *Le Marxisme introuvable,* Paris, Calmann-Lévy, 1975.
Monchablon Alain, *Histoire de l'UNEF,* Paris, PUF, 1983.
Rancière Jacques, *La Leçon d'Althusser,* Paris, Gallimard, 1974.
Robrieux Philippe, *Notre génération communiste,* Paris, Laffont, 1977.
Salmon Jean-Marc, *Hôtel de l'avenir,* Paris, Presses d'aujourd'hui, 1978.

Concernant les préludes à mai 1968, signalons deux anthologies fort précieuses : *L'Internationale situationniste,* textes rassemblés par les

Éditions Champ libre en 1975, et le tome I du *Mouvement maoïste en France*, publié en 1972 par Patrice Kessel dans « 10/18 » (UGE). On y adjoindra Guy Debord, *La Société du spectacle*, Paris, Buchet-Chastel, 1967, et Raoul Vaneighem, *Traité de savoir-vivre à l'usage des jeunes générations*, Paris, Gallimard, 1967.

Sur les « événements » eux-mêmes, les titres qui nous ont été le plus utiles sont les suivants :

Baynac Jacques, *Mai retrouvé*, Paris, Laffont, 1978.

Bensaïd Daniel et Weber Henri, *Mai 68, une répétition générale*, Paris, Maspero, 1968.

Besançon Julien, *Les murs ont la parole*, Paris, Tchou, 1968.

Dansette Adrien, *Mai 68*, Paris, Plon, 1971.

Geismar Alain, July Serge, Morane Erlyn, *Vers la guerre civile*, Paris, Denoël, 1969.

Kerbourc'h Jean-Claude, *Le Piéton de mai*, Paris, Julliard, 1986.

Kravetz Marc, *L'Insurrection étudiante*, 10/18, 1968.

Labro Philippe et l'équipe d' « Édition spéciale », *Ce n'est qu'un début*, Paris, Éd. Premières, 1968.

Morin Edgar, Lefort Claude, Coudray J.-M., *Mai 68, la brèche*, Paris, Fayard, 1968.

Penent Jacques-Arnauld, *Un printemps rouge et noir*, Paris, Laffont, 1968.

Rioux Lucien et Backmann René, *l'Explosion de Mai*, Paris, Laffont, 1968.

Samuelson François-Marie, *Il était une fois Libé*, Paris, Éd. du Seuil, 1979 (l'auteur, de passage à Paris, nous a consacré des heures qui lui étaient comptées).

Schnapp Alain et Vidal-Naquet Pierre, *Journal de la commune étudiante, textes et documents novembre 1967-juin 1968*, Paris, Éd. du Seuil, 1969.

Seale Patrick et McConville Maureen, *Drapeaux rouges sur la France*, Paris, Mercure de France, 1968.

Touraine Alain, *Le Communisme utopique. Le mouvement de Mai 68*, Paris, Éd. du Seuil, 1968.

Cette liste est fort incomplète. Comme sera incomplète celle des experts, chercheurs et amis qui se sont intéressés à notre enquête. Marnix Dressen nous a adressé le mémoire initial du long travail qu'il a entamé pour retracer le mouvement d'établissement. Michel Winock a passé au crible notre manuscrit.

Février 1987.

Repères biographiques

Le but de cet index est de permettre au lecteur de reconnaître les « acteurs » de ce volume, qui disparaissent et réapparaissent au fil du récit (les chapitres concernés sont inscrits entre parenthèses). Les indications biographiques mentionnées s'interrompent à la fin du présent tome. Elles seront complétées au terme du second, en même temps qu' « entreront » de nouveaux personnages.

Bachelet Prisca
Militante active de l'UNEF et de l'UEC, liée à Serge July et à Yves Janin, participe au 22-Mars. Aujourd'hui enseignante (chap. 6, 9, 13, 14, 15).

Bon Frédéric
Né en 1943. Aide au FLN (1961), bureau de l'UNEF à Sciences-Po (1962), secrétariat des ESU, adhère à l'UEC (1962), membre du comité de rédaction de *Clarté* sous le nom de Mornand (1963) et du bureau national (1964).
Participe au Comité Vietnam national (1966), rédacteur à *Action* en 1968. Aujourd'hui professeur de sciences politiques (chap. 3, 4, 7, 9, 14, 15).

Burnier Michel-Antoine
Né en 1942. Cousin de Bon. Aide au FLN, Sciences-Po, secrétariat national des ESU, adhère à l'UEC en 1962, rédacteur à *Clarté*, animateur de la tendance « italienne » de l'UEC, auteur de *la Tragédie de l'UEC*. Rédacteur en chef de *l'Événement*, mensuel fondé par d'Astier de La Vigerie (1966). Aujourd'hui rédacteur en chef d'*Actuel* (chap. 3, 4, 7, 9, 15).

Broyelle Jacques
Né en 1943. Normalien, compte parmi les fondateurs de l'UJC(ml), invité par les Chinois en 1967, l'un des principaux protagonistes des affrontements internes au courant maoïste à l'été 1968. Aujourd'hui journaliste à *Valeurs actuelles* (chap. 8, 9, 10, 15, 16).

Castro Roland

Né en 1940. Militant du PSU, l'un des premiers à se rendre à Cuba en 1961, adhère à l'UEC (1962), membre du bureau national (tendance « italienne ») en 1964. Rejoint l'UJC(ml) en 1966, responsable de cette organisation aux Beaux-Arts puis à Nanterre (1968). Aujourd'hui architecte, promoteur de l'opération Banlieues 89 (chap. 3, 4, 7, 9, 10, 13, 14, 15, 16).

Cohn-Bendit Daniel

Né en 1945. Porte-parole du mouvement nanterrois du 22-Mars, principal « leader » de Mai 68, expulsé de France. Aujourd'hui journaliste et militant écologiste.

Debray Régis

Né en 1940. Normalien, adhérent de l'UEC, se rend à Cuba dès 1961, entreprend un long voyage à travers l'Amérique latine (1963-1964), part définitivement à Cuba en 1965, écrit *Révolution dans la révolution,* rejoint le Che en Bolivie, arrêté et condamné à trente ans de prison (1967). Aujourd'hui maître de requêtes au Conseil d'État (chap. 3, 8, 11, 16).

Firk Michèle

Née en 1937. Élève de l'IDHEC, militante du PCF, aide au FLN, rédactrice à *Positif.* Effectue plusieurs séjours en Amérique latine, rejoint la guérilla guatémaltèque. Se suicide pour échapper à l'arrestation et à la torture, en 1968 (chap. 2, 3, 7, 14, 15).

Geismar Alain

Né en 1939. Dirigeant national des ESU (1961), ingénieur, maître-assistant à la faculté des sciences, secrétaire général du SNESup en 1967, l'un des principaux animateurs de Mai 68. Aujourd'hui enseignant (chap. 3, 12, 13, 14, 15, 16).

Goldman Pierre

Né en 1944. Militant de l'UEC (1963), responsable du service d'ordre, tenté par la guérilla en Amérique latine. Assassiné en 1979, à Paris (chap. 3, 5, 6, 7, 9, 11, 14, 16).

Grumbach Tiennot

Né en 1939. Neveu de Mendès France, militant des Jeunesses radicales (1957), des ESU (1961), part en 1962 à Alger, où il s'installe pendant trois ans. Dirigeant de l'UJC(ml), animateur des comités Vietnam de base (1967), l'un des protagonistes de l'affrontement interne à l'UJC(ml) en 1968. Aujourd'hui avocat, bâtonnier du barreau de Versailles (chap. 1, 3, 7, 8, 9, 10, 13, 14, 15, 16).

Janin Yves

Militant de l'UNEF et de l'UEC, responsable du service d'ordre, lié à Prisca Bachelet et à July. Rejoint le 22-Mars. Tué en voiture en 1975 (chap. 5, 6, 7, 9, 11, 13, 14, 15).

July Serge
Né en 1942. Militant de l'UEC (1963), rédacteur à *Clarté*, vice-président de l'UNEF (1965), rejoint le 22-Mars, très proche de Geismar. Aujourd'hui directeur de *Libération* (chap. 2, 4, 6, 9, 13, 14, 15, 16).

Kahn Pierre
Né en 1939. Militant de l'UEC, secrétaire du secteur Lettres, membre du bureau national, secrétaire général (1964), rédacteur en chef de *Clarté*, l'un des chefs de file des « Italiens », exclu en 1965. Basiste en 1968. Aujourd'hui psychanalyste (chap. 3, 4, 7, 9, 14, 15).

Kouchner Bernard
Né en 1939. Militant de l'UEC, responsable du FUA, rédacteur à *Clarté* (1963), membre du bureau national de l'UEC (1964), collabore à *l'Événement*, animateur du comité de grève en médecine (1968). Aujourd'hui animateur de « Médecins du monde » (chap. 4, 6, 7, 9, 15).

Kravetz Marc
Né en 1942. Militant des Jeunesses communistes, animateur du FUA (1961), dirigeant de la FGEL, secrétaire général de l'UNEF (1964), vice-président de la MNEF (1965), l'un des principaux penseurs de la « gauche syndicale ». Animateur en 1968 des comités d'action, rédacteur à *Action*. Aujourd'hui chef du service étranger à *Libération* (chap. 3, 6, 7, 9, 12, 14).

Krivine Alain
Né en 1941. Militant de la Jeunesse communiste (1956), aide au FLN, participe à Jeune Résistance (1961), principal dirigeant du courant de gauche dans l'UEC (1963-1965), fondateur de la JCR, emprisonné en juillet 1968. Aujourd'hui dirigeant de la LCR (chap. 1, 3, 5, 7, 9, 12, 13, 14, 15, 16).

Le Dantec Jean-Pierre
Né en 1943. Centralien, militant de l'UEC (1963-1965), responsable de l'UJC(ml) (1967), fait partie de la délégation en Chine (1967). Aujourd'hui professeur à l'École d'architecture de La Villette (chap. 8, 9, 10, 13, 14, 15).

Lévy Benny
Né en 1945. Normalien, numéro deux de l'UJC(ml) (1966), puis principal dirigeant (1968). Aujourd'hui enseignant de philosophie (chap. 8, 9, 10, 13, 14, 15, 16).

Linhart Robert

Né en 1943. Normalien, militant de l'UEC, chef de file du courant « althussérien », fondateur de l'UJC(ml) (1966). Aujourd'hui chercheur en sciences sociales (chap. 7, 8, 9, 10, 13, 16).

Péninou Jean-Louis

Né en 1942. Militant du PSU (1960), aide au FLN (1961), dirigeant de la FGEL (1963), militant de l'UEC ; l'un des principaux animateurs de la « gauche syndicale » de l'UNEF, responsable de la commission internationale de l'UNEF (1965-1968), l'un des fondateurs des comités d'action en 1968. Aujourd'hui journaliste à *Libération* (chap. 3, 6, 7, 9, 12, 13, 14, 15).

Pienkny Jeannette

Née en 1938. Membre du bureau national de l'UEC (1958-1960), séjourne à Cuba à plusieurs reprises (1962-1965), rejoint la JCR (1966). Aujourd'hui militante de la LCR (chap. 2, 3, 8, 11, 13, 14).

Ribes Jean-Paul

Né en 1939. Militant du PSU, arrêté pour aide au FLN (1960), s'installe à Alger après 1962, militant de l'UJC(ml) (1966), établi dans le Nord (1967). Aujourd'hui journaliste à *l'Express* (chap. 1, 3, 7, 8, 10, 14).

Robrieux Philippe

Né en 1936. Secrétaire général de l'UEC (1959), victime de l'affaire Servin-Casanova (1961), l'un des animateurs du courant « italien » de l'UEC (1963-1965). Aujourd'hui chercheur en histoire au CNRS (chap. 2, 4, 6, 7, 12).

Salmon Jean-Marc

Né en 1943. Militant de l'UEC, l'un des chefs de file du courant « structuriste » de l'UNEF (1964), participe à la direction « militaire » de l'UJC(ml) et des comités Vietnam de base (1967-1968) (chap. 9, 10, 12, 14, 15, 16).

Schalit Jean

Né en 1936. Membre du bureau national de l'UEC (1959-1962), animateur de *Clarté*, l'un des fondateurs du Comité Vietnam national (1966), créateur d'*Action* en 1968. Aujourd'hui publicitaire et journaliste (chap. 2, 4, 7, 9, 14).

Sénik André

Né en 1938. Membre du bureau national de l'UEC (1959), rédacteur en chef de *Clarté*, l'un des animateurs du courant « italien », exclu en 1965 de l'UEC. Aujourd'hui enseignant (chap. 1, 2, 4, 7, 13, 14).

Vacquin Henri
Né en 1940. Secrétaire national des Vaillants (1951), militant de l'UEC, l'un des fondateurs du FUA (1961), gérant de *Clarté* (1964). Aujourd'hui sociologue d'entreprises (chap. 3, 4, 7, 9, 13, 14, 15).

Weber Henri
Né en 1944. Animateur du secteur Lettres de l'UEC (1964), bras droit de Krivine, l'un des fondateurs de la JCR (1966), puis numéro deux de cette organisation (1966-1968). Aujourd'hui maître de conférences en sciences politiques (chap. 5, 9, 12, 13, 14, 15, 16).

Repères chronologiques

1960

4 janvier	Albert Camus se tue en voiture.
24 janvier	Début de la « semaine des barricades » à Alger.
13 février	La première bombe A française explose dans le Sahara.
7 mars	Parution de l'hebdomadaire *Télé 7 Jours*.
14 mars	Sortie du premier 45 tours de Johnny Hallyday.
16 mars	*A bout de souffle*, de Jean-Luc Godard.
23 mars	Visite en France de Nikita Khrouchtchev.
3 avril	Fondation du PSU.
21 avril	*Le Drapeau rouge*, journal chinois, divulgue les divergences sino-soviétiques.
9 juin	Rencontre UNEF-UGEMA.
23 juin	Patrice Lumumba chef du gouvernement congolais.
7 août	Fidel Castro nationalise les entreprises américaines.
5 septembre	Début du procès du réseau Jeanson.
6 septembre	Manifeste des 121.
27 octobre	Meeting à la Mutualité UNEF-FEN-FO-CFTC.
Décembre	Philippe Robrieux s'écarte dans *Clarté* de la ligne du PCF.

Jean Lartéguy, *les Mercenaires*. Jean-Paul Sartre, *Critique de la raison dialectique*. François Truffaut, *Tirez sur le pianiste*. Michelangelo Antonioni, *l'Avventura*. Federico Fellini, *la Dolce Vita*. Alfred Hitchcock, *Psychose*. Le Berliner Ensemble joue Brecht au Théatre des Nations.

1961

8 janvier	De Gaulle fait approuver sa politique algérienne par 75 % des électeurs.

13 janvier	Laurent Casanova et Marcel Servin sont mis en accusation devant le Comité central du PCF.
Février	Formation de l'OAS.
13 février	Assassinat de Lumumba.
12 avril	Vol de Youri Gagarine dans l'espace.
16-17 avril	Débarquement de la baie des Cochons, à Cuba.
21-22 avril	Putsch des généraux à Alger.
11-14 mai	XVIᵉ Congrès du PCF. Servin et Casanova sont exclus du Comité central. Piel prononce une autocritique au nom de l'UEC.
Juin	Le twist.
31 juin	John Kennedy en visite à Paris.
14 juillet	Encyclique *Mater et magistra*.
13 août	Mur de Berlin.
17 octobre	Manifestations algériennes à Paris.
17-31 octobre	XXIIᵉ Congrès du parti communiste d'Union soviétique. Staline est retiré du mausolée de la place Rouge.
Décembre	Création du Front uni antifasciste (FUA).

Goscinny et Uderzo, *Astérix le Gaulois*. Michel Foucault, *Histoire de la folie à l'âge classique*. Boris Vian, *l'Écume des jours* en édition de poche (coll. « 10/18 »). Alain Resnais, *l'Année dernière à Marienbad*. Luis Buñuel, *Viridiana*. Stanley Kubrick, *Spartacus*. Lucchino Visconti, *Rocco et ses frères*. Jacques Brel, *les Bourgeois*.

1962

8 février	Manifestation anti-OAS. Huit morts au métro Charonne.
18 mars	Accords d'Évian.
9 avril	90 % des électeurs approuvent les accords d'Évian.
14 avril	Georges Pompidou Premier ministre.
Juillet	Parution de *Salut les Copains !*
22 août	Attentat du Petit-Clamart contre de Gaulle.
2 septembre	Che Guevara à Moscou.
11 octobre	Jean XXIII ouvre le concile Vatican II.
16 octobre	Ben Bella à Cuba.
22-28 octobre	Crise des fusées. Khrouchtchev cède.
28 octobre	Les Français optent pour l'élection du président de la République au suffrage universel.
3 novembre	Alain Forner présente le projet de programme propre à l'UEC.

Claude Lévi-Strauss, *la Pensée sauvage*. Raymond Aron, *Dix-Huit Leçons sur la société industrielle*. Roger Vadim, *le Repos du guerrier*. Pietro Germi, *Divorce à l'italienne*. Robert Wise, *West Side Story*.

1963

20 février	Le VIᵉ Congrès de l'UEC s'ouvre à Châtillon.
1ᵉʳ mars	Début de la grève des mineurs.
20 avril	Exécution de Juan Grimau sur ordre de Franco.
Avril-mai	Polémique entre le PC et la direction de l'UEC. Le Comité central accorde aux étudiants un sursis.
3 juin	Mort de Jean XXIII.
14 juin	« Lettre en vingt-cinq points » du parti communiste chinois au parti communiste d'Union soviétique.
22-23 juin	« Nuit de la Nation » organisée par *Salut les Copains!* et Europe nº 1.
31 juillet	Le gouvernement chinois dénonce le traité de Moscou.
19 septembre	*L'Express* lance la candidature de « M. X ».
Octobre	Article de Pierre Kahn dans *Clarté* : « Les héritiers de Staline. »
Novembre	Parution de *Lui*.
1ᵉʳ novembre	Coup d'État à Saigon.
22 novembre	Assassinat de J.F. Kennedy.
14 décembre	Inauguration de la Maison de la radio.
21 décembre	Deuxième chaîne de télévision.

Jean-Marie Le Clézio, *le Procès-verbal*. Frédéric Rossif, *Mourir à Madrid*. Jean-Luc Godard, *le Mépris*. Federico Fellini, *Huit et demi*. Francesco Rosi, *Main basse sur la ville*. Lucchino Visconti, *le Guépard*. Samuel Beckett, *Oh! les beaux jours*, mis en scène par Barrault. Premier 45 tours des Beatles en France.

1964

12 janvier	Fidel Castro à Moscou.
27 janvier	La France reconnaît la Chine populaire.
5 mars	Ouverture du VIIᵉ Congrès de l'UEC à Palaiseau.
Mai	Article de Togliatti dans *Clarté*.
17 mai	Waldeck Rochet remplace Maurice Thorez au secrétariat général du PCF. Attaques contre l'UEC.

15 juin	Jacques Lacan fonde l'École française de psychanalyse.
11 juillet	Mort de Maurice Thorez.
21 septembre	*L'Express,* nouvelle formule.
14 octobre	Martin Luther King prix Nobel de la paix.
15 octobre	Nikita Khrouchtchev est destitué.
16 octobre	Explosion de la première bombe atomique chinoise.
22 octobre	Jean-Paul Sartre refuse le prix Nobel de littérature.
Octobre	*Mademoiselle Age tendre* voit le jour.
7 novembre	La CFTC se mue en CFDT.
19 novembre	*Le Nouvel Observateur* succède à *France-Observateur.*
27 novembre	Le quotidien *Libération* cesse de paraître.
9 décembre	Débat à la Mutualité : « Qu'est-ce que la littérature ? »
19 décembre	Transfert des cendres de Jean Moulin au Panthéon.

Pierre Bourdieu et Jean-Claude Passeron, *les Héritiers.* Michel Crozier, *le Phénomène bureaucratique.* Jean-Paul Sartre, *les Mots.* Stanley Kubrick, *Docteur Folamour.* Paolo Bertolucci, *Prima della revoluzione.* Les Beatles et les Rolling Stones à l'Olympia.

1965

Janvier	Lettre du bureau national de l'UEC au Comité central du PCF.
7 février	Début des bombardements sur le Nord-Vietnam.
4-7 mars	VIIIᵉ Congrès de l'UEC à Montreuil.
28 avril	Débarquement des *marines* à Saint-Domingue.
19 juin	Coup d'État en Algérie. Ben Bella renversé.
9 septembre	François Mitterrand est candidat à l'Élysée.
10 septembre	Formation de la Fédération de la gauche démocrate et socialiste (FGDS).
23 septembre	Le PC soutient la candidature Mitterrand.
Octobre	Le secteur Lettres de l'UEC critique la candidature Mitterrand.
29 octobre	Enlèvement de Mehdi Ben Barka.
5 novembre	Sortie de *Pierrot le fou,* de Jean-Luc Godard.
15 novembre	Georges Pérec obtient le prix Renaudot pour *les Choses.*
5-19 décembre	Élection présidentielle. De Gaulle 55 %, Mitterrand 45 %.

612

Louis Althusser, *Pour Marx* et *Lire le Capital.* Alain Resnais, *La guerre est finie.* Milos Forman, *les Amours d'une blonde.*

1966

3-15 janvier	Conférence de la Tricontinentale à La Havane.
10 janvier	Accord CGT-CFDT pour intensifier l'action revendicative.
31 janvier	Reprise des bombardements américains sur le Nord-Vietnam.
11-14 février	Procès, en URSS, des écrivains Siniavski et Daniel.
21 février	De Gaulle annonce un prochain retrait de la France de l'OTAN.
1er avril	Le film de Jacques Rivette, *la Religieuse,* est interdit.
Pâques	Fondation de la Jeunesse communiste révolutionnaire (JCR).
18 avril	Mao Tsé-toung lance la « Grande Révolution culturelle prolétarienne ».
17 mai	Grève générale en France.
Juillet	Parution de *Rock & Folk.*
30-31 juillet	Les Américains bombardent la zone démilitarisée du Vietnam.
30 août	Discours de De Gaulle à Pnom Penh pour la paix en Indochine.
Novembre	Les situationnistes prennent le contrôle de l'UNEF à Strasbourg.
30 novembre	« Six heures pour le Vietnam » : fondation du Comité Vietnam national (CVN).
Décembre	Naissance officielle de l'Union de la jeunesse communiste marxiste-léniniste, dite UJC(ml). Publication des *Cahiers pour l'analyse.*
20 décembre	Accord électoral PCF-FGDS.

Michel Foucault, *les Mots et les Choses.* Claude Lelouch, *Un homme et une femme.* Jean Genet, *les Paravents,* mis en scène par Roger Blin. Peter Weiss, *Marat-Sade,* mis en scène par Peter Brook. Antoine, *Élucubrations.* Maurice Béjart, *Roméo et Juliette.*

1967

1er février	Grève générale en France.
3 février	La scolarité obligatoire est portée à seize ans.

10 février	Alexis Kossyguine dénonce le « régime dictatorial » de Mao Tsé-toung.
Février	Naissance des comités Vietnam de base (CVB).
5-12 mars	Élections législatives. La majorité se maintient d'extrême justesse.
21 mars	Les résidents de la cité universitaire, à Nanterre, exigent la mixité des locaux.
21 avril	Coup d'État en Grèce. Les colonels s'installent.
25 avril	Arrestation de Régis Debray en Bolivie.
26 avril	Le gouvernement français décide de légiférer par ordonnances dans le domaine économique et social.
17 mai	Grève générale.
5-10 juin	Guerre des Six Jours entre Israël et les pays arabes.
16 juin	Georges Séguy secrétaire général de la CGT.
24 juin	Sortie de *la Chinoise*, de Jean-Luc Godard.
25 juin	Michel Rocard secrétaire national du PSU.
13 juillet	Création de l'Agence nationale pour l'emploi.
30 juillet	Ouverture de la conférence des mouvements révolutionnaires d'Amérique latine à La Havane.
Août	Visite en Chine d'une délégation de l'UJC(ml).
9 août	Début de la rébellion au Biafra.
Septembre	Crise de l'UJC(ml). Prémices du mouvement d'établissement.
1er octobre	Premières émissions de télévision en couleurs.
9 octobre	Mort d'Ernesto Che Guevara. La Jeunesse communiste révolutionnaire (JCR) organise une veillée funèbre à la Mutualité.
21-25 novembre	Grève à la faculté de Nanterre.
Décembre	Formation des comités d'action lycéens (CAL).
10 décembre	Premier grand meeting de l'UJC(ml) à la Mutualité.
14 décembre	Vote de la loi Neuwirth sur la contraception.

Aragon, *Blanche ou l'Oubli*. Guy Debord, *la Société du spectacle*. Claire Etcherelli, *Élise ou la Vraie Vie*. André Malraux, *Antimémoires*. Jean-Jacques Servan-Schreiber, *le Défi américain*. Michel Tournier, *Vendredi ou les Limbes du Pacifique*. Raoul Vaneighem, *Traité de savoir-vivre à l'usage des jeunes générations*. Jacques Tati, *Playtime*. Michelangelo Antonioni, *Blow Up*. Armand Gatti, *V comme Vietnam*. Maurice Béjart, *Messe pour le temps présent*.

1968

3 janvier	Alexandre Dubcek secrétaire du parti communiste tchèque.
8 janvier	François Missoffe, ministre de la Jeunesse et des Sports, est chahuté à Nanterre où il vient inaugurer une piscine.
17 janvier	Manifestations ouvrières à Redon.
26 janvier	Sérieuses bagarres à Caen.
31 janvier	Le FNL vietnamien lance l'offensive du Têt.
Janvier-février	Multiples initiatives pour défendre Henri Langlois, fondateur de la Cinémathèque.
7, 13, 21 février	Démonstrations répétées du CVN et des CVB.
17-18 février	Manifestation internationale de solidarité avec le Vietnam à Berlin.
20 mars	Le siège parisien de l'American Express est attaqué.
22 mars	Occupation de la tour administrative, à Nanterre. Manifestation devant l'ambassade de Pologne en faveur de Kuron et Modzelevski.
4 avril	Première de l'émission « Campus », animée par Michel Lancelot.
11 avril	Attentat contre Rudi Dutschke. Manifestation de solidarité à Paris.
26 avril	Pierre Juquin est expulsé de Nanterre par les ML.
27 avril	Daniel Cohn-Bendit interpellé.
28 avril	Un commando prochinois détruit une exposition favorable au Sud-Vietnam, 44, rue de Rennes.
30 avril	Nanterre en « état de siège ». Fermeture de la faculté.
1er mai	Naissance de *la Cause du peuple*.
3 mai	Fermeture de la Sorbonne, où sont entrés les policiers.
6 mai	Violents affrontements au quartier Latin. Naissance d'*Action*.
7 mai	Manifestation jusqu'à l'Étoile.
10-11 mai	« Nuit des barricades. »
13 mai	Cortèges monstres à Paris et en province. La Sorbonne est rouverte.
14 mai	Grève avec occupation à Sud-Aviation.
15 mai	L'Odéon est investi. Grève à Cléon.
16-17 mai	La France débraie.
20 mai	De six à dix millions de grévistes.
22 mai	Cohn-Bendit interdit de séjour.
24 mai	Nuit d'émeute. La Bourse flambe.
27 mai	Accords de Grenelle. Meeting de Charléty.
29 mai	De Gaulle « disparaît ».

30 mai	Dissolution de l'Assemblée. Manifestation de soutien au pouvoir sur les Champs-Élysées.
6-10 juin	Incidents à Flins. Mort de Gilles Tautin.
11 juin	Manifestation à la gare de l'Est.
12 juin	Dissolution des groupuscules.
16 juin	Évacuation de la Sorbonne.
23-30 juin	Raz de marée UNR aux élections législatives.
10 juillet	Arrestation d'Alain Krivine.
20 août	Les forces du pacte de Varsovie écrasent le Printemps de Prague.
29 août	État de siège au Guatemala après l'assassinat de l'ambassadeur américain John Gordon Mein.
7 septembre	Mort de Michèle Firk.

Albert Cohen, *Belle du Seigneur*. Herbert Marcuse, *l'Homme unidimensionnel*. Gabriel Garcia Marquez, *Cent Ans de solitude*. Alexandre Soljenitsyne, *le Pavillon des cancéreux*. Mike Nicols, *le Lauréat*. Stanley Kubrick, *2001, l'Odyssée de l'espace*. Le Bread & Puppet joue au Festival de Nancy. Les Beatles se séparent.

Table

IMPRIMERIE AUBIN À LIGUGÉ (3-87).
DÉPÔT LÉGAL MARS 1987. Nº 9549-2